Alstertod und Hafenmord

Alstertod und Hafenmord

Das große Hamburg-Krimi-Lesebuch

Herausgegeben von Volker Albers

JUNIUS

Junius Verlag GmbH
Stresemannstraße 375
22761 Hamburg

© 2020 by Junius Verlag GmbH
Alle Rechte vorbehalten.
© für die Texte bei den Autorinnen und Autoren

Printed in Germany
1. Auflage 2020
ISBN 978-3-96060-529-4

Coverdesign: Simone Andjelković, Grafisches Gewerk
Satz: Junius Verlag GmbH
Druck und Bindung: CPI books GmbH

Die Deutsche Nationalbibliothek verzeichnet diese Publikation in der Deutschen Nationalbibliografie; detaillierte bibliografische Daten sind im Internet über http://dnb.dnb.de abrufbar.

Inhalt

**Vorwort oder eine kurze
Geschichte der Schwarzen Hefte**   7

Henrik Siebold
Linnert und die Launen der Elbe   11

Carmen Korn
Der Tod in Harvestehude   55

Virginia Doyle
Mord im Star-Club   89

Petra Oelker
Nebelmond oder Schimanskis Jacke   127

Michael Koglin
Rot ist die Liebe, rot ist der Tod   165

Frank Göhre
Rentner in Rot   207

Regula Venske
Rotwein mit Schuss   243

Klaus Kempe
Der Samurai im Elbberg   289

Ingvar Ambjörnsen
Die dritte Frau 327

Birgit Lohmeyer (Birgit H. Hölscher)
Süßer Sumpf 373

Robert Brack
Die Feinschmeckermorde 411

Frank Göhre
Die toten Augen vom Elbstrand 451

Klaus Kempe
Im Netz 489

Carmen Korn
Schlafende Ratten 527

Gunter Gerlach
Pauli, Tod und Teufel 561

Autorinnen und Autoren 606

Vorwort oder eine kurze Geschichte der Schwarzen Hefte

Die Geschichte der Schwarzen Hefte begann an einem kalten und wolkenverhangenen Dezembertag in Magdeburg. Dort besuchte ich 1994 für das Hamburger Abendblatt den Verleger Helmuth Block. Der damals Vierzigjährige hatte wenige Jahre zuvor eine ehemalige DDR-Buchreihe wieder ins Leben gerufen, die »Blaulicht«-Krimis. Das waren kleine, schmale Hefte mit sechzig Seiten, ein wenig größer als das Reclam-Format, die in der DDR in einer Auflage von 200 000 Stück erschienen waren – je Heft, wohlgemerkt. Die Reihe startete im Osten in etwa zur gleichen Zeit wie die Jerry-Cotton-Hefte im Westen.

Zurück in Hamburg nahm die Idee langsam Gestalt an: Eine solche Reihe, dachte ich mir, müsste regional begrenzt auch in Hamburg funktionieren, zumal es, wie ich wenig später erfuhr, auch in Paris ähnliche kleinformatige Kriminalromane gab – und das mit Erfolg und an jedem Kiosk erhältlich.

Hamburg mit seinen vielen ganz verschiedenen Stadtteilen schien mir nahezu ideal zu sein für Kriminalgeschichten, die jeweils in wechselnden Quartieren spielen sollten. Zudem gab es in Hamburg eine ganze Reihe bereits bekannter oder talentierter jüngerer Autorinnen und Autoren von Kriminalromanen.

1996 wurde es dann allmählich konkret: Mit Unterstützung der Werbeabteilung des Hamburger Abendblatts, die damals »Bücher & mehr« hieß, waren zunächst einmal einige Eckdaten zu fixieren: Die kleinen Krimis sollten jeweils 64 Seiten haben – ganz in der Tradition der sogenannten Groschenromane. Sie sollten das Format der Reclam-Hefte haben, und neun Hefte sollten jeweils in einem Jahr erscheinen. Der Verkaufspreis eines Heftes? Ein Heiermann, also fünf D-Mark. Auch der Name dieser Reihe war schnell gefunden: »Schwarze Hefte« sollte sie heißen.

Leichter als anfangs befürchtet, ließen sich Autorinnen und Autoren für die Schwarzen Hefte gewinnen. Schließlich mussten zum Start der Reihe bereits weitere Titel vorliegen, was wichtig war für die Planung etwa des ersten halben Jahres.

Der Startschuss fiel dann am 26. Februar 1998 im Gröninger Brauhaus am Zippelhaus: »Rentner in Rot« aus der Feder des bekannten Hamburger Krimi- und Drehbuchautors Frank Göhre war die Nummer eins der neuen Krimireihe, als zweiter Band erschien einen Monat später »Die Hexen von Övelgönne« von Regula Venske. Die Titelillustrationen der ersten drei Staffeln, also für 27 Schwarze Hefte, stammten von Wolf-Rüdiger Marunde, der mit seiner Bilderwelt »Marundes Landleben« zeichnerisch große Popularität erlangt hat. Später übernahm Stefan Siegert die Illustration der Hefte, danach verlieh der Hamburger Fotograf Michael Zapf mit seinen wunderbar atmosphärischen Aufnahmen der Titelgestaltung der Schwarzen Hefte eine ganz besondere, eine zeitgemäße Note.

Zapf zeichnete bis ins Jahr 2004 für die Hefttitel verantwortlich, bis »Hamburger Kanzelsturz« von Regula Venske, der heutigen Präsidentin der deutschen Sektion des Schriftstellerverbandes PEN, auf den Markt kam. Der Krimi trug die Nummer 63 und sollte zugleich das letzte Schwarze Heft dieser bei den Hamburger Krimifans ungemein erfolgreichen Reihe sein.

Der Erfolg der Schwarzen Hefte schlug sich auch in einigen Auszeichnungen nieder: So wurden die heutige »Spiegel«-Bestsellerautorin Carmen Korn (»Töchter einer neuen Zeit«) für »Der Tod in Harvestehude«, Klaus Kempe unter dem Pseudonym Robert Lynn für »Der Samurai im Elbberg« und Birgit H. Hölscher (heute Birgit Lohmeyer) für »Süßer Sumpf« mit dem »Marlowe«-Preis der Raymond-Chandler-Gesellschaft ausgezeichnet: Sie hatten aus Sicht der »Marlowe«-Juroren die jeweils besten Kurzkrimis des Jahres geschrieben.

Berühmte Namen der Krimiszene veröffentlichten auch in der Schwarze-Hefte-Reihe: Neben der Bella-Block-Erfinderin Doris Gercke mit »Duell auf der Veddel« ist auch der in Wedel und auf Mallorca lebende Autor Hansjörg Martin, der 1965 mit »Gefährliche Neugier« den neuen deutschen Kriminalroman begründete, hervorzuheben. Als Schwarzes Heft Nummer vier erschien 1998 »Ein Rabe auf der Schulter«. Wenige Monate später, im März 1999, starb Martin im Alter von 79 Jahren auf Mallorca.

Der ungewöhnlichste Autor der Reihe kam jedoch nicht aus Hamburg, auch nicht aus Deutschland, sondern er kam aus den USA, der Heimat des harten Thrillers: Jerry Oster, für die New York Times damals einer »der besten Autoren der vergangenen Jahre«, verbrachte 2001 dank eines Stipendiums einige Monate in Hamburg – und schrieb in dieser Zeit den Kurzkrimi »Höhenangst« für die Schwarzen Hefte. Da hatte die Krimireihe einmal die engen regionalen Grenzen verlassen und sich ins Internationale hinein geöffnet. Robert Brack übersetzte die Geschichte kongenial ins Deutsche.

Tempi passati, seit 16 Jahren sind die Schwarzen Hefte Geschichte. Immer wieder aber wurde ich gefragt, ob man nicht etwas Neues mit diesen Krimis machen könne. Sicher, es gab von einigen Titeln Hörbücher, viel mehr aber war nicht passiert. Definitiv zu wenig! Bis Olaf Schulz vom Hamburger Abendblatt und Verleger Steffen Herrmann vom Hamburger Junius Verlag die Idee hatten, eine Art »Best-of Schwarze Hefte« herauszubringen. Und dieses Buch halten Sie gerade in Ihren Händen.

Zudem ist es ein Buch, dem wir ein zeitgemäßes literarisches Bonbon beigefügt haben – und zwar eine aktuelle, wenn man so will: schwarze Geschichte. »Linnert und die Launen der Elbe« hat der Hamburger Autor Henrik Siebold, bekannt geworden durch seine Romane mit dem in Hamburg ermittelnden japanischen Kommissar Takeda, exklusiv für diese Anthologie geschrieben.

Bleibt gleichwohl die Frage: Warum gerade jetzt ein Buch mit einer Auswahl der Geschichten aus den Schwarzen Heften? Ganz einfach: Man kann diese Kurzkrimis auch als frühe Regionalkrimis lesen, sie erzählen viel über das Leben (und Sterben …) in der Zeit um den Jahrtausendwechsel. Damals, als es noch ein Leben ohne Handys und Laptops gab, als nicht jede offene Frage gegoogelt werden konnte, sondern die Antwort in einem Lexikon nachgeschlagen werden musste, als das Leben einfach noch langsamer war. Das hat auch einen gewissen nostalgischen Charme, und deshalb haben Herausgeber und Verlag entschieden, die vielen leicht erkennbaren Zeitspuren in den Geschichten nicht zu tilgen. Spannend jedenfalls sind die Storys allemal. Und Spannung, so sagte es einmal der berühmte Thrillerautor Eric Ambler (»Topkapi«), ist das Lebenselixier jeder guten Literatur. Die in diesem Band vereinten Schwarze-Hefte-Geschichten sind eine Fundgrube für alte und für neue Krimifans.

Ich wünsche Ihnen spannende Unterhaltung.

Volker Albers, im Mai 2020

HENRIK SIEBOLD

Linnert und die Launen der Elbe

1.

Die Elbe war ein launischer Fluss. Weise, alt, scheinbar gelassen. In Wahrheit aber eben: launisch.

Wenn Linnert am Ufer stand und auf das nachtschwarze Wasser sah, wurden Bilder wach. Der Strand von Övelgönne. Er selbst, acht Jahre alt, an der Hand seiner Mutter. Vater war weg, sie nur noch zu zweit. Er bestaunte die großen Pötte auf ihrem Weg zur Nordsee. Mutter weinte. Er warf Kiesel ins Wasser. Danach gab es immer einen Eisbecher, zum Trost. Für sie, für ihn. Das Leben war wieder süß.

Die Elbe. Hamburg verdankte diesem Strom alles. Den Hafen, den Reichtum, die Stimmung. All die Geschichten. Bücher und Filme. Siegfried Lenz, Hark Bohm. Fatih Akin. Den Schmuggel, die Mafia, die Speicherstadt. Gott, wie er all das liebte. Einfach hier zu stehen und aufs Wasser hinauszusehen. Besonders jetzt in der Nacht, wenn die Lichter des Hafens sich auf der schlickfarbenen Oberfläche des Flusses spiegelten.

»Linnert! Wir haben ihn. Kannst ihn dir jetzt ansehen.«

Der Kollege von der Wasserschutzpolizei rief nach ihm. Hauptkommissar Linnert rieb sich übers Gesicht. Er war wieder in der Gegenwart. Eine erstaunlich milde Nacht im Mai. Er stand auf einem Steg im City Sporthafen. Hinter ihm ragte die Elbpromenade auf, vor sich sah er das Panorama der Speicherstadt und die Kehrwiederspitze. Die WSP war mit einem Kahn angerückt. Zu dritt beugten sie sich über die Reling und zogen den Körper mithilfe ihrer Bootshaken aus dem Wasser, wuchteten ihn auf den Steg.

Linnert nickte den Kollegen zu, hockte sich hin. Schlick und Wasser rannen aus der Kleidung des Toten. Ein kurzer Blick genügte, um festzustellen, dass die Elbe diesmal großzügig war, sie hatte die Leiche schon nach zwei, höchstens drei Tagen freigegeben. Linnert hatte es auch schon anders erlebt. Aale, die aus Augenhöhlen krochen; Hände, die in nackten Fingerknochen endeten. Der hier sah noch nach Mensch aus, war nicht einmal sonderlich aufgequollen. Männlich, um die vierzig, Jeans, Hemd, Anorak. Teure Uhr.

Zwei Einschusslöcher in der Brust.

»Brauchst du uns noch?«

Es war der Bootsführer, der das fragte. Linnert winkte ab. Der Kollege tippte sich an die Mütze. Die Schiffsmaschine röhrte, und der Kahn verschwand in der Nacht.

Linnert trat zur Seite und ließ erst einmal die Kollegen machen. Spurensicherung, Rechtsmedizin, Tatortfotograf.

Er stieg hinauf zur Promenade, wechselte dort ein paar Worte mit den beiden Jungs, die den Toten entdeckt hatten. Sechzehn, siebzehn Jahre alt. Ihre Gesichter ein einziges Grinsen. Lag am besonderen Kick dieses Abends. Eine echte Leiche! Sah man auch nicht alle Tage.

Aber Linnert machte sich nichts vor. Sie grinsten auch wegen ihm. Wegen seiner Erscheinung. Würde der Tag kommen, an dem das nicht mehr passierte? Oder er sich daran gewöhnte? Eher nicht.

Linnert notierte sich ein paar Einzelheiten, die genaue Uhrzeit, zu der sie den Toten entdeckt hatten, den Eingang des Notrufs, sonstige Auffälligkeiten.

Dann sagte er: »Gebt mir mal eure Handys.«

»Was?«

»Die Handys. Und zwar sofort!«

»Vergiss es, Alter!«, sagte der eine Junge.

»Ey, darfst du nicht«, sagte der andere, schob ein genuscheltes *Anwalt, Dienstaufsicht, Bildzeitung* hinterher.

»Jungs, macht es mir und euch nicht schwerer als nötig.«

Linnert schloss die Augen. Ein kurzes Stoßgebet, dass sie nicht das alte Spiel mit ihm spielten. Das ihn schon sein ganzes Leben verfolgte. Jemand sollte ihm etwas geben, hielt es aber in unerreichbare Höhen. *Nimm's dir doch. Wenn du kannst.*

Aber die Jungs waren in Ordnung, reichten ihm ihre Smartphones, entsperrten sie unter leisem Gemurre. Linnert wischte sich in die Galerien und löschte alle Aufnahmen des Toten, die die Jungs aufgenommen hatten. Noch bevor sie die Polizei alarmiert hatten.

»Der ist zwar tot«, erklärte Linnert. »Aber seine Würde hat er trotzdem noch.«

»Hätte mich auf Insta hochgekickt«, sagte einer der Jungs.

»Mega neue Follower und so«, erklärte der andere.

Linnert machte eine Geste über Elbe, Kehrwieder, Speicherstadt. »Fotografiert das hier. Die Welt beneidet uns drum.«

2.

Am nächsten Morgen war Lagebesprechung im Präsidium. Alle aktuellen Fälle kamen auf den Tisch. Schießerei in Farmsen. Familiendrama in Sülldorf. Zwanzig Kollegen saßen im Konfi im vierten Stock. Es gab Kaffee und Kekse. Linnert versuchte zuzuhören. Ging aber nicht. Er hing seinen Gedanken nach.

Klein zu sein war für einen Mann die Höchststrafe. Zumindest dachten die meisten Leute das. Linnert wusste, wovon er sprach.

Einen Meter vierundfünfzig.

Mit zehn Jahren hatte er wie ein Erstklässler gewirkt, mit zwölf überragten ihn die Sextaner, mit dreizehn war er ausgewachsen. Keiner konnte, keiner wollte es glauben. Mutter nicht, er nicht, die Tanten nicht. Er hatte um Pillen gebettelt. Um italienische Zauberschuhe. Am liebsten hätte er in den Badezimmerspiegel geschlagen. Wenn er denn drangekommen wäre.

Was wurde nicht alles gesagt. Kleine Männer sind gefährlich, giftig, übertrieben machtbewusst. Napoleon-Komplex. Den ganzen Tag damit beschäftigt zu kompensieren. Schröder, Scholz, Tom Cruise ... Beispiele gab es genug. Klein von Wuchs, dafür ein Riesen-Ego. Bei Frauen galt es als sexy, bei Männern war es eine Katastrophe.

Es gab Tage, an denen wünschte Linnert sich, mit drei Beinen auf die Welt gekommen zu sein. Oder einarmig. Blind. Hauptsache groß.

So war es aber nicht.

Und dann noch bei der Polizei. Eigentlich ein Ding der Unmöglichkeit. Es gab ja die körperlichen Mindestvoraussetzungen. Deswegen dürfte er eigentlich gar nicht hier sein. War er aber trotzdem. Immer mal wieder wollte ein Kollege wissen, wie er das geschafft hatte. Linnert hätte es erklären können. Aber er tat es nicht. Er lächelte einfach nur.

Die meisten Kollegen hielten ihn daher für so eine Art Quotenmann. Ein Bekloppter, ein Rolli, ein Kleiner. War Quatsch. Aber damit konnte er leben.

»Linnert? Was ist mit euch?«, fragte Holger Sauer, der Leiter der Mordkommission. »Linnert! Schon wach?!«

Er schreckte hoch. Sie waren an der Reihe. Sophia Wolf und er. Ein Team seit vier Jahren. Sie wechselten einen kurzen Blick, sie nickte ihm zu. Ihr Verhältnis war nicht einfach. Sophia war ... zu korrekt. In allem. Lag wohl am Alter. Sie war einunddreißig, fünfzehn Jahre jünger als Linnert, und in ihrer Welt verdiente einfach jeder Respekt. Ausländer, weil sie Ausländer waren, Frauen, weil sie Frauen waren, Transen, weil sie Transen waren, Arme, weil sie arm waren. Verdienten am Ende sogar Verbrecher Respekt, eben weil sie Verbrecher waren?! Wie konnte man mit so einer Weltsicht als Polizistin arbeiten?

Linnert wusste es nicht. Trotzdem war Sophia gut. Sie hatte es mehr als einmal bewiesen. Scharfsinnig, schnell, wenn es sein musste, hart. Außerdem, und das war vielleicht am wichtigsten, war es für Sophia kein Thema. Seine Größe. Besser, seine Kleinheit. Sie sah es einfach nicht, auch wenn sie ihn mit ihren schlanken ein Meter fünfundsiebzig deutlich überragte. Und wenn sie es doch bemerkte, bedeutete es nichts für sie. Das unterschied sie von den meisten anderen. War schon etwas.

Linnert berichtete. Leichenfund im City Sporthafen. Zwei Schüsse im Brustbereich, einer davon ins Herz. Der Tote lag zurzeit in der Rechtsmedizin, seine Identität hatte sich inzwischen klären lassen. Christian Haug, 41 Jahre alt, Software-Spezialist, keine Registereinträge, unbeschriebenes Blatt. Es lag eine Vermisstenanzeige der Ehefrau vor, Susanne Haug, abgegeben vor zwei Tagen.

»Wie wollt ihr vorgehen?«, fragte Sauer.

»Die Ehefrau wird unser erster Ansatz. Wir fahren gleich als Nächstes hin«, erklärte Linnert.

»Tatortspuren?«, fragte Sauer.

»Er lag im Wasser. Die Elbe ist geizig, was Spuren angeht. Allerdings ...«

»Ja?«

»Der Tote trug keinen Ausweis und kein Handy bei sich, könnte beides im Wasser verloren gegangen sein. Was nicht verloren ging, war seine Uhr. Eine Breitling. In Gold.«

»Worauf willst du hinaus, Linnert?«

»So ein Ding kostet ein paar Tausend Euro. Minimum. Man hat sie ihm nicht abgenommen. Wir können davon ausgehen, dass wir es nicht mit einem Raubüberfall zu tun haben.«

Er blickte zu Sophia herüber. Die erklärte: »Noch einmal zur Frage nach dem Tatort. Ich habe vorhin mit den Kollegen vom Wasserschutz gesprochen. Die fischen ja öfter mal eine Leiche aus der Elbe. Sie gehen nicht davon aus, dass der Sporthafen der Tatort war. Sobald wir von der Rechtsmedizin den Todeszeitpunkt haben, führen sie ihre Berechnungen durch. Strömung, Tide, Schiffsverkehr. Mit Glück können sie berechnen, wo die Leiche ins Wasser ging. Dann können wir nach Zeugen fahnden.«

Sauer schenkte der Runde ein aufmunterndes Lächeln. »Dann frisch ans Werk, Leute. Denkt dran, wir klären nicht nur Verbrechen auf, sondern arbeiten jeden Tag an der makellosen Quote unseres Dezernats.«

»Und an deinen Karriereaussichten, du Arschgesicht«, flüsterte Linnert.

Sophia, die ihn hörte, sah Linnert strafend an. Pikiert fragte sie: »Wieso sagst du so etwas?«

»Weil es guttut, Sophia!«

»Aber es ist ... verachtend.«

Er grinste. »Darum tut es ja gut.«

3.

Susanne Haug, die Ehefrau des Ermordeten, öffnete die Tür des Einzelhauses im Stadtteil Volksdorf. Sie sah erst Sophia an, blickte dann hinab zu Linnert. Runzelte die Stirn, wirkte ungläubig. Alles wie immer.

Linnert ließ sich nicht beirren. Er musterte zurück. Susanne Haug war groß, viel größer als er selbst, schlank, hatte raspelkurze Haare, wodurch ihr asketisches Gesicht zur Geltung kam. Sehr apart. Zudem perfekt gestylt. Dunkler Rollkragenpullover, Marlene-Hose. Ein echter Hingucker.

Er hielt ihr seinen Dienstausweis entgegen, verzichtete darauf, die genaue Dienststelle zu benennen. »Frau Haug, Sie haben vor zwei Tagen Ihren Mann als vermisst gemeldet.«

»Das ist richtig. Dann haben Sie ihn gefunden?«

»Können wir vielleicht hineingehen?«

»Ja, natürlich ...«, sagte sie, schien erst dann über Linnerts Worte nachzudenken und schob hinterher: »Ist etwas passiert?«

»Wie gesagt, lassen Sie uns hineingehen.«

Ihre Lippen zitterten, ihre Augen weiteten sich. Aber kein weiteres Wort. Sie führte die Ermittler in ein stilvoll eingerichtetes Wohnzimmer. Dunkle Fliesen, teure Teppiche, minimalistische Einrichtung. Bodentiefe Glastüren, die den Blick in einen kunstvoll gestalteten Garten erlaubten. Dort schimmerte ein langgezogener, stahlgewandeter Pool.

Linnert hatte nur ein einziges Wort im Kopf. Geld. Davon hatte das Ehepaar Haug offenbar mehr als genug.

Sie verzichteten auf Kaffee. Linnert wollte es Sophia überlassen, die Nachricht zu überbringen. Aber dazu kam es gar nicht. Susanne Haug, die den Ermittlern den Rücken zuwandte und zum Garten hinausblickte, sagte: »Ist er tot? Sind Sie deswegen hier?«

Sophia wollte reagieren, wollte Bedauern ausdrücken. Linnert hielt sie mit einer Geste zurück. Ein langes Schweigen folgte. Dann war er es, der sprach.

»Haben Sie einen Grund, das anzunehmen?«

Die Hausherrin drehte sich um, blickte Linnert in einer Mischung aus Trauer, Schmerz, Wut an. »Also stimmt es?«

Linnert nickte. »Ihr Mann ist gestern am späten Abend tot aufgefunden worden.«

»Aber ... wie kann das sein? Was ist denn passiert? Hatte er einen Unfall?«

Sophia stand auf, ging zu Susanne Haug, fasste beide ihre Hände. Leise sagte sie: »Ihr Mann ist erschossen worden.«

»Erschossen? Was reden Sie denn da?! Das kann doch gar nicht sein.«

»Es ist leider die Wahrheit.«

Die Selbstbeherrschung der Frau zeigte Risse. Einzelne Tränen, zitternde Hände. Sophia legt ihr einen Arm um die Schultern und führte sie zum

Sofa, setzte sich mit ihr hin. Wie Freundinnen. Es war nicht Linnerts Art. Aber vielleicht half es ja.

Sophia schilderte die Umstände, unter denen die Leiche gefunden worden war. Susanne Haug mutmaßte eine Verwechselung, es sei bestimmt nicht ihr Mann, der da aus dem Wasser gefischt worden war. Linnert schüttelte den Kopf. Die Identifizierung sei eindeutig, auch wenn sie, die Ehefrau, zur Bestätigung noch einmal in die Rechtsmedizin müsse.

Susanne Haug schüttelte den Kopf, murmelte leise, dass das alles nicht sein könne. Und wenn doch ... ein Überfall, ein Terroranschlag. Rechte, Linke, Islamisten, irgendein Verrückter, ihre Stimme überschlug sich.

Linnert nahm ihr die Illusionen. »Es ist möglich, was Sie sagen. Aber unwahrscheinlich.«

Die Haug sah ihn wütend an. Es gefiel ihm. Wer sauer auf ihn war, nahm ihn ernst. Seine Größe spielte keine Rolle mehr. Erstes Ziel erreicht.

»Was wollen Sie damit sagen, verdammt noch mal?«, schrie sie, der Nervenzusammenbruch in Sichtweite.

»Noch gar nichts, Frau Haug. Nur ... es lässt sich nicht ausschließen, dass ihr Mann gezielt getötet worden ist. Wir müssen herausfinden, warum.«

Die Hausherrin stand auf, ging an einen klassischen Barwagen. Sie bot Hochprozentiges an, die Polizisten lehnten ab. Sie schenkte sich einen Cardenal Mendoza ein, einen Brandy. Sie trank. Schenkte nach. Trank wieder. Sehr verständlich. Sie wurde ruhiger. Gut so.

Nachdem sie sich wieder hingesetzt hatte, begannen Linnert und Sophia die üblichen Fragen zu stellen. Lebensumstände, Sorgen, Süchte, Feindschaften. Was sie erfuhren? Nichts.

Christian Haug arbeitete in einer Software-Firma. Erfolgreich. Lange Arbeitszeiten, die sich aber auszahlten. Für das Haus und ihren Lebensstil reichte das natürlich dennoch nicht. Aber sie, Susanne Haug, habe vor einigen Jahren geerbt, das erlaube ihnen einiges. Und sie verdiene ja auch ein wenig dazu. Ihre Ehe sei gut, mit den üblichen Höhen und Tiefen. Auf Kinder hatten sie gehofft, vergeblich. Nun genossen sie die Vorteile ihrer Unabhängigkeit. Fernreisen außerhalb der Ferien, überhaupt Freiheit. Vor einigen Tagen sei Christian nicht nach Hause gekommen. Er rief auch nicht an. So etwas sah ihm nicht ähnlich. Sein Handy war ausgestellt. Die erste Nacht hatte sie abgewartet. Schlaflos. Auch noch den nächsten Vormittag. Sie telefonierte die Krankenhäuser durch, ohne Ergebnis. Als man auch in der Firma nichts wusste, war sie zur Polizei gegangen. Dort riet man ihr, noch ein wenig abzuwarten. Sie aber bestand auf einer Anzeige ...

Susanne Haugs Stimme war immer leiser geworden, erschöpft, verzweifelt. Was blieb, war ein heiseres Flüstern: »Und jetzt sitzen Sie hier und sagen mir, dass er erschossen worden ist? Das kann ich einfach nicht glauben.«

Sophia schenkte ihr ein mitfühlendes Lächeln. Sagte mit sanfter Stimme: »Oft meinen wir die Menschen, die uns am nächsten stehen, gut zu kennen. Aber dann stellen wir fest, dass wir eigentlich nichts über sie wissen ...«

Linnert, der zumeist rüder mit den Menschen umging als Sophia, wusste, dass sie nun falsch lag. Er ahnte, was passieren würde. So kam es dann auch. Die Haug verlor die Fassung. Sie schrie Sophia an, dass sie nicht solch einen Unsinn reden solle. Sie und ihr Mann hätten sich vertraut, hätten keine Geheimnisse voreinander gehabt, sie bleibe darum dabei, dass das Ganze nur eine tragische Verwechselung sein könne.

»Das ist absolut möglich, Frau Haug«, sagte Linnert. »Vielleicht war alles ganz anders, ihr Mann wirklich nur zur falschen Zeit am falschen Ort. Im Moment können wir nichts ausschließen. Wir werden Sie informiert halten.«

Er stand auf, nickte Sophia zu. Sie gingen zur Tür. Die Haug folgte ihnen.

Als sie schon vor der Tür standen, drehte Linnert sich noch einmal um. Er zog die goldene Breitling aus der Tasche, hielt sie Susanne Haug hin. Ihre Mundwinkel verzogen sich in einem Ausdruck des Ekels. Sie nahm die Uhr, blickte darauf, als sei sie etwas Unappetitliches.

»Ihr Mann trug sie, als man ihn fand. Einen Überfall halten wir daher für höchst unwahrscheinlich«, erklärte Linnert.

Die Haug reagierte nicht, starrte immer noch auf die Breitling. Linnert beobachtete sie, fragte dann: »Das ist doch die Uhr von Ihrem Mann?«

»Sicher, das ist sie.«

4.

»Auf deinem Teller liegt ein Küstendorf in der Karibik. Oder eine Südseeinsel. Such's dir aus.«

»Und ich dachte, es ist ein Steak«, erklärte Linnert seufzend.

Sophia verzog das Gesicht. »Für dich mag es ein Witz sein, Linnert. Aber für die Menschen, die wegen des steigenden Meeresspiegels ihre Heimat verlieren, bestimmt nicht.«

»Aber was hat denn mein Mittagessen damit zu tun?«, fragte er mit gespielter Weinerlichkeit.

Ihr Gesicht blieb hart. »Der Soja-Anbau in Brasilien, die Viehwirtschaft, der Wasserverbrauch bei der Mast ... Fleischkonsum geht gar nicht.«

Linnert hob resigniert die Schultern. Gemeinsam mit Sophia Essen zu gehen war selten ein Vergnügen. Sie hatte an allem etwas zu mäkeln. Darum war es der ultimative Fehler gewesen, mit ihr ein Steakhaus aufzusuchen. Hätte er wissen müssen. Aber der Laden hatte nun einmal auf dem Weg gelegen. Und er aß gerne Fleisch.

»Wollen wir nicht einfach schweigen und essen? Du deinen Salat, ich mein Steak. Im Übrigen sind deine Tomaten auch nicht astrein. Die sind garantiert unter Folie gewachsen und künstlich bewässert.«

Sophia nickte niedergeschlagen. »Da hast du recht. Ich rühre die Dinger nicht an.«

»Im Ernst?«

Sie nickte und schob ihren Teller von sich. »Ich faste lieber.«

Er langte über den Tisch, schob ihren Teller wieder vor sie. »Tust du nicht. Leben bedeutet, schuldig zu werden. Und das Klima zu schädigen. Oder willst du sogar aufhören zu atmen?«

Sophia sah ihn kopfschüttelnd an. »Wegen Menschen wie dir ändert sich nichts.«

»Vielleicht ist es nicht mein Lebensziel, etwas zu ändern.«

Sophia lächelte. »Ich kenn dich besser, Linnert. Darum red ruhig weiter so einen Unsinn. Ich weiß ja, dass du es nicht so meinst.«

Immerhin aß sie nun doch weiter. Er genauso. Beim Espresso zum Nachtisch kamen sie auf den Fall zu sprechen. »Was hältst du von ihr?«, fragte Sophia.

»Von der Haug? Schwer zu sagen. Ihre Tränen waren echt. Aber ihre Abscheu genauso.«

»Abscheu?«

»Die Art, wie sie die Uhr angesehen hat. Das war blanker Ekel. Oder sogar Hass. Und das, obwohl es ein Erinnerungsstück an ihren Mann sein sollte.«

»Verständlich, oder? Ich stelle mir vor, wie ich reagieren würde, wenn mein Freund mit so einem Ding ankäme. Ein Porsche fürs Handgelenk. Wieso machen Männer so etwas? Wieso geben sie ein Vermögen für eine blöde Uhr aus?«

»Wieso tragen Frauen Diamanten?«

Sophia hob amüsiert die Augenbrauen. »Vergiss nicht, dass es Männer sind, die sie ihnen umhängen. So wie man einen Tannenbaum schmückt.«

»Du vergleichst Frauen mit Tannenbäumen?«

»Ich nicht. Männer tun das. Porsche, Frauen, Tannenbäume. Ist für euch Kerle alles dasselbe. Es ist euer Besitz.«

Linnert seufzte. Bei solchen Diskussionen hatte er keine Chance. Nicht gegen Sophia. Zumal sie ja durchaus recht haben könnte.

Er trank einen Schluck Espresso, sagte dann: »Wie auch immer, irgendetwas hat es mit der Uhr auf sich. Wir sollten herausfinden, was.«

5.

Ihr nächster Weg führte die Ermittler zur *CCS GmbH*, der *Computer & Communication Solutions*, dem Arbeitgeber des ermordeten Christian Haug.

Nachdem sie den Zweckbau in der City Süd betreten hatten, fanden sie sich vor einem Tresen aus geschwungenem, weißem Kunststoff wieder. Dahinter prangte das hintergrundbeleuchtete Firmenlogo. Alles sehr modern, alles clean.

Ein Assistent führte sie zum Geschäftsführer, einem Mann namens Roland Schirrbach. Anfang vierzig, kantig, smart.

Sie gaben sich die Hand. Schirrbach blickte zu Linnert hinab. Kurzes amüsiertes Glitzern in den Augen. Kein Spruch. Wie immer hätte Linnert gerne zugedrückt beim Händeschütteln. Er war kräftig. Er könnte deutlich machen, dass man mit ihm rechnen musste. Aber wie albern wäre das?

Schirrbach wies auf die Besucherstühle, nahm selbst wieder am Schreibtisch Platz.

»Bevor wir zum Eigentlichen kommen, Herr Schirrbach – was genau macht die *CCS*?«, fragte Linnert.

Der Firmenchef wechselte mehr oder weniger ins Englische: »Wir consulten und implementieren im Bereich *collaboration software*. Also Slack, Teams, Zoom, Trello, nextcloud, so etwas. Letztlich etablieren wir digital workplaces und begleiten beim virtual teambuilding, sowohl longterm als auch projektbezogen.«

Linnert gab ein leises Seufzen von sich. »Wir sind Polizisten, Herr Schirrbach. Wir arbeiten noch mit Wählscheibe und Analogfunk. Das Ganze also bitte noch einmal in einfacher Sprache.«

»Kurz gesagt, wir begleiten softwareseitig die Arbeitsumgebung von Projektgruppen. Ein Beispiel. Stellen Sie sich vor, die Polizei bildet eine Sonderkommission. Anstatt sich ständig zu Meetings zusammenzufinden, könnten sich die Mitglieder mithilfe unserer Software in Echtzeit über alle Ermittlungsergebnisse auf dem Laufenden halten.«

Linnert lachte. »Träumchen. Ich denke, wir könnten Anfang des nächsten Jahrhunderts so weit sein. Vorausgesetzt, wir ersetzen bis dahin die Schreibmaschinen durch PCs.«

Schirrbach grinste, Linnert seufzte. Sophia schüttelte den Kopf und raunte: »Warum musst du nur immer so negativ sein, Linnert? Es gibt bei uns doch gar keine Schreibmaschinen mehr.«

Er hob ergeben die Schultern. »Bin halt so. Ein Nörgler.«

Sie kamen zum eigentlichen Thema. Linnert setzte den Firmenchef ins Bild. Christian Haug. Ermordet. Schirrbach wurde blass. »Christian wurde erschossen? Aber ... wie kann das sein? Warum? Wer?«

»Ihre Fragen sind unsere Fragen«, sagte Linnert. »Erzählen Sie uns etwas über Herrn Haug. Stärken, Schwächen, Freunde, Feinde. Alles.«

Schirrbach brauchte einen Moment, um seine Fassung wiederzuerlangen. Dann führte er aus, dass der Tote seit acht Jahren bei der *CCS* beschäftigt gewesen war. Ein zuverlässiger, beliebter, einsatzbereiter Kollege. Kompetent, lösungsorientiert, kreativ.

Linnert konnte von seinem Besucherstuhl aus nur knapp über die Schreibtischkante blicken. Das half nicht gerade dabei, als Autorität anerkannt zu werden. Aber egal, er fuhr Schirrbach dennoch mit fester Stimme an: »Sie sollen hier kein Arbeitszeugnis ausstellen, Herr Schirrbach. Sie sollen uns etwas über Christian Haug erzählen. Etwas, womit wir etwas anfangen können. Also bitte keine Floskeln mehr.«

»Ja, natürlich. Sorry.«

Es wurde besser. Haug war tatsächlich gut in dem, was er machte, erklärte Schirrbach. Vielleicht überehrgeizig, das nervte schon einmal die Kollegen. Er arbeitete, wie fast alle Mitarbeiter, zum größten Teil extern bei den Kunden. Ausschließlich positives Feedback. Feinde? Nein. Freunde? Auch nicht unbedingt. Was heißt das? Dass Haug kein Kumpeltyp war. Beim Feierabendbier mit den Kollegen war er selten dabei. Eigentlich nie. Ein wenig kühl. Schweigsam.

Linnert machte sich Notizen. Dann fragte er: »Können Sie sich vorstellen, dass Haug in irgendetwas hineingeraten ist?«

»Was meinen Sie damit?«

Linnert machte eine unbestimmte Geste. »Egal. Irgendetwas.«

»Wenn Sie mich so fragen ... ich fand seine Frau schon immer problematisch«, sagte Schirrbach.

»Ja?«

Der Firmenchef suchte nach Worten. »Es gibt diese Männer, die ständig hinter ihren Frauen herhecheln. Typen, die nach oben geheiratet haben – finanziell, sozial, beim Aussehen. Solche Männer stehen ständig unter dem Druck, es ihrer Angebeteten recht zu machen. Sie haben das Gefühl, nie gut genug zu sein. Wissen Sie, was ich meine?«

Linnert verzog das Gesicht. Natürlich wusste er es.

Sophia warf ihm einen Seitenblick zu, fragte dann in Schirrbachs Richtung: »Haben Sie denn eine konkrete Vermutung?«

»Nein. Ich will einfach nur sagen ... seine Frau hat ihn strampeln lassen. Christian hat darunter gelitten. Vielleicht hat er sich auf irgendeinen Scheiß eingelassen, um ihr zu imponieren?! Ich weiß es nicht. Aber wundern würde es mich nicht.«

Sophia und Linnert wechselten einen Blick, dann sagte der Kommissar: »Danke, Herr Schirrbach. Gut möglich, dass uns das weiterbringt.«

6.

Bevor sie sich von Schirrbach verabschiedeten, ließen sie sich eine Liste der Kunden geben, für die Christian Haug zuletzt tätig war. Linnert brachte Sophia anschließend zu ihrem eigenen Wagen, dann trennten sie sich. Er würde die Liste der Firmen abarbeiten. Sophia würde sich mit der Rechtsmedizin in Verbindung setzen, dann noch einmal mit den Kollegen vom Wasserschutz.

Linnerts erster Gang führte ihn zur Hamburg Port Authority, einer der Namen auf der Liste. Dass er hier anfing, war eine Gefühlsentscheidung. Haugs Leiche trieb in der Elbe. Die HPA war sozusagen die Herrin über den Fluss, jedenfalls hier in Hamburg, im Bereich des Hafens.

Die Behörde war aus der Fusion des traditionellen Hafenamtes mit verschiedenen anderen Stellen hervorgegangen, trug seitdem einen englischen Namen. Sie war zuständig für den gesamten Schiffsverkehr, aber auch für die Straßen, Schienen, Brücken, Gebäude, Wasserwege im Hafen, kurzum für Hamburgs wirtschaftliches Herz. Und damit auch für Hamburgs Zukunft.

Die HPA residierte in einem historischen Gebäude in der Speicherstadt. Außen Backstein, innen Holz, Glas und Stahl. Nostalgisch und zugleich modern, ziemlich schick.

Linnert ließ sich direkt zum Leiter führen, Hermann Scherer, einem Mittfünfziger, der in sich den Amtsschimmel mit dem modernen Manager verbinden musste. Scherer hörte sich die Geschichte des erschossenen Software-Spezialisten an. »Und Sie sagen, dieser Herr Haug war hier in unserem Haus tätig? Tatsächlich?«

Weiter konnte man eine Leiche nicht von sich wegschieben, dachte Linnert. »War er. Er dürfte noch am Tage seines Todes hier in diesem Gebäude gewesen sein.«

Scherer griff wortlos zum Telefon, beorderte den Chef der IT in sein Büro. Zu Linnert gewandt, sagte er: »Der Kollege heißt Michael Hoffmann. Er kann Ihnen bestimmt besser helfen als ich. Um ehrlich zu sein, ich kannte diesen Herrn Haug gar nicht. Die HPA hat fast zweitausend Mitarbeiter an den unterschiedlichsten Standorten. Dazu eine Heerschar Externer, zu denen ja offenbar auch dieser Herr Haug gehörte. Unmöglich, die alle vor Augen zu haben.«

»Sicher.«

Michael Hoffmann, der IT-Chef, war ein junger Anzugträger, aufgeschlossen, klug und sichtlich betroffen, als er hörte, was passiert war.

»Sie kannten Christian Haug also?«, fragte Linnert.

»Natürlich. Er war in den letzten Jahren immer wieder für uns im Einsatz. Ein guter Mann, hochkompetent. Sehen Sie, unsere Aufgaben erfordern es, dass wir extrem vernetzt arbeiten. Darum sind virtuelle Teams wichtig für uns. Haug und die *CCS* haben uns da wirklich nach vorne gebracht. Aber wenn Sie mich jetzt fragen, warum er ermordet worden sein könnte ...« Hoffmann hob in einer Geste der Hilflosigkeit die Hände, schüttelte den Kopf. »Ich habe wirklich nicht die geringste Ahnung.«

»Woran hat er denn zuletzt gearbeitet?«, fragte Linnert.

»Unterschiedliche Projekte. Es ging zum Beispiel um die Integration der Mobilgeräte unserer Mitarbeiter ins Firmennetzwerk, die Anbindung des Terminals Altenwerder oder die neuen Drohnen zur Gewässervermessung. Außerdem war er an unserem 5G-Projekt beteiligt. Vielleicht haben Sie davon in der Zeitung gelesen?«

»5G? Sicher, habe ich schon einmal gehört.«

In Hoffmanns Augen blitzte es. »Dann wissen Sie vielleicht auch, dass der Hamburger Hafen ein Testgebiet ist, um die Möglichkeiten des neuen Mobilfunkstandards auszuloten. Ist eine große Sache, nicht nur für Hamburg und den Hafen, sondern weit darüber hinaus. Alles, was in Sachen 5G etwas zu sagen hat, ist daran beteiligt. Die Finnen, die Chinesen, natürlich auch unsere Telekom.«

»Und Haugs Aufgabe dabei?«

»Er hat sich um die Team-Software gekümmert. Wie immer hat er es tadellos gemacht.«

Linnert machte sich Notizen. Anschließend stellte er die üblichen Fragen nach Freunden und Feinden, nach Konflikten, nach weiteren Anhaltspunkten, egal wie abseitig sie Hoffmann erscheinen mochten. Zum ersten Mal bemerkte Linnert eine gewisse Unruhe auf Seiten des IT-Fachmanns. Die Seitenblicke in Richtung seines Chefs. Hoffmann wollte reden. Aber nicht hier. Kein Problem.

»Zeigen Sie mir Ihr Büro, Herr Hoffmann?«, fragte Linnert.

Erleichterung. »Natürlich, kommen Sie mit.«

Sie waren erst wenige Schritte den Korridor hinuntergegangen, als der IT-Chef stehen blieb. »Ich wollte es nicht vor Scherer sagen, weil ich nicht als Plauderer dastehen möchte.«

Linnert lächelte. »Ich freue mich immer, wenn jemand plaudert. Also?«

»Haug war wirklich nicht der gesprächige Typ. Aber vor vielleicht sechs Wochen haben wir uns doch mal unterhalten. Das war draußen auf dem Parkplatz, unsere Wagen standen nebeneinander. Auf seinem Beifahrersitz lag ein riesiger Strauß roter Rosen.«

»Sie haben ihn danach gefragt?«

Hoffmann grinste. »Sagen wir so, ich habe einen Spruch gemacht. Es war ja klar, dass die für eine Frau waren – aber war es auch seine eigene?! Was man halt so sagt ... Haug war kurz angepisst. Dann hat er gelacht und gesagt, er hätte vorher nicht gewusst, was Sex ist. Genau so hat er es ausgedrückt.«

»Wie haben Sie den Satz verstanden?«

»Er hatte eine Affäre. Wie sonst sollte man das verstehen?!«

»Hat er einen Namen genannt?«

Hoffmann schüttelte den Kopf.

Linnert dankte ihm. Es war nicht viel. Aber es war überhaupt etwas.

7.

»Andere Leute lesen Bücher, ich lese Leichen«, erklärte Professor Ludger Terzian, nachdem Sophia in den großen Sektionsraum des Instituts für Rechtsmedizin getreten war.

»Sehen Sie! Und ich lese die Uhr«, entgegnete Sophia lächelnd und tippte demonstrativ auf ihre Armbanduhr. Terzian war zwar eine Koryphäe, aber auch schrecklich verquasselt. Die Gespräche mit ihm dauerten gerne schon einmal Ewigkeiten.

»Sie haben es eilig?«, fragte der Rechtsmediziner.

»Davon können Sie ausgehen.«

Terzian seufzte. »Offenbar sind meine Toten heutzutage die einzigen, die nicht unter Stress stehen.«

»Sie wollen jetzt aber nicht so weit gehen, dass wir sie deshalb beneiden sollten, oder?«

»Nicht unbedingt. Tot sein hat zweifellos auch seine Schattenseiten.«

Terzian trat an einen der Sektionstische heran und lupfte mit einer schwungvollen Bewegung das Leichentuch. Sophia blickte auf den toten Christian Haug. Da sie am Abend im Hafen nicht dabei gewesen war, war es für sie das erste Mal, dass sie ihn sah. Der Mann sah überraschend ... weich aus. Sympathisch. Anders als seine Frau. Sie musste an das denken, was sie von Roland Schirrbach, dem Chef der CCS, gehört hatten. Christian Haug sei einer gewesen, der unter Druck stand, um es seiner Frau recht zu machen ... nun konnte sie sich vorstellen, dass das den Tatsachen entsprach.

»Was haben Sie herausgefunden?«, fragte sie.

Terzian deutete mit dem Finger auf die eingetrockneten Schusswunden in Haugs Brust. »Die Schüsse sind aus nicht allzu großer Distanz erfolgt. Vielleicht einen Meter. Als er ins Wasser gefallen ist, hat er allerdings noch gelebt.«

»Ach? Dann waren die Schüsse nicht tödlich?«

»Doch, waren sie. Es handelt sich um einen Fall von überholender Kausalität. Wenn er nicht ertrunken wäre, wäre er innerlich verblutet, wegen des Lungenschusses. Und wenn das nicht eingetreten wäre, wäre er allemal an dem Schuss ins Herz gestorben.«

»Da wollte also jemand sichergehen.«

»Davon können Sie ausgehen ... die Projektile sind bereits bei den Kollegen von der KTU.«

»Was ist mit dem Todeszeitpunkt?«

»Ist bei einer Wasserleiche nicht so einfach. Aber ich schaffe es natürlich trotzdem.«

»Das weiß ich doch, Professor.«

»Ich würden sagen, vom Zeitpunkt des Leichenfundes an gerechnet etwa zweiundsiebzig Stunden vorher. Mit einer Abweichung von drei Stunden nach vorne oder hinten.«

Sophia schloss kurz die Augen und rechnete nach. Die Leiche war gestern am späten Abend gefunden worden. Das heißt, der Mord war drei Tage zuvor, am Abend oder in der Nacht geschehen. Das deckte sich mit der Aussage von Susanne Haug, die ihren Mann ab diesem Zeitpunkt vermisst hatte.

»Und sonst? Irgendwelche Hinweise?«

»Eigentlich nichts.«

Sophia sah Terzian forschend an. »Irgendetwas haben Sie aber noch, oder?«

Der Mediziner strahlte. »Ich habe Ihnen ein paar Wege abgenommen und schon einmal mit den Kollegen von der Hydrografie gesprochen«, erklärte Terzian. »Sie wollen sich natürlich nicht festlegen. Aber zum Zeitpunkt des Todes herrschte auflaufende Flut. Es ist also davon auszugehen, dass die Leiche stromab ins Wasser gefallen ist.«

»Interessant. Konnten sie es näher eingrenzen?«

»Konnten sie. Der arme Kerl dürfte irgendwo zwischen Fischereihafen und Teufelsbrück erschossen und in die Elbe geworfen worden sein.«

»Danke, Professor. Das könnte uns gut weiterhelfen. Dann werde ich mal ...«

»Natürlich. Aber bevor Sie gehen ... würden Sie das bitte der Witwe des Toten zukommen lassen?«

Terzian hielt einen durchsichtigen Plastikbeutel in die Höhe. Er war prall mit Wasser gefüllt und im Inneren schwamm ein Fisch.

»Was ist das?«, fragte Sophia.

»Ich denke, ein Stichling.«

»Ein Stichling?«

»Das arme Tier befand sich unter der Kleidung des Toten. Dank des vom Stoff aufgesaugten Wassers hat es überlebt.«

»Und ich soll ihn der Witwe geben?«

»Nun, wir müssen den Fisch wohl als eine Art Fang betrachten und damit als Eigentum des Toten. Logischerweise gehört er nun also seiner Witwe.«

Terzians skurriler Humor war berüchtigt. Aber diesmal übertrieb er es, fand Sophia. Kopfschüttelnd sagte sie: »Ich bezweifle, dass Frau Haug sich darüber freuen würde. Wenn Sie ein Tierfreund sind, fahren Sie lieber an die Elbe, Professor, und setzen den armen Kerl aus.«

»Und wenn nicht?«

»Dann braten Sie ihn sich zum Abendessen.«

8.

Am nächsten Nachmittag ging Linnert die Wexstraße in Richtung Großneumarkt hinauf, auf der Suche nach einer bestimmten Hausnummer.

Dass er überhaupt im Besitz einer Adresse war, war in erster Linie Sophia zu verdanken. Sie waren am Vormittag gemeinsam ein zweites Mal zu Susanne Haug gefahren. Einer frisch gebackenen Witwe beizubringen, dass ihr Mann eine Affäre gehabt hatte, war nichts, das Spaß machte. Sophia konnte so etwas besser als er. Darum hatte er ihr das Reden überlassen. Sophia bewies ihr Talent. Jedes einzelne ihrer Worte hatte diesen mitfühlenden und zugleich solidarischen Unterton, von wegen, sie wisse genau, dass Männer Schweine seien, ohne Ausnahme, genetisch bedingt, so seien sie halt. Auch echte Liebe halte die Mistkerle nicht davon ab, ihre Schwänze überall hineinstecken zu wollen ... Linnert saß mit hängenden Schultern da und fühlte sich auf dumpfe Art schuldig. Die Haug hingegen reagierte kühl. Nicht sonderlich überrascht. Hatte sie es also gewusst? Sophia fragte ganz direkt. Susanne Haug schüttelte den Kopf. Nein, gewusst nicht. Aber geahnt. Es sei nicht das erste Mal gewesen, dass ihr Mann was am Laufen hatte. Darum hatte sie nicht viel darauf gegeben, hatte darauf vertraut, dass es auch diesmal wieder vorbeiging. Es klang glaubhaft. Einen Namen, eine Adresse, überhaupt irgendeinen Anhaltspunkt, wer die andere Frau sein könnte, hatte sie allerdings nicht. Genauso wenig konnte sie sich erklären, was ihr Mann am späten Abend oder sogar in der Nacht am Elbufer gemacht haben könnte. Sie sah Linnert und Sophia nur mit blassem Gesicht an und schüttelte stumm mit dem Kopf.

Linnert fuhr daraufhin ein zweites Mal zu *CCS*, wo der Tote gearbeitet hatte. Seine Fragen führten ihn zu einem Mann namens Hansjörg Brandt. Mitte dreißig, ungesunde Haut, Vollbart. Ein Computer-Nerd. Er hatte oft mit Haug im Team gearbeitet. Linnert steuerte direkt auf das Thema zu. Was er hörte, klang ähnlich wie das, was Michael Hoffmann, der IT-Chef der HPA, berichtet hatte. Haug hatte wohl eine Affäre, die ihn mehr als erfüllte. Einen Namen hatte Brandt auch nicht zu bieten. Aber er erinnerte sich daran, dass Haug einmal etwas erwähnt hatte. Die Frau, um die es ging, betrieb einen Laden in der Nähe vom Großneumarkt. Was für einen Laden, hakte Linnert nach. Brandt dachte fieberhaft nach, schnippte dann mit dem Finger: Eine Galerie! Ja, genau, eine Galerie!

Seitdem streifte Linnert durch die Straßen rund um den Großneumarkt und betrat alles, was einer Galerie auch nur ähnlich war. Er ließ Besitzer und Angestellte aufmarschieren und zeigte Haugs Foto.

Bisher hatte er immer nur ein Kopfschütteln geerntet. Niemand kannte Haug. Immerhin nannte ihm die letzte Ladenbesitzerin, die er befragte, die

Adresse einer Galerie. Darum lief Linnert nun die Wexstraße entlang, erreichte kurz darauf sein Ziel.

Durch das Schaufenster konnte der Kommissar in einen großen Raum mit hohen Decken blicken. An den Wänden hing moderne Kunst in gedeckten Farben. Abstrakte Muster, ungewöhnliche Formate. Hoch und lang, sehr schmal. Oben und unten mit Holzstangen versehen. Wie bei asiatischen Rollbildern. Nicht, dass Linnert viel von Kunst verstand, aber das erkannte auch er.

Er trat durch die Tür. Ein leises Glöckchen erklang. Kurz darauf trat eine Frau durch einen Türvorhang aus einem Hinterraum. Linnert starrte sie an. Warum er so überrascht war, konnte er selbst nicht sagen. Weil sie hübsch, ja atemberaubend war? Auch das. Aber nicht nur.

Die Frau hatte lange, seidenschwarze Haare, ein fein gemeißeltes Gesicht, dunkle Augen, aus denen sie ihn neugierig anblickte. Ihre zierliche Figur wurde von der engen Jeans und der Seidenbluse betont. Eine Asiatin, vermutlich eine Chinesin.

Linnert zeigte ihr das Foto: »Kennen Sie diesen Mann?«

Sie wurde blass und nickte. »Was ist mit ihm?«

»Er ist tot. Er ist erschossen worden.«

Sie schlug die Augen nieder. Ihr Gesicht bebte. Aber keine Tränen flossen. Linnert spürte dennoch ihre tiefe Erschütterung. Aber das war nicht alles, was er in ihren Zügen sah. Was also noch? Angst? Er war sich nicht sicher.

Er ließ ihr ein paar Augenblicke, dann fragte er: »Wie heißen Sie?«

»Wei Xiaolian.«

»Frau Xiaolian ...«

Sie lächelte. »Das ist mein Vorname. Ich heiße Wei.«

»Verzeihung, Frau Wei. Sie stammen aus China?«

Sie nickte. »Aus Shanghai.«

Ihre Stimme war sanft. Er beobachtete sie, immer noch auf der Suche nach einer Antwort auf seine Frage. Er sah Trauer, er sah Schmerz. Und noch etwas.

»Ich muss Ihnen einige Fragen stellen.«

»Natürlich. Kommen Sie, bitte.«

Frau Wei führte ihn nach hinten in einen Büroraum, der mit Kisten vollgestellt war. Sie bot Tee an und machte sich an einer kleinen Pantry-Küche zu schaffen. Ihr Rücken zitterte. Linnert sah nun doch stille Tränen auf ihren Wangen.

Sie servierte aromatischen Oolong-Cha, erzählte dann, dass sie seit zehn Jahren in Hamburg lebte und ebenso lange die Galerie betrieb. Eigene Werke, aber auch die anderer Künstler. Am liebsten stelle sie Bilder aus, die sich mit den Verbindungen zwischen Ost und West beschäftigten. Sie liebte Hamburg, Shanghais Partnerstadt, Shanghais Seelenverwandte.

»Glauben Sie, dass Städte eine innere Verbindung haben können, Herr Kommissar?«

»Nein.«

»Wir Chinesen nennen Hamburg *Hanbao*, Burg der Chinesen.«

»Ich habe davon gehört.«

»Wir fühlen uns sehr wohl hier.«

»Wir auch«, entgegnete Linnert.

Sie lächelte, rückte an ihn heran. Ihre Haut verströmte einen salbigen Geruch. Zu seiner Überraschung fühlte er ... Anziehung. Sie war attraktiv, zweifellos. Aber das war es nicht alleine. Diese Frau hatte eine ungewöhnliche Sogwirkung. Woran lag es? Daran, dass sie klein war? Kleiner als er? Das war selten.

Linnert ermahnte sich, konzentriert zu bleiben. »Sie unterhielten eine Beziehung zu Christian Haug, ist das korrekt?«

Sie nickte stumm.

»Erzählen Sie mir davon.«

Sie suchte nach Worten. Mit zierlicher Hand hob sie ihre Teetasse, trank davon. Dann begann sie mit leiser Stimme zu sprechen. Haug sei auf der Suche nach einem Bild in die Galerie gekommen. Sie hätten sich unterhalten. Er sei wiedergekommen, einmal, zweimal. Dann hatte es mit ihnen angefangen. Das lag ein gutes Jahr zurück. Später erst habe er ihr gestanden, dass er verheiratet sei. Sie löste daraufhin die Verbindung. Er kam dennoch wieder. Sie wollte es nicht und ließ ihn doch gewähren. Sie empfand viel für ihn, hoffte, er würde sich von seiner Frau trennen. Wusste dann, dass er es nicht tun würde. Nein, sie könne sich nicht vorstellen, wer ihn erschossen haben könnte. Oder warum. Überhaupt wisse sie kaum etwas über ihn. Jetzt möge Linnert gehen, sie wolle in ihrer Trauer alleine sein.

Kurz darauf stand Linnert im Freien und holte tief Luft. Er wusste nun, dass ihn sein erstes Gefühl nicht getrogen hatte. Neben ihrer Trauer empfand Frau Wei Angst. Todesangst.

9.

Sophia Wolf erteilte ungern Befehle. Weil Befehle Hierarchien markierten. Weil sie Menschen in oben und unten teilten. Das war für beide Seiten nicht gut.

Sie lächelte den Zugführer der Bereitschaftspolizei an. Er hieß Torsten Starke, ein vierschrötiger Typ, der sich seine Sporen verdient hatte. 1. Mai in der Schanze, G20, Salafisten, Clans, Luden, was nicht alles. Manche Menschen verstanden nur eine Sprache. So sah er die Dinge. Sie nicht.

»Sagen Sie Ihren Leuten am besten, dass wir eine Art Ausflug machen, Kollege Starke. Wir fangen hier in Övelgönne an und schlendern ganz gemütlich bis Teufelsbrück. Alle halten dabei ein bisschen die Augen auf. Wie klingt das?«

»Super.«

»Schön.«

»Und wer die Hülsen findet, kriegt ein Eis von Ihnen? Soll ich es den Männern so sagen?«

Sophia zuckte mit den Schultern. »Warum nicht?!«

»In Ordnung.«

Starke drehte sich um. In der Buskehre von Övelgönne waren zwei komplette Züge angetreten, insgesamt fast sechzig Mann. Amtshilfe für die Kollegen vom LKA. Die Jungs trugen Uniform, keine Bewaffnung. Einige hatten ihre Suchstangen dabei. Starke schenkte Sophia ein Lächeln, hob dann seine Stimme zu einem dröhnenden Geschrei: »Hört zu, Männer. Wir sind nicht zu unserem Vergnügen hier, verstanden?! Gleich ist Abmarsch! Bildet eine Zwanziger-Kette, dreifach gestaffelt. Wenn ich mitkriege, dass auch nur ein einziger Kiesel nicht umgedreht wird, tret ich euch in den Arsch. Noch Fragen?«

Die Jungs grinsten, schüttelten den Kopf. Starke grinste ebenfalls, sagte zum Abschluss: »Gut! Wer ne Hülse findet oder andere Spuren, kriegt nen Kuss von der Süßen hier. Also los, an die Arbeit.«

Starke drehte sich zu Sophia. Die sah allerdings nicht mehr süß aus.

Sie fragte: »Haben Sie das wirklich gerade gesagt? Wer was findet, kriegt nen Kuss von der Süßen? Womit Sie wohl mich meinen?«

»Die Jungs motiviert's, glauben Sie mir. Und Ihnen macht es doch nichts aus, oder?«

Sophia atmete ein. Sophia atmete aus. Sie lächelte. Dann beugte sie sich zu Starke und flüsterte ihm ins Ohr. Er hörte zu, sah sie dann erstaunt an. »Das soll ich sagen?«

»Sollten Sie. Oder ich sorge dafür, dass Sie sehr bald arbeitslos sind.«

Starke kaute auf seiner Lippe. Dann erhob er erneut die Stimme: »Männer, ich bin ein chauvinistischer Vollpfosten, der noch nicht im dritten Jahrtausend angekommen ist. Was man schon an meinem dämlichen Schnäuzer sieht. Wer die Hülsen findet, bekommt keinen Kuss von Kriminalhauptkommissarin Wolf, sondern von mir. Ob er will oder nicht. Und ob ich will oder nicht. Habt ihr das verstanden?«

»Jawoll!«, dröhnte es aus sechzig amüsierten Kehlen.

»Mann, haltet bloß die Fresse ... und jetzt los, an die Arbeit.«

10.

Es war nach Mitternacht, als Linnert noch einmal seine Wohnung verließ. Es gab viele Gründe, weshalb er nicht schlafen konnte. Wei Xiaolian war einer davon. Nicht der einzige. Sophia hatte ihm vorhin im Präsidium berichtet, dass die Suchaktion erfolgreich gewesen war. Am Hans-Leip-Ufer in Höhe des Hindenburgparks war eine Hülse gefunden worden, die zum Kaliber der Tatwaffe passte. Nur eine, aber immerhin. Der Fundort stimmte mit den Berechnungen der Kollegen vom Wasserschutz überein. Die auflaufende Flut war kraftvoll in Hamburg. Ein toter Körper konnte ohne Weiteres eine beachtliche Strecke elbaufwärts getrieben worden sein.

Bloß, wie passte all das zusammen? Hatten sie es mit einem Eifersuchtsdrama zu tun? Davon schien Sophia auszugehen. Die Tatsache, dass Susanne Haug von der Affäre ihres Mannes wusste und sich scheinbar damit arrangiert hatte, überzeugte sie nicht.

Sicher, möglich war das.

Linnert aber wollte nicht daran glauben. Sein Instinkt sagte ihm, dass etwas anderes dahintersteckte. Eifersüchtige Frauen konnten durchaus schon einmal zur Schusswaffe greifen. Aber das taten sie im Affekt. Daher geschahen solche Taten zumeist im häuslichen Umfeld. Nicht nachts am Flussufer.

Viel wichtiger aber war – warum hatte Wei Xiaolian Angst? Und warum war er, Linnert, so wenig überrascht davon, dass sie Chinesin war? Es gab da einen Zusammenhang. China. Das Wort war ihm im Laufe des Tages begegnet. Wo? Bei welcher Gelegenheit? Er konnte sich nicht daran erinnern. Aber früher oder später würde es ihm wieder einfallen.

Linnert parkte in einem Gewerbehof in Bahrenfeld. Die ehemaligen Fabrikräume und Werkstätten beherbergten inzwischen Künstlerateliers, Eine-Welt-Läden, Tanzstudios. Er stieg aus, ging ein paar Schritte über das alte Kopfsteinpflaster. Er hatte sich umgezogen, trug nun weite Hosen, Hemd, elegante Schuhe. Aus den Tiefen des Gemäuers hörte er den seufzenden Klang eines Bandoneons. Das Instrument, das deutsche Auswanderer nach Argentinien gebracht hatten, war aus der klassischen Tangomusik nicht wegzudenken. Sein Klang wurde untermalt von einem zurückhaltenden Klavier. Linnert blieb stehen, schloss die Augen, ließ sich von der Musik einfangen. Es funktionierte. Seine Stimmung veränderte sich. Er lächelte. Der Tango wecke ein Begehren, das der Tango nicht erfüllen könne, hieß es.

Die ersten Tänze waren unspektakulär. Ein Vals, eine lebhafte Milonga, ein sehnsüchtiger Tango. Linnert trank Weißwein, mehr als er sollte. Die Frauen, die ihn nicht kannten, wichen seinen fragenden Blicken aus. Sie forderten ihn auch ihrerseits nicht auf. Tango wurde eng getanzt. Welche Frau wollte das Gesicht dieses kleinen Mannes an ihren Brüsten spüren?

Die hingegen, die wussten, wer Linnert war, suchten seinen Blick, schenkten ihm ihr Lächeln, forderten, gefordert zu werden. Sie wussten, dass er ein brillanter Tänzer war. Einer, der Innigkeit versprach. Der eine Frau zur Geltung brachte. Wenn Linnert führte, machten die anderen Paare Platz, standen am Rand, sahen zu. Er war dann nicht mehr klein. Er war ein Mann. Ein Tänzer. Ein Verführer.

Linnert erinnerte sich gut daran, wie ein Freund ihn zum Tango gebracht hatte. Es war lange her. Fast zwanzig Jahre. Linnert war Mitte zwanzig gewesen und er hatte sich dagegen gewehrt. Er wollte nicht tanzen, schon gar nicht Paartanz. Er hatte Angst gehabt, vor der Musik, vor den Frauen. Der Freund hatte es nicht gelten lassen. Du kommst mit, ob du willst oder nicht! Der Funke war schon am ersten Abend übergesprungen. Der Tango hatte ihn gepackt und nie wieder losgelassen.

Es war schon drei Uhr früh, als sie mit stummen Blicken zueinander fanden. Die blonde Frau und Linnert. Er hatte sie schon lange beobachtet. Genau wie sie ihn. Sie war unmittelbar nach ihm gekommen. Eine gute Tänzerin. Groß, schlank, sehr elegant. Traurig. So traurig wie er. Sie hatten sich belauert. Keiner wollte auffordern. Ihre stummen Blicke erledigten das nun. Sie gingen aufeinander zu. Er nahm ihre Hand, legte seinen Arm um ihren Rücken, sanft und doch auch bestimmt. Er spürte ihr kurzes, überraschendes Zögern. Merkte sie erst jetzt, wo er so nahe war, wie klein er war? Hielt sie es nun für einen Irrtum? Oder hatte sie Angst?

Die Musik setzte ein. Ihr Zögern erlosch. Sie gab sich hin. *Mi noche triste*. Ein Klassiker von Carlos Gardel. Die ersten Schritte, ein Kennenlernen. Sie wurden mutiger, Drehungen, Ochos, Giros. Seine provozierenden Sacadas, ihre eleganten Fluchten. Ein Katz-und-Maus-Spiel. Dann die Erkenntnis, dass sie perfekt zueinanderpassten. Ihre beiden Körper wurden einer. Er führte, ohne führen zu müssen. Sie verlangte, was er zu wollen glaubte. Der Tango löste die Zeit auf. Die Physik, die Schwerkraft. Ihr Größenunterschied? Längst vergessen. Nur beim Tango konnte man einen Menschen im Tiefsten erfassen, ohne das Geringste über ihn zu wissen. Linnert roch den Duft ihrer Haut. Fremd. Vertraut. So etwas hatte er lange nicht erlebt. In einer Pause fanden sich ihre Lippen. Als die Musik wieder einsetzte, waren sie schon auf dem Weg nach draußen. Sie saßen im Auto und fuhren zu seiner Wohnung, ohne sich auch nur ihre Namen genannt zu haben.

11.

Am gleichen Abend lag Sophia auf ihrem heimischen Sofa. Sehr entspannt, genau wie ihr Freund Robert. Die beiden trugen flauschige Hausanzüge und waren so ineinander verschlungen, dass sie nicht hätten sagen können, welcher Arm oder welches Bein zu wem gehörte.

»Habe ich dir eigentlich erzählt, dass Linnert mich gestern in ein Steak-Restaurant geschleift hat? Kannst du dir so etwas vorstellen?«, fragte Sophia seufzend.

»Ein Steak-Restaurant? Ist ja abartig«, sagte Robert und hoffte, dass sie das ferne Sehnsuchtsglimmen in seinen Augen nicht bemerkte. Er war zwei Jahre jünger als sie, schrieb eine Doktorarbeit in Soziologie und hielt sich mit einem Job als Taxifahrer über Wasser. Das Haupteinkommen zu ihrem Haushalt steuerte Sophia bei. Ging für beide in Ordnung. Er war süß. So anschmiegsam. Trotzdem klug. Sie mochte ihn wirklich. Sie waren seit sieben Jahren ein Paar.

»Ich habe versucht, ihm die ökologischen Folgekosten seines Fleischkonsums nahezubringen.«

»Und?«

»Keine Chance. Er hätte sich am liebsten ein zweites Steak bestellt.«

Robert seufzte leise. »Sag ihm, dass er zu den ersten gehört, die ertrinken, wenn der Meeresspiegel steigt ...«

Robert kicherte. Sophia, kurz unsicher, ob ihr Freund es wirklich so gemeint hatte, sah ihn strafend an. »Das war geschmacklos, Robbi. Nur weil er klein ist. So etwas solltest du nicht sagen.«

»Stimmt doch aber. Außerdem ist klein eine Untertreibung, er ist winzig. Solche Typen sind grundsätzlich gestört.«

»Kann sein. Aber Bodyshaming geht trotzdem nicht.«

»Okay. Tut mir leid.«

Sie lächelte versöhnlich. Robert war erleichtert. Der kurze Anstieg ihrer Spannung, atmosphärisch wie körperlich, verpuffte. Die beiden lagen wieder wie hingeflossen auf dem Sofa.

»Linnert glaubt, dass irgendetwas Großes dahintersteckt.«

»Du meinst, hinter eurem aktuellen Fall?«

»Mmh.«

»Und was heißt das? Etwas Großes?«

»Politik. Wirtschaft. So etwas.«

»Kann doch sein?«

»Klar. Aber ich glaube nicht dran. Die Frau war's. Sie hat ihn erschossen, da gehe ich jede Wette ein. Weil er sie betrogen hat. Die ist kalt wie ein Stockfisch. Sehr schön. Aber irgendwie ... tiefgefroren.«

Robert ließ Sophias Worte wirken. »Könnt ihr nicht so einen Test machen? Wenn sie geschossen hat, das kann man doch nachweisen?«

»Du meinst einen Schmauchspurnachweis. Klar, aber dafür brauchen wir eine Anordnung. Und solange wir keine konkreten Hinweise haben, bekommen wir die nicht, Dummerchen. Ich hab die Sorge, dass Linnert sich verrennt und das Naheliegende nicht sieht.«

»Dann sag ihm doch, was du mir gerade gesagt hast.«

»Ist nicht so einfach. Er unterschätzt mich. Unter anderem, weil ich immer nett zu den Leuten bin. Dabei mache ich das nur, damit sie mit mir reden. Ohne Druck, ohne Angst.«

»Ach, Schnupsi, früher oder später wird er erkennen, was er an dir hat.«

Sophia sann Robbis Worten nach, brummte schließlich zustimmend. Sie schmiegte sich noch enger an ihn und sagte mit zärtlich gurrender Stimme: »Die Frau hat ihn erschossen, weil ihr Mann sie betrogen hat. Mit einer Chinesin. Würde ich mit dir auch machen.«

»Aber ich kenn doch gar keine Chinesin.«

»Bei jeder anderen auch. Mit meiner Dienstwaffe.«

»Echt?«

»Mmh. Aber in den Kopf. Nicht in die Brust. Ist sicherer.«

12.

Linnert wachte im Morgengrauen auf. Graues Licht schimmerte durch die Vorhänge ins Schlafzimmer. Er tastete neben sich. Die andere Seite des Bettes war leer.

Er rieb sich übers unrasierte Gesicht, blickte an die Zimmerdecke. Was für eine Nacht. Sie hieß Sandra. Der Tango war nahtlos in Sex übergegangen. Obwohl, gerade als sie in sein Bett gefallen waren, hatte sie doch gezögert. So etwas passierte immer. Jedes Mal. Die Frauen mochten ihn, begehrten ihn. Sie liebten seine Augen, die Traurigkeit und Wärme darin. Sie liebten seine Hände, die Berührungen, den Ausdruck. Aber dann wurden sie doch unsicher. Jede Frau schien im letzten Augenblick die Stimme ihrer Mutter zu hören. Mit so einem Mann kannst du dich nicht blicken lassen. Eine halbe Portion. Lass die Finger von ihm. War es bei Sandra genauso? Sie weinte plötzlich. Das passte nicht ins Schema.

»Was ist los?«, fragte er.

»Ich habe es nicht geplant. Das mit uns«, sagte sie.

»Ich auch nicht.« Er lächelte.

Sie sah ihm in die Augen. »Was auch immer passiert, Linnert. Du musst mir glauben, dass ich dich wirklich mag.«

»Was soll das? Worum geht's jetzt gerade?«

Sie schüttelte den Kopf, zog ihn an sich, zog ihn in sich.

Ein Geräusch riss Linnert aus seinen Gedanken. Er lauschte in die Wohnung. War sie doch noch da?

Er stand auf. Nackt. Ging zur Tür, wollte sie aufstoßen. Hörte wieder dieses Geräusch. Sein Instinkt erwachte. Er nahm die Dienstwaffe aus dem Nachtschrank. Lautlos drückte er die Klinke hinab, öffnete die Schlafzimmertür einen Spalt und lugte hinaus. Sie hatte bereits ihre Unterwäsche angezogen, schien ihr Kleid zu suchen. Dabei lag es doch gut sichtbar auf dem Sessel im Wohnzimmer.

Dann wurde ihm klar, dass es nicht um das Kleid ging. Sie durchsuchte seine Wohnung. Sie öffnete Schränke, öffnete Schubladen, durchwühlte die Unterlagen, die auf dem Wohnzimmertisch lagen. Sie blätterte in seinem Notizbuch.

Linnert wich zurück, setzte sich aufs Bett. Leerer Kopf. Er saß einfach da und wartete, bis er das Geräusch der Wohnungstür hörte. Jetzt war sie wirklich weg.

Er stellte sich unter die Dusche. Was hatte das zu bedeuten?

13.

Sophia steuerte ihren Wagen in östlicher Richtung aus der Stadt hinaus. Wie immer mied sie die Autobahn. Weil da nur Raser und Verrückte unterwegs waren. Landstraße war viel schöner. Rahlstedt, Braak, Trittau. Wälder und Felder, Knicks und Redder, blühender Raps.

Einmal hielt sie an, stellte den Wagen in die Einmündung eines Feldwegs. Sie ging ein paar Schritte, breitete die Arme aus und atmete tief ein. Roter Klatschmohn in grüner Wiese. Die wenigen Insekten, die es noch gab, surrten. Sie spürte die Sonne in ihrem Gesicht und genoss den hohen, norddeutschen Himmel.

Dann begannen ihre Augen zu tränen und ihr Hals zu jucken. Ihr Heuschnupfen meldete sich. Verdammte Kacke. Vielleicht war Stadt doch besser?

Sophia ging zum Wagen zurück und schmiss ein Antihistamin ein. Schon nach wenigen Augenblicken trat Besserung ein.

Eine Viertelstunde später erreichte sie ein kleines Örtchen in der Nähe von Mölln, Landkreis Herzogtum Lauenburg. Ihr Navi führte sie zu einem Häuschen am Dorfrand. Es hatte sie am frühen Morgen einige Mühe gekostet, erst einen Namen und dann diese Adresse ausfindig zu machen. Sie hatte das Ganze dann mit Linnert besprochen. Der meinte, sie solle ruhig ihrem Gefühl folgen, er würde seinem folgen. Wer weiß, am Ende führte sie beides ja möglicherweise wieder zusammen. Dann hatte sie sich auf den Weg gemacht.

Das Häuschen war runtergekommen. Aber idyllisch. Sie klingelte. Eine Frau machte auf. Lange Haare, Brille, schön. Die Ähnlichkeit mit Susanne Haug war unverkennbar, auch wenn die beiden Schwestern ganz unterschiedliche Typen waren. Sophia nannte ihren Namen und zeigte ihren Dienstausweis.

Karina Niemann trug noch ihren Mädchennamen. Blödes Wort! Sie blickte Sophia ratlos an. »Ich befürchte, dass ich Ihnen kaum weiterhelfen kann. Es ist Monate her, dass ich meine Schwester oder meinen Schwager gesehen habe. Ich weiß praktisch nichts über ihn.«

»Es gibt dennoch eine Möglichkeit, wie Sie unsere Ermittlungen unterstützen könnten. Ich würde gerne ein wenig über Ihre Eltern erfahren.«

»Über meine ... unsere Eltern?«

»Ja.«

»Die sind tot. Schon seit einigen Jahren.«

»Das weiß ich«, sagte Sophia. »Eben darum.«

14.

»Wissen Sie inzwischen, wer es war?«

Michael Hoffmann, der Leiter der IT-Abteilung der Hamburg Port Authority, blickte Linnert fragend an, nachdem der sein Büro in der Speicherstadt betreten hatte.

»Wir sind auf einem guten Weg«, antwortete Linnert. Er lächelte, auch wenn es ihm schwerfiel. Seine Laune hielt sich seit dem Morgen sehr in Grenzen. Sandra. Erst die beste Nacht seit langem. Dann so etwas.

Hoffmann bot Kaffee an, fragte dann: »Wie kann ich Ihnen weiterhelfen?«

»Sie haben gestern einige Projekte erwähnt, an denen Christian Haug in den letzten Monaten konkret mitgearbeitet hat. Dabei erwähnten Sie auch das 5G-Projekt im Hafen. Mich würden die Einzelheiten interessieren.«

Hoffmann brummte nachdenklich. »Ja, klar. Allerdings müsste ich mich rückversichern, dass ich Ihnen darüber Auskunft geben darf. Ist eine empfindliche Sache. Viele Augen blicken darauf ...«

»Eben darum interessiert es mich. Im Übrigen kann ich Ihnen versichern, dass Sie nicht nur Auskunft geben dürfen, sondern sogar müssen. Also?«

Der IT-Experte nickte mit zusammengepressten Lippen. Dann machte er sich an seinem Computer zu schaffen, rief eine Datei auf, überflog sie. Schließlich wandte er sich an Linnert. »5G wird meistens als neuer Mobilfunkstandard bezeichnet. Das ist nicht falsch. Allerdings geht es um sehr viel mehr als ums Telefonieren. Darum auch das Pilotprojekt im Hafen. Wir probieren zum Beispiel, wie wir dank der neuen Möglichkeiten Verkehrsströme in Echtzeit verfolgen und steuern können. Auf der Straße und auf dem Wasser. Es gibt außerdem ein Testmodul in Sachen *augmented reality*. Wir bauen sozusagen eine virtuelle 1:1-Kopie des Hafens im Rechner. Was wir hier erproben, hat Auswirkungen auf die Zukunft Deutschlands. Wir reden über Verkehr, Warenströme, Logistik, im Grunde über die gesamte Wirtschaft.«

Linnert machte sich Notizen. »Sie erwähnten, dass bei dem Projekt internationale Partner dabei sind. Wer genau?«

»Vor allem die Telekom-Giganten, die die neuen Netzwerke bauen werden. Die Finnen. Und auch, obwohl es heikel ist ...«

»... die Chinesen«, vervollständigte Linnert den Satz. »Aber wer genau? Welche Firma?«

Hoffmanns Gesicht verzog sich zu einer Grimasse. Dann erwähnte er den Namen einer chinesischen Elektronikfirma. Linnert kannte sie. Vermutlich kannte sie jeder. Nicht nur, weil sie Smartphones und andere Heimelektronik herstellte, die als gut und preiswert galt. Sondern auch, weil sie permanent in den Schlagzeilen war. Im Zusammenhang mit dem weltweiten 5G-Ausbau, mit Milliardeninvestitionen. Aber auch mit Spionage im Auftrag der chinesischen Regierung.

Hoffmann, der offenbar die Gedanken des Kommissars erahnte, wurde blass. »Glauben Sie etwa, dass Haugs Tod etwas damit zu tun hat?«

Linnert hob vielsagend die Augenbrauen. »Ich halte es jedenfalls für möglich.«

15.

Auf dem Weg zurück in die Stadt nahm Sophia ausnahmsweise doch die Autobahn, raste dann mit durchgedrücktem Gaspedal in Richtung Hamburg.

Über die Freisprechanlage rief sie bei Linnert an. Ging sogar per Sprachbefehl. Toll.

»Linnert? Ich bin's. Alles in Ordnung bei dir?«

»Sicher. Was gibt's?«

»Ich war bei der Schwester von Susanne Haug. Mein Gefühl hat mich nicht getrogen.«

»Aha.«

»Erinnerst du dich an das, was sie uns über ihr Haus in Volksdorf erzählt hat? Von wegen, dass sie und ihr Mann es sich leisten könnten, weil sie geerbt hat? War gelogen. Die Eltern haben nichts als Schulden hinterlassen.«

In der Leitung entstand eine kurze Pause. Dann sagte Linnert: »Interessant, Sophia. Aber ich bin mir nicht sicher, ob das zu etwas führt.«

»Wieso sollte Susanne Haug uns ungefragt anlügen, wenn es um ihre Finanzen geht? Doch nur, weil sie etwas zu verbergen hat, oder?«

»Vielleicht. Vielleicht auch nicht. Ich muss jetzt weitermachen. Wir sprechen später im Präsidium darüber.«

»Ich ...«

Sophia starrte irritiert auf das Display in der Mittelkonsole. Linnert hatte die Verbindung gekappt.

Schlecht gelaunt, raste sie weiter in Richtung Hamburg. Sie kaute auf ihrer Oberlippe. Robbi lachte immer, wenn sie das tat. Sie war sauer. Wieso tat Linnert ihre Erkenntnisse über Susanne Haug so einfach ab? Hatte er eine bessere Spur? Dann wäre es nett, wenn er ihr davon erzählen würde.

Aber so war Linnert. Ein Solist. Beruflich sowieso, aber auch privat. Das Problem war, dass kaum jemand der Kollegen wirklich viel über ihn wusste. Sogar sie nicht, obwohl sie seit vier Jahren ein Team mit Linnert bildete. Gerüchtehalber sollte er gut tanzen können. Das konnte sie sich allerdings beim besten Willen nicht vorstellen. Nicht bei ihm. Andererseits, vielleicht stimmte es ja doch?

Sophia blieb auf der linken Spur. Sie wusste, was sie als Nächstes zu tun hatte. Würde zwar nervig werden und viel Telefonarbeit bedeuten. Aber es würde sich lohnen.

16.

Linnert hatte seinen Wagen im Johanniswall in der Hamburger Innenstadt abgestellt, genau im Schatten der inzwischen abgerissenen City-Höfe. Die waren zweifellos ein architektonisches Schandmal im Herzen Hamburgs gewesen. Sie aber einfach zu zerstören war eine noch größere Schande. Nicht nur, weil die Stadt den Denkmalschutz einfach ignorierte. Sondern auch, weil hier ein Stück Vergangenheit entsorgt wurde. Die vier Hochhausscheiben waren Ende der Fünfzigerjahre errichtet worden. Zweifellos hässlich. Aber auch Zeichen des Wirtschaftswunder-Optimismus jener Zeit. Kein Museum konnte das Gefühl für diese Ära so darstellen, so spürbar werden lassen, wie es das Gebäude gekonnt hatte. Aber zu spät. Der Abriss war vollbracht. Das, was stattdessen dort errichtet würde, würde ein Symbol der Geschichtsvergessenheit sein.

Während Linnert wartete, spielte sein CD-Player Tango-Klassiker von Astor Piazzolla. Er dachte an Sandra. In seiner Erinnerung roch er ihre Haut. Sie hatten im Bett nicht weniger harmoniert als auf dem Tanzparkett. Aber sie? Hatte alles in Schutt gelegt.

Gegen halb drei am Nachmittag sah er, wie sie das große Backsteingebäude auf der anderen Straßenseite verließ. Dort war die Hamburger Innenbehörde untergebracht. Aber nicht nur. Sein Gefühl hatte ihn also nicht getrogen.

Sie ging in Richtung U-Bahn, Haltestelle Meßberg. Er startete den Wagen, rollte parallel zum Bürgersteig, hupte. Sie blieb stehen, drehte sich um.

Als sie ihn erkannte, erstarrte ihr Gesicht.

Linnert ließ die Scheibe auf der Beifahrerseite hinabsurren. »Willst du einsteigen?«

»Nein.«

»Ich möchte etwas mit dir besprechen, Sandra.«

Sie war blass, war angefasst. »Es tut mir leid, Linnert. Wirklich. Aber lassen wir es dabei bewenden, in Ordnung?«

Sein Gesicht blieb ausdruckslos. »Es geht mir nicht ums Private. Das ist mir völlig egal. Es ist rein beruflich. Steig bitte ein.«

Sie blickte sich um, mit professioneller Umsicht, setzte sich dann in den Wagen.

Gute zehn Minuten später parkte er den Wagen unweit der Landungsbrücken.

»Lass uns ein paar Schritte gehen«, sagte Linnert.

»Ganz, wie du willst.«

Sie stiegen aus und schlenderten an der Elbpromenade entlang. Pötte auf dem Strom, der Geruch nach Fischbrötchen, kreischende Möwen. Gott, wie er diese Stadt liebte. Und wie er diese Situation hasste!

»Ich werde nichts sagen, Linnert. Selbst wenn ich wollte, ich darf nicht«, erklärte Sandra.

»Dann sage ich halt etwas. Auch wenn ich noch nicht alles weiß. Vielleicht kannst du mir ja wenigstens bestätigen, ob ich halbwegs richtig liege.«

Sie zuckte mit den Schultern. Immerhin kein Nein.

Linnert sprach. »Christian Haug, der Name wird dir ja etwas sagen, war ein Experte für Software im Bereich virtuelles Team-Building. Er war unter anderem für die HPA tätig. Einer seiner Einsätze betraf das Pilotprojekt in Sachen 5G im Hafen. Daran ist auch ein chinesischer Technikriese beteiligt, der zurzeit weltweit im Gerede ist. Die Firma stellt konkurrenzlos billig Komponenten für die 5G-Netze her. Und wird bezichtigt, mit dem chinesischen Staat zusammenzuarbeiten, gilt also als nicht vertrauenswürdig ... soweit sind die Dinge unstrittig, einverstanden?«

Erneut zuckte Sandra nur mit den Schultern. Auch jetzt gab es also kein Nein.

Linnert fuhr fort. »Dann kommen wir jetzt zum problematischen Teil der Geschichte. Punkt eins: Besagter Christian Haug wurde ermordet. Punkt zwei: Der Mann unterhielt eine außereheliche Beziehung zu einer chinesischen Staatsbürgerin. Das ist natürlich nicht verwerflich. Es ist höchstens ... auffällig. Jedenfalls wenn man davon ausgeht, dass der Mann Zugang zu allen möglichen Dokumenten hatte, die das 5G-Projekt betreffen. Aber jetzt kommt Punkt drei: Es passiert etwas, das wirklich ungewöhnlich ist. Der ermittelnde Kripobeamte lernt zufälligerweise eine hinreißende Frau kennen, mit der er eine Nacht verbringt. Eine atemberaubende Nacht. Der Bulle hat das Gefühl, dass es etwas Besonderes mit ihr ist. Er bildet sich sogar ein, dass etwas draus werden könnte. Am nächsten Morgen aber beobachtet er, wie sie seine Wohnung durchwühlt und offenbar auf die Unterlagen im Mordfall Haug aus ist. Also kontaktiert er einen Kollegen, der sich in der Szene auskennt. Er beschreibt ihm die Frau. Und, Bingo. Sein Verdacht war richtig. Die Frau ist Mitarbeiterin des Hamburger Amtes für Verfassungsschutz, und zwar in der Abteilung 3. Sie ist also zuständig für Spionageabwehr. Der Bulle zieht daraus zwei Schlüsse. Erstens, diese Sandra, die ihm eigentlich so gut gefiel, hat ihn einfach nur verarscht, um an Informationen zu kommen. Zweitens, der Zusammenhang zwischen der chinesischen Tech-Firma und der Ermordung von Christian Haug ist in der Tat kein Zufall.« Linnert machte eine kurze Pause, schob dann hinterher: »Kannst du diesen letzten Punkt bestätigen? Geht es um Spionage? Wurde Haug deswegen getötet? Das ist übrigens der einzige Grund, weshalb ich mit dir reden wollte.«

Sandra blieb stehen. Linnert blickte in ihr Gesicht. Die Tränen, die er entdeckte, schmeckten süß und bitter zugleich.

»Sag etwas dazu«, forderte er sie auf.

In ihr kämpfte es. Sie kramte ein Taschentuch aus der Tasche, tupfte sich die Augen ab. Die Spannung wich aus ihrem Körper. »In Ordnung. Aber lass uns laufen. Dann fällt es mir leichter zu sprechen.«

Hamburg, erklärte Sandra, ist ein europäischer Brückenkopf der chinesischen Wirtschaft. Über fünfhundert Firmen aus dem Reich der Mitte unterhielten hier eine Niederlassung, über 10 000 chinesische Staatsbürger lebten und arbeiteten hier. Unter ihnen waren leider auch immer mehr Agenten des MSS, also der chinesischen Stasi, aber auch des militärischen Spionagedienstes MID. Seit einigen Jahren weiteten beide Stellen ihre Aktivitäten aus. Zu ihren Zielen gehörten Firmen, aber auch wissenschaftliche und staatliche Einrichtungen. Die Zielpersonen, zum Teil chinesischstämmig, zum Teil nicht, wurden über die sozialen Netzwerke oder auch per direkter Ansprache geködert. Es fing meistens mit harmlosen Gesprächen auf Kongressen oder Vorträgen an. Dann folgten Einladungen zum Abendessen. Es gab kleine, danach auch etwas größere Geschenke. Irgendwann wurden die Karten auf den Tisch gelegt. Kleine Auskünfte gegen kleines Geld. Große Informationen gegen großes Geld.

Christian Haug hatte das Programm bereits vor einem guten Jahr durchgemacht. Für die chinesische Seite war er interessant, weil er dank seines Berufs Zugang zu vielen Firmennetzwerken hatte. Allerdings hatte die chinesische Seite ihn nicht mit Geld geködert, jedenfalls nicht nur, sondern mit den Verführungskünsten einer informellen Mitarbeiterin, die den deutschen Stellen bereits seit längerem bekannt war. Wei Xiaolian. Dann aber überkam Haug ein schlechtes Gewissen. Er trat an den Verfassungsschutz heran, der neben dem Staatsschutz und dem BND für die Spionageabwehr zuständig war, und packte aus.

»Warum ist er nicht verhaftet worden? Der Generalbundesanwalt freut sich über solche Fälle, oder?!«

Sandra schüttelte unwirsch den Kopf. »Ich wollte es, aber meine Vorgesetzten hatten andere Pläne. Haug war für sie ein Sechser im Lotto.«

»Ach, ja?!«

»Wegen des 5G-Projekts! Zum ersten Mal hatten wir die Chance herauszufinden, ob die chinesische Firma tatsächlich ein staatliches U-Boot ist. Und wenn ja, wie der Datenabfluss technisch organisiert wird. Wenn wir Haug aus dem Spiel genommen hätten, hätte die chinesische Seite gewusst, dass wir ihnen auf der Spur sind.«

Linnert schnalzte mit der Zunge. »Mit anderen Worten, ihr habt ihn umgedreht. Haug war jetzt euer Mann?!«

Sandra nickte. »Stell es dir wie ein Schachspiel vor. Aber eines, bei dem die Farben der Figuren wechseln können, ohne dass es die Spieler bemerken.«

»Und Haug war ein Bauer, der nun für immer vom Feld genommen worden ist ... so ungefähr?!«

Linnerts Stimme triefte vor Sarkasmus. Sandra blieb ernst. »Er war viel mehr als ein Bauer. Nicht nur wegen 5G. Haug wusste offenbar, wer außer ihm hier in Hamburg für die Chinesen tätig war. Es ging konkret um jemanden, der im Zentrum der Macht steht.«

»Ein Top-Spion«, sagte Linnert. »Und den wollte er euch liefern?«

»Richtig. Allerdings verlangte Haug einen Millionenbetrag für die Information. Danach wollte er sich absetzen.«

Linnert blickte Sandra überrascht an. »Haug wollte verschwinden?«

Sandra nickte. »In wenigen Tagen wäre es so weit gewesen.«

»Aber bevor es dazu kam, haben die Chinesen ihn liquidiert – weil sie sein doppeltes Spiel durchschaut haben. Ist es so?«

»Vieles spricht dafür. Dennoch glaube ich es nicht. Ihre eigenen Leute würden sie vielleicht auf die Weise aus dem Weg räumen. Aber einen deutschen Staatsbürger? Eher nicht. Wenn ich du wäre, würde ich seine Ehefrau unter die Lupe nehmen. Ich glaube nicht, dass sie diejenige war, die er bei seiner Flucht mitnehmen wollte ...«

Linnert blickte auf die Elbe hinaus. Sein geliebtes Hamburg, ein Tummelfeld für Spione. Kälter als heute konnte es auch zu Zeiten des Kalten Krieges nicht gewesen sein.

Dann erinnerte Linnert sich an das, was Sophia ihm am Telefon gesagt hatte. Haugs Frau hatte gelogen, als es um ihre finanziellen Verhältnisse ging, hatte eine Erbschaft erfunden, die es niemals gegeben hatte. Nun war klar, dass Haug sie sogar verlassen wollte. Hatte Sophia also recht? Ging es gar nicht um Spionage, sondern um enttäuschte Liebe und Eifersucht?

Linnert spürte, dass ihn etwas störte. Aber was? Es gab jemanden, dem er dringend noch ein paar Fragen stellen musste.

Er nickte Sandra zu, wollte grußlos gehen. Sie hielt ihn zurück. »Warte, Linnert.«

»Was?«

»Gestern Nacht ... ich habe dir gesagt, dass es nicht geplant war. Erinnerst du dich?«

»Ich erinnere mich an vieles. Aber ich werde mir Mühe geben, es zu vergessen.«

Sie war traurig, sie war wütend. »Ich musste herausfinden, wie viel du weißt. Darum habe ich dich beobachtet. Aber nachdem wir getanzt haben ... ich war durcheinander. So etwas wie mit dir habe ich lange nicht erlebt. Nachdem wir im Bett waren ... wie hätte ich dir da noch die Wahrheit sagen können?«

Linnert wollte etwas entgegnen, setzte an zu sprechen, schwieg dann doch. Er drehte sich um und ging in Richtung Auto davon.

17.

Am frühen Abend klingelte Sophia an der Tür des Hauses in Volksdorf. Susanne Haug öffnete die Tür, blickte der Polizistin abweisend entgegen. Auch heute war sie apart gekleidet, trug wieder einen dunklen Rollkragenpullover, dazu einen fersenlangen, eng anliegenden Rock. »Was wollen Sie?«

»Ich habe noch ein paar Fragen, Frau Haug. Dinge, die Sie auch interessieren dürften.«

»Ach, ja?!«

Sophia lächelte, scheinbar treuherzig. »Ich habe heute Ihre Schwester besucht. Sie wissen schon, draußen bei Mölln.«

Susanne Haugs Gesicht versteinerte. Für ein paar Sekunden blieb sie reglos stehen. Dann gab sie die Tür frei. »Kommen Sie herein.«

Sophia ging erneut den Flur entlang in das schicke Wohnzimmer. Da die Temperaturen heute milder waren, war die große, bodentiefe Glastür aufgeschoben.

»Sie haben es wirklich schön hier, Frau Haug.«

»Ja. Aber Sie sind nicht hier, um mir das zu sagen, oder?«

Sophia lächelte erneut. »Na ja, schon auch. Weil Sie ja meinten, dass Sie es sich wegen der Erbschaft Ihrer Eltern leisten können. Stimmt aber nicht. Ihre Schwester sagte mir, dass Ihre Eltern Ihnen kaum etwas hinterlassen haben. Sie haben also gelogen. Warum?«

Es war Sophias Stärke, einen solchen Satz vorzubringen, ohne dass er wie ein Angriff klang. Es hätte auch glatt eine Nettigkeit sein können.

Die Wirkung blieb nicht aus. Susanne Haug war verunsichert, wusste nicht, was sie von dieser jungen, scheinbar naiven Polizistin halten sollte.

Dann fing sie sich, schüttelte unwillig den Kopf. »Vielleicht lügt ja meine Schwester?! Aber selbst wenn nicht, was geht es Sie an? Und vor allem, was hat es mit dem Tod meines Mannes zu tun?«

Ungefragt nahm Sophia auf dem Sofa Platz, strich über das Polster. »Tolles Design. Schön auch, dass Sie kein Leder genommen haben. Leben Sie auch vegan?«

»Frau Wolf! Was wollen Sie von mir?!«
Sophia seufzte.
»Ich wollte Ihnen erzählen, dass ich vorhin die Hamburger Krankenhäuser abtelefoniert habe. Vor allem die mit einer Notaufnahme.«
»Muss mich das interessieren?«
»Ich denke schon. Sie meinten ja, dass Sie, als Ihr Mann nicht nach Hause kam, auch in den Kliniken angerufen haben. Um herauszufinden, ob er vielleicht einen Unfall hatte. Erinnern Sie sich? Es gab aber keine Anrufe. Auch da haben Sie gelogen.«
Susanne Haug lachte. »Blödsinn. Dann ist das nur nicht notiert worden. Ich bleibe dabei, dass ich vor Sorge um meinen Mann halb verrückt war!«
Sophia nickte mitfühlend. »Ich glaube, dass Ihr Mann Sie verlassen wollte, Frau Haug. Mit seiner Geliebten. Das war ein Problem für Sie. Weil Sie sich das Haus in Wirklichkeit nur mit seinem Einkommen leisten können. Sie hätten alles verloren, wenn er gegangen wäre. Mann weg, Haus weg, das ganz schöne Leben weg. Richtig?«
Susanne Haug schnaubte nur. Dann trat sie an den Designer-Kamin heran, beugte sich hinab, griff mit einer blitzschnellen Bewegung in den Kaminschlot hinein. Als sie sich umdrehte, hielt sie eine Waffe in der Hand, die sie auf Sophia richtete. »Sie haben eine blühende Fantasie, Frau Wolf. Aber vom richtigen Leben haben Sie leider nicht die geringste Ahnung.«
Sophia lächelte unbeirrt. »Finden Sie? Immerhin bestätigen Sie doch gerade meine Vermutung! Sie waren es. Sie haben Ihren Mann erschossen! Das Versteck im Kamin ist übrigens albern. Glauben Sie wirklich, wir hätten die Waffe dort nicht gefunden?«
»Halt endlich dein Maul, du verrücktes Huhn!«
»Das sagt Linnert auch ab und zu. Obwohl, er drückt es höflicher aus.«

18.

War es wirklich erst gute vierundzwanzig Stunden her, dass er zuletzt hier gewesen war? Linnert konnte es kaum glauben, als er erneut die Galerie in der Wexstraße betrat.

Das leise Glöckchen im Hinterraum ertönte, kurz darauf trat Wei Xiaolian durch den Türvorhang.

Linnert blickte sie irritiert an. Sie war immer noch unfassbar schön, aber die fast magische Wirkung, die sie gestern auf ihn ausgeübt hatte, stellte sich nicht ein. Woran lag es? Daran, dass Sandra seine Sinne belegt hatte? Oder lag es an ihr? Die Chinesin wirkte blass, hatte tiefe Ringe unter den Augen. Sogar ihr langes Haar, das gestern so dunkelseidig geglänzt hatte, schien matt und kraftlos zu sein.

»Herr Kommissar ... ich hatte nicht erwartet, Sie so schnell wiederzusehen.«

»Es gibt noch ein paar Punkte, die es zu klären gilt.«

Sie nickte schwach. »Natürlich. Möchten Sie Tee?«

»So viel Zeit habe ich leider nicht. Ich will einfach nur ein paar Antworten.«

Sie führte ihn in das hintere Büro. Linnert bemerkte die vielen Kisten, denen er gestern keine weitere Beachtung geschenkt hatte. Das war heute anders.

»Sie ziehen aus, richtig?«

»Ja, das stimmt. Ich verlasse Hamburg.«

»Ursprünglich wollten Sie gemeinsam mit Christian Haug fortgehen, vermute ich. Als Sie gestern sagten, dass er nicht bereit gewesen sei, seine Ehefrau zu verlassen, haben Sie gelogen. Sie beide wollten gemeinsam aus Hamburg wegziehen.«

Die Chinesin nickte kraftlos. »Wir wollten ein neues Leben beginnen. Ein gemeinsames Leben. Irgendwo, wo wir in Sicherheit sind.«

»Können Sie das denn so einfach? Ich meine, lassen Ihre ... Arbeitgeber Sie so einfach ziehen?«

»Ich weiß nicht, was Sie meinen, Herr Kommissar.«

»Machen Sie mir bitte nichts vor. Sie sind eine Spionin, Frau Wei.«

Sie senkte den Blick, ein trauriges Lächeln spielte um ihre Lippen. »Nein, das bin ich nicht. Ich bin Künstlerin. Ich bin nach Hamburg gekommen, weil ich hier leben und meine Kunst ausüben wollte. Aber die Dinge haben sich nicht so entwickelt, wie ich es mir erhofft hatte. Meine Einkünfte blieben mager. Dann trat ein Mitarbeiter des Konsulats an mich heran und bot mir eine Art freie Mitarbeit an.«

»Sie sollten sich um gewisse Herren bemühen, die der Geheimdienst als Quelle gewinnen wollte?!«

Wei Xiaolian nickte. »Ich hatte keine Wahl. Ich hätte sonst die Galerie schließen und in meine Heimat zurückkehren müssen.«

»Auch Christian Haug war einer dieser Herren, auf die man Sie angesetzt hat?«

»Ja, das stimmt. Jedenfalls am Anfang. Aber dann ist es anders gekommen. Wir mochten uns wirklich.«

»Warum haben Sie mir das nicht gleich gesagt?«, fragte Linnert. Wei Xiaolians Gesicht gab ihm eine stumme Antwort. In ihren Zügen spiegelte sich erneut die Angst, die er auch am Vortag bemerkt hatte. Nicht einfach Angst, korrigierte Linnert seine Beobachtung. Bittere Furcht, dasselbe Schicksal wie Haug zu erleiden.

»Christian Haug wollte für Ihre gemeinsame Flucht Informationen verkaufen. Er wollte den Behörden einen Namen nennen. Den Namen einer Person, die ebenfalls hier in Hamburg für Ihr Heimatland spioniert. Ich nehme an, diesen Namen hat er von Ihnen?«

»Nein, er kannte diese Person bereits. Sie verstehen immer noch nicht die Zusammenhänge, Herr Kommissar.«

»Dann erklären Sie es mir, verdammt nochmal!«

Die Chinesin schloss kurz die Augen. Dann nannte sie einen Namen, der Linnert elektrisierte.

19.

Linnert hatte das Behelfsblaulicht auf das Dach seines Dienstwagens geklemmt, fuhr mit hoher Geschwindigkeit in den Hamburger Norden. Unterwegs wählte er mehrfach Sophias Nummer. Als sie auch beim dritten Mal nicht abhob, alarmierte er die Zentrale, die eine Festnahmeeinheit mobilisieren sollte.

Als Linnert in die ruhige Wohnstraße in Volksdorf einbog, war von den Kollegen allerdings noch nichts zu sehen. Sollte er warten? Sein Blick fiel auf Sophias Dienstwagen, der auf der Straße vor dem Haus parkte. Bestimmt nicht.

Linnert stieg aus, trat durch das schmiedeeiserne Tor auf das Grundstück. Alles war ruhig.

Zu ruhig.

Anstatt zu klingeln, umrundete er das Gebäude. Er zog seine Dienstwaffe, lud durch, sicherte.

Als er sich der hinteren Ecke des Hauses näherte, konnte er Stimmen hören. Sophia. Susanne Haug.

»Sie sind klug, Frau Haug. Darum wissen Sie, dass das hier zu nichts führen wird«, erklärte Sophia.

Die Hausherrin lachte auf. »Täusch dich nicht, Mädchen. Ihr werdet mich niemals finden. Es gibt Leute, die mir helfen werden zu verschwinden.«

»Was für Leute?«, fragte Sophia mit erstaunlich gefasster Stimme.

»Du wirst sterben, ohne es zu erfahren, Kleine.«

In diesem Augenblick verließ Linnert seine Deckung. »Wird sie nicht, Frau Haug.«

Er hatte die Waffe im Anschlag, zielte auf Susanne Haug. »Legen Sie Ihre Waffe auf den Boden. Sofort!«

Die Angesprochene prustete verächtlich, zielte weiterhin auf Sophia. Die rollte mit den Augen und sagte: »Dass Ihr Männer immer die brutale Variante wählen müsst. Ich habe hier alles im Griff, Linnert.«

»Hast du nicht. Sie hat ihren Mann erschossen. Sie würde auch dich erschießen.«

»Unsinn! Sie war eifersüchtig. Das ist etwas anderes. Ich bin ihre Freundin. Jedenfalls versuche ich, es zu sein.«

Linnert, der seine rechte Schusshand mit der Linken stützte, näherte sich weiter der offen stehenden Glastür. »Du hast die richtige Frau, Sophia. Aber das falsche Motiv. Susanne Haug hat ihren Mann nicht aus Eifersucht erschossen. Sondern weil er dabei war, sie an den Verfassungsschutz zu verraten. Man könnte auch sagen, zu verkaufen.«

Sophia starrte Linnert überrascht an. »Echt jetzt?!«

»Sie ist eine Spionin, Sophia. Im Dienste Chinas.«

Susanne Haug gab ein verächtliches Lachen von sich. »Klug kombiniert, Kommissar. Aber es wird Ihnen nichts nützen. Sie werden mich nicht erschießen! Im Gegenteil, Sie sind derjenige, der bitte seine Waffe niederlegt.«

Susanne Haug, offenbar eine routinierte Schützin, sprach mit ruhiger Stimme. Sie drehte sich langsam zur Seite, nahm Linnert ins Visier, so dass sie nun gegenseitig die Waffen aufeinander richteten.

Dann ging alles ganz schnell. Sophia, die noch immer auf dem Sofa saß, machte einen plötzlichen Satz nach vorne. Sie schlug Susanne Haug die Waffe aus der Hand und nahm sie in einen Hebelgriff. Linnert stürzte ebenfalls nach vorne, zog die Handschellen von seinem Gürtel und ließ sie in einer schnellen Bewegung einrasten.

»Das war riskant, Sophia.«

»Das war Jiu Jitsu, Linnert«, konterte sie. »Ich weiß, was ich kann.«

Linnert lächelte. »Zugegeben, es war ziemlich cool. Respekt.«

Sophia strahlte. »Aber ich verstehe es immer noch nicht ... es ging also gar nicht um ein Ehedrama?«

»Vielleicht auch. Aber eher am Rande«, sagte Linnert. Er wandte sich an Susanne Haug. Sie stand mit hängendem Kopf neben ihnen und hatte sich offenbar in ihr Schicksal ergeben. »Sie waren noch vor Ihrem Mann für die Chinesen tätig, sehe ich das richtig, Frau Haug?«

»Als wenn es darauf noch ankommt.«

»Ihnen ging es nur um das Geld. Was hatten Sie denn so Kostbares zu bieten? Hat es etwas mit Ihrem Beruf zu tun? Was machen Sie eigentlich?«

Susanne Haug lächelte spöttisch. »Lustig, dass Sie mich das erst jetzt fragen.«

»Also?«

»Ich arbeite in der Senatskanzlei, direkt unter dem Ersten Bürgermeister.«

»Eine kostbare Quelle, also. Ich nehme an, Sie haben sich Ihre Dienste teuer bezahlen lassen. Dann bot sich die Chance, dass auch Ihr Mann Informationen liefert. Sie haben ihn vermutlich für zu rechtschaffen gehalten. Also haben Sie Ihren Kontaktleuten vorgeschlagen, Wei Xiaolian auf Ihren Mann anzusetzen. Es hat geklappt. Er war ihr hörig und hat ebenfalls spioniert. Dann aber haben sich die beiden ineinander verliebt. Sie planten unterzutauchen. Aber vorher wollten sie auspacken und dabei unter anderem Sie, Frau Haug, auffliegen lassen. Bevor es dazu kam, haben Sie Ihren Mann erschossen. Der Ort an der Elbe ist nicht weit vom chinesischen Konsulat entfernt. Haben Sie sich dort vorher mit einem Kontaktmann getroffen? Weil Sie den Mord notfalls den Chinesen in die Schuhe schieben wollten?«

Susanne Haug ließ sich keine Antwort entlocken. Linnert legte den Kopf schief. »Vermutlich dachten Sie, die Elbe spült seine Leiche in die Nordsee, oder? Tja, der Fluss macht oft nicht das, was man von ihm erwartet. Die Elbe ist launisch ...«

Susanne Haug starrte Linnert ausdruckslos an. Sie bestätigte seine Vermutung nicht. Stritt sie aber auch nicht ab.

»Was hat es mit der Uhr auf sich? Das würde mich noch interessieren.«

Susanne Haug prustete verächtlich. »Er hat sie sich von seinem ersten Geld gekauft, das die Chinesen ihm bezahlt haben. Ich hielt es für einen Fehler. So eine Uhr fällt auf, führt dazu, dass die Leute Fragen stellen. Aber er wollte sie unbedingt haben.«

Linnert nickte versonnen. »Sie haben recht, was die Fragen angeht. Vielleicht erinnern Sie sich daran, als ich Ihnen die Uhr wiedergegeben habe. Ihre Blicke ... ich wusste sofort, dass Sie es getan haben. Ich wusste nur nicht, warum.«

20.

Eine gute Stunde später waren jede Menge Kollegen in dem Haus in Volksdorf, von der Mordkommission, der Spurensicherung, aber auch vom Staatsschutz.

Sophia und Linnert standen im Garten und genossen die Abendsonne.

»Alles in allem ist es eine ziemliche Enttäuschung«, sagte Sophia.

»Wieso?«, fragte Linnert.

»Ich dachte, das Motiv wäre romantisch. Enttäuschte Liebe, so etwas. Ich fühlte mich solidarisch mit Frau Haug.«

Linnert zuckte mit den Schultern. »Sie ist eine Spionin. Das ist doch auch romantisch, oder?«

»Schon. Aber sie hat ihren Mann erschossen, weil sie nicht auffliegen wollte. Ihr Motiv ist eiskalt.«

»Ist immer dasselbe«, sagte Linnert schulterzuckend. »Du bist enttäuscht, weil du denkst, dass Frauen besser als Männer sind. Sind sie aber nicht.«

»Kannst du als Mann nicht beurteilen.«

»Es ist unfair, so zu argumentieren.«

Sophia lächelte. »Merk dir das Gefühl, Linnert. Unfair behandelt werden. Frauen leiden seit Jahrtausenden darunter.«

Sie schwiegen eine Weile. Dann sagte Sophia: »Vielleicht stimmt es aber auch gar nicht. Vielleicht war sie doch einfach nur eifersüchtig. Aber sie kann es einfach nicht zugeben.«

Linnert wollte etwas sagen, sparte es sich dann aber doch. »Ich will los, Sophia. Wir sehen uns morgen auf dem Präsidium.«

Sophia sah ihn fragend an. »Sag bloß, du hast noch was vor?«

»Ich verrate dir sogar, was. Ich gehe tanzen. Mit einer wunderbaren Frau. Jedenfalls hoffe ich, sie zu treffen.«

Linnert drehte sich um und ging um das Haus herum zu seinem Wagen. Sophia blickte ihm nach. Vielleicht wäre es praktisch, wenn alle Männer so klein wären, dachte sie. Kleiner als Frauen. Wie bei den Schwarzen Witwen. Oder den Anglerfischen. Dann wären die Machtverhältnisse klar. Noch klarer als ohnehin schon.

CARMEN KORN

Der Tod in Harvestehude

Er stand am Fenster und hielt ein hohes Glas in der Hand, das er nicht aufhörte zu drehen, als sei das Glas zu kalt, um von ihm fest angefasst zu werden. Das Dieselgeräusch eines Taxis hatte ihn ans Fenster gelockt, doch auch dieses war vorbeigefahren und hielt nach einigen Metern vor einem anderen der eleganten Häuser, die in Harvestehude den Krieg einigermaßen heil hinter sich gebracht hatten. Jedes Haus war längst schon wieder eine Schönheit, hervorragend renoviert, teuer bewohnt, von Leuten wie ihm, der sich lange an der Vision von einem herrlichen alten Stadthaus festgehalten hatte, als er vor vielen Jahren in Hamburg angekommen war, um in einem weniger behutsam wiederhergestellten Viertel zu leben. Längst verdiente er das Geld mit leichter Hand, und das ganze Leben wäre ihm ein Leichtes gewesen, hätte es nicht die komplizierte Liebe zu einer viel zu jungen Schönen gegeben, die schon vor Stunden einem Taxi hätte entsteigen sollen. Er nahm einen Schluck aus dem Glas, der eher lau schmeckte und viel zu deutlich nach Gin. Er hörte wieder ein Auto kommen, doch er wollte nicht hinsehen, einfach sich auf etwas anderes konzentrieren, dann war die Chance größer, dass das Auto vor seiner Tür hielt. Er sah über das Auto weg auf die andere Straßenseite, guckte weit links, so weit er links gucken konnte, und als sein Blick sich an einen Busch Rhododendron heftete, war der Wagen schon weitergefahren. Eine alte Frau ging an dem Busch vorbei, blieb kurz stehen und stellte zwei Koffer ab, die sie in den Händen hielt. Sie griff nach einer der dicken Blüten und beugte sich zu ihr hin. Duften Rhododendren?, dachte er und wollte endlich von dem elenden Fenster weggehen, auf keine Autos mehr warten, doch er blieb stehen und blickte auf die alte Frau, die ihre Koffer wieder aufgenommen hatte und das Gartentor des Hauses gegenüber aufstieß. Vielleicht war sie gar nicht alt, nicht so alt, wie er war, immerhin hatte sie schwarzes Haar, das ihr glatt bis auf Kinnlänge hing. Doch. Sie war alt. Er sah es an ihrer Haltung, ihrem Körper, glaubte auch, genügend vom Gesicht zu erkennen, obwohl die Dämmerung eingesetzt hatte. Er fing an, darüber nachzudenken, was die Alte mit ihren billigen Koffern im Haus seiner Nachbarn suchte, doch er hörte gleich wieder auf damit, denn ein Taxi fuhr vor und bremste ab.

Ihr knirschte der Kies unter den Schuhen, und sie blieb stehen, als lausche sie einer Erinnerung, stand da mit spitzem Mund, um den sich schmale Falten legten, ihre Haut nur noch ein seidener Stoff in Plissee. Ihr Gesicht entspannte sich erst, als sie die Katzen in einem Fenster des Erdgeschosses sah. Nein. Es konnte ihr nicht schlechtgehen im Haus einer Katzenfreundin. Sie stieg die Stufen hoch, stand unter dem gläsernen Vordach und sah auf drei Klingelknöpfe und drei Schilder aus Messing, die links von der Tür angebracht waren. Auf den Schildern waren nur Initialen graviert, keiner, der seinen Namen nannte. Der Türöffner summte, ehe sie den Klingelknopf gedrückt hatte. Oder war sie so in Gedanken gewesen? Sie lehnte sich gegen die schwere Tür, die schließlich aufging, und stand in einem hohen Treppenhaus, das einmal ein ganzes gewesen war und nicht in jedem Stockwerk vor einer Tür aus weißem Schleiflack geendet hatte. Sie stieg die erste kleine Treppe hoch, ging über den Läufer aus theaterrotem Velours, und die Tür zu den Zimmern im Erdgeschoss war ihr schon geöffnet worden, von der Frau, die sich hinter den Anfangsbuchstaben A.S. verbarg.

Der Keller war ihr gezeigt worden, und sie hatte sich einen Liegestuhl aus dem Garten holen dürfen, um ihn unter die Heizungsrohre zu stellen. Eine Bettstelle fürs Erste, auf dem Dachboden sollten noch die drei Teile einer Matratze liegen. Doch jetzt legte sie erst einmal eines der beiden Handtücher aus ihrem Koffer zu einem kompakten Bündel zusammen und steckte es in den mitgebrachten Kissenbezug. Sie hatte die Koffer sonst nicht weiter ausgepackt, nur ein Beutel aus Chintz, den sie ihre Kulturtasche nannte, stand auf einer alten Konsole, die vorhanden gewesen war, und daneben lag ihr Mohairmantel. Mit ihm wollte sie sich zudecken in ihrer ersten Nacht im feinen Haus. Sie war der Dame dankbar, dass sie hier ein Heim finden durfte, dabei hatte sie keine andere Empfehlung gehabt, als bei der Bekannten der Dame geputzt zu haben, und doch hatte A.S. der Heimatlosen den Keller aufgetan. Sie nahm den Beutel und ging zu dem niedrigen Steinbecken, unter dessen Wasserhahn eine Gießkanne stand, hob sie an und stellte die gefüllte Kanne neben das Becken. Sie öffnete den Chintzbeutel und holte ein Stück Seife hervor. Dann fing sie an, sich auszuziehen.

Erste Takte eines Liedes, in denen das Klavier dumpf klang und er nichts Vertrautes heraushören konnte, erst als Chet Bakers Trompete einsetzte, erkannte er das Stück. *Alone Together.* Er liebte es, ironisch zu sein, und es gelang ihm zu lächeln, obwohl der Abend eine Tragödie gewesen war. Das eigene Lächeln kam ihm aus dem Spiegel entgegen, der Spiegel, der Altersflecken haben durfte und darum nur kostbarer wurde. Kein anderer zeichnete ihm das Gesicht so weich, und wenn er auch von dem Trug wusste, schöpfte er doch Hoffnung. Vielleicht hatte sie sich besonnen, eines Besseren, sich seiner besonnen. Die harten Worte taten ihr sicher schon leid. Waren sie denn überhaupt so gesprochen worden? Er lächelte wieder. Wie überrascht seine Geschäftsfreunde wären, wüssten sie, zu welcher Verdrängung er in der Lage war. Er strich sich über das dichte weiße Haar, das er immer ganz kurz schneiden ließ, und wandte sich dann dem Schlafzimmer zu, aus dem er jetzt Geräusche hörte. Sie hatte sicher das Schlauchkleid entdeckt, das er ihr aus Como mitgebracht hatte. Sie liebte Kleider, die am Körper klebten, und dieses war aus vierfädigem Kaschmir. Er hatte es ihr eigentlich erst zu ihrem Jahrestag geben wollen. Konnte er sie bestechen? Kaum zu glauben, dass er mit ihr fast auf ein Jahr gekommen war. Nach all dem, was sie ihm heute Abend gesagt hatte, verabscheute sie ihn seit längerem. Er hatte nichts davon gemerkt. Oder? Hatte sie sich einfach nur zusammengerissen, um den alten Kerl noch eine Weile auszunehmen, der so verrückt auf sie war? Vielleicht sollte er ihr die Schätze aus dem Schrank holen, all das, was sie in dem großen Wandschrank gehortet hatte, und das war nur eine Dependance von dem, was ihre eigene Wohnung barg. Seide und Kaschmir und Juwelen. Er sollte es herausholen und an die Huren auf der Davidstraße verteilen. Das wäre konsequent. Da kam sie aus dem Schlafzimmer und hatte nur ein Hemd auf der schimmernden Haut, und das Kaschmirteil hielt sie wie einen Lappen in der Hand. Nein. Bitte ihm das nicht vor die Füße werfen. Doch sie war eine Pragmatikerin. Sie kam nur, um ihm zu sagen, dass es das Letzte war, das sie von ihm annahm. Dann ging sie, sich anzuziehen, und er hob die Hand, um ein einziges Mal noch über ihre Haut zu streichen, die herrlich junge Haut ihrer Arme. Doch er zog seine Hand zurück und ließ sie gehen. Versenkte sich in den tiefen Sessel, der in der Ecke neben den Bücherschränken stand, griff zu keinem Buch, nur zu der nächsten Flasche, die er vom Sideboard nahm, drehte den Verschluss, ohne sie näher anzusehen, hielt sie sich an die Lippen und trank voller Ekel große Schlucke des warmen Gins und wartete darauf, dass sie mit seinen Koffern an ihm vorbeiging.

Sie schlief kaum in ihrer ersten Nacht im Keller. Ihr Körper lag verrenkt in dem Liegestuhl, und ihre Knochen schmerzten, doch sie traute sich nicht, ihre Stellung zu verändern, aus Angst, der Stuhl könne knacken und ein lauteres Geräusch machen, als es die knisternden Heizungsrohre taten. Das Gefühl, gerade nur geduldet zu sein, sich wohlgefällig verhalten zu müssen, war in ihr viel größer geworden, seit sie dalag und mit offenen Augen in die Schwärze guckte. Vielleicht des Kindes wegen, das am Abend noch in den Keller gekommen war. Nein. Kein Kind. Im ersten Augenblick hatte sie es gedacht, weil ihr die Gestalt so zart erschien. Aber er war eher ein Heranwachsender. Zwanzig vielleicht gar schon. Er hatte sie verächtlich angesehen, ihren dünnen Körper in dem knöchellangen Nachthemd taxiert, sie so harsch gefragt, was sie hier verloren habe. Sie hatte sich ihres demütigen Tones geschämt, als sie sich auf die Hausbesitzerin im Erdgeschoss berief. In die Tiefen des Kellers war er dann verschwunden, um gleich darauf mit zwei Flaschen in der Hand aus dem Gang zu kommen, Flaschen, die er an ihren goldenen Hälsen gepackt hatte, um gleich oben ihre dicken Köpfe von goldenen Kapseln und dem Draht zu befreien. Einen leichten Plopp würde es geben. Oh ja. Sie konnte sich erinnern. Gut erinnern. Er hatte das Licht ausgeschaltet, obwohl er doch wusste, dass sie dann im Dunkeln stand, und sie hatte erst wieder an dem Schalter gedreht, als sie sicher sein konnte, dass er in der komfortablen Wohnung seiner Eltern angekommen war. Oder war es schon seine eigene? Sie hatte daraufhin die Dose Heringe in Senfsauce aus dem Koffer geholt und den Deckel an der Lasche hochgezogen und erst dann daran gedacht, dass sie keine Gabel hatte. Mit den Fingern holte sie die Happen aus der Dose, die Sauce war ihr von den Handgelenken in die Ärmel gelaufen, und sie hatte sich noch einmal waschen müssen und die Flecken aus dem Hemd entfernen. Die Ärmel waren noch immer feucht, obwohl die Luft hier unten doch trocken war. Ein paar Teile musste sie sich morgen kaufen, um besser eingerichtet zu sein. Wenige Tage, hatte sie der Dame A.S. gesagt, wenige Tage würde sie bleiben. Doch es konnte dauern. Das ahnte sie. Es konnte dauern, bis sie aus diesem Keller kam.

In der ersten Dämmerung stand sie auf und ging zur Tür, die in den Garten führte. Drehte den Schlüssel und hob die alte Tür leicht an, ehe sie sie öffnete, um den hohen Ton der Angeln zu vermeiden, den sie am Abend gehört hatte. Sie ging hinaus und stieg die steilen Stufen zum Garten hoch und fühlte schon Gras unter den nackten Füßen. Sie sah zu den dunklen Fenstern und hoffte, dass kein anderer schlaflos sei, und ging weiter über die Wiese in eine Ecke des Gartens, blieb erst stehen, als sie die Feen sah. Kleine Gestalten. Nicht höher als dreißig Zentimeter. Die eine kniete, und die andere beugte sich zu ihr hin, sah in die offene Hand der Knienden. Welchen Schatz zeigte sie ihr? Die alte Frau stand da und blickte auf die kleinen Gestalten, die aus Eisen geschnitten waren, und sie sah die rostigen Ränder, und die Rührung, die in ihr hochkam, tat ihr im ganzen Körper weh.

Gegen vier Uhr morgens wurde er wach, weil die Vögel sangen, und er fand sich im Sessel und nach Gin stinkend. Er stand auf und griff die leere Flasche, die ihm zu Füßen lag, tat das zu hastig, denn das Zimmer fing an, sich um ihn zu drehen. Jedes einzelne seiner sechsundsechzig Jahre spürte er an diesem frühen Morgen, und er hasste sich dafür, alt geworden zu sein. Zu lange war er verwöhnt gewesen von seinen äußerlichen Qualitäten, als dass er sich hätte abfinden können mit dem, was er bereits für Verfall hielt. Er ließ die Flasche in einen von Leder umspannten Papierkorb fallen und knöpfte das Oxfordhemd auf, das auf der Brusttasche einen großen nassen Fleck hatte, in dem das eingestickte G.U. ertränkt wurde. Nicht einmal mehr adrett saufen konnte er. Doch er zog das Hemd noch nicht aus, ging stattdessen zum Spiegel, drehte den Dimmer der Leuchte, die daneben hing, voll auf und hielt den Stoff des Hemdes in der Taille zusammen, als stünden nur die oberen Knöpfe offen. Er sah seinen Hals an und das Stück nackte Brust und dachte an das, was ihm seine junge Schöne vor Stunden gesagt hatte. Die Zeit der offenen Hemden schien endgültig vorbei zu sein. Schals sollte er um sich drapieren, seidene Schals, Paisley vielleicht. Das, was ältere Herren so trugen, um ihre Gockelhälse zu verbergen. Er sollte aufhören, larmoyant zu sein, lieber die Frustration in Energie umwandeln, wie es ihm oft gelungen war. Und wenn er diese Energie nun nicht mehr hatte, wenn das ganze Leben bald zu Ende wäre, wenn er abtreten würde, ohne auch nur eine Seele traurig zurückzulassen? Er sah die Seele vor sich, wie sie im engen vierfädigen Kaschmirkleid aus der Tür gegangen war. Ohne Koffer. Das war seine ganze kleine Hoffnung, dass sie ihren Kram zurückgelassen hatte. Er sollte Aspirin nehmen, sollte duschen, sich was Feines anziehen. Oder lieber noch schlafen. Die letzten Stunden waren ihm viel zu sehr anzusehen, und wenn sie käme, dann nicht vor Mittag.

Sie war den weiten Weg zur Hoheluftchaussee gegangen, denn da gab es die Sorte Läden, in denen sie sich ausstatten konnte. Ein Messer, eine Gabel, ein Löffel. Teller und Tasse. Ein Glas. Gäste würden kaum zu ihr in den Keller kommen. Die karierte Decke hatte sie nicht gekauft, auch wenn sie auf den ersten Blick wie ein gutes englisches Plaid aussah. Doch sie hasste es, billige Gewebe auf der Haut zu haben. Lieber den Mohairmantel zum Zudecken nehmen. Der Markt war schon abgebaut, als sie durch die Isestraße zurückging. Sie guckte halbherzig in den Müll hinein und hob einmal einen Karton mit der Schuhspitze an, doch sie zögerte, die zu weichen Erdbeeren zu nehmen, und ging weiter, als sie merkte, dass sie beobachtet wurde. Am Morgen hatte sie schon losgehen wollen, doch dann stand die Dame A.S. auf der Kellertreppe und hieß sie hinaufkommen. Vielleicht hatte sie einen Augenblick lang tatsächlich an ein Frühstück geglaubt, doch ihr war gleich das schmale Zimmer gezeigt worden, der Stapel Wäsche, das Bügeleisen, das Brett. Kriegen Sie keine Rente?, hatte A.S. gefragt. Doch, hatte sie gesagt und die Summe genannt, von der sich nicht leben ließ, damit keine Zweifel an ihrer Bedürftigkeit für den Keller kamen. Vier Stunden lang hatte sie gebügelt, große Laken, schweres Leinen, A.S. schien nur kaum bügelbare Wäsche zu besitzen. Halb vier zeigte die Uhr an der Apotheke an, als sie aus dem Jungfrauenthal kam und über den Klosterstern ging, um das bisschen Geschirr und Besteck nach Harvestehude zu tragen und die zwei Bananen, die sie doch noch aufgehoben hatte. Ihre Straße lag ausgestorben. Im Haus gegenüber allerdings stand die Tür weit offen, und es gelang ihr hineinzusehen, während sie in ihrer Jacke nach dem Schlüssel suchte. Doch in der Sekunde kam ein junger Mann aus der Tür und schloss sie hinter sich und ging mit großem Gepäck zu einem flachen Auto, das ganz sicher viel Lärm machen konnte.

Aus dem Garten hörte sie geschwätzige Stimmen, doch als sie aus dem Kellerfenster guckte, konnte sie die Kaffeetafel auf der Wiese nur ahnen. Erstaunlich, dass A.S. eine Wiese wachsen ließ, sie hätte der Hausbesitzerin geschorenen Rasen unterstellt. Sie öffnete die Tür zum Garten behutsam, wie sie es morgens um vier in der Dämmerung getan hatte, und ging in geduckter Haltung zur Treppe hin. Doch die hohen Rhododendren, die das Haus umgaben, schützten sie davor, gesehen zu werden. Da saßen sie alle zusammen, die Damen, die in den besten Häusern von Harvestehude zu Hause waren, saßen an einem langen Tisch, auf dem die Hohlsaumdecke lag, die von ihr am Vormittag gebügelt worden war. Sie hörte dem Gelächter zu und horchte darauf, den eigenen Namen zu hören, glaubte, dass ihr Einzug in den Keller Grund zu der Heiterkeit war, doch das, was sie da erlauschte, schien nichts mit ihr zu tun zu haben. Sie schlich in den Keller zurück, wollte nicht die Gläser klingen hören, die die Damen gehoben hatten, tat sich lieber selber etwas Gutes, und sie holte den kleineren der beiden Koffer hervor. Den seidenen Schal ihres Vaters, den sie seit sechzig Jahren bewahrte, nahm sie aus dem Koffer, und das Tagebuch, das sie angefangen hatte, als sie ein zwölfjähriges Kind gewesen war. Dann erst packte sie ihre Einkäufe aus, stellte alles in das Steinbecken, um es später zu spülen, und nahm nur die Bananen mit zum Liegestuhl und das Tagebuch. Sie setzte sich und fing an zu blättern, war bereit, sich der Sentimentalität auszuliefern an diesem Nachmittag.

Der erste Impuls war gewesen, den glatten jungen Kerl niederzuschlagen. Doch er hatte ihn gewähren lassen und zugesehen, wie all ihre Schätze aus den Schränken genommen wurden, mit verschränkten Armen hatte er gestanden, bis er es nicht mehr ertragen konnte und sich in das große Zimmer zurückzog, um am Fenster zu stehen und hinauszustarren. Er hatte die Alte mit den schwarzgefärbten Haaren gesehen, die den Bürgersteig entlanggeschlurft kam, in spitzen hohen Schuhen, die gar nicht zu einer alten Frau passten. Sie waren ihm wohl schon gestern aufgefallen, denn auch darum hatte er sie im ersten Augenblick für jünger gehalten, als sie bei näherem Hinsehen war. Er sah sie die Stufen zum Eingang des Hauses gegenüber hinaufgehen und hörte gleichzeitig die eigene Tür ins Schloss fallen. Doch er rührte sich nicht vom Fenster. Da kam dieser junge Schönling aus dem Haus, trug die großen MCM-Koffer, die er mitgebracht hatte, und öffnete den Kofferraum des hässlichen Autos. Warum tauschte sie ihn gegen einen Mann ohne Geschmack aus? Aber schön war der Kerl und jung, und er konnte ihn nicht einmal hassen. Der Hass, der dennoch in ihm hochkam, lud sich auf die lächerliche Alte, die da drüben stand und glotzte. Eine greise Gundel Gaukeley, die das Bild in dieser Straße zu stören begann. Er schob die Hände in die Hosentasche, um nicht an der Fensterscheibe herumzuklopfen, doch er war nicht sicher, ob das der Alten gegolten hätte oder dem Jungen, der in sein Auto stieg. Nichts ließ sich aufhalten. Der große Wandschrank hinten war leer. Er blieb am Fenster stehen und quälte sich weiter. Als das Auto endlich davondonnerte, war die Frau da drüben längst in der Haustür verschwunden.

Die Stimmen klangen auf einmal aufgeregt und böse, und sie bezog auch das wieder auf sich, dabei hatte sie in den letzten zwei Stunden nichts anderes getan, als im Liegestuhl zu sitzen und zu lesen. Sie schlich zu ihrem Lauschplatz und verstand, dass vom Balkon im oberen Stock ein voller Aschenbecher in den Garten geworfen worden war. A.S. lief die eigene Freitreppe hinauf und zur Terrassentür hinein und sie blieb hinter dem Rhododendronbusch stehen und besah sich die Damen, die jugendlich aussahen auf den ersten Blick. Sie sah so genau hin, wie es ihr durch die Blätter des Busches gelingen konnte, und erkannte das Alter unter den hergerichteten Gesichtern. Doch es lag ein wohlhabendes Leben hinter den Damen, wenn die eine und andere sich auch einen bitteren Mund erlebt hatte. Sie zog sich zurück, als A.S. die Freitreppe hinunterkam, um ihren Freundinnen laut Bericht zu geben von dem Subjekt da oben, dessen Eltern sie zum Auszug zwingen würde.

Er holte den Jaguar aus der Garage und stellte ihn vors Haus, als müsse er ihn für einen schnellen Start bereithalten. Eine ganze Weile schlich er um das Auto herum und legte ihm die Hand auf das dunkelgrüne Blech, der Zwölfzylinder sein letzter Verbündeter. Er wurde erst aus seinen Gedanken geholt, als sich dieser ganze Haufen älterer Damen aus dem Haus gegenüber perlte, alle genügend betrunken, um ihn heftig anzuflirten. Schließlich lebte er ja schon länger als zwanzig Jahre in dieser erlauchten Gegend und schien ihnen hoffähig. Er hatte große Schwierigkeiten, höflich zu sein, und täuschte einen Termin vor, um in den Jaguar steigen zu können und ihnen zu entkommen. Er fuhr vorsichtig an, doch schon am Ende der Straße trat er das Gaspedal durch, und das Auto schoss davon, wie es dieser flache Schlitten getan hatte. Er fuhr nur zwei Straßen weit und ließ den Wagen dann stehen, um zu Fuß durch das Viertel zu laufen. Die Gefahr war zu groß, dass er das Auto durch die ganze Stadt hetzte, um dann doch nur vor dem albernen Loft seiner jungen Schönen zu stehen.

Der Junge hockte vor der Hecke aus Weißdorn, die nicht zeitig zurückgeschnitten worden war, und hatte Kratzer an der Hand, die er ihnen hinhielt, als bettele er um Geld. Der erste Eindruck der beiden jungen Leute, die an ihm vorbeigehen wollten, war, dass er unter Drogen stand. Der junge Mann beschleunigte den Schritt, doch die junge Frau hielt an, um zu helfen. Ihr Freund blieb notgedrungen stehen und sah den Jungen hochtaumeln und sich an der Frau festhalten und fand sich schon damit ab, diese Last zu einem Arzt zu schleppen, vielleicht auch in einem der feinen Häuser zu nächtlicher Stunde zu klingeln und einen ungnädigen Menschen zu drängen, die Sanitäter zu rufen. Er nahm seiner Freundin den Jungen ab, der zu fallen drohte, lud ihn sich selbst auf die Schulter und ging die Hecke entlang, um den Eingang zu dem dahinterliegenden Haus zu finden. Er kam nur ein paar Schritte weit, bis er stolperte und fast gefallen wäre. Die nächste Straßenlaterne stand zu weit, um ihm wirklich Licht zu geben, doch er konnte die Füße erkennen, die aus der Hecke kamen, nackte Füße, er sah den roten Lack auf den Nägeln. Er fürchtete, doch in eine Drogenorgie geraten zu sein, und wollte den Jungen lieber wieder ablegen, bereit, ihn gut zu betten, als seine Freundin an ihm vorbei durch das Tor zum Vorgarten ging und dann hinter der Hecke schrie, wie es Menschen tun, die unerwartet eine Leiche vor sich haben.

Die Freundinnen hatten sich über die Zehen gebeugt, die aus den schwarzen Pantoletten von Prada lugten, um gleich in einen leichten Zank über den Lack zu geraten. Zu verlangend schien ihnen dieses Rot zu sein, um Nägel von Füßen zu zieren, die weit älter als siebzig Jahre alt waren. Vier Schichten hatte die Trägerin des Rots von ihrer kleinen Kosmetikerin auftragen lassen, längs, quer, längs, quer, um die Rillen zu kaschieren. Nägel wurden dicker im Laufe der Jahre. Doch was waren jetzt Jahre, was war die Zeit. Abgelaufen. Vergangen. Tot. Die Dame A.S. stand im Garten und sah auf den Tisch, an dem die sechs Freundinnen gesessen hatten, noch nicht einmal vierundzwanzig Stunden her. Das Geschirr war abgeräumt, die weinfleckige Hohlsaumdecke lag noch dort. Keiner hatte sich mehr darum gekümmert. Die Aufregung war zu groß gewesen, und schließlich war es dann praktisch gewesen, dass der Tisch noch draußen stand, so hatte sie die Polizisten nicht ins Haus hineinbitten müssen, sondern dort Platz nehmen lassen, als sie ihre Fragen stellten. Da war ihr auch wieder der Zank über das Rot des Lacks eingefallen, und sie schämte sich der Kleinlichkeit, ihrer eigenen und der der anderen. In ihr Alter hineingedrückt hatten sie die Freundin, als wollten sie die Arme darin ersäufen. Was war das Alter doch für eine gute Alternative zum Tod, und versuchten sie nicht alle ihre Tricks, um noch Glanz zu haben? Red Desire. Sie hatte eines jener Fläschchen mit Nagellack kürzlich selbst in der Hand gehabt und hätte sich beinahe entschieden für diese Farbe, zehn Jahre war sie immerhin jünger als die liebe Tote. A.S. sah zu dem oberen Balkon, von dem der Aschenbecher geworfen worden war, auch das schon ein Anschlag. Der junge Bursche, der die Leiche gefunden hatte, blieb verdächtig. Das hatte auch der Polizist gesagt. Und wer an den Partys dieses Subjekts da oben teilnahm, musste ohne jede Moral sein. Der Blick von A.S. senkte sich zum Kellerfenster hin. Die Assel da unten quälte sich kaum mit Geschmacksfragen, aufgetakelt wie sie war. Doch Angst hatte die komische Alte. Denn sonst hätte sie sich kaum dieses Vorhängeschloss gekauft, das sie gerade an der dünnen Tür anbrachte, die ihren Keller von den anderen trennte. Bisher hatte die Tür immer offen gestanden, war nicht mehr zu schließen gewesen. Doch jetzt werkelte die Alte hörbar mit Bohrer und Schraubenzieher herum, die sie sich von dem Gärtner geliehen hatte. Vielleicht fürchtete sie, dass hier jemand Jagd auf alte Frauen machte. A.S. war da gelassen. Sie fühlte sich dieser Altersgruppe nicht zugehörig. Doch sie fand, dass die Alte anfing, sich zu breitzumachen.

Das Subjekt. Er hatte es A.S. schon öfter sagen hören. Es war ihm widerlich, dass sein Vater ihn zwingen wollte, höflich zu der Hausbesitzerin zu sein. Schließlich hatten sie selbst genügend Kohle, um einen Schuppen wie diesen zu kaufen. Die beiden Bullen waren weggegangen, nachdem sie ewig versucht hatten, ihn auszuquetschen, und kaum dass die Tür hinter ihnen ins Schloss gefallen war, hatte er sich auf den Balkon geschlichen und auf eine der Korbliegen gehockt, und schon hörte er die beiden und A.S. im Garten. Das Subjekt, hatte A.S. gesagt. Es traf ihn nicht. Übel nahm er ihr, dass sie sich daran ergötzt hatte, dass er zierlich war, zu klein für seine zwanzig Jahre. Er hasste sie für ihre Überheblichkeit. Ihre dämliche Damigkeit. In das glattgezogene Gesicht von A.S. schlagen, das sollte er sich gönnen. Ordentlich was draus machen. Er krampfte die Finger zusammen und schlug mit der Faust auf die Liege und holte sich aufgerissene Knöchel, und sein Hass auf A.S. wurde eine hohe dunkle Wand dabei.

Er war an dem Abend gelaufen wie lange nicht. Im letzten Jahr hatte er sich nur auf dem Tennisplatz verausgabt und vielleicht im Bett mit der jungen Schönen. Einmal um die Außenalster lief er, um dann wieder vor dem Jaguar anzukommen, der in der Hagedornstraße abgestellt stand. Er hatte das Auto stehen lassen und war nach Hause geschlichen, als käme er aus einer Schlacht. Er war das Verlieren nicht mehr gewohnt gewesen, und es schmerzte ihn, Niederlagen nun als Teil seines Lebens anerkennen zu müssen. Die Straße lag dunkel und still, und nur im oberen Stock des Hauses gegenüber waren die Fenster hell. Er hatte auf die Uhr gesehen und sah überrascht, dass es schon fast zwei war. Wie lang lief ein ungeübter Läufer um die Alster? Hatte er oft angehalten in diesen drei Stunden? Er war unter die Dusche gewankt und danach wohl ins Bett. Erinnern tat er sich nicht, doch als er am Vormittag aufwachte, lag er dort und hielt eines der großen Velourstücher im Arm.

Ein unangenehmer Tod. Den Draht um den Hals zu haben. In die Hecke gezogen zu werden. Und dann die Halsschlagader abgedrückt zu bekommen. Sie beugte sich über die Zeitung, die ausplauderte, was die Polizisten nicht preisgegeben hatten, als sie gestern bei ihr im Keller waren. Was konnte sie ihnen für Informationen geben? Dass die Damen im Garten gesessen hatten, Kaffee tranken und später dann Wein, denn es war um einiges lauter geworden. Allerdings auch, weil aus dem oberen Stock irgendein Gegenstand gefallen war. Oder geworfen worden. Das war alles, was sie zu sagen hatte. Dass sie selbst hinterm Busch stand, um die sechs am Kaffeetisch zu beobachten, verschwieg sie den Polizisten. Nachher steckten sie es noch der Dame des Hauses, und die schlich ohnehin um sie herum, als täte es ihr schon leid, einer alten Dahergelaufenen den Keller zu lassen. Befremdet hatte A.S. ausgesehen, als sie sah, dass der Gärtner ihr Werkzeug lieh. Wahrscheinlich hatte die Dame noch nie einen Hammer in der Hand gehalten, geschweige denn einen Bohrer. Doch das Vorhängeschloss war nötig geworden nach diesem Mord. Sie fühlte sich in ihrer Abgeschlossenheit jetzt sicherer. Am besten blieb sie eine Zeit lang still im Keller hocken und fragte auch gar nicht mehr nach den Matratzen, die auf dem Dachboden lagen. Oder sollte sie sich A.S. als Putzfrau anbieten? So war sie bei ihr eingeführt worden, als eine fürs Grobe. Die Katzen, die sie am Abend ihrer Ankunft im Fenster hatte sitzen sehen, würden sicher ihre Haare auf den feinen Fauteuils lassen und Kratzer auf den Antiquitäten. Dann konnte sie sich hervortun mit ihren Kenntnissen von englischen Wachsen und Möbelpolituren und der Kontakt mit den Kätzchen wäre der einzige, den sie wirklich zu schätzen wüsste in diesem kalten Haus.

Er ließ das Telefon lange klingeln, und als er dann endlich die Stimme der jungen Schönen hörte, ahnte er schon, von welch weichem Lager er sie gescheucht hatte, denn in ihr klang die Art Heiserkeit, die ihn immer noch schrecklich erregte. Es tat ihm fast leid, gestört zu haben, vor allem weil sie zu ungehalten war, um auf seinen Vorschlag einzugehen. Wie sollte er wissen, dass es für diesen jungen Schönling am hellichten Tage nichts anderes zu tun gab. Doch er konnte ihr schließlich eine Zusage abringen, nachdem er von Vorkehrungen sprach, die er vor einiger Zeit für sie getroffen habe. Sollte ihm nichts anderes mehr bleiben, als mit Geschenken zu locken? Er konnte sich sonst wohl nur noch mit einer Greisin zusammentun, einer wie die in der Hecke. Die musste ja selbst steinschwer vor Geld gewesen sein, wenn er der Zeitung glauben durfte. Er schüttelte sich bei der Vorstellung, neben einer Frau zu liegen, die älter war als er, obwohl er zugeben musste, dass sie nicht wie achtundsiebzig ausgesehen hatte. Er guckte noch einmal auf die Zeitung und betrachtete das Foto. Eine ganz gute Fassade hatte sie gehabt, aber das Gesicht war ja am leichtesten zu restaurieren, wenn in den Schminktopf gegriffen werden durfte. Das kohlefarbene Hemd, das er nun aus dem Schrank nahm, konnte er nicht leiden, aber die junge Schöne hatte es ihm in Kennebunkport gekauft, und diese Tage in Amerika waren ihre glücklichsten gewesen. Warum nicht daran erinnern? Er war viel zu früh fertig und entschied, nicht länger in der Wohnung herumzutigern, sondern schon einmal ins Vier Jahreszeiten zu fahren und sich in die Halle zu setzen. Wahrscheinlich war ihr dieser Treffpunkt zu behäbig, doch er kannte kein anderes Ambiente, das sich so gut eignete, um über das Erben zu sprechen. Wollte er ihr wirklich ein derart unsittliches Angebot machen? Hatte er das nötig? Er konnte ja weiterhin so tun, als sei er schon längst beim Notar gewesen und drohe ihr nun mit Enterbung. Wie tief war er gesunken. Er seufzte und zog an den Ärmeln des Hemdes und zerrte die schwarzen Manschetten aus dem Jackett. Die gelbe Stickerei mit seinen Anfangsbuchstaben sah aus, als habe er sich mit Eigelb vollgekleckert. Eine lächerliche Stelle für ein Monogramm. Das ganze Hemd war unseriös. Der Ober im Jahreszeiten würde sich wundern über ihn.

Ein gnädiges Lächeln zeigte A.S. ihr, als sie das Angebot hörte. Doch dann lehnte sie ab, schob es erst auf die Serbin, die sie beschäftigte und der sonst die Arbeit ausgehe, ließ aber auch durchblicken, dass sie Grenzen ziehe zwischen dem zeitweiligen Geduldetsein im Keller und einer Zulassung im herrschaftlichen Teil des Hauses, und vergaß dabei völlig, dass sie sie einmal all das Leinen hatte bügeln lassen. A.S. schloss die schleiflackierte Tür vor ihren Augen und sie stieg wieder die Treppe zum Keller hinunter und war gedemütigt, als wäre das Putzen ein Privileg gewesen. Aus dem Garten kamen die Geräusche eines Rasenmähers. Der Gärtner scherte die Wiese kurz, über die er schon mit der Sense gegangen war. Er hatte ihr von der Order erzählt, während er das alte Gerät vor ihrer Kellertür ölte. A.S. hatte Pläne. Sie plante einen Empfang zu Ehren der toten Freundin, sie wartete nur noch darauf, dass die Leiche freigegeben wurde.

Er stand oben auf dem Balkon und hätte zu gern in den Garten gespuckt. Doch er hielt sich zurück, er hatte Besseres vor. Da unten war deutlich was im Gange. Ein Zelt wurde aufgestellt und Stehtische, die Scheißdame ließ das natürlich von ihrem Gärtner tun und der jugoslawischen Schlampe, statt einen anständigen Caterer zu engagieren. Sollte sie ihn für ein Subjekt halten, er hatte einfach den großzügigeren Stil. Doch A.S. hielt es ja für vornehm, Dutzende vergilbte Servietten anschleppen zu lassen, in die ihre Anfangsbuchstaben gestickt waren. Die Aussteuer vermutlich, auf der sie immer noch saß, die alte Jungfer. Drei der Servietten hatte er im Treppenhaus liegen gesehen und gern an sich genommen. Die konnte er gelegentlich als Spucktücher nehmen. Er spitzte den Mund und beugte sich über die Brüstung und schluckte die Spucke dann doch. Er war erstaunt, die alte Krähe zu sehen, die in den Keller gezogen war. A.S. schien sie gerade zu scheuchen, weil Servietten fehlten. Er grinste. Sollte sie ruhig in den Verdacht kommen, geklaut zu haben. Sie sah ganz so aus, obwohl sie ihm fast schon gefiel, schrill wie sie war. Allein diese Pfennigabsätze, auf denen sie schlurfte. Aber schmale Gelenke hatte sie, irgendwas wirkte jung an ihr und gleichzeitig steinalt. Sicher ein zähes Luder. So sind die Zarten, dachte er. Hatten ungeahnte Kräfte. Er blickte auf das Schlüsselbund mit dem Gucci-Anhänger, das vor ihm auf der Brüstung lag, und war zufrieden mit sich. Den Schlüssel für die Wohnung hatte er sehr schön verbogen. Seine Mutter würde ziemliche Schwierigkeiten haben, wenn sie heute Nacht von ihrem Liebhaber angeschlichen kam.

Sie hatte sich erlaubt, die Augenbrauen hochzuziehen, als A.S. ankam, um sie zur Assistenz aufzufordern. Die Dame schien in Bedrängnis zu sein, die Beerdigung fand von einem Tag auf den anderen statt, die entfernten Verwandten der erdrosselten Freundin hatten es entschieden. Die Leiche war schneller freigegeben als gedacht, über den Täter wurde nur spekuliert. Den Jungen, der vor der Hecke gesessen hatte, schienen sie nicht länger zu verdächtigen. Er hatte eine Verletzung an der Stirn gehabt, zu hoch für einen Sturz und eher von einem Schlag her kommend, doch er erinnerte sich nicht an das eine und nicht an das andere. Sie hatte die Zeitung gerade hingelegt, als A.S. an ihrer Tür klopfte. Gut, sie geschlossen zu haben, dass daran geklopft werden konnte und um Einlass gebeten. Doch sie durfte nicht übermütig sein, es war immer noch der Keller von A. S., in dem sie saß, und so hatte sie zugestimmt zu helfen. Die Servietten waren von ihr gezählt worden. Hätte sie denn gesagt, dass es keine sechsunddreißig sind, wenn sie die Diebin gewesen wäre? A. S. ließ es im Augenblick auf sich beruhen, der Zeitdruck war zu groß, und so schickte sie sie ins Haus zu der großen Truhe, in der weitere Haushaltswäsche bewahrt wurde. Sie hatte erst einmal versucht, die Katzen mit sanften Lauten zu locken, ehe sie den Deckel der Truhe hob, doch es waren keine gekommen. Dann hatte sie A. S. im Garten zetern hören, und so sah sie in der alten Truhe aus schwarzer Eiche nach den selten benutzten Servietten. Da lagen sie in Stapeln und sahen noch vergilbter aus als die dreiunddreißig anderen. Doch sonst gab es kaum einen Unterschied, die Gäste würden nicht bemerken, was sie auf den ersten Blick gesehen hatte, dass statt des A. S. in kühnerem Schwung ein A. T. eingestickt war.

Er ging zu seinem Schreibtisch und suchte nach der Karte, die in der Traueranzeige gelegen hatte, um sicherzugehen, dass er sich nicht in der Zeit irrte. Es erstaunte ihn, eingeladen zu sein, und der erste Gedanke war gewesen, das für einen schlechten Scherz zu halten, doch nun interessierte ihn der erlauchte Kreis da drüben beinah, nur die Beerdigung hatte er sich gespart. Er fand die kleine gedruckte Einladung unter einem Stoß Briefe, die er noch nicht geöffnet hatte, darunter auch den des Notars, der an einer testamentarischen Verfügung für die junge Schöne arbeitete. Er hatte gleich gehandelt, damit sie nicht lange über das Geschäft nachdachte, das er ihr anbot. Geld gegen Liebe. Ein Abkommen, das alt war wie die Welt. Doch sie zögerte, auf einmal schien er ihr zu jugendlich zu sein und die Jahre, die vor ihm lagen, zu viele. Vielleicht noch zwanzig Jahre auf das Erbe lauern müssen, das hielt sie bestimmt nicht aus. Er sollte eine Klausel aufnehmen lassen, für den Fall seines gewaltsamen Todes. Er lachte auf und klang nicht froh dabei und beschloss, sich erst einmal auf den Leichenschmaus zu konzentrieren. Er zog den Knoten seiner Krawatte fest und griff zum Jackett, das auf einem der Sofas lag. Er hatte sich für Schiefergrau entschieden. Krawatte und Anzug im gleichen Ton. Dem Himmel über Hamburg angeglichen. Und seiner Stimmung. Die junge Schöne lag ihm auf der Seele, und das Arrangement mit ihr. Der toten Dame aus der Hecke wurde viel Ehre zuteil. Er sah traurig aus.

Der Empfang gelang ihr. A. S. stand oben auf der Freitreppe und guckte in den Garten. Alle hielten Gläser in der Hand und sprachen angeregt, und nur die dunkle Kleidung der Gäste und das große Foto im silbernen Rahmen mit Trauerflor, das sie auf dem Tisch mit den Sektkühlern hatte unterbringen können, ließen an den Anlass der Feier denken. Eigentlich sonderbar, dass alle gelöst schienen, obwohl ein Tod zu beklagen war und der Täter noch nicht gefasst. Beschaffungskriminalität nahmen viele der Anwesenden an, dabei hatte es selten Drogensüchtige in der Gegend gegeben, und der Toten war nichts gestohlen worden, nur dass die Pantoletten von Prada fehlten. A. S. stieg die Stufen hinunter, um zu dem smarten Herrn aus dem Haus gegenüber zu gehen, der Gott sei Dank ohne sein Junghuhn gekommen war, doch sie wurde von einer der Freundinnen abgefangen. Alt sah sie aus, die Gute, sie war ja jetzt auch die Älteste in ihrem Kreis von fünf. Oh, dieses Flüstern. Auf den eigenen Festen fand sie es unziemlich. Was hatte die Freundin zu flüstern? Den Namen der Alten wollte sie wissen, die sich gar nicht schlecht anstellte, in dem schwarzen Kleid mit kleiner Schürze. Kaum dass sich eine beim Servieren schickte, lauerten die lieben Freundinnen, sie abspenstig zu machen. Doch sie gab den Namen preis. Es wusste ja eh jeder, wo die Alte zu finden war. Den Vornamen dieser Frau Harm kannte sie gar nicht, obwohl sie es tun sollte, immerhin lebte die in ihrem Keller. Doch die Freundin hakte nicht nach, hatte schon wieder anderes im Sinn. Wandte sich dem smarten Herrn von gegenüber zu, der da gerade an ihnen vorbeigeschlendert kam.

In der Nacht wachte sie auf und fand sich mit dem Tagebuch auf dem Schoß im Liegestuhl liegend. Das schwarze Kleid hatte sie immer noch an. Das Schürzchen lag auf dem Zementboden, die Schleifenbänder zerrissen. Der Knoten war nicht zu lösen gewesen, sie erinnerte sich. Gegen elf Uhr abends hatten sie alles abgeräumt und ins Haus getragen, die junge Serbin und sie. A. S. hatte sich da schon zurückgezogen. Als sie die Gläser in die Küche trugen, hatte sie nach den Katzen gefragt, ob die denn nie in den Garten kämen, doch die Serbin schien sie nicht verstanden zu haben, ihr Deutsch war dürftig, jedenfalls hatte die junge Frau sie nur fragend angesehen. Die Stille war ganz schnell wieder in den Garten gekehrt, nur aus dem oberen Stockwerk hörte sie Geräusche, die wie ein Wimmern klangen.

Vielleicht war es der Junge da oben, der bei all seiner Arroganz etwas Geprügeltes hatte. Sie war noch einmal in den hinteren Garten zu den Feen gegangen, und als sie zurückkam, da war es auch oben still gewesen. Sie hätte in dem Augenblick gern ein Kätzchen im Arm gehabt, damit ihr der Keller weniger dunkel und leer erschienen wäre, hätte sich in den Liegestuhl mit ihm kuscheln können, sie fing ja an, ganz kindisch in ihren Sehnsüchten zu werden, je älter sie wurde. Stattdessen hatte sie das Tagebuch genommen, aus dem sie jede Zeile kannte. Sie stand auf und spürte ein heftiges Ziehen, das ihr durch den ganzen Körper ging. Lange hielt sie das nicht mehr aus, in der gekrümmten Lage zu schlafen, sie schlich zu dem Steinbecken, als gebe sie Hänsels Hexe, mit rundem Rücken und einer Hand im Kreuz. Das alles kostete doch Kraft. A.S. dachte nicht im Traum daran, ihr einen Lohn zu geben. Der Keller war ja schon Lohn genug. Sie ließ das kalte Wasser über die Hände laufen und wurde zu wach dabei. Zu viel Zeit, die sie totzuschlagen hatte. Da liefen ihr die letzten Jahre ihres Lebens wie das Wasser durch die Hände, und doch gab es diese Stunden, die sie nicht zu füllen wusste. Sie drückte die Schultern durch und straffte den Rücken, als wolle sie sich gegen die Gedanken wehren. Es tat ihr besser, an Banales zu denken. Daran, dass sie gespannt war, ob A.S. wegen des Spülens der Gläser auf sie zukommen würde. Die Serbin hatte alles in der Küche stehen lassen und war gleich nach Hause gegangen.

Der smarte Herr hatte Blumen geschickt. Einige Anrufe waren eingegangen, und Dank wurde ihr gesagt für das gelungene Gedenken. Eine Dame habe aus Italien telefoniert, sagte die Serbin und hatte natürlich keine Nummer notiert. Vielleicht die Bekannte, die ihr die Alte angedreht hatte. Keiner von ihnen wusste, in welcher toskanischen Villa sie saß. A.S. ordnete die blassen Rosen, die der Bote gebracht hatte. Die Geste gefiel ihr, und doch haftete dem Herrn von gegenüber etwas an, das sie nur halbseiden nennen konnte, und war es, dass er mit ihrer Freundin das Haus verlassen hatte. A.S. spürte Eifersucht und ärgerte sich und kontrollierte lieber die Gläser auf ihren Glanz. Es konnte nicht sein. Die Freundin hatte die Siebzigergrenze überschritten, ein zu großer Kontrast zu dem Geschöpf, das er gern bei sich führte. Sie ging zu der verglasten Veranda, die in den Vorgarten blicken ließ, und sah zum Haus gegenüber, als erwartete sie, die

Freundin winken zu sehen. Sie sollte ihn anrufen und für die Blumen danken und ihm was entlocken dabei. Am liebsten hätte sie ihm gesagt, dass sie selbst erst knapp über sechzig war, aber dann konnte sie sich ja auch gleich in ihre Veranda setzen und Freier kobern, wie es die Frauen in der Herbertstraße taten. A.S. schämte sich der eigenen Gedanken, die so schrecklich distanzlos waren und sie entschied, gleich Sühne zu tun und in die Küche zu gehen und der Serbin freizugeben, um den Rest des Geschirrs selbst abzuspülen. Danach erst würde sie sich den Anruf gönnen.

Er war umzingelt. Erst die alte Schnepfe, die sich gestern an ihn gehängt hatte, und dann auch noch die Dame des Hauses da drüben, die den Strauß, den er ihr hatte schicken lassen, gleich in Törtchen aufwiegen wollte. Das fehlte ihm, mit A.S. und ihren Freundinnen um eine viktorianische Silberkanne zu sitzen und Tee zu trinken und angeschmachtet zu werden. Was hatte die Schnepfe gestern gesagt? Dass es einem Mann in seinem Alter guttäte, sich an Gleichaltrige zu halten, statt der Jugend hinterherzuhinken. Was hatte sie veranlasst, nach ihm zu schnappen? Er konnte sich an keine Kränkung seinerseits erinnern. Hatte im Gegenteil eine Weile vorgegeben, das Alter zu verehren, und eine lobende Äußerung getan über den Hauch von Schal, mit dem sie ihr Dekolleté weichzeichnete, und war nur zurückgezuckt, als sie vertraulich seine Hand griff, und das war erst nach Verlassen des Gartens gewesen und hatte keine Zeugen gehabt, vor denen er sie damit hätte bloßstellen können. Er ging in die Küche und holte Eiswürfel aus dem Tiefkühler und tat sie in eines der hohen Gläser und griff nach der Ginflasche, die auf das Tablett mit den englischen Konfitüren geraten war. Gestern Abend hatte er sie vergeblich gesucht. Er fand Tonic-Wasser im Kühlschrank und füllte sein Glas, nahm es mit in das große Zimmer und stellte sich ans Fenster. Gar nicht lange her, dass er hier gestanden hatte mit solch einem Getränk in der Hand, um auf das Taxi zu horchen, das ihm die junge Schöne bringen sollte. Seitdem war ihm das Leben schrecklich aus der Bahn geraten. Er hob das Glas und dachte, dass er Shirley Horn auflegen sollte. *Here's To Life*. Die junge Schöne hatte seinen Jazz nicht zu schätzen gewusst, aber wenigstens eine Weile so getan. Er nahm einen Schluck. Auf das Leben. Das anderswo stattfand. Das Angebot, das er ihr gemacht hatte, schien sie auch nicht zu schätzen. Er konnte es kaum noch ertragen, keine Nachricht von ihr zu haben. Da drüben kam gerade die Alte aus der Haustür. An jenem Abend war sie angekommen, um das Unglück abzuladen, das sie für ihn in ihren hässlichen Koffern herangeschleppt hatte. Er wandte sich vom Fenster ab und ging zu dem Plattenspieler. Nur nicht noch mehr Hass in sich schüren. Er kannte sich ohnehin selbst kaum mehr. Lieber im Jazz versinken für heute Abend und vielleicht auch im Gin.

Er schlich im Keller umher, wie er das vor Jahren als kleiner Junge getan hatte, als sie gerade bei A.S. eingezogen waren und er einen Spielplatz suchte, der Abenteuer versprach. Da gab es Ecken in dem Keller, die A.S. sicher nicht kannte, dabei lebte sie seit Ewigkeiten in diesem Haus, und ihre Familie hatte es ganz für sich allein gehabt. Weit hinten war ein Verschlag, dessen Tür er längst aufgebrochen hatte, um an die Koffer zu kommen, die wohl von allen vergessen waren. Das, was er in den Koffern fand, bedeutete ihm nichts. Die alten Abendkleider zerfielen ihm in der Hand, und er hatte sich geekelt vor dem Schimmel, den er da berührte, und war von da an vorsichtiger geworden und griff nicht einfach mehr hinein. Fotos aus einem anderen Koffer hatte er flüchtig angesehen, auch die Zeugnisse einer Töchterschule, die ihn kaum interessierten, alles schien ihm aus einem anderen Zeitalter zu sein. Tausend Jahre her. Es hatte auch nichts mit A.S. zu tun, einen anderen Namen hatte er gelesen und schon vergessen, einen, der ganz ähnlich klang wie der Poelchaukamp, in dem er gern mal mit seinen Kumpeln herumstrich, um dann doch nur in einer versifften Kneipe in der Gertigstraße zu landen. Er nahm den Schlüssel für den eigenen Keller aus seiner Hosentasche. Eine Flasche holen und es dann gemütlich haben im geheimen Verschlag. Er hatte eine einsame Phase, die Kumpel zogen sich zurück, seitdem die Tante in der Hecke gefunden worden war und die Bullen einen von ihnen in den Scheiß verwickelten. Gut, dass sie ihn nicht behelligten. Er kehrte in den Verschlag zurück, öffnete die Flasche mit dem Korkenzieher seines Taschenmessers und fing an, das Buch zu lesen, das er hier vorgefunden hatte. *Der Untergang des Abendlandes.* Seinetwillen sollte es untergehen. Er setzte die Flasche an und trank einen Schluck und fand, dass dieser Spengler ganz schön negativ war. Auf einmal kam ihm der Name in den Kopf, der auf dem Zeugs stand, das da im Koffer lag. Telchau war es gewesen.

Sie war sich nicht sicher, ob sie ihre Freundinnen wirklich mochte. Im Augenblick konnte A.S. jedenfalls eine von ihnen nicht ausstehen, jene, die sich von ihrem Empfang entfernt hatte, ohne anschließend um Absolution zu bitten. Sie hatte sie zur Rede stellen wollen, doch die Gute entzog sich ihr ja. Vermutlich lag sie unter einer Gurkenmaske, um jugendlich zu sein für einen gewissen Herrn, oder war gleich in eine Klinik für kosmetische Chirurgie gegangen. A.S. hatte öfter auf vier Anrufbeantworter gesprochen und schließlich die drei anderen Damen aus dem inneren Kreis herbeigeholt. In einer Zeit, in der eine von ihnen so gewaltsam zu Tode gekommen war, sollten sie zueinanderstehen und nicht nur den eigenen Interessen nachjagen. Doch die drei schienen verändert. Fahrige Griffe nach den Gläsern, in denen A.S. einen Weißen servierte, der ihnen zu leicht war. Was wollten sie? Wodka um drei Uhr nachmittags? Sie hatten die harten Stimmen, die sie während ihrer Scheidungen einsetzten, eine Härte, die sich nach einer Weile immer wieder verlor. Keine von ihnen war kürzlich geschieden worden, A.S. war wirklich überrascht von ihrer Attitüde. Lange schon hatte sie ihnen nicht mehr so aufmerksam in die Gesichter gesehen. Alle waren sie hier alt geworden. Von den drei Damen, die bei ihr saßen, war eine in dem Haus geboren, in dem sie heute noch lebte. Zwei hatten in ihre Häuser hineingeheiratet. A.S. selbst war als zweijähriges Kind hier eingezogen und erinnerte sich nur schwach daran. Was ihr von dem Leben davor erzählt worden war, hatte sie längst verdrängt. Die liebe Tote war in Harvestehude geboren, genau wie das Luder, das heute durch Abwesenheit glänzte. Ihr Gram darüber wuchs, zumal der Herr von gegenüber ihre Einladung zum Tee kühl abgelehnt hatte. Die Stimmen der Freundinnen wurden weicher, nachdem A.S. härtere Getränke servierte, keinen Wodka, den hatte sie gar nicht vorrätig, doch einen Whisky von den Highlands holte sie hervor. Die Damen tranken den Speyside, als sei es Sherry, den sie sonst gern nahmen. Und die weicheren Stimmen bekamen schärfere Zungen. Es musste ein Streit zwischen ihnen vorausgegangen sein, von dem sie gar nichts wusste. Von der lieben Toten war die Rede. Ihrer Familie. Waren sie Nazis gewesen? A.S. zuckte zusammen. Tat es noch heftiger, als das Gespräch zu dem smarten Herrn überging. Als sei sie ertappt. Hatte auch er eine dunkle Vergangenheit? A.S. bereute sehr, vom Whisky getrunken zu haben. Es entgingen ihr Sätze, und sie fand den Zusammenhang nicht mehr. Ein Nazi konnte er kaum gewesen sein, höchstens ein Hitlerjunge. Er war sicher wenig älter als sie selbst. Aus Hamm sei er damals gekommen, hörte sie sagen. Ein lieblos gebautes Viertel, doch waren die, die da lebten, schuld daran? A.S. lehnte sich in ihr Sofa und nahm doch noch einen Schluck und fand sich liberal. Was wussten die Damen von ihm? Nur Gerüchte, die Alteingesessene zur Hand hatten, wenn jemand zu ihnen aufgestiegen war. A.S. wurde heiß. Sie stellte das Glas auf den kleinen Tisch, der am Sofa stand. Doch ihr war klar, dass die Hitzewallung nicht vom Trinken kam. Sie hatte sich leider verliebt. In einen smarten Herrn.

Die Leiche wurde in der Heilwigstraße gefunden, an einer Baustelle, die seit Tagen stillgelegen hatte. Ein Arbeiter fand sie, als er eine Plane hob, unter denen die Säcke mit dem fertiggemischten Mörtel lagen. Doch die Dame musste in der Grube gestorben sein, hineingestolpert und stranguliert vom eigenen seidenen Schal. Sie hatte die dunkle Erde am Kleid, vom Boden der Grube, die vor einer Woche ausgeschachtet worden war.

Er begleitete die beiden Beamten zur Tür und verabschiedete sie in höflicher Kühle. Die Herren schienen zufrieden zu sein mit dem, was er ihnen gesagt hatte. Dass die ältere Dame mit ihm gemeinsam die Trauerfeierlichkeit gegen zweiundzwanzig Uhr verlassen habe und noch zu aufgewühlt gewesen sei, um den Abend zu beenden. Zu einem Spaziergang habe man sich dann entschlossen und schließlich noch ein Glas bei Schmitz in der Maria-Louisen getrunken. Die Heilwigstraße wurde zweimal von ihnen überquert, auf dem Hinweg und zurück, doch beide seien sie höchst lebendig in Harvestehude angekommen. Die Dame habe zur Gastgeberin zurückkehren wollen, aus ihm unbekannten Gründen, Mitternacht war vorüber gewesen und das Haus dunkel. Er habe sich auf der Straße verabschiedet und seine Haustür aufgeschlossen und die Sache nicht weiter verfolgt. Er schloss die Tür hinter den beiden Beamten und nahm auf der Treppe zwei Stufen auf einmal, um vom großen Zimmer oben aus dem Fenster zu sehen. Sicher gingen sie noch einmal zu der feinen Dame da drüben, die nichts Eiligeres zu tun gehabt hatte, als ihm die Polizei auf den Hals zu hetzen. Er sah sie das Gartentor aufstoßen und konnte gerade noch erkennen, wie A.S. ihre verglaste Veranda verließ. Vermutlich hatte sie die ganze Zeit sein Haus im Visier gehabt. Er ließ sich in seinen Sessel fallen und griff nach dem Abendblatt, das auf dem Teppich lag. Der Mord konnte noch nicht drin sein. Doch er ahnte, was morgen in den Hamburger Zeitungen los sein würde. Schon die zweite Dame, die innerhalb eines Monats ums Leben gebracht worden war, und das in einem der besten Viertel der Stadt.

Der Junge lief ihr heute ständig über den Weg. Vielleicht lag es nur daran, dass sie sonst zurückgezogener lebte und sich längst nicht so viel auf den Straßen aufhielt. Doch es hätte sie verrückt gemacht, allein im Keller zu sitzen, nachdem der Gärtner ihr von dem Leichenfund berichtete. Sie hatte sich nicht zu den Gaffern in der Heilwigstraße gestellt, zwischen denen der Junge stand, doch es bildeten sich auch außerhalb des Brennpunktes kleine Gruppen, von denen sie das eine und andere aufschnappte. A.S. saß im Haus und rührte sich nicht und gab sicher die trauernde Hinterbliebene, dabei hatte sie nach dem Empfang harsche Worte über jene Dame gesagt, die jetzt als Leiche in der Gerichtsmedizin lag, sie hatte es selbst gehört, als sie die Gläser in die Küche stellte. A.S. sollte es auch gewesen sein, die zur Identifizierung geholt worden war. Eine Information, die die Serbin in die Gruppen trug, in denen die Straßenarbeiter standen und Hausangestellte und ein paar Jugendliche. Jeder andere, der hier wohnte, war zu diskret, um derart unverhohlen sein Interesse kundzutun. Als sie dann Stunden später von der Apotheke am Klosterstern kam, sah sie den Jungen vor dem Haus herumlungern, in dessen Hecke die erste Tote gefunden worden war. Er schien sich aufzugeilen an diesen Schauplätzen oder hatte er die Spurensuche aufgenommen? Sie konnte ihn kaum ernst nehmen, den Bengel, der sich zu großer Blasiertheit aufblähte und schon im nächsten Augenblick so aussah, als heule er los. Doch als sie am Abend die Kellertreppe hinunterging und ihn auf den unteren Stufen sitzen sah, wurde ihr sehr unbehaglich und es kam ihr vor, als spioniere er sie aus. Sie holte schon Atem, um ihn anzusprechen, stieg dann aber an ihm vorbei und steckte den Schlüssel in das Vorhängeschloss an ihrer Tür. Sie hörte, dass er hinter ihr aufgestanden war, doch sie drehte sich nicht um. Öffnete das Schloss und nahm es ab. Öffnete die Tür und zog sie gleich hinter sich zu. Schob den Riegel vor, den sie selbst innen angebracht hatte. Lächerliches Gefühl von Sicherheit, das sie da in sich aufkommen spürte, obwohl diese Tür doch nur eine dickere Kartonpappe war, die ein wilder Junge mit ein paar heftigen Tritten eintreten konnte.

Quäl dich doch nicht, sagte eine der Damen, als die drei von der Serbin zur Veranda geführt wurden und A.S. vor alten Fotos fanden. Quälte sie sich? A.S. sah auf das Foto, das sie in der Hand hielt: Sechs Freundinnen saßen im Garten. Der Tisch mit der Hohlsaumdecke stand nicht vorn auf der Wiese, wie er es vor wenigen Wochen getan hatte, an dem Tag, an dessen Ende die erste von ihnen getötet worden war. Auf diesem Foto stand der Tisch hinten bei den Feen, die hier eine seltsame Dominanz hatten, obwohl die sechs Damen im Vordergrund saßen und ihre Gläser in die Kamera hielten. A.S. ließ die Fotografie in den Karton fallen, den sie neben sich auf dem Sofa stehen hatte, und legte den Deckel drauf, ehe die drei Freundinnen sich über ihn beugen konnten und Bilder hochnehmen und Kommentare abgeben. Vorgestern waren sie schon in Streit geraten über die Vergangenheit. A.S. fühlte eine große Sehnsucht nach Frieden, doch es waren eher Angst und Schuld, die da in ihr hochkamen. Das erste Verbrechen schien ihr noch schicksalhaft gewesen zu sein, wie in einem Zug zu sitzen, der entgleiste. Doch was verband die Opfer, dass der Täter gerade sie erkor? Sie dachte an die Tote, die sie ihr heute morgen aus der Kühlschublade gezogen hatten. Das Armband fehlte, das sie auf dem Empfang getragen hatte. Eine alte, kostbare Arbeit. Weißes Gold, in das sternförmig Brillanten eingelassen waren. Familienschmuck, wenn A.S. sich richtig erinnerte. Vielleicht lag er noch im Sand der Baugrube. Wenn nicht, dann würden sich die Polizisten auf die Möglichkeit eines Raubmordes stürzen. Sie sah zu den drei Damen, die in den Sesseln saßen und flüsterten, als seien sie im Zimmer einer Schwerkranken. Todgeweihten, dachte A.S. und schüttelte sich. Quäl dich doch nicht, sagte die eine aus dem Trio noch einmal. Trauerten sie denn nicht? Oder hatten sie nicht so viel Schuld auf sich geladen? Die tote Freundin in diesen Tagen verhöhnt ob ihrer Jagd auf einen Mann? Nein. Das hatte nur sie getan. Aus Eifersucht. A.S. fing an zu schluchzen, und die drei standen auf, um Trost zu geben, doch sie waren ihr schrecklich fremd geworden.

Es überraschte ihn nicht, dass sie noch einmal zu ihm kamen. Natürlich schien es ihnen logisch, dass die Dame in jener Nacht gestorben war, in der er mit ihr durch Harvestehude spazierte. Sie hätte sonst kaum die dunkle Seide am Körper gehabt und die schwarzen Strümpfe, die sie zur Trauerfeier getragen hatte, als sie Tage später zwischen diesen Zementsäcken gefunden wurde. Er bot den Kriminalbeamten die Sofas an und ließ sich in seinen tiefen Sessel fallen und tat entspannt. Sie konnten ihn nicht mehr in der Kartei haben. Das alles war länger als dreißig Jahre her und auch kein Kapitalverbrechen, wessen er verurteilt worden war. Racheakt einer Eifersüchtigen, der er obendrein geschäftlich in die Quere gekommen war und die sich auf allen Ebenen betrogen gefühlt hatte. Oh Gott, wie jung war er da gewesen. Kaum zu glauben, dass ihm zu jener Zeit irgendeine Frau etwas nicht verzieh. Er sah zu den Polizisten und dachte, ihnen einen Drink anzubieten, um selber an einen zu kommen, doch in der Sekunde fragten sie ihn nach einem Alibi für jene Nacht. Er hatte kein Personal, das im Haus wohnte, und nicht mal mehr eine junge Schöne, woher sollte er das Alibi holen? Doch er glaubte, sie darauf aufmerksam machen zu müssen, auch kein Motiv zu haben. Außer dass sie alt war, dachte er. Vielleicht eine Lösung für alle, wenn alte Leute wie er und die Dame in ein leichtes Boot gesetzt und auf das offene Meer getrieben würden. Aber wahrscheinlich hatte sie ihr Leben sogar noch genossen, wie er es getan hatte, bevor er in diese Altersdepression glitt. Er lachte auf und sah die Irritation in den Gesichtern der beiden Herren. Er sollte sich mehr kontrollieren. Ein Alibi habe er nicht, sagte er noch einmal, und so erhoben sie sich gemeinsam, und er brachte sie zur Tür.

Sie strich die Panthenolsalbe auf die offene Stelle an ihrem Knie und klebte ein großes Pflaster darüber, um die Strümpfe gleich wieder anziehen zu können. Heute hatte sie schon den ganzen Tag das Gefühl, sprungbereit sein zu müssen. Vor der Tür scharrte der Junge, sie hörte seine schweren Schuhe über den Boden schleifen, als versuche er ein Loch zu graben. Bald würde er wieder in der Tiefe des Kellers verschwinden, wie er es seit Tagen tat. Sie ahnte, dass er dahinten eine Koje hatte, in die er sich verzog, doch sie war noch nicht so weit, sich in diesen Teil des Kellers zu trauen. Dieses Gescharre vor ihrer Tür. Fast schon ein Ritual, auf das sie keinen

Reim fand. Ihre Gefühle für diesen Jungen waren zwiespältig. Irgendetwas an ihm rührte sie, und doch hatte sie Angst. Er schien ihr auf eine Art sentimental zu sein, die sehr gefährlich werden konnte. Es hatte Nazis gegeben, bei denen ihr genau das aufgefallen war. Sie zog die Strümpfe hoch, ließ den aufgekrempelten Rock hinunter und ging, sich die Hände im Steinbecken zu waschen. A.S. gab ihr das Gefühl, die Sauberkeit ihrer Nägel beweisen zu müssen, sobald sie die Wohnung oben betrat. Sie war erstaunt gewesen, als A.S. sie doch wieder um das Bügeln des Leinens bat. Beinah sanft hatte sie geklungen. Der Tod der Freundinnen nahm sie wohl sehr mit. Manche wurden milder durch das Leid. Sie öffnete die Tür und sah sich nach dem Jungen um. Vielleicht saß er ja schon in seinem Versteck. Sie hängte das Vorhängeschloss ein und schloss ab und stieg die Kellertreppe hoch, um das Leinen zu bügeln, das die Serbin gestern gewaschen hatte.

Ihm klopfte das Herz, als er die Nummer der jungen Schönen wählte. Laut klopfte es, während der Ruf des Telefons durch den einen großen Raum des Lofts drang und dort keiner den Hörer abnahm. Lebte sie denn schon bei diesem Fatzke, um unerreichbar zu sein für ihn? Lächerlich, dass es doch noch einer Frau gelingen sollte, ihn fertigzumachen. Er hatte Fairness von ihr erhofft. Ach was, Fairness. Er war davon ausgegangen, dass sie ausflippe vor Dankbarkeit. Schließlich wollte er ihr sein ganzes Vermögen vermachen. War es da zu viel verlangt, sie um sich haben zu wollen? Wenigstens für ein paar Tage in der Woche? Er legte den Hörer auf und griff nach einer Flasche auf dem Sideboard. Irgendein Grappa, den er in das Wasserglas laufen ließ, das gerade da stand. Er hatte immer gern und viel getrunken, doch in diesen Wochen war er weit davon entfernt, es aus Lust zu tun. Er nahm einen großen Schluck und fing an zu husten. Das Biest kriegte ihn kaputt. Ein Mann von Klasse war er gewesen, ein Gentleman, wenn seine Geschäfte auch hin und wieder von der heiklen Art waren, doch nun verkam er hier in seinem feinen Gehäuse. Er konnte nicht länger herumsitzen und auf ein Lebenszeichen der Angebeteten lauern. Lieber ihr auflauern. Sich vor das verdammte Loft stellen. Irgendwann würde doch auch eine junge Schöne ein paar alltägliche Dinge erledigen wollen. Höschen waschen. In den Briefkasten sehen. Er schob das Glas weg und begann, sich besser zu fühlen. Es hatte ihm immer gutgetan, Schlachtpläne zu entwerfen. Erster Schritt war ein Auto leihen, damit sie nicht gleich die Flucht ergriff, wenn sie den Jaguar sah. Er nahm den Telefonapparat und wählte die Auskunft an, um nach der Nummer von Hertz zu fragen. Minuten später hatte er einen Siebener-BMW gemietet. Es war nicht seine Absicht, allzu bescheiden auszusehen.

Das Bügeleisen glitt über die letzte der Servietten und wurde dann auf das Gitter am Rand des Bügelbretts gestellt und ausgeschaltet. Sie faltete auch diese Serviette so, dass das eingestickte A.T. auf der linken Seite zu liegen kam. Ein Stapel von zwölf lag jetzt vor ihr auf der Kommode, daneben dreiunddreißig Servietten, die zur Aussteuer der A.S. gehörten. Sie sah sich um, ob die Dame des Hauses komme, sie in ihren Keller zu entlassen, doch keiner war da. Einen Augenblick zögerte sie und entschied dann, sich in diesen Zimmern umzusehen. Was konnte ihr geschehen? Die Arbeit war getan. Sie ging durch vier hohe Räume, die ineinander übergingen, und hielt nur einmal an einem alten weißen Kachelofen an. Alles andere ließ sie an sich vorüberziehen, auch das große Ölbild von Kallmorgen, das sie erkannte, und die Kommode aus Kirschbaumholz. Sie hörte ein Geräusch aus der Küche und ging nun doch zu dem schmalen Zimmer zurück, in dem sie gebügelt hatte. Doch etwas ließ sie noch einmal anhalten, etwas, das sie nur aus dem Augenwinkel wahrnahm. Die Katzen. Sie saßen auf den Kissen eines Sofas, das hinten im letzten der vier Zimmer stand. Sie ging hinein und gab die lockenden Töne von sich, die sie im Garten schon öfter ins Leere gesandt hatte, und hob die Hand, um diese Tiere zu streicheln, die am Tage ihrer Ankunft im Fenster gesessen und ihr eine kleine Hoffnung gegeben hatten. Sie vergaß ihr wundes Knie und ging in die Hocke, um die Augen der Katzen zu sehen, und dann erst bemerkte sie, dass sie beide ausgestopft waren.

Abends um zehn gab er auf. Zu dieser Zeit kam sie nicht mehr, um Höschen zu waschen und in den Briefkasten zu sehen. Zu dieser Zeit saß die junge Schöne in irgendeinem In-Laden und schickerte sich einen an und ließ sich von diesem glatten jungen Kerl in den Ausschnitt gucken. Er seufzte, als er sich den Verlauf ihres Abends vorstellte, und steckte den Zündschlüssel in das Schloss, um ihn gleich wieder herauszuziehen und nervös in der

Hand zu drehen. Bloß noch nicht nach Hause fahren und allein dasitzen und der Erinnerung ausgeliefert sein. Dann lieber das verlassene Loft anbeten. Er sah zu den dunklen Fenstern des zweistöckigen Backsteinbaus, in dem die junge Schöne die obere Etage bewohnte. Ein, zwei Nächte hatte er da verbracht, mit ihr auf dem alten italienischen Eisenbett gelegen, guten Sex gehabt, schlecht geschlafen. Er hatte eine andere Vorstellung von Antiquitäten. Seit sechs Uhr abends saß er hier im Auto, hatte seinen Posten nur einmal verlassen, um in diese Bar dort drüben zu gehen und ein Glas zu trinken. Nachmittags war er zu der Agentur gefahren, in der sie ab und zu als Grafikerin aushalf. Da hatte sie sich angeblich seit Wochen nicht blicken lassen. Er schreckte hoch, als zwei junge Leute kamen, die auf den BMW zugingen. Die Frau klopfte an das Fenster, und er kurbelte die Scheibe widerwillig herunter. Nein. Er hatte keine Ahnung, wo der Hahnenkamp war. Er sagte es schroff. Die beiden gingen davon, und es tat ihm leid, auch noch seinen Charme verloren zu haben. Es wäre doch das Beste, nach Hause zu fahren und sich ins Bett zu legen, eine Flasche Schnaps an der Seite. Er steckte den Schlüssel wieder ins Zündschloss und öffnete die Klappe des Handschuhfachs. Noch eine Kassette einlegen, um sich für die Fahrt durch die Stadt zu stärken. Er holte eine von Stéphane Grappelli hervor, dessen Geige ihn nicht zu sehr in Sentimentalität tauchte, und wollte die Kassette in den Recorder schieben, als er eines dieser flachgebauten Autos vor sich sah, dessen Scheinwerfer gerade aufgeblendet wurden. Er blinzelte in das grelle Licht hinein und erkannte den Pontiac Firebird seines Rivalen, der da langsam auf ihn zufuhr.

Die Kündigung von A.S. hatte vormittags im Kasten gelegen. Seine entzückende Mutter hängte sich sofort ans Telefon, um den Alten verrückt zu machen, und der war auch tatsächlich nach Hause gekommen, obwohl er als unabkömmlich galt in seiner verdammten Kanzlei. Eine Audienz bei A.S. hatten die beiden gehabt, um ihm anschließend die Hölle heiß zu machen. Sie sähen ihn lieber in der Fremdenlegion als länger dort oben in seinem Zimmer. Gar keine schlechte Idee, sie war ihm auch schon gekommen. Doch dann wurde von einem College in den Staaten gesprochen, einem, das die Gescheiterten dieser Erde für einen Haufen Kohle aufnahm. Er fand auch den Gedanken nicht so schlecht, und doch war ihm zum Kotzen.

Aber er kotzte nicht, er schluchzte, als er in seinem Verschlag saß. Er sah die Koffer durch einen Schleier von Tränen an und dachte, dass er sie von diesem alten Kram befreien sollte und mit ihnen davongehen. Sie schienen ihm genau das richtige Gepäck für einen Verstoßenen zu sein. Er hob den Deckel von einem der Koffer und wühlte ein wenig die obere Schicht von Papieren auf und griff wahllos nach welchen, als müsse er die Gewinner einer Lotterie ziehen. Standesamt, 3a, Colonnaden, las er. Geburtsurkunde für einen Fritz Telchau. Das vorbezeichnete Kind hat den zusätzlichen Namen Israel angenommen. Und eine Athalia hatte noch Sara heißen wollen. Obwohl sie da schon vierzehn war und dieser Fritz achtzehn Jahre alt. Er schüttelte den Kopf. Der Inhalt der Koffer wurde nicht interessanter, wie oft er sich den Kram auch anguckte. Er nahm ein Album hoch, in graues grobes Leinen gebunden, und blätterte im schwarzen Kartonpapier. Kinderfotos. Auch das noch. Anfangs hatten sie seine Bilder auch eingeklebt. Doch das war für seine lieben Eltern bald ausgereizt. Er war schnell durch mit diesem Kindheitsarchiv. Fritz und Athalia, wenn er richtig kombinierte. Er wollte es weglegen und schlug dann doch noch mal den Deckel auf und hatte keine Ahnung, was ihn irritierte. Er guckte sich die alten Fotos genauer an und blieb am Gesicht des Mädchens hängen. Ja. Er war sicher, ihr schon einmal begegnet zu sein.

Noch nie in seinem Leben war er derart gedemütigt worden, aus dem Wagen gezerrt und geschlagen, während die junge Schöne am Steuer des Pontiac saß und zusah. Erst war er zu ungläubig gewesen, sich zu wehren, und wenig später schon hoffnungslos unterlegen. Er hatte nicht gedacht, dass der glatte junge Kerl ihn so zurichten könnte. Das Blut war ihm aus der Nase gelaufen, zwei der oberen Kronen hatten sich gelockert, er konnte von Glück sagen, dass sie nicht ganz draußen waren, auch jetzt nach sechzehn Stunden hätte er es kaum zu seinem Zahnarzt geschafft. Jeder Atemzug schmerzte ihn. Abgesehen von der Schande, mit einem Gesicht herumzulaufen, das von Schwellungen entstellt war. Hure, hatte er in die aufgeblendeten Scheinwerfer hineingeschrien, seine letzte Kraft gegeben für den Frevel an der geliebten jungen Schönen. Hure. Hure. Hure. Bis der Kerl ihn angespuckt und in den BMW gestoßen hatte, um dann ins eigene Auto zu steigen und mit ihr davonzufahren. Er wusste nicht, wie er es nach Hause geschafft hatte, erinnerte sich nur noch daran, laut heulend auf seinem Bett gelegen zu haben, und was die Schläge in seinem Gesicht nicht angerichtet hatten, das hatten dann das Heulen und das Saufen getan.

Ihr zehnter Geburtstag war das letzte glückliche Fest gewesen, das sie mit dem Vater und dem Bruder erlebt hatte. Von da an hatten sie sich nicht mehr laut zu feiern getraut. Doch damals waren sie schon ganz früh am Morgen in den Garten gegangen, und der Vater hatte ihr die Feen gezeigt und gesagt, dass sie in der Nacht für ein Geburtstagskind vom Himmel gefallen seien. Kleine Gestalten. Die eine kniete, die andere beugte sich zu ihr hin, sah in die offene Hand der Knienden. Welchen Schatz zeigt sie ihr?, hatte der Vater gefragt. Das letzte ausgelassene Fest im Garten. Die Nachbarskinder, die in dem Jahr noch einmal zu ihnen gekommen waren. 1934. Wenige Wochen später hatten sie dem Vater den Verlag genommen. Die Grundlage, das Haus zu halten. Vier Jahre war es ihm noch gelungen, und als das Haus dann doch versteigert wurde, kam die Zeit, in der der Vater anfing, dankbar dafür zu sein, dass seine Frau das alles nicht mehr erlebte.

Es war das erste Mal, dass sie am Tage in den hinteren Teil des Gartens ging. A.S. hielt einen langen Mittagsschlaf, die Serbin hatte es ihr gesagt und den Finger dabei auf den Mund gelegt. Die Dame war erschöpft von den Vorgängen, es ließ sich nachvollziehen. Sollte sie Schlaf haben, um am späten Nachmittag ausgeruht zu sein, wenn die Freundinnen kämen. Der große Tisch stand schon im Garten bereit, die Hohlsaumdecke lag darauf, vier Kaffeegedecke waren aufgelegt. Sie ging an dem Tisch vorbei und wandte sich den Feen zu. Es war ihr Abschied von den kleinen eisernen Gestalten, die nun seit vierundsechzig Jahren in diesem Garten standen. Sie kniete sich auf die Erde und legte die Hände zu einer Schale zusammen, als habe sie auch einen Schatz zu zeigen. Eine kleine Zeremonie, die nicht lange dauerte. Die Wunde an ihrem Knie fing an zu schmerzen, und sie stand auf und kehrte um. Ging durch den Garten und stieg die steilen Stufen hinunter, die in den Keller führten, und hob die Tür beim Öffnen an, aus Gewohnheit und um den Schlaf von A.S. nicht zu stören. Der größere von ihren Koffern stand schon mit geöffnetem Deckel auf dem Zementboden. Ihr Blick ging über die Kleider, die auf Bügeln an den Heizungsrohren hingen, und den Mohairmantel, den sie heute Nacht noch zum Zudecken brauchte. Sie zog eines der Kleider vom Bügel und legte es zusammen, als sie das schon vertraute Scharren vor der Tür hörte. Der Junge. Ihr Herz begann zu klopfen, wie es jedesmal klopfte, wenn der Junge mit schweren Schuhen vor ihrer Tür scharrte. Doch heute wollte sie sich nicht in einen hinteren Winkel verziehen und still auf sein Weggehen warten. Wenn sie auch versuchte, leise zu sein, als sie zur Tür ging und den Riegel zurückschob und die lächerliche Kartontür aufriss. Da stand er und guckte überrascht und hielt ein Album hin, als sei das die Gabe, um ihr seine friedliche Absicht zu zeigen. Sie nahm es ihm aus der Hand und erkannte es im nächsten Augenblick. Doch sie blätterte nicht darin, bat den Jungen nur, sie in sein Versteck zu führen, und er ging wie ein Lämmchen neben ihr her, ließ sie ein in den Verschlag, und es erstaunte sie nicht, dass er sie Athalia nannte, sowenig wie es sie störte, dass er ihr dann beim Weinen zusah.

Nur das Album nahm sie. Nichts anderes aus dem Verschlag, in dem der Vater gehaust hatte, seit er das Zimmer im Lehmweg verlor. Dahin war er damals zurückgekehrt, nachdem er sie zum Dampfer gebracht hatte, der im Herbst 1938 nach England fuhr. Auf dem Deck des Schiffes hatte sie gestanden und noch den Schal des Vaters um den Hals gehabt, als die Southampton den Hamburger Hafen verließ. Das alles hatte sie dem Jungen gesagt, der nicht aufhörte, sie mit großen Augen anzusehen, doch sie glaubte nicht, dass ihre Erzählung ihn erreicht hatte. Nein. Sie hielt ihn nicht für einen dieser neuen Nazis. Nur leer war er. Nichts, das in ihn hineingefüllt worden wäre. Sie ließ ihn in dem Verschlag zurück, wo er vor den Koffern ihres Vaters saß, mit schlaffen Armen und Beinen, als habe sie ihn betäubt. Sie ging in ihren Keller, bereit, zu packen und davonzugehen, als sie die Stimmen im Garten hörte. Erregte Stimmen, wie vor Wochen, als der Aschenbecher aus dem oberen Stock gefallen war. Sie wollte nicht länger lauschen, nicht mehr hinter Büsche schleichen und den Damen zuhören, die sich nicht vorzustellen vermochten, warum zwei von ihnen getötet worden waren. Sie ging, die Klappe des Kellerfensters zu schließen, als eine hohe Stimme einen vertrauten Namen nannte, und so hob sie doch die Tür an, damit die rostigen Angeln kein Geräusch gäben, und ging hinaus. Schlich hinter die Rhododendren, die längst abgeblüht waren, und hörte noch einmal den

Namen ihres Bruders nennen. Sie hatten doch nichts vergessen, und war es auch nicht die Erinnerung an die eigenen Versäumnisse, dann erinnerten sie sich an die Schuld der anderen. Kein Siegel der Verschwiegenheit, das sechzig Jahre lang unversehrt geblieben wäre. So stand sie hinter dem Busch und hörte die Geschichte des achtzehnjährigen Jungen, der sich in diesem Haus erhängt hatte. Hörte von seiner geliebten Freundin seit Kindertagen, die ihm vorher den Ring vor die Füße geworfen hatte, weil sie sich von einer anderen überzeugen ließ, dass es keine junge Liebe mehr war, sondern nur noch Rassenschande, die sie mit ihm beging. Hörte davon, wie der Mann, der sich in diesem Keller versteckt hatte, der Gestapo ausgeliefert worden war. Verraten von den zwei jungen Damen, die schon schuldig an dem achtzehnjährigen Jungen geworden waren. Hörte die Geschichte von Bruder und Vater, die sie längst kannte und nicht hatte verzeihen können. Doch jetzt ging sie in den Keller zurück, um alles zu beenden.

Er hatte versucht, das Klingeln zu ignorieren. Keiner durfte das zerschlagene Gesicht sehen, und sei es nur einer dieser Kerle, die mit irgendwas hausieren kamen. Doch das Klingeln hörte nicht auf, und er kochte schließlich vor Zorn, als er die Treppe hinunterlief, um die Tür zu öffnen. Nein. Er hatte nicht erwartet, sie zu sehen. Die Klinke zitterte in seiner Hand, als er sekundenlang versuchte, das Hiersein der jungen Schönen zu deuten, die da mit einem MCM-Koffer vor seiner Tür stand. Er schaute über ihre Schulter und fürchtete, das Schwein zu entdecken, das ihn gestern Abend so zugerichtet hatte. Doch sie schien allein zu sein, und er fing an, Hoffnung zu schöpfen. Sie kam zurück zu ihm. Er würde nicht einsam zugrunde gehen. Er fühlte die Kraft in seinen Körper zurückkehren und war beseelt vom Gedanken an neue Liebe und neuen Glanz. Seine Arme waren weit offen, als er auf sie zuging, doch sie trat zurück und hob den Koffer hoch und öffnete das Schloss. Der Koffer entlud sich. Kleider aus Kaschmir. Hemdchen aus Seide. Ketten aus Platin. Fielen ihnen vor die Füße und lagen auf den feinen Terrazzosteinen vor seiner Haustür. Die Hure gibt ihren Lohn ab, sagte sie, und ihre Stimme war kalt. Er griff nach ihrer Hand und drehte ihr Gelenk herum, dass sie den Koffer fallen ließ. Zog sie in das Haus hinein und schmiss die Tür zu, die ins Schloss fiel, obwohl sich ein Teil aus Seide in ihr verfing. Er ließ sich keine Zeit, nachzudenken. Legte ihr einfach die

Hände um den Hals und drückte zu. Bis sie auf den Boden sank. Auf den Stufen seiner Treppe lag. Mit weiten Augen, die er ihr schließen würde, um dann seine junge Schöne um Vergebung zu bitten.

Die Sirenen lockten die Damen aus dem Garten, und sie gingen vor das Haus und sahen staunend, was sich da gegenüber tat. Sahen Sanitäter durch Pullover und Stoffe waten und in die weit offene Tür hineingehen. Sahen Polizisten im Vorgarten stehen, rotweiße Plastikstreifen in den Händen haltend. Sahen die beiden Kriminalbeamten, die ihnen zunickten, beinah vertraut. In dem Augenblick war es, dass A.S. die Damen bat, ins Haus zu gehen, um von der Veranda geschützter zu sehen, was drüben geschah. Sie wandte sich als Erste von der Straße ab und ging den anderen voraus auf die eigene Tür zu und sah die Alte unter dem gläsernen Vordach stehen, von den Sirenen aufgestört wie sie alle. Sekundenlang sahen sie sich an, und zum ersten Mal sah A.S. aufmerksamer in das helle Gesicht, das umrahmt war von schwarzgefärbten Haaren. Doch sie sagte nichts. Beide gingen sie in die Tür hinein, und die Alte stieg in den Keller, und A.S. leitete die Damen auf die Veranda. Sie kamen gerade noch zeitig, um den Sarg aus silberfarbenem Metall zu sehen, der dort drüben hinausgetragen wurde, und wenig später den smarten Herrn, der nur noch schrecklich erschöpft aussah, als sie ihn abführten. Drei der Damen nickten sich zu und hielten alles für aufgeklärt und schlugen ein Kreuz, den toten Freundinnen zu Ehren, und nur A.S. stand wie erstarrt.

Sie hasste A.S. nicht. Sollte sie es denn, weil die Zweijährige in dieses Haus gezogen war? Des Leinens in den Truhen wegen, der Bilder und der Möbel, mit denen der Vater sein Bleiben im Keller erkauft hatte? Sie legte den Mohairmantel als letztes Teil in den großen Koffer und schloss den Deckel. Sie brauchte keine Decke mehr für die Nacht. Würde gehen, wenn es dunkel war. Den kleinen Koffer noch packen, das Gepäckstück, in dem sie die Erinnerungen transportierte. Den Schal des Vaters. Das Tagebuch, in dem alle Namen standen. Das Album. Sie ließ den Koffer noch offen. Ging zum Kellerfenster, um zu hören, ob es oben still geworden war. Still und dunkel. Sie wusch sich ein letztes Mal die Hände im Steinbecken und bückte sich dann, um ein paar Ziegel zu lösen am gemauerten Becken. Kleinigkeiten hatte sie noch in den Koffer zu tun. Schwarze Pantoletten von Prada, mit denen sie einem Jungen leider auf den Kopf hatte schlagen müssen, als er sich der Hecke näherte. Noch einmal griff sie in den Moder und stand dann mühsam auf. Das Knie, das nicht heilte, seit sie sich an den Brettern der Baugrube verletzt hatte. Sie legte die Pantoletten in den Koffer und nahm den Schal noch mal heraus, schlug das kleine Teil darin ein, das sie in der Faust gehalten hatte. Weißes Gold, in dem sternförmige Brillanten strahlten. Auch im dünnen Licht des Kellers. Der Brief des Vaters, der sie erst Jahre später erreichte. Seine Entschuldigungen, dass es ihm nicht gelungen war, den Schmuck für sie zu bewahren. Eine der beiden jungen Damen hatte ihn genommen, das Schweigen vergoldet, dass sie ihn nicht verriete in seinem Verschlag.

Der Kies knirschte ihr unter den Schuhen, als sie durch den Vorgarten ging. Sie hob den Koffer, um nicht auch noch am Gartentor anzustoßen und auf sich aufmerksam zu machen. Doch das Haus war still wie die Straße. Noch einmal drehte sie sich um. Zu den dunklen Fenstern. Nur im oberen Stock war ein Schein Licht, und sie sah den Jungen und nickte ihm zu.

VIRGINIA DOYLE

Mord im Star-Club

Es war der größte Tag unserer Karriere und die schlimmste Nacht meines Lebens. Alles begann am frühen Morgen, und zwar damit, dass John die Idee hatte, dem lieben Gott in der Großen Freiheit einen Besuch abzustatten.

Um sechs Uhr morgens verspürte er das dringende Bedürfnis, die St.-Josephs-Kirche zu betreten. Trotz meines Protests probierte er am Kirchenportal herum, stellte fest, dass die Tür tatsächlich geöffnet war, und stolperte hinein. Drinnen stieg er auf die Kanzel, faltete die Hände, blickte nach oben und deklamierte ein Gebet im Stil von »Gebe ich dir zurück, was du mir teuer verkauft hast«. Dann öffnete er die Hose.

Der Strahl traf beinahe den Pfarrer, der händeringend herbeieilte. Wir flüchteten kichernd, während der Gottesmann uns mit geballten Fäusten zum Teufel wünschte.

Es war ein wunderschöner Frühlingsmorgen. Die Leuchtreklamen, die die Straße überspannten und für Etablissements mit so schönen Namen wie »Tabu«, »Indra«, »Bikini« und »Klein-Paris« warben, waren bereits erloschen. Vor den Eingängen der Nachtklubs und Cabarets gähnten müde Türsteher in ramponierten Uniformen, und Putzfrauen begannen den Schmutz der Nacht zusammenzukehren.

Die Nacktfotos in den Schaukästen hatten ihren Glanz verloren, die Lichter in den Kneipenfenstern strahlten matt und grau, hier und da taumelte ein Betrunkener in Richtung Katzenjammer. Nur die großen, grellbunten Plakate, auf denen Mademoiselle Yvonne Ly-Més wundervolle Schleiertänze und Suzy Violas elegante Schönheitstänze angepriesen wurden, widerstanden dem morgendlichen Sonnenschein, der über die Dachgiebel kroch.

Natürlich waren wir betrunken und hatten mal wieder zu viele Pillen geschluckt. Ich weiß nicht, ob das Johns Hang zur Blasphemie entschuldigt, aber zumindest erklärt es, warum wir so spät am Morgen noch wach waren. Für John war es eigentlich nichts Besonderes, sein Engagement im »Star-Club« endete jede Nacht erst um vier Uhr. Danach trafen sich die Musiker und ihre treuesten Fans in der Kneipe »Der lachende Vagabund«, belagerten die Musikbox, die der Kellner regelmäßig mit den neuesten Singles bestückte, und fachsimpelten über aktuelle Entwicklungen des amerikanischen Rock 'n' Roll.

Ich hatte nur drei Nächte gebraucht, um mich mit John anzufreunden. Die Mädels aus meiner Band beneideten mich darum, denn er war der größte Star des »Star-Clubs«. Zwar traten in diesem Monat auch noch andere tolle Acts aus England hier auf wie The Bachelors, Roy Young und Gerry and the Pacemakers, aber Johns Band war am beliebtesten. Und John war nicht nur süß, sondern auch verdammt cool. Ich ließ mich nicht davon abbringen, ihn in den Pausen zwischen den Sets anzuquatschen, obwohl er sich über meine Klamotten lustig machte. Erst als ich ihm erklärt hatte, dass die roten Kunstleder-Overalls mit den weißen Cowboystiefeln die Arbeitskleidung der She-Bees waren, hörte er auf, mich »Miss Weihnachtsmann« oder »Mother Christmas« zu nennen. Auch wenn wir noch keinen Auftritt gemacht hatten, war ich eine Kollegin, und er respektierte das.

Becky, die Barfrau mit dem großen Busen, fand es nicht so lustig, dass ich immer an ihm dranklebte, und warf mir finstere Blicke zu, aber John sorgte dafür, dass sie mir ab und zu eine Cola servierte.

Und dann war da noch Peter Hoven, der Kellner, der ein Auge auf mich geworfen hatte. Als er mich dabei ertappte, wie ich hinter der Bühne vor der Garderobentür gerade meine Hand zaghaft unter Johns Lederjacke schob, spielte er sich mordsmäßig auf und verlangte, meinen Ausweis zu sehen. John war stocksauer deswegen, da aber gerade der Club-Inhaber auf seinem Kontrollgang auftauchte, entspannte er sich und ließ die Faust sinken. Ich hatte natürlich mal wieder meinen Ausweis vergessen. Und das, wo ich doch gerade achtzehn geworden war! John musste zurück auf die Bühne. Peter nahm mich beiseite und presste mir einen Zungenkuss ab. Na ja, ich hatte keine Wahl, oder? Er hätte mich doch sonst rausgeschmissen.

Trotzdem hätte ich es nicht machen sollen. Das mit dem Zungenkuss, meine ich. Nicht aus moralischen Gründen, wir waren jung, wir lungerten jeden Tag in der Großen Freiheit auf St. Pauli herum, was scherte uns die Moral. Nein, weil es Folgen hatte.

Peter war uns in den »Lachenden Vagabunden« gefolgt und hatte mich zwei Stunden lang angestiert. Dann war er verschwunden. Ich war sehr erleichtert gewesen, hatte mich aber zu früh gefreut, denn nun erwartete er uns vor der Band-Unterkunft.

Die Musiker des »Star-Clubs« waren in einer Wohnung über dem Strip-Lokal »Kolibri« untergebracht. Da ich ziemliches Muffensausen hatte, was meine Rückkehr in die elterliche Wohnung betraf, weil ich mir ausmalte, dass sich die Alten mal wieder überflüssige Sorgen machten, war ich drauf und dran, Johns Drängen nachzugeben und mit nach oben zu kommen. Natürlich zierte ich mich pro forma noch ein bisschen.

Wir blieben vor dem Eingang des »Kolibris« stehen und sahen dem hemdsärmeligen Türsteher dabei zu, wie er fluchend einen Mülleimer nach draußen stellte. John witzelte herum, dass sich in der Tonne wahrscheinlich lauter ausgezogene Damenhöschen befänden. Ich korrigierte ihn und erklärte, dass die Striptänzerinnen die Höschen anbehalten mussten, was er nun wieder als unmoralisch einstufte: »You have to keep your promise, you know!« Wir mussten lachen und lehnten uns prustend aneinander.

In diesem Moment packte Peter Johns Schulter, zog ihn herum und verpasste ihm einen Faustschlag mitten ins Gesicht. »Das ist mein Mädchen!«, rief er und wiederholte: »That's my girl!« Dann schlug er noch mal zu. So ein Idiot, er hätte doch wissen müssen, dass John ihm über war. Nach drei Geraden und zwei gut platzierten Aufwärtshaken lag Peter auf der Straße. John drehte sich zu mir um und legte mir den Arm um die Schultern: »Come on, honey.« Jetzt hätte er alles von mir haben können, aber da tönte vom Balkon über dem »Kolibri« die wohlbekannte Stimme des »Star-Club«-Chefs: »He, John! Lass das Mädel nach Hause gehen und komm endlich hoch.«

John seufzte und schob mich von sich. Ich starrte wütend nach oben, dann hinter mich. Peter hatte sich aus dem Staub gemacht.

»Come up, Johnny-boy! Time to sleep!«, rief der Boss. John fasste mich im Nacken und gab mir einen harten Kuss, dann ging er zur Haustür.

Eine Stunde später, als ich mir im einsamen Mädchenbett die Decke über den Kopf zog, wurde er verhaftet.

Hab ich schon den Mord erwähnt? Nein? Dann wird es ja Zeit. Aber zuerst muss ich noch berichten, wie es kam, dass die She-Bees ihr erstes und einziges Konzert im »Star-Club« gaben. Schuld an dem ganzen Schlamassel, der den Höhepunkt unserer Karriere darstellte, war natürlich John. Seine Pinkel-Aktion in der St.-Josephs-Kirche war ja nicht sein erster moralischer Fehltritt gewesen. In der ganzen Nachbarschaft waren die englischen Musiker wegen ihres exzessiven Lebensstils bekannt.

Einmal hat John sich ein Orang-Utan-Kostüm angezogen und wurde von Paul, dem Bassisten, an der Leine über die Reeperbahn geführt. In einer Kneipe in der Talstraße verursachten sie einen solchen Aufruhr, dass die Gäste flüchteten, ohne zu bezahlen. Der Wirt machte die beiden Engländer für die Zechprellerei verantwortlich und rief die Polizei.

Die Davidwache wurde beinahe ihr zweites Zuhause. Abgesehen von schlechtem Benehmen infolge exzessiven Alkoholgenusses und gesetzwidrigem Aggressionsabbau wegen ständigen Preludin-Missbrauchs kam es gelegentlich zu spektakulären Auftritten der Jungs, die einfach nur gut gemeint waren. Leider konnten im anglophilen Hamburg nur wenige etwas mit Johns britischem Humor anfangen.

Als John, Paul, George und Pete eines Sonntags in aller Frühe auf dem Fischmarkt ein Spanferkel erstanden, um es anschließend an der Leine über die Reeperbahn Richtung Große Freiheit zu führen, hörte für die toleranten St. Paulianer der Spaß auf. Das lag nicht etwa daran, dass die Jungs darauf bestanden, das Schwein sei ein Hund. Es lag auch nicht daran, dass sie ihm den ehrwürdigen deutschen Namen »Bruno« verpassten. Nein, eigentlich war das Tier selbst schuld. Es wollte nämlich nicht laufen. Also verpassten die Jungs ihm ab und zu einen Tritt – und wurden prompt wegen Tierquälerei verhaftet.

So ging das nachtein, nachtaus, und man muss sich nicht wundern, dass einem diensthabenden Beamten der Davidwache der Kragen platzte und er ein Exempel statuieren wollte. Die Kirchenkanzel-Pinkelaktion war ein willkommener Anlass. Da der Pfarrer in seiner Ehre, Würde und Religiosität tief gekränkt war, erstattete er Anzeige. Ein Aufgebot von vier Uniformierten holte John um halb zehn aus dem Bett und schaffte ihn in eine Arrestzelle. Dort legte John sich auf die Pritsche, um weiterzupennen, und vertraute auf die Geldbörse des »Star-Club«-Chefs, in der genug Scheine steckten, um auch dieses Bußgeld wegen Erregung öffentlichen Ärgernisses zu bezahlen.

Aber John kam nicht frei. Man lastete ihm zusätzlich diverse Sachbeschädigungen an, hinzu kam unerlaubter Besitz von Betäubungsmitteln, und das alles sollte dazu beitragen, ihn als unerwünschten Ausländer abschieben zu können.

Der »Star-Club«-Boss tobte derart, dass er beinahe Johns Rickenbaker-Gitarre demoliert hätte, wenn George sie ihm nicht rechtzeitig aus den Händen gerissen hätte. Die Jungs waren der Top-Act des Monats. Viele »Star-Club«-Gäste kamen extra ihretwegen. Er verlangte von Paul, George und Pete, dass sie ohne John auftraten. Könnten sie nicht mal wieder mit Tony Sheridan spielen?

Ich bekam die angespannte Atmosphäre zu spüren, als ich am frühen Abend in der Musiker-Unterkunft aufkreuzte. George und Pete hatten sich eine Flasche Whisky besorgt, saßen auf der oberen Matratze des isernen Etagenbetts und starrten missgelaunt aus dem Fenster. Sie weigerten sich, mit mir zu reden, weil sie sich plötzlich einbildeten, ich sei an allem schuld, weil John sich vor mir hatte aufspielen wollen. Das war natürlich Quatsch, er tat grundsätzlich immer nur das, was er wollte. Er musste den Mädchen nicht imponieren, die liefen ihm auch so nach, und das traf auf mich ja wohl erst recht zu.

Ich klopfte dann an die Tür von Pauls Zimmer, aus dem Gitarrengeklimper zu hören war. Er rief »Come in!«, und ich schob die Tür auf. Um ins Zimmer treten zu können, musste ich über einen angetrockneten Kotzhaufen steigen, der vor der Tür lag. Ein kleiner Union Jack aus Papier steckte darin, um die nationale Herkunft des Auswurfs zu dokumentieren.

Paul saß auf einem Schemel und probierte Akkorde und eine Melodie. Es war ein simpler Song mit einfachem Text, aber irgendetwas daran war zauberhaft: *Love, love me do, you know, I love you ...*

»Das wird unsere erste Single«, sagte Paul, während er weiter klimperte.

»Ihr macht eine Platte?«, fragte ich voller Bewunderung.

Paul nickte: »Unser Manager hat ein Telegramm geschickt.« Er deutete mit dem Kopf auf ein Stück Papier, das auf dem unteren Bett lag. Ich griff danach und las: »Congratulation, boys, EMI requests recording session. Please rehearse new material. Brian«.

Paul spielte eine andere Akkordfolge und sang: »P. S., I love you.« Dann lächelte er mich an: »War nicht persönlich gemeint, das ist der Song für die B-Seite. Schade, dass John nicht da ist, wir müssten eigentlich ein bisschen Satzgesang üben. George und Pete haben auch keine Lust.« Er zuckte mit den Schultern. »Na ja ...«

»Soll ich ein bisschen aushelfen?«, fragte ich schüchtern.

Er sah mich verblüfft an. »Hm? Tja, warum nicht. Also pass auf ...«

Er sang mir die Melodie vor, und ich übte ein bisschen mit. Und während wir immer wieder von neuem begannen, um die Melodieführung zu perfektionieren, stellte ich mir vor, wie es wäre, wenn ich nicht bei den She-Bees singen würde, sondern mit den Jungs aus England ...

Die Tür wurde aufgestoßen, und der Boss kam rein, noch immer stocksauer.

»Frauen haben hier nichts zu suchen! Raus mit dir, Mädchen!«

»Wir üben«, sagte Paul.

»Seit wann musst du das üben?«, schimpfte der Boss.

»Wir proben einen Song.« Paul schlug den Anfangsakkord auf der Gitarre.

»Ich will nicht wegen Kuppelei im Knast landen. Die Kleine muss sofort verschwinden. Außerdem müssen wir uns über euren Auftritt heute Abend unterhalten.« Der Boss schob mich beiseite wie ein lästiges Möbelstück und setzte sich auf einen Stuhl.

»Wir spielen nicht ohne John. Ohne ihn funktioniert der Satzgesang nicht.«

»Was habt ihr denn neuerdings für Allüren?«

»Unsere Songs sind komplexer geworden ...«

»Blödsinn, Rock 'n' Roll geht eins, zwei, drei, vier und fertig.«

»Eben nicht«, beharrte Paul.

»Wie wär's denn, wenn wir aushelfen würden?«, warf ich zu meiner eigenen Überraschung ein.

Die beiden starrten mich an.

»Quatsch«, sagte der Boss.

»Wer ist denn wir?«, fragte Paul.

»Die She-Bees. Lisa, Tina und Elvira. Gitarre, Bass, Schlagzeug. Wir machen auch A-cappella-Sachen. Bei Satzgesang sind wir ziemlich gut.«

»Sie ist gut«, sagte Paul und deutete mit dem Gitarrenhals auf mich.

»Wolltet ihr nicht schon immer mal einen Mädchenchor dabeihaben?«, fragte ich lächelnd.

»Eigentlich nicht«, murmelte Paul.

»Schlagerscheiße, Dorfmusik«, nörgelte der Boss.

»Wir treten nicht ohne John auf«, sagte Paul und wandte sich wieder seiner Gitarre zu.

Ich war jetzt so weit gegangen, ich konnte einfach nicht aufgeben.

»Wie wär's, wenn heute Abend die She-Bees auftreten würden, als Ersatz für euch? Äh, ausnahmsweise natürlich nur ...«

»Gute Idee.« Paul summte »Love me do«.

Der Boss starrte mich nachdenklich an: »Was habt ihr denn für ein Repertoire?«

»Einiges von den Everly Brothers und von Buddy Holly, diesen Song von Little Eva, Sie wissen schon, und einige Twist-Nummern, ein paar Sachen von den Drifters und den Coasters, dazu ein bisschen Rockabilly von Eddie Cochran und ›Matchbox‹ von Carl Perkins ...«

»Klingt ja wie ein Gemischtwarenladen.«

»Der Witz ist«, redete ich immer eifriger, »dass wir manche Klassiker umgeändert haben, weil wir ja eine Mädchen-Combo sind. Also zum Beispiel heißt es bei uns nicht ›Sweet Sue‹, sondern ›Sweet Stu‹, und auch nicht ›Long Tall Sally‹, sondern ›Long Tall Ernie‹, und nicht ›O Carol‹, sondern ›O Harry‹ ...«

»Ach, Gott ...«

»Aber andererseits passen ›It's My Party‹, ›The Locomotion‹ und ›Sunny‹ auch gut auf eine Mädchen-Band, und ›Stand By Me‹ auch, obwohl wir uns da manchmal einen Witz erlauben – ›Stand hard by me‹ ...«

Ich wollte gar nicht mehr aufhören, uns anzupreisen. Paul musste lachen. Der Boss tippte sich mit dem Finger gegen die Stirn, dann wandte er sich an Paul: »Du sagst, sie kann singen?«

»Sie kann sehr gut singen.«

Der Boss hielt mir den Zeigefinger unter die Nase: »Und du verbürgst dich für deine Kolleginnen?«

»Klar.«

»Dann seid ihr heute Abend der dritte Act, okay?«

»Super. Kommt unser Name auf die Leuchttafel?«

»Mal sehen, wenn ich noch genug Zeit habe.« Er stand auf, um das Zimmer zu verlassen, dann machte er auf dem Absatz kehrt: »Und du verschwindest hier auf der Stelle.«

»Aber ich habe doch jetzt ein Engagement.«

»Trotzdem. Ihr solltet lieber noch mal üben.«

Damit ging er.

Paul lächelte mich an: »Congratulations.«

»Danke, äh, ich muss jetzt wohl los.«

Dann rannte ich die Treppe hinunter und machte mich auf die Suche nach einer Telefonzelle, um Lisa und Elvira zu alarmieren.

Nur Geduld, wir kommen gleich zum Mord. Aber vorher muss ich noch die Sache mit der unfreiwilligen Dusche erwähnen. Deswegen wäre unser Auftritt beinahe doch noch geplatzt. Und vor allem natürlich, weil John am Abend überraschend die Arrestzelle der Davidwache verlassen durfte.

Wir hatten am Nachmittag fleißig geübt. Anschließend hatte Elvira ihre Trommeln durchgestimmt und Lisa neue Saiten auf ihre Telecaster gezogen und ich meinen Precision-Bass auf Hochglanz gebracht. Lisas Bruder Ernst, genannt Ernie und bekannt als der Junge mit der steilsten Rocker-Tolle von St. Pauli, lieh sich einen VW-Bus und spielte den Roadie.

Natürlich kamen wir viel zu früh. Wir stellten unsere Instrumente ab, besichtigten die Garderobe, in der es wirklich nichts zu besichtigen gab, lungerten im leeren Saal herum und beschlossen dann, dass wir unseren Hunger an der »Heißen Ecke« stillen mussten. Die schrumpeligen Bratwürste vom Vorabend schmeckten hervorragend, die Sinalco mit Strohhalm versetzte uns in einen Rausch, und der Moment, als wir in unseren roten Anzügen an der Schlange der am Eingang Wartenden vorbeigingen und vom »Star-Club«-Boss mit einem kurzen Kopfnicken eingelassen wurden, verpasste uns einen wohligen Adrenalinstoß. Ein paar Rocker pfiffen uns hinterher.

Den zweiten Adrenalinstoß bekam ich aus Wut über Becky, die Barfrau, die sich weigerte, uns Freigetränke hinzustellen. Wir verlangten bloß Cola, ohne Rum, ohne Whisky, aber sie sagte: »Ich hab euern Namen nicht auf der Tafel gesehen. Wie heißt ihr überhaupt?«

»The She-Bees.«

»Niedlich.«

Sie zickte eine halbe Stunde lang herum, bis sie uns endlich was zu trinken hinstellte. Ich wusste, dass sie wie auch die Kellner für jedes ausgeschenkte Getränk Prozente bekam – wenn es bezahlt wurde. Wir zahlten nicht, also ignorierte sie uns, solange es ging. Erst eine eindeutige Handbewegung ihres Chefs, der auf seinem Kontrollgang vorbeikam, brachte sie auf Trab.

Der dritte Adrenalinstoß kam während des Auftritts von Roy Young. Plötzlich nämlich stand John neben mir, beugte sich über den Tresen und gab Becky einen Kuss auf die Wange. Erst danach bemerkte er mich und schrie mir ins Ohr: »Hast du Paul, George und Pete gesehen?« Ich erklärte ihm, dass sie wohl nicht kommen würden, weil ihr Auftritt ausfallen sollte, da sie nicht ohne ihn spielen wollten. Statt der Band aus England stünden heute Abend die She-Bees auf dem Programm.

Er musterte uns drei Mädchen und verbeugte sich übertrieben ritterlich. Lisa zischte mir zu: »Jetzt können wir unseren Auftritt wohl vergessen.« Aber John bestellte, sehr zum Missfallen von Becky, vier Whisky auf Eis und drückte uns Mädchen die Gläser in die Hand. Wir stießen an und tranken. Ich stellte fest, dass John schon betrunken war. Offenbar hatte er auf dem Weg von der Davidwache in die Große Freiheit keine Kneipe ausgelassen.

Noch bevor wir merkten, was los war, bestellte er die zweite Runde Whisky. Becky nörgelte, weil ihm so viele Freigetränke gar nicht zustanden, aber John hatte so eine Art drauf, die Frauen schwach machen konnte.

Auf diese Weise schaffte er es auch irgendwie, mich hinter die Bühne zu manövrieren. In der Garderobe begann er, mich abzuknutschen. Mal abgesehen davon, dass mir das sowieso nicht unangenehm war, wollte ich unbedingt Elviras Aufforderung beherzigen. »Lenk ihn ab! Ich will, dass wir heute auftreten!«, hatte sie mir mit auf den Weg gegeben. Solange Paul, George und Pete nicht wussten, dass John zurück war, würden sie nicht spielen.

John begann mit dem Reißverschluss meiner She-Bee-Uniform zu spielen, und nachdem wir zum dritten Mal gestört worden waren, verfiel er auf die Idee, die nebengelegene Duschkabine aufzusuchen. Die konnte man abschließen.

Zu meiner Entschuldigung muss ich sagen, dass ich noch nie in meinem Leben Whisky getrunken hatte, schon gar nicht zwei hintereinander. Außerdem war ich derart im Erfolgsrausch, dass es mir zwingend logisch erschien, dass ich heute, an diesem Abend, das verlieren würde, was man damals »die Unschuld« nannte. Mit achtzehn wurde es sowieso Zeit, oder?

Zwei Umstände sprachen dagegen: Erstens klemmte der Reißverschluss meines Overalls, und zweitens begann Peter Hoven, der Kellner, vor der Duschkabine zu randalieren. Wahrscheinlich hatte Becky ihm was zugeflüstert.

»Oh Gott«, stöhnte ich.

»Gott will dich!«, flüsterte John mir ins Ohr. Mit der einen Hand hatte er es geschafft, den Reißverschluss zu umgehen, mit der anderen zerrte er noch immer daran herum.

Genau in dem Moment, als der Reißverschluss endlich nachgab, hörte Peter auf rumzubrüllen. Er machte sich in der Toilette zu schaffen, die von der Duschkabine durch eine Holzwand abgetrennt wurde.

Kurz darauf, als ich über Johns schweißbedeckte Stirn hinweg nach oben starrte, tauchte sein wutverzerrtes Gesicht plötzlich über ihm auf.

»Nutte!«, schrie er. »Drecksack!« Dann drehte er die Dusche auf.

Der Wasserstrahl traf mich direkt ins Gesicht. Ich zuckte zusammen und tauchte unter John weg, der vor Schmerzen aufheulte, weil ihm irgendwas umknickte oder einklemmte.

Es war bekannt, dass Peter regelmäßig Aufputschmittel nahm und deshalb oftmals in seiner Wut unberechenbar wurde. So war es auch jetzt. Er schwang bereits ein Bein über die Trennwand, während ich verzweifelt versuchte, die Tür zu entriegeln. Es gelang mir gerade noch rechtzeitig, nach draußen zu entwischen, bevor er runtersprang.

In der Garderobe empfingen mich Lisa und Elvira mit nervösen Blicken: »Wo bleibst du denn? Wir müssen auf die Bühne!«

Wir schleppten unsere Instrumente hin, Ernie stöpselte ein und schloss an, ich hauchte ein paarmal ins Mikrofon, erschrak über meine eigene laute Stimme und hörte das Gemurmel des Publikums jenseits des Vorhangs. Dort hatte ich bisher immer gestanden und darauf gehorcht, was hinter dem Vorhang vor sich ging. Und jetzt war ich hier!

Aber ich hatte keine Zeit, dieses Gefühl zu genießen, denn schon wurde der Vorhang aufgezogen. Grelle Lampen strahlten mir ins Gesicht, der Rauch von tausend Zigaretten hing dick in der Luft, irgendwo da unten im undurchdringlichen Schwarz, jenseits der Nebelwand, war das Publikum, unsichtbar, bedrohlich, hinter uns das riesige Bild der Skyline von New York.

Wir blickten hilfesuchend zu Ernie hinüber. Sollte er nicht die Verstärker einstellen, bevor der Vorhang aufging? War nicht abgesprochen, erst noch die Gesangsanlage auszuprobieren? Aber Ernie stand in der hintersten Ecke der Bühne und schien sich mit Max, einem der Kellner, heftig zu streiten. Hoffentlich versucht der Idiot nicht, mich von der Bühne zu holen, dachte ich. Max war einen Kopf größer als Ernie, und seine Spezialität war das Rausschmeißen. Unter seinem Kellnerjackett baumelte immer ein Totschläger, und er zeigte gern seinen mit angeblich echten Brillanten besetzten Schlagring herum, den ihm ein Kiezganove geschenkt hatte, wie er behauptete. Er packte Ernie am Revers seiner Jacke, Ernie umfasste seine Handgelenke. Sie taumelten hin und her. Dann schlug Ernie seinen Widersacher ins Gesicht, so dass dieser zur Seite taumelte, und verschwand hinter dem Vorhang.

Elvira, die immer schon einen Hang zum Übereifer gehabt hatte, begann einfach einzuzählen: »One, two, three, four ...« Scheiße, es ging los! Was war nochmal das erste Stück? Lisas Gitarre fiepte und jaulte, als es eine Rückkopplung gab, meine Bassgitarre dröhnte diffus, alles klang grauenhaft verzerrt, und die Bühne wurde zur akustischen Glocke, in der unsere Musik unkontrolliert wummerte und waberte, als hätte sie plötzlich ein Eigenleben entwickelt.

Wir hatten uns ein Intro überlegt, das so ähnlich klang wie das berühmte Chuck-Berry-Gitarrenriff. Davon kamen wir zunächst gar nicht weg, irgendwie klappte der Übergang nicht, aber dann ging's doch noch los: Auf »O Harry« folgte »Sweet Stu«, dann »The Locomotion« und »It's My Party«. Wir spielten alle Stücke viel zu schnell. Lisas Gitarre klang wie eine Blechdose, mein Bass wie ein Düsenjäger und das Schlagzeug wie eine Horde wild gewordener Mülltonnen. Von unserem akribisch eingeübten Satzgesang hörten wir gar nichts. Vereinzelter Beifall zwischen den Stücken und viel Geraune, Gerufe und Gerede. Niemand schien uns wahrzunehmen. Aber nach »Long Tall Ernie« plötzlich Gejohle und prasselndes Klatschen, begeisterte Pfiffe und Schreie. Ich sah zu Lisa rüber. Sie zuckte mit den Schultern. Elvira zählte wieder ein »One, two, three ...«. Da tauchte neben ihr ein Schemen auf, der ins grelle Scheinwerferlicht stolperte.

Es war John, patschnass, mit einem abgerissenen Duschkopf mit Schlauch in der Hand. Er steppte herum und tat so, als würde er sich abduschen. Dann trat er zu mir ans Mikrofon und brüllte: »Roll over, Pete Hoven!« Elvira zählte ein, und dann spielten wir zu Johns Gesang. Es folgte »Sweet Eighteen«, das John »der süßesten Bassistin, die jemals die ›Star-Club‹-Bühne betreten hat«, widmete, während er mir zuzwinkerte. Dann ging's weiter mit »Rock and Roll Music« und ähnlichen Klassikern.

Irgendwann hatte John eine Gitarre umhängen, dann tauchte Paul mit seinem komischen Höfner-Geigenbass neben uns auf, schließlich übernahm George die Rhythmus-Gitarre, und wir verzogen uns in den Hintergrund, um den Chorgesang zu übernehmen. Bei »Kansas City« sangen wir »Heyheyhey«, bei »Do You Want To Know A Secret« »Doo-da-doo«, bei »Boys« »Bop-shoo-wop«, bei »Baby It's You« glänzten wir mit »Shalalalala«, und mit den aufsteigenden »Ah« bei »Twist and Shout« sangen wir uns in Ekstase.

Als die Jungs überhaupt nicht mehr aufhören wollten, »What'd I Say« zu singen, ging mit einem Mal das Licht an, und gleichzeitig versiegte der Strom. Uniformierte Polizisten sprangen auf die Bühne, und zwei von ihnen warfen John zu Boden.

Die Herren von der Kripo verhängten eine Art Quarantäne über die Mitarbeiter und Musiker des Clubs und ließen das Publikum aus dem Saal treiben. Ich fragte mich, ob das eine wirklich kluge Entscheidung war, denn immerhin hatten manche aus dem Publikum, die sich mit dem Personal oder den Musikern gut verstanden, Zugang zu den Räumen hinter der Bühne. Und andererseits verbrachten die Musiker den größten Teil ihrer spielfreien Zeit unten im Saal, um mit Freunden oder Fans zu sprechen, sich von Becky betüdeln zu lassen oder sich vor dem Auftritt Mut anzutrinken. Wer von Müdigkeitsanfällen heimgesucht wurde, wandte sich vertrauensvoll an einen der Kellner, die immer ein paar Preludin-Pillen in der Tasche hatten.

Im Grunde genommen wurde im »Star-Club« für jeden gesorgt, und man war auf alle Eventualitäten vorbereitet. Einmal, als ein berühmter Rockabilly-Künstler sich beim Teekochen im Hotel die Hand verbrannt hatte, besorgte ihm jemand in der Schmuckstraße ein Klümpchen echtes chinesisches Opium, und es wurde das beste Konzert des Musikers seit Jahren, obwohl er alle Stücke im halben Tempo spielte.

Übrig blieben nach der großen Säuberung durch die Udels eine Horde halb bis ganz betrunkener englischer Musiker, die Kellner, die Barfrauen, die Kartenverkäuferin, ein paar Roadies, der Bühnentechniker, der Boss und drei verschüchterte blasse Mädchen in roten Overalls – die berühmten She-Bees, die gerade im Eiltempo den Zenit ihrer Karriere überschritten hatten. Vor alle Haupt-, Neben- und Notausgänge wurden Polizeibeamte postiert. Dann verlangten die Kripo-Beamten, dass wir uns Stühle holten und sie in zwei Reihen vor der Bühne aufstellten.

Der Schlagzeuger von den Bachelors hatte immer noch nicht kapiert, um was es ging, beugte sich über Beckys Schulter, warf einen sehnsüchtigen Blick in ihr Dekolleté und fragte flüsternd, was denn eigentlich los sei. »Peter, der Kellner«, flüsterte sie zurück. »Magda hat ihn gefunden, in der Toilette. Er ist tot.«

»O my god!« Der Bachelor fiel entsetzt auf seinen Stuhl und flüsterte die Neuigkeit seinen Mitmusikern zu.

»Ruhe! Niemand unterhält sich! Absprachen unter Zeugen werden nicht geduldet! Wir rufen Sie einzeln auf«, rief der pummelige Kriminalbeamte, der die ganze Arbeit machen musste, während sein Chef neben ihm stand und ihm die Kommandos per Kopfnicken gab.

Das Tuscheln ging weiter.

»Silencium!«

Das Tuscheln wurde kaum leiser.

»Ruhe, zum Donnerwetter«, brüllte der Beamte.

»Ach-tung! Ausweiskontrolle!«, rief ein Engländer, »Still-gestan-den! Vorwärts marsch! Blitzkrieg!«

Jemand schlug hörbar die Hacken zusammen.

Lachen und Kichern. Dann wurde es doch still.

»Gut, alle mal herhören«, rief der Kriminalist. »Wer hat den ermordeten Peter Hoven zuletzt gesehen?«

»Na, sehr witzig«, meldete sich die nörgelige Stimme von Becky. »Woher soll ich denn wissen, ob jemand anderes nicht vielleicht der Letzte war. Wir haben doch keine Strichliste geführt.«

Verhaltenes Lachen.

»Ruhe, mehr Disziplin, bitte!«, rief der Polizist und warf seinem schweigenden Chef einen hilfesuchenden Blick zu. Aber der blieb stocksteif stehen und ließ ihn weitermachen.

»Ach-tung! Still-gestanden!«, tönte wieder eine Stimme.

Hier und da kicherte jemand.

»Junge Frau«, sagte der Kriminalist an Becky gewandt, »zunächst einmal suchen wir Personen, die den Toten lebend am Ort der Tat gesehen haben. In der Künstlertoilette. Haben Sie vielleicht ...?«

»Nun bilden Sie sich mal bloß keine Schwachheiten ein, Herr Kommissar. So jung bin ich nun auch wieder nicht. Und auf die Toilette pflege ich die Künstler nicht zu begleiten. Außerdem nennen mich hier alle Becky, und das können Sie ruhig auch tun.«

Der pummelige Kommissar holte tief Luft, sagte »Danke« und wandte sich an die versammelten Verdächtigen: »Also, wer hat ...«

Er wurde noch mal von Becky unterbrochen: »Es könnte auch nicht schaden, wenn Sie mir Ihren Namen sagen würden. Das wäre zumindest höflich einer Dame gegenüber.«

»Grumbach«, sagte der Beamte.« Kriminalkommissar Grumbach.« Er deutete auf seinen Chef: »Hauptkommissar Ober.« Das war natürlich wieder einen Lacher wert. »Herr Ober, ein Bier«, rief jemand.

John stand auf und sagte in geschliffenem Deutsch: »Ich habe den Mann in der Toilette getroffen und mit ihm gekämpft.«

»Oh Gott«, flüsterte ich, »das darf doch nicht wahr sein.« Widerstreitende Gedanken schossen in meinem Kopf aufeinander zu, kollidierten, zerfielen, verpufften.

»Treten Sie nach vorn!«, kommandierte der Kommissar.

John salutierte: »Jawohl, mein Führer«, und schob sich zwischen den Stühlen hindurch.

»Werden Sie bloß nicht frech, Freundchen.«

John stellte sich stramm vor ihm auf: »Jawohl.«

Der Kommissar winkte einen Uniformierten herbei, der am Rand des Saals im Schatten gewartet hatte: »Abführen!«

»Jawohl«, sagte der Beamte.

»Jawohl«, sagte John, schlug die Hacken zusammen und folgte ihm im Gleichschritt.

»Wer war noch in der Toilette?«, fragte der Kommissar in die Runde.

Meine Hand entwickelte ein Eigenleben und hob sich langsam. Elvira fiel mir in den Arm und zischelte: »Bist du verrückt, Mensch!«

Aber der Bulle hatte schon bemerkt, was los war: »Na, junge Frau, was ist denn mit Ihnen?«

Ich schüttelte abwehrend den Kopf.

Er deutete mit dem Finger auf mich, dann auf den Boden neben sich: »Treten Sie doch mal vor!«

Es war wie in der Schule. Man will nicht, aber man muss aufstehen und fragt sich die ganze Zeit, warum denn eigentlich, nur wegen dieses Lehrers, der eine absolut lächerliche Figur darstellt? Aber man geht.

»Was ist das denn für eine Kluft?« Grumbach deutete auf meinen roten Overall. »Verkaufen Sie Schnürsenkel?«

»Ich bin Musikerin.«

»Sagt man so heutzutage dazu?« Der Kommissar musterte mich unverhohlen.

Ich wurde knallrot.

Der Hauptkommissar im Hintergrund räusperte sich.

»Waren Sie auch in der Toilette?«, fragte der Kommissar.

»Ja«, antwortete ich mit dünner Stimme.

Er starrte mir überrascht ins Gesicht. »Und?«

Mehr konnte ich vor dem versammelten Publikum nicht sagen. Ich schwieg.

Grumbach schnippte mit dem Finger, und ein weiterer Uniformierter trat vor, um mich abzuführen.

»Sie da, Becky«, hörte ich die Stimme des Hauptkommissars hinter mir. »Kommen Sie mal vor!«

Dann schob mich der Polizist durch die Tür zum Backstage-Bereich.

Sie ließen mich eine ganze Weile in der Garderobe schmoren. Der Uniformierte musste auf mich aufpassen. Er war nur ein paar Jahre älter als ich, ein braver schmaler Junge mit Segelfliegerohren. Offenbar wusste er nicht so recht, ob er draußen warten sollte oder drinnen. Schließlich entschied er sich, dass es drinnen auf der Bank bequemer war.

»Ich komme auch manchmal hierher«, sagte er schüchtern.

»Scheint so.«

»Nein, ich meine wegen der Musik.«

»Hmhm?«

»Ich kann ganz gut Twist tanzen.«

»Ist Peter wirklich tot?«, fragte ich.

»Aber deswegen wurden wir doch gerufen.«

»Ich kann's einfach nicht glauben. Wie ist er denn, äh, wie hat man ihn, ich meine, wie ist es passiert?«

»Das darf ich nicht sagen.«

»Erschlagen, erschossen, erwürgt, erstochen?«

Er zuckte mit den Schultern.

»Peter war eine ziemliche Nervensäge ... na ja, aber trotzdem ... so schlimm war er auch wieder nicht, dass man ihm den Tod wünschen würde.«

»Niemand verdient es zu sterben«, murmelte der junge Polizist, »wenngleich auch niemand sich das Leben verdient hat ...«

»Zieh dir einen schwarzen Rolli an!«

»Was?«

»Du redest wie diese Exis hier, die neuerdings aus den Jazzkellern zu uns rüberkommen. Existenzialisten. Die Oberschüler und Studis.«

»Kennst du Camus?«

»Was soll das denn sein?«

»Ein Schriftsteller. Er hat diesen Roman geschrieben, ›Der Fremde‹. Darin geht's um ... na ja, das Fremdsein in der Welt ...«

»Dachte ich mir schon.«

»Ich komme mir auch manchmal so vor. Und dann auch noch in Uniform.«

»Du solltest sie wirklich gegen einen schwarzen Rolli tauschen. Eine Brille würde dir auch nicht schlecht stehen. So wie Buddy Holly, meine ich.«

Er lächelte verschämt. »Gitarre kann ich leider nicht spielen.«

»Dafür hast du eine Pistole. Das ist doch auch ganz schön.«

Er blickte erstaunt auf das Halfter an seinem Gürtel. Irgendwas stimmte mit diesem Typen nicht.

Die Tür wurde aufgestoßen, und Kommissar Grumbach stampfte rein. Er deutete mit dem Finger auf den Exi-Bullen und dann mit dem Daumen nach draußen. Der Junge stand auf und ging hinaus. »Entweder du oder dieser Sänger«, sagte er und ließ sich auf einen Hocker fallen.

»Was?«

»Der Mörder.«

»Ich?« Der überraschte, ungläubige Ton in meiner Stimme musste wirklich nicht gespielt werden.

»Oder dieser Sänger. Das Motiv ist Eifersucht.«

»Nur weil John ihn heute Morgen vermöbelt hat?«

Damit hatte ich mich noch mehr reingeritten.

»Heute Morgen ging das schon los?«, fragte der Kommissar.

Ich war ihm ein paar Erklärungen schuldig.

»Hm. Sieht schlecht aus für Ihren Liebhaber. Zumal er als notorischer Störenfried bekannt ist.«

»Er ist absolut friedliebend, wirklich.«

»Da haben Sie mir aber eben genau das Gegenteil bewiesen.«

»Sie haben mich ganz falsch verstanden.«

»Was meinen Sie, wie oft ich diesen Satz schon gehört habe.«

Kommissar Grumbach stand auf und klopfte an die Tür. Der Uniformierte kam rein.

»Personalien aufnehmen und entlassen!«

Der Uniformierte nickte müde.

Ich war plötzlich ganz aufgeregt: »Hören Sie, ich möchte ...«

»Die Aussage korrigieren oder ergänzen? Komplett widerrufen oder in wesentlichen Teilen?«

»Äh, nein.«

»Na sehen Sie, Fräulein. Wir müssen sowieso alles noch mal schriftlich aufnehmen. Das machen wir dann ganz amtlich im Büro. Sie glauben ja gar nicht, was für schöne Zimmer wir jetzt haben in unserem neuen Polizeihochhaus.«

Damit verließ er den Raum.

Der junge Beamte notierte meinen Namen und meine Adresse auf einem Block.

»So lernt man wohl eine Menge Mädchen kennen?«, frotzelte ich, um mich wieder einzukriegen.

»Das liegt nicht in meinem Interesse.«

»Nein?« Ich blickte ihn schief an.

»Liebe ist nur ein biologischer Trick, um die ewige Spirale der Fortpflanzung in Gang zu halten. Ich möchte dem nicht ausgeliefert sein.«

»Love me do, but not you«, murmelte ich, schob mich an ihm vorbei und machte mich auf die Suche nach Lisa und Elvira.

Sie erwarteten mich im bunten Schein der Girlanden der sündigsten Gasse der Welt und umarmten mich, als hätten wir uns Jahre nicht gesehen. Wir übertrieben zwar ein bisschen, aber tatsächlich waren wir alle erleichtert, dass wir nicht im Knast gelandet waren. Da es noch früh am Tag war, knapp vier Uhr morgens, entschlossen wir uns, die Nacht in Würde abzuschließen. Für diesen Zweck kamen das »Sascha«, »Bei Gretel und Alfons«, »Der lachende Vagabund« oder die »Blockhütte« infrage.

Wir begannen gerade, uns zu streiten, wohin wir gehen sollten, als der Schaukasten neben mir explodierte. Wir schrien laut auf und kicherten hysterisch, weil wir glaubten, eine Glühbirne sei explodiert. Ein paar Bilder von halb nackten Tänzerinnen flatterten zu Boden. Dann zersprang das Schaufenster neben uns, zwei rote Herzen sausten durch die Luft, und die Statue einer nackten Hawaiianerin mit Blumengirlande kippte nach hinten. Erst als der Türsteher vom »Tabu« sich flach auf den Boden warf, merkten wir, dass das trockene Knallen Schüsse waren und das Jaulen in der Luft von den Querschlägern kam.

Wir tauschten blitzschnelle entsetzte Blicke aus und rannten los, vorbei an den diversen Nachtklub-Portiers, die hinter uns herblickten und dann schnell in ihren Eingängen verschwanden. Wir trauten uns nicht zurückzusehen, wir rannten um unser Leben. Atemlos erreichten wir die »Blockhütte« im oberen Abschnitt der Großen Freiheit. In dem ziemlich rustikal eingerichteten Lokal trafen sich die »Star-Club«-Musiker nach Feierabend, also am frühen Morgen, und auch wir hingen hier öfter rum. Wir schlüpften durch die Tür und verkrümelten uns ganz nach hinten in eine Ecke, wo auch die anderen saßen und Bier tranken. Auf Pauls Schoß saß die Tochter des Wirts, neben ihm George, gegenüber eine unglaublich cool aussehende, sehr hübsche Blondine mit einem Fotoapparat in der Hand.

Ich fragte überflüssigerweise nach John. Natürlich hatten die Udels ihn mit auf die Wache genommen. Alle waren sich einig, dass John niemals einen Mord begangen haben könnte. »Das klärt sich morgen früh auf«, war die einhellige Meinung. Als wir von den Schüssen erzählten, die, wie wir meinten, auf uns abgefeuert worden waren, und unsere Flucht durch die Große Freiheit haarklein schilderten, runzelten sie dann doch die Stirn. Wir wollten gar nicht mehr aufhören mit der farbigen Beschreibung dieses kurzen Vorfalls, weil es ein großartiges Gefühl war, die ungeteilte Aufmerksamkeit unserer Idole auf uns gelenkt zu haben.

Leider klappte Lisa plötzlich zusammen und rutschte unter den Tisch. Da merkte auch ich, dass ich zitterte wie Espenlaub. Ich warf Elvira einen Blick zu. Ihr Gesicht war weiß wie Kreide. In diesem Moment wurde mir klar, dass die anderen uns nicht begeistert oder gebannt, sondern beunruhigt bis genervt anblickten. Für sie waren wir nichts als drei hysterische Mädchen, die unzusammenhängenden Schwachsinn erzählten. Es war wie in einem Albtraum, wo du plötzlich begreifst, dass du mit jemandem zu kommunizieren versuchst, der dich gar nicht bemerkt oder in dir etwas ganz anderes sieht, als du zu sein glaubst.

Elvira und ich zogen Lisa unter dem Tisch hervor und schleppten sie in eine Ecke, wo wir sie auf die Bank legten. Lisa schluchzte wie ein Baby vor sich hin.

»Oh Gott, ist mir das peinlich, oh Gott, wie peinlich«, wiederholte Elvira ständig.

Da riss mir der Geduldsfaden: »Bist du bescheuert? Was ist denn peinlich daran, wenn man einen Heulkrampf kriegt, nachdem auf einen geschossen wurde?«

»Na ja ...«

»Du solltest dich eher schämen!«, brach es aus mir hervor.

»Ich?«

»Du hast im zweiten Stück den völlig falschen Rhythmus gespielt!«

»Wieso? ›Lang Tall Ernie‹ war doch ...«

»Es war nicht ›Long Tall Ernie‹, es war ›Whole Lotta Shakin'‹!«
»Was? Spinnst du?«
»Es ist doch kein Wunder, dass die anderen uns ignorieren. Wir haben uns total blamiert. Und das ist alles nur deine Schuld! Wir haben uns lächerlich gemacht!«

Elvira tippte sich mit dem Finger an die Stirn. »He! Bei dir piept's wohl.«
»Und das im ›Star-Club‹! Da können wir uns jetzt nie mehr sehen lassen!«
»Ach was! Und ich soll auf einmal an allem schuld sein? Dein Bass klang so dröhnig, dass man die Töne nicht auseinanderhalten konnte.«
»Das dritte Stück, ›Locomotion‹, hast du so langsam gespielt, dass mir beim Singen die Luft weggeblieben ist.«
»Was kann ich denn dafür, dass du keine Atemtechnik hast ...«
»Und bei ›O Harry‹ bist du immer schneller geworden, bis wir kaum noch mitkamen.«

Elvira sprang auf: »Jetzt reicht's mir aber! Steckt euch eure Scheißband doch an den Hut!« Sie drehte sich um und ging zum Tresen, um sich ein Taxi bestellen zu lassen. Für so was hatte sie immer Geld übrig.

Es wäre vernünftiger gewesen, unsere musikalischen Probleme dem schlechten Sound auf der Bühne zuzuschreiben. Dass wir uns gegenseitig nicht hatten hören können und deshalb ein ziemliches musikalisches Chaos produzierten, hatte, wie mir später klar wurde, einfach daran gelegen, dass die Monitorboxen der Gesangsanlage nicht eingeschaltet gewesen waren.

Lisa rappelte sich auf und starrte mich aus ihren verheulten Augen an.
»Herzlichen Glückwunsch zur Auflösung der She-Bees«, sagte ich.
»Diese Schüsse«, stieß sie hervor. »Das war nicht wegen euch, sondern wegen mir. Die wollen mich umbringen!«
»Nun bilde dir mal keine Schwachheiten ein. So schlecht hast du nun auch wieder nicht gespielt.«

Sie richtete sich kerzengerade auf. Mit ihren weit aufgerissenen Augen sah sie aus wie ein Gespenst oder als hätte sie eins gesehen oder beides.
»Es ist wegen Ernie.«
»Ein Scheißstück, wir werden es nie mehr spielen.«
»Nicht das Stück. Mein Bruder!«

»Na ja, den miesen Sound hat er natürlich verbrochen. Aber zu seiner Entschuldigung darf man wohl sagen, dass es das erste Mal war, dass er ...«

Sie legte mir ihre kalte Hand auf den Unterarm: »Nicht deswegen, Tina, ich meine die Sache mit Peter ...«

›Roll over, Pete Hoven‹, schoss es mir plötzlich durch den Kopf, das hatte John sich ausgedacht.

»Quatsch, er kannte ihn doch gar nicht.«

»Doch!« Ihre kalten Finger umklammerten meine rechte Hand. Ich spürte, wie ihre Fingernägel in mein Fleisch drückten.

Der Wirt tauchte neben uns auf. »Na, Fräuleins, darf es noch was sein? Krankenwagen, Beruhigungsmittel?«

»Zwei doppelte Korn«, sagte ich trotzig.

»Also Beruhigungsmittel.«

Lisa beugte sich nach vorn. »Hör zu!«, flüsterte sie und verschluckte sich beinahe.

»Wart erst mal den Schnaps ab«, sagte ich.

Der Wirt kam mit einem Tablett, auf dem zwei beschlagene Schnapsgläser standen.

»Köm für die Damen, zwei Doppeldecker, bitte sehr.«

Wir kippten sie auf Ex und husteten ausgiebig.

»Jetzt erzähl!«

Lisa schob sich die widerspenstigen schwarzen Locken aus dem Gesicht, holte tief Luft und sagte: »Sie kannten sich. Peter und Ernie, meine ich. Genauer gesagt haben sie Geschäfte miteinander gemacht.«

»Geschäfte? Ich denke, dein Bruder studiert Kunstgeschichte.«

»Mensch, Tina, manchmal bist du echt schwer von Begriff.«

»Scheint so«, brummte ich missgelaunt. »Um was geht's denn nun eigentlich?«

Lisa schob die Zunge in ihrem Mund herum, wie ich es sonst nur kannte, wenn sie sich beim Gitarrespielen schwer konzentrieren musste. Offenbar wusste sie nicht, wo sie anfangen sollte.

»Also?«, sagte ich aufmunternd.

»Erinnerst du dich noch an Bo Huskins?«

»Der Psychobilly, wie wir ihn genannt haben? Klar.«

»Der hatte sich doch die Hand verbrannt.«

»Und die Blessur mit echtem chinesischem Opium kuriert.«
»Jedenfalls hat er damit die Schmerzen betäubt und konnte auftreten.«
»Er war fast so schlecht wie wir. Hat alles in Zeitlupe gespielt.«
»Im Opiumrausch verliert man jedes Zeitgefühl.«
»Kennst dich wohl aus«, sagte ich sarkastisch.
»Ernie hat ihm das Opium besorgt.«
»Echt? Wie das denn?«
»Peter Hoven hat ihn losgeschickt.«
»Roll over, Pete Hoven«, murmelte ich.
»Was?«
»Wieso denn ausgerechnet Ernie?«
»Ich sagte doch, dass sie Geschäfte machen.«
»Mit Rauschgift?«
»Seit einiger Zeit versorgen sie die Musiker im ›Kaiserkeller‹, im ›TopTen‹ und im ›Star-Club‹ mit allen möglichen Mitteln. Sie haben da so einen Kontakt zu einem fetten alten Chinesen in der Schmuckstraße. Jedenfalls hat er ihn so beschrieben: Fats Domino in Gelb.«

»He, du kannst ja wieder lachen.«
»Ernie hat manchmal so lustige Sprüche drauf.«
Ich seufzte. Sie himmelte ihn an, ihren großen Bruder. Er war ja auch nett.
»Ich dachte, die Musiker nehmen alle bloß Preludin, und das ist schließlich legal, oder?«
»Mit Preludin fängt es an, und irgendwann landest du beim Koks.«
»Kann ja sein. Aber das erklärt noch lange nicht, wieso jemand auf die Idee kommen sollte, auf dich zu schießen.«

Lisa rückte in die dunkelste Ecke der Nische und zog den Reißverschluss ihres Overalls ein Stück weit auf. Darunter kam ein schwarzer, rüschenbesetzter und durchsichtiger BH zum Vorschein.

Ich deutete mit dem Finger auf ihre Brust: »Wo hast du das denn her?«
»Den hat Ernie mir ... « Sie hielt peinlich berührt inne.
»Na, du hast ja wirklich ein inniges Verhältnis zu deinem Bruder.«
»Halt die Klappe, du weißt ganz genau, dass das Quatsch ist!« Sie griff sich in den Ausschnitt, zog einen Briefumschlag hervor und reichte ihn mir: »Hier.«

»Was ist das denn?« Der Umschlag war ziemlich dick.

»Guck rein!«

Ich machte ihn vorsichtig auf und sah hinein.

»Das sind ja lauter Tausender!«

»Der lag in meinem Gitarrenkoffer. Er hat was draufgeschrieben.«

»*Pass gut darauf auf, Herzchen, sonst sehen wir uns in der Hölle!*«, las ich vor.

»Das ist seine Schrift.«

»Herzchen?«

»So hat er mich manchmal genannt.«

»Und du meinst, dass dir jemand dieses Geld abjagen will?«

»Genau.«

»Aber woher wissen diese Killer, dass du das Geld hast?«

Lisa zuckte mit den Schultern. »Wäre möglich, dass jemand gesehen hat, wie ich es eingesteckt habe.«

»Hm.«

Am Nebentisch erhob sich die Musiker- und Fan-Gesellschaft. Paul und George winkten uns zu. Die Blondine lächelte. »Wir gehen rüber in den ›Paradieshof‹, was frühstücken«, sagte sie, »vielleicht wollt ihr ja nachkommen?«

Ganz so arg, wie wir gedacht hatten, konnten wir sie also nicht genervt haben. Wir nickten ihnen dankend zu.

Ich sah Lisa an. »Was machen wir jetzt?«

Sie seufzte: »Wir sitzen ganz schön in der Tinte.«

»Wir stecken bis zum Hals in der Scheiße, würde ich sagen.«

»In einer Gruppe wären wir geschützt«, sagte Lisa.

Wir sprangen auf, um hinter den anderen herzurennen.

Der Wirt trat uns in den Weg.

»Momentchen«, er deutete auf Lisas Ausschnitt: »Der Anblick genügt mir nicht, ich will Geld.«

Lisa zog verschämt den Reißverschluss hoch, ich zahlte die Schnäpse, und wir stürzten nach draußen.

Es war niemand mehr zu sehen.

Um zum »Paradieshof« zu kommen, mussten wir über die Simon-von-Utrecht-Straße und dann vorbei an der St.-Josephs-Kirche und dem »Star-

Club«. Vor der »Monica«-Bar quatschte uns ein müder Türsteher an: »Na, Mädels, sucht ihr einen Job?«

Lisa reagierte souverän: »Wir haben uns heute schon auf der Bühne verausgabt.«

Ein paar Schritte weiter gab es zwei Durchgänge zu einem recht großen Innenhof, wo sich mehrere Lokale befanden. In der Mitte des »Paradieshofs« stand ein Brunnen, aber besonders idyllisch wirkte das Areal nicht, vor allem jetzt, wo der anbrechende Morgen den bunten Lichtern ihren Glanz raubte. Zwar machte der Eingang des Orient-Nachtklubs »Salome« einen recht fantasievollen Eindruck, aber die anderen hier versammelten Lokale trugen profanere Namen und sahen auch so aus: Bei »Schlachterheinz« und in der »Flunder« konnte man sich den Magen vollschlagen und in der »Hölle« bis in den Morgen hinein saufen.

Ich blieb wie angewurzelt stehen, hielt Lisa am Arm fest und murmelte: »Im Paradies ist die Hölle.«

»Was ist los?«

Ich deutete auf das Kneipenschild.

»Na und«, sagte Lisa betont kaltschnäuzig, »da waren wir doch auch schon mal drin. Die anderen sind aber wahrscheinlich dort drüben.«

»Das meine ich nicht. Ernies Botschaft«, erklärte ich, »auf dem Briefumschlag.«

»Oh, verdammt ...«

»Pass gut darauf auf, Herzchen, sonst sehen wir uns in der Hölle!«

»Du meinst, er ist dadrin?«

»Weiß ich nicht.«

»Aber was meint er mit ›pass gut auf, sonst ...‹. Vielleicht sollen wir nicht hingehen.«

»Oder gerade.«

»Mir wäre es lieber, wir würden hier verschwinden.«

»Ich glaube eher, er wartet dort auf dich.«

»Aber wenn es eine Warnung ist? Es klingt doch wie eine Warnung.«

»Meinst du?«

»Ich geh da nicht rein.«

»Ich versuch mein Glück, und du wartest hier auf mich.«

Lisa dachte nach. »Ich will hier aber nicht allein stehen bleiben.«

»Dann komm mit.«

»Ach, Scheiße.« Sie hatte plötzlich eine Riesenangst.

»Dann geh rüber in die ›Flunder‹.«

»Ja, okay, aber mach schnell, ja?«

»Bin gleich zurück.«

Zügig betrat ich die »Hölle«, die ihrem Namen alle Ehre machte. Hier saßen die Verlorengegangenen vor schalem Bier, die Schlaflosen vor dem ewigen vorletzten Schnaps, die Müden vor kaltem Kaffee, viertklassigen Nutten bröckelte die Schminke vom Gesicht, und zu früh wach gewordene Alkoholiker führten mit zitternder Hand den ersten Jägermeister des Tages zum Mund. Der fette Wirt stand hinter dem Tresen, wusch seine Hände in Unschuld und trocknete sie an seiner fleckigen Schürze ab.

»Morgen«, sagte ich betont lässig.

»Moin«, erwiderte er betont nachlässig.

Ich schaute mich um, zuckte kühl mit den Schultern: »Ernie nicht hier gewesen?«

»Ernie?«

»Ernst. Hat uns eine Nachricht hinterlassen und ist abgezischt. Draußen steht seine Schwester und wartet, dass er sie nach Hause bringt.«

Der Wirt stemmte seine dicken Arme auf den Tresen und beugte sich nach vorn. »Für euch Mädchen gibt's doch genug Betten hier in der Gegend.«

»Für sie nicht«, sagte ich vage und deutete damit an, dass nur ich vom Fach sei. Ich war direkt stolz auf mein schauspielerisches Talent.

»War hier, ist schon wieder abgezischt«, sagte der Wirt. »Stand ziemlich unter Strom.«

»Wohin?«

Er legte das Doppelkinn auf seine dicht behaarten Handrücken und starrte durch mich hindurch.

»Seine Schwester macht sich Sorgen. Ist kurz davor, die Schmiere mit reinzuziehen. Sie hat eine hohe Meinung von ihrem Bruder. Ich finde, die sollte sie behalten.«

»Ist ja niedlich«, brummte er.

»So sind wir Mädchen eben.«

Sein Blick wanderte über meine Schulter ins Nirgendwo.

»›Kwei Tsai Sze‹«, sagte er dann.
»Was?«
»Schmuckstraße 11. Und jetzt mach die Fliege. Du störst meine Gäste beim Meditieren.«
»Danke.« Und schon war ich draußen.
Lisa hatte sich nicht von der Stelle bewegt, war nicht in die »Flunder« gegangen. Sie stand noch genauso da, wie ich sie verlassen hatte, irgendwie steif, als wäre sie eingefroren, mit dem scheuen, traurigen Blick eines Rehs, das gerade merkt, dass die Jäger ihm den Weg abgeschnitten haben.

So war es tatsächlich. Sie hatten sie in die Zange genommen. Max, der Kellner, der so stolz auf seine Rausschmeißer- und Schlägerqualitäten war, und ein Kerl in einem Anzug mit breiten schwarzen und weißen Streifen, mit Zigarillo im Mund und einer dunklen Brille. Ich kannte den Mann, jeder auf St. Pauli kannte ihn: Wilhelm Schmiede, genannt Vegas-Willy, weil er angeblich Verbindungen zu amerikanischen Gangstergrößen hatte. Seine Feinde nannten ihn allerdings hämisch »Helmine«.

Ich wäre am liebsten weggelaufen, aber das konnte ich Lisa nicht antun. Also sagte ich ganz brav »Guten Morgen« und stellte mich neben sie. Ich nahm ihre Hand und zog sie zu mir.

»Sie suchen Ernie«, sagte sie beinahe tonlos.
»Äh, wir suchen ihn auch«, sagte ich zu Vegas-Willy.
»Rückt erst mal das Geld raus!«, kommandierte Max.
Wilhelm Schmiede nahm den Zigarillo aus dem Mund. Diverse Ringe an seinen manikürten Fingern glitzerten im Morgenlicht, ein Goldkettchen unter der Manschette klimperte. »Der junge Mann meint, ihr zwei Hübschen seid im Besitz einer gewissen Summe, die mir zusteht«, sagte er.

Lisa zitterte neben mir und brachte keinen Ton mehr raus.
»Das kann eigentlich nicht sein«, sagte ich. »Wir sind nämlich selber pleite.«

Vegas-Willy paffte ein paar Rauchringe: »Sie sind pleite, Max.«
»Quatsch.«
»Vielleicht solltest du ihre Sparbüchse mal aufmachen. Aber diskret bitte. Du weißt, dass ich dieses Herumgeballere hasse.« Er wandte sich ab, drehte sich aber noch mal zu uns um: »Zeigt ihm, was ihr habt, Mäd-

chen. Er ist mein Sachverständiger in solchen Dingen. Falls ihr wirklich pleite seid, können wir euch gute Verdienstmöglichkeiten bieten – wenn Max ein gutes Wort für euch einlegt.«

Damit machte er sich auf knarrenden Ledersohlen auf den Weg in den Durchgang zur Großen Freiheit.

Ich zog Lisa mit mir fort.

»Wir können es uns auch in einem netten Lokal gemütlich machen«, sagte Max mit funkelnden Augen.

Wir beschleunigten unsere Schritte, aber wer kann schon im Rückwärtsgang jemanden abhängen? Und überhaupt, wo sollten wir hin? Es gab keine Fluchtmöglichkeit. Noch ein Schritt und noch ein Schritt, und dann standen wir mit dem Rücken zur Wand.

Es war nicht charmant von Max, dass er jetzt seinen Schlagring herausholte, auch wenn er angeblich mit Brillanten besetzt war.

»Reißverschluss auf! Zieh dieses Ding aus! Ich weiß, dass du den Umschlag drunter stecken hast.«

Lisas Hand wanderte nach oben. Sie schluchzte auf.

»Scheiß auf die Kohle«, sagte ich. »Ist ja nicht unser Geld.«

»Eben«, sagte Max und hielt die andere Hand hin.

In diesem Moment traten einige schwarz gekleidete Gestalten aus dem Schatten und umringten uns. Ich erkannte die Gesichter von George und Paul und ein paar andere Rocker und Exis, die wir vorhin noch in der »Blockhütte« gesehen hatten. Die Blondine trat vor und sagte mit kalter Stimme: »Lass die beiden in Ruhe, Max.«

»Erst wenn ich das habe, was ich haben will.«

»Lass sie, sie gehören zu uns.«

»Wenn Schmiede das mitkriegt, bist du geliefert.«

»Lass das mal meine Sorge sein. Der schuldet mir sowieso noch was für die schicken Porträts, die ich von ihm geschossen habe.«

»Aber hier geht's um was anderes.«

»Max, sei vernünftig. Die Jungs hier finden es überhaupt nicht lustig, wenn ein Kerl mit dem Schlagring auf wehrlose Mädchen losgeht.«

Der Kreis um Max wurde enger. Er seufzte, zog seinen Schlagring von den Fingern, steckte ihn in die Hosentasche und zog ab.

»Danke«, sagte ich zu der Blonden.

»Gern geschehen. Ihr seht blass aus. Wollt ihr nicht erst mal mit uns frühstücken? Ich hätte Lust, ein paar Fotos von euch zu schießen. Im kalten Morgenlicht.« Sie gab uns lächelnd die Hand. Wir folgten ihr brav in die Kneipe. Zwischen Lederjacken und schwarzen Rollkragenpullovern fühlten wir uns geborgen.

Wir standen in ihrer Schuld, also ließen wir uns nach dem Frühstück vor diversen Etablissements in der Großen Freiheit fotografieren. Dass die Fotos von den blassen Mädchen vor den abgetakelten Nachtklub-Reklamen später einmal berühmt werden würden, ahnten wir nicht. Noch während wir abgelichtet wurden, zerstreute sich die Exi-Clique in alle Richtungen, und die Musiker gingen in ihre Unterkunft. Alle wollten endlich schlafen, nur wir hatten noch etwas vor. Wir machten uns auf den Weg in die Schmuckstraße.

Besonders hübsch, wie ihr Name vermuten lassen könnte, ist diese knappe Verbindung zwischen Großer Freiheit und Talstraße nicht. Im weißlichen Morgenlicht wirkte diese Ecke von St. Pauli besonders verlassen, die wenigen Häuser mickrig und schmuddelig. Das »Kwei Tsai Sze« war ein chinesisches Restaurant. Es sah aus, wie alle chinesischen Restaurants auf der ganzen Welt aussehen, nur dass die Lampions und Drachen, die die Fenster und den Eingang verzierten, besonders trostlos wirkten. Wir stiegen ein paar Treppen hinauf ins Hochparterre.

»Wahnsinn«, sagte Lisa, »hundertfünfzehn verschiedene Gerichte und außerdem noch eine extra Spezialitätenkarte.« Sie deutete auf den Schaukasten, dessen Glasscheibe gesprungen war.

»Deswegen sind wir doch nicht hier«, sagte ich. »Denk lieber mal darüber nach, wie wir da reinkommen.« Ich rüttelte an der Tür. »Es ist nämlich geschlossen.«

»Wundert mich nicht. Wer frühstückt schon auf Chinesisch?«

»Ich verstehe gar nicht, was Ernie hier zu tun haben soll. Und wenn er hier war, ist er bestimmt schon längst wieder weg.«

»Willst du etwa aufgeben?«

»Fällt dir etwa was Besseres ein?«

Lisa starrte mich an. Sie war schrecklich blass.

»Da ist noch eine Tür.« Ich deutete auf einen Seiteneingang, der in den Keller führte. An einem Eisengeländer daneben hing ein verbeulter Briefkasten.

Wir stiegen die Treppe hinunter und studierten das auf den Briefkasten geklebte Papierschild. »Mei Hua« stand da in dünner, zierlicher Schrift geschrieben.

»Ja, und?«, fragte Lisa. Man sah ihr an, dass sie sich ganz woandershin wünschte. Ich dagegen fühlte mich wieder fit und verspürte einen eigenartigen Tatendrang.

»Da wohnt jemand, der Mei Hua heißt«, erklärte ich. »Das ist doch ganz einfach.« Ich ging zur Kellertür hinunter. Sie schien aus ziemlich massivem Holz zu sein und uralt. Nur der dicke Messingknauf war nagelneu. Das Guckfenster in der Mitte schien auch erst vor kurzem dort angebracht worden zu sein. Es war geschlossen. Auf dem Klingelschild stand wieder »Mei Hua«. Ich drückte auf den Knopf und horchte. Es war nichts zu hören.

»Vielleicht ist er längst zu Hause und liegt im Bett«, sagte Lisa und gähnte.

»Wenn dir solche Kiezganoven wie Vegas-Willy im Nacken sitzen, gehst du nicht einfach nach Hause.«

»Du hast recht.«

Das Guckfenster wurde geöffnet, und zwei Mandelaugen tauchten dahinter auf.

»Guten Morgen«, sagte ich hastig, weil ich Angst hatte, die Augen könnten gleich wieder verschwinden. »Wir suchen Ernie, ich meine, Ernst. Das da«, ich deutete hinter mich, »ist seine Schwester Lisa. Ich bin Tina.« Die Augen bewegten sich nur minimal, aber wir spürten deutlich, wie wir gemustert wurden. Dann ging das Fenster wieder zu.

Und nichts geschah.

»Na toll«, sagte Lisa. »Und wie jetzt weiter?«

Ich zuckte mit den Schultern. Wir blieben unschlüssig stehen. Sollte ich noch mal klingeln?

»Wahrscheinlich ist das hier ein Chinesenpuff«, sagte Lisa. »Ist bestimmt besser, wenn wir da nicht reingehen, sonst kommen wir womöglich nie mehr raus.«

»Mei Hua ist bestimmt ein Name, und das waren die Augen einer Frau.«

»Ja, eben. Und außerdem hieß es doch, Ernie sei in dem Lokal da und nicht in diesem Keller hier.«

»Der Keller gehört doch dazu.«
»Woher willst du das denn wissen?«
»Das ist doch wohl logisch, oder?«
»Finde ich überhaupt nicht.«
»Willst du nun deinen Bruder finden oder nicht?«
»Ich will gar nichts mehr, nur noch nach Hause.«
»Und Ernie diesem Kiez-Gangster ausliefern.«
»Was mischst du dich überhaupt in unsere Familienangelegenheiten ein«, erwiderte Lisa zornig vor lauter Erschöpfung.

Ja, warum tat ich das eigentlich? Ich war aufgestachelt. Vielleicht lag's an der Pille, die ich vor dem Auftritt genommen hatte. Beruhigungsmittel haben ja manchmal den gegenteiligen Effekt. Möglicherweise hatte ich in der Aufregung die falsche Tablette genommen.

»He, denkst du nach, oder bist du eingepennt!«, rief Lisa.

Wir hätten uns jetzt unter Garantie so richtig schön zerstritten, wenn nicht plötzlich die Kellertür aufgegangen und eine junge Chinesin in einem Kimono erschienen wäre. Sie trug eine komplizierte Frisur aus langen schwarzen Haaren, die mit einer Art Mikado-Stäbchen hochgesteckt waren, und war sehr auffällig geschminkt. Wenn sie die Mandelaugen schloss, sah man, dass sogar die Augenlider bemalt waren.

»Sind Sie Mei Hua?«, fragte ich.

Die Chinesin nickte und deutete mit einer gezierten Geste ins Innere des Kellers.

»Ist Ernie dadrin?«, fragte Lisa.

Mei Hua nickte wieder und wiederholte die Geste.

»Ich weiß nicht«, sagte Lisa unschlüssig.

Ein süßer Parfümhauch, vermischt mit einem Geruch nach Räucherstäbchen, strömte aus dem Eingang.

Ich trat einen Schritt vor und blickte Lisa auffordernd an. Die Chinesin warf einen kurzen Blick über unsere Köpfe hinweg, streckte ihre Hände aus, packte uns mit erstaunlicher Kraft an den Armen, zog uns an sich vorbei in den Keller, und schon knallte die Tür hinter uns zu.

»He, was soll das? Scheiße!«, rief Lisa.

Ich war viel zu verblüfft, um irgendetwas zu sagen. Wir standen in einem kahlen Flur, der nur von einer funzeligen Glühbirne unter einem Lampenschirm aus Blech erleuchtet wurde. Zwei Türen links, zwei Türen rechts. Mei Hua trippelte lautlos den Gang entlang und verschwand um eine Ecke.

»Los, komm!«, sagte ich und zog Lisa an der Hand hinter mir her.

Hinter der Ecke führte eine Holztreppe steil nach unten. Vergitterte Kellerleuchten spendeten gerade genug Licht, um die Stufen erkennen zu können. In ihrem Kimono wirkte Mei Hua, als würde sie die Treppe hinunterschweben.

Wir folgten ihr vorsichtig nach unten und kamen in einen weitläufigen Kellerraum mit Säulen und Holzverschlägen. Manche Verschläge waren offen, und man konnte im diffusen Licht roh gezimmerte Pritschen erkennen. Es roch muffig nach undefinierbaren exotischen Ausdünstungen.

Am Ende des Raums führte eine weitere Treppe steil nach oben. Wieder ging Mei Hua voran, ohne ein Wort zu sagen. Der Korridor, in den wir oben gelangten, sah genauso aus wie der, durch den wir hereingekommen waren. Die Chinesin hielt uns eine Tür auf.

Als wir zögerten, ertönte eine fröhliche Stimme: »Kommt rein! Wir tun euch schon nichts!«

Wir gingen zögernd an Mei Hua vorbei in das Zimmer. Es sah so aus, wie ich mir ein Schlafzimmer aus Tausendundeiner Nacht vorgestellt hatte: ein Diwan, ein Bett, zierliche Sesselchen, Kissen, dicke Teppiche und zahlreiche Papierlampions und Wandteppiche mit bunten chinesischen Motiven. Na ja, beim näheren Hinsehen merkte man, dass diese Sachen nicht besonders wertvoll waren, teilweise auch zerschlissen oder abgenutzt, und außerdem hing ein süßlich-fauliger Geruch in der Luft.

Ernie saß im Schneidersitz auf dem Diwan, trug einen Kimono, unter dem seine behaarten Beine hervorlugten, und rauchte eine Zigarette.

»Hallo, Mädels«, sagte er fröhlich und strich sich die widerspenstigen braunen Haarsträhnen aus der Stirn. »Willkommen in den Überresten von Hamburgs Chinatown. Ihr seid ja ganz schön clever.«

»Was man von dir nicht gerade behaupten kann«, pflaumte Lisa ihren Bruder an.

»Nun setzt euch doch erst mal hin und trinkt eine Tasse Tee.« Er klatschte in die Hände, und eine sehr kleine Frau undefinierbaren Alters kam hinter einem Bambusvorhang hervor, in der Hand ein Tablett mit Teekanne und Schälchen. Sie stellte es auf einen kleinen Tisch und verschwand wieder. Mei

Hua machte es sich auf ihren Knien neben Ernie bequem und lehnte sich an ihn.

Wir setzten uns auf die Sessel. Ich wunderte mich sehr über die Situation, in die wir hier geraten waren. Bislang hatte ich Ernie immer für so was Ähnliches wie den Kumpel von nebenan gehalten. Jetzt stellte ich fest, dass er ein Geheimnis hatte.

»Bist du dir eigentlich im Klaren darüber, dass man wegen dir auf uns geschossen hat?«, raunzte Lisa erbost.

»Die Schüsse in der Großen Freiheit? Die galten doch gar nicht euch«, wehrte er ab.

Mei Hua nahm sich eine Zigarette vom Rauchtisch neben dem Diwan, steckte sie auf eine lange Spitze und ließ sich von Ernie Feuer geben.

»Natürlich galten sie uns«, sagte Lisa. »Max und dieser Vegas-Willy waren hinter uns her wegen des Geldes, das du in meinen Gitarrenkoffer gepackt hast.«

»War kein gutes Versteck, das gebe ich zu. Aber trotzdem wurde auf *mich* geschossen. Ich stand nur ein paar Meter von euch entfernt im Eingang der ›Bikini‹-Bar. Ich hab euch beobachtet und zu spät gemerkt, dass Max mich entdeckt hatte.«

»Wegen so ein paar Tausend Mark will Max dich umbringen?«, fragte ich verwundert.

»Es sind ein bisschen mehr als nur ein paar Tausend«, sagte Ernie großspurig. »Außerdem geht es ums Prinzip.«

»Es gibt also Prinzipien, wegen denen man Leute erschießt?«, fragte ich spitz.

»Auf dem Kiez schon.«

»Pah!«, rief Lisa. »Und was sind das für Prinzipien, die jemanden dazu bringen, seine ahnungslose Schwester in die Schusslinie zu schieben?«

Ernie verzog das Gesicht. »Das hat sich leider so ergeben.«

»Na toll, und ich hab immer gedacht, mein großer Bruder beschützt mich.«

»In dem Moment, als Max plötzlich hinter mir her war, musste ich den Umschlag irgendwo deponieren. Dein Gitarrenkoffer lag gerade in der Nähe. Also hab ich ihn da hineingelegt.«

»Wieso ist Max denn nun wirklich hinter dir her?«, fragte ich.

»Weil ich gesehen habe, wie er Peter erwürgt hat.«

»Er war es also!«, rief ich aus. »Und deswegen sitzt John schon wieder hinter Gittern.«

»Du hast gesehen, wie er Peter erwürgt hat?«, wiederholte Lisa. »Aber wieso hast du der Polizei nichts erzählt?«

»Erstens musste ich schleunigst verschwinden, sonst hätte Max mich fertiggemacht, und zweitens hätten die mir ein paar unangenehme Fragen gestellt, und darauf möchte ich vorbereitet sein.«

»Wie ist das mit Peter denn überhaupt passiert?«

»Max wollte ihn eigentlich bloß einschüchtern, glaube ich. Er hat wohl auch nicht damit gerechnet, dass Peter sich so heftig wehren würde. Die hatten beide irgendwelche Pillen geschluckt, und da brennt dir schnell die Sicherung durch. Aus dem Faustkampf wurde bitterer Ernst, und schließlich endete es damit, dass Max Peter an die Gurgel gegangen ist. Und wenn man nur einen Moment zu lange zudrückt, ist es aus.«

»Und du hast das alles beobachtet und nichts unternommen?«, fragte Lisa scharf.

»Was sollte ich machen? Die Tür war verrammelt. Ich versuchte, von der Duschkabine aus in die Toilette zu klettern. Aber es war nass und glitschig, weil das Wasser aus der demolierten Armatur floss, ich bin abgerutscht. Ich konnte nur noch beobachten, wie Max über Peter kniete. Max kam dann aus der Toilette raus und wollte auf mich losgehen. Er hatte regelrecht Schaum vorm Mund. Ich bin zurück zur Bühne gerannt. Er hinterher. Auf dem Weg ist ihm wohl ein bisschen die Puste ausgegangen. Wir sind noch kurz aneinandergeraten, dann bin ich abgehauen.«

»Scheiße, und wieso das alles?«

»Was weiß ich ...« Ernie versuchte, unschuldig dreinzublicken, aber es gelang ihm nicht.

»Das kannst du mir nicht erzählen«, sagte Lisa. »Ich weiß nämlich zum Beispiel, dass Peter nicht nur mit Preludin und solchen harmlosen Sachen gehandelt hat, sondern auch mit Koks und Schlimmerem. Und ich weiß auch, dass du mit ihm zusammen irgendwas Größeres organisiert hast.«

Ernie blickte sie verdutzt an: »Woher ...«

»Weil ich zuhören kann und weil du mich manchmal überhaupt nicht bemerkst, selbst wenn ich direkt neben dir stehe.«

Ernie schwieg.

»Und da Max im ›Paradieshof‹ plötzlich mit diesem Vegas-Willy auftauchte«, ergänzte ich, »ist es doch klar, dass Max für diesen Kiez-Mafioso arbeitet. Ihr habt euer eigenes Geschäft aufgezogen und seid ihnen damit in die Quere geraten. Stimmt's?«

Der Bambusvorhang teilte sich, und herein trat Max, eine Pistole im Anschlag. »Nicht schlecht, Fräulein Specht«, sagte er. »Guten Morgen, allerseits.«

Die kleine ältliche Chinesin schleppte er ohne große Anstrengung im Schwitzkasten herein und gab ihr schließlich einen Stoß, so dass sie taumelte und zu Boden fiel. Dabei rutschte ihr die Perücke vom Kopf und entblößte den kahlen Schädel eines Mannes.

Max lachte hämisch: »Dämliche Tunte!« Er gab ihr einen Tritt.

»Lass das«, sagte Ernie.

»Maul halten! Wo ist das Geld?«

»Es ist nicht dein Geld.«

»Du weißt ganz genau, wem es zusteht.«

»Na, dir bestimmt nicht.«

»Vegas-Willy meint, es ist deine letzte Chance. Er lässt sich nicht von einem dahergelaufenen Rocker das Monopol brechen.«

»Vegas-Willy ist auch bloß ein Großmaul.«

»Er ist der Boss, und du bist ein kleines Licht. Also rückt jetzt die Patte raus!« Max richtete die Pistole auf Lisa. »Steh auf! Zieh dich aus!«

»Du spinnst wohl!«

»Was soll denn der Scheiß«, sagte Ernie. »Lass sie doch in Ruhe.«

»Sie hat das Geld unter dem Overall. Also Reißverschluss runter und her damit. Aber keine Faxen!«

Lisa blickte flehentlich zu ihrem Bruder.

»Es reicht ja wohl, wenn sie den so weit aufzieht, dass man den Umschlag rausholen kann.«

»Na los!«, kommandierte Max. »Und du«, sagte er zu Mei Hua, »nimmst den Umschlag raus und bringst ihn mir.«

Die Chinesin glitt vom Diwan, ging zu Lisa, zog den Umschlag heraus und ging mit kleinen Schritten in demütiger Haltung zu Max und reichte ihm mit gesenktem Blick das Geld. Lisa zog sich den Reißverschluss zu.

Max stopfte sich den Umschlag in die Jacketttasche und grinste zufrieden. »So«, sagte er dann und brach lautlos zusammen.

Ernie sprang auf, war mit zwei Schritten bei ihm und nahm ihm die Pistole aus der kraftlos gewordenen Hand. Mei Hua ließ ihre Faust wieder im Ärmel des Kimonos verschwinden. Mitleidlos blickte sie auf den am Boden liegenden Max, dessen Gesicht blau angelaufen war. Er zuckte und japste nach Luft.

Wir starrten ihn verwundert an. Ernie hielt unschlüssig die Pistole in der Hand und blickte suchend um sich. »Wir brauchen ein Seil oder so was. Gibt's hier irgendwo ein Seil?«

Mei Hua setzte sich auf den Diwan und löste die Strapse, die unter ihrem Kimono zum Vorschein kamen, als sie das linke Bein hob. Dann zog sie sich den Seidenstrumpf vom schlanken Bein und reichte ihn Ernie, der sich hinkniete, den stöhnenden Max auf den Bauch drehte und ihm die Hände auf den Rücken band. Den zweiten Strumpf knotete er um seine Fußgelenke.

Mei Hua flüsterte Ernie etwas ins Ohr. Er nickte und sah uns an. »Okay, wir machen dann die Fliege. Los, kommt.«

Wir waren so perplex, dass wir ihm ohne weitere Worte folgten, durch den Keller hindurch zurück in die Schmuckstraße.

Draußen pulsierte der morgendliche Verkehr, man sah Menschen herumlaufen, zur Arbeit gehen oder zum Bäcker oder den Hund ausführen. Es war ein Tag wie jeder andere. Nur wir passten nicht ins Bild.

»Ich bring euch mit dem Transporter nach Hause«, sagte Ernie. »Er steht da vorne. Die Instrumente hol ich später für euch ab. Ihr seht ziemlich fertig aus und solltet erst mal ins Bett.«

»Was passiert jetzt mit Max?«, fragte Lisa.

»Mei wird ihren Boss verständigen, und der wird seinen Boss verständigen, und dann werden sie die Angelegenheit stillschweigend regeln, nehme ich an.«

»Ihren Boss?«, fragte ich.

»Fats Domino in Gelb«, sagte Lisa.

Ernie sah sie überrascht an.

»Ich sagte doch, dass ich eine Menge mitkriege.«

»Und die Polizei?«, fragte ich.

»Bleibt außen vor«, sagte Ernie.

»Aber was ist mit John?«, entgegnete ich verärgert. »Interessiert es eigentlich keinen, dass er unter Mordverdacht steht?«

»Ich hab mir da schon so eine Zeugenaussage zurechtgelegt«, sagte Ernie. »Ich geh später auf die Davidwache und erklär denen, dass John es nicht gewesen sein kann.«

»Weil?«

»Weil ein Unbekannter sich mit Peter geprügelt hat.«

»Ein Unbekannter?«

»Ja, und ich bin mir sicher, dass Becky sich meiner Aussage anschließen wird. Sie war nämlich im fraglichen Augenblick auch hinter der Bühne.«

»War sie wirklich?«

»Ja, sie hatte da so eine Ahnung, dass John ihr untreu werden wollte.«

»Sie hat uns beobachtet?«, fragte ich verunsichert.

»Hmhm.«

»Oh Gott, ist mir das peinlich.«

Trotzdem waren wir am Abend darauf wieder im »Star-Club«. Wie immer ganz normal im Publikum. Ich vermied es, mich Beckys Tresen zu nähern. Aus einiger Entfernung konnte ich beobachten, wie John und Becky sich abknutschten. Einerseits war es ja toll, dass John aus der Haft entlassen worden war, aber andererseits war ich am Boden zerstört, weil er mich einfach ignorierte.

Irgendwann, während einer Spielpause, stand Paul neben mir.

»Don't be sad«, sagte er und lächelte mich freundlich an. »John ist ein Vagabund, da kann man nichts machen.«

»Ich hasse ihn«, sagte ich.

Aber als sie dann wieder auf der Bühne standen, konnte ich nicht anders, als ihnen zuzujubeln wie alle anderen auch.

Die She-Bees lösten sich wenige Wochen später auf, weil Elvira einen Jura-Studenten kennengelernt hatte, der es unschicklich fand, dass sie sich auf dem Kiez herumtrieb.

Die Untersuchungen im Mordfall Peter Hoven wurden irgendwann eingestellt, weil der unbekannte Mörder nicht gefunden werden konnte. Ein halbes Jahr später las ich in der Zeitung, dass Max »bei einer Auseinandersetzung im Milieu« erschossen worden war.

Ein paar Tage darauf traf ich Ernie im »Star-Club«. Er sah ziemlich schick aus, fast so aufgedonnert wie Vegas-Willy. Ich fragte ihn nach Mei Hua, und sein Gesicht verdüsterte sich.

»Sie ist weg. Hat auf einem Frachter angeheuert.«

Ich dachte, er wollte mich veräppeln, und lachte: »Etwa als Matrose?«

Er verzog traurig das Gesicht.

»Du hast es erfasst«, sagte er.

PETRA OELKER

Nebelmond
oder Schimanskis Jacke

»Scheiße.« David gab der Maus einen ärgerlichen Schubs, lehnte sich in seinem Stuhl zurück und starrte auf den Monitor. Schon wieder nach zwei Minuten totgeschossen. »Blödes Spiel«, murmelte er. Und: »Selbst schuld.«

Er hatte es unbedingt haben wollen, alle hatten es, und alle fanden es große Klasse. Es hatte gedauert, bis Ulla es ihm gekauft hatte. Sie mochte keine Computerspiele. Jedenfalls keine wie dieses, doch andere, das hatte sie zugegeben, waren nur für Babys. Jedenfalls war sie nicht wieder mit der Arie von ›Lies-doch-mal-ein-Buch-oder-mach-was-mit-Freunden‹ gekommen. Das wäre auch sinnlos gewesen. Alle waren verreist.

»Scheißspiel«, sagte David und erschrak vor dem Klang seiner Stimme in der Stille der Wohnung. Er rollte seinen Schreibtischstuhl zurück und stand auf. Halb acht, sie musste bald kommen. Eigentlich konnte ihm egal sein, wie das Spiel war, dann spielte er es eben nicht mehr. Andererseits, es war teuer gewesen, er konnte ihr nicht sagen, dass er es blöde fand. Für die Herbstferien, hatte sie gesagt, damit du dich nicht langweilst. Und dabei wieder diesen Blick gehabt, von dem er nie wusste, ob er schuldbewusst oder vorwürflich war.

Das Telefon klingelte, und bevor er abnahm, wusste er schon, was nun kommen würde. Er hatte recht.

»David.« Sie redete gleich los, hastig und ein bisschen atemlos. Wer sie nicht kannte, würde glauben, sie sei einfach nur in Eile. David kannte seine Mutter genau. Sie war wütend. Wieder hatte er recht.

»Es tut mir so leid, aber es dauert hier *noch länger*. Lund ist plötzlich eingefallen, dass auch noch das Angebot für – ach, ist ja egal, jedenfalls muss heute noch was raus, und es wird später. David? Hörst du mir zu?«

Das fragte sie immer, wenn sie mal wieder so schnell redete, dass man nicht dazwischenkam. »Klar hör ich zu. Du kommst später. Kein Problem. Ich hab ja das Spiel. Das ist wirklich gut. Ich muss nur noch ein bisschen üben, dann ...«

»Wirklich? Na, wenn du es sagst. Dann üb schön. Um halb zehn bin ich zu Hause, spätestens um zehn. Und du gehst nicht mehr raus, nicht? Versprochen? David?! Versprochen?«

»Klar, versprochen. Es ist ja stockdunkel draußen.«

»Ich weiß, dass ich mich auf dich verlassen kann. Ich dachte nur, falls du dich langweilst. Und mach dir was zu essen. Im Kühlschrank – aber das weißt du ja. David?«

»Ja?«

»Es tut mir leid, dass das mit Hans nicht geklappt hat. Am Wochenende machen wir was ganz Tolles. Überleg schon mal, worauf du Lust hast. Nun muss ich mich beeilen. In zwei Stunden bin ich da, höchstens in zweieinhalb. Tschüs, Liebling, bis nachher.«

Es machte ›klack‹, und die Leitung war tot. David steckte das Telefon in die Halterung und ging in die Küche. Ihm tat es gar nicht leid, dass Tante Sybille sich beim Tennis den Fuß verstaucht und Onkel Hans ihm deshalb abgesagt hatte. Was sollte er in Frankfurt? Da kannte er keinen, und nur damit er in den Ferien verreisen konnte? Abendfüllend waren Onkel Hans und Tante Sybille auch nicht gerade. Wahrscheinlich brauchten die ihn sowieso nur als Babysitter für Timmi. Außerdem hatte er überhaupt keine Lust, sich von Onkel Hans wieder anzuhören, dass seine Schwester den falschen Mann geheiratet hatte, er habe das gleich gewusst, nun sei der weg, seit Jahren schon, zahle keinen Pfennig, und nicht mal 'ne Karte zum Geburtstag für seinen Sohn. Dann würde Sybille sagen: Sei doch still, Hans, der Junge hat es schwer genug, du musst ihn nicht auch noch mit diesem Versager von Vater vollquatschen ...

David hatte wirklich keine Lust gehabt, nach Frankfurt zu fahren, auch wenn die einen noch so tollen Pool im Anbau hatten und einen Fernseher, halb so groß wie ein Fußballfeld.

Er öffnete den Kühlschrank, zog den Topf mit dem Nudelauflauf heraus und stellte ihn gleich wieder zurück. Die Tafel Nussschokolade von vorhin lag noch dick und fettig in seinem Magen. Plötzlich erschien ihm die Wohnung eng und muffig. Ein eigenes Schwimmbad wäre wirklich cool, und eine Terrasse, auf der man in der Sonne frühstücken konnte mit einem großen Garten dahinter, so einem wie hinter dem Haus von Mike. Mikes Eltern hatten ständig Gäste, vor allem im Sommer, Grillfeste und den Garten voller Lampions. Manchmal, hatte Mike gesagt, wenn die Geschäftsfreunde von seinem Vater eingeladen waren, kamen auch Kellner. Die könne man mieten, hatte Mike gesagt, im schwarzen Jackett. Oder im roten, wahlweise. Mikes Eltern waren ganz nett, aber Ulla hatten sie noch nie zu ihren Festen eingeladen. ›Macht nichts‹, hatte sie neulich gesagt, ›deren Gäste sind garantiert alle total aufgebrezelt, was sollte ich da anziehen?‹

Ein durchdringendes Geräusch hinter dem Fenster ließ ihn zusammenfahren. In der nachtschwarzen Scheibe spiegelte sich die Küche, das müde Licht der Straßenlaternen am Goldbekufer war dahinter nur schemenhaft zu erkennen. Er beugte sich vor, legte die Hände gegen das Licht der Küchenlampe wie einen Tunnel zwischen Schläfen und Fensterscheibe und starrte hinaus. Die Schwärze der Nacht war milchig geworden. Es war erst Mitte Oktober, aber schon seit Tagen kam mit der Nacht der Nebel. Wie in England, hatte Frau Ditteken aus dem ersten Stock gestern geschimpft. Die schimpfte allerdings über jedes Wetter, immer war es ihr zu kalt oder zu heiß, zu nass oder zu trocken. Nun eben zu neblig.

Ein Auto rollte langsam vorbei, sicher auf der Suche nach einem Parkplatz. Der Goldbekkanal auf der anderen Straßenseite hinter den schmalen Gärten am abfallenden Ufer war im Dunst kaum mehr zu erkennen. Die kleinen Bootswerften, der Kiosk und die großen alten Bäume am jenseitigen Ufer – nicht mehr als Schemen. Es waren nur die wilden Gänse gewesen, die draußen geschrien hatten. Manchmal flogen sie in der Nacht über den Kanal, dann schrien sie auf diese seltsam schrillkrächzende Weise.

Er mochte ihr Geschrei nicht. Vor allem, wenn er allein in der Wohnung war. Er ging wieder zum Kühlschrank, nahm die Cola-Flasche raus und füllte ein Glas. Durch die Wand zur Nachbarwohnung drang Musik. Humptahumptahumpta. Die Merricks guckten im Fernsehen die lustigen Volksmusikanten. Manchmal sang Frau Merrick mit, heute nicht, das bedeutete, dass Herr Merrick zu Hause war. Keine Spätschicht also.

Üb schön, hatte sie gesagt. David trottete zurück in sein Zimmer und setzte sich wieder vor den Computer. Als er das nächste Mal auf die Uhr sah, war es Viertel nach neun. Der Nebel vor dem Fenster war noch dicker geworden. Sie würde nun bald kommen, mit raschen kurzen Schritten die Treppe heraufeilen, die Tür aufschließen, und, während sie noch den Schlüssel aus dem Schloss zog, rufen: ›Ich bin da!! Mensch, war das ein Tag, hast du was gegessen? Ach, bin ich froh, dass ich endlich da bin. Hast du deine Schularbeiten gemacht?‹ Nein, das letzte nicht, sie würde nicht vergessen haben, dass Ferien waren. Immer das Gleiche, immer mit der gleichen gehetzten, schrecklich munteren Stimme. Schon wenn er ihre Schritte auf der Treppe hörte, spürte er, wie sich seine Schultern hochzogen. Vor diesem Schwall von hektischer Munterkeit. Warum machte sie das? Warum tat sie so, als wär alles toll und ihr Job die reine Freude? Als wär's das Größte, in zweieinhalb Zimmer, Küchenduscheklo zurückzukommen.

Überstunden? Im Büro war einfach mehr los als zu Hause. Geh nicht mehr raus, David. Klar, hatte er gesagt, und: Versprochen. Andererseits: Nur einmal die Straße runter, über die Moorfurthbrücke und am anderen Ufer zurück. Das dauerte, wenn er sich beeilte, nur eine Viertelstunde, höchstens zwanzig Minuten. Sie würde es nicht erfahren. Und wenn doch? Wenn sie früher kam? Dann sah sie eben auch mal, wie es war, wenn keiner zu Hause war.

Er rannte die Treppe hinunter, im ersten Stock ging eine Tür auf, Frau Ditteken streckte die Nase durch den Spalt über der Türkette. Anderthalb Meter tiefer versuchte sich Kuno, eine braune Mischung aus Dackel und Rollwurst, knurrend in den Flur zu drängen. Zum Glück war er nicht dünn genug.

»Ach, du bist es, David. So spät noch nach draußen? Ich weiß ja nicht. Wenn ich deine Mutter wäre ...«

»'n Abend«, nuschelte David, murmelte noch etwas wie: ›Nur schnell einen Brief zum Kasten bringen‹ und war schon im Erdgeschoss verschwunden. Als die Haustür hinter ihm ins Schloss fiel, atmete er auf. ›Wenn ich deine Mutter wäre ...‹ David schüttelte sich, kroch tiefer in seine Jacke und begann, die Straße hinunterzulaufen. Plötzlich hatte er es sehr eilig. Er wollte unbedingt wieder zu Hause sein, bevor sie kam.

Der Nebel lag wie wässerige Milchsuppe über dem Kanal, verschluckte die Geräusche der Stadt und machte alles grau. David ging langsamer, er sah zum Himmel hinauf und fühlte sich wie in einem Aquarium. Die feuchte Kälte kroch in seine Ärmel und legte sich um seinen Hals. Er schloss die Jacke, steckte die Fäuste in die Taschen und ging weiter.

Er fror, die milchiggraue Düsternis war unheimlicher als die schwärzeste Nacht, und obwohl die Stadt voller Menschen war, schien sie ausgestorben. Nicht mal an der Bushaltestelle gegenüber dem Goldbekhaus stand jemand. Sicher war der 106er gerade durch. Auf der Moorfurthbrücke blieb er stehen und sah auf den Goldbekkanal hinunter. Pechschwarz, ein paar Enten trödelten am Ufer herum, über dem Wasser war der Nebel nicht so dicht, sondern waberte in Schwaden. Wie in einem dieser Science-Fiction-Filme im Fernsehen, in denen irgendeine klebrige außerirdische Lebensform durchs All geschwebt kam und das Raumschiff der Guten bedrohte. Hinter der Brücke bog er in den Fußweg ein, der erst direkt am Kanal entlang, dann vorbei an den Werften und durch die Schrebergärten bis zur Barmbeker Straße führte. An Sommertagen war der Weg ein lichter grüner Tunnel unter hohen Bäumen, Spazierweg für alte Damen mit dicken Hunden, für Mütter mit Kinderwagen, ein paar Radfahrer und Jogger – jetzt war er nur ein schwarzes Loch. Er könnte einfach zurückgehen, die Treppe raufrennen, den Auflauf heiß machen, Tee kochen. Sie würde hungrig sein. Könnte er machen, ganz einfach. Hastig tauchte er in die Dunkelheit ein.

Er hatte keine Angst. Er ging nur so schnell, weil ihn fror. Da, wo die Werften begannen, machte der Weg einen scharfen Knick nach links, dann noch einen nach rechts, und nun lag ein Stück des Weges gerade vor ihm, bis er in der Nebelnacht versickerte. Links erst eine Mauer, dann Gebüsch, auf der rechten Seite die kleinen Bootswerften. Der Nebel erschien ihm hier nicht ganz so dick, aber vielleicht hatten sich seine Augen auch nur an die Dunkelheit gewöhnt.

Von den Werften war nicht viel zu sehen: die Seitenwände flacher Schuppen, von dichtem Gebüsch und alten, schon fast laublosen Bäumen überragt, die Ausfahrten durch mehr als mannshohe Tore fest verschlossen. Nur bei der zweiten Werft schimmerte ein Licht hinter dem Tor. Ein mattes Licht nur, sicher keins, bei dem die Bootsbauer arbeiten konnten. Arbeiteten Bootsbauer überhaupt so spät noch?

David wollte gerade eine plattgetretene Bierdose wegkicken, als er die Stimmen hörte. Männerstimmen, erst eine, dann eine zweite, nicht laut, aber doch heftig, wie schon gesagt, der Nebel dämpfte alle Geräusche. Er hatte nun das Tor zur Bootsvermietung erreicht, da gab es im Sommer auch ein kleines Café direkt am Kanal, Kübi's Bootshaus, jetzt war es schon für den Winter geschlossen. Daher konnten die Stimmen also nicht kommen. Geh nach Hause, David, hörte er die Stimme seiner Mutter, aber natürlich war es nicht wirklich Ulla, es waren diese verfluchten Gedanken in seinem Kopf, die immer auftauchten, wenn er etwas tat, das er nicht tun sollte. Klar, dachte er, gleich, und schlich weiter an der Hecke entlang. Jetzt hörte er nur eine Stimme, sie klang näher, aber dafür redete der Mann leiser. Die Stimme kam nicht von den Werften, auch nicht von einem der Balkone des Mietshauses, das hier bis an den Weg reichte; sie kam von den Bänken unter der Weide, von dem schmalen Grasstreifen hinter den uralten Bäumen zwischen dem Ende des letzten Werftgrundstücks und den Schreberparzellen vom ›Kleingartenverein Goldbek‹. Nun wurden die Stimmen wieder heftig, redeten beide gleichzeitg, David verstand nur Satzfetzen. ›Damit kommst du nicht durch‹, dann ein hartes Lachen, dann: ... ›glaubst wohl ... alles kriegen ... und Melanie ... nie!‹

Micki, der zwei Jahre älter war als David und abends ziemlich oft rausging, hatte erzählt, auf den Bänken unter der Weide träfen sich Junkies mit ihren Dealern. David hatte ihm das nicht geglaubt. ›In Winterhude? Hier ist doch nichts los‹, hatte er gesagt, und Micki hatte gesagt: ›Das glaubst du, weil du keine Ahnung hast, Kleiner.‹ Er hatte auch noch was von Typen mit Kampfhunden erzählt, David war nicht ganz klar gewesen, ob er mit ›Typen‹ die Dealer oder andere Männer meinte. Egal, wenn er jetzt an der Wiese vorbeiging, würden die Hunde ihn womöglich riechen, würden angeflitzt kommen und ... Er drückte sich in die Hecke und hielt den Atem an. Geh nach Hause, Idiot, sagte es in seinem Kopf.

»Verdammt, Henry«, hörte er nun eine wütende Stimme, »verdammt ... bist du verrückt?! Wenn du glaubst ...«

Ein kurzes dumpfes Geräusch, dann war es still.

David hielt den Atem an. Er wollte wegrennen, doch jetzt war es zu spät. ›Hund zerfleischt Jungen‹, würde in der Zeitung stehen.

»Henry! Henry? Scheiße.«

Das ›Scheiße‹ klang ganz nahe. David hörte schnelle Schritte, er presste sich noch tiefer in die Hecke, ein scharfer Ast drückte sich in seine linke

Schulter, aber das spürte er kaum. Eine hochgewachsene Gestalt in einer hellen Jacke, so eine, wie sie Schimanski immer anhatte, trat zwischen den Bäumen hervor auf den Weg, sah kurz nach links und nach rechts und verschwand mit langen Schritten im Durchgang zum Poßmoorweg. Ein Wunder, dass er David nicht sah. Aus einer der Wohnungen in den Mietshäusern hinter den Hecken erhob sich Gebrüll: »Tortortortor.« Und: »Lilli, bring noch Bier mit. Was für ein Elfmeter!« Auf der Barmbeker Straße ließ irgendein Fußballfan am Autoradio triumphierend seine Autohupe aufjaulen.

David löste sich aus der Hecke. Es waren nur ein paar Schritte bis zum Pfad, der zu den Bänken bei der Weide am Ufer führte. Immer noch waberte milchiger Dunst vom Wasser auf, da schob sich der Mond, nur ein blasser, nebelverhangener Fleck, hinter einer Wolke hervor, und Ulla sagte später, der verdammte Nebelmond sei schuld gewesen. Jedenfalls fiel dieses komische Licht auf den Wiesenstreifen hinter den Bäumen. Es sah ein bisschen aus wie bei E. T., als das Raumschiff kam, aber da war nicht E. T. Da war, das konnte David genau sehen, ein Mann. Der saß auf der Erde, den Rücken gegen die Bank gelehnt, ein bißchen schief, gesund sah das nicht aus.

Hau ab, sagte die Stimme, hau endlich ab. Aber wenn der krank war? Oder ohnmächtig? Vielleicht brauchte der Hilfe. Nach einem Streit bekamen Erwachsene schon mal einen Herzanfall, das war neulich im Fernsehen, wenn keiner half ...

Von nahem sah der Mann auch nicht gesünder aus. »Hallo«, sagte David. »Hallo, ist Ihnen schlecht?« Warum flüsterte er eigentlich?

Der Mann antwortete nicht – jedenfalls nicht richtig. David glaubte so etwas wie ›Pffff‹ zu hören, der Körper rutschte langsam zur Seite – und David begann zu laufen. Er rannte den kurzen Pfad zum Weg zurück. Vielleicht war ja doch noch jemand in der Werft und rief einen Krankenwagen. Da, wo das Licht gewesen war, vielleicht ...

Fünf Schritte weiter, und er hätte den Mann umgerannt. Aber das tat David nicht. Er erkannte ihn sofort, seine helle Jacke, so eine, wie sie Schimanski immer anhatte, genau so eine. Und der Mann sah David. Blieb abrupt stehen und starrte ihn an. David rannte. Rannte, wie er noch nie in seinem Leben gerannt war. Rannte unter den Bäumen durch und stürzte in die Heckenschlucht zwischen den Schrebergärten, rannte und hörte die Schritte hinter sich, Schritte, die immer schneller wurden. »Bleib stehen«, rief eine

Stimme. »So bleib doch stehen.« David rannte, als gelte es sein Leben, als spüre er den fremden Atem schon im Nacken, den Griff der Faust schon an seiner Jacke. Straßenlaternen. Das war die Barmbeker Straße. Bremsen kreischten, eine Hupe jaulte zornig auf, dann war er auf der anderen Seite. Weiter. Weiter auf dem schmalen Weg durch die Grünanlage, ohne zu denken, wie ein Hase, mit immer schwereren Füßen, mit immer weniger Luft. Schweiß rann ihm den Rücken hinab. Wieder ein Licht. Blau und weiß. Die Polizeiwache am Wiesendamm. Erst jetzt merkte er, dass keine Schritte mehr hinter ihm waren. Keine Schritte, kein Mann in einer hellen Jacke. Niemand. Selbst der Mond war wieder hinter Nebel und Wolken verschwunden.

Ulla Bauer zündete sich gerade die fünfte Zigarette an, als das Telefon klingelte. Das schrille Läuten ließ sie zusammenfahren, das brennende Streichholz fiel mit verlöschender Flamme zu Boden, und bevor das zweite Klingeln durch die Wohnung dröhnte, hatte sie schon den Hörer vom Apparat gerissen. Ja. Ja, natürlich sei sie Frau Bauer. »Wie? Oh mein Gott«, rief sie und: »Gott sei Dank. Ich bin gleich da. In vier Minuten. In drei!«

Zum zweiten Mal an diesem Abend hörte Frau Ditteken eilige Schritte auf der Treppe, aber bevor sie die Tür öffnen und der Nachbarin aus dem vierten Stock sagen konnte, dass es gar nicht gut sei, wenn Jungens so spät nachts draußen rumliefen, war Ulla Bauer schon verschwunden. Die Haustür fiel ins Schloss, und als Frau Ditteken ihr Küchenfenster erreichte, sah sie Davids Mutter gerade noch mit wehendem Mantel die Straße hinunterlaufen und im Dunst verschwinden.

Zum zweiten Mal an diesem Abend stürzte jemand völlig außer Atem in die Polizeiwache am Wiesendamm. Anders als ihr Sohn eine Stunde früher interessierte sich Ulla Bauer nicht im Mindesten für die Polizisten hinter dem hohen Tresen. Sie sah nur ihren Sohn auf der Bank neben der Tür und erdrückte ihn fast mit ihrer Umarmung.

»Ist ja gut, Mama.« David wand sich unbehaglich aus der Umklammerung. »Mir ist nichts passiert. Da war nur dieser Mann. Und der andere. Dann bin ich weggerannt, und der eine ist mir nachgerannt. Der andere nämlich. Aber ich war schneller. Ja. Die waren wirklich da, aber das glaubt mir hier keiner.«

Er warf einen unsicheren Blick zu den vier Polizisten, die sich hinter dem Tresen aufgebaut hatten und grinsend auf Mutter und Sohn hinuntersahen. »Die glauben mir nicht«, fuhr er leiser fort, »die denken, ich hab mir das ausgedacht. Hab ich aber nicht. Ich ...«

»Moment, David. Eins nach dem anderen. Eigentlich möchte ich zuallererst wissen, wieso du um diese Zeit überhaupt draußen warst. Ich bin fast gestorben vor Angst. Aber darüber unterhalten wir uns später. Ich bin Ulla Bauer«, wandte sie sich an die immer noch grinsenden Männer. »Davids Mutter. Sie haben mich angerufen. Was ist passiert?«

»Tja«, sagte einer der Männer und machte ein amtliches Gesicht, »wenn ich mal Ihren Ausweis ...« Während die anderen sich wieder an ihre Schreibtische verzogen, betrachtete der Polizist am Tresen den Ausweis, nickte und schob ihn wieder zurück. »Tja«, sagte er wieder. »Ihr Sohn kam hier vor«, er warf einen Blick auf seine Uhr, »vor 39 Minuten rein und hat uns da eine Geschichte aufgetischt ...«

Die Geschichte, die er nun erzählte, war genau die, die David ihm erzählt hatte. Wie er den Streit gehört hatte, nicht richtig, nur ein paar Wortfetzen, wie dann einer schnell weggegangen war und er den Mann bei der Bank gefunden hatte. Wie er losrannte, um Hilfe zu holen, wie er dem anderen begegnet und weggelaufen war. »Und der«, schloss der Polizist, »der soll ihn dann verfolgt haben.« So, wie der Polizist das erzählte, klang es absolut lächerlich.

»Es ist wahr«, rief David. »Das hat der. Ich hab ihn genau gehört.«

»Ist ja gut, Junge. Sagen Sie mal, Frau, äh ...« Er nahm den Ausweis, sah ihn an und legte ihn wieder auf den Tresen. »Sagen Sie mal, Frau Bauer. Wieso ist Ihr Sohn eigentlich mitten in der Nacht alleine am Kanal? Er hat gesagt, Sie seien noch im Büro. Na gut. Aber, sagen Sie mal, lassen Sie ihn oft alleine?«

»Na hören Sie mal!« Ulla erhob sich und baute sich vor dem Tresen auf, David kroch tiefer in seine Jacke. Er kannte diesen Ton, musste sie ihn ausgerechnet jetzt anschlagen, vor der Polizei? »Jetzt sagen Sie mal, was Sie das angeht? Mein Sohn ist normalerweise nie abends alleine. Und wenn ich mal Überstunden machen muss, dann ist das eben so. Wenn Sie uns unterstellen wollen, dass er sich nachts draußen rumtreibt, dann irren Sie sich, dann ...«

»Ist ja gut.« Der Polizist hob abwehrend beide Hände. »War nur 'ne Frage. Jeder erzieht sein Kind, wie er will. Er hat keinen Vater, sagt David?«

»Das geht Sie nun am allerwenigsten an. Im Übrigen hat jeder Mensch einen Vater. Aber wenn ...«

»Mama, bitte.« David stand auf und stellte sich neben seine Mutter. »Können wir jetzt nicht gehen?«

»Gleich, David. So, Herr Wie-immer-Sie-auch-heißen, das ist jetzt geklärt. Ich musste heute länger arbeiten, und David war ausnahmsweise allein. Okay, dass er so spät noch rausgegangen ist, war nicht gut, aber das war auch nur ausnahmsweise und ist gewiss kein Fall für die Polizei. Jetzt möchte ich wissen, warum Sie ihm nicht glauben. Mein Sohn lügt nicht.«

David schloss die Augen. Nichts wäre ihm lieber gewesen, als im Boden zu versinken. Er hasste es, wenn seine Mutter sich vor Fremden so aufplusterte.

»Tja, Frau Bauer.« Der Polizist stützte die Unterarme auf den Tresen, lehnte sich ein bisschen vor und machte ein väterliches Gesicht. »Lügen ist so ein hässliches Wort. Also, Jungens in dem Alter, die sehen viel Fernsehen. Vor allem wenn sie abends oft, ich meine, ab und zu allein zu Hause sind, nicht? Da kommen sie schon mal auf dumme Gedanken. Erfinden so Geschichten, damit ihnen einer zuhört. Ist ja nichts Schlimmes. Schlimm wird's erst, wenn sie anfangen zu zündeln. Aber ich würde mal drüber nachdenken. Als Mutter.«

»Vielen Dank für Ihren Rat. Wirklich, vielen Dank. Ich möchte immer noch wissen, warum Sie ihm nicht glauben.«

Der Polizist seufzte, und dann sagte er schon wieder »Tja«, das musste sein Lieblingswort sein, dachte David, obwohl das ja gar kein richtiges Wort war. »Tja, er kam hier rein, und das muss ich schon sagen, ausgesehen hat er, als wäre nicht nur einer hinter ihm her, sondern eine ganze Meute.«

Natürlich habe er gleich den Streifenwagen zu diesen Bänken zwischen den Bootswerften und den Schrebergärten geschickt. Da habe auch tatsächlich einer gesessen. Allerdings nicht neben, sondern auf der Bank. Auch nicht krank oder ohnmächtig oder tot. Nur total betrunken. Auch habe der nicht der Beschreibung entsprochen, die ihr Sohn gegeben habe. Schon gar keine Jacke wie Schimanski habe der angehabt. Schimanski!!

»Der da saß, ist ein alter Bekannter. Den haben wir schon öfter in kalten

Nächten aufgesammelt und nach Hause gebracht. Immer zu viel Bier und Jägermeister. Tja.«

»Aber die Jacke hatte doch der andere an, der, der zurückgekommen ist«, rief David. »Der hat den bestimmt weggebracht, den anderen neben der Bank, mit dem er gestritten hatte, ich meine, den ich da gesehen habe.«

Ulla legte den Arm um Davids Schultern und hielt ihn fest. Sie musste ihren Sohn nicht ansehen, um zu wissen, dass er mit den Tränen kämpfte. Da ging es ihm nicht anders als ihr. Allerdings aus ganz anderen Gründen.

»Der andere. Tja. Aber da war kein anderer.« Der Polizist klang plötzlich ganz milde. »Manchmal sieht man Sachen, David, die tatsächlich gar nicht so sind. So was ist mir auch schon passiert. Besonders in Nächten wie heute, neblig und Vollmond. Komisches Licht, da kann man seltsame Gespenster sehen. Wenn man Fantasie hat. Und die Trauerweiden da, die sind unheimlich in so einer Nacht. Jetzt gehen Sie mal nach Hause.« Er sah Ulla an und schob ihr den Ausweis zu. »Ein Becher Kakao ist immer gut nach so 'ner aufregenden Sache.«

»Frau Bauer«, rief er ihnen noch nach, als Ulla David schon aus der Tür schob, »passen Sie gut auf ihn auf. In dieser Ecke am Kanal treibt sich abends manchmal junges Gesindel rum. Sie wissen schon. Ihr Junge ist jetzt in so 'nem Alter ... also, wenn ich Sie wäre, würde ich mal mit dem Vertrauenslehrer an seiner Schule sprechen. Und vielleicht machen Sie einfach ein bisschen weniger Überstunden. Karriere ist ja nicht alles, nicht?«

David stand auf der Brücke und guckte hinunter aufs Wasser. Der Nebel war verschwunden, aber dunstig war es immer noch. Gestern, in der Nacht, hatte der Kanal ganz anders ausgesehen. Er war auch jetzt schwarz, na ja, eigentlich mehr braunschwarz, aber er sah schön aus. Enten, sogar zwei Schwäne schaukelten friedlich auf dem Wasser oder gründelten nahe dem Ufer. Die Blätter der Bäume, von denen manche allerdings schon ziemlich kahl waren, schimmerten gelb, hellbraun und rot. In den Gärten am rechten Ufer blühten noch die letzten Astern, widerstanden als weiße und violette Farbtupfer dem grauen Tag. Ein Paddler kam unter der Brücke hervor und glitt geräuschlos durchs Wasser Richtung Barmbek. Es sah wirklich schön aus. Als Ulla ihm im Frühjahr vorgeschlagen hatte, Mitglied in einem Ruderclub zu werden, hatte er keine Lust gehabt. Rudern! Vielleicht doch, im nächsten Sommer. Nicht gerade Rudern, aber Kajakfahren sah nicht schlecht aus. Dann gab er sich selbst einen Schubs und bog in den Uferweg. Die Tore der Werften waren auch jetzt verschlossen, doch nun waren da immerhin Geräusche: Stimmen, schrille Töne irgendeiner Maschine, jemand lachte.

Im Durchgang zum Paßmoorweg stand ein Auto mit einem Bootsanhänger, der Fahrer war nicht zu sehen. Wenn er der war, der gestern abend – Quatsch. Was sollte der hier? Noch dazu mit einem Bootsanhänger? Das Auto gehörte einem von der Werft. Ganz klar. David ging entschlossen weiter und bog in den Pfad zu den Bänken ein. Keiner da. Nicht mal eine dieser krächzenden Gänse, die hier manchmal rumwatschelten. Er atmete tief aus, blieb stehen und sah zum Kanal hinunter. Da stand die Bank, ganz nah am Ufer, und direkt am Wasser die riesige Trauerweide, ihre Äste tauchten tief ein, wie ein Vorhang. Wenn man mit einem Boot angepaddelt kam und unter den Ästen haltmachte, konnte einen von den Gärten oder der Straße am anderen Ufer niemand sehen.

Vom Weg bis zum Wasser waren es etwa fünfzig Schritte. Nicht weit. Er zählte seine Schritte: dreiundfünfzig. Ganz gut geschätzt. Dabei war er schlecht in Geometrie. Aber vielleicht hatte das gar nichts mit Geometrie zu tun.

Da standen zwei Bänke. Die linke hatte keinen Sitz und keine Lehne. Da hatte der Mann gestern Abend gesessen, auf dem Boden gegen die Strebe gelehnt. Ob es ihm einer glaubte oder nicht, der hatte da gesessen. Er sah sich um: Auf dem Weg fuhr ein Radfahrer vorbei, den Kopf tief gegen die feuchte Luft gesenkt, dann kam ein alter Mann mit einem Pudel, sah flüchtig zu David herüber und ging weiter. Sonst war niemand zu sehen. Wieder kreischte irgendwo eine Maschine. Drüben am Goldbekufer, auf der anderen Seite des Kanals, dort, wo er wohnte, leerten die Müllmänner lärmend die Tonnen in ihren orangeroten Wagen, und von der Kindertagesstätte gegenüber den Schrebergärten weiter den Weg hinunter klang wütendes Kindergebrüll herüber. Niemand da, der ihn beachtete.

Er hockte sich auf die Seitenstrebe der Bank ohne Bretter, die war aus rauem Beton und feucht, doch das spürte er nicht. Warum glaubte ihm bloß keiner? Ob sie ihm geglaubt hätten, wenn da nicht diese blöde Saufnase gehockt hätte? So dachten alle, er habe den gesehen und sich den Rest ausgedacht. Aber wenn er etwas fand, irgendetwas? Im Fernsehen fanden sie doch immer was. Spurensicherung hieß das. Natürlich hatten sie keine geschickt gestern Nacht. Es waren ja keine Spuren zu sichern, wenn da nur der Besoffene war. Aber wenn er jetzt etwas fand, mussten sie ihm glauben.

Er ging in die Hocke und begann, den Boden um die Bank abzusuchen. Ein paar Kippen, schon ganz matschig, und Kronenkorken, drei kleine Jägermeisterflaschen, eine leere Haribotüte, ein klebriger Klumpen, der aussah wie ein Rest von diesen falschen Knochen, die Frau Ditteken ihrem Kuno immer zum Kauen gab, damit ihm seine Zähne nicht ausfielen. Er kroch weiter bis zum Rand des Gebüsches, doch da fand er nur eine leere Spritze. An allen anderen Tagen hätte er die sicher als hochinteressantes Objekt betrachtet, heute kickte er sie nur ärgerlich ins Gebüsch. Schließlich fand er noch einen toten Maulwurf. Er deckte die kleine Leiche, die auch nicht mehr ganz frisch aussah, mit Blättern zu, legte einen Stein drauf und setzte sich wieder auf die Bankruine.

An der oberen Ecke, da, wo die Kante ganz hart und schartig war, war ein dunkler Fleck. Blut, dachte er, das ist bestimmt Blut. Das war doch was, jetzt mussten sie ihm doch glauben. Leider hatte der Polizist gesagt, die Saufnase hätte eine blutige Schramme am Kopf gehabt, sei wohl auf dem Weg mal gestolpert. Selbst wenn das wirklich Blut war, nützte es also auch nichts.

Dann sah er ihn. Er lag unter der Bank – jedenfalls wenn da Sitzbohlen gewesen wären, wäre es unter der Bank gewesen –, nahe an der Strebe im Gras. Er kniff die Augen zusammen und beugte sich tiefer hinunter. Ein Manschettenknopf. Sah aus wie echtes Gold mit was Glitzerndem drauf. Jedenfalls nicht wie etwas, das einer am Ärmel trägt, der sich von Bier und Jägermeister ernährt. Fingerabdrücke, dachte er, da sind bestimmt Fingerabdrücke drauf. Hastig zog er ein Papiertaschentuch aus der Jacke, legte es über seinen Fund und hob ihn vorsichtig mit dem Papier auf.

»Na, Junge? Mal wieder unterwegs?«

Die Stimme war direkt über seinem Kopf, seine Hand krampfte sich um den Manschettenknopf, sein Atem stockte, und während er noch den Schlag erwartete, schob sich eine spitze Schnauze in sein Gesichtsfeld, die Oberlippe über die Vorderzähne gezogen, als habe sie gerade in eine Zitrone gebissen. Schwarze Knopfaugen starrten ihn böse an. Kuno.

»Frau Ditteken«, stotterte David. Immer noch steif vor Schreck, richtete er sich auf.

»Na? Haben wir dich erschreckt? Mein Kuno und ich? Ein gutes Gewissen ist das beste Ruhekissen. Das war aber ein weiter Weg gestern Abend bis zum Briefkasten. Na, mich geht das ja nichts an. Aber wenn du mein Sohn wärst, würde ich dich nicht hier im Regen rumlaufen lassen. Mit zwölf ...«

»Dreizehn«, sagte David. Erst jetzt merkte er, dass es zu nieseln begonnen hatte. »Ich bin schon dreizehn, Frau Ditteken, und gestern, da habe ich meine Mutter abgeholt. Sie haben ja sicher gesehen, wie wir zusammen zurückgekommen sind. Meine Mutter hat keine Zeit, jedesmal die Tür aufzumachen, wenn einer die Treppe runterkommt.«

Bevor Frau Ditteken mit einem Vortrag über den patzigen Ton der heutigen Jugend loslegen konnte, lief er zurück zum Weg. Er drehte sich nicht mehr nach ihr um. Er wusste auch so, dass sie ihm grimmig nachsah. Als sie hier einzogen, kurz vor Ostern, hatte Ulla ihm erklärt, wie wichtig es sei, höflich zu den Nachbarn zu sein. Also wieder ein Versprechen gebrochen. Zwei an zwei Tagen. Das war viel. Immerhin hatte es diesmal Spaß gemacht.

»Das kann doch kein Problem sein, Ulla. Gerade du bekommst garantiert jede Extrawurst.«

»Irrtum, Karin.« Ulla Bauer sah ihre Kollegin seufzend an. »Gerade ich nicht. Du vergisst, dass ich nicht mit ihm ins Bett gegangen bin. So was nehmen Männer übel. Vor allem wenn sie zwei Abendessen in teuren Restaurants investiert haben. Wer hat denn die ganzen Überstunden aufgedrückt bekommen, weil angeblich plötzlich alles Mögliche sofort und ganz schnell gehen musste? Genau: ich.«

»Und warum bist du nicht?«

»Was?«

»Mit ihm ins Bett.«

»Hör auf! Du kennst die Geschichte, außerdem hatte ich einfach keine Lust auf so was. Nie am Arbeitsplatz und nie mit Ehemännern. Meine eiserne Devise.«

»Eiserne Devisen mögen edel sein, meine Liebe, aber da kannst du auch gleich ins Kloster gehen. In unserem Alter.«

»Keine schlechte Idee. Da hat man seine Ruhe und muss keine Miete zahlen. Leider nehmen die keine alleinerziehenden Mütter, schon gar nicht mitsamt ihren halbwüchsigen Söhnen. Und was heißt überhaupt in unserem Alter? Ich bin 38. Ach, was für eine blöde Diskussion. Jedenfalls kann Lund machen, was er will. Wenn er mir schon keinen Urlaub gibt, weil Meyer krank ist und Plietschmann in Urlaub, dann kriegt er mich in den nächsten zwei Wochen zumindest für keine Überstunde. Keine einzige! Was machst du denn plötzlich für ein Gesicht? David geht jetzt wirklich vor.«

»Soso, da kann Lund machen, was er will.«

Das war leider nicht Karins Antwort, sondern die Stimme von Robert Lund, Teilhaber und Geschäftsführer von Lund & Partner GmbH, Immobilien International. Karin, seine Sekretärin, stand eilig auf, griff nach einer der dicken Mappen auf ihrem Schreibtisch, murmelte etwas von ›dringend ins Archiv‹ und war schon verschwunden. »Stimmt, diesmal können Sie machen, was Sie wollen.« Ulla sah ihren Chef mit trotzigem Lächeln an. »Sie wissen, ich mache immer meine Arbeit, und zwar gut und zuverlässig. Aber jetzt habe ich wirklich mal ein Problem, das ich nicht aufschieben kann. Davids Ferienreise ist geplatzt, nun hockt er den ganzen Tag allein zu Hause, deshalb muss ich wenigstens abends pünktlich da sein.«

Lund sah sie an, mit diesem Blick, der Ulla vor einigen Monaten fast hatte schwach werden und ihre eiserne Devise vergessen lassen, hockte sich auf die Schreibtischkante und verschränkte die Arme vor der Brust. »Ich versuche ständig, Rücksicht auf Ihre Situation zu nehmen, Ulla, das wissen Sie. Aber Sie wissen auch, wie hart der Konkurrenzkampf ist. Das läuft nur mit Ranklotzen und blitzschnellem Reagieren auf den Markt. So was ist leider unberechenbar. Aber ist es denn so schlimm, wenn sich ein Junge mal ein bisschen langweilt? Ich finde immer, Langeweile ist der erste Schritt zur Kreativität. Die Kinder werden heute ja mit Angeboten nur so zugeschüttet. Da bleibt gar keine Zeit mehr für eigene Ideen.«

»Der ganze Tag – und das zwei Wochen lang – ist ein bisschen viel Langeweile. Alle seine Freunde sind verreist, und er ist jetzt dreizehn. Da führt aus Langeweile geborene Kreativität leicht zu dummen Ideen und in ziemlich schlechte Gesellschaft.«

Am liebsten hätte sie Lund, wie er da einen imaginären Fussel von seinem Calvin-Klein-Anzug schnippte, erwürgt. Ob wegen dieser väterlich modulierten Stimme, die er immer anschaltete, wenn er einen zu unbezahlter Mehrarbeit rumkriegen wollte, oder wegen seiner wirklich betörenden braunen Augen, wusste sie nicht so genau.

»Ja«, sagte er, noch samtweicher, »das kann tatsächlich zum Problem werden. Gibt es bei Ihnen in der Nähe nicht ein Stadtteilzentrum oder so was? Die bieten doch immer ganz witzige Ferienkurse an.«

»Ein sehr gutes sogar, das Goldbekhaus. Leider hat David darauf keine Lust, weil er dort niemanden kennt. Außerdem findet er das Kinderkram. So ist das mit dreizehn. Ich kann ihn ja nicht fesseln und hinschleppen.«

»Stimmt, das sähe nicht gut aus. Wäre auch schlecht für unser Image. Nun gucken Sie nicht so grimmig. Das war ein Scherz.«

»Entschuldigung.« Ulla lachte leise. »Ich bin wirklich ziemlich unter Dampf. Ich habe mir den ganzen Morgen vorgenommen, mit Ihnen zu reden und mich nicht wieder weichklopfen zu lassen. Am besten, ich erzähle Ihnen, was gestern passiert ist, dann verstehen Sie mich besser.« So erzählte sie, wie sie am Abend nach Hause gekommen war – um Viertel vor zehn, betonte sie, Viertel vor zehn! – und David nicht in der Wohnung gewesen war. Wie die Polizei angerufen hatte, sie möge ihren Sohn von der Wache abholen. Erzählte ihm, dass David im Dunkeln am Goldbekkanal rumgestromert sei und sich diese haarsträubende Geschichte ausgedacht habe. Leider nicht nur ausgedacht, sondern auch schnurstracks der Polizei erzählt.

»Er beharrt immer noch darauf, dass er da bei den Bänken hinter den Werften einen Verletzten oder gar Toten gesehen hat, dass dann ein anderer Mann kam, sehr groß und in einer Jacke, wie sie Schimanski immer anhatte – ausgerechnet! –, und ihn verfolgt hat. Er habe den ganz genau gesehen, und nun ist er stinksauer, weil ihm keiner glaubt.« Lund war vom Schreibtisch gerutscht, stand am Fenster und sah auf die Straße. »Und?«, fragte er. »Glauben Sie ihm?«

»Ich weiß nicht. Eigentlich nicht. Die Polizei hat nämlich eine Streife zu den Bänken geschickt, und die hat da einen Betrunkenen gefunden. Ich denke, David hat den gesehen, vielleicht hat sich da auch noch ein anderer Mann rumgedrückt, vielleicht sogar in so einer hellen Jacke mit vielen Taschen, die trägt ja jeder zweite. Und dann hat er sich diese Geschichte zusammenfantasiert. Gerade das schreckt mich auf. Er hat so was noch nie gemacht. Und wie gesagt, er langweilt sich. Vor allem fühlt er sich ganz bestimmt vernachlässigt. Im Stich gelassen, weil ich so oft später komme. Dieser Polizist hat gesagt, so was täten Jungen, wenn sie sich nicht genug beachtet fühlen. Als ob ich das nicht selbst wüsste. Jetzt verstehen Sie sicher, dass ich zur Zeit mehr zu Hause sein muss. Ich muss einfach! Kann ich nicht doch ein paar Tage Urlaub haben? Ich könnte auch einfach krank werden, dann können Sie nichts machen.«

»So was tun Sie nicht.« Lund drehte sich zu ihr um und zauberte wieder das schmelzende Lächeln in seine Augen, das bei ihr alle Alarmsirenen aufheulen ließ. »Dazu sind Sie viel zu korrekt. Was nicht unbedingt förderlich für die Karriere ist, das habe ich Ihnen ja schon bei anderer Gelegenheit gesagt. Leider vergeblich. Okay, ich sehe jetzt Ihr Problem. Ich habe ja selbst Kinder.« Er ließ sich auf Karins Schreibtischstuhl fallen und begann eine Kette aus Büroklammern zusammenzusetzen. »Ich schlage Ihnen einen Kompromiss vor. Diese Woche ist es wirklich eng, das wissen Sie. Ich würde unter solchen Umständen ja glatt Plictschmann aus dem Urlaub zurückpfeifen, aber der ist nun mal unerreichbar auf Trekkingtour in Nepal, der Schlaumeier. Also müssen Sie diese Woche durchhalten, so spät wie gestern wird's ja auch selten. Noch drei Tage. Wenn unser Florida-Projekt bis dahin fertig und raus ist, woran ich nicht zweifle, können Sie die ganze nächste Woche Urlaub machen, und für Ihren außerordentlichen Einsatz in den letzten Wochen gibt es eine kleine Extraprämie am Gehaltskonto vorbei. Die ist sowieso fällig. Dafür fahren Sie mit Ihrem Sohn irgendwohin, vielleicht kriegen Sie noch einen Lastminute-Flug auf die Kanaren, da ist es jetzt schön warm. Ist das ein annehmbarer Vorschlag für Ihren Herrn Sohn?«

Das Tor einer der Werften stand weit offen. Drei Männer hatten gerade mit viel Mühe ein Boot auf einem Anhänger in den Hof bugsiert und schoben es nun zu den Schuppen. David blieb stehen und sah neugierig zu. Er hatte noch nie eine Bootswerft gesehen. Außer der großen am Hafen natürlich, doch die war immer so weit weg am anderen Elbufer und sah eher aus wie eine Fabrik. Er konnte sich nicht vorstellen, dass da Leute richtig Schiffe bauten. Taten sie auch nicht, hatte Ulla ihm erklärt, im Prinzip würden die Ozeanriesen da nur im Trockendock repariert.

»Hey, bist du nicht David?« Einer der Männer, die das Boot in den Schuppen geschoben hatten, kam über den Hof und grinste ihn an. Allerdings war es gar kein Mann, sondern ein Mädchen, genauer gesagt: Mickis große Schwester.

»Klar bist du David«, sagte sie. »Ich bin Verena, Mickis Schwester, erinnerst du dich nicht?«

David nickte. Natürlich erinnerte er sich an Verena. Und an ihren Bikini. Letzten Sommer im Garten von Mickis Eltern. Er hätte aber nie gedacht, dass sie sich an ihn erinnern würde. Er fühlte, wie er rot wurde. Verdammt, immer wurde er rot, selbst wenn es gar keinen Grund gab.

»Was machst du hier?«

David zuckte die Achseln und bemühte sich um ein gelangweiltes Gesicht. »Nur so rumgucken. Ich wohne hier. Da drüben am Goldbekufer, auf der anderen Seite vom Kanal. Und was machst du hier?«

»Eine Lehre. Ich werde Bootsbauerin.« Sie sah sich im Hof um, als gehöre ihr die ganze kleine Werft. »Ich wollte schon immer Boote bauen. Mein Vater findet das verrückt, wo ich doch Medizin studieren könnte, aber eigentlich war es ihm egal. Hauptsache, ich tue irgendwas, hat er gesagt. Jetzt protzt er damit rum. Medizin wollen schließlich alle studieren.«

Sie grinste David an, die Nase voller Sommersprossen, ein paar rotbraune Locken kräuselten sich unter ihrer nach hinten gedrehten Baseball-Kappe hervor, und ihre Augen blitzten blau wie der Himmel über der Nordsee, wenn mal ein richtig schöner Sommertag war. David hätte gerne was Schlaues gesagt, leider fiel ihm nichts ein.

»Verena?! Hier wird nicht rumgetrödelt, hier wird gearbeitet.«

»Oh Scheiße!« Verenas Gesicht veränderte sich schlagartig. »Der Meister. Ich muss ...«

»Aha! Du hast Herrenbesuch.« Der Mann, den Verena als Meister bezeichnet hatte, kam über den Hof und baute sich vor David auf. Er überragte Verena um einen, David um zwei Köpfe und hatte Schultern wie Arnold Schwarzenegger.

»Entschuldigung, Herr Krug, es ist nur, also, das ist David, ein Freund meines Bruders, er interessiert sich für Boote, Segelboote meine ich. Aus Holz. Er wollte nur mal Hallo sagen.«

»Du interessierst dich für Boote? Wenn das so ist, reicht Hallo sagen natürlich nicht. Dann zeig deinem Freund mal die Boote, die wir hier bauen. Aber nicht länger als zwanzig Minuten. Klar?«

»Klar. Nicht länger. Natürlich nicht. Los, David, komm«, zischte sie ihm zu, als der Meister in dem Schuppen verschwand, an dessen Tür ein Schild mit der Aufschrift ›Büro‹ hing. »Jetzt musst du alles angucken, sonst kriege ich mordsmäßig Ärger. Und mach bloß kein gelangweiltes Gesicht.«

Verena zeigte ihm die Boote, die in den seitlichen Schuppen den Winter über lagerten, als Dauerparker sozusagen, und auch überholt oder repariert wurden. Sie zeigte ihm noch zwei andere erst halbfertige, die im hinteren Schuppen direkt am Kanal neu gebaut wurden. Die ganze Zeit redete sie begeistert übers Bootebauen, doch David behielt nur, dass dafür nicht jedes Holz geeignet sei, wegen der hohen Temperaturunterschiede und der ständigen Feuchtigkeit. Die meisten Boote würden aus Mahagoni gebaut, was aber nicht viel sage, weil es 300 Holzarten gebe, die alle Mahagoni genannt wurden. Nach zwanzig Minuten hatte David nicht für einen Moment ein gelangweiltes Gesicht gemacht.

Der Meister ließ sich nicht mehr blicken. Dafür tauchte Jonas auf, der war schon Geselle, und David gefiel weder, wie der Verena anguckte, noch dass er so viel über Boote wusste, während er selbst gar nichts wusste und immer nur ›ach so‹ sagen konnte. Schließlich fragte Verena ihn, was er denn so in den Ferien mache? Micki habe gestern aus Italien angerufen, an der Adria sei es mal wieder total öde. David zögerte nur kurz. Er hänge halt so rum, sei ganz gut mal ohne Stress und so. Und dann erzählte er ihr von den Männern am Kanal gestern Abend, wobei er seine panische Flucht wegließ und ganz cool schloss, die Polizei gehe der Sache jetzt nach. Verena war nicht so beeindruckt, wie David gehofft hatte. Tatsächlich sagte sie gar nichts, was sicher so viel hieß wie: ›Ich glaub dir kein Wort, Kleiner.‹

Bevor David mit dem Manschettenknopf auftrumpfen konnte, sagte sie: »Okay, David, jetzt muss ich wieder an die Arbeit.« Sie sagte es ganz lässig, aber es klang, als müsse sie sich im Alleingang an die Rettung des Weltfriedens machen. »Ich bring dich noch zum Tor.«

Durch das rollte gerade ein dunkelgrüner Audi in den Hof. Der Wagen hielt, und ein Mann in einem langen grauen Mantel stieg aus. Er wirkte müde, und seine Augen waren gerötet.

»Das ist unser Chef«, flüsterte Verena.

»Ist der Meister nicht der Chef?«, flüsterte David zurück.

»Doch, schon. Aber Herrn Lohmann gehört die Werft. Ich glaube, er hat noch eine andere in Finkenwerder oder so und eine neue in Wedel.«

Der Mann beugte sich in den Wagen, holte eine Aktenmappe heraus, drehte sich um und entdeckte David und Verena.

»Was ist hier denn los? Ist das jetzt ein Jugendclub? Hast du keine Arbeit, Verena?«

»Doch, Herr Lohmann, es ist nur ... Herr Krug hat mir erlaubt, ihm die Boote zu zeigen.«

»Schon gut, Verena«, brummte die Stimme des Meisters hinter David. »Sei mal nicht so streng, Paul, der Junge ist ein Freund von Verena und wollte nur mal die Boote angucken. Ich hab's den beiden erlaubt. Jetzt lass uns fix ins Büro gehen, du bist schon eine halbe Stunde zu spät.« Paul Lohmann warf einen letzten forschenden Blick auf David, zog unwillig die Augenbrauen hoch und folgte dem Bootsbauer. Die Tür zum Büro klappte vernehmlich zu.

»Puh«, sagte David, und Verena sagte: »Der meint es nicht so, der hat bloß Sorgen. Jonas sagt, diese Grundstücke hier am Kanal sollen verkauft werden, die gehören nämlich der Stadt, und die braucht Geld für ihre Schulden, das weiß ja jeder. Der Lohmann ist hier wie alle anderen am Kanal nur Pächter. Und wenn die Ufergrundstücke tatsächlich verkauft werden, wird irgend so ein Geldsack hier Eigentumswohnungen bauen, sagt Jonas, oder Büros. Dann müssen wir verschwinden, und keiner weiß, wohin und was wird. Aber jetzt hau ab, David, Lohmann steht am Fenster und guckt, als gäb's hier ein Weltwunder zu sehen.«

Sie drehte sich um, winkte ihm im Davonlaufen noch einmal zu und verschwand im Schuppen am Kanal, wo die Boote gebaut wurden. Und wo ganz sicher Jonas schon auf sie wartete.

Also verschwand auch David. Verena hatte sich viel Zeit für ihn genommen, trotzdem fühlte er sich plötzlich wie ein Kind, das fortgeschickt wurde, weil nun die Zeit für die Erwachsenen begann. Das richtige Leben. Es war kein gutes Gefühl. Überhaupt kein gutes Gefühl.

Er schob sich an dem Audi vorbei, den der Besitzer der Werft direkt am Tor geparkt hatte, und im Vorbeigehen sah er in den Innenraum. Nicht schlecht, dachte er, sah nach Ledersitzen aus und ziemlich neu. Er blieb abrupt stehen. Auf der Rückbank des Wagens lag eine helle Jacke. Sie war ein bisschen schmutzig, an einem Ärmel waren rötlichbraune Flecken, und die Jacke war genau so eine, wie Schimanski sie immer getragen hatte. Erschreckt sah David zum Bürofenster hinüber, Lohmann drehte sich gerade um und verschwand im dunklen Hintergrund des Büros. Er hatte die ganze Zeit am Fenster gestanden und ihn beobachtet.

Eigentlich war das Computerspiel doch nicht so schlecht. Er hatte jetzt schon fast drei Stunden geübt, na gut, zwischendurch hatte er im Fernsehen ›Verbotene Liebe‹ geguckt, obwohl er die Serie total doof fand, eigentlich. Dann hatte er den Ton leiser gestellt, nicht dass er auch noch ›Marienhof‹ sehen wollte, aber es war schön, wenn aus dem Wohnzimmer Stimmen erklangen. Jedenfalls ging das Spiel jetzt besser, er war nicht immer schon nach fünf Minuten tot. Obwohl er ständig auf die Uhr guckte und mit einem Ohr auf ihre Schritte auf der Treppe lauschte. Nie war ihm ein Nachmittag so langsam vergangen. Nun musste sie bald kommen, es war fast sieben. Wenn es nicht wieder so lief wie gestern. Nachmittags am Telefon war sie enttäuscht gewesen, als er sich nicht wie ein Schneekönig freute, weil sie zwar diese Woche noch viel arbeiten musste, dafür aber in der nächsten Urlaub bekam und mit ihm auf irgendwelche Inseln fliegen wollte.

Dabei hatte er sich große Mühe gegeben mit der Freude, sie merkte eben immer, was los war. Am Telefon hatte er nicht erzählen wollen, dass und warum er vielleicht besser hierblieb. Konnte ja sein, die Polizei brauchte ihn gerade dann zur Gegenüberstellung. Er überlegte, ob es schon zu spät war, heute Abend, wenn sie *endlich!* da war, noch zur Wache zu gehen. Bestimmt nicht. Die Polizei arbeitete auch nachts, rund um die Uhr, sozusagen.

Zuerst, als er das Bild in der Zeitung sah, wollte er gleich losrennen. Dann hatte er noch mal nachgedacht und beschlossen, auf Ulla zu warten. Womöglich hörten sie ihm gar nicht erst zu, wenn er wieder allein ankam, weil sie ja glaubten, er habe sich alles nur ausgedacht. Doch jetzt hatte er nicht nur den Manschettenknopf, jetzt wusste er auch, wer der Mann an der Bank war. Oder gewesen war.

Als er von der Werft nach Hause getrödelt war und die Zeitung aus dem Briefkasten genommen hatte, hatte er ihn gleich erkannt. Er sah zwar ein bisschen anders aus, zum Beispiel waren seine Augen nicht geschlossen und das Haar nicht ganz so dunkel, wie es gestern Nacht ausgesehen hatte. Trotzdem, es war der Mann, das wusste er genau. Er sah genauso aus wie der Schauspieler, der immer Winnetou gespielt hatte und eigentlich ein französischer Graf war. Er trug sogar die gleiche komische Frisur.

Jemand kam eilig die Treppe herauf, er sprang auf – aber nein, das war nicht Ulla. Sicher Herr Mulde. Jedenfalls fiel eine Tür im ersten Stock krachend ins Schloss, was Frau Ditteken garantiert wieder aus ihrem Sessel scheuchte. Sie nannte Herrn Mulde immer nur den Krachmacher, was nicht stimmte, denn Frau Dittekens Kuno machte viel mehr Krach.

David trat ans Fenster – vielleicht sah er sie schon die Straße entlangkommen – und blickte hinunter. Es war nicht so neblig wie gestern, aber ziemlich diesig. Vom Mond war nichts zu sehen, kein Schimmer, vielleicht stand er noch nicht hoch genug. Ein jäh aufflackerndes kleines Licht, nicht länger als ein oder zwei Sekunden, lenkte Davids Blick auf die Reihe der parkenden Autos. In einem, etwa zwei Häuser weiter die Straße hinauf, steckte sich jemand eine Zigarette an. David trat hastig zur Seite und hielt den Atem an. Schon vor einer halben Stunde hatte dort ein Mann im Auto gesessen. David hatte ihn nicht beachtet. Schließlich saßen ständig irgendwelche Männer in irgendwelchen Autos rum. Aber jetzt? Der saß ziemlich lange da für eine kalte Nacht. Was machte der da? Der wartete auf jemanden. Was sonst? Auf wen?

Er huschte zum Schreibtisch und knipste die Lampe aus. Das Licht des Monitors tauchte die Hefte, Comics, Bücher und all den unordentlichen Kram auf der Tischplatte in mattes Blau, sonst war es jetzt dunkel. Er trat wieder neben das Fenster, beugte sich vor, immer die Gardine vor der Nase, und sah vorsichtig auf die Straße. Der kleine glühende Punkt war verschwunden. Gerade wurde die Autotür geöffnet, und der Mann, der da so lange gesessen hatte, stieg aus. Er warf die brennende Zigarette weg, schlug den Mantelkragen auf und zog den Schal übers Kinn. Während er mit hochgezogenen Schultern die Autotür abschloss, sah er die Straße hinauf und hinunter. Niemand zu sehen.

Jetzt kam er näher, an einem Haus vorbei, am nächsten, David fühlte sein Herz pochen wie eine hektische Maschine. Der hatte nicht so eine Jacke an, aber er war groß, und irgendwie benahm er sich komisch. Wenn er rausgekriegt hatte, dass er, David, ihn gestern Abend beobachtet hatte? Wenn er jetzt kam, wenn er sich im Flur versteckte, um ihm aufzulauern, wenn er ... Absätze klackerten auf dem Pflaster, Ulla kam eilig die Straße herunter. Wer es nicht besser wusste, mochte denken, sie versuche den Mann, der nur etwa zehn Schritte vor ihr ging, einzuholen. Aber wahrscheinlich sah sie ihn nicht einmal, schon im Laufen suchte sie in den Untiefen ihrer Tasche nach dem Hausschlüssel.

Der Mann hatte jetzt das Haus erreicht und ging weiter, ging vorbei die Straße hinauf, plötzlich eilig, als sei ihm eingefallen, dass er spät dran war. Und endlich hörte David ihre schnellen Schritte auf der Treppe, hörte den Schlüssel im Schloss, ihr vertrautes »David! Ich bin da!«, spürte den kühlen Hauch, der mit ihr von der Straße hereinwehte, und lehnte sich aufatmend gegen die Wand. Wahrscheinlich, dachte er, hatte er wirklich zu viel Fantasie. Der Mann *konnte* ja gar nicht wissen, wer er war oder wo er wohnte.

»David!? Warum hockst du im Dunkeln?« Ulla knipste die Deckenlampe an und musterte ihn besorgt. »Alles okay?« Er nickte. »Dann gib deiner Mutter einen Kuss. Und komm mit in die Küche, ich mache uns was zu essen, und«, sie klopfte vergnügt auf ihre dicke Tasche, »ich habe Prospekte mitgebracht. Heute suchen wir uns aus, wo wir hindüsen. Eine Woche in den Süden und ans Meer! Klasse, was? Mach nicht so ein miesepetriges Gesicht, mein Süßer, ich weiß, dass wir spät dran sind, aber wir kriegen ganz bestimmt noch einen Flug. Wer suchet, der findet. Man muss nur fest dran glauben.«

Manchmal hasste er ihre Sprüche. Immer hasste er es, wenn sie ihn ›mein Süßer‹ nannte.

Eine Viertelstunde später war Ullas gute Laune wie weggeblasen. Sie starrte immer abwechselnd auf den Manschettenknopf links neben ihrem Teller und den Zeitungsartikel auf der rechten Seite. Schließlich stand sie auf, holte die Weinflasche aus dem Kühlschrank – für ein Glas würde es gerade noch reichen – und setzte sich wieder an den Tisch.

»David«, sagte sie, »am liebsten würde ich jetzt sagen: Ich will von dieser Sache nichts mehr hören, Punktum. Aber okay. Spielen wir das Ganze mal durch. Du hast einen Manschettenknopf gefunden und denkst nun, den habe der Mann, den du gestern Abend da gesehen hast, verloren. Kann ja sein. Aber was, glaubst du, sagt die Polizei dazu? Die sagt, den kann jeder verloren haben, und gestern war da nur ein Kerl voll bis zum Scheitel mit Jägermeister, nicht tot, nur besoffen, und der hatte ein Sweatshirt oder so was an, das braucht keine Manschettenknöpfe.«

»Aber das weißt du doch nicht. So'n kostbares Ding beweist doch, dass da ein anderer gesessen hat als der Penner. In der Zeitung ist doch sein Bild. Ich schwöre, der war es.«

»Es heißt nicht Penner, sondern Obdachloser. Außerdem«, sie unterdrückte einen Seufzer, »außerdem verstehe ich dich nach diesem Artikel erst recht nicht. Du hast ihn doch gelesen, oder etwa nicht? Da steht«, sie hob die Zeitung hoch und las vor, »›Bestechungsskandal im Bezirk Nord. Hamburger Geschäftsmann ergaunert städtische Sahnestücke für den Bau von Luxuswohnungen‹. Hmhmhm. Dann: ›Zwei Beamte des Liegenschaftsamtes Festgenommen‹. Hmhm, hmhm. Aha, jetzt kommt es: ›Henry Genser, Immobilienhändler aus Harvestehude, steht im Verdacht, dem Verkauf mehrerer städtischer Grundstücke in bester citynaher Lage an seine Firma Downtown durch Bestechung nachgeholfen zu haben.‹ Ich weiß gar nicht, warum die sich so aufregen, so läuft das doch meistens. Na, das ist jetzt egal, du hast das überhört, David! Lass dir nicht das Vertrauen in unsere Verwaltung erschüttern. Jetzt kommt das Wichtigste.« Sie klopfte mit spitzem Zeigefinger auf die Zeitung: »Hör genau zu: ›Genser, der vor vier Jahren schon einmal im Verdacht krummer Geschäfte mit sakralen Kunstgegenständen stand‹ – auch noch Madonnen, mit was allem dealt der bloß? –, ›konnte bis Redaktionsschluss zu den Vorwürfen keine Stellung nehmen. Der unverheiratete Geschäftsmann, Kunstliebhaber und Norddeutscher Meister im Segeln in der Finn-Dingi-Klasse 1982‹ – was hat das denn nun damit zu tun? – ›hat nach Auskunft seines Büros am vergangenen Montag die Stadt verlassen und ist nicht erreichbar. Sein Ziel: ein luxuriöses Ferienhaus in den Pyrenäen. Ist Henry Genser auf der Flucht?‹ Undsoweiterundsoweiter. So. Da steht es. Deine Leiche ist quicklebendig und unterwegs nach Süden. Willst du immer noch, dass wir zur Wache gehen?«

David starrte schweigend auf seinen Teller. Henry Genser. Genau den Namen hatte er gehört: Henry. Warum war ihm der Name nicht gleich gestern Abend wieder eingefallen? Jetzt würde ihm auch das keiner glauben. Nicht mal Ulla.

»Mensch, David, ich glaube ja, dass du da irgendwen gesehen hast. Ich glaube dir sogar, dass so ein Kerl auf der Bank lag. Von mir aus auch daneben. Ich bin aber sicher, nachdem du weg warst, hat der sich geschüttelt, die Beule am Kopf gehalten und ist aufgestanden und nach Hause gegangen. Danach kam dann der Penner, ich meine, der Obdachlose, und hat sich auf die Bank gesetzt. Guck doch mal.« Sie reichte ihm die Zeitung über den Tisch und legte sie, als er nicht danach griff, direkt vor seine Nase auf seinen Teller. Auf Henry Gensers Stirn breitete sich ein satter Fettfleck von Davids Leberwurstbrot aus. »Das Bild ist nicht schlecht, aber viele Männer sehen so oder so ähnlich aus. Es war doch stockdunkel und ganz neblig. Da verwechselt man schon mal jemanden. Oder? Vor allem wenn man an Schimanski und Winnetou denkt. 'tschuldigung, das Letzte war nicht so gemeint.«

»Kann sein«, nuschelte David. Er nahm die Zeitung von seinem Teller und legte sie neben den Brotkorb. »Es kann aber auch sein, dass der gar nicht weggefahren ist. Vielleicht wollte er gleich nach dem Treffen mit dem anderen Mann wegfahren, und dann konnte er es nicht mehr, weil ... na ja, er konnte es eben nicht mehr. Nun denken alle nur, der ist unterwegs nach den Pyrenäen. Warum können die den denn nicht anrufen? Denkst du etwa, der hat kein Handy?«

»Okay, das mit dem Handy ist ein Argument.« Ulla goss sich Wein nach, leider waren es nicht mehr als ein paar Tropfen. »Vielleicht ist er eine Ausnahme und lässt sein Handy im Büro, wenn er in Urlaub fährt. So was soll's geben.«

»Warum hat mich der andere dann verfolgt? Das hat er getan. Wirklich! Ich war nur schneller, sonst hätte der mich glatt gekriegt, und dann ...«

David sprach nicht weiter. Ulla stützte die Ellenbogen auf den Tisch und legte seufzend ihr Kinn in die Hände. »Pass auf, ich sag dir was. Gehen wir mal davon aus, dass alles so war, wie du erzählst. Hörst du? Es war so. Dann ist das ein Grund mehr, dass du dich da raushältst. Du bist dreizehn und ein Schüler, so was ist aber Sache der Polizei. Die wissen, wie man düstere Angelegenheiten verfolgt, wie man so was macht. Die wissen auch, wie man sich vor Ganoven schützt. Du weißt das nicht. Und ich, deine Mutter, sage dir jetzt: Schluss damit. Morgen bringst du diesen Manschettenknopf zum Fundamt ...«

»Aber Mama! Der ist doch ein Beweisstück!«

»Das ist mir egal. Die Polizei soll sich selber um Beweisstücke kümmern, das ist ihr Job. Du gehst damit zum Fundamt. Guck in die Gelben Seiten, da steht drin, wo das ist und wann es geöffnet hat. Das ist ein Befehl. Du wirst nicht zur Wache gehen und denen erzählen, der Kerl, der so ausgesehen hat wie Winnetou, sei dieser Genser. Auch ein Befehl. Mensch, David, versteh mich doch, die haben solche Bemerkungen gemacht. Womöglich hetzen die uns das Jugendamt auf den Hals: Berufstätige Mutter vernachlässigt halbwüchsigen Sohn! Oder deinen Vertrauenslehrer, was auch nicht witziger ist. Ich bitte dich wirklich sehr: Halte die paar Tage durch, geh auch nicht mehr da runter an den Kanal. Schaffst du das? Vielleicht kriegen wir schon einen Flug am Samstag. Nur noch drei oder vier Tage, dann geht's ab in die Ferien, richtige Ferien. Wenn du willst, kriegst du da auch ein eigenes Zimmer. Mit Balkon. Ich meine das ganz ernst, David, ich habe schon genug Sorgen, noch mehr brauche ich nicht.«

Endlich sah er auf, und der laute Protest blieb in seiner Kehle stecken. Er sah Tränen in ihren Augen und schlagartig fiel ihm ein, dass er sich mal geschworen hatte, ihr so wenig Kummer wie möglich zu machen, wo doch keiner da war, der ihr half. Außer ihm. Und Oma. Aber die lebte weit weg im Taunus.

»Ist gut, Ulla«, sagte er und versuchte, fröhlich auszusehen. »Echt, ist gut. Samstag. Soll'n wir jetzt die Prospekte angucken? Ich hol sie.«

Auf dem Weg ins Wohnzimmer machte er einen Abstecher in sein Zimmer. Er trat ans Fenster und sah auf die Straße hinunter. Wo vorhin der große dunkle Wagen gestanden hatte, parkte jetzt ein Motorrad. Sicher war der Mann nur zu früh zu einer Verabredung gekommen und hatte in seinem Wagen gewartet, bis es die richtige Zeit war.

In dieser Nacht lief David durch einen langen Tunnel, so etwas wie eine große Abflussröhre und ganz dunkel. Er trug auch noch eine schwarze Brille, die er, sosehr er sich bemühte, nicht abnehmen konnte. Der Tunnel schien enger zu werden, er wusste nicht, ob das stimmte, vielleicht war er auch gleich zu Ende, er konnte ja kaum sehen. Er wollte zurücklaufen, doch das ging nicht. Hinter sich hörte er seltsam scharrende Geräusche; als es ihm endlich gelang, sich umzudrehen – komischerweise konnte er nun wieder gut sehen –, war es bloß Kuno, der seinen dicken Hundebauch eilig hinter ihm herschleifte, in jedem seiner ausgefransten Schlappohren glänzte ein riesiger Manschettenknopf. Bloß Kuno. Doch der begann, plötzlich zu wachsen und immer schneller zu werden, nun erkannte David auch die Ursache des Geräuschs: Aus Kunos Pfoten wuchsen riesige Krallen, Drachenkrallen, die kamen immer näher, immer schneller, sausten heran wie Tiefflieger, rissen an seiner Kapuze – da endlich wachte David auf.

Rasch knipste er die Nachttischlampe an. Das Zimmer sah aus wie immer, kein Kuno weit und breit, und obwohl er am liebsten noch unters Bett gesehen hätte (wenn er sich das überhaupt getraut hätte), schlug sein Herz wieder ruhiger. Er lauschte in die Stille der Nacht. Es war halb fünf, das ganze Haus schlief noch, auf der Straße am Kanal rollte noch kein Auto vorbei. Auf Zehenspitzen schlich er in die Küche, trank einen Becher Milch und kroch zurück in sein warmes Bett. Er hätte gern das Radio angemacht, am allerliebsten den Fernseher, doch davon wurde womöglich Ulla wach. Er sehnte sich nach einer vertrauten menschlichen Stimme, aber er hatte überhaupt keine Lust auf ihr besorgtes Gesicht.

Er war ganz sicher, nicht mehr schlafen zu können, doch es war kurz nach neun, als er das nächste Mal erwachte. Auf dem Küchentisch lag ein Zettel mit 1000 Küssen und daneben zehn Mark für ein Mittagessen bei McDonald's (›ausnahmsweise‹) oder Kino (›Nachmittagsvorstellung!!‹). Keine mahnende Erinnerung an das Fundbüro. Sie vertraute ihm. Oder sie hatte es vergessen. Aber das glaubte er nicht. Zwei Stunden später kam David aus dem Fundbüro im Bäckerbreitergang. Er befühlte den Manschettenknopf in seiner Tasche und machte sich auf den Weg zur U-Bahn. Die Frau hinter dem Tresen hatte zwei Männer, die eindeutig nach ihm gekommen waren, zuerst drangenommen, und während er wartete, war ihm eine gute Idee gekommen. Das Fundbüro schloss mittwochs schon um zwölf. Er konnte ihr heute Abend sagen, er sei fünf Minuten zu spät gewesen, nur fünf Minuten. Leider. (Sie kam schließlich in der letzten Zeit auch ständig zu spät.) Und morgen ... morgen war morgen.

Den ganzen Tag über wurde es nicht richtig hell, von wegen goldener Oktober, und er vertrödelte die Zeit mit seinem Computerspiel, guckte ein bisschen Fernsehen, und als Oma anrief, überzeugte er sie davon, dass es ihm prima gehe. Nein, er langweile sich kein bisschen, Ulla komme bald, und nächste Woche würden sie verreisen. Nein, nicht zu ihr in den Taunus, nach Fuerteventura. Na gut, sagte Oma, Ulla müsse es ja wissen, und schwärmte dann noch ein bisschen von den schönen Wanderungen, die man bei ihr machen könne, und ihr Blutdruck sei gar nicht gut in letzter Zeit.

Nach ›Verbotene Liebe‹ stellte er den Fernseher leiser, holte die alten Tim-und-Struppi-Hefte aus dem Schrank und legte sich auf sein Bett. Die Comics waren schon ganz zerfleddert und eigentlich für Kinder, aber zu etwas anderem hatte er keine Lust. Er las gerade das dritte, ›Tim und Struppi in Afrika‹, als das Telefon klingelte. Er sprang vom Bett auf und flitzte ins Wohnzimmer, vielleicht war es Micki, der aus Italien anrief, dann konnte er ihm gleich erzählen, dass er auch noch verreisen würde, nach Fuerteventura, was viel weiter weg war als Italien. Aber es war nicht Micki.

»Spreche ich mit David Bauer?«, fragte eine fremde Männerstimme. David erstarrte, und sein Herz begann, heftig zu pochen. Der Mann aus dem Auto gestern. Er hatte doch herausbekommen, wo er wohnte, er hatte ...

»Hallo!? Bist du das, David? Hier spricht Hauptkommissar Meyer, Kriminalpolizei.«

David hoffte, dass der Mann von der Kripo sein erleichtertes Pusten nicht hören konnte. »Ja«, sagte er, und es klang noch ein wenig atemlos, »David Bauer.«

»Du warst doch neulich auf der Wache am Wiesendamm, Montagabend. Inzwischen haben sich da ein paar Dinge ergeben, also, ich muss dir dazu noch Fragen stellen. Ich weiß, die Kollegen haben dir nicht geglaubt, aber jetzt hat sich die Sachlage geändert. Also, du hast doch den Mann gesehen, ich meine, die beiden Männer, auch den, der dich verfolgt hat. Hast du doch?«

David nickte. »Ja. Ich habe beide gesehen. Der eine trug so eine Jacke ...«

»Ich weiß. Hast du auch sein Gesicht gesehen? Könntest du ihn wiedererkennen? Bei einer Gegenüberstellung?«

»Ich glaube schon, aber es war so neblig, genau wie heute. Ich weiß nicht genau, vielleicht auch nicht.«

»Na, das macht nichts. Jedenfalls, es wäre wichtig, wenn wir die Sache noch mal durchgehen könnten. Wenn du mir alles genau zeigst und beschreibst, was du da gesehen hast. Dazu müssen wir uns am Kanal treffen. Da, wo du die Männer gesehen hast.«

»Jetzt?« »Ja, jetzt sofort. Du bist ein wichtiger Zeuge. Wenn du gleich losgehst, kannst du in fünf Minuten dort sein, ich bin dann auch da. Kannst du das?«

»Natürlich, aber ich weiß nicht ...«

»Mach dir keine Gedanken wegen deiner Mutter. Ich habe gerade mit ihr telefoniert. Sie ist einverstanden. Wenn es um eine so ernste Sache geht, hat sie gesagt, darfst du auch jetzt im Dunkeln noch mal raus.«

»Okay, dann geh ich gleich los.«

»Das ist ganz prima. Bist du gerade allein? Ich meine, wenn ein Freund bei dir ist, wäre es gut, wenn du den nach Hause schickst. Die Sache ist noch nicht spruchreif, wir ermitteln geheim. Das verstehst du sicher.«

»Klar. Ich bin aber allein, meine Freunde sind verreist. Ich geh gleich los.«

»Gut. Ach, David? Deine Mutter hat mir eben noch erzählt, du hättest da was gefunden gestern, bei den Bänken.«

»Ja, einen Manschettenknopf.«

»Ganz prima. Ich wünschte, alle Zeugen wären so aufmerksam. Bring ihn unbedingt mit. Das ist womöglich ein wichtiges Beweisstück. Du hast ihn doch noch?«

»Eigentlich sollte ich ihn zum Fundamt bringen, aber das, na ja, das hatte schon zu. Ich bring ihn mit. Ich habe ihn auch kaum angefasst. Wegen der Fingerabdrücke.«

»Toll. Also mach dich auf den Weg. Und beeil dich.«

Diesmal sprang David die Treppe so schnell hinab, dass Frau Ditteken es nicht mal bis zum Türspion geschafft hatte, als die Haustür schon ins Schloss fiel.

David lief die Straße hinunter, immer an der Hecke zu den Gärten am Goldbekufer entlang. Ein Auto rollte vorbei, langsam auf der Suche nach einem Parkplatz. Die Werften auf der anderen Kanalseite lagen im Dunkeln, vom Mühlenkamp fuhr ein Motorrad über die Brücke zum Poßmoorweg, gleich darauf der 106er, fast leer. Irgendwo hinter geschlossenen Fenstern brüllte jemand ›Elfmeterelfmeterelfmeterscheißschiedsrichter‹, und David fühlte sich plötzlich in einem Traum, den er schon einmal geträumt hatte.

Es war genau wie am Montagabend, dunkel, neblig, leere Straßen, eine Stimme aus irgendeiner Wohnung ... Ihm fiel ein, dass heute wieder ein wichtiges Fußballspiel im Fernsehen übertragen wurde, ein Länderspiel, nun hockten alle zu Hause und sahen fern. Er hatte es auch unbedingt sehen wollen, damit er, wenn die Schule wieder anfing, Micki davon erzählen konnte. Er hatte es total vergessen. Scheiß auf den Fußball. Er würde Micki viel Besseres zu erzählen haben.

Vielleicht, dachte er, als er über die Moorfurthbrücke rannte und in den dunklen Schlund des Uferwegs eintauchte, hätte er doch noch mal Ulla anrufen sollen. Nur so, damit er nicht wieder ein Versprechen brach. Aber das war Blödsinn, der Kommissar hatte ja mit ihr gesprochen. Das musste reichen. Von der Barmbeker Straße jaulte ein Martinshorn herüber, er schrak zusammen, blieb kurz stehen, hörte zu, wie es sich schnell entfernte, und rannte weiter.

Bei den Werften war auch von dieser Seite alles dunkel, nicht mal die kleine Lampe im Hof, die am Montagabend gebrannt hatte, gegen Diebe oder so, war an. Alle Tore waren fest verschlossen. Beim Durchgang zum Poßmoorweg gegenüber Kübi's Bootshaus, da, wo gestern am Vormittag das Auto mit dem Anhänger gestanden hatte, war heute nichts als der dunkle Weg. Ihm fiel ein, dass er erwartet hatte, der Kommissar werde hier sein Auto parken. Weiter durften Autos, außer die von den Werften, nicht fahren, und von hier waren es nur noch gut zwanzig Schritte bis zum Pfad zwischen den Bäumen zu dem kleinen Wiesenstreifen, an dessen Ende die Bänke am Kanal standen. Es war stockdunkel. David blieb beklommen stehen. Für einen Moment fühlte er sich wie auf einem fremden Planeten. Entschlossen bog er um die Ecke des letzten Werftgrundstücks und trat unter die Bäume und auf den Pfad.

Zuerst sah er niemanden. Er kniff die Augen zusammen, hinter der Weide schimmerten die dunstigen Lichter der Straße am anderen Ufer, und nun entdeckte er den Schemen einer hohen Gestalt bei der Trauerweide direkt am Wasser, ganz nah an der hohen buschigen Hecke zu Kübi's Bootshaus und zur Hanseatenwerft.

»Herr Meyer, ich meine: Herr Kommissar?«

»Psst. Nicht so laut.« Der Kommissar sprach mit gedämpfter Stimme. Natürlich. Geheime Ermittlung. »Komm her.«

Er hatte seine Hände gegen die Kälte tief in die Taschen seiner schwarzen Jacke gesteckt und sah auf David hinunter. »Du bist also David«, sagte er, und der fand, dass die Stimme nicht mehr ganz so nett klang wie am Telefon. »Hast du den Manschettenknopf?«

»Klar.« David zog ihn mitsamt dem Papiertaschentuch behutsam aus der Tasche und hielt ihn dem Kommissar entgegen.

Der schob das Papier auseinander, warf einen kurzen Blick darauf, murmelte: »Gut, sehr gut« und steckte ihn in die Innentasche seiner Jacke. David sah ihm zu und fragte sich, wo wohl der Assistent sein mochte. Kommissare hatten immer einen. Oder eine Assistentin. Ein kühler Luftzug fuhr über seinen Nacken, natürlich hatte er wieder keinen Schal umgebunden, und er spürte, wie sein Herz lauter schlug. Warum stellte der Kommissar keine Fragen? Warum stand er so nah bei der Hecke? Beinahe in der Hecke? Natürlich, Geheimermittlung. Deshalb stand er nicht bei der Bank, wo er, David, den Manschettenknopf gefunden hatte, sondern bei der anderen, die vom Weg aus nicht zu sehen war.

»Da hat der eine gesessen«, flüsterte David und zeigte mit dem Kinn zu der Bank ohne Sitz und Lehne.

»So. Da hast du auch den Manschettenknopf gefunden?« Die Stimme des Kommissars war kaum zu verstehen.

»Ja, der lag dort im Gras. Er ist gar nicht rostig oder verdreckt, der kann da nicht lange gelegen haben, bestimmt hat ihn der Mann verloren. Der Verletzte.«

»Möglich. Ich habe hier auch was gefunden, komm mal näher.« Der Kommissar trat einen halben Schritt zur Seite und zeigte in die Hecke, die dort eine kleine Beule hatte.

David beugte sich hinunter. »Ich kann nichts erkennen, haben Sie vielleicht mal eine Taschenlam... «

Weiter kam er nicht. Ein Tuch wurde auf seinen Mund und vor seine Nase gedrückt, es roch scharf und süßlich, er wollte schreien, aber er bekam keine Luft. Er ruderte mit den Armen, versuchte die Faust mit dem Tuch wegzuschieben, doch es ging nicht. Eisenhart hielt ihn der Griff des Mannes im Genick, presste mit der anderen Hand das Tuch noch fester auf Davids Gesicht, und er spürte, wie der Boden unter ihm verschwand, nasses schlammiges Gras an seinen Händen – dann war nichts mehr.

Im Kommissariat war die Hölle los. »Wieso habt ihr ihn verloren?«, brüllte Hauptkommissar Hollendorf ins Telefon. »Wieso? Wo habt ihr ihn zuletzt gesehen? ... Winterhude, Stadtpark. Aha. Das ist *groß!!* Wo? ... Südring. Mensch, der ist *lang*. Wo da? ... Okay, sein Wagen steht Ecke Südring und Saarlandstraße. Da ist jetzt keine Seele. Was macht der da? ... Ja, ich weiß, der steht da. Und ist der Kerl da ausgestiegen oder was? Hat er euch etwa bemerkt? ... *Natürlich* wisst ihr das nicht. Diese verdammten Herbstferien. Alle Leute mit für fünf Pfennig Grips und Erfahrung sind mit ihren Gören im Urlaub, und ich kann mich mit euch Anfängern rumschlagen ... Er ist den Südring runtergegangen, und da habt ihr ihn verloren. Große Klasse. Ja, ich weiß selbst, dass es neblig ist und die Sicht schlecht. Wahrscheinlich ist der Kerl direkt zur Wache Wiesendamm marschiert, nur mal Hallo sagen. Wiesendamm!? Moment. ... Moment! habe ich gesagt.«

Hollendorf begann hektisch in den Papieren auf seinem Schreibtisch zu wühlen, die nur für Nichteingeweihte von Unordnung zeugten. Nach dreißig Sekunden hatte er gefunden, was er suchte.

»Dieser Junge, den zuerst alle für einen Angeber gehalten haben, der wohnt da ganz in der Nähe, Goldbekufer, ja, und ... Sei still, Hübchen, verdammt, und hör zu, dieser Junge und die Fundstelle, die der angegeben hat, Grünanlage neben Hanseatenwerft/Kübi's Bootshaus beim ›Kleingartenverein 422 Goldbek‹. Ja, weiß ich, dass du weißt, wo das ist. Genau! Wo ihr den toten Junkie gefunden habt. Bete, Hübchen, dass ihr nicht zu spät kommt. Der Junge ist nämlich nicht zu Hause. Hat Horst gerade gemeldet. Hin da!, und leise!!, ich bin auch gleich da.«

Im Rauslaufen griff Hollendorf nach seiner Jacke, es war so eine, wie Schimanski sie immer trug, aber das stritt er stets vehement ab. Er rannte in den Hof zu seinem Auto, unterwegs zerrte er sein Handy aus der Tasche. Er hasste es, beim Autofahren zu telefonieren. Leider musste er das jeden Tag. Und jetzt erst recht.

Für einen Moment dachte David, er schwebe auf einer Wolke, doch dann fühlte er hartes Holz in seine rechte Hüfte drücken, spürte den Knebel im Mund und irgendetwas, das seine Arme zusammenband. Sein Kopf schmerzte dumpf und war voll von schwarzem Nebel. Seine Augen fühlten sich an, als habe jemand einen Reißverschluss eingebaut. Als es ihm endlich gelang, sie zu öffnen, merkte er, dass es außerhalb seines Kopfes kaum anders war. Irgendetwas plätscherte leise, jetzt begriff er, warum es so sanft schaukelte. Er lag in einem Boot, das eilig und doch fast geräuschlos vorwärtsgepaddelt wurde. Von wem? Dem Kommissar? Der war kein Kommissar. Der war auch sonst kein Polizist. Der war der Mann in der Jacke, wie Schimanski immer eine getragen hatte. Der Mann, der den anderen, den bei der Bank, getötet hatte.

David wollte sich bewegen, doch sein Körper gehorchte ihm nicht, er war erstarrt vor Angst und Schwäche und Kälte. Was wollte der von ihm? Wo brachte er ihn hin? Woher hatte er gewusst, wer er war? Wo er wohnte? Wieso hatte er von Ulla gewusst? Wo war seine Jacke? Wie war er ... Panisch stellte er sich immer neue Fragen, damit er die Antworten nicht geben musste.

Das Boot wurde langsamer. Ein seltsames Geräusch kam näher. Menschen. Er musste nur schreien, aber das konnte er nicht. Verzweifelt versuchte er, seine Zunge zu bewegen, um den Knebel herauszustoßen, es ging nicht, der saß zu fest, ein Band schnitt nur noch schmerzhafter in Davids Mundecken.

Nun drängten sich Antworten in seinem Kopf wie eine Woge: Der will mich erschlagen. Wie den anderen Mann. Ich bin ein Zeuge, der muss mich wegschaffen. Der wird mich ... Plötzlich sah er Ullas Gesicht, glaubte ihre Hand auf seinem Rücken zu spüren, warm und beschützend. ›Ganz ruhig, David.‹ Das sagte sie immer, wenn er mal einen Anfall hatte, weil irgendetwas nicht klappte, eine Matheaufgabe oder Latein. ›Tief durchatmen und überlegen, dann geht alles besser. Irgendwie kriegst du das schon hin.‹ Tief durchatmen. Aber wie sollte er das hier hinkriegen?

Der Lärm in der Luft kam näher, stand still, entfernte sich wieder. Das Boot schaukelte heftig, begann sich wieder schneller vorwärtszubewegen, nur kurz, dann hörten die Paddelschläge auf, es glitt still durchs Wasser. Endlich gelang es David, unter der Decke, die der Mann über ihn gelegt hatte, hervorzublinzeln. Er sah Gebüsch am nahen Ufer – welches Ufer? Wie lange war er bewusstlos gewesen? War da schon ein Boot auf dem Goldbekkanal gewesen? Er hatte keines gesehen, er hatte aber auch nicht darauf geachtet. Vielleicht hatte der ihn erst im Auto weggebracht, und sie waren jetzt ganz woanders. Im Alstertal oder auf einem der Kanäle in Hammerbrook. Vielleicht ...

Er spürte Tränen auf seinen Wangen. Er hatte nicht gewusst, dass man sich so allein fühlen konnte, so verlassen. Als wäre die ganze Welt gestorben. Es roch nach nasser Wolle, ihm wurde übel, und sein Magen krampfte sich zusammen. Die Decke wurde weggezogen, große eiskalte Hände legten sich auf sein Gesicht. Totstellen, nicht bewegen. Der einzige Gedanke, der in seinem Kopf pochte: totstellen. Es ist nur ein Traum, nichts als ein böser Traum, gleich kommt Kuno wieder angeflogen, mit den Manschettenknöpfen in den Ohren, mit diesen Krallen wie von einem Drachen.

Es war kein Traum. Die Hände des Mannes tasteten hastig seine Arme hinunter, fanden und lösten die Fesseln. Dann lösten sie das Band, das den Knebel hielt. Der Knebel. Ohne den konnte er schreien, irgendwer würde ihn hören und kommen. Laut schreien. Nur ein Krächzen kam aus seiner Kehle, ein raues Wimmern, und sofort legte sich eine Hand auf seinen Mund. Das Tuch mit dem widerlichen Geruch wurde auf seine Nase gedrückt, ihn schwindelte, er spürte, wie seine Arme erschlafften, er versuchte, um sich zu schlagen, doch seine Muskeln gehorchten nicht mehr.

Er hörte wieder den Lärm, und das Boot schwankte. Warum hörte dieser schreckliche Lärm nicht auf? Harte Hände griffen ihn. Oder schwebte er? In einem Karussell? Wasser schlug über ihm zusammen, eisiges moderiges Wasser, und plötzlich war er hellwach. Er ruderte voller Panik mit den Armen, endlich gehorchten sie ihm, seine Lungen schmerzten und wollten platzen, Wasser in seinen Augen, seiner Nase, seinem Mund, Wasser über seinem Kopf. Überall schwarzes Wasser. Da, endlich, da war wieder Luft. Und Lärm. Heftiger Wind trieb ihm Gischt ins Gesicht, wieder ging er unter. Oder nicht? Eine laute Stimme rief irgendetwas. »Aufgeben! ... Herr Lund ... Umstellt!« Viel lauter als in der Wirklichkeit. Und Lund? So hieß Ullas Chef, der war doch nicht hier, sondern im Büro. Also doch ein Traum. Noch mehr Lärm, anderer Lärm, plötzlich war da auch Licht, ein gleißend heller Lichtstrahl traf und blendete ihn. Wieder griffen harte Hände zu.

»Nein«, krächzte er, hustete und spuckte Wasser, »nein!« Er schlug um sich, doch sie hielten ihn fest. »Hör auf, Junge. Aua! Dir tut keiner was, wir holen dich doch nur raus aus dem Scheißkanal. Hör auf!! Ist doch alles vorbei jetzt.«

Als er Ulla aus dem Polizeiwagen springen und auf ihn zurennen sah, als sei die Welt voll Feuer, begann er zu weinen. Als sie ihn in die Arme nahm, ihn drückte und küsste und lachte und auch weinte, schluchzte er laut auf. Er schämte sich nicht mal dafür. Er roch ihren Duft, den er immer so gern hatte, er fühlte ihr Haar nass auf seinem Gesicht und wünschte sich nur noch zu schlafen. Ohne schlechte Träume, einfach schlafen, in Ullas Armen mit ihrem Duft.

Er schlief dann doch nicht ein. »Das Schwein bring ich um«, sagte Ulla, dann lachte sie wieder und weinte und sagte: »Keine Sorge, David, ich tu's nicht. Wirklich. Ich bin nicht so wie der. Aber irgendwas ...«

»Klar, Frau Bauer, irgendwas. Na, David? Geht's dir besser?«

David nickte, sah den fremden Mann, sah Ulla, schälte sich aus der Decke und blickte sich um. In seinem Kopf war immer noch ziemlich viel Nebel, doch er erinnerte sich, wie ihn zwei Männer aus dem Kanal und in ein Boot gezogen, wie sie ihn in Decken gewickelt und ans Ufer gebracht hatten. Da waren Autos, grün-weiße und schwarze. Ein Hubschrauber rotierte dröhnend in der Luft und flog weg, natürlich, der hatte den Krach gemacht. Ein Auto voller Leute fuhr ab, er erkannte Menschen am Kanal, und ein Krankenwagen rollte ans Ufer. Eine Frau, die aussah wie eine Ärztin und sich auch so benahm, untersuchte ihn, nickte den anderen zu, und David glaubte etwas von ›Okay. Ruhe, Schlaf und seine Mama, dann ist der wieder wie neu‹ zu hören. Da war noch ein Peterwagen gekommen, mit Blaulicht und Martinshorn, und Ulla war rausgesprungen, kaum dass er hielt, und hatte ihn fast totgedrückt, wo er doch gerade erst gerettet worden war.

Als zwölf Tage später die Schule wieder begann, interessierte sich niemand für Davids Ferien auf Fuerteventura, obwohl die wirklich toll gewesen waren, besonders die Ausritte am Strand (David war nur einmal vom Pferd gefallen, das musste er ja nicht erzählen; auch nicht, dass er mit Ulla in einem Zimmer geschlafen hatte, weil ihn ständig diese Albträume plagten und er nicht allein im Dunkeln liegen konnte). Alle wollten nur die Geschichte hören, wie David einen Mörder gefangen hatte. Obwohl David fand, dass das die Polizei getan hatte, eigentlich, ließ er sich nie lange bitten. Die Mappe mit den Zeitungsausschnitten zeigte er allerdings nur Micki. Da stand auch alles über die beiden Männer drin, die David in jener Nebelnacht beobachtet hatte: Robert Lund, Ullas Chef, und Henry Genser, der eben doch nicht in sein Ferienhaus in den Pyrenäen gefahren, sondern tot unter alten Wurzelstrünken im Osterbekkanal gelandet war.

Die beiden hatten an jenem Abend miteinander gestritten. Es war um die Grundstücke am Goldbekkanal gegangen, die Genser Lund mit der größeren Bestechungssumme vor der Nase weggeschnappt hatte. Und um Melanie, Robert Lunds Frau, die Henry Genser ihm gerade auf ganz ähnliche Weise wegzuschnappen drohte. Genser war an dem Abend bei Paul Lohmann in dem Büro der Werft am Goldbekkanal gewesen, und Lund hatte ihn auf dem Rückweg zu seinem Auto, das im Poßmoorweg parkte, abgefangen. Um mit ihm zu sprechen, ohne Zeugen. Aus Sprechen wurde Streiten, hartes Streiten, immer unter die Gürtellinie, darin waren beide Meister, und dann hatte Lund zugeschlagen. Leider knallte Genser mit dem Kopf auf die Betonstrebe, er war nicht gleich, aber ziemlich bald tot. Und das, nachdem Lund erst vor wenigen Tagen vor ziemlich viel Zeugen Grappa-selig verkündet hatte, den bringe er um, das Schwein, wobei es da allerdings um ihre schon Jahre während Feindschaft und nun vor allem um Melanie gegangen war.

Genser war schnell gefunden worden, weil alle Enten des Kanals und zwei besonders dicke Ratten sich so auffällig und aufgeregt an einer Stelle des Ufers tummelten, dass ein Angler nachsah, was sich dort wohl verbarg. Die Polizei war Lund schon auf der Spur, und nur Hauptkommissar Hollendorfs guttrainierte Kombinationsgabe rettete David das Leben. Dabei hätte er Lund, den er nur in Nebel und Dunkelheit flüchtig gesehen hatte, niemals als Täter wiedererkannt.

Der Verkauf der Grundstücke am Goldbekkanal wurde übrigens für ungültig erklärt. Es sieht auch nicht so aus, als würde die Stadt sie in absehbarer Zeit wieder zum Verkauf anbieten. Nicht dass es an Angeboten mangelte, aber plötzlich fanden alle, selbst jene Nachbarn, die sich immer mal wieder über Maschinenlärm beschwert hatten, es sei eine unsägliche Schande für eine Hafenstadt, Winterhudes letzte Bootswerften zu vertreiben oder durch einen teuren Umzug zum Bankrott zu zwingen. Eine Bürgerinitiative drohte sich zu gründen, und sogar Frau Ditteken unterschrieb deren Unterschriftenliste. Verenas Chef Herr Lohmann sah in der letzten Zeit wieder sehr gesund aus, und Micki bestellte David schöne Grüße von Verena, die David leider mal wieder tief erröten ließen. Aber Micki sah einfach nicht hin und fuhr fort, Herr Lohmann lasse ausrichten, wenn David einen Platz für ein Schulpraktikum brauchte oder später für eine Lehre – kein Problem, jederzeit.

MICHAEL KOGLIN

Rot ist die Liebe, rot ist der Tod

Obdachlos? Das kannst du nicht werden, das musst du dir verdienen. Aber eigentlich wird das am Himmel entschieden. Jeder folgt seinem Stern da oben. Der eine führt dich nach Barmbek, der andere nach Blankenese, und wieder ein anderer sagt »Hey, stopp, abbiegen«, und schon geht's nach Pöseldorf. Und dann gibt's da einen, der sieht ein bisschen zerlumpt aus. Mit ein paar Dellen drin. Und Kratzern. Von den Einschlägen. Torkelt durchs All. Ungerade Bahn wegen schwankender Schwerkraftverhältnisse. Ist leicht zu erkennen. Genau das ist er: Das ist der Penner-Stern. Manchmal will er nicht so recht leuchten und funzelt am Himmel nur so herum. Besonders, wenn in der Nacht die Kälte und die Nässe sich bei der Hand nehmen und die Elbhänge heraufkriechen. Aber dann rafft er sich doch wieder auf und strahlt, was das Zeug hält. Und hält seine grummelnde Mannschaft bei Laune. Hat alles seine Ordnung im Kosmos. Und besonders in der Milchstraße. Aber Gott sei Dank denk ich ja nicht so viel.

Übrigens Milchstraße. Die gibt's natürlich auch hier auf der Erde. Nur eben keine 700 Milliarden Sterne groß, sondern handlicher. Da brauchst du kein Fernrohr, nein, die passt von vorn bis hinten bequem in den Hamburger Straßenplan. Und wie es sich gehört, stehen hier stabile Häuser. Mit Gründerzeitsäulen und Schnörkeln und großen Fenstern. Und fest verschlossenen Türen aus schwerem dunklen Holz.

Und nach dem Abendbrot gibt es Bio-Zuckerwatte für die Kinder mit ein bisschen Dreck dran, weil das gut für die Verdauung ist.

Planeten schwirren hier nicht herum, dafür gibt es Sterne. Zumindest über den Eingangstüren der Hotels. Für jeden was dabei. Es soll ja Leute geben, die begnügen sich mit drei oder fünf Sternen. Mit Zimmerbar oder

Whirlpool. Und jeden Tag neue Handtücher. Andere wollen sich nur in ein sauberes Bett legen und ab und an mit dem Fernseher im Aufenthaltsraum durch die Welt streifen. Ich bin da verwöhnt. Ich steige nur in der Top-Kategorie ab: im Hotel zu den Tausend Sternen. Da ist immer ein Plätzchen frei. Wo das ist? Einmal um die Ecke und dann gleich in der nächsten Querstraße. Musst nur hochsehen, zur glitzernden Decke da oben, und zack, schon hast du eingecheckt. Mit leichtem Gepäck und feurigem Blick. Ist Penner-Poesie. Etwas Warmes braucht der Mensch.

Nur manchmal weiß ich nicht so genau, wann das Buffet eröffnet ist. Es gibt ja Leute, die horten, ich richte mich da eher nach meinem knurrenden Magen. Und der knurrt mächtig.

Elf Uhr, Ausgang am Dammtorbahnhof. Drüben in der Mönckebergstraße sind Hiltrud und Erbsen-Erich schon bei der Arbeit. Und auch Kapuzen-Karl hat sein Frühstück sicher hinter sich. Ich gönn mir einen Abenteuertag. Dammtorbahnhof, das ist gefährliches Gebiet, 'ne Menge Jungs und Mädchen in Grün. Mit Handschuhen. Aber eben auch nette Kundschaft, mit großzügigen Händen und ein paar einsamen Cents in der Tasche.

Ein schöner Tag zum Handaufhalten, sag ich mir. Dabei ist jeder Tag ein guter Tag, doch dieser macht gleich einen Salto. Anders andersrum. Aber Gott sei Dank denk ich nicht so viel. Bleibt doch einer von den Bahnpolizisten vor mir stehen und sieht mich fragend an. Ich zieh den Kopf ein. Der zupft sich den rechten Handschuh von der Hand und wühlt in seiner Uniformjacke. Handschellen, denk ich ... aber nein, der fingert fünfzig Cent aus der Tasche und drückt sie mir in die Hand.

Und das Tollste: Es kommt überhaupt kein dummer Spruch wie: »Leiste dir mal ein Hotel« oder so. Und ich muss auch nicht sagen: »Ich werd mich gleich um die Präsidentensuite im Atlantic kümmern.«

Keine Spur. Nein, er sieht mich mit diesem »Kann-jedem-passieren-Blick« an. Himmel, vielleicht hat er in der Zeitung was von Einsparungen im öffentlichen Dienst gelesen und will sich ganz clever schon mal einen Platz neben mir reservieren. Sicher ist sicher, sagt der sich, weil er ja seinem Beamten-Stern folgt. Aber irgendwie sieht er doch nicht so aus, als müsste ich ihn anlernen. Ist einfach ein netter Kerl.

Mit dem Duft von frischen Brötchen weht auch eine junge Frau auf mich zu. An der Hand einen Jungen und ein Mädchen. Geschwister? Auf jeden Fall mächtig zusammengewürfelt. Die Frau muss so um zwanzig Jahre alt sein. Ihr glänzendes Haar fließt in Wellen unter ihrem Strickkäppi hervor. Das Mädchen ist vielleicht elf, der Junge etwas jünger. Zwei kleine Asiaten und eine südamerikanische Prinzessin. Sie will den Polizisten ansprechen, doch der steigt die Treppen zu den Gleisen hoch und passt auf, dass da keiner vor den Zug springt. Harte Zeiten, diese Zeiten.

»Euer Papa muss aber mächtig rumgekommen sein«, sag ich zu den dreien. Die Kinder sehen mich erstaunt an, verstecken sich schüchtern hinter der Frau. Langsam drücken sie sich wieder hervor und quietschen vor Vergnügen. Auch die Frau lächelt und zieht die Schultern hoch.

»No comprende«, sagt sie und lächelt immer weiter, wie eben nur jemand lächeln kann, dem schon in der Wiege die Sonnenstrahlen die Nase gekitzelt haben. Das macht aus dir einen ganz anderen Menschen. Aber ich seh gleich, da ist was in ihren Augen. Sie hat Angst. Sieht sich um, atmet heftig. Sie will die Kinder mit sich ziehen, doch die haben Gefallen an mir gefunden. Stehen wie angewurzelt vor mir, als wär ich das Wahrzeichen von Hamburg. Das geht natürlich zu weit. Was soll unser adrett angezogener Bürgermeister dazu sagen? Aber Gott sei Dank denk ich nicht so viel. Ich wühl lieber in meinem Omen-Mantel und finde ein Stück zusammengeknüllte Alufolie.

»Ist ein Baby-Stern. Grad gestern vom Himmel gefallen«, sag ich und zeige zum Himmel.

»Könnt ja mal versuchen, ihn heute Abend wieder hochzuwerfen.«
Ich mach ihnen gleich vor, wie das funktioniert.

Das Mädchen streckt ganz vorsichtig die linke Hand vor und hält die Kugel, als würde die sich gleich von allein auf die Suche nach seinem Sternenpapi und seiner Sternenmama machen. Sterne wie du und ich.

Die Frau wühlt ein Geldstück aus ihrem Mantel und drückt es mir in die Hand. Klebt ein Fetzen Papier dran. Hat sie wohl aus Versehen abgerissen. Als sie mir das Geld reicht, sehe ich ihren Ring. Die Heilige Mutter Gottes mit dem kleinen Jesus im Arm.

»Danke«, sag ich, »aber so ein Baby-Stern ist unbezahlbar und kostet deshalb nichts.«

Sie zuckt die Achseln. Ach ja, no comprende.

Ich versuch's mit einem Lied. Und weil mir zu Sternen nichts anderes einfällt, singe ich »Vom Himmel hoch, da komm ich her«. Passt zwar nicht in die Jahreszeit, ist aber so eine Art Wiegenlied für den Alu-Stern, den die Kleine immer noch ganz, ganz vorsichtig auf ihrer Handfläche balanciert.

Die Kleine reißt die Augen auf. Ihre hübsche Beschützerin sieht sich ängstlich um. Dann nickt sie lächelnd und zieht die Kinder mit sich fort.

Ich stopfe das Geldstück und den Papierfetzen in die Tasche. Die Kinder hopsen rückwärts an der Hand ihrer Schwester davon. Oder ist sie das Kindermädchen? Omen, sag ich mir, das ist doch mal 'ne nette Familie. Wer sollte auch ahnen, dass die Frau mir gerade einen Auftrag in die Hand gedrückt hatte? Und bezahlt hatte sie auch schon. Aber um nachzusehen, bin ich eben zu blöd. Vielleicht liegt es auch daran, dass ich beobachtet werde. Ich spüre das. Wenn du auf der Straße lebst, springt dir irgendwann die dunkle Ahnung auf die Schulter und sorgt für Licht. Die Professoren, die an mir vorbeihuschen, würden das Intuition nennen. Ich nenne sie »So-Fort«. Jedenfalls kannst du »So-Fort« auf der Straße gut gebrauchen. Zum Überleben.

Entdecken kann ich niemanden. Die Studenten hetzen die Treppen von den S-Bahnen herunter, und oben kreischen Zugbremsen. Im Fischladen werden Schillerlocken und geräucherte Makrelen eingepackt, zwei junge Männer suchen die richtige Stelle, um in ihren Döner zu beißen, und vor dem Ticketschalter wartet geduldig die Mehdorn-Schlange. Eine Horde Kinder stürmt zu McDonald's rein. Alles ganz normal. Dabei tickt schon leise eine Zeitbombe. In meiner Tasche. Tick-tack.

»Langsam anziehen«, ruft ein Polizist und winkt rüber zu dem Taucher, der seinen Kopf aus der Alster steckt. Als Erstes ragt neben ihm ein Arm aus dem Wasser, dann ein kahler Kopf. Die Leute vor mir raunen, und einer beginnt zu lachen. Ja, da geht jeder auf seine Weise mit dem Tod um.

Ich wollte ja eigentlich nur meinen Abendspaziergang machen. Am amerikanischen Konsulat vorbei. Weil das doch immer so festlich ausgeleuchtet ist. Und nicht nur zur Weihnachtszeit. Außerdem: Bewegung muss sein, wenn man den ganzen Tag an einer Häuserwand steht und die Hand aufhält.

Ein Polizist bückt sich, packt den Leichnam und schleift ihn über den Rasen. Das hab ich in den Fernsehern in Schaufenstern schon ganz anders gesehen. Von wegen Spurensicherung und so. Aber das hier ist keine neue Polizeitaktik, weil, die Leiche ist gar keine Leiche, sondern eine Schaufensterpuppe. Mit einem massiven Eisengestell genau da, wo sonst die Beine anfangen.

»Verdammte Schweinerei«, sagt ein Polizist in Zivil. »Schaff die Leute hier weg. Zum Affen können wir uns auch alleine machen.«

»Da ist noch was«, sagt sein Kollege und bückt sich. An dem Gestell ist ein Tau verknotet. Der Mann zieht und bekommt es nicht so recht los. Etwas Schweres wartet da noch im Wasser. Zwei Uniformierte packen mit an. Plötzlich taucht noch eine Hand aus der Alster auf. Und diesmal hat sie eine ganz andere Farbe. Ist blass, und die Fingernägel sind lackiert. Den Ring erkenne ich sofort.

»Absperrung vergrößern«, sagt einer der Kriminalpolizisten und steigt in einen grünen Overall. Zwei Uniformierte schieben uns sachte zurück.

Für ein paar Sekunden liegt sie da ganz allein auf dem Rasen. Ihr Haar glänzt jetzt nicht mehr. Und auch ihr Lachen hat sich auf und davon gemacht. Die Augen sind gebrochen, und das Wasser der Alster tropft aus dem roten Mantel auf den Boden. Und versickert.

Ich seh mich nach den Kindern um, aber warum sollten die hier sein? Omen, denk ich, halt dich da raus. Du bist nur ein Penner. Das geht dich nichts an.

»Seht zu, dass die Leute von der Spurensicherung in Ruhe arbeiten können. Niemand trampelt hier auf den Spuren rum«, sagt ein Kriminalpolizist zu seinen Kollegen.

Ein Polizeifotograf schiebt ein Blitzlicht auf seine Kamera, und zwei Uniformierte heben eine Decke vor die Leiche. Ja, die Aufführung ist zu Ende. Hast kein Glück gehabt in der großen weiten Welt. Auch du bist deinem Stern gefolgt, und jetzt bist du davongeflogen. In den Himmel, wo die Prinzessinnen wohnen. Mit Daunenbetten und Orangenmarmelade zum Frühstück.

Ich stopf meine Hände in die Tasche und klimper mit den Geldstücken. Eines davon fühlt sich seltsam an. Außerdem ein bisschen wärmer. Wie Indianergeld. »So-Fort« merkt das sofort. Ich seh mir das zur Sicherheit noch einmal genauer an, und tatsächlich: ein mexikanisches Zehn-Peso-Stück. Hinter mir drängelt jemand, und ich werde nach vorn gestoßen. Irgendetwas verbeißt sich in meiner Hüfte. Ist schon komisch, aber weh tut es immer erst später. Muss ein ziemlich gieriges Insekt gewesen sein. Ich will den Schmerz ein wenig verreiben, da rinnt etwas Warmes meine Finger entlang. Und ist ganz rot. Das Hemd wird feuchter, und das Geldstück in meinem Mantel brennt. Auch der Fetzen Papier hat ein paar Tropfen Blut abbekommen. Ist wohl so eine Art Blutsbrüderschaft, die ich da gerade mit Maria geschlossen habe.

Der Sanitäter im Krankenwagen findet das nicht. »Messerstich«, sagt er. Und: »Glück gehabt. Fingerbreit an der Niere vorbei.«

Da hab ich mir Feinde gemacht und weiß noch nicht einmal, warum. Und untertauchen kannst du als Penner schließlich auch nicht. Wer soll denn die Arbeit erledigen? Wenn unsereins ausfällt, leidet doch gleich die ganze Stadt. Das schafft ein graues Klima. So von Mensch zu Mensch. Warum? Wenn all die Leute mit ihrer kleinen Spende nicht mal mehr was Gutes tun können, dann geht ihre Laune noch mehr in den Keller. Wer weiß, was da alles passieren kann, wenn die finsteren Gedanken sich einfach so auf der Straße anrempeln können, und kein Penner stellt sich dazwischen, dem man was Gutes tun kann?

Hilft aber alles nichts, ich muss in eine ganz andere Welt abtauchen. Als Obdachloser hast du eine Verpflichtung. Ich muss meine Suite im Hotel zu den Tausend Sternen verlassen. Ist ja nur für ein paar Tage. Und ein Dach über dem Kopf wird mich nicht gleich umbringen. Hoff ich jedenfalls.

Im Waschsalon mustert mich ein junger Mann. Sicher, kommt nicht alle Tage vor, dass da einer mit einem blutverkrusteten Hemd sitzt und seinen Mantel wäscht. Aber er erklärt mir gleich, wie das mit dem Weichspüler funktioniert. Ich bin wirklich dankbar. Der Mensch will's schließlich ein wenig kuschelig haben. Auf einer der schleudernden Maschinen vibriert ein Hamburger Abendblatt. Der Leichenfund in der Alster ist den Redakteuren eine Meldung auf der Seite eins und eine halbe Seite im Lokalteil wert. Die Frau wurde erstochen und der Leichnam mit der Schaufensterpuppe beschwert. Sollte im Schlamm der Alster vermodern, aber so ein Fluss hat seinen eigenen Kopf. Besonders die Alster. Eine hübsche Frauenleiche? Nicht mit mir, sagt die Alster und spuckt sie wieder aus. Alster ist Alster und Ohlsdorf ist Ohlsdorf.

Niemand kennt die Frau, es gebe keine Ähnlichkeit mit Vermissten. Ein Sexualdelikt liege nicht vor und man glaube, dass sie aus Südamerika stamme. Auffallend hübsch sei sie gewesen. Das will ich meinen. Hinweise dringend erbeten. Und dann die Schaufensterpuppe. Die hat eine richtige Geschichte. Mit Geburtsurkunde, Seriennummer, Arbeitsplatz und dass sie vor ein paar Tagen aus einer Pöseldorfer Modeagentur »entwendet« worden sein soll. Immerhin schreibt man nicht »entführt«. Der Laden gehört einem Modeschöpfer. Feine Gesellschaft. Sitzt jeden Monat in irgendeiner Talkshow und erzählt aus seinem Leben. Wie er von den Drogen loskam und was für eine tolle Mama er hat und wie die immer in den finstersten Finsterzeiten zu ihm gehalten hat und wie wohl er sich in seinem Penthouse in New York fühlt. Der Mann sei entsetzt, schreibt die Zeitung, und auf dem Foto sieht er auch so aus. Aufgerissene Augen und die Lippen ganz schmal. Als hätte er seit Kriegsende nicht mehr geschlafen. Gott sei Dank denk ich nicht so viel.

In meinem Kopf tanzen die Fragezeichen. Warum wirft jemand eine Leiche zusammen mit einer Schaufensterpuppe in die Alster? Und warum versucht man, einen Obdachlosen um die Ecke zu bringen? Und wo um Himmels willen hat sie ihre Kinder untergebracht? Womöglich rackern die sich jetzt ganz alleine beim Versuch ab, meinen Alu-Stern in den Himmel zu werfen, und sind ganz erschöpft, und niemand da, der ihnen hilft.

Der Student reicht mir eine Flasche Rotwein.

»Das wärmt«, sagt er und nickt.

Nichts für mich. Nebel im Kopf kann ich nicht gebrauchen. Saufen hab ich längst aufgegeben. Ist auf der Straße lebensgefährlich. »So-Fort« muss auch immer gleich kotzen. Außerdem, wenn dir einer ein Messer in den Rücken stößt, sieht man sich schon mal auf der Straße um. Mit Alkohol im Kopf wird dir dabei doch ganz schwindlig.

»Was war's denn?«, sagt der junge Mann und nimmt einen kräftigen Schluck.

»Was?«

»Ehescheidung, Knast? Gibt doch immer einen Grund, warum man auf der Straße landet.«

»Einfach so.«

»Du willst nicht drüber reden.«

»Ich bin hier nur auf Durchreise. Nächsten Monat geht's wieder nach Westerland. Da bin ich zu Hause.«

Der Student runzelt die Stirn.

»Westerland«, sagt er und verzieht das Gesicht.

»Doch, doch, da liegt meine Decke. In der Friedrichstraße. Allererste Adresse. Im Moment wird da gerade renoviert.«

»Im Urlaubsparadies der Karstadt-Abteilungsleiter?«

»Gute Kundschaft«, sage ich und erzähle ihm, dass ich auf Sylt herrenlosen Hunden ein gemütliches Zuhause verschaffe. »Auch so ein Hund will dazugehören. Und Hunde, die nun nicht mehr mit einem Penner leben müssen, sind was ganz Besonderes. Zumindest in Westerland.«

»Du verkaufst den Touristen deine Welpen, und die lassen dafür was springen? Geile Geschäftsidee.«

Da muss ich wohl einen Wirtschaftsstudenten getroffen haben.

Und auch ich hab was begriffen. Ich muss eine weite, weite Reise machen. Gleich zweimal um den Globus. Rein in ein ganz anderes Leben. Wer will hier schon eine Zielscheibe abgeben? Sterben, schön und gut, aber wenn du noch nicht einmal weißt, warum dir wildfremde Leute ein Messer in den Rücken rammen, darfst du zumindest in Deckung gehen. Ob es hilft, steht auf einem anderen Blatt. Mit unsichtbarer Tinte. Gott sei Dank denk ich ja nicht so viel.

Ich bettele mir also ein paar Münzen für den Schönheitssalon zusammen. Haare schneiden und färben, rasieren und neue Klamotten aus dem Rotkreuz-Container. Mehr brauchst du nicht, um ein neuer Mensch zu werden. Halt, Schuhe sind wichtig. Hat schon meine Mama immer gesagt. Beim Schuster gibt's immer ein paar vergessene Paare, die man gegen die Begleichung der Reparaturkosten mitnehmen darf.

Am Container entscheide ich mich für ein Siebzigerjahre-Outfit. Kommt immer gut an. Schließlich muss ich in die Höhle des Löwen. Und bei diesem Löwen kann nur mitbrüllen, wer im Armani-Anzug oder eben schräg durch die Tür spaziert. Eine Masche braucht der Mensch. Ich hätte ja auch Armani genommen, aber beim Roten Kreuz ist gerade keiner im Angebot.

Sicher, ich hätte mich auch nach Westerland verziehen können. Aber immer, wenn ich mir sage: »Omen, kauf dir ein Ticket«, genau dann tauchen vor meiner inneren Videokonferenz die beiden Kinder auf. Ist 'ne richtige Macke von mir, und wenn ich mehr Geld hätte, würde ich ja auch zum Arzt gehen. Aber kaum hab ich die Praxisgebühr zusammen, krieg ich Hunger oder treff eine arme Sau, der es richtig schlecht geht. Ich leb also mit 'ner Macke und seh die Kinder auf dem Dach vom Interconti stehen, und die blicken mit ihren kleinen Augen in den Himmel und versuchen, die Alu-Kugel raufzuwerfen.

Das Gehirn legt schon merkwürdige Filme in den Projektor.

Gott sei Dank denk ich ja nicht so viel.

Beim sechsten Altpapiercontainer hab ich Glück. Fein säuberlich steht daneben ein Stapel mit alten Ausgaben des Hamburger Abendblatts. Wenn man so bedenkt, was gestern noch wichtig war und heute nur noch als Müll an der Straße steht! Ist aber mein Glück. Dauert dann aber doch eine Stunde, bis ich den passenden Artikel zu dem mir von Maria zugesteckten Papierfetzen in den Fingern halte. Ich nenn sie Maria, denn wenn du auch schon tot bist, meine Prinzessin mit den lachenden Augen, dann musst du doch wenigstens einen Namen haben. Schon allein wegen der Erinnerung.

»Diese Sauerei räumen Sie aber wieder zusammen«, sagt ein Mann zu mir und richtet den Krückstock gegen meine Brust. »Gehört Ihnen das eigentlich?«

»So eine Zeitung kann Leben retten.«

»Unsinn, das ist Eigentum der Stadtreinigung. Und bei mutwilliger Zerstörung ...«

Zumindest hat er mich nicht Penner genannt. Meine Verkleidung scheint zu gefallen.

»Das ist eine Ermittlung«, sage ich.

Der Mann lässt seinen Knüppel sinken und zieht, Verwünschungen vor sich hin brabbelnd, ab. Glaubt wahrscheinlich, dass ich Polizist bin, und jetzt hat er Angst, dass ich seinen Rentenbescheid noch mal genau unter die Lupe nehme. Am Wasser fällt mir immer besonders viel ein. Weiß auch nicht, warum sich die Gedanken immer genau da rumtreiben. Also spaziere ich durch die Rabenstraße rüber zur Alster. Kein Felsen weit und breit und auch keine Steilküste, das Café heißt trotzdem Cliff. Während ich auf meinen Tee warte, zieht ein Boot vorbei. Der Skipper versucht, eine der lustlosen Böen zu erwischen, die ab und an tatsächlich das Segel für einen Moment aufblähen und dann wieder jäh in sich zusammenfallen lassen.

Die hübschen jungen Mütter an den Nebentischen nehmen keine Notiz von mir. Sie schlürfen Latte Macchiato, »aber bitte aus dem Glas«, und schaukeln die Kinderwagen, während sie sich aufregende Dinge aus ihrem aufregenden Leben erzählen. Und wenn niemand neben ihnen sitzt, dann erzählen sie die gleichen aufregenden Dinge ihrem Handy und wippen trotzdem ihre Kinderwagen. Würde mich ja nicht wundern, wenn so ein kleiner Pups bei all der Schaukelei sein Köpfchen aus dem Wagen streckt und voller Inbrunst auf den Boden kotzt. Kann man direkt drauf warten. Irgendwann muss es passieren.

Was ich in dem Zeitungsartikel lese, ist weniger lustig.

»Die Stadt der weinenden Mütter«, ist der Artikel überschrieben und berichtet von der mexikanischen Stadt Ciudad Juarez, in der 300 junge Frauen ermordet wurden und weitere 500 vermisst werden.

Die Behörden scheinen sich nicht weiter darum zu kümmern, doch immer wieder werden Leichen gefunden, und jede Woche verschwinden junge Frauen.

Die wenigen Ermittlungen seien im Sande verlaufen und die Gerüchte ins Kraut geschossen. Von Mädchenhandel, Verschleppungen und organisiertem Verbrechen ist die Rede. Von Gangstersyndikaten in den USA und internationalen Schlepperbanden. Kommst du aus Ciudad Juarez, Maria? Hat man dir dort das Taufkleidchen angepasst und dich fein herausgeputzt zur Schule geschickt? Hast du dort von der Familie geträumt, die du später einmal gründen wolltest? Aber was um Himmels willen hat dich nach Hamburg verschlagen?

Auf der Wiese tollen zwei Hunde mit einem Tennisball. Jogger ziehen ihre Runden um die Alster.

»Nero, nicht durch die Pfütze«, schreit eine junge Frau und meint ihren Labrador. Ein paar Kinder haben sich mit Pullovern drüben auf der Wiese zwei Tore markiert. Einer der Jungen rutscht der Länge nach über das Grün. Er rappelt sich auf und prüft begeistert seine Kleidung. Dann schüttelt er den Kopf, als wollte er sagen: »Nichts mehr zu machen.«

Ja, mein Kleiner, wer weiß schon, ob du da nicht den neuen Stil für die nächste Wintersaison kreiert hast? Mal sehen, was sich machen lässt.

Omen gehört jetzt zu den schicken Kreativen, und auch Omen schlittert in eine neue Welt.

»Ein Glas Champagner?« Die hochbeinige Blondine lächelt mir zu, als hätte sich gerade der Generaleinkäufer von Gucci vorgestellt.

»Perrier«, sage ich, denn so etwas sagt man, wenn man in dieser Umgebung keinen Alkohol will. Man kann auch sagen: »Ein Wasser.« Geht alles, nur »Selter« darf man nicht über die Lippen bringen. Hat was mit Stil zu tun.

Vor den ehrwürdigen Säulen am Eingang des Völkerkundemuseums züngeln angestrahlte Papierstreifen, die wie Fackeln aussehen sollen. Schwere Bässe rollen durch die Eingangshalle, in der sonst aufgeregte Kinder herumtollen, während die Eltern ihre Mäntel abgeben.

Doch heute sind die Treppenaufgänge zu den mongolischen Jurten, Samurai-Schwertern, Südsee-Einbäumen und indianischen Mumien gesperrt.

»Es tut mir sehr leid, aber ich müsste Sie noch eintragen«, sagt eine brünette Frau. Die schwarz gekleideten Männer von der Sicherheitsfirma blicken starr zur Tür wie ein paar wackere Bauern, die sich auf einem Schachbrett vor ihren Offizieren postiert haben.

»Das ist mir jetzt aber unangenehm«, sage ich.

Die Frau lässt den Umhänger mit dem kleinen leuchtenden Pappschild sinken.

»Sie haben keine Einladung?«

»Nun, zumindest keine, die ich vorzeigen dürfte.« Ich beuge mich näher an ihren Kopf. »Ich mache das Casting für die neue Model-Show auf RTL«, sage ich. »Aber es wäre eben besser, wenn nicht gleich jede der Damen mitbekommt, dass sie mit mir ins Bett gehen muss.«

Die Brünette lächelt.

»Verstehe, dann haben Sie mit Herrn Benthien gesprochen?«

Ich nicke, weil Nicken nur eine halbe Lüge ist. Obwohl, halbe Lügen gibt es gar nicht, aber so ein hübscher Satz kann trotzdem dein Gewissen beruhigen. Ja, so ein »halb« gehört zur großen Wundertüte des Lebens.

Sie reicht mir das Schild mit einer Schlaufe, auf der MCM eingewebt ist. Keine Ahnung, was die drei Buchstaben bedeuten, aber ich bin jetzt ein

VIP. Und dazu noch inkognito. Das kleine Schildchen hat es in sich. Ein Blaulicht auf dem Kopf könnte nicht besser funktionieren.

Hübsche junge Damen umkreisen mich. In enger werdenden Bahnen. Und lächeln mich an. So muss es Hugh Grant gehen, wenn er gerade von seinem letzten Scheidungsverfahren kommt und auf die Straße tritt.

Kein Zweifel, ich hab jetzt eine Aura. Kann man zwar nicht sehen, ist aber vorhanden.

Die Dame vom Eingang hat unser kleines Geheimnis nicht ganz für sich behalten können. Das verstehe ich, schließlich gehört das zu ihren beruflichen Pflichten.

Auch ansonsten geht es in diesem Universum seltsam zu. Trotz meiner ein Meter neunzig muss ich immer hochsehen, wenn eine der Damen auf mich zutritt. So etwas kann dein ganzes Weltbild durcheinanderbringen, aber Gott sei Dank denk ich ja nicht so viel.

Beim Handaufhalten mach ich mich ja immer eher klein, weil sonst haben die Leute Angst, ich könnte sie am Ende noch verhauen, wenn sie nur Cent-Stücke in meine Dose klötern lassen. Dabei liebe ich Cent-Stücke. Kannst du länger dran zählen.

Eine ganz neue Welt diese Welt. Hilft aber nichts. Ich folge der Spur der Schaufensterpuppe. Und ausgerechnet das Modehaus, dem sie abhandengekommen ist, gibt heute ein Fest »unter Freunden« mit einem »kleinen Ausblick auf die neue Kollektion«.

Ich drehe mich langsam um und versuche, eine der Wände im Rücken zu behalten. Sollte meine Verkleidung doch nicht so perfekt sein, muss ich jederzeit mit einem Messer rechnen. Dabei hat sich auf der anderen Wunde gerade erst Schorf gebildet. Und noch ein Stich? Sieht auf dem Pathologen-Tisch doch aus wie eine Billigfettabsaugung made in Bangkok.

Etwas schräg sieht der dünne Mann aus, der von zwei Bodyguards abgedeckt wird.

»Wenn ich Ihnen helfen kann, ich kenne mich in dieser verrückten Welt ein bisschen aus.«

Der Mann in dem Designeranzug hat einen französischen Akzent. Er strahlt mich an, als wolle er mich zu einem Wein ins Bistro um die Ecke einladen.

»Wenn es Ihnen zu laut wird, wir haben hinten noch einen Ruheraum eingerichtet«, sagt er und nickt mir zu. »Amüsieren Sie sich gut.« Er streckt mir die Hand entgegen und sagt: »Adrien ist mein Name. Schön, hier mal ein neues Gesicht zu sehen.«

Ein paar Kellner reichen Häppchen, auf denen bunte Fähnchen wehen. Die jungen Damen sehen gleichgültig an den Kellnern vorbei, die schon ganz unglückliche Gesichter machen. Nicht, dass sie für die Frauen Luft wären, nein, sie sind gefährlicher. Diese Kellner sind Diener der Hölle. Mensch gewordene Hungergeister, die mit ihrem Angebot an Scampi-, Lachs- und Krebsfleischhäppchen auf ihren silbernen Tabletts einen Angriff auf ihre Taillen wagen. Es sind leibhaftige Ausgeburten der Kalorien-Hölle, die alle aufbläst, die nur einmal schwach werden. Aber diese Frauen sind gefeit. Essen zwingt dich zu Extrastunden im Fitnessstudio, zu endlosen Wochen bei Wasser und Knäckebrot. Der nächste Bissen kann schon der Tropfen sein, der das Fass zum Überlaufen bringt, und zack ... weg ist der neue Job. Vergeben an eine sympathische Konkurrentin, die im entscheidenden Augenblick standhafter war.

An einer Säule lehnt ein Mann, der nicht hierhergehört. An seinem Ellenbogen leuchten blanke Stellen. Sein Jackett ist gut gemeint. Zumindest war es das vor zwanzig Jahren. Die Schuhe haben sich redlich einen friedlichen Lebensabend verdient, und sein Hemd würde selbst der Rotkreuz-Container verweigern.

Und dann fällt es mir wieder ein. Den Mann habe ich an der Alster gesehen. Einer der Kriminalbeamten.

Omen hat den richtigen Riecher gehabt.

Aus den Boxen hämmern Techno-Rhythmen, und auf der Bühne tanzen hübsche Männer mit hübschen Frauen. Ricky Martin hat sich die Schuhe ausgezogen und versucht es auf Socken. Und Nicole Kidman aus Wandsbek streift immer wieder ihren Träger hoch. Das Ganze wirkt wie das Casting zu einer Doppelgänger-Show.

»Na, dann erfolgreiche Jagd«, sagt eine Stimme neben mir. Der Mann ist vielleicht Mitte dreißig und sieht in seinem grauen Anzug aus, als wäre er der Chef im Ring. Zumindest aber wie jemand, der die Eintrittskarten hat drucken lassen.

»Habe ich so etwas wie ein Schild auf dem Rücken?«, frage ich.

»Tut mir leid, aber ich muss immer wissen, was läuft. Ihr Geheimnis ist bei mir gut aufgehoben. Sie sind nicht der erste Scout, der sich zu uns verirrt.«

Er streckt mir die Hand entgegen und sagt: »Tom Höhler.«

Dutzende von Augenpaaren streifen uns. Mein Rücken fühlt sich an, als hätte ich Nesselfieber. »So-Fort« ist bei der Arbeit. Vielleicht hab ich auch eine Allergie gegen das neue Hemd. An die Zivilisation muss der Mensch sich ja erst mal gewöhnen.

»Wenn ich Ihnen helfen kann? Schließlich haben wir ja auch etwas davon«, sagt Höhler.

Lauter freundliche Menschen in diesem Universum.

Höhler streckt mir seine Visitenkarte entgegen.

»Sie müssen uns mal in unserem Studio besuchen«, sagt er. »Und wen haben wir hier Nettes?« Die sonore Stimme weht von hinten an mein Ohr. Höhler zuckt zusammen. »Tomtom, willst du mich nicht vorstellen?«

Der Mann trägt ein ledernes Jackett und darunter ein orangefarbenes Hemd. Wir passen gut zusammen. Nur dass sein Rotkreuz-Container mit einer Lichterkette geschmückt sein muss. Gestraffte fünfzig, vielleicht sechzig Jahre alt. Wer kann das heutzutage noch sagen? Die Haare sind ordentlich auf glücklich überstandenen Sturm gestylt. Die Augen flackern ein wenig, sehen mich aber offen und freundlich an.

»Guten Abend. Gaatz, mein Name.«

Kein Zweifel, hier haben wir den Mann, der die Eintrittskarten in Auftrag gegeben hat.

»Janek Omen.«

»Dann sind wir ja Kollegen, ich bewundere Ihren Schnitt«, sagt er und lacht über seinen Scherz.

»Amüsieren Sie sich gut. Hat mich gefreut, Sie kennenzulernen.«

Der Mann ist von einer Minute auf die andere wieder angespannt wie ein Araberhengst, dem der Jockey einen Tauchsieder in den Hintern geschoben hat und jetzt den Stecker zeigt.

»Und ist meine Mutter schon da?«, fragt er Höhler.

»Ich denke, wir können gleich mit der Bühnenshow beginnen.«

»Ja, nur keine Langeweile«, sagt der Modezar und sieht mich plötzlich an, als könne er sich nicht mehr an mich erinnern.

Er hebt sachte die Hand, und tatsächlich schwebt eine Chinesin herbei.

»Sheila, würdest du so lieb sein und dich um unseren Gast kümmern? Sie entschuldigen mich?«

Dann rauscht er zusammen mit Höhler davon.

»Tut mir leid, aber wenn er neue Schnitte zeigt, ist er immer ein wenig ... na ja.«

»Kann ich verstehen, ich bin auch immer nervös, wenn ...«

»Ja, wenn man sich unter Verrückte begibt«, sagt die Chinesin, die tatsächlich nach Pfirsichblüten duftet.

»Offene Worte für eine Truppenbetreuerin.«

»Um Gottes willen, ich verdiene mir ein paar Euro dazu, indem ich so tue, als würde ich geistreiche Gespräche führen.«

Sie nickt. Ich nicke. Sie beugt sich nach vorn und flüstert: »Ich hab nämlich tatsächlich eine Schule besucht.«

Gaatz nickt grüßend in die Menge und begibt sich an einen Stehtisch. Niemand traut sich in seine Nähe, und irgendwie wünsche ich mir, dass jetzt seine Mutter kommt und ihn in die Arme nimmt.

Was hatte Maria mit all diesen Leuten zu schaffen? Auf keinen Fall verfügte sie mit ihren höchstens ein Meter sechzig über das Model-Gardemaß. Oder war es doch nur Zufall, dass man ihren Körper mit dieser Schaufensterpuppe beschwert hat?

Kaum bin ich von der Straße weg, fängt das Grübeln an. Zieht an dir hoch wie eine ausbrechende Grippe. Befällt das Hirn und hält alles auf Trab, was einen kleinen elektrischen Impuls abfeuern kann. Und dann arbeitet das und arbeitet und setzt sich in Falten im Gesicht ab. Ist ein richtiger Kreislauf. Irgendwann brauchst du Tages- und Nachtcreme, und das kostet Geld, und dann musst du zum Liften, und das kostet noch mehr Geld, und dann muss das noch mehr im Kopf arbeiten. Tja, und dann fällst du auch schon tot um, und alles ist vorbei. So viel ist liegen geblieben, und zack, Start frei zur nächsten Runde. »Bitte?«, fragt meine duftende Pfirsichblüte.

»Ziemlich viel Trubel«, sage ich, weil irgendetwas muss man in diesen Kreisen immer sagen.

»Alles hohl«, sagt sie. »Wenn meine Akupunktur-Praxis läuft, nehme ich ein langes reinigendes Bad. Und diese Leute sehe ich nur noch, wenn sie brav in meinem Wartezimmer sitzen und sich den steifen Nacken nadeln lassen wollen. Migräneanfälle haben natürlich Vorrang.«

»Ich bin lieber hohl im Kopf«, sage ich. »Jedenfalls immer noch besser, als wenn ich wegen Überfüllung da oben schließen müsste.«

Sie sieht mich nachdenklich an und schüttelt den Kopf. Der Polizist schlendert auf unseren Stehtisch zu. Die Außenseiter kommen immer irgendwie zusammen. Auch meine Pfirsichblüte schnuppert das mit ihrem Näschen.

»Darf ich vorstellen? Das ist Kommissar Frederik Crohn von der Mordkommission, und hier haben wir ...«

»Omen«, sage ich.

»Tag«, sagt der Kommissar. »Die Caipirinhas sollten Sie sich nicht entgehen lassen.«

»Ich hab den Alkohol aufgegeben.«

Der Kommissar sieht in sein Glas.

»Billiger als ein Psychiater«, sagt er.

Vorn auf der Bühne fahren die Beleuchter die Scheinwerfer herunter. Die wehenden Papierfetzen an den Designerfackeln züngeln wie echte Flammen. Ein Vorhang wird angestrahlt und unter Fanfarenklängen hochgezogen. Panflöten erklingen, und die ersten Models erscheinen in wallenden Umhängen. Gleich vier schreiten den Catwalk, wie der Laufsteg hier heißt, entlang. Den Oberkörper leicht nach vorn gebeugt, sehen sie so aus, als hätten sie sich gerade dafür entschieden, jemand ordentlich zu verhauen. Rauchschwaden steigen auf, und dann ist Schluss mit der schmusigen »Ich-liebe-die-Anden-Musik«. Techno hämmert auf die Besucher ein, Lichtblitze werden abgefeuert. Die Frauen werfen ihre Umhänge ab und stehen nun in Minis und knappen Tops auf dem Laufsteg. Blankgezogene Waffen. Eine von ihnen hat nur eine ihrer Brüste bedeckt, und ihre blonde Kollegin neben ihr lässt ihr Oberteil ganz herunterrutschen.

Der Kommissar nimmt einen kräftigen Schluck aus seinem Glas. Pfirsichblüte steht am Laufsteg und klatscht.

Wenn plötzlich die Scheinwerfer zucken, achtet man auch auf ganz andere Dinge. Zum Beispiel auf zwei finstere Burschen, die sich vor der Tür zur Garderobe aufgebaut haben. Kurz steckt der sympathische Adrien seinen Kopf durch die Tür und lächelt. Der Lichtstrahl zuckt durch das Publikum, und dann sehe ich sie.

Die beiden asiatischen Kinder stehen am Eingang und lachen. Die Haare hübsch zurechtgemacht und mit weißer Bluse und weißem Hemd. Aber trägt ein vielleicht elfjähriges Mädchen einen Minirock? Und ein Zehnjähriger eine schwarz glänzende Gummihose? Die Lippen des Mädchens leuchten grellrot. Ein Spot wandert durch den Raum und kreist über die jetzt ausgelassenen Menschen. Rhythmisches Klatschen, laute Rufe. Der Spot taumelt wieder zur Tür. Die Kinder sind verschwunden. »Erotische Gehirnwäsche«, sagt der Kommissar neben mir. »Wann kommen die Slips aus Zahnseide?«

Über den Catwalk marschiert jetzt eine neue Mannschaft von Mädchen. Gezeigt werden Abendkleider, die keine Frau öffentlich tragen könnte, ohne eine Festnahme zu riskieren.

Eine halbe Stunde dauert die Show. Erstaunlicherweise sind Fotografen nicht zugelassen. Wahrscheinlich, weil es sich um eine obergeheime Versuchsschau handelt. Der Meister testet die Reaktionen auf seine neuesten Kreationen. Und sieht dabei ganz unglücklich aus. Und noch immer traut sich niemand in seine Nähe.

»Eigentlich müsste es zu jedem Kleid eine Packung mit Tabletten gegen Blasenentzündung geben«, meint Crohn. In der Menschenmenge kann ich die Kinder nirgends entdecken. Aber zumindest weiß ich jetzt, hier bin ich richtig. »Haben Sie tatsächlich tagaus, tagein mit diesen Leuten zu tun?«, fragt der Kommissar.

»Meine Shows sind abwechslungsreicher«, sage ich. Aber wie soll ich ihm erklären, dass mein Catwalk geteert ist? Crohn mustert mich. Ich sehe an die Decke. Nein, geschlossene Räume sind nichts für mich.

»Hat es Ihnen gefallen?« Neben mir steht Gaatz. Auf seinen Wangen breiten sich hektische Flecken aus. Seine Augen leuchten wie bei einem Fünfjährigen, der gerade seinen ferngesteuerten Ferrari auspackt.

»Folkloristische Akzente«, sage ich, weil irgendetwas muss ich schließlich sagen. »Es gibt Anklänge an ...«

»Interessant«, sagt er und kneift die Augen zusammen. Omen, du musst nachlegen, sonst fliegst du heute Abend noch aus dieser Welt.

»Die Lappen ...«

»Lappen?«

»Na, diese Kerle mit ihren Rentieren, Nordschweden, Lappland ...«

Gaatz sieht mich entgeistert an.

»Diese Mischung aus Leder und Baumwolle, die dort getragen wird, irgendwie hab ich gedacht ...«

»Verstehe«, sagt Gaatz nachdenklich. Seine Stirnader pumpt Sauerstoff und bringt all die Lappenmädchen und -jungen, an die er sich erinnern kann, zum Tanzen. Eigentlich sitzt er schon an seinem Skizzenblock. Zeichnet, verwirft, prüft Stoffe und Leder. Erfindet Lappenschmuck aus De-Beers-Diamanten auf Rentierhorn.

Helfen bringt Spaß.

»Und dieser Geruch«, sage ich.

»Sie meinen das Leder«, sagt er.

»Die tränken ihre Hemden in Ochsenblut, um das Gewebe widerstandsfähiger gegen die Kälte und das Ungeziefer zu machen.«

Gaatz ist begeistert. Frederik Crohn sieht mich entgeistert an.

»Aber das riecht eben, und das wiederum ...«

»Der Geruch?«, sagt Gaatz.

»Ja, der Geruch von Blut, der macht die Frauen ganz verrückt. Es gibt ja immer Rituale und Traditionen, die helfen, die Population zu halten. Wären ja sonst in der Kälte schon längst ausgestorben.«

Gaatz nickt.

Entschuldigung, all ihr Lappen da oben in der nördlichen Kälte: eine kleine Notlüge. Aber vielleicht macht der Meister etwas draus, und dann hilft es eurem Kampf für ein freies Lappland oder bessere Schulen.

»Vielen Dank, das war sehr interessant«, sagt Gaatz und reicht mir die Hand. Da ist keinerlei Argwohn.

Vielleicht ist ihm auch völlig gleichgültig, ob meine Geschichte stimmt. Er hat sie sich gern angehört. Was willst du mehr?

»Entwerfen Sie auch Kindermoden?«, frage ich ihn. Er macht einen Schritt auf mich zu.

»Mein großer Traum. Ich habe es mir fest vorgenommen, immer wieder, aber es ist schwierig, wirklich schwierig.« Seine Augen blicken in das unsichtbare Taka-Tuka-Land. »Das muss stabil und leicht sein«, sagt er. »Und nicht albern. Das muss halten, wenn man auf Bäume klettert, und viele Taschen haben, um all das Zeug unterzubringen, das ein Kind immer bei sich haben muss.« Gaatz nickt und tritt einen Schritt zurück.

»Ich wünsche Ihnen noch einen schönen Abend.« Er reicht dem Kommissar und mir die Hand.

Keine vier Meter entfernt winkt er die wieder aufgetauchte Pfirsichblüte zu sich. Er tuschelt ihr etwas zu, und sie nickt. Lächelnd tritt sie an unseren Tisch. An diesem Abend kommen wir alle aus dem Lächeln nicht mehr raus. Und das mitten in Hamburg. Gott sei Dank denk ich ja nicht so viel. Nur der Kommissar sieht aus, als kämpfe er gerade gegen eine bedrohliche Macht. Ich verstehe das. Nach so viel Caipirinha zieht dir meist die erste oder zweite Ehefrau in den Kopf. Mit ihren frisch gepackten Koffern voller Diskussionen und Vorwürfe.

»Herr Gaatz bittet Sie ganz herzlich, ihn doch mal in seinem Atelier zu besuchen.« Pfirsichblüte reicht mir eine Visitenkarte und beugt sich an mein Ohr.

»Haben Sie ihm wohl in die Hose gegriffen?«

Crohn ist das alles unheimlich. Er macht sich auf den Weg zu den Caipirinha-Mixern.

Plötzlich rollt eine Kugel aus Alufolie über meinen Tisch.

Niemand zu sehen.

Ich bahne mir einen Weg durch die aufgeregt leuchtenden Gesichter, doch von den Kindern keine Spur. Vielleicht ist ja alles nur falscher Alarm, und die lieben Kleinen haben auf dem Nachhauseweg von ihrer verspäteten Faschingsparty nur mal kurz vorbeigesehen.

Die beiden Leibwächter sind verschwunden. Auch dieser Adrien ist nirgends zu entdecken.

Zurück am Tisch, wartet Crohn und nickt mir zu. Wieder werden die Lichter gedämmt und die Spots auf den Vorhang gerichtet. Crohn schluckt vor Schreck einen Eiswürfel hinunter. Keine Verwechslung möglich. Tatsächlich betritt die leibhaftige Peggy March den Steg, der jetzt Carneby Street heißt.

Kaum hängt dir ein festes Dach über dem Kopf und versperrt die Sicht auf die Sterne, schon wirst du mit all dem alten Zeug vollgeramscht. Aber Gott sei Dank denk ich ja nicht so viel. Zumindest hab ich mir das vorgenommen.

Die jungen schönen Menschen klatschen mit. Ist eine stattliche Frau geblieben, diese Peggy March. Nicht mehr so ganz bei Stimme, aber wen interessiert das hier? Wir sind fröhlich. Und dann seh ich den Himmel doch noch. Und dazu muss ich nicht mal vor die Tür.

Ich rutsch auf meinen Hocker und betrachte die Kugel aus Alufolie, da gehen mit einem Schlag überall in meinem Kopf die Lichter an. Auch da, wo gar keine sind. Mein Körper vibriert und kitzelt, und die rechte Hand ist taub, und dann Filmriss, und ich sehe vom Boden zu den Menschen hoch. Zu viele Volt für Omen. Weit, weit entfernt aufgeregtes Kreischen, und dann wird die Musik immer leiser, und bei mir verlöschen die Lichter. Muss eine Sicherung durchgebrannt sein. Und das ist gut so. In der Ruhe liegt die Kraft.

Die Magdalenenstraße dämmert vor sich hin. Satt und ausgeruht. Die kargen Vorgärten warten vergeblich auf die Kinder. Das hier ist Hamburg und doch auch ein Dorf. Ein ziemlich verwaistes. Ich bin auf dem Weg zu Gaatz. Was weiß er über Marias Tod?

Zwischen den Gründerzeithäusern ragt die steingewordene eckige Strenge junger Architekten hervor. Schienen gibt es hier zwar nicht, dafür aber ein Bahnhofsgebäude aus dem vorletzten Jahrhundert. Orientalisch anmutende Säulen stemmen eine gewaltige Terrasse. Unter dem Dach die Wohnung des Bahnhofswärters. Im Garten der alte Apfelbaum, von dem sich im Herbst die Kinder das Frühstück pflückten. Aber der Mann genießt längst den ewigen Ruhestand draußen in Ohlsdorf. Sein Urenkel hat inzwischen renoviert. Und der ist mindestens Chirurg in einer Privatklinik. Auf alle Fälle betucht. Wie ich auch. Mein Omen-Mantel sieht nach dem Vernähen des Schlitzes und der Reinigung wieder ganz passabel aus.

Ein bisschen Pflege könnte auch die Magdalenenstraße gebrauchen. An der nächsten Straßenecke breitet sich ein krachlederner Fleck aus. Das Restaurant Tirol. Ohne Berge, dafür mit zünftiger Einrichtung.

Der Stromschlag hämmert immer noch wie ein nur langsam abziehendes Gewitter in meinem Kopf. Angeblich ein Unfall. Ein blank gescheuertes Starkstromkabel von der Lichtanlage. Ganz zufällig gegen den Hocker gerutscht. Gaatz ist knapp an einem Herzanfall vorbeigeschrammt. Den gemieteten Tontechnikern, die sich das auch nicht erklären konnten, hat er gleich an Ort und Stelle und für alle Zeiten die Freundschaft gekündigt.

Dabei hätte ich merken müssen, dass mit dem Hocker etwas nicht stimmte. Strom kannst du riechen. Aber seitdem ich in neuen Klamotten herumlaufe und mir der freie Blick auf den Himmel fehlt, hat sich »Sofort« auf und davon gemacht. So eine Intuition ist empfindlich wie ein Mädchen in der Pubertät.

Ein laues Lüftchen zieht durch die Gassen Pöseldorfs. Drüben in den Konsulaten studieren Männer ihre Akten, und nebenan in den Versicherungskonzernen werden Formulare zusammengeheftet. Niemand auf der Straße zu sehen. Das Atelier von Modedesigner Gaatz versteckt sich in einem Hinterhof. Ein ehemaliger Speicher über drei Etagen. Mit Seilzügen, an denen Säcke und Teppiche und Kisten hochgezogen wurden.

»Willkommen bei der hellsten Fackel der Modebranche«, sagt neben mir Pfirsichblüte. Sie ist kaum wiederzuerkennen. Ihr glitzerndes Abendkleid hat sie gegen einen Trenchcoat eingetauscht, und an den Füßen trägt sie statt Stiefeletten jetzt Schuhe, die sie einem Boxer geklaut haben muss, als der mal kurz zum Duschen verschwunden ist. »Sicherungen alle wieder eingeschraubt?«, fragt sie und sieht mich besorgt an.

»Mode ist gefährlich.«

Sheila lacht. »Audienz beim Meister?«

»Keine Ahnung, wie ich zu der Ehre komme.«

»Aber ich.«

»Vielleicht ist er neugierig auf meinen Stylisten?«

Sie lächelt mich an und berührt mein orangefarbenes Hemd.

»Ehrlich gesagt sieht es aus, als hätte an Ihnen ein ganzes Team gearbeitet und sich am Ende bös zerstritten.«

Ich hätte ihr gern die Geschichte mit dem Rotkreuz-Container erzählt, aber die heb ich mir für später auf. Schließlich bin ich undercover unterwegs.

»Es ist Ihre Rentier-Geschichte«, sagt Sheila.

»Die Lappen und ihre balzende Kleidung?«

»Unterschätzen Sie ihn nicht. Er ist ein Genie. Während Sie noch über den Witz lachen, ist der schon drei Straßen weiter. Er braucht nur einen kleinen Anstoß, und dann baut er darauf eine ganze Kollektion auf. Wie die dann aussieht, steht auf einem anderen Blatt, aber er braucht eben den Anstoß, und wenn der noch so blöde ist.«

Vor mir sehe ich in Leder und grobes Leinen gewandete Menschen ihre Rentierherden durch die Milchstraße treiben ... Omen, sei vorsichtiger mit deinen Geschichten. Zumindest bei den feinen Leuten. Wenn ich an der Straße stehe, schützt mich ja mein Spinner-Bonus, aber hier? Die Geschichten von einem Obdachlosen sind hübsch zum Gruseln, und man kann sie sich abends erzählen. Und dann schaltet man den Fernseher an und kuschelt sich aneinander, und alles ist gut.

Aber jetzt hat es jemand auf mich abgesehen. Erst das Messer, dann der Stromschlag. Ich glaube nicht an Zufälle. Damit kannst du auf der Straße nicht überleben. Und außerdem ist der Glaube an Zufälle nicht gut für »So-Fort«.

Aber so viel Nase hat der Penner noch. Ich bin auf der richtigen Spur. Schließlich sind die Kinder auf dem Fest des Modeschöpfers aufgetaucht. Und auch dieser Polizist treibt sich da sicher nicht herum, weil ihm zu Hause die Caipirinhas ausgegangen sind.

Seine Kollegen haben immer noch keine Ahnung, wer die Tote aus der Alster sein könnte. Schreiben zumindest die Zeitungen. Man habe Interpol eingeschaltet und die durchstöberten jetzt die Festplatten ihrer Computer.

»Auf in die Höhle des Schickimickis«, sagt Sheila und drückt einen Code in die Schließanlage.

In der Tür reicht sie mir eine Visitenkarte.

»Gratisbehandlung«, sagt sie. »Ein paar Nadeln werden Sie nach dem Stromstoß wieder ausbalancieren. Und auch die Haarwurzeln beruhigen sich wieder. Probieren Sie es aus.«

Dann gleitet sie mit einem Nicken am Empfang vorbei. Der Schreibtisch der Empfangschefin steht neben einem gewaltigen Granitblock. Wasser plätschert über den Stein in ein Becken. Könnte auch in der Lagune von Bora Bora nicht grüner leuchten. Hier allerdings hilft ein Strahler auf dem Boden nach.

»Ja, bitte?«

»Ich habe einen Termin bei Herrn Gaatz.«

»Bei Joachim?«, sagt die Empfangsdame.

Ich darf mich direkt neben den Brunnen setzen. Chrom und Leder. Der Tisch aus Glas. Nichts lenkt hier den Blick von der plätschernden Südsee-Oase ab, nichts erinnert an die Wartezimmer von Ärzten, in denen die Patienten ihre Ängste mit Zeitschriftenartikeln zu erschlagen versuchen. Mit

Geschichten von Leuten, denen es noch viel schlechter geht. Und all den berühmten Prominenten, denen immer gerade die Kinder weggenommen werden, die Partner weglaufen oder die Steuerstrafen begleichen müssen und es eben auch nicht leicht haben. Nein, hier ist Plätschern, grünes Leuchten und Leere.

»Schön, dass Sie Zeit erübrigen konnten«, sagt Höhler und reicht mir die Hand.

»Leider steckt Herr Gaatz gerade in blöden Geschäftsbesprechungen, aber ich werde mal sehen, was sich machen lässt.«

Er bringt mich in ein Büro, in dem es außer Schreibtisch, drei Stühlen, Notebook und einer gleißend hellen Beleuchtung nichts gibt.

Höhler lässt die Tür offen, und so kann ich ein wenig über den Flur wandern.

In einer Nische spuckt ein Faxgerät Tabellen aus. Zwei junge Frauen mit Papieren im Arm nicken mir zu, als würde ich hier schon jahrelang arbeiten. In einer verwaisten Teeküche brummt ein Kühlschrank.

Ein paar Schritte weiter schimmert matt eine Tür aus poliertem Stahl. Darauf ein Aufkleber mit einem gelben Totenkopf und dem mit Buntstiften und in Kinderschrift gemalten Schriftzug: »Todeszelle«.

Ein elektrischer Stuhl mitten in Hamburg? Oder vielleicht lauter Laborschränkchen mit Giftkanülen? Vorsichtig drücke ich die Klinke herunter. Türen sind mir unheimlich. Vielleicht lebe ich ja deshalb auf der Straße, kommt es mir in den Kopf. Die Straße ist überschaubar, vor einer Tür weißt du nie genau, was dich dahinter erwartet.

Der Raum hat die Größe einer Abstellkammer. Und mittendrin hat jemand eine gelbe Telefonzelle aufgebaut und einen Hocker hineingestellt.

»Überrascht?«

Sheila steht neben mir und lächelt. »Ich sehe schon, Sie kommen immer gleich zum Wesentlichen.«

»Abhörsichere Leitung zu Karl Lagerfeld?«

»Das ist seine Folterzelle.«

Sie begleitet mich zurück in Höhlers Büro.

»Wenn Leute auf Kommando kreativ sein müssen, dann brauchen sie Hilfsmittel.«

Ich seh das ein. Hab einen Heidenrespekt davor. Seh ich ja an meinem Omen-Mantel. Auf so einen Schnitt muss man erst mal kommen. Auch wenn du nur einssiebzig bist, sieht das immer noch nicht so aus, als hätte sich ein Zwerg in einem Festzelt verlaufen.

»Eine kreative Folterkammer?«

»Für seine Entwürfe und Ideen braucht er die passende Umgebung.«

»Gütiger Himmel, eine Telefonzelle?«

»Ich weiß, das hört sich spinnert an und würde einen normalen Menschen vielleicht in die Klapsmühle bringen. Zumindest wär's eine lustige Geschichte in der Klatschpresse.«

Ich bin Omen, ich kann den Mann verstehen. Es gibt Leute, die dröhnen sich mit Heavy-Metal-Musik zu, um schreiben zu können, und anderen fällt nur auf dem Klo was ein, und dann müssen sie es auf Toilettenpapier notieren. Mir kommen die besten Geschichten für meinen Hundehandel auf Sylt ja auch auf meiner gelben Decke mit den Fransen. Was wäre mein Hundehandel ohne meine Decke? Und fehlen erst die Geschichten, dann sind Bettinas Welpen eins, zwei, drei nichts weiter als verlauste Straßenköter. Aber mit einer guten Story werden sie zu winselnden kleinen Persönlichkeiten.

»Er sitzt also da in seiner Telefonzelle und wartet auf einen Anruf vom heiligen Kreativus oder Walter Gucci?«

Pfirsichblüte macht ein ernstes Gesicht.

»Doch, doch«, sage ich, »ich verstehe das.« Und dann erzähle ich ihr von meiner Decke. Sie sieht mich skeptisch an. »Ich könnte mein ganzes Leben auf der Decke verbringen, das ist so eine Art fliegender Teppich.«

Sheila mustert mich. Das mit dem Hundehandel verschweig ich natürlich, das versteht auf Anhieb nicht jeder. Passt auch nicht zu meiner Biografie als Model-Scout. Immer auf der Suche nach den hübschen jungen Menschen, die der liebe Gott mit hohen Wangenknochen, langen Beinen und der richtigen Körbchengröße gesegnet hat.

»Er sitzt also im Abstellraum und telefoniert?«, frage ich.

»Es gibt nur eine Leitung nach draußen. Zu seinem Anrufbeantworter. Er spricht seine Ideen auf das Band, und später setzt er sich hin und zeichnet seine Skizzen.«

»Also, er ruft sich selbst an, und niemand hebt ab?«

Sheila nickt.

Ja, der kreative Geist ist nicht einfach zu beschwören. Lässt sich nicht herbeizitieren. Da musst du dich hinsetzen und arbeiten und warten und wegwerfen, und wenn du Glück hast, dann weiß er, wo du gerade zu finden bist. Und wenn du noch mehr Glück hast, dann schaut er mal kurz vorbei. Rotzt dir ein paar Ideen hin, und du darfst dann ausprobieren, ob sie was taugen.

Ja, da habe ich es auf der Straße einfacher. Hast du einen schlechten Tag, dann musst du nur immer stur darauf achten, dass du deine Sammelbüchse richtig herum aufstellst.

»Höhler wird sicher gleich kommen«, sagt Sheila. »Heute ist Großkampftag, die müssen eine Produktion fertigstellen.« Sie drückt mich sanft auf den Stuhl.

»Und kommen Sie mich besuchen, mein Angebot auf eine Gratisbehandlung steht.«

Sie schwebt aus dem Büro, und tatsächlich taucht drei Minuten später Höhler auf. Er wirft einen kurzen Blick auf seinen Laptop und wendet sich dann mir zu.

»Das ist mir wirklich sehr unangenehm«, sagt er. »Joachim musste zu einem wichtigen Termin. Er lässt sich entschuldigen, aber er will Sie unbedingt treffen.«

»Das ist ja nett, aber ...«

»Dieser Unfall hat ihn furchtbar erschreckt, und er will sich persönlich davon überzeugen, dass es Ihnen auch wirklich wieder gut geht.«

»Er fühlt sich verantwortlich?«

»Wenn er jemanden mag, gibt es kein Erbarmen«, sagt Höhler. »Da ist er wie eine Glucke.«

Kein Zweifel, er bewundert seinen Chef.

»Wie wäre es morgen?«

»Mal sehen.«

»Es würde ihm wirklich viel bedeuten.«

In jedem seiner Sätze kommt das Wort ›wirklich‹ vor.

Er erhebt sich von seinem Stuhl und will mich zur Eingangstür bringen.

»Tut mir wirklich sehr leid.«

Sein Blick verhakt sich im Teppich.

»Gehört das Ihnen?«

Höhler hebt eine CD auf und drückt sie mir in die Hand. Geschenke soll man ja nicht ablehnen, und zurückbringen kann ich sie schließlich immer noch.

Viel lieber hätte ich allerdings einen Blick in die Personaldatei geworfen.

Vielleicht hast du hier etwas hinterlassen, Maria. Einen kleinen Eintrag vielleicht. Zwei Stunden Putzen, zwölf Euro, oder so. Wäre zumindest ein Beweis, dass du überhaupt auf dieser Welt gewesen bist.

Zwei Studenten mit dunkel geränderten Augen schieben Ritter und Könige mitsamt ihrem Fußvolk durch mittelalterliche Wälder.

»Ein Japaner denkt nicht so«, sagt der mit der Baseball-Mütze auf dem Kopf zu seinem Freund.

»Woher willst du wissen, dass wir gegen Asien antreten?«

»Bei der Strategie? Außerdem hat er was von ›Kagemusha‹ gemailt. Der Mann sitzt irgendwo in Japan, haut sich seine Sushi in den Bauch, und er wird die Burg mit allem angreifen, was er hat. Ehrenvoll sterben und so. Alte Samurai-Tradition. Du wirst sehen.«

Die beiden starren gebannt auf den Bildschirm. Eigentlich ganz spannend. Ich bin ja auch so etwas wie ein Straßen-Samurai. Fehlt natürlich die Rüstung und das Samurai-Schwert, aber dafür kämpf ich mit meinem Klöterbecher. Moderne Zeiten, da musst du dich anpassen. Am Computerplatz neben mir hat ein Mann in einem ausgebeulten Anzug sein Aktenköfferchen geöffnet und tippt Zahlenreihen ab. Sein Gesicht verheißt nicht gerade Freude über einen neuen Verkaufsrekord, den er da seiner Firma mailen könnte.

Der Tee hier im Internetcafé im Dammtorbahnhof ist ausgesprochen gut. Und auch die Betreuerin hat Mitleid mit einem digitalen Halbidioten, wie ich einer bin.

»Sie schieben Ihre CD da unten in den Schacht und gehen dann auf ›Ausführen‹. Und wenn Sie Symbole sehen, dann klicken Sie einfach drauf. Irgendwas passiert immer«, sagt sie und lacht. Ja, so ein Computer ist wie das Leben. Irgendwas passiert immer.

Die junge Frau drückt eine rote Haarsträhne hinter das rechte Ohr und sieht mich aufmunternd an.

Die CD-Maschine spült die Daten durch, ein paarmal klicken, dann erscheinen sie auch schon. Nein, keine Ritter oder Hobbits oder Elben, keine Aliens oder glubschäugigen Monster – vor mir auf dem Bildschirm nehmen meine kleinen Asiaten Form an. Und dazu ein Mann, der sein Gesicht hinter einer Sonnenbrille verbirgt.

Alle drei sind nackt. Ein großes Bett, geblümte Kopfkissen. Der Mann lässt sich von den beiden Kindern masturbieren. Das Mädchen ist geschminkt und lächelt den Jungen an. Ihre linke Hand hat sich in seine Hand geschoben. Sie halten sich fest.

Auf den anderen Bildern werden verschiedene Varianten durchgespielt, auch eine Frau beteiligt sich. Und auf den meisten Bildern halten sich die Kinder fest bei der Hand. Das Ganze spielt sich in einer Art Wohnzimmer ab, doch irgendetwas stimmt nicht. Im Schrank steht kein Geschirr, und auf dem Bett liegen keine Kopfkissen. Und auch die Pflanze sieht aus, als sei sie in einer Plastikgießerei groß geworden.

»Würden Sie uns bitte begleiten?«

Hinter mir stehen zwei uniformierte Polizeibeamte. Der eine blickt auf den Computerschirm und dann auf mich. Die junge Frau, die mir vorhin noch so nett den Computer erklärt hat, sortiert mit stierem Blick ein paar Zeitschriften. Ach Mädchen, dabei bin ich wirklich stolz auf dich. Oder hast du vielleicht gar nicht die Polizei gerufen? Hat man mir vielleicht Höhlers CD zugesteckt, um mich loszuwerden? Die beiden Studenten sehen nur kurz hoch und verteidigen dann tapfer ihre Burg im digitalen Nottingham Forest gegen den unsichtbaren Samurai aus Japan.

»Pädophil passt nicht zu Ihnen«, sagt Kommissar Crohn.

»Nur keine voreiligen Schlüsse.«

»Stimmt, ansehen kann man es den Leuten nicht. Die kommen aus allen Gesellschaftsschichten. Als ich noch bei der Sitte war, hatte ich sogar mal einen Staatsanwalt vor mir auf dem Stuhl. Hat das Ganze dann mit beruflichen Nachforschungen erklärt.«

»Klingt einleuchtend.«

»5000 Bilder haben wir bei ihm gefunden. Stand auf Kindersex in der freien Natur. Pfadfinderspiele und so.«

Crohn mustert die CD. »Das findet man nicht einfach in einem Papierkorb«, sagt er. Zack, hat er mich bei meiner Notlüge erwischt. Aber wie sollte ich ihm auch erklären, dass Höhler mir die CD zugespielt haben könnte?

»Sie glauben gar nicht, was die Leute so alles wegwerfen. Letztens erst liegt da in einem Pappbecher ein Ehering. Nur ein wenig feucht und überhaupt nicht verschrammt. Die Leute haben's nicht mal bis zum ersten Hochzeitstag geschafft. Das Ding hat allerdings weniger gebracht als das Zahngold, das ich in einem Hamburger gefunden hab.«

»Sie durchwühlen Papierkörbe?«

»Ist so eine Art Teilzeitbeschäftigung. Sag mir, was du wegwirfst, und ich sage dir, wer du bist. Rein berufliches Interesse.«

Crohn wirkt nicht sonderlich überzeugt.

»Bevor Sie sich hier als Eheberater zu erkennen geben, was haben Sie eigentlich auf der Agenturfeier gemacht?« Natürlich kann ich ihm nicht mit der Model-Scout-Geschichte kommen. Der Mann ruft glatt bei RTL an, und schon bin ich aufgeschmissen.

»Die Schaufensterpuppe«, sage ich.

Crohn schaltet das Tonband aus.

»Die aus der Alster?«

Er kneift die Augen zusammen und sieht mich an, als hätte ich ihm gerade ein unsittliches Angebot gemacht.

Gott sei Dank denk ich ja nicht so viel. Dabei wollte ich erst mal eine vertrauensvolle Basis schaffen. Schließlich war der Mann aus dem gleichen Grund auf dieser schönen Feier.

Ich erzähle ihm, dass ich die Tote einen Tag vorher im Dammtorbahnhof mit den beiden Kindern gesehen hätte. Und von dem Geld und dem Zeitungsschnipsel, den sie mir zugesteckt hatte.

»Sie glauben, sie stammt aus dieser mexikanischen Stadt?«

»Vielleicht alles reiner Zufall, und sie kommt in Wirklichkeit aus Barcelona, ist schwimmen gegangen, verheddert sich an einer Schaufensterpuppe und zack.«

Frederik Crohn malt Kreise auf einen Zettel.

»Mexiko. Das würde zumindest ihre fehlende Identität erklären.«

»Und dann sind da noch die Kinder. Hab die CD übrigens auf dem Boden von Höhlers Büro gefunden. Vielleicht hat er sie dahin gelegt.«

»Und warum?«

»Vielleicht denkt er, er wird mich los, wenn ich als Kinderschänder dastehe.«

»Passt nicht. Wenn die dort tatsächlich eine Pornoproduktion betreiben, dann würde er sich zurückhalten.«

Auch meine Pfirsichblüte hatte die Möglichkeit, die CD neben meinen Stuhl fallen zu lassen. Aber warum?

Ist Pfirsichblüte womöglich gar keine Pfirsichblüte, sondern ein fauler Apfel?

Kommissar Crohn wandert um seinen Schreibtisch.

»Also gut. Wir folgen dieser Schaufensterpuppe und landen in der Modebranche. Besuchen ein Fest, und plötzlich tauchen dort die Kinder auf, die Sie mit der Toten gesehen haben wollen. Die Tote stammt aus Südamerika ...«

»Mexiko.«

»Schön, Mexiko. Vielleicht hat sie ganz normal als Modell gearbeitet.«

»Zu klein.«

»Mein Gott, es gibt Handmodelle, Haarmodelle, weiß der Teufel, was diese Typen alles brauchen.«

»Wenn sie eine von diesen verschleppten Frauen ist, dann hat sie mit einer ganz anderen Darbietung vor der Kamera gestanden.«

»Aber warum wird sie umgebracht?«, sagt Crohn. »Man fliegt sie nach Deutschland ein, schmuggelt sie irgendwie über die Grenze und bringt sie nach all der Mühe um? Unwahrscheinlich. Die schicken sie in der Regel weiter. In irgendein anderes Land. Osteuropa vielleicht. Diese Frauen sind wertvoll.«

»Vielleicht wollte sie zur Polizei?«

Crohn schüttelt den Kopf.

»Wissen Sie, was passiert, wenn diese Frauen in ihre Familien zurückkehren? Die sind ein Leben lang gezeichnet. Die können nur reich zurück oder mit einem Mann oder gar nicht. Das ist ja der Trick, mit dem diese verdammten Zuhälter arbeiten. Das sind die Versprechungen. Du bekommst viel Geld, du wirst einen deutschen Mann heiraten ... immer das Gleiche.«

Crohn setzt sich wieder an seinen Schreibtisch und trommelt auf den Tisch.

»Noch etwas passt nicht.« Er sieht mich scharf an. »Warum sollte sie Ihnen Geld geben? Sie haben doch gesagt, dieser Zeitungsschnipsel sei mit einem Geldstück in Ihre Tasche gelangt.«

»Ist mein Beruf. Die Leute müssen ab und an was Gutes tun. Ich helfe ihnen dabei.«

»Sie betteln?«

»Ich arbeite.«

»Sie betteln für einen guten Zweck?«

»Ich arbeite.«

»Na schön. Und was ist das?« Crohn deutet auf die CD.

»Wieso jubelt ausgerechnet Ihnen jemand das unter?«

»Vielleicht pocht das schlechte Gewissen von Höhler, vielleicht hat sie jemand anders dorthin gepackt? Möglich, dass einer aussteigen will. Keine Ahnung.«

Crohn zieht eine Schublade auf und fischt eine Mappe heraus. Schon wieder Fotos. Das Ganze sieht aus wie ein Verkaufsprospekt für Tiefkühltaschen. Eine der mit einem roten Kreuz gekennzeichneten Boxen ist geöffnet. Zu erkennen ist eine braune Masse, die in einer Flüssigkeit schwimmt.

»Was haben Ihre Wochenendeinkäufe damit zu tun?«

»Das ist die Leber eines sechsjährigen Mädchens. Unbekannte Herkunft. Haben wir im Gepäckraum eines Privatjets sichergestellt. In Fuhlsbüttel.«

Manchmal bin ich wirklich froh, dass ich so selten Zeitung lese. Aber wenn ich mich daran erinnere, womit ich mich manchmal zudecke, wird mir ganz kalt auf dem Rücken.

»Wenn die Kinder ›verbrannt‹ sind, gibt es immer noch die Möglichkeit, sie als Organspender zu benutzen.«

»Also müssen wir uns beeilen?«

Crohn nickt.

»Und was halten Sie von dieser Chinesin?«

Der Kommissar lässt mich unter der Bedingung frei, ihn auf dem Laufenden zu halten. Nur dass ich im Hauptberuf obdachlos bin, nimmt er mir nicht ab. Dass ich keinen festen Wohnsitz hätte, na schön, das komme vor, aber obdachlos? Nein, er vermute, dahinter stecke etwas »Religiöses«. Meinetwegen. Deutschland, das Land der Dichter und Denker. Hält mich womöglich für so eine Art Diogenes, dem man die Tonne geklaut hat. Dabei sind Tonnen völlig unpraktisch, da werfen die Leute nur ihren Müll rein. Trotzdem ist es schön, wenn Menschen sich Geschichten erzählen.

Geschichten sind selten geworden. Haben sich aus dem Alltag auf und davon gemacht. Kein Wunder, bei dieser Hetze nach Geld und Anerkennung, nach dem großem Auto und großer Wohnung und »hoffentlich wird mir nicht gekündigt«. In dem Laufrad wird den Geschichten ganz schwindlig. Die Leute, die sie erzählen könnten, sind ein klein bisschen glücklich, weil sie was geschafft haben. Und im nächsten Augenblick sofort unglücklich, weil sie Angst haben, das wieder zu verlieren. Und hast du erst mal Angst, glaubst du immer, du hast zu wenig, wirst erniedrigt, schlecht behandelt und müsstest es ganz entschieden besser haben. Und dann, dann verabschieden sich all die Geschichten. Ist ihnen zu eng geworden im Kopf. Dabei hat der Kosmos die Karten ausgeteilt, und manchmal, aber nur ganz selten, darf man ein paar tauschen. Ist so eine Art intergalaktisches Poker. Nur dass hier die neuen Karten nicht gekauft werden können. Nee, das neue Blatt kannst du nicht erbetteln und erflehen, das wird dir einfach auf den Tisch gelegt. Oder eben auf die Decke. Wenn es Zeit dafür ist. Für mich sorgt mein angebeulter Penner-Stern. Und für Maria? Für sie ist diese Partie zu Ende. Die Augen werden gezählt und die Karten neu gemischt. Auf in die nächste Runde.

Sheila heißt mit Nachnamen nicht etwa Li oder Dao oder Hanoi oder Wundersame Nadel, nein, sie heißt Weber. Auch an ihr haben die Flohmarkthändler oder Leiter von Karstadts Haus-Heim-Deko-Abteilung keine rechte Freude. Weiße Behandlungsliege, weißer Tisch, weißes Schränkchen. An der Wand ein Plakat mit einem nackten Menschen und lauter fiesen Linien auf seinem Körper. Auf dem Tisch versprüht eine Bananenblüte ihr orangefarbenes Leuchten.

»Ich habe Sie warten lassen«, sagt Sheila und verneigt sich leicht. Ihr Kittel hat Ähnlichkeit mit meinem Omen-Mantel. Nur eben weiß.

»Sie müssen keine Angst haben«, sagt sie.

»Sollte ich?«

»Ein wenig kann nicht schaden. Umso leichter fließt später ihre Lebensenergie, das Qi. Die hüpft dann richtig vor Freude. Wie bei einem Stausee, wenn man die Fluttore öffnet.«

»Und wenn sich Frau Qi vor lauter Freude gar nicht ins Freie traut?«
Pfirsichblüte lächelt und schreitet zur Tat.

Mit ihrem Rücken deckt sie ein Schränkchen ab und dreht sich dann mit einem Glas voller glänzender Nadeln um.

»Um Himmels willen. Alle?«

Während sie mir die Nadeln in den Körper dreht, passiert etwas Eigenartiges. Nämlich gar nichts. Nichts zu spüren, außer ihrer angenehm warmen Handfläche.

»Sie sind kein Model-Scout«, sagt sie.

»Und Sie kein Model.«

»Ein kleines Zubrot. Die Praxis läuft schlecht. Die Leute halten ihr Geld zusammen.«

»Hier in Pöseldorf?«

»Besonders hier. Wissen Sie, was sich meine Nachbarn am meisten wünschen?«

»Freien Blick auf die Alster? Eine Motoryacht am Anleger von Bobby Reich?«

»Einen Aldi- oder Lidl-Markt in der Nähe und direkt daneben ein paar Delikatessengeschäfte.«

»Seltsame Wünsche.«

»Na ja, man spart Geld beim alltäglichen Einkauf, und dafür gönnt man sich dann etwas Besonderes. Wegen dem Lebensgefühl.«

Pfirsichblüte nadelt meinen Hals entlang.

»Was immer Sie in der Agentur machen, seien Sie vorsichtig«, sagt sie, und ihrer Stimme ist nicht anzumerken, ob es Besorgnis ist oder eine Warnung.

Plötzlich ein stechender Schmerz. Ich habe das Gefühl, als hätte sie mich direkt zwischen den Schulterblättern gepfählt.

»Oh, Entschuldigung. Da muss ich wohl einen Nerv getroffen haben«, sagt sie.

Sie kichert und bittet mich, ein paar Minuten liegen zu bleiben. Ein angenehm warmer Strom fließt durch meinen Körper. Frau Qi tanzt. Selbst die Faust, die mich seit dem Beginn meiner Maskerade im Nacken gepackt hält, lockert ganz langsam ihren Griff. Bei Verspannungen gehe ich ja sonst immer runter in die U-Bahn-Stationen am Hauptbahnhof.

Da gibt es für uns Penner klassische Musik zur Entspannung. Ganz umsonst. Ein bisschen Kultur an der richtigen Stelle kann dein Leben verändern. Fehlt nur noch ein Schauspielhaus-Obdachlosen-Rabatt. Dafür würde ich sogar Programmhefte verkaufen. Und vorher duschen.

Sheila macht ihrem chinesischen Aussehen alle Ehre. Sie ist nicht gerade leicht einzuschätzen. Hält sie mich für einen Polizisten? Oder einen Privatdetektiv? Oder einfach nur für einen armen Idioten, der gerade im Begriff ist, in sein Unglück zu rennen? Und was spielt sie für eine Rolle? Ist sie eine von den Guten oder von den Bösen?

Frau Qi hilft mir auf die Beine. Irgendwie hat sich die Erdgravitation verändert. Ich bin ein paar Kilo leichter. In ihrem Schreibtisch liegen Briefe von einer Akupunktur-Vereinigung in Hongkong. Daneben Post vom Heilpraktiker-Verband und zwischendrin ein Umschlag. »Children's Defence« firmiert als Absender. Darin ein paar Steckbriefe von Kindern. Also doch eine Gute? Eine Verbündete wäre jetzt nicht schlecht, aber warum steht auf dem Umschlag nicht ihre Adresse, sondern die von einem Dr. Sato aus Norwegen?

Plötzlich klingelt das Telefon, und der Anrufbeantworter springt an.

»Sheila, wir brauchen dich«, sagt eine Stimme. »Ruf zurück.«

Drei Uhr in der Nacht. Die Luft steht über Pöseldorf, und der Mond hat sich hinter einen Tüllvorhang geschoben. Die Fenster der Fabriketage sind mit schwarzen Pappen zugestellt. In den Schlitzen neben den Fensterrahmen zucken Lichtblitze auf. Vor dem Haus parkt ein schwarzer Lieferwagen mit getönten Scheiben.

Drüben schlägt die Turmglocke von St. Johannis.

Und Omen friert. Ist nichts, wenn man sich nicht in der gewohnten Kleidung bewegen darf. Plötzlich biegt ein schwarzer Jaguar in die Milchstraße. Ich drücke mich hinter den efeuumwucherten Brunnen. Höhler springt als Erster aus dem Auto.

»Scheiß auf den Vertrag«, sagt er. »Wir hatten eine Abmachung. Morgens um sieben Uhr ist das Studio wieder sauber.«

»Wer hält sich denn hier nicht an unsere Abmachung?«

Der nette Adrien, den ich auf dem Agenturfest kennengelernt habe, legt seine Arme auf das Autodach.

Auch die beiden Schränke, die aussehen, als hätte man sie aus einem ganz miesen Mafiafilm geklaut, wälzen sich aus dem Auto.

Höhler tippt seinen Code in die Schließanlage und verschwindet im Innern. Adrien und seine Begleiter folgen. Und auch Omen kann seinen Fuß gerade noch in die Tür schieben.

Im Eingangsbereich ist niemand zu sehen. Der Brunnen plätschert munter vor sich hin. Nur die elektrische Sonne ist gerade untergegangen.

Die Tür zum großen Studio lässt sich öffnen. In der Mitte steht das große Bett, das ich von der CD kenne. Ein Fotograf und ein Mann mit einer Videokamera dirigieren das Paar durch die lilafarbenen Laken.

»Und jetzt machen wir noch eine Sandwich-Einstellung. Wo steckt der andere Darsteller?«

Adrien steht etwas abseits. Eine der Frauen blickt zu ihm hinüber. Er lächelt ihr zu.

Hinter mir brummt etwas, und schon werde ich wortlos von einem dieser Riesen in das Studio geschoben.

»Welch netter Besuch«, sagt Adrien.

Dumm gelaufen für Omen. Höhler ist weit und breit nicht zu sehen. Hat sich wahrscheinlich in sein aufgeräumtes Büro zurückgezogen und sortiert Zahlen.

»Womit können wir dienen?«, fragt Adrien.

»Ich war zufällig in der Nähe.«

»Zufällig.«

Einer der Bodyguards tritt auf Adrien zu und flüstert ihm etwas ins Ohr.

»Sie sind also tatsächlich allein gekommen?«

Einer der Leute findet den Zeitungsartikel in meiner Tasche. Adrien wirft einen kurzen Blick darauf.

»Ach, ein Privatschnüffler. Und ein dummer dazu. So ganz ohne Flankenschutz?«

»Ich suche nur ein paar Kinder, mehr nicht«, sage ich. »Würde gerne verhindern, dass sie auch noch in die Alster entsorgt werden.« Adrien nickt mir gütig zu.

»Ja«, sagt er, »einer unserer Stars ist uns abhandengekommen.«

»Maria.«

»Estefania«, sagt er.

So also heißt du wirklich. Gott sei Dank denk ich nicht so viel. Wenn man erst mal tot ist, hilft ein neuer Name auch nichts mehr.

»Also, was wollen Sie?« Er ist wieder ganz Geschäftsmann.

»Menschenraub gehört nicht gerade zu den feinen hanseatischen Kaufmannstugenden.«

»Das ist ein Geschäft. Wir haben die Damen nur übernommen. Wir sind so eine Art Dienstleister. Bringen zusammen, wer zusammenkommen möchte.«

»Da kann man Ihnen ja dankbar sein.«

»Was wollen Sie. Für einige ist das die große Chance.«

»Nobel.«

»Die kommen endlich aus ihrem kleinen Kaff, verdienen Geld.«

»Wollen Sie damit sagen, dass sie freiwillig ... «

»Manchmal braucht es eben einen kleinen Anstoß. Menschen sind träge. Das müssten Sie doch wissen.«

»Und Sie sind der Retter?«

»Das ist eine Win-win-Situation. Alle haben etwas davon. Mit dem Geld ernähren die ihre ganze Familie.«

»Von Überweisungen der verschwundenen Mädchen habe ich noch nichts gehört.«

»Das Geld kommt auf Umwegen in die Familien.«

»Aber warum Frauen aus diesem kleinen Kaff? Warum nicht aus Mexiko-Stadt? Bei dreißig Millionen Einwohnern fällt das doch gar nicht auf.«

»Wir haben nur erstklassige Ware. Keine aidsverseuchten Nutten von der Straße. Keine Schrammen, keine entzündeten Venen von dreckigen Spritzen. Saubere Ware.«

»Und Maria ... ich meine Estefania, wollte nicht mehr mitspielen.«

»Sie haben keine Ahnung. Die hat doch den ganzen Laden hier zusammengehalten.«

»Bis sie nicht mehr wollte.«

»Unsinn. Die war doch ganz wild auf das Geld. Hätte jederzeit gehen können.«

Adrien beugt sich nach vorn.

»Sie verstehen das nicht. Tote Hauptdarsteller von diesem Talent sind echte Kapitalvernichtung. Bringt außerdem jede Menge Unruhe. Ich bin

Belgier, ich hasse die Unruhe. Estefania hat die Mädels zusammengehalten. Außerdem: Wissen Sie, was diese Frauen kosten? Ich bring doch nicht mein Kapital um. Ich bin Geschäftsmann.«

Das macht Sinn. Notfalls hätten sie das Mädchen in eine andere Stadt gebracht oder in ein anderes Land verkauft. Wie Crohn schon sagte.

»Sie allerdings sind kein Kapital. Sie sind ein Kostenfaktor. Sie suchen doch diese Kinder?«

»Sie sind noch in der Agentur?«

Der Belgier blickt lächelnd zu seinen Leibwächtern.

»Auch aus Kosten kann man einen Gewinn machen.«

»Ich komme für meine Rechnung selber auf, vielen Dank«, sage ich.

»Da bin ich sicher. Die lieben Kleinen werden sich mit ein paar Rasierklingen um Sie kümmern. Ein bisschen Crack, und Sie glauben gar nicht, wie motiviert die sind. Die sind klasse, haben Fantasie. Denen brauch ich nur dieses kleine Gerät zeigen, und schon legen sie los.« Adrien deutet mit seinen Blicken zu einem auf dem Schreibtisch liegenden Elektroschockgerät. »Ja«, sagt er lächelnd. »Wir werden etwas hübsches Echtes drehen. Sie glauben gar nicht, wie wild die Fanclubs hinter diesen Sachen her sind. Die menschliche Seele ist dunkel.« Er beschreibt einen Kreis in der Luft. »Unser Film heißt: Misshandelte Kinder wehren sich gegen ihren Peiniger. Schneiden ihm den Schwanz ab und essen ihn auf. Ist gerade in Mode.«

Adrien sieht an mir vorbei.

Wo sind die Heerscharen der Edlen und Gerechten, die mir jetzt eigentlich zu Hilfe eilen sollen? Hinter mir raschelt es tatsächlich.

»Findest du nicht auch?«, sagt Adrien und sieht dabei an mir vorbei.

Noch bevor sie neben mir steht, rieche ich den Pfirsichduft. Genau, diese Retterin hätte ich mir gewünscht. Sie tritt neben den Schreibtisch, und Adrien fasst ihr um die Hüfte.

Sheila lächelt.

»Enttäuscht?«, fragt der Belgier.

Sie fesseln mich an einen Stuhl und drücken mir einen Streifen Paketband über den Mund.

»Sie entschuldigen, aber wir haben noch ein paar Vorbereitungen zu treffen. Wir wollen diese Angelegenheit doch mit größtmöglicher Professionalität beenden, nicht wahr?«

Ja, ich hätte auf Crohns Warnungen hören sollen. Kleider machen Leute und falsche Klamotten aus Omen einen Idioten.

Vorsichtig drückt etwas die Tür auf. Kommen die Kinder? Mit ihrem Essgeschirr? Wollen sie schon mal probieren, die Naschkatzen? Kinder in dem Alter haben immer Hunger.

Es kommt um den Stuhl. »Brust oder Bein?«, frag ich mich, doch vor mir stehen keine mit Crack vollgepumpten Kinder, sondern Joachim Gaatz. Sieht mich mit aufgerissenen Augen an, als wäre er gerade aus einem Traum erwacht und mitten in einer Welt gelandet, die ihm so gar nicht gefällt.

»Was machen Sie hier?«

Nach ein paar Sekunden begreift er, dass er mir das Klebeband abnehmen muss, um eine Antwort zu bekommen. Er zieht es schmerzhaft vorsichtig von meinem Gesicht und löst die Fesseln.

»Ich habe einen Anruf bekommen«, sagt er. »Um Himmels willen, was geht hier vor?«

»Sie sind der Chef.«

Gaatz nickt.

»Um Gottes willen, nicht noch einen Toten«, flüstert er.

»Sie kannten Estefania?«

Gaatz starrt ins Dunkle.

»Ich bin schuld«, sagt er, und über seine Wangen laufen Tränen.

»Sie haben sie umgebracht?«

»Ich habe sie ins Wasser getrieben. Ich bin ein verdammter Feigling.«

Plötzlich saust etwas über seinen Kopf. Ein dumpfes Plock. Gaatz verdreht die Augen und sackt zur Seite.

Der Mann, der aus dem Dunkel tritt, fängt den Körper von Gaatz auf und lagert ihn sachte auf dem Boden. Höhler streicht ihm über den Kopf, als wollte er seine Frisur in Ordnung bringen. Seine Augen sind feucht.

Er sieht mich an und drückt mir ein Elektroschockgerät gegen die Brust. Mit einem Kopfnicken dirigiert er mich ins Studio.

»Er wird morgen Kopfschmerzen haben, und er wird alles vergessen«, sagt Höhler.

»Sie haben das Studio für diese Pornoaufnahmen vermietet.«

»Ohne dieses Geld wäre hier schon längst Schluss. Was sollte ich denn machen? Joachim versteht nichts von Geschäften.«

»Es ist etwas schiefgelaufen?« Höhler nickt.

»Verliebt sich in eine dieser Nutten. Sie wollte mit ihm reden, ihm alles erzählen.«

»Und deshalb sie gleich umbringen?«

»Er hat nur noch von diesem Gesicht gesprochen, von diesen Haaren, den ›kleinen, bezaubernden Gesten‹. Ist völlig weggetreten.«

»Kein Grund, sie umzubringen.«

»Er hat seine Termine nicht mehr eingehalten, wichtige Leute verprellt. Ich habe mit ihm geredet, aber er hat nur vor sich hin gelächelt. Der Mann ist doch keine dreizehn mehr. Er hat eine Verantwortung für den Laden hier. Wir reißen uns hier alle den Arsch auf.«

»Und Sie hatten Angst, dass Estefania ihm alles verrät? Ihre nächtlichen Geschäfte, die Pornografie.«

»Ich hab mit ihr geredet, immer wieder. Aber sie wollte nicht. Ich habe ihr Geld geboten, und dann, dann hat sie mit den Kindern angefangen.«

»Sie hat Ihre Geschäfte gestört.«

»Geschäfte. Ja, als Joachim und ich noch zusammen waren, da hatten wir Geschäfte. Du bist mein Talisman, hat er zu mir gesagt. Und dann hat er ihn weggeworfen, seinen Talisman. Scheiß-Gefühlsduselei.«

»Immerhin sind Sie hier der Geschäftsführer oder wie immer man das nennt.«

»Nichts als das schlechte Gewissen. Aber mit Menschen, die ihn wirklich lieben, konnte er ja noch nie etwas anfangen.«

Irgendwo klappt eine Tür. Die Belgier? Oder bereiten die lieben Kleinen das Menü vor?

»Sie hat immer wieder von den Kindern angefangen, aber was gehen mich die Geschäfte dieser Belgier an? Wenn sie ihre Drecksfotos nicht hier gemacht hätten, dann eben woanders. Ist doch gleich.«

»Und Gaatz?«

»Er hätte nicht mehr weitermachen können. Nicht, wenn er gewusst hätte, dass ... sollen wir hier alles hinschmeißen, weil er sich in eine Nutte verliebt? Einfach alles aufgeben?«

»Und deshalb auch dieser kleine Anschlag auf mich?«

»Ich habe gesehen, wie Estefania Ihnen am Bahnhof den Zettel zugesteckt hat. Da hatte Joachim ja auch noch keinen Narren an Ihnen gefressen.«

Höhler beugt seinen Körper nach vorn, so, als erwarte er gleich einen Schlag.

Ja, die Liebe ist eine Himmelsmacht. Und schlechte Geschäfte eine bittere Salbe.

»Und die Belgier?«

»Sind längst weg. Die riskieren nichts. Das sind Geschäftsleute, Profis.«

Höhler prüft eines der Kabel. Der Mann hat sich auf Strom spezialisiert. Und wieder dieser Duft nach Pfirsichblüten. Sheila tritt aus dem Dunkel und greift sich das Elektroschockgerät, das Höhler auf das Bett gelegt hat.

»Sheila?«

Höhler sieht sie verwirrt an.

»Du bindest ihn jetzt los.«

Höhler lässt sich fallen und richtet plötzlich eine Pistole auf Sheila.

»Ich wusste, dass eine Frau von deinem Kaliber nicht auf diesen Belgier steht. Nimm die Hände hoch. Langsam.«

Sheila macht das, was sie immer macht. Sie lächelt.

Höhler nimmt ihr das Elektroschockgerät aus der Hand und dirigiert sie neben mich.

Wir geben ein nettes Pärchen ab. Ein Penner und die Rache Asiens, und alles vor dem Lauf einer Pistole.

»Woran haben Sie mich erkannt«, frage ich. Omen will wissend sterben.

»Der Mantel«, sagt Höhler.

Plötzlich krabbeln die quietschenden Kinder unter der kleinen Bühne hervor.

Der Junge sieht mich und quäkt »Him...himmelllhoch« und reißt bei »hoch« die Ärmchen in die Höhe.

Höhler sieht sie verwirrt an und richtet das Elektroschockgerät auf sie.

Der Junge und das Mädchen weichen erschreckt zurück. Wie zwei ängstliche Kätzchen verkriechen sie sich unter dem Holzpodest.

»Zwei Tote durch Stromschlag, das nimmt Ihnen doch keiner ab.«

»Die Alster war keine gute Idee«, sagt Höhler. »Aber in Planten un Blomen werden gerade neue Rosenbeete angelegt.«

»Und warum beschweren Sie die Tote ausgerechnet mit einer Schaufensterpuppe?«

»Auch ein Fehler, aber ich musste mir etwas ausdenken. Seitdem das amerikanische Konsulat abgeriegelt ist, werden an der Alster immer wieder Autos kontrolliert. Ich habe sie in einem Plastiksack transportiert und den Kopf herausragen lassen. Notfalls wäre das als ganze Puppe durchgegangen.«

»Und die Agentur?«

»Der Betrieb geht weiter. Joachim wird nie erfahren, was hier wirklich passiert ist.«

Plötzlich kullert eine Glaskugel über den Boden, dann eine zweite und eine dritte. Ein Prasseln unter der Bühne, und es werden immer mehr. Hunderte kleiner bunter Kugel-Sterne rollen über den Boden. Ein Glasmurmel-Universum. Höhler sieht auf den Boden. Der Junge kriecht hervor, beugt seinen Kopf und rennt mit voller Wucht gegen Höhlers Beine. Höhler tritt auf die Murmeln und versucht, mit rudernden Armen die Balance zurückzugewinnen.

Ich sehe das Mädchen, das einen Korb unter den fallenden Höhler schiebt. Und wieder sind es Sterne. Wollsterne. Und in jedem stecken gleich mehrere Stricknadeln. Muss wohl eins der Models hier vergessen haben. Höhler rudert mit den Armen, fällt dann auf den Rücken und versucht wieder hochzukommen. Doch sein Körper ist ihm zu schwer geworden, und er sackt zurück. Eine der Stricknadeln ist durch den Körper gedrungen und in der Nähe des Herzens wieder ausgetreten. Hebt die Anzugjacke, und es sieht aus, als baue sich da von ganz allein ein kleines Zelt auf, in dem sich seine Seele noch ein paar Minuten ausruht, bevor sie auf eine weite Reise geht. Aber Gott sei Dank denk ich ja nicht so viel.

»Vielleicht FBI oder Interpol oder CIA?«

Sheila lächelt. Wie immer.

»Omen, vielleicht bin ich nur ein verdammtes Schlitzauge, das sich um kleine Schlitzaugenkinder kümmert. Globalisierung, du verstehst? Vielleicht hab ich ja auch einen mexikanischen Pass?«

Sie lächelt mich an, als wollte sie mich von der Straße in ein festes Haus locken. Keine Gefahr, Omen hat seine Impfungen. Jedenfalls hoffe ich, dass sie noch wirken. Sicher bin ich da allerdings nicht. Manchmal müssen die ja wohl aufgefrischt werden, hab ich gehört.

»Und Crohn hat die Geschichte mit dem Unfall geglaubt?«

»Natürlich nicht.«

»Und die Belgier?«

»Das sind Geschäftsleute, und Geschäftsleute suchen sich einen neuen Partner, wenn der alte zu nichts mehr nutze ist. In Berlin, meint er. Vier mexikanische Frauen hat die Polizei übrigens aus einer Pension in der Binderstraße geholt.«

»Und was ist mit Gaatz?«

»Dem geht es schlecht. Versteht das alles nicht.«

»Und die Kinder?«

»Wir suchen Verwandte, aber da gibt es kaum Chancen. Wahrscheinlich wurden sie von ihren Eltern verkauft. Wie ist es?«

»Wie ist was?«

»Willst du sie nicht anlernen? Ist doch *die* Geschäftsidee. Die verdrücken ein paar Tränen, wenn du deine Hunde auf Sylt verkaufst, und schon werfen dir die Leute das Doppelte in deine Büchse.«

Hört sich alles nach Familie an, und da hat Omen Angst. Die Kinder müssen lernen, ihre Alu-Sterne alleine in den Himmel zu werfen. Sonst trocknet womöglich am Ende noch die Milchstraße aus.

Außerdem, so zwischen Parkbänken und Büschen lässt sich eine Familie schwer zusammenhalten. Schulhefte, in die es ständig reinregnet, und dann der ganze Ärger bei den Elternversammlungen.

Stell dir vor, da taucht plötzlich ein Penner auf und begleicht die Kosten für die Klassenfahrt mit einem Säckchen voller Cent-Stücke. So etwas kann Verwirrung schaffen.

Omen braucht sein Hotel zu den Tausend Sternen. Noch. Und außerdem: Einer muss die Arbeit schließlich erledigen. Kann nicht jeder. Die Hand aufhalten ist eine anstrengende Angelegenheit. Mach das mal 'ne halbe Stunde. Wirst schon sehen.

FRANK GÖHRE

Rentner in Rot

Hauptkommissar Fedder stand in der leeren Wohnung. Sie war preiswert, aber sie gefiel ihm nicht. »Eine Zwischenlösung«, dachte er. Er sah aus dem Fenster. Auf dem Rasenstück gegenüber der Kirche am Eidelstedter Weg lagerte eine Gruppe Schwarzer. Sie hatten Bierflaschen in der Hand und rauchten Joints. Fedder hatte nie Drogen genommen. Er verweigerte sogar Aspirin, obwohl ihn immer häufiger rasende Kopfschmerzen plagten. Auch jetzt pochten seine Schläfen.

Überanstrengung. Stress. Ein leichtes Frösteln überlief ihn. Vorbote einer Erkältung – zu dieser Jahreszeit, mitten im August, es war zum Verzweifeln! Verhalten seufzend wandte er sich an die junge Maklerin. Sie trug einen knöchellangen Rock und hatte einen vollen Busen, den ein hautenges, ärmelloses Shirt noch betonte. Fedder fing ihren Blick auf und nickte. Er hatte sich entschieden.

Es war genau 18.30 Uhr, als Jörg Fedder im Erdgeschossbüro der Maklerin den Mietvertrag unterschrieb, Kaution, Courtage und erste Monatsmiete mit HASPA-Scheck zahlte und schließlich die Wohnungsschlüssel ausgehändigt bekam. Bevor er sich verabschieden konnte, meldete sich das Handy der jungen Frau. Fedder bekam mit, dass sie von einem Mann angerufen wurde. Sie nannte ihn kaum hörbar »Büjü« und war sichtlich verlegen. Sie drehte ihm den Rücken zu, und Fedder sah sich wieder einmal an seine Ex erinnert, die eine vergleichbar gute Figur hatte.

Evelyn.

Er musste niesen. Die Erkältung brach nun tatsächlich aus.

Zu dieser Zeit saß das Rentnerpaar Inga Klausner, 68, und Horst Brinkmann, 71, im IC-Großraumwagen Nr. 8 auf den Plätzen 92 und 94. Beide waren braun gebrannt, aber reichlich erschöpft. Sie waren morgens um fünf aus ihrem Hotel in Antalya abgeholt worden, hatten drei Stunden auf die Chartermaschine nach Deutschland gewartet, die dann nur bis Düsseldorf geflogen war. Der gebuchte Weiterflug in ihre Heimatstadt Hamburg war aus ihnen unverständlichen Gründen an diesem Tag nicht mehr möglich gewesen. Mehr als verärgert hatte Brinkmann daraufhin die angebotene Übernachtung in einem Flughafenhotel abgelehnt und war mit seiner langjährigen Lebensgefährtin Inga zum Düsseldorfer Hauptbahnhof gefahren. Inzwischen lag Bremen hinter ihnen, und die Gewissheit, in spätestens eineinhalb Stunden endlich wieder daheim in ihrer gemütlichen Eimsbütteler Dreizimmerwohnung zu sein, stimmte sie nun einigermaßen versöhnlich.

Plötzlich aber ertönte hinter ihnen die laute Stimme eines deutlich angetrunkenen Mannes: »Whisky-Cola vierzehn fünfzig, ja natürlich, Gnädigste, der Mann nimmt ein Bier und Madame Whisky-Cola, der Mann steckt zurück, vierzehn fünfzig, ja, was denn, das muss schon sein für einen Stich, er zahlt und darf reinstechen – du Aas! – Ja, was glotzt ihr da so blöd? Das ist die Wahrheit, die bittere Wahrheit – vierzehn fünfzig für Stich und Hieb! Das tut weh, selbstverständlich tut das weh! Die Wahrheit schmerzt, sie muss auch schmerzen, weil es die Wahrheit ist – vierzehn fünfzig, Whisky-Cola, das ist die reine Wahrheit.«

»Unmöglich«, sagte eine einfach gekleidete Frau, die Brinkmann schräg gegenübersaß. In ihrer Begleitung war ein ungefähr acht- oder neunjähriges Mädchen, das neugierig in die Richtung schaute, aus der der Betrunkene zu hören war. Auch Horst Brinkmann drehte sich nach dem Mann um.

Währenddessen hatte Hauptkommissar Jörg Fedder das Maklerbüro am Müggenkamp verlassen und sich in seinen Dienstwagen gesetzt. Er legte den Mietvertrag und die Quittungen in das Handschuhfach und startete den Motor. Beim Einfädeln auf die Fahrbahn sah er im Rückspiegel, wie die hübsche Maklerin ihr Büro verließ. Sie schien es eilig zu haben. Fedder konnte sich denken, zu wem sie ging. Es war ein schöner Spätsommerabend. Ein Abend, an dem man nicht gern allein war.

In dem IC-Abteil mehrten sich inzwischen die unwilligen Äußerungen einzelner Fahrgäste, maulig bis scharf. Der Betrunkene streckte den Leu-

ten die Zunge heraus, krähte, fluchte und sabbelte weiter. Er wurde immer ordinärer. Horst Brinkmann, der sein Geld über viele Jahre als Taxifahrer verdient hatte und jede Sorte Mensch zu kennen und zu nehmen glaubte, machte Anstalten aufzustehen. Inga hielt ihn zurück.
»Bitte«, sagte sie. »Misch dich da nicht ein.«
»Er soll nur die Klappe halten«, meinte Horst. »Das Kind da ist ja schon ganz durcheinander.« Die ihm gegenübersitzende Frau hatte zugehört und nickte bekräftigend. Ja, ja, das Kind, sagte ihr verzweifelter Blick.
»Bitte«, wiederholte Inga. »Das gibt doch nur Ärger. Der Tag war schon schlimm genug.«
Horst tätschelte beruhigend ihre Hand. Ein entsetzter Schrei ließ ihn wieder hochfahren. Er blickte nach hinten. Der Betrunkene hatte eine ältere Frau mit Bier bespuckt. Er drückte die leere Dose zusammen und schleuderte sie in den Gang: »Degeneriertes Pack! Schmeißt Kaviar unters Volk, damit der Pöbel drauf ausrutscht! Whisky-Cola! Keine Ahnung, was die Frau einem antut, kalt wie nichts, zieh dir die Steppjacke an, wenn du zu ihr kriechst, Handschuhe und Nasenwärmer, vierzehn fünfzig und Schluss ohne Reue, raus mit der Kohle und ab, Ende mit lustig, lustig war's nicht, das wüsste ich aber, erst wenn das Blut fließt, wird es richtig lustig, Blut aus dem Leib des HERRN, ohhhja, genagelt – genagelt ans Kreuz, Miststück – du dreckiges!«

»Nun lass mich aber«, sagte Horst zu Inga. »Du siehst doch, niemand traut sich. Dem muss Bescheid gestoßen werden.« Entschieden machte er sich los, hielt dann aber inne. Die Fahrkartenkontrolleurin hatte das Abteil betreten und augenblicklich erfasst, was hier abging. Verbaler Terror. Horst sah, wie sie sich neben dem Betrunkenen aufbaute. Der Mann hatte nass nach hinten gekämmtes Haar und war unrasiert. Er war schätzungsweise Ende dreißig, ein schlaksiger und ungelenk wirkender Bursche.

Die Kontrolleurin wies ihn zurecht. Sie sprach sächsisch. Der Betrunkene rappelte sich auf und nestelte in eindeutiger Absicht an seinem Hosengürtel. Die Kontrolleurin stieß ihn impulsiv in den Sitz zurück und hastete zum Zugtelefon, um Verstärkung herbeizurufen. Der Betrunkene grölte, dass er ihr schon noch seinen nackten Hintern zeigen werde. Horst Brinkmann setzte sich jetzt doch in Bewegung. Ein stämmiger, südländisch wirkender Bursche kam ihm zuvor. Er griff sich den betrunkenen Randalierer und zischte ihn an: »Du beleidigst keine deutsche Frau, weißt Bescheid?!« Der Betrunkene fasste ihm irre lachend in den Schritt.

Ein Hin- und Hergezerre begann. Es wuchs sich zu einer wüsten Schlägerei im Mittelgang des Abteils aus. Einige Fahrgäste riefen anspornende Kommentare, andere sahen demonstrativ aus dem Fenster. Ein auf beiden Armen Tätowierter sprang auf, wartete ab, bis der Betrunkene für einen Moment frei stand und versetzte ihm dann einen kräftigen Handkantenschlag in den Nacken. Der Südländer trat nach. Die Kontrolleurin stürzte mit einem Kollegen herbei, der gleich fragte, wer der Bekloppte sei. Man zeigte auf den am Boden liegenden Mann, der sich würgend erbrach.

Horst Brinkmann verzog angeekelt das Gesicht. Inga war unter ihrer Bräune blass geworden und schluckte trocken. Besorgt rutschte Horst wieder in seinen Sitz und ergriff ihre Hand.

»Nu' aber ruhig, meine Liebe«, sagte er leise. »Ist schon vorbei, ist gut – ja?« Doch es war noch längst nicht vorbei. Der Betrunkene war hochgerissen worden und schlug, kaum auf den Beinen, erneut wild um sich. Inga Klausner zitterte am ganzen Leib.

Fedder fuhr über die Bundesstraße Richtung Dammtor. Er lenkte den Wagen mit einer Hand, mit der anderen presste er den Hörer seines Autotelefons ans Ohr. Seine vierjährige Tochter Lisa erzählte ihm von ihrem Kätzchen.

»Lisa«, unterbrach Fedder sie. »Lisa, gib mir doch jetzt bitte mal die Mami.«

»Mami macht Wäsche.«

»Ja, Schatz, ich will sie ja auch nur kurz sprechen.«

»Mami mag dich nicht mehr. Stimmt das?«

»Nein, Schätzchen, nein. Mami liebt Papi immer noch sehr. Sag ihr bitte, dass ich am Apparat bin.«

»Mami sagt, du bist dämlich.«

»Das hat Mami bestimmt nicht so gesagt, Lisa. Hörst du? Das –« Der Hörer wurde Lisa aus der Hand genommen. »Ja? Was willst du?« Evelyns Stimme war hart und böse. Fedder räusperte sich. Er musste kurz husten. Ein unsäglicher Schmerz durchzuckte sein Hirn, ballte sich direkt zwischen den Augen.

»Evelyn«, setzte er an.

»Ja, wer sonst? Hast du mit deinem Anwalt gesprochen?«

»Evelyn, ich – nein, ich – nein, ich habe eine Wohnung gefunden.«

»Das interessiert mich einen Dreck. Ich will klare Verhältnisse. Ich will einen Termin. – Lisa, geh und wasch dir die Hände, wir essen gleich. Nun mach schon. – Und du –« Sie wartete einen Moment. Fedder hörte, dass sein kleiner Sonnenschein sich maulend trollte. »Von dir will ich sonst nichts hören. Hast du das verstanden?«

Fedder musste abbremsen. Er spürte, dass ihm der Schweiß ausbrach. Er würde eine böse Grippe kriegen. Sie steckte ihm schon tief in den Knochen.

»Evelyn«, wiederholte er.

»Evelyn, Evelyn!«, äffte sie ihn nach. »Ich kann dieses pubertäre Gejammer nicht mehr hören. Regel, was noch zu regeln ist, und lass mich und das Kind endlich in Frieden.« Die Verbindung brach ab. Evelyn hatte eingehängt.

»Ich brauche ein paar Sachen«, sagte Fedder noch in die tote Leitung. Der Wagen vor ihm fuhr wieder an. Fedder ließ den Hörer auf den Beifahrersitz sinken und setzte den Blinker. Er parkte auf dem Bürgersteig und massierte ausgiebig seine Schläfen.

Evelyn.

Warum war sie so – so abweisend? So hasserfüllt?

Er konnte es nicht verstehen, immer noch nicht. Obwohl er es zigmal von ihr gehört hatte. Alles. Das ganze angebliche Elend ihrer sechsjährigen Beziehung. Sein ständiges Desinteresse und überhaupt.

Sie hatten sich doch geliebt ...

Erst beim Verstauen ihres Gepäcks in den Kofferraum des Taxis am Hamburger Hauptbahnhof bemerkte Brinkmann, dass ein Teil fehlte. Er holte erschöpft Atem.

»Verdammt!«, fluchte er. »Da schleppen wir diese dämliche Kanne die ganze Zeit mit uns herum und nu' – die bronzene Teekanne, meine Liebe. Das Geschenk für Tüsdan. Was soll ich ihm jetzt erzählen?!«

»Aber der Karton –«

»Ja, ja, ich weiß«, unterbrach er die bereits im Fond sitzende Inga. »Ich hab's vermasselt. Ich wollte so schnell wie möglich aus dem Zug. Herrgott noch mal, ich konnte das nicht mehr mit ansehen.«

»Sollen wir noch mal zurück? Wir können es der Aufsicht melden. Hält der Zug nicht auch in Altona?«

»Ja, aber – nein«, entschied Brinkmann und setzte sich zu Inga in den Wagen. Er zog die Tür zu. »Ich kauf' Tüsdan morgen was in der Art. Oben auf der Osterstraße gibt's so einen Laden. Du hast völlig recht – heute hatten wir genug Aufregung. Ich hoffe nur, dass Tüsdan uns nicht gleich über den Weg läuft. Dann muss ich ihn eben abwimmeln.« Er brachte ein verschmitztes Lächeln zustande. »Überraschung morgen, Tüsdan. Gehen wir essen bei Freund von dir in Lokal.«

»Du sollst dich nicht immer über ihn lustig machen«, sagte Inga. Horst verstärkte sein Lächeln und nannte dem Taxifahrer ihre Adresse: »Bundesstraße, Osterstraße und dann rechts rein in den Heußweg.«

Die hübsche Maklerin hieß Kathrin Bunse und musste sich seit Stunden anhören, wie Büjü über seine türkische Sippschaft herzog, seinen Vater Tüsdan einen »herrischen, alten Knochen« nannte, der es nie zu etwas bringen würde, vor allem natürlich, weil er ihm – Büjü – nicht endlich im Geschäft und auch sonst freie Hand ließ, stattdessen diesem oder jenem Vetter sein ganzes Vertrauen schenkte, üble Abgreifer, von denen der eine zudem noch Jale – Büjüs jüngere Schwester – zu verführen versucht hatte, ein ganz schlimmer Finger, dem ... Kathrin gähnte demonstrativ.

Sie hatte sich den Abend anders vorgestellt. Verärgert goss sie sich Tee ein und fragte schließlich, ob Büjü nicht noch was zu rauchen habe.

»Du willst wieder nur kiffen«, fuhr Büjü sie an. Er hatte eine gewisse Ähnlichkeit mit dem jungen griechischen Gastwirt aus der »Lindenstraße«. »Kiffen, Bett, Liebe machen, kiffen, Liebe, kiffen, kiffen, kiffen – ich habe Probleme, große Probleme! Ich höre da, ich höre dort, und überall nur Ärger. Kiffen-ha!« Er war laut geworden.

Kathrin stellte ihre Tasse ab.

»Was willst du hören?«, fragte sie. »Du redest und redest und redest und hast schon auf alles eine Antwort. Du ödest mich an damit. Am Telefon dachte ich, du bist – ach, vergiss es. Warum bin ich auch so bescheuert und spring gleich, wenn du rufst.« Sie richtete sich aus dem Schneidersitz auf und zupfte ihr Shirt zurecht.

Büjü hakte, noch immer sitzend, einen Finger unter den Bund ihres Rockes. Er sah herausfordernd zu Kathrin hoch. »Weil ich gut für dich bin.« Er grinste. »Besser als deutsches Mann.«

»Laß diese dämliche Kanakensprache, du kannst vernünftig mit mir reden.«

»Deutsches Mann Scheiße.« Mit einem heftigen Ruck hatte er ihren Knopfverschluss aufspringen lassen. Der Rock fiel, und Büjü fasste in Kathrins nackte Kniekehle. Kathrin stieß ihn zurück.

»He, he!«, fauchte sie. »So nicht! Untersteh dich! Und von wegen ›deutsches Mann‹ – wenn bei dir nicht langsam mal mehr abgeht, such ich mir ernsthaft jemand anderen. So wahnsinnig toll ist es mit dir nämlich auch nicht.« »Bin ich nicht?« Büjü stand nun ebenfalls auf und tat, als denke er intensiv nach. Dann nickte er, ging zu dem CD-Ständer und nahm eine Disc heraus. Er klappte sie auf und präsentierte Kathrin ein schmales, weißes Tütchen. »Ein bisschen besser als Haschi-Haschi, viel besser. Komm, wir nehmen etwas und dann – dann sagst du, wie gut Büjü ist.«

»Koks? – Nein, danke. Das muss ich nicht haben.«

»Du hast Büjü, Büjü hält dich schön ...«

»Nein.« Kathrin schüttelte entschieden den Kopf. »Hin und wieder ein Joint ist okay, und – mein Gott, Büjü, ich möchte nicht immer nur mit dir in deiner Bude hocken oder mit dir pennen. Lass uns mal rausgehen, irgendwas unternehmen, von was anderem reden, ganz normal. Ehrlich, das macht mich fertig – dein Vater, deine Familie, wenn ich sie wenigstens kennen würde.«

Büjü sagte nichts. Er hockte sich vor den niedrigen Couchtisch und klopfte den Inhalt des Tütchens auf die Glasplatte. Draußen dämmerte es.

Kurz nach Mitternacht schreckte Jörg Fedder aus unruhigem Schlaf auf. Sein Körper war feucht von Schweiß. Seine Stirn glühte. Dunkel erinnerte er sich, von der attraktiven Maklerin geträumt zu haben – Bunse, ja. Bunse. Kein besonders ansprechender Name, aber ihre Figur –

Evelyn, dachte er. Was würde sie in diesem Moment tun? Er war oft spätnachts nach Hause gekommen und hatte sie meistens schlafend angetroffen. Eingeschlafen vor dem eingeschalteten Fernseher. Ein volles Glas Wein neben sich. Eine leere Flasche. Zigaretten auf dem Beistelltisch. Ein überquellender Aschenbecher. Fedder glaubte den Gestank des abgestandenen Rauchs zu riechen. Sein Hals war trocken.

Evelyn.

Er mühte sich aus dem Bett und griff nach dem viel zu großen Bademantel. Mit nackten Füßen – morgen werde ich todkrank sein, dachte er – ging er zur Tür und trat auf den Gang. Vorn im Wohnzimmer brannte Licht. Gottschalk musste inzwischen heimgekommen sein. Pit. Seit Evelyn ihn buchstäblich auf die Straße gesetzt hatte, nächtigte Fedder in der geräumigen Winterhuder Altbauwohnung seines ehemaligen Kollegen. Gottschalk hatte – wie er gern erzählte – »aus Anstand« den Polizeidienst quittiert. Korrumpierte Beamte, eine die Arbeit sabotierende Bürokratie und ein Polizeipräsident, der keinerlei Stehvermögen besaß, hatten seinerzeit den Entschluss beschleunigt. Gottschalk hatte es nie bereut. Fedder kündigte sich durch übertrieben lautes Husten und Schniefen an.

Pit saß breitbeinig im Sessel und entzündete gerade genüsslich eine seiner extrem teuren Zigarren.

»Du röhrst, als ob du gleich krepieren wolltest«, empfing er ihn. »Du hättest mit ins ›Borsalino‹ gehen sollen. Ich hatte das Vergnügen mit zwei ungemein scharfen Tanten. Das hätte dir allen Dreck aus den Knochen getrieben. Ingrid – meine Innenausstatterin – hat eine Freundin aus München mitgebracht. Eine Ärztin. Heike Schlagmichtot. Krebsstation. Ist nach eigenem Bekenntnis süßigkeitensüchtig. Aber kein Gramm zu viel auf den Rippen. Ein Körper – nimm dir einen Cognac und gieß mir auch einen ein.«

»Ich habe eine Grippe«, sagte Fedder.

»Dann tu dir ein rohes Ei dazu«, sagte Gottschalk. »Das hilft – wenn du schon keine Tabletten nehmen willst. Was ich – zum zigsten Male wiederholend – für sträflichen Unsinn halte.«

Fedder stellte ihm ein Glas und die schwere Karaffe hin und setzte sich ihm gegenüber auf die Couch. »Ich weiß nicht, wie ich das alles schaffen soll«, sagte er. »Ich habe seit heute eine Wohnung –«

»Ach ja? Wo denn? – Hör mal, du musst dich in keiner Weise gedrängt fühlen. Hier ist Platz genug. Ich hab sogar schon daran gedacht, ob du nicht mit deinem ganzen Zeug hier einziehst. Ingrid hätte da bestimmt ein paar nette Vorschläge – aufteilungsmäßig. Meines Erachtens bist du sowieso ganz ihr Typ – schlank, drahtig, gutaussehend. Verdammt, diese Heike geht mir nicht aus dem Kopf. Allein, wie sie zugelangt hat – das hättest du sehen müssen! Flutsch – die Pasta reingeschlürft. Ja, richtig in sich reinGESOGEN, göttlich!«

»Zwei Zimmer«, setzte Fedder neu an. »In Eimsbüttel – nein, eigentlich schon Stellingen. Genau auf der Grenze. Eidelstedter Weg, gegenüber der Kirche.«

»Überleg's dir«, sagte Gottschalk. Fedder hatte den Eindruck, dass er gar nicht hingehört hatte. »Überleg's dir noch mal. Du und Ingrid – das könnte was werden. Eine reife Frau täte dir momentan gut. Oder stört dich, dass ich mal mit ihr im Bett war? Nur einmal, wohlgemerkt.«

Fedder musste niesen. Einmal. Zweimal. Er zog die Nase hoch und sank erschöpft in die Couchkissen zurück.

»Ich glaube, ich kann es erst am Wochenende angehen«, sagte er. »Nein, danke, Pit. So gern ich hier bin – ich muss da allein durch. Evelyn ist zurzeit auf Abwehr. Ich denke, sie muss sehen, dass ich mich bewege.«

»Evelyn ist eine dämliche Kuh«, erklärte Gottschalk. »Das hab ich dir immer schon gesagt. Durch und durch egozentrisch. Sie hat, was sie von dir wollte: ein dummes Balg.«

»Bitte.«

»Natürlich. Genau so ist es. Ein ›reizendes kleines Mädchen‹, das sie betüteln kann, und das reicht ihr. Ich wette, sie hat dich nach der Geburt nicht einmal mehr rangelassen, stimmt's?«

Zu dieser Zeit, es war genau 0.43 Uhr, schloss Kathrin ihre Wohnungstür auf. Sie fühlte sich hundeelend. Nur beim Kokain war sie konsequent geblieben. Alles andere – es war zum Kotzen. Es war keine Liebe mehr, keine Zärtlichkeit. Er war nur rein ins Bett und dann eine Befriedigung, die einen schalen Nachgeschmack hinterließ. Scham. Scham über sich selbst. Weil sie es dennoch zugelassen, getan hatte. Und doch ... Scheiß-Büjü. Scheiß-Kerl. Scheiß-Türke. Mein Gott, sie wollte nicht so denken, aber sie tat es.

Ihr Telefon klingelte.

Büjü, schoss es ihr durch den Kopf. Büjü, und er sagt mir was Liebes. Sagt, dass er bedauert, mich gehen gelassen zu haben. Redet mit mir. Ist sanft und verständnisvoll. Sie hastete zum Apparat und nahm den Hörer ab.

»Heike«, hörte sie und wusste einen Moment lang nichts damit anzufangen. »Heike – he, verschlägt's dir die Sprache? Ich bin für ein paar Tage in Hamburg. Du hast doch nicht etwa schon geschlafen? Hab ich dich geweckt?«

»Heike.«

»Hast du was genommen? Bist du nicht allein?«

»Nein, nein – nein, ich bin gerade erst zurück. – Heike, mein Gott, von dir habe ich ja eine Ewigkeit nichts mehr gehört. Warum hast du mich nicht vorher angerufen? Bist du im Hotel?«

»He – genau das ist der Punkt. Ich meine – nein, ich bin bei einer alten Bekannten, aber die – hör mal, ich würde lieber woanders unterkommen. Das ist ein bisschen kompliziert zu erklären. Hast du vielleicht –?« Kathrin begriff. Sie nahm den Apparat mit in ihr Wohnzimmer. »Schon klar«, sagte sie. »Selbstverständlich kannst du bei mir pennen. Wo bist du jetzt?«

„Winterhude – he, das ist klasse. Ich freu mich, dich zu sehen. Ich stör dich wirklich nicht?«

„Nimm dir ein Taxi – nein, ich freue mich auch. Hast du noch meine Adresse im Heußweg?« Heike ratterte sie schon wie selbstverständlich runter, und sie legten auf.

Heike. Das würde bestimmt eine lange Nacht werden. Kathrin ging ans Fenster. Zu ihrer Überraschung war das Eckfenster im dritten Stock des gegenüberliegenden Hauses noch erleuchtet.

Waren neue Mieter eingezogen?

Sie hatte bislang nur die beiden alten Leute in der Wohnung wahrgenommen. Gelegentlich und immer nur tagsüber. Mit Einbruch der Dunkelheit schienen sie sich in einem der rückwärtigen Zimmer aufzuhalten.

Nein. Es gab doch keine neuen Bewohner.

Kathrin bemerkte jetzt den ihr nur vom Sehen bekannten älteren Herrn. Er war im Unterhemd und kramte nach irgendetwas. Als er sich wieder voll aufrichtete, hatte er ein breites Messer in der Hand, das er prüfend ins Licht hielt.

Kollege Schweckendiek nahm die Meldung der Streife an, reagierte schroff wie immer und verkündete dem ihm gegenübersitzenden Fedder dann knapp: »Rentnerin im Heußweg.«

»Ja was?«, fragte Fedder nach. Er war inzwischen schwer erkältet und hatte das Gefühl, durch Watte zu sprechen. »Offenbar Totschlag. Wohnung nur flüchtig durchsucht. Kein größeres Chaos. Hört sich nach so einer Junkie-Scheiße an. – Klausner, Inga Klausner, Heußweg 75. Die Jungs von der Wache warten. – Eimsbüttel, meine Fresse. Das häuft sich da. Muss inzwischen wirklich nett sein in dem Bezirk zu wohnen.«

Fedder nieste kräftig. Mehrere Male.

»Ausschwitzen«, riet ihm Schweckendiek. »Abends ein heißes Bier und dann unter die Decke.« Er zwinkerte. »Nicht unbedingt allein. Du hast doch 'ne Prachtfrau.«

Fedder erwiderte nichts. Er hatte erst vor wenigen Stunden noch einmal mit Evelyn telefoniert. Mit dem Ergebnis, dass sie ihm gestattet hatte, am Samstagvormittag in der Zeit von zehn bis zwölf seine Sachen aus der Wohnung zu holen. Sie würde währenddessen mit Lisa einkaufen gehen.

Eine Prachtfrau. Liebenswert und voller Verständnis. Aber sicher doch.

Fedder stopfte sich verbissen ein neues Paket Tempo-Taschentücher in die Jackentasche und wies Schweckendiek an, das Übliche in die Wege zu leiten. Dann verließ er das Büro im Polizeihochhaus am Berliner Tor.

Heike wachte an diesem Tag erst um halb drei nachmittags auf. Es war die zweite Nacht, die sie in Kathrins Wohnung verbracht hatte. Sie wühlte sich aus den Decken, öffnete weit das Fenster, machte zwanzig Rumpf- und ebenso viele Kniebeugen und ging unter die Dusche. Eine Minute eiskalt, drei Minuten heiß – sie rieb sich mit Duschgel ein, brauste sich ab und bürstete vor dem Spiegel ihr kurzes, blondes Haar. Dabei überkam sie ein unsäglicher Heißhunger nach Haribo-Lakritzen. Sie hatte die Vision einer großen Tüte. Da sie inzwischen wusste, dass Kathrin weder Haribo noch irgendwelche Schokolade im Haus hatte, zog sie rasch ihre Jeans und das knallgelbe Shirt über, schlüpfte in ihre Ibiza-Leinentreter und eilte auf die Straße. Sie hatte keinen Blick für die Schaulustigen, die sich vor dem gegenüberliegenden Haus drängelten und in kleinen Gruppen miteinander debattierten. Sie sah auch nicht den Streifenwagen und nicht den Notarztwagen. Ihr Ziel war Karstadt, und bis dahin lief sie zügig.

Vor dem Eingang zu Karstadt hockte ein schlaksiger Typ auf einem abgewetzten Rucksack. Er hatte ein Pappschild vor sich liegen. »GEÄCHTET!« war in großen Buchstaben darauf zu lesen, und der total fertig aussehende Mann brabbelte in einer Tour vor sich hin: »... Opfer staatlicher Willkür, zweiunddreißig Mark für die Fahrt, voll gezahlt, ja, was denn, das kostet seinen Preis, Bremen – Hamburg, brutaler Übergriff, nur weil die Frau Stich und weg, will niemand hören, aber wahrlich, ich sage euch, der HERR dort oben sinnt bereits auf Rache, für all die, die geächtet und verloren sind ...«

Heike kramte aus einem Impuls heraus ein paar Münzen aus ihrer Jeanshosentasche und legte sie dem Geächteten neben das Schild. Der Mann dankte mit einem tiefen Nicken. »Wahrlich!«, rief er ihr nach, »wahrlich eine Huldvolle in all dem Elend, eine göttliche Erscheinung, eine Frau, die unberührt bleiben soll von der Rache des HERRN, wahrlich, das gelobe ich, nimm sie aus von deiner Rache, HERR, sie soll nicht bluten ...«

Heike blickte nicht zurück. Sie stemmte die Schwingtür auf und sah gleich hinten links die sich über eine ganze Wand hinziehenden Schalen mit den herrlichsten Lakritzen, Weingummis und vielen anderen Köstlichkeiten – ein Paradies.

Das Blut war bereits getrocknet, roch aber noch. Es war ein faulig-süßlicher Geruch, der penetrant in der muffigen Luft des kleinen Schlafzimmers hing. Das Zimmer war vollgestellt mit einem wuchtigen Doppelbett, zwei dazu passenden Nachttischchen aus dunkelbraunem Holz und einem Kleiderschrank, der die gesamte Frontwand einnahm. Beide Nachttischchen waren überhäuft mit Arzneimitteln, Zahnersatzbehältern, Papiertaschentüchern, Uhren, Brillen und Illustrierten. Auf einem stand zudem noch eine angebrochene Flasche Wasser und ein leeres Glas.

Die tote Frau lag direkt vor dem Doppelbett. Es hatte den Anschein, als habe sie sich mit letzter Kraft am Rahmen hochziehen wollen. Sie trug eine hellgraue, leicht ausgestellte Hose und eine blaugepunktete Bluse. Unter ihrem Kopf, der mit dem Gesicht nach unten lag, hatte sich eine Blutlache gebildet.

Fedder sah auf einen Blick, wodurch der Tod herbeigeführt worden war. Das Messer mit der breiten Klinge lag etwa einen halben Meter vom gekrümmten Körper der Frau entfernt.

Er nickte stumm und überließ den Raum wieder seinen Kollegen. Er wandte sich an den wie versteinert auf der Sesselkante hockenden Lebensgefährten der erstochenen Rentnerin.

»Es tut mir leid, aber ich muss Ihnen einige Fragen stellen«, begann er. Der braungebrannte und blühend aussehende Mann starrte ihn ausdruckslos an. »Wann haben Sie Frau Klausner zuletzt lebend gesehen?«

Der Mann antwortete nicht.

»Herr Brinkmann«, setzte Fedder neu an. »Es muss sein. Sonst haben wir keine Chance.«

»Frühstück«, sagte Brinkmann jetzt. »Wir haben noch zusammen gefrühstückt. Gestern bin ich zu nichts mehr gekommen.«

»Gestern? Was war da?«

»Unser erster Tag zu Hause. Wir waren bis Montag im Urlaub. Sind erst abends zurückgekommen. Der verdammte Koffer. Ich bin schuld. Ich hätte es noch geschafft. Aber es ist alles schiefgegangen. Von der Abreise an.« Er knetete seine Finger. Fedder versuchte, ihn zu verstehen.

»Sie glauben, dem Täter ging es um einen Koffer? Hat er danach gesucht? Fehlt ein Koffer?«

Brinkmann sah ihn mit großen Augen an. Er schüttelte den Kopf. Eine Regung, immerhin.

»Das Messer«, sagte er dann. »Ich hab ihn nicht aufgekriegt. Nicht mit dem Schlüssel. Es war zum Verrücktwerden. Ich hab schließlich das – dieses Küchenmesser genommen. Inga hat noch gesagt, tu es nicht. Ich hätte auf sie hören sollen. Das hat sie nicht verdient, nicht so einen Tod. Sie hat keiner Fliege was zuleide tun können. Wer macht so was? Bringt sie um wegen – wegen nichts. Nein – nein, es fehlt nichts.«

Fedder rieb sich die Stirn. Sie war noch immer heiß. Kopfschmerzen, Fieber. Schmerzende Gelenke. Sein Mund war staubtrocken. Steif setzte er sich Brinkmann gegenüber und präsentierte ihm seinen Minirecorder.

»Versuchen Sie, nur auf meine Fragen zu antworten«, sagte er und schaltete das Gerät ein. Brinkmann nickte mechanisch und kramte nach seinen Zigaretten.

Nach knapp einer halben Stunde hatte Fedder erfahren, dass das Rentnerpaar am Tag nach der anstrengenden Rückreise aus der Türkei zu erschöpft gewesen war, um aus dem Haus zu gehen. Sie hatten lange geschlafen. Sie hatten sich eine Konservensuppe zubereitet und danach ihre Koffer ausgepackt, auch den von Brinkmann in der Nacht zuvor gewaltsam mit dem Messer geöffneten. Inga hatte die Schmutzwäsche für die Reinigung und für die eigene Waschmaschine sortiert. Horst Brinkmann hatte am Nachmittag »Hans Meiser« gesehen. Gegen Abend hatten sie je zwei Gläser von dem mitgebrachten Likör getrunken, Inga hatte ein altes Kreuzworträtsel gelöst und Brinkmann noch einen Spielfilm auf einem der Kabelsender angeschaut. Es war ein ruhiger Tag gewesen. Heute Vormittag war Horst Brinkmann gegen zehn Uhr zur HASPA-Filiale Ecke Osterstraße und Heußweg gegangen, hatte ihrer beider Kontoauszüge gezogen und von seinem Konto dreihundert Mark abgehoben. Danach hatte er auf der oberen Osterstraße eine auf antik getrimmte Teekanne besorgen wollen, war aber bei der »Stadtschlachterei« von einem Bekannten namens Deumlich aufgehalten und zu einem kleinen Imbiss überredet worden.

Man hatte über Brinkmanns dreiwöchigen Urlaub geredet, über verschiedene Vorkommnisse im Viertel während seiner Abwesenheit und noch über dies und jenes. Der Secondhand-Laden, in dem Brinkmann die Teekanne vor gut einem Monat gesehen hatte, war über Mittag geschlossen. Und so war Brinkmann kurz vor zwei heimgekehrt, hatte die Wohnungstür offenstehend vorgefunden und ...

Tüsdan, ein kleiner, agil wirkender Türke Ende fünfzig, war gerade dabei, sein Obst-und-Gemüse-Geschäft im Stellinger Weg – auf dem Ladenschild stand »Tüsdan's Paradies« – zu schließen, als Büjü um die Ecke bog.

Überrascht blieb Büjü für den Bruchteil einer Sekunde stehen. Dann war er wie ein Blitz bei seinem Vater und herrschte ihn an: »Was soll das?!«

»Du siehst«, sagte Tüsdan und griff nach einer Kiste mit Birnen aus dem Alten Land.

»Es ist Nachmittag, in ein paar Minuten haben die ersten Leute Feierabend – Hauptgeschäftszeit. Spinnst du?«

»Du reden mit deine Vater, verstanden?« Tüsdan wechselte ins Türkische und fand viele nicht sehr schmeichelhafte Worte für Büjü. Der Wortschwall gipfelte in der Frage, wo Büjü die ganze Zeit über gesteckt habe.

Büjü schnaubte böse: »Seit zwanzig Jahren hier, und du kannst immer noch nicht Deutsch reden. Nur Kanakensprache.« Er musste kurz an Kathrin denken, an ihren warmen Körper, ihre wunderbaren Brüste und die fantastisch langen Beine. »Wo ich war? – Verdammt, ich habe mich ums Geschäft gekümmert, um dieses Geschäft! Wir können den Feta wesentlich billiger beziehen. Auch die Oliven! Ich habe mit Landsleuten gesprochen, ich war auf dem Großmarkt. Da lachen sie schon über dich. Also, was soll die Scheiße?«

»Mein Geschäft«, erwiderte Tüsdan. Er schleppte die Kiste in den Laden. Büjü folgte ihm. Sein Vater stellte die Obstkiste auf einem bereits aufgestapelten Kistenturm ab und stützte sich schwer darauf: »Ich schließen, weil Trauerfall.«

»Was?!«

»Inga tot, ist ermordet worden. Muss Horst stehen bei Seite.«

»Welche Inga?«

Tüsdan warf ihm einen abfälligen Blick zu.

»So kennen du Geschäft«, sagte er. »Nichts von gute Kundschaft. Nichts von Freunden. Horst ist Freund von mir, wie Inga – hat man schlimm getötet, mit große Messer. Ich gehen zu Horst und bleiben, damit nicht allein er.« Und damit ließ er den fassungslosen Büjü stehen, um die letzten Kisten hereinzuschleppen.

Am späten Nachmittag dieses Tages, es war übrigens ein Mittwoch, bekam Peter »Pit« Gottschalk in seiner Winterhuder Wohnung einen Anruf von der mit ihm befreundeten Innenausstatterin Ingrid von Boizenburg.

»Pit«, sagte sie eindringlich. »Ich mache mir Sorgen. Heike ist in der Nacht nach unserem Essen mit Sack und Pack zu einer Freundin gezogen. Das hat sie mir jedenfalls noch gesagt, ja, ja, zugegeben, ich habe nicht weiter drauf gehört. Ich hatte Besuch.«

»Besuch?« fragte Gottschalk interessiert nach. Er nahm sich eine Zigarre aus dem Kästchen und biss die Spitze ab. »Ein – ja, Besuch. Mein Gott, ich bin eine erwachsene Frau. Was spielt das für eine Rolle? Heike hat sich seitdem nicht mehr gemeldet. Ich weiß nicht, wer diese Freundin ist, ich habe keinen Namen, keine Telefonnummer, nichts. Das ist nicht ihre Art.«

»Ein Mann?«, wollte Gottschalk wissen.

»Pit – bitte. Ich mache mir wirklich Sorgen.«

»Ich nicht minder. Es war doch schon ziemlich spät. Was ist das für ein Kerl? Wahrscheinlich hat er Heike Angst gemacht.« Er hörte Ingrid tief durchatmen.

»Es – nun gut. Es war ein – mein Gott, bei all dem Stress brauch ich das hin und wieder. Er kommt ein- oder zweimal im Monat. Es ist – es ist sauberes Zeug. Darauf kann ich mich bei ihm verlassen.«

Gottschalk nickte wissend. Er hatte verstanden. Madame hielt sich einen Hauslieferanten. Er sah die Szene deutlich vor sich. Ein smarter Bursche, der ihr etliche Gramm Kokain verdealte, dem sie noch etwas zu trinken anbot, der blieb, bis sie eine erste Linie gezogen hatte, der sie dabei von hinten an die Hüften fasste und ... kein Wunder, dass Heike angesichts dieser Situation das Weite gesucht hatte. Gottschalk riss mit einer Hand ein Streichholz an.

»Ingrid«, sagte er paffend. »Ingrid, kannst du dir nicht vorstellen, dass andere, Unbeteiligte, das überhaupt nicht komisch finden? Ganz davon abgesehen, dass man den Typ wahrscheinlich längst auf dem Zettel hat. Ihn schlimmstenfalls in deiner Wohnung stellt und dich gleich mit einkassiert. – Meine Fresse, wenn du das Zeug unbedingt brauchst, frag mich. Ich kann dir jederzeit was aus dem Depot besorgen. Zieh nicht so eine Scheiße ab. Heike wird bedient gewesen sein.« Sie hätte zu mir kommen sollen, dachte er. Er hatte während des Essens im »Borsalino« mehrfach erwähnt, dass er sozusagen gleich um die Ecke wohne. Fünf Minuten von Ingrid entfernt. Eine Kokserin – nett, dass er das jetzt erfuhr.

Ingrid schwieg.

»Na komm, ist das alles, was dich bedrückt? Bist du sonst okay?«

»Ich mache mir Vorwürfe«, sagte sie leise.

»Bist du allein?«

»Ja, und ich –«

»Gib mir zehn Minuten«, sagte er. »Ich muss meine Klamotten wechseln und Fedder Bescheid sagen. Wir können vielleicht später zusammen essen gehen. Ich hab dir doch schon von ihm erzählt, ja?«

Fedder saß derweil an einem der Tische draußen vor dem türkischen Imbiss auf der oberen Osterstraße. Die in einer gebrauchten Plastiktüte steckende Teekanne hatte er neben sich auf dem Stuhl abgelegt. Eine Geste, sagte er sich. Auch wenn Brinkmann jetzt an alles andere denken würde, vielleicht freute er sich trotzdem. Zumindest aber war es ein Anlass, den Mann noch einmal aufzusuchen. Fedder hatte inzwischen genauer über

Brinkmanns Aussage nachgedacht. Soweit ihm das in seinem Zustand möglich gewesen war. Die Kopfschmerzen hatten wieder zugenommen, und bei dem kurzen Weg zur Osterstraße hinauf war ihm mehrfach der kalte Schweiß ausgebrochen. Anfang vierzig, und er schleppte sich herum wie ein lahmes Pferd.

Evelyn. Lisa – mein kleiner Sonnenschein, was soll nun aus dir werden?

Eine junge, korpulente Bedienung servierte ihm den bestellten Salat. Fedder bat um Mineralwasser und sortierte die schwarzen Oliven aus. Er aß langsam und kaute jeden Bissen ordentlich durch. Dabei sah er sich um.

Gleich nebenan war Budnikowsky und zu seiner Linken ein Zigaretten- und-Zeitschriften-Laden. Daneben ein Copy-Shop, der stark frequentiert wurde.

Auf der gegenüberliegenden Straßenseite war ein Spar-Markt und eine chemische Reinigung. Das also war ein Teil seines neuen Wohnviertels. Eimsbüttel. Gutbürgerlich und dennoch studentisch. Eine Hochburg der Grünen.

Er hatte früher schon einmal einige Monate in dieser Gegend gewohnt, meistens aber bei Evelyn genächtigt. Evelyn. Wir haben doch ein Kind miteinander, eine kleine, süße Tochter.

Er musste für einen Moment die Augen schließen. Sie waren feucht geworden.

Als er sie wieder öffnete, sah er die Maklerin über die Kreuzung eilen. Sie bemerkte ihn nicht. Bunse – ja. Sie war heute mit einer tiefsitzenden, abgeschabten Jeans und einer schwarzen Lederjacke bekleidet.

Bunse. Sie ging, als sei sie gerade erst aufgestanden – nach langen und schönen Stunden im Bett. Fedder blickte ihr sehnsüchtig nach. Sie erinnerte ihn immer mehr an Evelyn.

Evelyn. Evelyn.

Die Maklerin betrat den Copy-Shop. Evelyn, dachte Fedder noch einmal. Er hatte keinen Appetit mehr.

Er schob den Teller beiseite und trank sein Mineralwasser aus.

Die Maklerin erschien wieder auf der Straße. Sie war jetzt in Begleitung einer schmalen, tiefschwarzhaarigen und sichtlich jüngeren Frau.

»Ich weiß es nicht«, hörte er die Schwarzhaarige sagen. »Büjü sagt mir nie, wo er ist.«

»Trinkst du was? Ich bin –« Sie brach mitten im Satz ab. Fedder fing ihren Blick auf. Er bemühte sich um ein Lächeln und nickte grüßend. Die Maklerin grüßte verhalten zurück. Die Schwarzhaarige drehte sich zu Fedder um – eine Türkin, schoss es Fedder durch den schmerzenden Kopf. Und Büjü – natürlich, Büjü. Ein junger, durchtrainierter Türke, stellte er sich vor. Der Mann, den sie liebte und mit dem sie wunderbare Stunden verbrachte. Büjü-Bunse.

Evelyn.

Fedder senkte den Kopf und fummelte seine Geldbörse hervor.

Evelyn, ach, Evelyn, warum nur ist es so gekommen, wie es gekommen ist? Tut es dir denn kein bisschen leid?

Heike nahm sich ein weiteres Magnum aus dem Kühlschrank. Sie überlegte, Ingrid anzurufen. Sie hatte ein klitzekleines schlechtes Gewissen.

Unsinn, sagte sie sich. Was sie eingesteckt hatte, waren nichts weiter als zwei irre erotische Höschen und vier noch originalverpackte Seidenstrumpfpaare, die fantastisch gemustert waren. Ein Traum. Bei Ingrids zig Klamotten würde das nie auffallen. Bestimmt nicht. Also konnte sie sich ruhig bei ihr melden. Locker-flockig. He, Ingrid, ich bin jetzt doch bei einem alten Freund gelandet, du verstehst, die paar Tage Urlaub –

Shit, nein! Warum sollte sie auch noch lügen? – Ein Freund! Sie hatte tolle Gespräche mit Kathrin gehabt. Nach wahnsinnig langer Zeit hatten sie ihre alte Schulfreundschaft neu aufgefrischt. In schönen Erinnerungen geschwelgt. Wie sie gemeinsam den aufschneiderischen Holger blamiert, später beim Schützenfest einen fetzigen Strip hingelegt und überhaupt etliche Männer schier wahnsinnig gemacht hatten. Alles in Grenzen, versteht sich, aber kess bis an ebendiese. Nur Sven hatte es geschafft, sie zeitweise auseinanderzubringen. Er hatte Kathrin und ihr gleichzeitig den Kopf verdreht, und beide waren sie ihm auf den Leim gegangen.

Sie hatten darüber gelacht. Aber damals in Wesselburen, ihrer Heimatstadt ...

Heike hörte, dass die Wohnungstür aufgeschlossen wurde.

Oh, verdammt! Sie trug nur eins von Ingrids Höschen und diese irrsinnig gemusterten, halterlosen Strümpfe – unmöglich! Und in der Hand das angeknabberte Magnum. Frau Doktor präsentiert sich wie ein wahr gewordener Männertraum! Shit, verdammter!

Mit hochrotem Kopf stand sie der eintretenden Kathrin gegenüber. Kathrin aber hatte für sie nur einen flüchtigen Blick. Sie ging zielstrebig zum Küchenbord, holte eine Flasche Brandy herunter und goss sich ein Wasserglas voll ein.

»Hast du mitgekriegt, dass bei mir gegenüber eine Frau ermordet worden ist? Eine Rentnerin. Ich hab's gerade eben von Jale gehört – Büjüs Schwester. Ihr Vater war mit den beiden Alten eng befreundet – mein Gott!

Entschuldige, du verstehst wahrscheinlich nur Bahnhof. Ist dir nicht kalt?«

»Ein Mord?«

»Ein Mord. Und die Frau muss den Täter selbst in die Wohnung gelassen haben, was heißt, sie – sie hat ihn gekannt.«

»Wahnsinn«, hauchte Heike. Sie fror jetzt tatsächlich.

»Vielleicht spinn ich«, fuhr Kathrin fort. »Aber Büjü ist spurlos verschwunden, und Jale, seine Schwester – nein, das kann kein Zufall sein: Ein Inspektor lungert direkt neben ihrem Laden herum, ein Bulle. Er beobachtet sie. Und weißt du, was das Verrückte ist? Ich kenne ihn. Ich hab ihm erst vorige Woche eine Wohnung vermakelt – er wirkte echt bescheuert, nicht ganz von dieser Welt. Doch das täuscht offenbar. Scheiße, hoffentlich hängt Büjü nicht mit drin.«

»Moment mal, Moment«, sagte Heike. Mit einer entschuldigenden Geste huschte sie rüber ins Bad und zog sich Kathrins Bademantel über. Obwohl sie wirklich nicht alles verstanden hatte, war ihr spontan eine Idee gekommen – ein Gedanke, der sich nun verstärkte und ein warmes Gefühl bei ihr auslöste. Unwillkürlich musste sie lächeln.

Verdammt, ja, warum eigentlich nicht?, sagte sie sich, schlug schnell noch einmal den Bademantel zurück und wiegte sich vor dem Spiegel verführerisch in den Hüften.

Jale war in den letzten beiden Stunden ihrer Arbeitszeit reichlich nervös. Zwei- oder dreimal mindestens vergaß sie, die Zähler der Kopierer auf Null zurückzustellen, sie füllte falsches Papier nach und hatte gleich mehrere Papierstaus im großen Apparat des hinteren Raums.

Ihre deutsche Kollegin, die Nichte des Ladenbetreibers, beobachtete sie und stellte sie schließlich zur Rede.

Jale log ihr vor, sich unpässlich zu fühlen. Die Kollegin schickte sie nach nebenan zu Budnikowsky, und Jale nahm die Gelegenheit wahr, weiter zum Spielplatz zu laufen, um von der dortigen Telefonzelle aus Kelim anzurufen.

Sie wählte Kelims Handynummer. Er meldete sich sofort. Er war ganz in der Nähe, saß im neuen Deutsch-Türkischen Kulturzentrum mit seinem Bruder Hysen zusammen.

Jale berichtete ihm, dass sie glaube, Büjü habe seine deutsche Freundin vorgeschickt, um Näheres über ihr Verhältnis zu ihm – Kelim – zu erfahren. Jedenfalls habe diese Kathrin immer wieder versucht, das Gespräch auf Büjüs Vettern zu bringen, getarnt als Sorge, weil er sich angeblich seit Tagen nicht mehr bei ihr gemeldet habe.

»Mach dich nicht verrückt«, unterbrach Kelim ihren Redeschwall. »Ich habe noch was mit Hysen zu besprechen. Wir sehen uns später. Sei aber trotzdem vorsichtig, auch wenn ich bald mit deinem Vater rede – hab keine Angst, er wird nicht nein sagen.«

Jale hörte im Hintergrund Hysen lachen. Sie wollte etwas erwidern, aber Kelim hatte die Verbindung schon gekappt.

»Frauen!«, lachte Hysen. »Es gibt so viele deutsche Frauen, gute Frauen, warum ausgerechnet Jale?« Sie saßen an einem Tisch nahe der weit offenstehenden Tür. »Ja, und du schlägst dich für sie – für deine deutschen Frauen. Und schenkst ihnen sogar noch deinen letzten Vorrat. Du bist verrückt!«

»Nichts kriegen sie geschenkt!« Hysen hatte aufgehört zu lachen und setzte sich aufrecht hin. »Außerdem sind alle versorgt, und neue Lieferung kommt nächste Woche, weißt Bescheid! Ich habe schon mit Vater telefoniert.«

»Nächste Woche! Es sollte diese Woche kommen!«

»Ist aber nicht. Hat nicht geklappt.« Hysen tat jetzt genervt. »Was fängst du immer wieder davon an? Traust du mir etwa nicht? Wenn ich sage, keine Lieferung, dann war auch keine Lieferung.« Es klang gereizt.

Kelim musterte seinen älteren Bruder scharf.

»Du sagst mir nicht alles«, meinte er. »Das seh ich dir an.«

Hysen stand auf und ging zur Theke. Er ließ sich ein Bier und fünf Mark für Zigaretten geben. Als er rauchend zurückkam, blieb er vor Kelim stehen.

»Merk dir eins«, sagte er. »Ich mache das Geschäft. Ich organisiere und ich halte die Kontakte. Du hast nur das bisschen Verschneiden und Abpacken. Also red mir nicht rein, sonst mach ich auch das noch, und du bist draußen, weißt Bescheid! – Willst du das?« Er schnitt Kelim die Antwort ab. »Du willst Jale. Du willst sie heiraten und dafür brauchst du Geld. Misch dich bei mir nicht ein, und du kriegst Geld.«

»Ich komm schon noch dahinter«, sagte Kelim nun doch. Er stand ebenfalls auf und sah Hysen durchdringend an.

»Was wolltest du in Bremen?«

Hysen nahm einen Schluck Bier.

»Das musst du nicht wissen«, sagte er und machte deutlich, dass er nichts mehr hören wollte.

Tüsdan goss Horst und sich Rotwein nach und hob sein Glas.

»Du müssen böse Bilder töten«, sagte er. »Reden über alles. Machen Seele frei. – Mensch kommen und Mensch gehen, hat nur Besuch auf diese Welt. Zeit, die Allah schenkt. Allah ist gütig, hat Inga viele schöne Jahre geschenkt. Hat Inga zusammengeführt mit dir, sagt man so – ja?«

»Ich bring ihn um«, sagte Brinkmann. »Ich bringe diese Ratte um. Ich finde den Kerl, und wenn ich nichts andres mehr tue. Ich stech ihn nieder! Ich reiß ihm die Augen aus! Ich brech ihm sein verdammtes Genick! Mit meinen eigenen Händen! Mit diesen Händen! Tüsdan, das schwör ich dir, bei deinem Allah und allen anderen Teufeln!«

Tüsdan machte ein betrübtes Gesicht.

»Du nicht fluchen über Allah. Ich weiß von Schmerz in dir, Horst, aber du nicht verfluchen Allah. Allah dir gegeben Freund, Tüsdan dein Freund. Wenn rächen, dann Tüsdan –«

»Ich, Tüsdan, ich! Die Polizei tut doch nichts. Schicken so eine Triefnase! Fragen, Fragen – dumme Fragen! Nur weil nichts fehlt, weil nichts gestohlen ist! Irgend so ein Dreckskerl, der Spaß dran hatte, Blut zu sehen. Ich kenn die Typen. Im Zug –« Er schüttelte heftig den Kopf und nahm einen großen Schluck. »Im Zug saß auch so ein Durchgedrehter. Wegen dem hab ich – wir waren selbstverständlich bei deinem Bruder, Tüsdan. Viele liebe Grüße, tausend Grüße noch –«

Tüsdan hob abwehrend die Hände: »Das nicht wichtig jetzt.«

»Doch, doch – er hat uns ein Geschenk für dich mitgegeben. Aber im Zug – dieser blutrünstige Spinner! Unberechenbar!« Horst Brinkmann schlug hart auf den Tisch. Gläser und Flasche hüpften. Die Flasche schwankte. Tüsdan hielt sie fest.

Brinkmann kam vom Stuhl hoch und griff sich an den Hals. Er schaffte es gerade noch bis zur Toilette. Tüsdan legte die Handflächen aneinander und senkte den Kopf gen Mekka.

»Oh«, sagte die schlanke Blondine. »Pit hat schon nicht mehr mit Ihnen gerechnet. Er ist vor etwa einer halben Stunde gegangen. Aber kommen Sie doch rein.« Sie trat einen Schritt beiseite und machte eine einladende Geste. Fedder zögerte.

»Ich will nicht stören«, sagte er.

»Unsinn«, sagte sie. »Wir haben lange über Sie gesprochen. Vielleicht kann ich Sie überzeugen.«

Fedder hob fragend die Augenbrauen. Frau von Boizenburg schloss die Tür hinter sich. Sie hatte glattes, bis in den Nacken reichendes Haar und hellgraue Augen. Sanfte und ein wenig traurige Augen, die im Widerspruch zu ihrer energisch-straffen Körperhaltung standen.

Der weiter nach hinten führende Flur war ein breiter Gang. Das Mauerwerk war freigelegt und abgewaschen worden. Afrikanische Masken zierten die Wände. Aus den der Wohnungstür gegenüber liegenden Räumen war gedämpft ein Frank-Sinatra-Song zu hören. Das Licht war gedimmt.

Frau von Boizenburg ließ es, wie es war. Halbdunkel.

»Etwas zur Stärkung?«, fragte sie.

»Danke, nein. Ein Wasser, bitte.«

»Richtig. Pit sagte so was. Sie sind erkältet. Ich kann Ihnen auch einen Tee machen.«

»Nein, nein.« Fedder wehrte entschieden ab. »Was hat er Ihnen gesagt?«

Sie zuckte leicht die Achseln und schenkte ihm ein Glas Wasser ein. Sie setzte sich in einen tiefen Sessel und gab ihm zu verstehen, ebenfalls Platz zu nehmen. Ihre Fußspitzen berührten sich.

Ingrid von Boizenburg trug ein langes, weitgeschnittenes Hauskleid und einfache Ledersandaletten. Sie nippte an ihrem Drink und zündete sich dann ohne Hast eine Zigarette an. Sie sah Fedder offen an.

»Pit fühlt sich in letzter Zeit sehr einsam«, begann sie. »Daran wird auch die kleine Affäre mit Heike nichts ändern. Ich nehme jedenfalls an, dass es auf eine Bettgeschichte hinausläuft. Pit war ziemlich entschlossen, und Heike schien nicht abgeneigt zu sein. Sie sind zusammen ausgegangen. Wahrscheinlich würden Sie jetzt doch nur stören. Nicht prinzipiell allerdings. Ich habe mir vorhin noch einmal den Grundriss seiner Wohnung hervorgeholt.« Sie nahm jetzt einen größeren Schluck.

Fedder nickte.

»Ja, ja, ich weiß«, sagte er. »Er hat es mir vor ein paar Tagen schon angeboten.«

»Es wäre für Sie beide gut. Ich denke, Sie brauchen auch jemanden, mit dem Sie sich austauschen können. In Ihrer momentanen Situation –«

»Das ist alles andere als leicht – ich meine, mit ihm.« Erneut überlief ihn eine Hitzewelle. Evelyn, verdammt! Er sah sich nach seiner Plastiktüte um und registrierte, dass er sie auf dem niedrigen Tisch abgestellt hatte. Sie wirkte dort deplatziert.

Ingrid übersah es. Sie legte den Kopf zurück und blies den Rauch in die Luft.

»Ja, sicher«, sagte sie schließlich. »Obwohl er letztlich doch sehr verständig ist.« Sie blickte ihn offen an. »Denken Sie einfach noch mal darüber nach. Er hat mir übrigens geraten, mit Ihnen über ein kleines persönliches Problem zu reden.«

Fedder musste wieder niesen.

»Ja?«, schniefte er und zog ein Tempo-Taschentuch hervor.

»Sie brauchen doch einen Tee.« Ingrid von Boizenburg stand entschlossen auf und winkte ihm mitzukommen. Widerspruchslos folgte Fedder ihr in die geschmackvoll eingerichtete Küche. Durch das Fenster sah man in einen Wohnraum des Nachbarhauses.

Ingrid ließ die Jalousie herunter und setzte Wasser auf. Sie füllte Teeblätter in eine Kanne und gab eine kleine Prise weißes Pulver dazu.

»Entschuldigen Sie, was –«

»Das wird Ihnen helfen – ein altes, ägyptisches Heilmittel, reine Natur. Sie werden stark schwitzen. Wenn Sie wollen, können Sie hier übernachten. Ich habe ein Gästezimmer. Aber mir wäre lieber, wenn Sie vorher noch –«

»Danke, das ist –«

»Ich verspreche Ihnen, dass Ihre Grippe morgen wie weggeweht ist. Sie werden einen völlig klaren Kopf haben – und den brauchen Sie doch.«

Fedder schluckte. Er war unentschieden. Einerseits war es ihm peinlich, andererseits aber – wenn er sich weiter mit dieser Erkältung herumquälte, würde er wirklich mit nichts vorankommen. Sonnabend musste er den kleinen Umzug erledigen.

Ach, Evelyn.

Er war inzwischen geneigt, ihr an allem die Schuld zu geben. Aber Lisa, seine Tochter, das kleine, unschuldige Ding ...

Er seufzte schwer und nickte dann zustimmend.

Ingrid von Boizenburg nahm Teegeschirr aus dem Schrank.

Gottschalk brach behutsam ein Stück von der Schokoladentafel ab. Er rückte mit seinem Sessel noch näher an seine himmelblaue Couch heran.

Auf der Couch lag Heike, lang ausgestreckt. Bis auf ihre Slipper war sie voll bekleidet. Noch. Gottschalk spitzte genüsslich die Lippen. Ihre Augen waren mit einem schwarzen Tuch verbunden. Sie schnupperte in die Luft. Sie kicherte.

»Nun mach schon«, sagte sie. »Du wirst sehen, ich bin unschlagbar.«

»Hm-hm, abwarten«, meinte Gottschalk. Er strich mit dem Schokoladenstück sanft über ihren Mund. Heike schnappte danach. Gottschalk überließ es ihr und schaute zu, wie sie es im Mund zergehen ließ.

»Phhh!«, machte sie. »Simpel – Nougat, Ritter Sport.«

»Nur ein Test«, sagte Gottschalk »Es bleibt dabei – ja? Wenn du nicht oder falsch rätst ...«

»Ich rate nie. Ich kenne jede Marke.«

»Abwarten«, wiederholte Gottschalk und wählte eine Praline aus der bis zum Rand mit Schokoladenriegeln und den unterschiedlichsten Süßigkeiten gefüllten Kristallschale.

Heike traf erneut ins Schwarze. Sie machte es sich noch bequemer auf der Couch und wippte mit ihren schmalen, nackten Füßen. Auf beide Nägel der großen Zehen waren silberne Sternchen gepappt.

Gottschalk fischte ein Diätbonbon mit Orangengeschmack heraus.

»Die exakte Markenbezeichnung«, betonte er.

»Du willst es aber wirklich wissen«, kicherte Heike.
»Ich will es sehen, dein kleines Geheimnis.«
»Und wenn du es nicht schaffst?«
»Ich schaffe es. – Herrgott, dreißig Jahre jünger, und es hätte ohne dieses Spielchen geklappt.«
»Es war deine Idee.«
Heike fing das Bonbon auf und schob es mit der Zunge zwischen die Lippen. Ihre Stirn kräuselte sich.
»Schneekoppe!«, rief sie dann wie aus der Pistole geschossen.
»Falsch«, sagte Gottschalk und lehnte sich zufrieden und abwartend in seinem Sessel zurück. »Du darfst sehen.« Heike nahm das Tuch ab und setzte sich auf.
»Und?« Sie rieb sich die Augen. Gottschalk lächelte charmant.
»Und mir dann auch verraten, um was es dir eigentlich geht.«

Der Geächtete lag im Eingang eines Schuhgeschäfts auf der Osterstraße. Er hatte sich in seinen Schlafsack gerollt und die Knie angezogen. Kalt, eiskalt, aber wärmer als im Bett der betrunkenen Frau, seiner Frau, OH, HERR, warum hast du mich mit ihr gestraft?! Er hatte lange nach ihr suchen müssen und sie schließlich in der schäbigen Kneipe aufgegabelt, Whisky-Cola, nun spendier mir schon eine Whisky-Cola, warst ja 'ne Ewigkeit weg. Was? Nichts auf der Naht? Nichts abgegriffen bei deiner scheißdämlichen Schwester im Münsterland? Nur hin und Händchenhalten, weil der Schwager unter die Erde gekommen ist? Nette Familie ist mir das, ja, was denn, aber was soll's, ich bin ja lieb zu dir ...
Und zu dem und zu allen, wer gerade was raustat, einen Schluck spendierte, so ging das schon seit Jahren, und er war auf Sozi, kein Job, aber vierzehn fünfzig für Stich, Whisky-Cola, hau weg das Zeug, vierzehn fünfzig rein in den Schlund.
Er hatte ihr die Faust ins Gesicht geschlagen, O JA, HERR, und war gegangen, für immer, Schluss mit Genuss und keine Reue. Sollte sie doch verrecken oder über andere herziehen. Die Wunden an seinen Knöcheln heilten allmählich, aber die Rippen ...
Er streckte die Beine aus und drehte sich auf den Rücken. Er stellte sich vor, in der Wüste zu liegen, weit und breit keine Menschenseele, und über

sich den samtig-dunklen Himmel mit den unzähligen Sternen. Wünsch dir was – ja, er wünschte sich, alles Hässliche und Gemeine um sich herum auszurotten, das ganze abscheuliche Volk, reinigendes Blut musste fließen, IM NAMEN DES HERRN!

Das Blut seiner Frau, seiner Ex, Christines Blut, das Blut der Schlucker und Schläger, Beamtenblut, Bahnpolizeiblut, Bullenblut – Wogen aus Blut, die in ihm aufstiegen, riesige Wellen, auf denen er davontrieb in helles, klares Licht. Er wiegte sich im Halbschlaf, in seinen wabernden Fantasien, der RÄCHER kommt über euch, und er kommt nachts, wenn es dunkel ist und alles schläft ...

Sein Atem ging rasselnd.

Er schnarchte.

Das Schnarchen hallte in der Vorhalle des Schuhgeschäfts wider.

Der Geächtete hatte die Hände zu Fäusten geballt, sie zuckten im Schlaf.

Der an dem Geschäft vorbeigehende Hysen blieb kurz stehen und sah das vor der Schaufensterscheibe liegende Bündel Dreck. Ein Abkotztyp, sagte er sich und stutzte plötzlich.

Das Gesicht kam ihm bekannt vor. Zweifelnd trat er näher heran. Ging in die Hocke. Tatsächlich. Es war der Schreihals aus dem Zug. Keine Frage, weißt Bescheid.

Hysen lächelte böse. Der Mann schlief tief und fest.

Langsam kam Hysen wieder hoch. Er dachte nach. Schließlich nickte er.

Hauptkommissar Fedder rieb sich das frischrasierte Kinn. Er hatte fantastisch geschlafen, traumlos, und fühlte sich im wahrsten Sinne des Wortes wie neugeboren. Ein Wunder. Er konnte es noch immer nicht fassen, aber es war so. Kein dumpfer Kopf mehr, keine Gliederschmerzen, nichts. Glasklare Gedanken, insbesondere über Evelyn.

Mein Gott, das alles war wirklich nicht allein seine Schuld. Sie hatte in all den Jahren nie etwas gesagt, um dann plötzlich den großen Hammer zu schwingen: Aus, Ende, ich mache das nicht mehr mit! Ohne jegliche Vorwarnung, ohne auch nur einmal das Gespräch zu suchen. Das war nicht fair. Denn er hätte sich gestellt und gemeinsam mit ihr eine Lösung gefunden. Wenn es tatsächlich ein Problem gegeben hätte, ernsthafte Probleme, grundsätzliche. Die paar Überstunden konnten es nicht sein, durften es nicht sein. Das wäre mehr als albern. Aber genau so verhielt sie sich – kindisch, pubertär.

Das würde er ihr schlicht und einfach sagen. Genau das. Sehr ruhig und überlegt. Doch erst einmal musste er sich mit diesem vor ihm hockenden Häufchen Elend beschäftigen. Dieser Brinkmann hatte sich wirklich in eine üble Situation gebracht. Er saß mit ihm in einem Nebenraum der Eimsbütteler Polizeiwache zusammen.

»Sie können von Glück reden«, sagte Fedder, »dass der Mann nicht zu Tode gekommen ist. Mein Gott, und das auf einen Anruf hin! Anonym! Was haben Sie sich nur dabei gedacht?«

»Er war's«, beharrte Brinkmann. Er war noch genauso bekleidet, wie er in der vergangenen Nacht das Haus verlassen hatte: Er trug einen schäbigen Trainingsanzug, unter dem sein gestreifter Pyjama hervorlugte.

»Unsinn!« sagte Fedder. »Meine Kollegen haben ihn, soweit es möglich war, verhört und seine Aussagen geprüft. Der Mann ist ein arbeitsloser Heizungsmonteur mit einem religiösen Tick. Seine Bremer Exfrau hat sich bereits vor über einem Jahr von ihm getrennt. Seitdem zieht er durch die Lande und säuft sich, wenn er genug Geld erbettelt hat, die Hucke voll. Zur Tatzeit saß er nachweislich bei ›Nagel‹ am Hauptbahnhof.«

»Er hat schon in unserem Zugabteil Morddrohungen ausgestoßen«, fiel ihm Brinkmann ins Wort. Er knetete heftig seine Hände.

Fedder nickte.

»Ja, Herr Brinkmann, ja. Auch davon wissen wir. Aber das hat nicht das Geringste mit Ihnen beziehungsweise mit Ihrer – nein, Brinkmann, nein und nochmals nein! Was ich Ihnen sage, sind Fakten. Irgendjemand hat Ihnen da was in den Kopf gesetzt. Sie können sich nicht an eine besondere Bemerkung erinnern? Etwas Auffälliges?«

»Mörder bei Schuh-Kay.«

»Mehr hat der Anrufer nicht gesagt? Genau das? Hatte er vielleicht einen Akzent?«

Brinkmann starrte ausdruckslos in die Luft.

Fedder suchte seinen Blick, aber Brinkmann sah stur an ihm vorbei. »Herr Brinkmann«, setzte Fedder neu an. »Ich kann nichts für Sie tun, wenn Sie mir nicht helfen. Ich verstehe Ihren Schmerz und Ihre Wut, aber selbst wenn Sie den Richtigen erwischt hätten – das ist Angelegenheit der

Polizei. Das ist Selbstjustiz, was Sie da veranstaltet haben. Mein Gott, begreifen Sie das doch! Sie haben sich an dem Falschen ausgetobt!« Er schüttelte den Kopf. »Rentner in Rot, das fehlt uns gerade noch. Wo leben wir denn?!«

»Das wissen Sie genau«, meinte Brinkmann ruhig. »Sie reden doch nur.« Er nickte bekräftigend. »›Weißt Bescheid‹, fügte er hinzu. ›Weißt Bescheid‹, hat er noch gesagt. Ja, ich weiß, ich weiß, wie das bei euch hier läuft. Große Worte und nichts dahinter. Was haben Sie denn unternommen, um den Mörder meiner Inga zu finden, dieses Vieh?! Weißt Bescheid! Das muss man schon selbst in die Hand nehmen – Allah sei Dank.«

»Allah?«, fragte Fedder überrascht nach. »Wie kommen Sie auf Allah?«

Kathrin räkelte sich wohlig in ihrem Bett. Sie öffnete die Augen und sah Büjü am Fenster stehen. Er hatte sich bereits angezogen. Sein Haar war aber noch feucht. »Hallo.« Kathrin lächelte, als Büjü sich ihr zuwandte. »Das war ein schöner Abend. Ich bin wahnsinnig glücklich. Gott sei Dank, dass Heike nicht mehr aufgetaucht ist. Es war richtig toll. Außerdem hab ich was Lustiges geträumt.«

»Ja?«, fragte Büjü. »Was denn?« Er setzte sich neben sie aufs Bett. Kathrin nahm seine Hand und legte sie an ihre Wange.

»Ob ich Muslimin werden muss, wenn wir heiraten.«

»Du willst heiraten?«

»Natürlich«, sagte Kathrin. »Irgendwann schon. Du nicht?«

Büjü küsste sie leicht.

»Doch«, sagte er. »Sobald ich Frau und Kind ernähren kann.«

»He!«, meinte Kathrin. »Vergiss nicht, dass ich eine Arbeit habe, einen gutbezahlten Job sogar – du musst mich nicht mit durchziehen.«

»Ein Kind allein ist Scheiße. Und Kinder –« Er zeichnete mit dem Finger ihre Lippen nach. »Wir warten damit noch ein bisschen. Ich muss wirklich mal länger und in aller Ruhe mit dem Alten reden. – Da drüben ist es passiert?« Er war ernst geworden.

Kathrin ließ sich in die Kissen zurückfallen.

»Und wie lange?«, fragte sie. »Wie lange warten wir noch?«

»Kathrin, nun drängel nicht. Du musst mir schon ein bisschen Zeit lassen. Wir haben doch diese Nacht erst –«

»Ja, Büjü, ja. Nun sieh das nicht gleich so eng. Es macht mir halt Spaß, dich ein wenig zu stichetn.«

»Was – sticheln?«

»Anpiksen, stechen – mein Gott, ja.« Sie setzte sich wieder auf. »Die arme Frau. Dein Vater hat sie ja offenbar gut gekannt. Und du bist wirklich nie bei ihnen gewesen?«

Büjü holte tief Luft. »Würd ich dich sonst fragen?«, sagte er. »Hätte ich dich sonst gefragt? Ich hab dir doch schon gesagt, dass ich die Leute nicht kenne. Der Alte lässt mich ja noch nicht einmal Sachen austragen. Kelim, ja – Hysen, diese Schmeißfliegen, aber der eigene Sohn ...«

»Entschuldige«, sagte Kathrin. »Ich hab's nicht so gemeint. Aber der Bulle hing bei Jale rum.«

»Jale!«, brauste Büjü auf. »Ja, Jale werd ich mir gleich heute vorknöpfen! Nein, erst Kelim. Sich auf die Art ins Geschäft zu drängeln, nein, das lass ich nicht zu. Das treib ich ihnen endgültig aus – allen beiden!«

Er war von der Bettkante aufgestanden und lockerte flüchtig sein Haar. Kathrin streckte beschwichtigend die Arme nach ihm aus.

Pit Gottschalk trug seinen hellen, maßgeschneiderten Leinenanzug und ein 300-Mark-Hemd mit weichem Kragen. Er parkte seinen alten Diesel knapp zwanzig Meter vor »Tüsdan's Paradies«.

»Dann wollen wir mal«, sagte er auffordernd zu der neben ihm sitzenden Heike. »Fedder ist in einem beschissenen Zustand. Helfen wir dem Jungen ein bisschen, damit er sich schnellstens auskurieren kann. Vielleicht hört er ja auf dich – in deiner Funktion als Ärztin.«

»Du bist wirklich unglaublich nett«, meinte Heike.

»Keine Frage«, erwiderte Gottschalk. »Ich bin die Güte in Person. Allerdings geißle ich mich dreimal täglich, um meine dunklen Triebe einzudämmen.«

Heike lachte. »Das scheinst du gestern vergessen zu haben.«

»Ach, ja?«

»Ja. Aber es war echt witzig.«

»Witzig«, äffte Gottschalk nach. Er wiegte missbilligend sein Haupt und hievte sich dann aus dem Wagen. »Richtig spaßig wird's aber erst jetzt. Komm.«

Tüsdan stand mit einer Kundin vor dem Laden und schaufelte Champignons in eine Tüte.

Gottschalk blieb bei den Weintrauben stehen und pflückte eine Beere.

»Kommen gleich«, rief Tüsdan. »Moment noch, bitte.« Er kassierte die Kundin im Laden ab und kam eifrig wieder heraus.

»Trauben köstlich«, sagte er. »Kilo kosten ...«

»Eine Ihrer Kundinnen ist gestern ermordet worden«, stoppte Gottschalk ihn rüde. »Sie waren persönlich mit ihr bekannt. Mein Name ist übrigens Gottschalk – nicht der Bildschirmkasper, damit keine Missverständnisse aufkommen. Mein Kollege Fedder bearbeitet den Fall. Er ist dummerweise krank geworden. Ihr Name steht auf seiner Liste.«

»Mein – mein Name?« Tüsdan blickte ihn entsetzt an.

»Ich nicht –«

»Doch, doch.« Gottschalk pumpte sich zu seiner vollen Größe auf. Er nickte zu Heike hin. »Seine Kollegin hier, Frau – Frau ...«

»Frau Carsten«, ergänzte Heike.

»Ja, Frau Carsten ist die Notizen mit mir durchgegangen.«

»Ich – ja. Ja, ich Freund von ... von Inga und Horst, aber nicht – nein, nein.«

»Nun stottern Sie mal nicht so rum. Ich möchte vorerst nur ein paar Fragen beantwortet haben. Und zwar klar und unmissverständlich.« Gottschalk nickte, als wisse er bereits über alles Bescheid. Tatsächlich aber suchte er nach einer Frage, die Tüsdan eine längere Erklärung abverlangen würde.

Der nach wie vor heftig geschockte Mann machte es ihm leicht.

»Ich waren bei Horst, natürlich. Um zu trösten ihn in seinem schweren Leid, Allah mein Zeuge.« Er fuchtelte beschwörend mit den Händen. »Horst ganz kaputt, ganze gute Erholung futsch.«

»Urlaub«, stellte Gottschalk zufrieden fest.

»Er war länger weg«, fiel Heike ein. »Das hat mir ...«

»Ja, ja, bekannt.«

»In Türkei. Hat besucht dort auch meinen Bruder.«

»So, so«, sagte Gottschalk, »Ihren Bruder.«

»Und Geschenk mitgebracht, ja – gute Freund.«

»Ja, ja, das habe ich schon kapiert, Herr Tüsdan. Horst gute Freund. Aber darum geht's leider nicht. Was war das denn für ein Geschenk?«

Fedder setzte Brinkmann vor dessen Wohnung im Heußweg ab.

»Herr Brinkmann«, sagte er noch. »Ich will mein Bestes tun, um eine Anzeige wegen Körperverletzung zu verhindern. Möglicherweise haben Sie Glück. Aber versprechen kann ich Ihnen nichts.«

Horst Brinkmann stand schon auf dem Bürgersteig. Er drehte sich kurz um.

»Brauchen Sie nicht«, sagte er. »Ich werd damit fertig werden – mit allem.«

»Das hoffe ich. Ich wünsche es Ihnen von ganzem Herzen. Tüsdans Geschäft ist gleich um die Ecke?«

Brinkmann nickte müde.

Fedder wartete, bis er die Haustür aufgeschlossen hatte und ins Haus gegangen war. Dann lehnte er sich in seinem Sitz zurück und ordnete in seinen Gedanken, was er bis jetzt alles erfahren hatte.

Tüsdan, sagte er sich. Tüsdan hat einen Bruder in der Türkei. Inga Klausner und Horst Brinkmann besuchen während ihres Urlaubs den Bruder. Er gibt ein Geschenk für Tüsdan mit auf den Weg. Eine handgearbeitete Teekanne.

Fedder vergewisserte sich kurz, dass die von ihm gekaufte Kanne noch auf dem Rücksitz lag.

Ja. Gut.

Die von dem Rentnerpaar aus der Türkei mitgebrachte Teekanne war im Zug vergessen worden. In der Aufregung liegen geblieben.

Sie war für Tüsdan gedacht. Aber Tüsdan hatte laut Brinkmann abgewinkt. Nicht wichtig. Schenkte man dem Glauben, konnte das heißen: Für Tüsdan selbst nicht von Belang, aber eventuell für jemanden aus seiner Familie. Und die bestand neben Tüsdan aus Tochter und Sohn.

Der Sohn hieß Büjü.

Büjü-Bunse.

Die hübsche, junge Maklerin mit der Schwarzhaarigen vor dem Copy-Shop. Büjü sagt mir nie, wo er ist.

Büjü, der Lover.

Bunse, die um ihn besorgte Geliebte.

Alles klar, sagte Fedder sich und dankte insgeheim noch einmal der heilkundigen Ingrid von Boizenburg, die ihn über Nacht auf so wundersame

Weise kuriert hatte. Eine faszinierende, eine anbetungswürdige Frau, deren kleines Problem er dezent würde klären können. Ein Anruf bei den Kollegen von der Drogenfahndung genügte, und sie konnte sich daraufhin entsprechend verhalten. Gottschalk war ein Idiot. ER sollte sich mit ihr zusammentun. Dann brauchte er sich nicht einsam fühlen, wenn er es denn tat. Was allerdings stark zu bezweifeln war.

Fedder startete seinen Wagen und griff nach dem Telefon, um sich nach Gottschalks augenblicklichem Befinden zu erkundigen.

»Ich habe jemanden mitgebracht«, rief Heike, als sie aufgeschlossen hatte. »He, Kathrin, wo steckst du?« Gottschalk schob sich an ihr vorbei in den Flur. Er hörte die Dusche rauschen.

»Im Bad«, sagte er. »Erschrick sie nicht. Und fall nicht gleich wegen Büjü über sie her. Es ist keineswegs sicher, dass er derjenige welche ist.«

Heike winkte beruhigend ab. Sie ließ Gottschalk stehen und öffnete die Tür zum Bad.

Kathrin hatte gerade die Dusche abgestellt und zuckte erschrocken zusammen. »Mein Gott!«, sagte sie. »Klopf wenigstens vorher an. Was schaust du so?«

»Das sieht geil aus. Ich wusste gar nicht, dass du auf Tattoos stehst. Hat das 'ne besondere Bedeutung?«

Kathrin hüllte sich in das Badetuch. Sie stieg aus der Duschwanne und griff nach ihrer Haarbürste. Heike schloss vorsichtshalber die Tür hinter sich. Sie hockte sich auf den Toilettendeckel und schlug die Beine übereinander.

»Nun sag schon«, fuhr sie fort. »Ich erzähl dir dann auch, was ich rausgefunden habe. Ehrlich, von diesem Büjü solltest du die Finger lassen.«

»Was? Was soll das denn?!«

»He! Du hast selbst gesagt, dass du ihn schon längst überhast.«

»Ja, spinnst du? Ich hab gesagt, dass ich mir Sorgen um ihn mache!«

»Und dass er dir stinkt.«

»Mein Gott, ja. Er hat mich manchmal genervt. Aber das heißt noch lange nicht ...«

»Jetzt sag nur noch, dass wieder alles im Lot ist. He! Hast du etwa –?«

»Ja, ja. Ich habe. Und er ist von sich aus gekommen. Wir hatten –«

»Scheiße!«, sagte Heike. »Shit, verdammter!« Sie stand auf und schüttelte den Kopf. »Na, Mahlzeit – das kann ja heiter werden.«

Büjü griff sich den bei einer Gruppe kiffender Schwarzer herumlungernden Kelim und zog ihn mit sich auf den Spielplatz. Kelim versuchte, sich Büjü zu entwinden, aber der war stärker. Er stieß Kelim auf eine Bank, warf dem beiläufig herüberschauenden Schwarzen einen warnenden Blick zu und knallte dem erneut aufbegehrenden Kelim eine.

»Schnauze!«, fuhr er ihn an. »Ich sag dir jetzt, was du tun wirst. Du wirst ab sofort nie, nie mehr im Geschäft meines Vaters auftauchen und ihm auch sonst nicht mit irgendwelchen blödsinnigen Ideen kommen. Du nicht, und Hysen ebenfalls nicht. Ich will euch da nie mehr sehen. Warum, muss ich dir wohl nicht sagen. Ich sage nur, dass ich auch die Bullen informieren könnte, über die schmutzigen Deals, in die ihr meinen naiven Vater und vor allem seine Kundschaft einspannt. Ja! Sperr dein dreckiges Maul wieder zu, ich bin nicht dämlich, ich hab schon längst geschnallt, wie ihr mit dem Zeug beliefert werdet. Oder glaubst du, ich hätte euch je abgekauft, dass ihr aus reiner Hilfsbereitschaft immer wieder da im Laden rumhängt? Da fliegt der Schnee ein, und wenn er nicht pünktlich eintrifft, taucht mal eben jemand bei den unfreiwilligen Kurieren auf!«

»Nein, nein.« Kelim schluckte. »Das –«

»Du sollst die Klappe halten. Ich rede. Und ich bin noch nicht fertig. Da ist nämlich noch Jale.« Weiter kam er nicht. Kelim rammte ihm, geduckt aufspringend, seinen Kopf in den Magen und holte gleichzeitig aus. Er erwischte Büjü an der Schläfe. Kelims Ringhand ratschte weiter über Büjüs Stirn und hinterließ eine stark blutende Wunde.

Aus dem Gleichgewicht geraten, hob Büjü den Arm. Das Blut lief ihm in die Augen. Für einen Moment sah er nichts.

Ungefähr fünf Minuten später bog Fedder mit seinem Wagen in die Sartoriusstraße ein. Etwa zweihundert Meter vor ihm stürmte ein junger Mann in das Deutsch-Türkische Kulturzentrum. Er wurde von einem jungen Mann, der sich über das Gesicht wischte, verfolgt.

Instinktiv war Fedder alarmiert.

Gottschalk hatte Grün und fuhr mit fünfzig den Eidelstedter Weg hoch. Gleich hinter der Tankstelle auf der rechten Seite begannen die Häuserreihen. Einfache Mietshäuser, durchgehend zum parallel verlaufenden Steenwisch.

Ungewöhnlich viele Menschen eilten vor ihm über die Straße und – blieben abrupt stehen, suchten Deckung.

Ein Schuss.

Verdammt, ein Schuss!

Gottschalk gab Gas und betätigte die Hupe.

Hysen drückte noch einmal ab. Büjü rettete sich hinter einen Baum. Schwer atmend lehnte er sich an den Stamm.

»Die Waffe weg!«, hörte er jemanden brüllen. »Polizei!«

Ein weiterer Schuss war die Antwort.

Büjü riskierte einen Blick.

Ein Mann in Zivil hatte sich hinter die vor dem Kindergarten parkenden Wagen geduckt. Er wiederholte seinen Befehl.

Hysen stand mitten auf der Kreuzung. Kelim hing an seinem Arm.

»Polizei«, jammerte er. »Polizei! Büjü hat gesagt –«

»Büjü ist ein toter Mann!«, schrie Hysen. »Hörst du, Büjü! Du bist tot!«

Er schoss wieder.

Büjü presste sich an den Baumstamm.

Mit quietschenden Reifen bog ein Mercedes in die Straße ein und stoppte bei Büjü ab.

Büjü sah einen feisten, kahlköpfigen Mann am Steuer, der mit zusammengekniffenen Augen die Situation checkte, ihn wahrnahm und kurz nickte.

Der fünfte Schuss fiel.

Die Kugel fetzte ein Stück Rinde vom Baumstamm.

Dann ging alles rasend schnell.

Der Kahlkopf gab Gas. Der schwere Wagen brauste auf die Kreuzung zu, und gleichzeitig gab der Zivile einen gut gezielten Schuss ab. Büjü lugte hinter seinem Stamm hervor. Er sah, dass Hysen zusammengebrochen war und seine Waffe fallen gelassen hatte. Vor Schmerz schreiend, presste er die Hände auf das verletzte Knie. Kelim lief mit hocherhobenen Armen dem

Diesel direkt vor die Kühlerhaube. Er wurde von dem Wagen erfasst und zur Seite geschleudert, schlug aufs Pflaster, bekam, krampfhaft zuckend, Hysens Pistole zu fassen und feuerte sie blindlings ab – der Schuss traf Hysen aus kürzester Entfernung mitten ins Gesicht.

Büjüs Magen krampfte sich zusammen.

Jörg Fedder stand in dem karg eingerichteten Maklerbüro und händigte Kathrin die Wohnungsschlüssel wieder aus. Sie reichte ihm die Hand.

»Danke«, sagte sie.

»Nicht dafür«, sagte Fedder. Er wusste, was sie meinte. Sie hatte eine höllische Angst um ihren letztendlich doch innig geliebten Büjü gehabt. Gottschalk war unglaublich sauer auf Heike gewesen. Bis zu ihrem Abflug mit der Abendmaschine war keine gute Stimmung mehr aufgekommen. Er hatte erst wieder gelacht, als Ingrid am Tag nach der wüsten Schießerei den in der Presse abgebildeten toten Hysen als ihren Kokain-Lieferanten identifizierte. Danach hatten sie gemeinsam seine Möbel bei Evelyn abgeholt. Entgegen der vorher mit ihr getroffenen Absprache. Lisa hatte sich sehr gefreut. Evelyn weniger. Das machte nichts. Er hatte sie zu einem späteren Termin auf ein Glas Wein eingeladen. Es konnte durchaus sein, dass sie das Angebot noch annehmen würde. Vorerst würde er bei Gottschalk wohnen bleiben. In Ingrids unmittelbarer Nähe sozusagen. Falls ihn wieder einmal die Grippe überkommen sollte. Oder etwas anderes. »Hab ich Ihnen eigentlich schon gesagt, dass Sie eine unglaublich tolle Figur haben?«, sagte er, schon in der Tür stehend, zu Kathrin und zwinkerte ihr zu. »Büjü sollte sich nicht völlig von seinem Obst-und-Gemüse-Paradies vereinnahmen lassen. Sonst entgeht ihm ...«

»He! Ist das eine Anmache?«

»Keine Frage«, verabschiedete sich Fedder und trat hinaus in den immer noch sommerlichen Tag.

REGULA VENSKE

Rotwein mit Schuss

»*Ich möchte keinen Menschen kränken noch betrüben.
Allein: was ich geschrieben habe, bleibt geschrieben!*«
François Villon

Dem Reisenden, der die fünf Stufen zum Villon hinabgestiegen war und die Tür mit einem entschlossenen Ruck öffnete, beschlugen die Brillengläser. Einen Augenblick lang erschien ihm die in Zwielicht gehüllte Kneipe wie das Vorloch zur Hölle. Hilflos verharrte er auf der Schwelle, den Türgriff noch in der Hand, und versuchte sich zu orientieren. Eine Lachsalve scholl ihm entgegen, Beifall brandete auf. Doch galt beides nicht ihm, dem Provinzler, wie er im nächsten Moment beruhigt feststellen sollte, sondern dem Vortrag einer rothaarigen jungen Frau in schwarzem Lederkostüm. Sie saß rechts von der Eingangstür auf einem kleinen Podest – »Bühne« wäre zu viel gesagt – und las aus einem schwarzen Büchlein vor. Der Reisende rief sich den gelben Plakatanschlag in Erinnerung, der den Gästen außen an der Tür entgegenleuchtete und den auch er im Vorübergehen flüchtig wahrgenommen hatte.

Dienstag, 1. Oktober – Krimiabend im Villon – Eppendorfer Kaiser-Schnitt ...

Auch der Name der Vortragenden hatte da gestanden, Kinky Atemnot. Kein guter Name, dachte der Reisende. So hieß doch kein Mensch. Sicher ein Pseudonym.

Unterdes breitete sich im Inneren der Kneipe Unmut aus. »Tür zu!«, rief jemand. »Rein oder raus!«, kreischte eine schrille Stimme.

Die Stimme tat dem Mann an der Tür fast körperlich weh. Einen Moment noch hielt er inne, fast hätte er den Rückzug angetreten, aber dann wagte er sich doch in die Rauchschwaden und den Alkoholdunst hinein und zog die Tür hinter sich zu.

An der Theke fand er sich neben einem halbwüchsigen Jugendlichen wieder, der ihn zwar wütend anstarrte, aber dennoch höflich zur Seite rückte, als er sich neben ihn stellte. Mit gedämpfter Stimme, um kein weiteres Aufsehen zu erregen, bestellte er eine Schorle aus Johannisbeersaft. Nachdem er sich die Brille geputzt hatte, blieb sein Blick an einer Heiligenfigur hängen, die im Regal hinter dem Tresen neben diversen Gläsern stand, freundlich dem zur Tür Hereinkommenden, wer immer es auch sein mochte, zugewandt. In den altrosafarbenen Rosen, die sie gegen ihre Brust presste, verbarg sich ein Kruzifix. Die heilige Elisabeth von Thüringen, um die sich die wohl bekannteste Legende vom Rosenwunder rankte, konnte es der Kleidung nach nicht sein. Er tippte auf Thérèse Martin von Lisieux, die »kleine heilige Therese«. Auch sie wurde ja oft mit Rosen in der Hand dargestellt. Mit Heiligen kannte er sich aus, hätte in dieser Umgebung jedoch keinen von ihnen erwartet. Der Junge neben ihm zum Beispiel war doch sicher noch keine vierzehn Jahre alt. Was hatte das Kind abends in einer Kneipe zu suchen? Die Eltern gehörten bestraft! Kopfschüttelnd wandte er sich der winzigen Bühne zu und konzentrierte sich auf Kinky Atemnots Lesung.

»Es gibt zwei Arten, ungestraft zu morden«, hörte er. »Auf dem Papier und im Wochenbett. Sela hatte sich für die letztere Art und Weise entschieden.«

Hier legte Kinky Atemnot eine kurze, aber kunstvolle Pause ein, um den Zuhörenden Gelegenheit zum Lachen zu geben. Nach einem kessen Blick in die Runde setzte sie ihren Vortrag fort.

»Wird in Frankreich bereits das prämenstruelle Syndrom als strafmildernd anerkannt, so muss man es hierzulande schon bis zum Wochenbett bringen, um nicht mehr als ganz zurechnungsfähig zu gelten. Aber dann! Wenn frau dann einen Porsche kauft, kann der Ehemann das Geschäft rückgängig machen. Und wenn sie ihren Mann erschlägt, so wird man es getrost auf die Hormonumstellungen schieben.«

Begeistertes Gekicher und Schenkelklopfen neben ihm zeigten, dass das überwiegend weibliche Publikum sich köstlich amüsierte. Die Geschichte handelte offenbar von einer verwirrten jungen Frau namens Gisela Kaiser, Sela genannt, die nichts anderes im Kopf hatte, als ihre alte Mutter unter die Erde zu bringen. Um bei Gericht damit durchzukommen, beschloss sie, zunächst selbst ein Kind zu kriegen und den Muttermord im Wochenbett zu begehen. Auf diese Weise würden ihr die Richter ein postnatales Trauma zugutehalten. Während andere Schwangere sich im Säuglingspflegekursus im korrekten Wickeln eines Babys übten, legte sich die verrückte Sela eine aufblasbare Gummipuppe zu, die sie im Hobbykeller ihres Ehemannes probeweise strangulierte. Mit einer Mullwindel – dieser Einfall sorgte im Publikum für besondere Heiterkeit. *Eppendorfer Kaiser-Schnitt* – im siebten Monat stach die gestörte Seele sodann mit einem Käsemesser auf die Gummipuppe ein, bis dieser die Luft entwich und die Heldin für Nachschub sorgen musste. Ihren bizarren Übungen ging diese Sela natürlich nur nach, wenn ihr braver Mann Mattis, ein Realschullehrer, frühmorgens zur Arbeit gegangen war; der Muttermord sollte schließlich nicht als vorsätzlicher Mord erkannt, sondern für eine Tat im Affekt gehalten werden. Außer mit diesen praktischen Übungen waren ihre Tage ganz mit Schwindel und Speianfällen ausgefüllt, und die Autorin ließ ihre Heldin mehrmals zur Toilette eilen, um sich die Seele aus dem Leib zu kotzen. Aber diese drastischen Szenen dienten nicht etwa dazu, die Gewissensbisse der jungen Frau zu demonstrieren, wie der Reisende zunächst geglaubt oder vielleicht sogar gehofft hatte. Nein, all dieses Elend schien nach Meinung der Autorin notwendiger Bestandteil einer Schwangerschaft zu sein ...

Von Heißhungerattacken und Gebärmutterkrämpfen war alsbald die Rede, von gefährlichen Blutstürzen, Schwangerschaftsvergiftung und nächtlichen Wadenkrämpfen. »Mutterkuchen und Muttermund!« Dem Reisenden gellte es in den Ohren. Im Unterschied zu ihm schienen die anderen Zuhörer diesen abstrusen Quark allerdings lustig zu finden. Auch wenn Kinky Atemnots Text von Schweiß und Schleim, Blutpfropfen und Fruchtwasser – all dies in bunter Abfolge – nur so strotzte, außer ihm störte sich anscheinend niemand daran.

Zum Abschluss ihrer Darbietung erläuterte die Autorin die von ihr gewählten Kapitelüberschriften; mit ihnen hatte sie einen symbolischen Bogen von der »Empfängnis« bis zum »Wochenfluss« gespannt.

»*Wochenfluss*, so ist mein letztes Kapitel überschrieben, das nur noch aus einer Zeile besteht«, eiferte sie sich kokett. »Ich erlaube mir, darin Heraklit zu zitieren, nur so zum Spaß, verstehen Sie. *Alles fließt!* Damit endet mein Krimi. Aber wer von allen Genannten im vorangegangenen Kapitel, *Kindspech* überschrieben, das Zeitliche segnen muss und wie und warum, das werde ich Ihnen heute Abend natürlich noch nicht verraten.«

Der Reisende nutzte die kleine Pause in Kinky Atemnots Geschwafel, warf ein paar Münzen auf den Tresen und stürzte fluchtartig aus dem Villon. An seiner Johannisbeerschorle hatte er nicht einmal genippt. Ihre Farbe erinnerte ihn an dünnes Blut, das mit Fruchtwasser vermischt war. Ihm war speiübel zumute.

»Ein Käseteller! Vier Mineralwasser! Ein grüner Tee! Ein Ginger Ale. Zwei Bier! Und in fünfeinhalb Minuten vielleicht dann der Rotwein ...«

Die hübsche Rebecca rief es dem Wirt zu, während sie gleichzeitig mit flinkem Griff ein paar Gläser aus dem Regal schnappte. Henry zwinkerte seiner Angestellten verständnisvoll zu. Die Runde der Krimiautorinnen und -autoren, die sich im Anschluss an Kinky Atemnots Lesung im hinteren Zimmer zusammengefunden hatte, war für ihre Entscheidungsunfähigkeit längst bekannt. Das heißt, bei den männlichen Autoren war es vergleichsweise einfach, sie tranken ein, zwei Gläser Bier oder Wein, stellten keine großen Ansprüche und machten keine weitere Arbeit. Aber die Damen, und die waren in dieser Runde in der Überzahl, waren kompliziert. Erst tranken sie grünen Tee, »zum Aufputschen!«, wie es hieß – hatte man so etwas schon je gehört? Danach stiegen sie auf Bananensaftschorle um – »Die sättigt so schön« – und stellten überhaupt die sonderbarsten Kombinationen zusammen. Und meistens gingen sie auch noch mit guten Vorsätzen aus.

»Für mich bitte heute Abend nur Pfefferminztee.«

»Ich bin auf Diät! Schon der vierte Tag! Du etwa auch?«

Ein anderer Gastwirt hätte das vielleicht nervig gefunden, hätte gereizt reagiert. Aber nicht er. Henry kannte das Leben. Er kannte die Literatur und die Probleme ihrer Verfasser dazu. Im Innersten seiner Seele war er selbst Literat. Ein Philosoph und ein Künstler, ein Lebenskünstler dazu. Gutmütig und gelassen nahm er jede einzelne Bestellung auf und bestätigte die jeweilige Auftraggeberin in ihrer Entscheidung. Nein, dieser Käseteller mache auf keinen Fall dick, von den paar Oliven würde man doch kein Fett ansetzen. Ein Gläschen Rotwein mache keine Alkoholikerin. Und Rebecca, seine Mitstreiterin, war ihm ebenbürtig. So hübsch sah doch keine Bedienung in einer Säuferkneipe aus! Wer im Villon saß, wähnte sich für die Dauer des Abends zu Hause. Oder im Himmel. Auf jeden Fall an einem utopischen Ort. Hier waren die Gespräche tiefer, hier vertrug man den Alkohol besser, hier war man ein Mensch und durfte es sein. Deshalb hatte Henry vor anderthalb Jahren seine Stammkneipe gekauft. Und deshalb trafen auch sie sich regelmäßig in diesem so verkehrsgünstig gelegenen Lokal in der Nähe des Hamburger Hauptbahnhofs, Hamburgs Krimiautoren und solche, die es noch werden wollten. Hier hatten sie ihren Jour fixe, hier hielten sie Hof. Und ab und an luden sie, wie heute, zu ihren Lesungen.

Natürlich war Kinky Atemnot der Star dieses Abends. Soeben zählte sie die Münzen in ihrem Hut. Sogar ein kleiner Schein war dabei. Zwar war es keine Summe zum Reichwerden, die man ihr hineingeworfen hatte. Aber doch mehr, als Marina und Wiebke im September bekommen hatten. Und die beiden waren zu zweit aufgetreten und hatten sich das bescheidene Honorar auch noch geteilt.

Kinky bemerkte, wie die beiden älteren Kolleginnen ihre Zählung mit Argusaugen verfolgten. Marina Pichowiak und Wiebke Timmerloh waren nicht die größten Sterne in diesem Kreis. Marina war eigentlich von Beruf Bibliothekarin und am Germanischen Seminar im Philosophenturm angestellt. Immerhin hatte sie es mit ihrem Erstling *Wandsbeker Blutaufguss* zu einigem Ansehen gebracht. Darin erstach ein verhuschtes graues Mäuschen, wie sie selbst eines war, den Schönling von Bademeister, der in ihrem Fitnessstudio den Aufguss in der Sauna betreute. Offenbar hatte der Macho das Mäuslein noch nie auch nur eines einzigen Blickes gewürdigt; für manche ein verständliches, durchaus hinreichendes Motiv.

Bei einem ihrer Plauderabende hatte Marina Kinky zu später Stunde, als alle anderen schon gegangen waren, unter dem Siegel der Verschwiegenheit anvertraut, dass sie vor drei Jahren beinahe ihren langjährigen Geliebten Elmar, einen Professor der Mediävistik, abgemurkst hätte; nur ihrer Blödheit war es zu verdanken gewesen, dass sie nicht zur Mörderin geworden war. Insgeheim aber hegte Kinky den Verdacht, dass Marina noch weitere düstere Geheimnisse in sich barg und dass doch ein paar Tropfen Blut an ihren Händen klebten. Sie besaß eine Aura, die nicht nur aus Blödheit und verhuschtem Wesen bestand. Kinky hatte da auch schon eine Ahnung.

Hatte Marina nicht vor einem Jahr so einiges geerbt? Wie hätte sie sich sonst als Bibliothekarin ein Sabbatjahr leisten können? Genug zum Leben warf der *Wandsbeker Blutaufguss* doch wohl noch nicht ab? Und woran war eigentlich Marinas Vater gestorben, zu dem sie erst in den letzten beiden Jahren vor seinem Tod ein – angeblich herzliches – Verhältnis entwickelt hatte? Kinky hoffte auf eine günstige Gelegenheit, um bald einmal tiefer in Marinas Vorleben eindringen zu können. Es war immer gut, über ein paar Zusatzinformationen zu verfügen.

Auch Wiebke Timmerloh war keine richtige Schriftstellerin, wie Kinky verächtlich dachte. Jürgen, ihr Mann, ein ehemaliger Klassenkamerad, mit dem Wiebke seit ihrem elften Schuljahr zusammen war, war Lehrer geworden. Kinky hielt ihn für einen Langweiler vom Dienst – was sie allerdings nicht daran gehindert hatte, auf Wiebkes Gartenfest im August heftig mit ihm zu flirten. Danach hatte er ihr als Vorlage für den Ehemann ihrer schwangeren Heldin gedient. Auch Wiebke Timmerloh hatte das Lehrerexamen gemacht, sich aber in den letzten fünfzehn Jahren als Hausfrau und Mutter verwirklicht. Nun, da ihr Sohn Jo-Lasse ein Alter erreicht hatte, in dem sich die Mutter dringend von ihm abnabeln musste, suchte sie einen neuen Lebensinhalt. Allmählich sah man ihr an, dass sie aus Langeweile zu viele Kochrezepte ausprobierte. Aber seit sie beim Osterfeuer am Elbstrand selbst Zeugin eines Mordes geworden war, hatte sie einen neuen Zeitvertreib im Schreiben von Kriminalgeschichten gefunden.

Um diese Erfahrung aus erster Hand wurde Wiebke von ihren Kolleginnen glühend beneidet. Aber jetzt schaute sie selbst mit einem Anflug von Neid und einem Stich Eifersucht im Herzen Kinky Atemnot zu.

»So eine Geschichte wie deinen Muttermord kann sich nur eine ausdenken, die selbst keine Kinder hat«, sagte sie kopfschüttelnd.

Marina meldete sich zu Kinkys Verteidigung.

»Wieso?«, fragte sie. »Auch wer keine Kinder hat, kann doch seine Mutter umbringen wollen.«

Kinky sah Marina interessiert an. Käme jetzt gleich noch ein Geständnis hinterdrein?

»Ich würde sogar sagen, gerade wer keine Kinder hat ...«, setzte Marina ihren Gesprächsbeitrag unsicher fort, brach dann aber ab. Es war ihr immer unangenehm, wenn alle zu ihr herübersahen.

»Ach, bitte, nicht schon wieder dieses Thema«, meldete sich Marthe Flachsmann zu Wort. »Kinder oder nicht Kinder, Mutter oder nicht, das ist doch völlig wurscht. Hauptsache: Man kann schreiben.«

Im richtigen Moment trat Rebecca mit einem Tablett an die Runde heran und nahm, nachdem sie die Getränke verteilt hatte, neue Bestellungen auf.

»Für mich doch einen Rotwein.« Etwas verschämt äußerte Marina Pichowiak ihren Wunsch. Vor ein paar Jahren hatte sie geglaubt, Brustkrebs zu haben; zum Glück hatten sich ihre Befürchtungen als falscher Alarm herausgestellt. Damals war sie auf den Geschmack gekommen und gönnte sich seitdem gern einmal einen guten Tropfen. Es galt, das Leben zu genießen, solange man es noch konnte. Zu genießen und dankbar zu sein.

»Hat Henry noch den guten Sardinischen da?«

»Den Sardischen, ja. Es ist gerade eine Lieferung von Sella & Mosca gekommen. Den Tanca farrà?«

»Nein, den, der so heißt wie ich – Villa Marina?«

»Marchese di Villa Marina, in Ordnung. Gibt's aber nur als Flasche.«

»Beteiligt sich jemand daran?«

»Ach, was soll's, ich bin dabei.«

»Okay, für mich auch ein Gläschen.«

»Und für mich einen Rotwein mit Schuss.«

»Immer eine Extrawurst, Kinky!«

»Dafür ist der Sella & Mosca aber zu schade!«

»Ich hab da was ganz Spezielles für Sie«, überlegte Rebecca. »Lassen Sie sich mal überraschen.«

Kinky Atemnot nickte. Für Überraschungen war sie immer zu haben.

»Hört mal, Kinnings«, meldete sich Marthe zu Wort, nachdem Rebecca die Bestellungen aufgenommen hatte. »Ich wette, keine von euch hatte in den letzten Tagen so einen intimen Kontakt mit der Bullerei wie ich.«

Marthe Flachsmann war für ihre Döntjes berühmt. Böse Zungen behaupteten zwar, sie könne überhaupt nichts anderes, als Anekdoten zu erzählen, was ein Plot und ein größerer Spannungsbogen sei, müsse man ihr erst noch erklären. Aber das kümmerte sie nicht. Ihre Berufung schien darin zu bestehen, jedwede Runde nach ein paar Gläsern Wein zu unterhalten. Heute Abend kam sie jedoch nicht sogleich zu Wort. Gerade als sie loslegen wollte, fiel Männe Degenhardt, einem der wenigen Männer in der Runde, plötzlich ein, dass er gehen müsse. Unvermittelt sprang er auf.

»Mein *Tatort* wartet auf mich. Muss heute Nacht noch eine wichtige Szene umschreiben.«

Marthe sah missmutig zu ihm hinüber. Das war doch typisch für diese Kerle! Sofort beleidigt, wenn sie einmal nicht im Mittelpunkt standen. Nein, diesem Glatzkopf trauerte sie nicht hinterher. Aber kaum war er aufgestanden, da sprang auch Franziska Fusch auf, das stille Wasser der Runde. Sie wurde leicht nervös, als sie merkte, wie alle zu ihr herübersahen. Mit fahriger Geste warf sie sich einen Poncho über und eilte Männe Degenhardt hinterher. Kinky Atemnot sah den beiden stirnrunzelnd nach.

»Haben die etwa was miteinander?«, fragte sie.

»Und wenn schon?« Marthe zuckte die Achseln. »Also letzten Sonntag war ich zum Fitness und ...«

»Der Männe ist impotent«, unterbrach Kinky den Ansatz ihrer Erzählung.

Ihre Kolleginnen kicherten. Kilian Bangemann, der einzige noch verbliebene Autor in der Runde, blickte betreten in sein Bierglas. Tommi Schneider-Schlüter hingegen, ein junger Krimifan, spitzte interessiert seine Ohren. Betont lässig nippte er an seinem Ginger Ale. Zum Leidwesen seiner Eltern, seiner Lehrer und des Pastors, der ihn konfirmieren sollte, interessierte er sich mehr für Kriminalliteratur als für die Grundlagen der Geometrie, den Zweiten Punischen Krieg und Martin Luthers Kleinen Katechismus. Seit seinem elften Lebensjahr hatte er sämtliche deutschsprachigen Kriminalromane, die er in die Finger bekam, verschlungen. Als echter Freak ließ er außerdem kaum eine Lesung aus. Die Autoren kannten ihn und schätzten diesen treuesten aller Leser. Gern führten sie den Dreizehnjährigen als leuchtendes Vorbild ins Feld, wenn irgendwo über das Desinteresse der Jugend und den mangelnden Lesernachwuchs lamentiert wurde. Sicher würde Tommi einmal Professor mit dem Schwerpunkt Kriminalliteratur werden. Und dann würde er in einer seiner gelehrten Studien das Wissen verbreiten, dass der große Männe Degenhardt nicht nur unter Haarausfall litt, sondern impotent war, dachte Marthe in diesem Moment amüsiert. Laut sagte sie:

»Woher willst du denn das wissen, Kinky?«

»Recherchieren gehört zum Beruf«, meinte Kinky und langte nach ihrer Zigarettenschachtel.

»Als ob du mit deinen beiden eigenen Kerlen nicht genug an der Hacke hättest.«

Es war allgemein bekannt, dass Kinky seit geraumer Zeit in einem anstrengenden Dreiecksverhältnis lebte.

»Ich kann mich halt nicht entscheiden«, seufzte sie. »Eines Tages wird einer kommen, der mich von beiden Schwachköpfen befreit. Aber Männe Degenhardt hatte leider nicht das Format.«

»Bloß weil er bei dir nicht konnte, muss er nicht impotent sein«, sagte Wiebke Timmerloh schwach. Im selben Moment fragte sie sich, warum sie eigentlich diesen arroganten Kollegen verteidigte? Erst heute Abend hatte er ihr von oben herab erklärt, sie solle sich nichts daraus machen, dass er ihren Namen nicht kenne, aber er lese nun einmal keine Hausfrauenliteratur. Vermutlich wollte sie schon einmal vorbeugen, falls Kinky sich auch an ihren Jürgen heranmachen sollte, gestand sie sich ein.

Aber die Kollegin durchschaute sie.

»Keine Sorge«, lachte Kinky selbstbewusst. »Bei mir können sie in der Regel alle. Wenigstens in dieser Hinsicht war Männes Nummer speziell.«

»Also, nun lasst uns doch endlich mal zum Thema kommen!«, versuchte es Marthe erneut.

»Sonntags Fitness«, nickte Marina. »Kein *Wandsbeker Blutaufguss*, hoffe ich?«

»Keine Sorge«, erwiderte Marthe. »Bei dir kupfere ich schon nicht ab. Also, wenn ich sonntagabends aus der Sauna komme, ziehe ich mir immer schon in der Umkleide den Pyjama an. Damit ich so schnell wie möglich zu meinem Knuddel nach Hause komme und nicht den *Tatort* verpasse. Vorausgesetzt, das Drehbuch stammt nicht von Männe D.«

Henry hörte, wie die Runde in Prusten ausbrach. Er füllte gerade behutsam den sardischen Wein in die Dekantierkaraffe um. Der Wein kam aus Alghero, von einem Weingut, das berühmt war für die Qualität seiner Weine, die Schönheit der Anlage und die Arroganz seiner Angestellten. Aus der Karaffe stieg ein feiner Duft von Wildbeeren empor. Ihm kam ein Lied von Carl Michael Bellman in den Sinn: Rotwein und Pimpinelle, und Bekassinchen, zart und fein ...

»Also Pyjama angezogen, aus dem Studio ausgecheckt und ab in die Tiefgarage. Von Garage zu Garage, das fällt ja weiter nicht auf. Nur vorgestern hatte ich Pech. Da bin ich auf dem rutschigen Laub am Innocentia-Park auf meinen Vordermann draufgeschlittert. Im Pyjama, versteht ihr? Das war so ein verschnarchter Sonntagsfahrer aus Ratzeburg, der die Vorfahrtsregelung nicht checkte.«

»Ja, und?«, unterbrach sie Kinky Atemnot. »Jetzt komm doch endlich zur Sache.«

»Würde ich doch, aber du lässt mich ja nicht.«

»Quatsch, du laberst dir einen ab. Pyjama, Sonntagsfahrer, Vorfahrtsregeln. Diese Art von Verkehr interessiert doch nun wirklich keinen. Entweder man hat was erlebt oder nicht. Henry! Wo bleibt mein Rotwein mit Schuss?«

Marthe starrte Kinky Atemnot wütend an, die Kolleginnen und Freunde schwiegen betreten.

»Wichs dich!«, sagte Marthe. »Das Ende der Geschichte könnt ihr in meinem nächsten Buch nachlesen.«

Die Zornesröte war ihr ins Gesicht geschossen, ihre sonst hellgrünen Augen hatten plötzlich die Farbe alten Flaschenglases angenommen und waren zu schmalen Schlitzen verengt. Ohne nach rechts oder links zu sehen, stand sie auf und verließ die Runde.

»Wird bestimmt ein Bestseller, dein nächstes Buch!«, rief ihr Kinky Atemnot nach.

»Lass gut sein!«, ermahnte Marina.

»Mensch, das war jetzt echt daneben, Kinky!« Mehr fiel Wiebke nicht ein.

Auch Tommi Schneider-Schlüter nutzte die Gelegenheit, sich zu verabschieden, und hastete Marthe hinterher. Wenn er sich beeilte, traf er sie vielleicht noch an der Bushaltestelle am Hauptbahnhof an und konnte ein Autogramm von ihr ergattern. Und kam halbwegs pünktlich nach Haus.

Die Zurückbleibenden wurden in diesem Moment von Rebecca mit den Getränken erlöst. Aus der Weinkaraffe, der ein verlockender Duft entströmte, füllte sie behutsam mehrere Gläser. Auch vor Kinky stellte sie ein Glas ab. Kinky schnupperte interessiert und rümpfte dann die Nase.

»Was ist das denn? Da ist ja gar kein Rum drin. Das ist doch kein Rotwein mit Schuss!«

»Und ob! Das ist unser bester Knaller«, erklärte Rebecca freundlich. »Für alle, die's nötig haben. Prošek mit Sliwowitz.«

»Was soll das sein?«

»Prošek, ein kroatischer Rosinenwein, immerhin fünfzehn Prozent. Mit einem Schuss Sliwowitz zur Abrundung. Wenn Sie davon drei Gläser schaffen, passen Sie morgen mit dem Kopf durch keine Tür mehr durch. Wohl bekomm's!«

Kinkys Ehrgeiz war angestachelt. Nach drei Gläsern durch keinen Türrahmen mehr? So schnell wie keine vor ihr hatte sie das erste Gläschen geleert.

»Henry! Rebecca! Noch so einen köstlichen Schuss, bitte!«

Bald nach Mitternacht ließen Wiebke Timmerloh und Marina Pichowiak die tapfere Kinky im Stich. Auf die eine wartete angeblich ihr Mann, auf die andere ihr Schönheitsschlaf. Dabei war doch klar, dass diese beiden Größen ihnen heute Nacht nicht mehr viel nützen konnten. Auch Kilian Bangemann hatte sich längst abgesetzt. Alle Gäste waren gegangen, bis auf den Philosophieprofessor, der am hinteren Tisch in Gesellschaft eines wohlportionierten Grappa Zwiesprache mit seinem Laptop hielt. Und dann war da noch Paul, das Computergenie, der mit anmutig verschlungenen Beinen bei einem Glas Montepulciano hockte und von seinen Jugendlieben träumte. Ein Weilchen hing Kinky noch an der Theke herum, jedoch nicht nur, weil der letzte Absacker nach einem Nachfolger verlangte. Ihr graulte vor der Heimkehr in ihre Wohnung. Sie wusste ja nicht, in welcher Stimmung ihr Freund oder ihr Ex-Freund war. Sie wusste nicht einmal, wer von den beiden Jungs, die sie seit nunmehr anderthalb Jahren unter Mobilisierung sämtlicher Kräfte immer noch bei der Stange hielt, gerade ihr Freund oder ihr Ex-Freund war.

»Henry, den letzten schaffe ich auch!«

Extra für sie legte Henry nun die CD mit Liedern von Carl Michael Bellman auf. Mit dessen Sauf- und Sterbeliedern hatte er auch schon selbst auf der Bühne gestanden.

So troll'n wir uns ganz fromm und sacht
von Weingelag und Freudenschmaus.
Wenn uns der Tod ruft, gute Nacht!

Dein Stundenglas rinnt aus.
Wer heut noch frech den Schnabel wetzt
und glaubt, ein großer Herr zu sein,
pass auf! Der Schreiner hobelt jetzt
schon gerad an deinem Schrein.
Scheint das Grab dir tief und dumpf sein Druck,
à la votre, so nimm noch einen Schluck!
Und noch einen hinterher, und noch zweie, dreie mehr!
Dann stirbt sich's nicht so schwer.

Was hilft's, wenn du vor Wut auch spuckst,
der Tod ist keiner Münze feil.
Von jedem Schlückchen, das du schluckst
schluckt schon der Wurm sein Teil.
Ob nied'res Pack, ob hohe Herrn,
am Ende sind wir Brüder doch.
Dann leuchtet uns der Abendstern
ins gleiche finstre Loch.
Scheint das Grab dir tief und dumpf sein Druck,
à la votre, so nimm noch einen Schluck ...

Endlich hatte Kinky auch das gefährliche letzte Glas Prošek geleert. Schwerfällig rutschte sie von ihrem Hocker. »Schreib's an, Henry«, nuschelte sie.

Henry verstand noch etwas von »schuldig bleiben« und »nächstes Mal ...«. Dabei war doch unter Künstlern und Vaganten Ehrensache, dass derjenige, der auftrat, keine Zeche zahlte. Lächelnd sah er der jungen Krimischreiberin nach, wie sie aus seinem Lokal stolperte. Selbst diejenigen von ihnen, die sich forsch gaben, waren im Grunde so brave Mädchen. Rührend irgendwie. Zur Kneipenwirtin hätte keine von diesen Autorinnen getaugt.

An der frischen Luft merkte Kinky erst, wie angetrunken sie war. Ihr fiel ein, dass sie vor ihrer Lesung gar nicht zu Abend gegessen hatte. Auweia! Das Auto sollte sie wohl besser stehen lassen. Auch wenn sie immerhin nicht im Pyjama unterwegs war. Kinky kicherte. Der Marthe hatte sie es vorhin ganz schön gegeben. Aber die war ihr in letzter Zeit auch reichlich auf die Nerven gegangen. Warum die sich immer so aufspielen musste? Vielleicht konnte sie am Hauptbahnhof noch einen Nachtbus erwischen. Oder sollte sie sich von den Einnahmen des Abends ein Taxi gönnen? Während Kinky nachdachte und die nächtlich stille Straße entlangbummelte, war ihr so, als hörte sie plötzlich ein leises Rascheln hinter sich. Sie beschleunigte ihren Schritt. Früher war hinter der Kirche, wo jetzt ein Spielplatz war, der Friedhof gewesen. Ob vielleicht eine arme Seele hinter ihr herspukte? Oder war der heilige Georg dort oben, nachdem er den Drachen getötet hatte, von seinem Standbild heruntergestiegen und suchte ein neues Opfer? Kinky fröstelte. Diese verdammten Fantasien! Die müssten als Berufskrankheit anerkannt werden! Sicher war es nur irgendein Fixer, der sich im Schatten der Kirche einen Schuss gesetzt hatte, beruhigte sie sich. Oder zwei Schwule, die es auf dem Kinderspielplatz trieben. Kinky warf einen flüchtigen Blick hinter sich, dann strebte sie weiter den St. Georgs Kirchhof entlang.

Als sie den Schuss hörte, war es schon zu spät. Dass er ihr gegolten hatte, konnte sie nicht mehr begreifen.

Am nächsten Morgen wollte Marthe Flachsmann ihren Augen nicht trauen. Wie immer nahm sie ihr Frühstück im Bademantel ein. Wie immer lag die Zeitung neben dem Brötchenkorb, von einem fürsorglichen Knuddel, bevor er zur Arbeit ging, dort für sie hinterlegt. Und wie immer schlug sie als Erstes die Seite mit den Todesanzeigen auf. Sie liebte Todesanzeigen und schnitt die besten für ihre Sammlung aus. Ein leicht morbides Hobby war es wohl, dem sie da frönte, aber es gehörte zu ihrem Beruf. Und was gab es Anrührenderes, als mit wildfremden Leuten zu fühlen, die einem Dahingegangenen zu Ehren zum ersten Mal in ihrem Leben einen Vers dichteten? Was gab es Lustigeres als das Rätselraten über Verwandtschaftszerwürfnisse, späte Lieben oder andere Familientabus? Und was gab es Erbaulicheres als etwa die Nachricht, dass der »Große Baumeister aller Welten« den geliebten Bruder XY »zu höherer Arbeit in den ewigen Osten abberufen« hatte? Ja, Marthe liebte Todesanzeigen und fühlte sich jedem, der eine aufgab, innig verbunden. Aber heute, das war doch nicht möglich, was sie da las!

ICH WERDE GERECHT GERICHTET!
KINKY ATEMNOT
21.5.1974–1.10.20**
Ausgezeichnet mit dem Frauenkrimipreis
der Stadt Wiesbaden
IHRE LETZTEN WORTE: »ALLES FLIESST ...«

Was für ein schlechter Scherz! Marthe verschluckte sich vor Empörung. Sie musste husten, schnappte nach Luft, etwas Kaffee kam ihr zu den Nasenlöchern wieder heraus. Ekelhaft! Wer konnte so etwas tun? Gewiss, auch sie hatte sich über die Kollegin gestern Abend mal wieder herzhaft geärgert, und sie war gewiss nicht die Einzige, die der anderen gelegentlich am liebsten vors Schienbein getreten hätte. Aber dies war makaber. Mit so etwas scherzte man nicht. Marthe sprang auf, lief zu ihrem Schreibtisch hinüber und schnappte sich das Telefon. Leider meldete sich nur die Antwortmaschine.

»Kinky? Hörst du? Hier ist Marthe. Du, ich schlage gerade das Abendblatt auf – falls du's noch nicht gesehen hast – also so etwas Gemeines! Seite 28 meine ich. Ich bin völlig fassungslos. Und – nicht dass du denkst, ich wäre es gewesen. Egal, was gestern Abend war – ich meine, es war schon scheiße von dir – aber Schwamm drüber. Melde dich, ciao.« Sodann wählte Marthe ein paar weitere Nummern, aber ohne nennenswerten Erfolg. Bei Marina Pichowiak hob niemand ab, bei Wiebke Timmerloh war andauernd besetzt. Kilian Bangemann wusste angeblich von nichts, wollte sich aber sogleich ein Abendblatt kaufen. Als Marthe gerade Franziska Fusch an der Strippe hatte, klingelte es an ihrer Tür. Kriminalpolizei! Zwei ernste, leider nicht sonderlich an ihr als Autorin interessierte Herren wollten alles über ihr Verhältnis zu Christiane Atemnot wissen. War ihr am Vorabend etwas Außergewöhnliches an der Kollegin oder in ihrem Umkreis aufgefallen, und was hatte sie mit ihrem Anruf vorhin bezweckt? Was war zwischen Christiane Atemnot und ihr vorgefallen, was war – in ihrer Wortwahl – »schon scheiße« gewesen? Und wo hatte sie selbst zwischen ein Uhr nachts und halb zwei Uhr morgens gesteckt? Ihren kleinen Witz – »In Morpheus' Armen« – kapierten die Herren nicht und fragten nach der Adresse des Herrn. Marthe war schweißgebadet, als sie hinter ihnen die Wohnungstür schloss. Erst einmal duschen! Der zweite Kontakt innerhalb von wenigen Tagen mit der Bullerei. Einmal im Pyjama, einmal im Bademantel. Nun ja, sie verbesserte sich.

An diesem Abend trafen sich die Krimikolleginnen und -kollegen schon wieder im Villon. Ausgerechnet die stille Franziska, die sich sonst kaum je an den Diskussionen beteiligte, hatte die Idee zu diesem Umtrunk außer der Reihe gehabt. Das seien sie der toten Kinky schuldig, hatte sie am Telefon gemeint. Und auch der Öffentlichkeit! Um neunzehn Uhr versammelten sie sich zunächst an der Stelle vor der St. Georgs Kirche, an der Kinky erschossen worden war. Franziska, die auch ein paar Journalisten eingeladen hatte, legte einen kleinen Kranz nieder – »Für jeden zwei Euro, könnt ihr mir später geben« –, einige stellten Marmeladengläser mit Teelichtern auf. Nachdem sie der Ermordeten in einer Schweigeminute gedacht hatten, lasen sie der Reihe nach ein paar Abschnitte aus Kinky Atemnots Texten vor. Selbst Männe Degenhardt musste sich – durchaus fotogen – eine Träne aus dem Augenwinkel wischen. Im Näherkommen leuchtete ihnen das Villon verheißungsvoll entgegen wie eh und je. Der Namenszug prangte in goldenen Lettern über den Fenstern, durch die man bereits einen kleinen Blick ins Paradies erhaschen konnte, die altmodischen Laternen neben dem Eingang spendeten ein anheimelndes Licht. Drinnen war es warm und gemütlich, als wäre nichts Böses geschehen. Leider aber war ihr angestammter Platz im hinteren Zimmer besetzt. Zum zweiten Mal an diesem Tag wollte Marthe ihren Augen nicht trauen. Was stand denn da für ein verbotenes Teil auf dem Tisch? Ein roter Wimpel mit Goldborte, wie in einem urdeutschen Stammtischlokal? »Freundeskreis des Villon SPD St. Georg« prangte in Goldbuchstaben darauf. Das war doch wieder typisch für die Genossen! Vertrieben einen vom besten Plätzchen, aus der gemütlichsten Ecke, ohne irgendwelche Entschädigung, Gegenleistung oder gar Problemlösung anzubieten. Leicht deprimiert half Marthe ihren Kollegen, drei Tische im vorderen Raum zusammenzuschieben, und ließ sich auf dem strategisch günstigen Beobachterposten unter dem Spiegel nieder. Hier hatte ein Stammgast des Lokals ihr einmal erklärt, dass im Spiegel keine Vertauschung von rechts und links stattfinde, sondern eine Vertauschung von hinten und vorn. Aber sie hatte damals wohl zu viel getrunken gehabt – oder vielleicht nicht genug? Sie hatte die genialen Ausführungen nicht wirklich verstanden.

Neben Marthe saß Falk Schrader, der für Kriminalliteratur zuständige Redakteur des Hamburger Abendblatts, ein gut aussehender Mittvierziger, in den so manche Autorin heimlich verliebt sein mochte. Auch er sah heute deutlich mitgenommen aus.

»Was ist denn nun eigentlich passiert?«, platzte es aus Marthe heraus.

»Kinky wurde erschossen. Auf dem Heimweg, so gegen halb zwei.«

Mehr, als Marthe von der Kripo erfahren hatte, wusste der Redakteur offenbar auch nicht.

»War jemand bei ihr?«, fragte sie.

Falk legte die Stirn in Falten, antwortete aber nicht.

»Sie war die Letzte, die ging«, sagte der Wirt, der in diesem Moment hinzukam. »Außer zwei harmlosen Stammgästen, meine ich.«

»Also ein Zufallstäter«, resümierte Marthe.

Falk Schrader schüttelte den Kopf.

»Soviel ich weiß, hat man ihren Ex-Freund verhaftet.«

»Den Moritz?«, staunte Marina. »Also, das hätte ich nie von dem gedacht.«

»Ich hab gehört, es war der andere«, meldete sich Männe zu Worte. »Der Neue, ich glaube, Jürgen heißt er.«

Wiebke Timmerloh wurde es heiß und kalt. Nein, nein, beruhigte sie sich. Ihr Jürgen saß in diesem Moment daheim an seinem Schreibtisch und korrigierte brav einen Stapel Hefte.

»Jörg-Peter«, berichtigte sie. »Und der war's?«

»Na ja, dieses ewige Hin und Her ging ihm wohl auf die Nerven«, sagte Franziska spitz. Marthe staunte, wie viel Engagement diese Kollegin plötzlich zeigte. Offenbar hatte man sie bislang unterschätzt.

»Noch weiß man gar nichts«, sagte Henry ruhig. »Dass sie einen vernehmen, heißt nicht, dass er's auch war. Wollen wir mal sachlich bleiben. Was darf's denn zu trinken sein?«

»Bring uns zwei Flaschen vom Tanca farrà«, bestimmte Männe. »Ich geb einen aus. Und zwei große Flaschen Mineralwasser dazu.«

Henry zog sich beruhigt hinter die Theke zurück. Es war immer gut, wenn sich einer als Großverdiener aufspielte. Da musste er heute Abend wenigstens nicht die Apfelschorle-, Alsterwasser- und Pfefferminztee-Bestellungen einzeln aufnehmen. In Erinnerung an die letzten Minuten mit

Kinky Atemnot – an *ihre* letzten Minuten! – legte er noch einmal die Bellman-CD auf. »Trink aus dein Glas, der Tod steht auf der Schwelle ... Lob, sing, vergiss! Und bedenk und beweine!« Das waren die Verse, die diese kecke junge Frau zuletzt gehört hatte. Und er hatte ihr, ohne es zu wissen, die letzte Bacchusprobe, den Abschiedstrunk gereicht. Noch keine vierundzwanzig Stunden war das her. Und dann war ihr letzter Wunsch, Rotwein mit Schuss, etwas zu wortwörtlich erfüllt worden, und sie war dem großen Spielmann voraus ins Grab gesprungen, mit einem Lächeln und einem Prosit auf den Lippen. Kein ganz schlimmer Tod, wenn man es so betrachtete. Und dem kleinen Spielmann, der wohl er selbst gewesen war, als er ihr die Musik vorgespielt hatte, war sie auch schon vorausgehüpft. Nun ja, im Grab war sie ja im strengen Sinne noch nicht. Lag wohl noch in einem Kühlfach in der Gerichtsmedizin. Wer weiß, vielleicht schwebte immer noch ein Hauch Prošek über ihr?

Er neigte sonst nicht zum Lauschen. Ob Liebesgeflüster, ob Ehestreit, Henry konnte seine Ohren prächtig auf Durchzug stellen. Aber an diesem Abend ließ es sich nicht vermeiden, dass er doch das eine oder andere Wörtchen aufschnappte.

»Wieso? Ist eine Pistole denn kein Revolver?«

»Mal ehrlich, Wiebke, du hast doch von Ballistik nicht die geringste Ahnung! Wie ich diese schreibenden Hausfrauen, Lehrer und Pastoren hasse, die von Schusswaffen und Polizeiarbeit keine Ahnung haben. Na ja, wenigstens kann man davon ausgehen, dass du nicht die Mörderin bist!«

»Wer weiß, vielleicht ist unsere Dummheit ja nur eine gute Tarnung?«

»Was für ein – äh – Schießeisen war es denn nun?«

»Bitte keine Details«, sagte Henry lächelnd, als er die Getränke brachte.

Offenbar wollte Männe Degenhardt gerade zu einem längeren Vortrag über die gängigen Schusswaffen ausholen, aber das dunkle Funkeln des Weins, den der Wirt ihm andächtig in ein großes Glas goss und mit dem er unter vorsichtigem Drehen die Wände des Glases benetzte, lenkte ihn kurzfristig ab. Und dann geschah etwas Unerwartetes. Ein weiterer Gast gesellte sich der Runde hinzu.

»Moritz! Schön, dass du gekommen bist!« Franziska Fusch hatte den Neuankömmling als Erste gesehen. Eilig sprang sie auf und umarmte den über Nacht wenigstens zur Hälfte zum Witwer gewordenen Bekannten. Da sie sehr klein war, musste sie sich dazu auf die Zehenspitzen recken, so dass sie beinahe das Gleichgewicht verloren hätte.

»Du Ärmster! Moritz, was hast du durchgemacht!«

Henry fand diesen Auftritt reichlich theatralisch. Amüsiert beobachtete er, wie die anderen es Franziska gleichtaten und eine nach der anderen den Freund ihrer ermordeten Kollegin mit noch mehr Dramatik als die jeweilige Vorgängerin umarmte. Der Reihe nach beteuerten sie alle ihm ihr herzinniglichstes Beileid. Moritz ließ alles ergeben mit sich geschehen. Nein, nicht nur ergeben, dachte Henry, euphorisch wirkte der junge Mann fast. Offenbar hatte er recht schnell in seine neue Rolle gefunden. Bald schon hörte der Wirt, wie der Bursche den anderen von seiner und Kinkys großer Liebe vorschwärmte. Und er bemerkte auch, wie Franziska den jungen Mann jedes Mal zart mit dem Ellenbogen anstieß, wenn er in seiner Erzählung vom Pfad der großen Liebe abweichen wollte und anfing, an Kinky herumzukritisieren. Nachtigall, dachte Henry. Die brauchten nicht mehr lange, die zwei. Wer weiß, vielleicht kam Kinkys Abgang dieser Franziska durchaus zupass? Er zwang sich, den Gedanken nicht weiterzuspinnen.

Die Rede war auf die merkwürdige Todesanzeige, die heute im Abendblatt gestanden hatte, gekommen.

»Das sieht Jörg-Peter ähnlich«, eiferte sich Moritz. »Der hat doch einen ganz abartigen Geschmack. Das ist typisch für ihn, so etwas witzig zu finden. Einen Drohbrief geschickt hat er ihr auch. Wir haben den nur nicht ernst genommen vorgestern.«

»Was denn für einen Brief?«

»Wir wollten doch nicht drüber sprechen, Moritz«, erinnerte Franziska ihn sanft.

»Wieso ihr?«, fragte Marthe.

Es war offensichtlich, die beiden drucksten mit etwas herum. Schließlich rückten sie mit der Information heraus, dass Kinky schon am Montag einen anonymen Brief mit der Post erhalten habe.

»Ich war zufällig bei ihr, um mir ein Buch auszuleihen.« Franziska spielte ihre eigene Beteiligung an dem Vorfall herunter. »Sie hatte gerade die Post geöffnet. Wir haben uns noch gemeinsam darüber amüsiert. DU BIST VERDAMMT, wisst ihr, so die klassische Nummer, mit aus der Zeitung ausgeschnittenen Buchstaben.«

»Voll altmodisch«, bestätigte Moritz. »Solche Briefe schreibt doch keiner mehr heutzutage.«

»Offensichtlich doch«, murmelte Falk.

»Weiß das die Polizei?«, fragte Marina begierig.

Moritz nickte.

»Klar, die haben ja die Wohnung durchsucht und ein paar Sachen mitgenommen. Auch woran sie gerade schrieb und so, falls sie da auf was Brisantes gestoßen wäre.«

Männe Degenhardt schnaubte verächtlich.

»Brisante Erkenntnisse über den Wochenfluss, ja?«

»Sei nicht so gemein«, mahnte Marthe. »Vielleicht ja auch brisante Erkenntnisse über impotente Liebhaber, wer weiß?«

Es wurde Zeit für Henry, wieder freundlich einzuschreiten. »Bitte keine Details«, rief er ihnen von seinem Platz hinter der Theke aus noch einmal zu.

Kurz vor Ende der Zusammenkunft passierte etwas Merkwürdiges. Henry war gerade in seiner Küche verschwunden, um eine Schale Oliven zu holen. Da stand Kinky Atemnots junger Freund plötzlich hinter ihm. Er starrte Henry wie hypnotisiert an, während er hastig auf ihn einredete. »Ich brauche Ihre Hilfe. Ich war doch gestern Nacht bei Ihnen, nicht wahr?«

Henry sah den jungen Mann interessiert an.

»Gestern Nacht? Wir wissen doch beide, dass das nicht stimmt.«

»Ich brauche ein Alibi«, stieß Moritz hervor. »Das, das ich habe, taugt nichts, jedenfalls nicht bei der Polizei. Nichts Schlimmes«, druckste er. »Aber ganz koscher eben auch nicht. Und vor der Franzi wär's mir auch echt peinlich ...« Henry schüttelte den Kopf. Was war denn das für ein dummes Kind?

»Wie stellst du dir das vor? Die wissen doch alle, dass du gestern Abend nicht hier gewesen bist. Das war 'ne öffentliche Lesung, ja?«

»Ich könnte Ihnen doch in der Küche geholfen haben.«

»Was Besseres fällt dir nicht ein? Hast mir in der Küche geholfen und bist dann zwischendurch deine Freundin totschießen gegangen? Nee, nee, Junge. Such dir eine andere Küche, in der du geholfen hast.«

Henry bückte sich demonstrativ, um das Gespräch zu beenden. Einen Moment lang hatte er die Vision, als würde der junge Mann ihm gleich in den Rücken stoßen. Vorsorglich stützte er sich auf dem Rand des großen Olivenglases ab. Aber der Augenblick verging, ohne dass etwas geschah.

Als er aufschaute, war Moritz verschwunden. Und als er mit einem Schälchen Oliven an den Tisch der sozialdemokratischen Freunde des Villon St. Georg trat, sah er ihn gerade noch zur Tür hinausstürmen. So ein dummer Junge!, dachte er. Sollte etwa der falsche Lover in U-Haft sitzen?

Eine Woche verging, während derer jeder seinen eigenen Geschäften nachging. Dem Geschäft der Trauer diejenigen, die einen Verlust erlitten hatten, dem Geschäft der Scham und der Selbstbezichtigung die, die etwas versäumt hatten oder bereuten. Dem Geschäft des Versteckens oder des rastlosen Umherirrens der, der ein Mörder war, dem Geschäft des Lügens, der Ablenkung und des Vertuschens alle, die die Wahrheit fürchteten. Und diejenigen, die sie zu lieben meinten, gingen dem Geschäft der Wahrheitssuche nach, die Polizisten und Gerichtsmediziner, die Krimiautorinnen und -autoren, und auch der Redakteur des Hamburger Abendblatts, Falk Schrader. Als einer von vielen hatte er eine Einladung zu Kinky Atemnots Trauerfeier erhalten. Das Gerichtsmedizinische Institut der Universität Hamburg hatte den Alkoholgehalt in Kinkys Blut und alles andere, was man über sie wissen musste und wissen wollte, ausreichend untersucht, ihre Leiche war zur Bestattung freigegeben. Nun mussten ihre armen Eltern ihr einziges Kind auf dem Ohlsdorfer Friedhof zu Grabe tragen. Und obwohl sie selbst es bevorzugt hätten, die Beisetzung im engsten Familienkreis abzuhalten, glaubten sie es Kinky schuldig zu sein, ihr zu Ehren zu einer größeren Abschiedsfeier zu laden.

Wer weiß, dachte der Redakteur, vielleicht fand man in Ohlsdorf noch etwas heraus?

Zunächst wurde Falk Schrader enttäuscht. Auf dem Friedhof hatte sich eine so große Schar von Trauernden – oder auch nur Schaulustigen – eingefunden, dass man alle und jeden für den Mörder halten konnte. Alle, alle waren gekommen. Natürlich Kinkys Eltern, und immer dicht hinter ihnen Franziska Fusch, die sich mit der Ermordeten zuletzt angeblich besonders angefreundet hatte. Und sodann hatten sich sämtliche Krimiautoren und -autorinnen eingefunden, die die Hansestadt unsicher machten und von denen man nur je gehört haben konnte.

Bei manchen Gesichtern kam Falk Schrader ins Grübeln, wer der oder die Betreffende wohl war, so alt waren die dazugehörigen Träger inzwischen geworden. Nur einige wenige Autoren sahen in Wahrheit besser als auf ihren Pressefotos aus.

Während er sich die Zeit mit Rätselraten vertrieb, dachte Falk Schrader, dass diese Beisetzung immerhin einen gewissen Unterhaltungswert besaß, im Unterschied zu allen anderen, denen er bislang hatte beiwohnen müssen. Gerade als er dies dachte, fühlte er den Blick eines ihm unbekannten Mannes auf sich ruhen. Und anstatt beiseite zu schauen, als Falk seinen Blick auffing, starrte der Fremde weiter aus großen grauen Augen interessiert zu ihm herüber. Unwillkürlich wandte Falk seinen Blick ab. Er fühlte sich ertappt. Wer der Fremde wohl war? Sicher ein Kriminalbeamter, er trug ja selbst in Zivil eine uniformähnliche grüne Jacke. Und jetzt wusste er, dass Falk Schrader in diesem Moment ein schlechtes Gewissen hatte. Ob er etwa ihn für den Täter hielt?

Dann war da noch der Mann vom Bestattungsinstitut, der sehr darauf erpicht war, dass sich alle Anwesenden in sein Kondolenzbuch eintrugen. War auch er vielleicht in Wahrheit ein Spurensicherer von der Kriminalpolizei? Ferner vier Sargträger, entsprechend kräftige Burschen, und natürlich der Pfarrer. Und sogar der Wirt vom Villon hatte sich die Zeit genommen und war in einem schwarzen Anzug von leicht abgewetzter Eleganz erschienen. Nur der klassische Täter, der sich mit hochgeklapptem Mantelkragen und Sonnenbrille abseits von allen Trauernden hinter einer Hecke verbarg, gab sich nirgendwo zu erkennen. Und auch von Kinkys Lovern, Jörg-Peter und Moritz, war weit und breit keine Spur. Gut, der eine saß in Untersuchungshaft und war, wenn man so wollte, verhindert. Aber dass auch der andere nicht aufgetaucht war, war kein guter Stil.

Im Anschluss an die Beisetzung lud Dr. Atemnot die Gesellschaft zu einem Umtrunk ins Villon, den Ort, an dem Kinky die letzten Stunden ihres Lebens verbracht hatte. Man verteilte sich auf diverse Pkw und Taxen, und Falk Schrader kam zufällig im selben Wagen wie ein vielleicht dreizehnjähriger Junge zu sitzen, der ihm schon bei verschiedenen Gelegenheiten aufgefallen war. Er hatte ihn immer für den Sohn einer der Krimiautorinnen gehalten. Um ehrlich zu sein, hatte er sich manchmal gefragt, ob der Beruf der Mutter so einem Jungen nicht schade. Jetzt aber stellte sich heraus, dass die Mutter eine nett und harmlos scheinende Dame war, nämlich die Fahrerin des Wagens, die als gute Mutter wie so oft ihren Sohn herumkutschierte. Und dass nicht die Mutter, sondern der Sohn der Experte für Kriminalliteratur war.

Der Redakteur lehnte sich entspannt zurück. Das Genre war noch nicht ganz in weiblichen Händen. In Gedanken begann er, an seinem Bericht über die Trauerfeier zu feilen.

Am Montagmorgen schlug Marthe zum Frühstückskaffee ausnahmsweise nicht als Erstes die Seite mit den Todesanzeigen auf. Sie suchte im lokalen Kulturteil und wurde schnell fündig.

Hamburger Abendblatt, Montag, 14. Oktober 20**
»HAMBURG. An die Hundert Verwandte, Freunde und Kollegen haben am vergangenen Freitag in Ohlsdorf Abschied von Kinky Atemnot genommen, die am 1. Oktober in St. Georg von einem bislang unbekannten Täter erschossen wurde (wir berichteten). Im Anschluss an die Trauerfeier lud der Vater der Verstorbenen, der bekannte Historiker Dr. Helmut Atemnot, zu einem Umtrunk ins Villon, die legendäre Kulturkneipe in St. Georg. Hier hatte Kinky Atemnot wenige Stunden vor ihrer Ermordung ihren letzten Auftritt gehabt. Freunde und Weggefährten würdigten das Schaffen der jungen Frau, die seit ihrem Debütroman *Tampon, Tod und Teufel* einer eigenen Stimme im Genre Gehör verschafft hatte. Zuletzt erschien von ihr die Fallstudie *Eppendorfer Kaiser-Schnitt,* ein Psychothriller, der stellenweise an Patricia Highsmith erinnert. Auch wenn es der Autorin nicht vergönnt war, ihr Werk zur vollen Reife zu entfalten, wird ihr doch ein bleibender Platz in der Entwicklung des deutschen Krimis und speziell des Frauenkrimis gebühren.

Der zunächst der Tat verdächtigte Jörg-Peter Wischnewski, der frühere Lebensgefährte der Ermordeten, ist unterdes wieder auf freiem Fuß. Nach Angaben der Kriminalpolizei konnte er für die Tatzeit ein Alibi vorweisen.« (fs)

Das war ja ein Ding. Marthe ließ die Zeitung sinken und biss aufgeregt in ihr Brötchen. Wenn Jörg-Peter es gar nicht war – wer war es dann gewesen? Auch jemand, den man kannte? Sie hatte da so einen gewissen Verdacht.

Und dem würde sie bald nachgehen können, gleich morgen schon. Morgen Abend war nämlich ihre Lesung. Alle vierzehn Tage dienstags im Villon, so hatten die Kollegen es für die letzten drei Monate des Jahres beschlossen. Kaum zu glauben, dass Kinkys Tod schon fast zwei Wochen her war, dachte Marthe. Wie schnell doch die Zeit verging – vorausgesetzt, dass man noch lebte. Und auch jetzt verging sie gerade wieder viel zu schnell, und sie musste sich sputen und zusehen, dass sie in die Puschen kam. Am Abend hatte sie einen Auftritt in Stuttgart; die Todesanzeigen würde sie an diesem Tag auf der Bahnfahrt genießen. Es waren mehrere Seiten, in dieser Jahreszeit wurde wirklich recht ergiebig gestorben.

Am Dienstagabend war das Villon brechend voll. Der Tod der Kollegin nutzte ihrer eigenen Publicity, dachte Marthe, als sie auf der Schwelle zur Kneipe den Türgriff mit dem Ellenbogen herunterdrückte. In der einen Hand hielt sie einen kleinen Koffer, in der anderen die schwere Büchertasche. Ihr Zug aus Stuttgart hatte Verspätung gehabt, sie war erst vor wenigen Minuten am Hamburger Hauptbahnhof eingetroffen. Wie gut, dass das Villon nur zwei Gehminuten vom Bahnhof entfernt lag. Sonst hätte sie es nicht mehr pünktlich zu ihrer Lesung geschafft. Marthe nahm am Tischchen auf dem als Bühne dienenden Podest Platz und schaute sich in der Kneipe um. Nur noch fünf Minuten, bis ihre Lesung anfing, und sie wusste immer noch nicht, was sie lesen sollte. Angesichts des Todes ihrer Kollegin hatte nichts von dem, was sie geschrieben hatte, Bestand. Alles erschien ihr oberflächlich, frivol. Deshalb hatte sie gestern ihr gesamtes Œuvre nach Stuttgart mitgeschleppt und während der langen Bahnfahrt auf eine brauchbare Stelle hin überprüft. Aber sosehr sie auch gesucht hatte, sie hatte nichts gefunden, was ihr gefiel. In Stuttgart hatte sie sich einigermaßen über die Runden gemogelt. Hamburg war weit, und den Namen Kinky Atemnot hatte dort noch kaum jemand gehört. Aber hier im Villon, exakt zwei Wochen nach Kinkys Ermordung, kam sie nicht so leicht davon. Hier erwartete das Publikum von ihr Rat und Trost. Und beides hatten ihre Texte leider nicht zu bieten.

Sie sah in große graue Augen hinter runden Brillengläsern, die erwartungsvoll auf sie gerichtet waren. Was war denn das für ein Provinzling? Seine grüne Uniformjacke mit den aufgesetzten Brusttaschen und den abgewetzten Ärmelaufschlägen hatte auch schon bessere Zeiten gesehen. Zu dem leicht angegilbten Hemd trug er eine grüne Krawatte, auf der eine protzige goldene Krawattennadel prangte. Also Leute gab's. Sie sah den jungen Tommi Schneider-Schlüter, dem man doch etwas Sinniges, nein, etwas Weises auf den Lebensweg mitgeben musste. Aber was? Sie sah ein bekanntes Gesicht, das sie lange nicht gesehen hatte. War es möglich? Sogar der große Altvordere, Henning Postuleit, hatte sich herabgelassen und war gekommen. Ausgerechnet heute Abend! Er nahm sonst kaum je an gemeinsamen Veranstaltungen teil. Es war erstaunlich, wie die Trauer sie alle zusammentrieb. Oder was immer es war, das sie spürten. Vielleicht war es nur Furcht, dachte Marthe. Und da, neben Falk Schrader, der sich ebenfalls nur selten bei Lesungen blicken ließ – es reichte ihm sicher, dass er all ihre Bücher lesen musste –, da saß Kinkys Vater und nickte ihr traurig, aber auch ermutigend zu. Marthe merkte, wie unter ihren Armen der Schweiß ausbrach. An mehreren Stellen durchtränkte er schon ihre Bluse und lief in kleinen Rinnsalen an ihr herab. Herrje, was sollte sie lesen? Sie ertappte sich dabei, wie sie nach Kinky Ausschau hielt. Ob Kinky glücklich mit ihrer eigenen Lesung gewesen wäre, wenn sie gewusst hätte, dass sie noch in derselben Nacht sterben würde? Alles fließt, dachte Marthe. Aber manchmal stockte auch alles. Es fiel ihr auf, dass noch eine Kollegin fehlte. Franziska Fusch, das stille Wasser, die treue Seele. Nun ja, vielleicht hatte sie sich nur verspätet und würde gleich während der Lesung störend in ihren Vortrag hineinplatzen. Das wäre eigentlich nicht typisch für sie.

»Guten Abend«, hörte Marthe sich sagen. Wie ein Roboter funktionierte sie, während sich ihre Gedanken und Gefühle längst selbständig gemacht hatten. Der Roboter hatte inzwischen beschlossen, ein paar Kurzgeschichten zu lesen. In der ersten brachte eine unterwürfige Sekretärin ihren Chef um, der sie jahrelang schikaniert hatte. Das war harmlos genug. Der Chef war ein Schweinigel und hatte es in gewisser Weise nicht besser verdient, daran konnte wohl niemand im Raum Anstoß nehmen. Während sie las, durchschoss es Marthe plötzlich, ob auch Kinkys Mörder so etwas Ähnliches gedacht haben musste. »Die hat es nicht besser verdient ...« Sie geriet leicht aus dem Takt. Als sie aufschaute, sah sie, wie der Provinzling vorne an der Theke gebannt an ihren Lippen hing. Nun, vielleicht hatte sie ihrem Publikum doch etwas mitzuteilen.

»Paula Weerdich holte weit aus. Mit dem prallen Aktenordner haute sie Herrn Hartenstein drei Mal auf den Kopf, bis der schwergewichtige Mann schnaufend zu Boden sank ...«

Sonst wurde an dieser Stelle immer gekichert. Heute Abend hätte man eine Stecknadel zu Boden fallen hören können. Tapfer las der Roboter, der Marthe Flachsmanns Platz übernommen hatte, die Geschichte zu Ende, hielt eine zweite durch und bedankte sich dann freundlich fürs Zuhören. Sollten die Leute heute eben weniger in den Hut legen, eine dritte Story schaffte Marthe auf keinen Fall.

Nach der Lesung gesellte sich Henry zu ihnen und setzte sich auf ein Glas mit an den Künstlertisch im hinteren Zimmer. Er hatte eine CD von Joe Luga aufgelegt, dem großen Joe Luga, der so eng mit dem Villon verbunden gewesen war. »Ich brauch Zigaretten, ich brauch rotes Licht, und ich brauch im Kamin starke Glut ...« Es war Zeit, für ein bisschen Heiterkeit bei seinen Gästen zu sorgen. Das Leben ging weiter, und Joe Luga war zwar auch schon tot, aber er und Kinky Atemnot wären doch die Letzten gewesen, die gewollt hätten, dass hier lauter Trauerklöße herumsaßen und nichts als Trübsal bliesen. Nicht zu vergessen François Villon, der Namenspatron seiner Kneipe.

> *Vor vollen Schüsseln muß ich Hungers sterben,*
> *am heißen Ofen frier ich mich zu Tod,*
> *wohin ich greife, fallen nichts als Scherben,*
> *bis zu den Zähnen geht mir schon der Kot. ...*
> *Nichts scheint mir sicrer als das nie Gewisse,*
> *nichts sonnenklarer als die schwarze Nacht.*
> *Da-damm-da-damm-da-damm-*
> *da-damm-tamm-tamm-pamm ...*
> *Und was ich liebte, hab ich umgebracht.*

Kürzlich hatte Henry bemerkt, dass er im Laufe der Jahre eine Zeile dieses schönen Verses vergessen hatte. Das war schlimm genug. Noch schlimmer aber wäre gewesen, die Worte überhaupt nie gekannt zu haben. Unvorstellbar, dass Leute lebten – und es aushielten und am Leben blieben –, die diesen Psalm nicht kannten. Und gar Schriftsteller und Schriftstellerinnen, die schließlich andauernd umbrachten, was sie liebten oder wen sie liebten, und wenn auch nur auf dem Papier.

»Übrigens hat ein berühmter Krimiautor mal etwas über das Villon geschrieben. Ein Vorgänger und Vorkämpfer von euch, Hansjörg Martin, kennt ihr den?«

Vorsorglich guckte Henry bei seiner Frage nicht die Jüngeren in der Runde, sondern den alten Henning Postuleit an. »Ja, und der schönen Wirtin mit den grünen Augen hat er dabei ein Denkmal gesetzt, der zierlichen Monika in ihrem umgefärbten Nachthemdkleid von 1895.«

Henning Postuleit grinste.

»Wie, so lang ist das schon her?«, wunderte sich Tommi Schneider-Schlüter. »Gab es denn im 19. Jahrhundert in Hamburg schon Krimiautoren?«

Henning Postuleits Grinsen entgleiste.

»Nur das hübsche Kleid stammte von anno dunnemals oder sah vielleicht nur ein bisschen altmodisch aus«, erklärte Henry geduldig. »Hansjörg Martin hat sein Büchlein über St. Georg natürlich erst in den Siebzigerjahren geschrieben. Den 1970ern, meine ich. Na ja, ist auch lange genug her. Da warst du noch gar nicht geboren, da haben wir schon hier gesessen und rumphilosophiert.«

»Aber hallo! Rum philosophiert! Ziemlich hochprozentige Philosophie, würde ich meinen.«

»St. Georg, das ist ein Schuss Preußen, zwei Spritzer Paris, drei Tropfen Balkan und vier Fingerspitzen Poesie ...«, schwärmte Marina. Es hatte manchmal Vorteile, Bibliothekarin zu sein und die Umwelt, wenn sie am wenigsten darauf gefasst war, mit solider Halbbildung zu verblüffen.

»Aber was der Martin über das Villon schrieb, nämlich dass es der Inbegriff der Gemütlichkeit sei und dass man hier dem Sinn des Lebens näherkommt als an anderen Orten, das stimmt immer noch, Henry«, fügte sie freundlich hinzu. »Ein Schuss Preußen ist gut«, höhnte Männe Degenhardt. »Für Kinky war's eher ein Schuss Blei. Übrigens, Marthe ...«, Männe sah die Kollegin lauernd an, »was meintest du eigentlich mit deiner zweiten Geschichte vorhin, wo der Wirt seinen Stammgast ermordet? Du willst doch nicht etwa dem guten Henry hier irgendwas unterstellen?«

Die anderen sahen ihn entsetzt an. Für einen Moment war Marthe sprachlos. Dann berappelte sie sich.

»Quatsch, ich weiß nicht, wovon du redest?«

»Ist doch seltsam, dass du ausgerechnet heute und ausgerechnet hier eine Geschichte vorträgst, in der der Wirt seinen besten Kunden vergiftet.«

»Aber das hat doch mit Henry und dem Villon nichts zu tun.«

»Die Kneipe in der Geschichte hieß ja auch ganz anders. Zum armen Ritter, oder?«

Indem er Marthe zu Hilfe kam, konnte Tommi Schneider-Schlüter endlich zeigen, wie gut er aufgepasst hatte.

»Ich fand, die Geschichte passt in eine Kneipe«, verteidigte sich Marthe schwach. »Dass sie ausgedacht ist, muss ich doch in diesem Kreis nicht beweisen.«

»Falls du auf Kinky anspielst, die war nun wirklich alles andere als ein dekompensierter Säufer«, überlegte Wiebke Timmerloh. »Außerdem geschieht in Marthes Geschichte eigentlich gar kein Mord.«

»Genau«, stimmte Marina ihr zu. »Der Wirt kredenzt dem Typen nur eine Art goldenen Schluck. Das läuft unter Mitleid, finde ich.«

»Schönes Mitleid! Sterbehilfe! An deiner Stelle würde ich mir das nicht gefallen lassen, Henry.«

Henry lächelte.

»Ich fand die Geschichte hübsch. Leider kann ich es mir gar nicht leisten, meine Gäste umzubringen, es sind zu wenige. Aber der Gedanke hat Charme. Im Übrigen habe ich manchmal gedacht, dass das, was ich hier treibe, keine Gastronomie ist, sondern Sterbehilfe.«

»Tolle Formulierung!«

Kilian Bangemann war begeistert. Er zog einen Notizblock aus der Jackentasche und notierte sich die soeben gehörten Worte.

»Keine Gastronomie, sondern Sterbehilfe«, buchstabierte Henning Postuleit, indem er dem jüngeren und weniger erfolgreichen Kollegen über die Schulter linste. »Schriftsteller, die Notizen machen, sind Journalisten«, fügte er verächtlich hinzu.

»Und wenn schon?«

Falk Schrader fiel soeben ein, dass er Postuleits letzten Roman vor fünf oder sechs Jahren verrissen hatte. Vermutlich galt dessen abwertende Äußerung deshalb eher ihm als dem braven Kilian Bangemann.

»Lieber ein guter Journalist als ein schlechter Krimiautor.«

Henry stand kopfschüttelnd auf. Mit diesen Leuten war heute Abend nicht gut Kirschen essen. Was hatten die eigentlich für Probleme? Während er sich hinter seine Theke zurückzog, hörte er, wie Männe Degenhardt der Runde einen perversen Vorschlag unterbreitete.

»Nachdem wir jetzt wissen, dass der Wirt sowieso der Mörder ist, wollen wir mal der Reihe nach feststellen, wer von uns und warum die gute Kinky auf dem Gewissen hat. Falk Schrader, Sie fangen an!«

Falk Schrader guckte den anderen verständnislos an.

»Nun tun Sie nicht so scheinheilig!«

Henning Postuleit spann Degenhardts Faden weiter. Als ob die beiden sich abgesprochen hätten, dachte Henry auf seinem Beobachterposten.

»Sie sind neidisch auf uns Autoren, weil Sie nicht so kreativ sind wie wir. Und deshalb haben Sie Kinky ermordet.« Wiebke Timmerloh kicherte. Marthe beobachtete interessiert, wie auf Schraders Stirn eine Ader anschwoll.

»Neidisch? Auf euch?«

Falk Schrader warf noch einmal einen betont verständnislosen Blick in die Runde. »Ihr spinnt! Im Unterschied zu euch arbeite ich nicht drei Wochen lang an einer kleinen Tausendzweihundert-Euro-Geschichte.«

Er lehnte sich zurück. So, das hatte gesessen.

»Okay. Marina Pichowiak!«

Männe Degenhardt schien willens, die Nummer durchzuziehen.

»Jeder weiß ja, du hast mehrere Leichen im Keller. Mit welcher hat Kinky dich denn erpresst?«

Marina Pichowiak wurde kreidebleich. Sie sprang so heftig auf, dass ihr Stuhl umkippte.

»Ihr seid gemein!«, stieß sie schluchzend hervor.

Tommi Schneider-Schlüter dachte aufgeregt, dass der Abend heute noch spannender war als der vor zwei Wochen. Flüchtig durchzuckte ihn der Gedanke, dass er ungefähr in diesem Moment zu Hause sein sollte. Aber wenn er seiner Mutter morgen früh haarklein erzählte, was er hier alles mit angehört hatte, würde sie sicher Verständnis für sein Zuspätkommen haben.

»Marina ist auf jeden Fall verdächtig«, stellte Männe Degenhardt ungerührt fest, nachdem die Kollegin davongestürmt war.

»Marthe, wie ist es mit dir?«

»Ich wollte mich rächen«, gab Marthe unumwunden zu. Besser man spielte selbst mit, als dass einem übel mitgespielt wurde.

»Und warum?«

»Warum wohl? Kinky hatte die bessere Schreibe, das denkst du ja selbst, und außerdem war sie – ungefähr fünf Jahre jünger als ich.«

»Ganz schlechtes Argument!« Männe Degenhardt rümpfte die Nase. »Die Jüngeren ermordet man nicht. Die lässt man gnadenlos altern.«

»Du selbst hast nun einmal das beste Motiv von uns allen«, konterte Marthe elegant.

Kilian Bangemann stöhnte, als ihm einfiel, was jetzt kommen würde. Tommi Schneider-Schlüter spitzte seine hochroten Ohren. Im rechten Moment trat Henry mit neuen Getränken herzu.

»Was mich wirklich wundert«, fing er betont langsam an, während er nachgoss und Gläser verteilte. »Eure Geschichten, eure Morde spielen sich immer im privaten Umfeld ab. Meist haben sie sexuelle Motive. Ich will nicht gerade sagen, ein bisschen eintönig«, formulierte er bedächtig, »aber doch merkwürdig, findet ihr nicht?«

»Ja, wo sollen die Morde denn sonst passieren?«, fragte Wiebke Timmerloh.

»In der Politik, du Dummchen«, schnaubte Männe Degenhardt.

»Stell dir vor, es gibt auch Wirtschaftsverbrechen! Nicht gehaltene Wahlversprechen! Politische Intrigen! Organisierte Kriminalität«, ergänzte Henning Postuleit.

»Quatsch, die meisten Verbrechen geschehen nun einmal in der Privatsphäre«, hielt Marthe dagegen. »Es sind die Ehemänner, die ihre Frauen ermorden. Es sind die Väter, die ihre Töchter vergewaltigen. Es sind die Töchter, deren Aufbegehren sich gegen sich selber richtet und die sich doch rächen wollen – schon Ingeborg Bachmann hat über den Friedhof der ermordeten Töchter geschrieb ...«

Sie brach verlegen ab, als sie sich an Dr. Atemnots Gegenwart erinnerte. Kinkys Vater sah sie aus müden Augen an. Er schien etwas einwenden zu wollen, zuckte aber resigniert mit der Schulter und schwieg.

»Dann waren also Sie es, Herr Dr. Atemnot?«

Alle, bis auf Männe Degenhardt, der die Frage gestellt hatte, hielten den Atem an. Selbst Henry fiel nichts mehr ein, was er beschwichtigend einwerfen konnte. Was zu weit ging, ging zu weit.

»Ich will Ihnen einmal zugutehalten, dass Sie ehrenwerte Beweggründe haben, Herr Degenhardt«, antwortete Kinkys Vater ruhig. »Vielleicht haben Sie Christiane gemocht, vielleicht treibt Sie wirklich ein obskurer Wahrheitsdrang. Aber Sie haben keine Ahnung vom Leben. Weder wissen Sie, was es heißt, ein Kind zu haben, noch wissen Sie, was es heißt, ein Kind verloren zu haben. Was Christiane angeht, nun, man hat heute Nachmittag ihren so genannten Freund, Moritz Gelag, verhaftet. Die Polizei hat sein Alibi noch einmal überprüft, dabei ist es zusammengebrochen. Auch sonst hat er sich in Widersprüche verstrickt. Und auch Franziska Fusch wird zur Stunde vernommen. Womöglich hat sie sich der Anstiftung zum Mord schuldig gemacht. Gute Nacht allerseits.«

Damit stand Kinkys Vater schwerfällig auf, ergriff Hut und Mantel und ließ ein Häuflein stummer und in sich zusammengesackter Gestalten zurück.

»Scheiße.«

Das war immer das Erste, was einer sagte, wenn sonst keinem ein Wort einfiel.

»Du sagst es«, nickte Marthe. »Das war echt daneben von Männe. Also, ich gehe auch.«

Sie kippte ihren Wein in einem Schluck runter. Trotz aller Müdigkeit spürte Marthe ein wildes, dunkles Feuer in sich lodern, als sie in die nebligtrübe Herbstnacht hinaustrat. Mit der einen Hand trug sie die schwere Büchertasche, mit der anderen zog sie ihr Köfferchen auf seinen Rollen hinter sich her. Sie hätte doch den Knuddel anrufen und ihn bitten sollen, sie abzuholen. Aber auch er hatte zurzeit Stress im Beruf, und sie mochte ihn nicht um seinen schwer verdienten Nachtschlaf bringen. Auch heute war es schon wieder später als geplant, die Kirchturmuhr hatte längst Mitternacht geschlagen. Selbst die fleißige Hausfrau aus Norderstedt, die dort drüben am Spadenteich von morgens bis abends auf Kundschaft wartete, hatte ihren Dienst eingestellt.

Plötzlich hörte Marthe gedämpfte Schritte hinter sich. Sie beschleunigte ihren Gang. Auch ihr Verfolger schien Tempo zuzulegen. Mit einem Schlag war Marthe stocknüchtern. Kein Zweifel, da folgte ihr jemand, gewandt und unaufdringlich und auf sehr leisen Sohlen. Was, wenn sie vorhin, ohne es zu wissen oder zu wollen, Kinkys Mörderin zu verstehen gegeben – sie glaubte ja nicht, dass dieser Moritz wirklich der Mörder war, und auch nicht die stille Franziska – was, wenn sie Kinkys Mörderin heute Abend zu nahe ...

»Frau Flachsmann? Hallo, Frau Flachsmann, warten Sie doch ...«

Im selben Moment, in dem Marthe die Stimme erkannte, innehielt und sich halb umwandte, pfiff etwas haarscharf an ihrem Ohrläppchen vorbei. Kurz darauf hörte sie einen ohrenbetäubenden Knall. Etwas hallte von den Stahlplatten wider, die – vierundzwanzig an der Zahl – vor einigen Jahren hier auf dem Platz senkrecht aufgestellt worden waren und nun als vergessene Kunstwerke ihrer Demontage harrten. Marthe hielt die Büchertasche und ihren Koffer krampfhaft fest und stand starr vor Schreck. Sie hatte keine Ahnung, was eben geschehen war, und ihr fiel so schnell auch nicht ein, was sie weiter machen sollte. Sie hörte Schritte über das Pflaster klacken, die schnell in Richtung Koppel verschwanden, dann andere, gedämpftere Schritte hinterher. Wie in Trance wandelte Marthe weiter. Zwischen den dunkel aufragenden Stahlplatten blieb sie stehen. Von hier aus konnte sie die Kreuzung recht gut überblicken und war vielleicht einigermaßen geschützt. Nachdem sie nicht sehr lange gewartet hatte, hörte sie wiederum Schritte von der Koppel herbeieilen. Es waren die leisen, gedämpften, die, die sie zuerst verfolgt hatten und die dann den anderen hinterhergelaufen waren. Marthe wagte es und trat aus dem Schutz der Stahlplatten hervor.

»Hallo! Frau Ffff-Flachsmann?«

»Mein Gott, Tommi! Hast du mich eben erschreckt! Sag mal, was war denn das?«

»Frau Flachsmann, da hat jemand auf Sie geschossen! Der hat Ihnen da bei der Kirche aufgelauert, bei der Mauer neben dem Eingang. Er hat Sie doch nicht getroffen, Frau Flachsmann?« Tommi Schneider-Schlüter keuchte. Er war immer noch außer Atem. So schnell wie eben war er noch nie in seinem Leben gerannt.

»Mein Gott, Tommi! Ich glaube, ich habe gespürt, wie die Kugel an meinem Ohr vorbeipfiff. Aber ich habe ja gar nicht kapiert ...«

»Und dann ist er in die Koppel rein und da vorne durch den Durchgang rechts rüber zur Langen Reihe. Da hab ich ihn leider aus den Augen verloren.«

»Tommi, Tommi, du hast mir das Leben gerettet!«

Marthe Flachsmann ließ Koffer und Tasche fallen und presste den halbwüchsigen Jungen fest an ihre Brust. Tommi Schneider-Schlüter wusste nicht, wie ihm geschah. Er rang immer noch heftig nach Luft, und nun drückte ihn auch noch diese Autorin so fest an sich. Eigentlich hatte er sie nur um ein Autogramm bitten wollen, nachdem er sie neulich nicht mehr eingeholt hatte.

Endlich ließ sie ihn los.

»Bist du dir eigentlich sicher, dass das ein Mann war, Tommi? Wir müssen das melden. Kommst du mit auf die Wache und machst eine Zeugenaussage?«

»Ich weiß nicht.« Tommi druckste herum. »Ich müsste längst zu Hause sein. Vielleicht macht die Polizei Ärger. Von wegen Schutz der Jugend in der Öffentlichkeit und so.«

»Okay, ich verstehe. Dann setze ich dich jetzt in ein Taxi. Deine Eltern machen sich sicher Sorgen um dich.«

Marthe Flachsmann war beruhigt. Auch sie hatte keine Lust, noch zur Wache am Steindamm zu laufen. Sie wollte nur noch nach Hause und in die Badewanne. Die Anzeige konnte warten bis morgen.

Bald darauf räkelte sich Marthe in ihrer Badewanne. Ein treu sorgender Knuddel hatte alles im Badezimmer für ihre Heimkehr vorbereitet, es fehlte nur, dass er auch schon das Schaumbad für sie eingelassen hätte. Auf dem Beistelltischchen neben der Wanne erwartete Marthe bei Kerzenschein ein kleiner Imbiss zur Nacht, Kekse, Weintrauben, ein Becher Kakao. Und daneben lag, wie immer, wenn sie auf Lesereise gewesen war, die während ihrer Abwesenheit eingetroffene Post.

Unglaublich, dachte Marthe, während sie sich in der Wanne fläzte und blaue Schaumflöckchen um sich herum verteilte. Um ein Haar läge sie jetzt in ihrem eigenen Blut auf dem St. Georgs Kirchhof. Kinkys Ermordung war also doch keine Beziehungstat aus ihrem engeren Umfeld gewesen. In Hamburg ging ein Serienkiller um und machte Jagd auf Krimiautoren. Wäre dieser verrückte Junge, Tommi, nicht gewesen, dann wäre sie jetzt nicht mehr am Leben. Marthe konnte es noch nicht fassen. Sie fühlte sich beinahe high, nicht wirklich bedroht. Um sich abzulenken, trocknete sie ihre Hände ab und griff nach der Post. Endlich war der Vertrag für ihren Anthologiebeitrag gekommen, der hatte ja auch lange genug auf sich warten lassen. Aber was war das? Marthe blickte auf einen grauen Briefumschlag aus Umweltschutzpapier, auf dem ihr Name in ausgeschnittenen Zeitungsbuchstaben prangte. Nun ja, prangte war nicht das richtige Wort. Es ging etwas Bedrohliches von diesen unterschiedlich großen und unterschiedlich bunten und so gar nicht zueinander passenden Buchstaben aus. Ob sich jemand mit ihr einen schlechten Scherz erlaubte? Sie riss den Umschlag auf.

DU BIST VERDAMMT! MAN RUFT DICH VOR GERICHT!

Vor Schreck ließ Marthe den Briefbogen in den Badeschaum sinken. Sie konnte ihn gerade noch schnappen, bevor er im Wasser versank. Ihr Herz klopfte wie wild. Es war ihr, als höre sie noch einmal die Kugel an ihrem Ohr vorbeipfeifen. Die hatte ihr gegolten, ihr ganz persönlich. Und auch dieses hier galt ihr.

Aufgeregt sprang Marthe aus der Wanne. Sie kümmerte sich nicht darum, dass das Wasser überschwappte. In ihrer Eile rutschte sie aus, und um das Gleichgewicht wiederzugewinnen, schrammte sie mit dem Oberschenkel heftig am Handtuchhalter entlang. Den Schmerz spürte sie nicht. Tropfnass, wie sie war, rannte sie in ihr Arbeitszimmer und ließ sich zitternd auf der Kante ihres Schreibtischstuhls nieder. Irgendwo musste doch das Kärtchen liegen – da war es ja schon. Einer der Herren von der Kripo, die sie wegen Kinky Atemnot aufgesucht hatten, hatte ihr beim Abschied seine Visitenkarte gegeben. »Falls Sie noch was auf dem Herzen haben sollten.« Kein Zweifel, jetzt hatte sie etwas auf dem Herzen. Mit fliegenden Fingern wählte sie die Privatnummer des Mannes. Sie musste es ziemlich lange klingeln lassen, bis sich eine verschlafene Stimme meldete.

»Hier Haupt.«

»Ich bin es, Marthe Flachsmann, Herr Kommissar. Sie erinnern sich, wegen meiner Kollegin Kinky ...« Vor Aufregung wusste Marthe gar nicht, wie sie anfangen sollte. »Hören Sie, Herr Inspektor, ich hatte heute Abend eine Lesung im Villon. Und da war auch ein junger Fan, Tommi Schneider-Schlüter heißt er, der ist erst dreizehn Jahre alt, aber ganz plietsch. Ein Autogrammjäger, wissen Sie, und der hat meinen Namen gerufen.«

»Schön für Sie! Und deshalb wecken Sie mich mitten in der Nacht auf, um mir das mitzuteilen?«

»Nein, der Tommi hat mir das Leben gerettet! Man hat auf mich geschossen! Und nur diesem Jungen habe ich es zu verdanken, dass ich jetzt nicht in meinem Blute auf dem St. Georgs Kirchhof ...«

»Sie haben doch etwas getrunken?«

»Nein, nein. Ja, vielleicht. Aber nicht viel. Aber das Unheimlichste kommt erst noch, Herr Haupt, ich habe nämlich auch einen Drohbrief erhalten. Eigentlich hätte ich ihn ja schon vorher erhalten sollen, aber ich war ja in Stuttgart, und deshalb habe ich ihn erst eben in der Badewanne ...«

»Gute Frau, rufen Sie mich bitte morgen im Dienst an. Ich lege mich jetzt wieder schlafen, und das empfehle ich Ihnen auch.«

»W-w-w-warten Sie, Herr Haupt ...«

»Sagen Sie, Sie zittern ja! Ist jemand bei Ihnen?«

»Nein, ja, warten Sie einen Moment.«

Am anderen Ende der Leitung war zu hören, wie nasse, nackte Füße über Parkett quietschten und patschten. Ein entferntes Rumpeln, ein Keuchen und ein Seufzen, und dann war diese schreckliche Nervensäge wieder am Apparat.

»Entschuldigen Sie bitte, ich habe mir nur rasch ein Handtuch – ich komme gerade aus der Badewanne, wissen Sie.«

»Wenn ich Sie recht verstanden habe, Frau Flachsmann, dann wollten Sie eine Aussage in der Sache Christiane Atemnot machen?«

»Ja, verstehen Sie denn nicht, mir ist das Gleiche passiert wie ihr! Das heißt, nicht ganz das Gleiche, ich lebe ja noch, aber es geht da draußen ein Serienkiller um, der es auf erfolgreiche Krimiautoren ...«

»Frau Flachsmann, der Fall Christiane Atemnot ist abgeschlossen. Ihr Partner Moritz Gelag sitzt in Untersuchungshaft. Sein Alibi ist zusammengebrochen, seine Fingerabdrücke und die Ihrer Kollegin Fusch wurden auf einem Drohbrief an Frau Atemnot festgestellt. Es ist nur noch eine Frage der Zeit, bis wir sein Geständnis haben. Sicher hat Ihnen dieser angebliche Autogrammjäger einen Streich gespielt. Und was Sie da eben noch angedeutet haben, von wegen, dass er erst dreizehn ist, das habe ich nicht gehört. Gute Nacht!«

Marthe hörte, wie der Kommissar die Verbindung trennte. Was er zu seiner Frau sagte, als er wieder unter die Bettdecke schlüpfte und seine Hand auf ihrer Hüfte ablegte, hörte sie allerdings nicht.

»Der Himmel bewahre uns vor diesen überkandidelten Krimiautorinnen. Können einen Schuss nicht von einer Platzpatrone unterscheiden, und mit unseren Berufsgraden kennen sie sich auch nicht aus. Inspektor!

Die war anscheinend tropfnass und splitterfasernackt, und dun war die sowieso.«

Auch Marthe kroch in diesem Moment zu ihrem Knuddel ins Bett und versuchte, ihre kalten Füße unter seine warme Decke zu schieben. Heulend und mit den Zähnen klappernd lag sie neben ihrem Geliebten, der den Traum der Gerechten träumte, und fand lange Zeit nicht in den Schlaf.

Am nächsten Morgen konnte Marthe schon ahnen, was sie in der Zeitung finden würde. Sie blieb daher lange über die gewohnte Zeit hinaus im Bett liegen, bis hartnäckiges Telefonläuten sie doch aus ihrem Refugium herauslockte. Im Nebenzimmer sprang der Anrufbeantworter an.

»Marthe, hier ist Wiebke. Hoffentlich habe ich dich nicht geweckt. Du liest doch immer die Traueranzeigen, und ich hab das jetzt auch angefangen, und ich – also, ich weiß gar nicht, was ich sagen soll. Marthe, hörst du mich? Bitte, bitte ruf an und sag mir, ob du noch am Leben bist. Danke! Wiebke!« Marthe, die herbeigekommen war, schaute nachdenklich zu, wie sich das Tonband wieder in die Ausgangsposition zurückspulte. Auf der Liste ihrer Verdächtigen stand Wiebke am ersten Platz. Aber als sie die Stimme ihrer Kollegin hörte, wurde ihr Verdacht schütter. Es schien, als ob Wiebke sich ernsthaft Sorgen machte. Marthe wollte die Aufnahme gerade zurückspulen, um die Stimme noch einmal auf ihr Mitgefühl hin zu überprüfen, da klingelte das Telefon erneut.

»Hallo, hier Kilian. Ich höre gerade von Marina, dass da heute ein ganz schlechter Scherz im Abendblatt steht. Ruf mich dringend zurück, aber auf jeden Fall, BEVOR du Falk Schrader kontaktierst! Hörst du, das ist absolut dringend, dass wir wegen der Anzeige was checken!«

Die Anzeige? Immerhin war Marthe inzwischen in der Lage, einen Blick in die Zeitung zu werfen.

ICH WERDE GERECHT GERICHTET!
MARTHE FLACHSMANN
*16. 2. 1965 † 16. 10. 20**
IHRE LETZTEN WORTE:
»EINMAL UND NIE WIEDER«, SAGTE SIE.

Marthe starrte nachdenklich auf das Papier. Was fiel einem Kilian Bangemann dazu ein, was ihr nicht einfiel? Was teilte diese Anzeige einem mit, außer, dass da jemand halbwegs professionell recherchierte? Daten und Zitat – vom Todestag abgesehen natürlich – stimmten. Sollte man daraus folgern, dass der Täter weder Bibliothekar noch Reporter war? Das Zitat stammte nicht aus einer der beiden Geschichten, die sie im Villon vorgetragen hatte, sondern aus ihrem vorletzten Roman. Hieß das, dass der Mörder bei ihrer Lesung – im Unterschied zu Kinkys – nicht anwesend gewesen war? Moment mal! Wann setzte man eigentlich eine solche Anzeige in die Zeitung? Doch nicht nachts um drei? Und hätte der Mörder es erst nach der Lesung getan, hätte er ja bereits gewusst, dass seine Kugel sie nicht getroffen hatte. Er musste diese Anzeige vorher aufgegeben haben. Und im Unterschied zu Kinky hatte man bei ihr nicht vorher gewusst, woraus sie lesen würde. Der Mörder hatte sich nur ein beliebiges Zitat herausgepickt. Sollten ausgerechnet diese Worte für ihn Bestand haben?

Marthes beruflicher Ehrgeiz war angestachelt. Angenommen, sie wäre eine Person in einem ihrer Romane. Was würde sie tun? Im Gefängnis saßen die falschen Leute, die Polizei glaubte ihr nicht, und irgendwo lauerte ein gefährlicher Serienkiller. Das heißt, noch war er kein Serienmörder. Noch hatte er, soweit man wusste, nur einen Menschen auf dem Gewissen. Und immerhin einen Mordversuch. Es galt, verdammt noch mal gut aufzupassen, dass keine Serie daraus entstand.

Wer konnte es sein? Wiebke, als ihre frühere Hauptverdächtige, schied ab sofort aus. Henry Schönewald? Aber warum sollte der Wirt seine Gäste ermorden? Falk Schrader? Halt! Ein Mitarbeiter des Hamburger Abendblatts, wenn das nicht per se verdächtig war. Der saß doch, was diese Anzeigen anging, direkt an der Quelle. Ob Kilian Bangemann darauf angespielt hatte?

Marthe schüttelte sich. Es war der Nachteil ihres Berufes, dass man über alle und jeden immerzu nur das Schlechteste dachte. Sie beschloss, dass sie zu allen Personen, die sie persönlich kannte, Vertrauen haben wollte. Und dass sie am meisten Vertrauen zu Henry Schönewald hatte. Dass Falk Schrader zwar am meisten verdächtig war. Dass aber der Mörder auch ein ganz Unbekannter und Unbeteiligter sein konnte. Dieses war ja die Realität und kein Kriminalroman. Hier galt keine der Spielregeln, nach denen der

Mörder schon vom ersten Kapitel an dabei sein und möglichst schon im ersten Satz auftauchen musste.

Nachdem dies geklärt war, ging es Marthe schon viel besser. Sie haute sich Eier mit Speck in die Pfanne und frühstückte mit Appetit. Sie lebte. »Einmal und nie wieder, sagte sie.« Mehrmals kicherte sie ihren eigenen Satz vor sich hin. Dann rief sie ihre Kollegen und Kolleginnen an und schlug vor, sich um zwei Uhr auf dem St. Georgs Kirchplatz zu treffen. Da musste doch irgendwo zwischen den dekorativen Stahlplatten noch die Kugel zu finden sein, der Bolzen oder der Stift oder was immer es war, was gestern Nacht knapp an ihrem Ohr vorbeigeschrappt war. Marthe stellte sich das betretene Gesicht eines gewissen Polizeibeamten vor, wenn sie ihm eine Kugel – einen Bolzen?, einen Stift? – überreichte, und zwar vom selben Kaliber wie diejenige, mit der Kinky Atemnot ermordet worden war. Lieber Gott, hoffentlich lagen da nicht nur Hundeküddel, Spritzen und benutzte Kondome herum ...

Aber genau so war es natürlich. Nachdem Marthe und die von ihr zusammengetrommelten Kollegen den Platz und die Umgebung des Kirchenportals eine Weile vergeblich abgesucht und bereits die Aufmerksamkeit einiger junger Männer erregt hatten, die sich durch sie in der Abwicklung ihrer Geschäfte gestört fühlten, gaben sie es auf.

»Diese Fleißarbeit ist sowieso mehr was fürs Fußvolk«, behauptete Männe Degenhardt und stützte sich erschöpft auf den Regenschirm, mit dem er die ekligen Abfälle um- und umgewendet hatte. »Wir sollten lieber die intellektuelle Spur mit den Anzeigen weiterverfolgen.«

»Okay.« Marthe nickte. Natürlich war es immer möglich, dass einer oder eine von ihnen das Beweisstück in diesem Moment in der eigenen Manteltasche verbarg. Aber sie konnte sie nicht auffordern, ihre Taschen für sie auszuleeren. »Henry wartet mit einer Gulaschsuppe auf uns. Ich glaube, ihm ist auch noch was eingefallen. Er hat am Telefon so eine Andeutung gemacht.«

Leicht deprimiert stiegen sie der Reihe nach die fünf Stufen zum Villon hinab, Marthe, Männe, Wiebke, Kilian, auch Henning Postuleit und der treue Tommi. Er war gleich nach der Schule auf eigene Faust hergefahren und hatte emsig bei der Suche geholfen.

Im Hinterzimmer wartete bereits ein gedeckter Tisch auf sie. »Mensch, Henry, ohne diesen Anlass wäre das gemütlich bei dir ...«

»So, nun stärkt euch erst mal«, sagte Henry. »Und dann habe ich eine Überraschung für euch.«

Während sie ihre Suppe löffelten, setzte er sich zu ihnen. Die rechte Hand hielt er zur Faust geballt, als wolle er den sozialdemokratischen Freunden des Villon St. Georg eine Botschaft zukommen lassen. Und dann ließ er etwas Kleines, Blitzendes, Goldenes aus der Hand auf die Tischplatte fallen.

»Eine Patronenhülse! Interessant!«, nuschelte Männe. »Wo hast du die denn her?«

»Nicht *eine* Patronenhülse«, korrigierte Henry. »*Die* Patronenhülse, wenn's recht ist. Die habe ich heute Morgen drüben an der Kirche aufgelesen, beim Mauervorsprung neben dem Kirchentor.«

»Lass mal sehen.«

Männe Degenhardt ergriff die Patronenhülse, drehte sie hin und her, hielt sie gegen das Licht und kniff kurz die Augen zusammen.

»Stammt aus 'ner Sig Sauer, würde ich sagen. Neun Millimeter.«

Marthe sah, wie Wiebke Timmerloh vor Ehrfurcht erstarrte. Sie tauschte einen Blick mit Marina, der es ähnlich zu gehen schien. Kilian Bangemann pfiff leise durch die Zähne. »Das ist doch 'ne Polizeiwaffe«, fachsimpelte er.

»Ja«, bestätigte Männe. »Vielleicht ist der Mörder ein Polizist, der die Schnauze voll hat von schlecht recherchierten Krimis?«

»Und die Kugel, äh, die Patrone?«, hörte Marthe sich fragen. »Danach habe ich auch gesucht, aber leider nichts gefunden. Es liegt einfach zu viel Hundescheiße in der Gegend herum.«

Henry lauschte einen Moment auf die Musik. Er hatte wieder Joe Luga aufgelegt. Der würde ihnen jetzt über die Runden helfen.

»In Marokko, in Marokko sind die Männer, wie sie sind, in Marokko, in Marokko weht ein heißer Wüstenwind. In Marokko, in Marokko sind die Frauen kein Problem, doch sie lieben diese Männer trotzdem ...«

Joe Luga war bei den Nazis im Fummel als »Inge« aufgetreten. Hatte in der Adenauerzeit als »Hundertfünfundsiebziger« im Gefängnis gesessen. Und lachte sich vermutlich dort oben auf seiner Wolke in diesem Moment kaputt über die Story, die ihnen hier unten widerfuhr. Dass der Wirt vom Villon mittenmang in einem Mordfall mitmischte!

Im Laufe der Zeiten hatte im Villon schon der eine oder andere Ganove verkehrt, vom kleinen Zigarettenschmuggler bis zum international renommierten Schränker. So etwas blieb bei einer Kneipe in einem Viertel wie diesem nicht aus. Hier herrschte keine Idylle. Ob man an die Drogenszene dachte, an islamistische Terrorzellen, Prostitution, Frauen- und Kinderhandel – in St. Georg gab es Stoff genug für Kriminalromane. Und so manche Geschichte hatte Henry vor seiner Zeit als Kneipenwirt, als Gast, aufgeschnappt.

»Die Hülse ist nicht die einzige Überraschung, die ich für euch habe«, sagte er nun. »Esst mal in Ruhe auf, und dann sehen wir weiter.«

Eine knappe Viertelstunde später – Marthe, die mit großem Appetit zwei Teller Gulaschsuppe verspeist hatte, legte gerade den Löffel hin – öffnete sich die Tür zum Villon. Ein Windstoß kam von der Alster herübergeweht, ein leicht lasziver Duft von großer weiter Welt kam herein. Henry half der hereinkommenden Dame galant aus dem Mantel.

»Liebe Freunde, darf ich euch Lilli Walzer vorstellen? Keine kann so wie sie ›Rattengift her! Rattengift her!‹ intonieren. Aber sie ist nicht nur die beste Interpretin von Wiener Chansons, sie arbeitet auch beim Hamburger Abendblatt in der Abteilung Familienanzeigen. Schieß los, Lilli, was hast du herausgefunden?«

»Guten Tag.« Die Frau, die hereingetreten war, grüßte freundlich in die Runde. Unter ihrem breitkrempigen Hut blitzten wache, warmherzige und zugleich verschmitzte Augen hervor. Marthe bewunderte, wie präzise und präsent sie in Erscheinung trat. Sie gehörte zu dem beneidenswerten, in Norddeutschland schon fast exotisch anmutenden Typ, dessen Sinnlichkeit sich weder durchs Älter- noch durchs Klügerwerden abnutzte. Auch wenn Henry nichts über sie gesagt hätte, hätte man an ihrem melodischen Tonfall sofort die Wienerin und an der extrovertierten Art die Künstlerin erkannt. Lilli Walzer zog einen Stuhl heran und fing ohne Umschweife an zu erzählen.

»Henry sagte es schon, ich arbeite in der Anzeigenabteilung. Im Haupthaus am Axel-Springer-Platz. Und nachdem heute wieder so eine fatale Todesanzeige im Blatt gestanden hat, habe ich a bisserl recherchiert. Normalerweise, müssen Sie wissen, schicken uns die Bestatter oder die Agenten ein Fax, auf dem der Entwurf für die Anzeige steht. Und dann geht's um Geschäftliches. Wie groß soll die Anzeige sein, welche Schrift will man nehmen, soll vielleicht noch ein Spruch dazu. Nur selten haben wir direkten Kontakt mit den Trauernden.«

»Das heißt, Sie kriegen denjenigen, der so eine Anzeige aufgibt, in der Regel gar nicht zu Gesicht?«, unterbrach Marthe. »Darauf wollte ich gerade hinaus. In der Geschäftsstelle am Rathausmarkt kann man auch persönlich eine Anzeige aufgeben. Und genau das war hier der Fall.«

Lilli Walzer hielt einen Moment inne und schaute ihre Zuhörer an. Es war klar, dass jetzt die Information folgen würde, auf die sie alle angewiesen waren.

»Die beiden Anzeigen für Kinky Atemnot und für Sie ...«, Lilli Walzer machte eine Pause und blickte zu Marthe hinüber, die sie wohl von Fotos her kannte, »sind beide vom selben Mann aufgegeben worden. Wer eine Anzeige aufgibt, muss den Personalausweis zeigen. Ohne Ausweis keine Traueranzeige. Es ist nämlich ein beliebter Scherz, wenn Paare sich trennen, wissen Sie. Den Partner für tot zu erklären. Und da wollen wir schon wissen, wer der Spaßvogel war, wenn sich hinterher jemand beschwert. Na ja, langer Rede kurzer Sinn, hier haben wir ihn.«

Sie zog ein Blatt Papier aus ihrer Handtasche, entfaltete es und schob es zu Marthe hinüber.

»Bruno Füchtel, Contrescarpe 11b, Vechta ...«

Marthe wurde schwindelig vor Augen. Es dauerte einen Moment, bis sie begriff, dass die Zahlen auf dem Papier wohl das Geburtsdatum und die Personalausweisnummer darstellten.

»Geboren am 6. Oktober 1937 ...«, murmelte sie.

»Aber wer ist denn das?«

Lilli Walzer zuckte mit den Schultern.

»Das werden wir bald wissen. Meine Kollegin, die gestern die Anzeige entgegengenommen hat, erinnert sich haargenau an den Mann. Kurz nachdem er gegangen war, fiel ihr die Ungereimtheit mit dem Todesdatum auf. Gestern war ja der 15., er hatte aber den 16. als Todesdatum genannt. Sie hat ihm noch hinterhergerufen, aber da war er schon fort.

Und dann war sie in der Zwickmühle, denn die Anzeigen für den nächsten Tag müssen um zehn Uhr abgegeben sein, und es war schon halb zehn. Sie dachte, es wäre vielleicht eine Erinnerung zum Jahrestag und man müsste die Jahreszahl ändern. Aber da sie nicht einfach irgendein anderes Datum nehmen konnte, das vielleicht genauso falsch gewesen wäre, ist sie mit Bauchschmerzen dabei geblieben. Sie ist leider keine Krimileserin«, fügte sie noch entschuldigend hinzu. »Andere hätten natürlich bei Ihrem Namen gewusst, dass Sie noch leben.«

»Wie war das eigentlich bei Kinky?«, wollte Kilian Bangemann wissen.

»Ich habe noch mal nachgeguckt«, antwortete Marthe. »Bei ihr stand der 1. Oktober drin, obwohl sie erst nach Mitternacht, also am 2. Oktober, erschossen wurde. Der Typ hat wohl nicht mit unserem Sitzfleisch gerechnet.«

»Er lernt dazu.« Henry grinste.

»Meine Kollegin sagt, der Mann hätte so eine komische grüne Jägerjoppe getragen«, erzählte Lilli Walzer.

»Der war bei meiner Lesung!«, schrie Marthe. »Dieser schmächtige Kerl mit der Brille!«

»So einer stand doch neulich abends neben mir!« Tommi Schneider-Schlüter war genauso aufgeregt. »Der diese komische Stickerei am Hemdkragen hatte.«

»Ein Schützenbruder«, präzisierte Henry. »Stimmt, der hat hier am Tresen gestanden und die heilige Therese angestarrt.«

»War das der, der mitten in Kinkys Lesung hereinplatzte?«, fragte Wiebke. »Der hatte so einen stechenden Blick.«

»Ein Antialkoholiker«, meinte Henry.

»Auf nach Vechta!« Männe Degenhardt schlug mit der Faust auf den Tisch. »Den stellen wir!«

»Wie stellst du dir das vor?«, fragte Marthe.

»Moment!« Lilli Walzer bat um Ruhe. »Wir vom Abendblatt sind heute nicht untätig gewesen. Falk Schrader ist gleich heute Morgen losgefahren, um eine Reportage zu machen. Und jetzt rufen wir ihn auf seinem Handy an.«

Als guter Reporter hatte Schrader inzwischen in Vechta so einiges herausgefunden. So wusste er zu berichten, dass der Vogel ausgeflogen war und laut Aussage seiner Nachbarin angeblich schon seit drei Wochen Urlaub im Schwarzwald machte. Und dass Bruno Füchtel tatsächlich im Schützenverein »Wildwasser« schoss. Er war sogar schon zweimal Schützenkönig gewesen. Und im Männergesangsverein »Theresia« sang er auch. Wie es hieß, war er ein bisschen durchgedreht, ein Eigenbrötler. Früher war er Dozent an der Pädagogischen Hochschule in Vechta gewesen, hatte beste Aussichten auf eine Professur, wurde aber, als die Einrichtung 1973 der

Universität Osnabrück angegliedert wurde, nicht übernommen. »Da hat er einen Knacks wegbekommen.« Eine Zeit lang hielt er sich mit Lehraufträgen an der Katholischen Fachhochschule über Wasser und bildete angehende Sozialpädagogen aus. Seit er vor einigen Jahren vor dem barocken Altar der Pfarrkirche St. Georg in Vechta ein Erweckungserlebnis hatte, war er frühpensioniert.

»Und weshalb schießt er auf Krimiautoren?« Marthe sah ihre Kollegen betroffen an. »Was haben wir ihm denn getan?«

Die anderen waren genauso ratlos wie sie. In ihr bedrücktes Schweigen hinein sang Joe Luga sein nächstes Lied. »Herr Gottlieb Piefke, ein Mann in besten Jahren / der war da neulich nach Paris gefahren. / Er war aus Posemuckel, und trug auf seinem Buckel / Ein grünes Jägerhemd. Sonst war er fremd. / Und Gottlieb Piefke war einer von den Frommen ...«

»Mein Gott!«, sagte Marina. »Was machen wir denn nun?« »Die Polizei muss ihn zur Fahndung ausschreiben«, meinte Kilian.

»Die Polizei wird gar nichts tun«, sagte Marthe. »Bislang hat er bloß eine spinnerte Anzeige aufgegeben. Den Schuss auf mich hat mir der Inspektor ja gar nicht geglaubt.«

»Wir müssen ihn finden! Der ist doch sicher in irgendeinem Hotel hier in der Nähe abgestiegen?« Tommi Schneider-Schlüter war sehr stolz auf seine Idee.

»Aber wir können doch nicht alle Hotels abklappern.« Marthe guckte ihn skeptisch an.

»Wir stellen diesem Herrn eine Falle«, schlug Männe vor. »Eine Krimilesung außer der Reihe, sagen wir, eine Gedenklesung für Kinky, und die kündigen wir für Freitagabend an. Ich mache gern den Köder. Und dann überführen wir ihn, kurz bevor er mich erschießt.«

»Vielleicht schießt er nur auf Autorinnen?«, wandte Marina ein.

»Dann musst du den Lockvogel spielen.«

Marina schaute Männe entsetzt an.

»Also, ich weiß nicht ...«

»Stell dich nicht so an! Zur Schießerei kommt es ja gar nicht. Zur Lesung natürlich auch nicht.«

Marthe hatte seine Idee schneller begriffen. »Wir schnappen ihn schon am Freitagmorgen, wenn er die Anzeige beim Abendblatt aufgibt.«

Und so planten sie es. In Windeseile wurden Handzettel gedruckt, auf dem Wochenmarkt an der Greifswalder Straße und in den Kneipen, Geschäften und Hotels von St. Georg verteilt und an Türen und Fensterscheiben geklebt. Am Donnerstag kündigte Falk Schrader im Live-Teil des Hamburger Abendblatts an, dass Marina Pichowiak am morgigen Freitag, dem 18. Oktober, am Namenstag des heiligen Lukas, des Patrons der Ärzte, der Maler, Bildhauer und Buchbinder, aber auch der Chirurgen, der Metzger und des Viehs – der Notare und des Wetters nicht zu vergessen –, eine Benefizlesung im Gedenken an Kinky Atemnot und zugunsten verarmter und veralteter Krimiautoren abhalten würde. Henry Schönewald klebte leuchtende gelbe Plakate an die Tür seiner Kneipe und an die zum Kunstwerk umgestalteten Schuten-Stahlplatten auf dem St. Georgs Kirchhof. Wenn Bruno Füchtel in der Nähe auf der Lauer lag, musste er einfach auf die Veranstaltung aufmerksam werden.

Und so gingen Mittwoch und Donnerstag in Windeseile vorbei.

Am Freitagmorgen lagen die Kolleginnen und Kollegen selbst um Punkt neun Uhr bei der Geschäftsstelle des Hamburger Abendblatts auf dem Rathausmarkt auf der Lauer. Lilli Walzer hatte mit ihrer dort arbeitenden Kollegin den Dienst getauscht, Tommi Schneider-Schlüter von seinen Eltern die Erlaubnis zum Schuleschwänzen bekommen. Auch Jörg-Peter Wischnewski war erschienen und wartete mit grimmigem Gesichtsausdruck auf den Kerl, der wahrscheinlich seine Freundin ermordet hatte. Um zwanzig nach neun betrat ein schmächtiger Mann im Rentenalter die Geschäftsstelle, den seine grüne Uniformjacke sogleich als Provinzler auswies. Er stellte sich in der kurzen Warteschlange bei Lilli Walzer an. Als er an der Reihe war, legte er ihr ein Blatt Papier vor.

»Meine Todesanzeige«, durchzuckte es Marina, die auf der anderen Seite des Ladens an einem Bücherständer stand und so tat, als schmökere sie in einem Kinderkrimi.

Aus den Augenwinkeln beobachteten auch die anderen Autoren auf ihrem jeweiligen Posten, was sich an Lilli Walzers Tresen tat. Ihre Verbündete nahm die Anzeige diskret und professionell entgegen. Sie zuckte nicht mit der Wimper, als sie sich den Personalausweis vorlegen ließ und die Daten daraus notierte. Scheinbar unbeteiligt und cool schaute sie sodann in ihrer Preistabelle nach, nahm gelassen ein paar Geldscheine an und gab freundlich das Wechselgeld heraus. Mit verhaltenem Lächeln wünschte sie dem Kunden noch einen schönen Tag. In diesem Moment stürmten Marthe und Männe, Henry, Jörg-Peter, Wiebke, Marina, Kilian Bangemann und Falk Schrader, Tommi Schneider-Schlüter und Henning Postuleit herbei und stürzten sich auf den Unbekannten, von dem sie nur wussten, dass er Bruno Füchtel hieß und ihre Kinky auf dem Gewissen hatte. Aber der schmächtige Mann war schneller als sie. Plötzlich hatte er seine Waffe gezogen.

»Stehen bleiben!«, brüllte er.

Er fuchtelte mit seiner Pistole wahllos in der Gegend herum. Jeden Moment konnte es einen Unschuldigen erwischen.

»Was wollt ihr von mir?«

»Lassen Sie die Waffe fallen, Sie Schwein!«, brüllte Falk Schrader.

»Das könnte euch so passen!«, keifte der schmächtige Mann. Seine Brille war schmutzig, seine grauen Augen funkelten wild. »Tut Buße, ihr Feiglinge! Man ruft euch vor Gericht! Ich bin es, das Resultat eurer schlaflosen Nächte. Euer Schatten, berufen, euch zu richten! Die Ausgeburt ...«

In diesem Moment preschte Marina Pichowiak vor und setzte Bruno mit einem gezielen Fußtritt in die Weichteile außer Gefecht. Das war der Vorteil, wenn man regelmäßig ein Fitnessstudio besuchte. Bruno Füchtel aus Vechta ließ die Waffe fallen. Sie schlitterte ein paar Meter über das PVC. Es war Männe Degenhardt, vor dessen Füßen sie zu liegen kam und der sich geistesgegenwärtig danach bückte. Henry Schönewald, Jörg-Peter Wischnewski und Kilian Bangemann hatten sich in der Zwischenzeit auf Bruno Füchtel geworfen und den Fremden in den Schwitzkasten genommen. Lilli Walzer telefonierte unterdes nach der Polizei.

»Nichts ist euch heilig, ihr Spötter!«, setzte Bruno Füchtel seine Anklagen fort. »Ihr Menschenverführer! Aus allem Kehricht saugt ihr Schund und Schmutz! An der Scheiße klebt ihr wie die Fliegen! Ihr Ungläubigen! Es ekelt mich! Wenn ich euch höre, tut sich der Höllenschlund auf! Ihr denkt, es sei witzig, einen Menschen zu morden. Literaturpreise setzt ihr dafür aus! Aufs Podest die mordenden Emanzen! Hurra dem ästhetischen Tod. Aber was wisst denn ihr? Habt ihr etwa da draußen besoffen in der Gosse gelegen? Habt ihr euch da für einen Schuss prostituiert? Wisst ihr, wie es sich anfühlt, wenn keiner euch lieb hat, wenn nichts geht im Leben? Blutegel seid ihr! Für Geld und Ruhm mordet ihr eure eigene Seele! Oh, mir graut ...!«

In diesem Moment stürmten mehrere Polizisten – »Bullen«, hätte Marthe in einem früheren Leben gedacht – in den Raum. Schnell hatten sie den kleinen Mann in der grünen Jacke überwältigt. Nur seine Schimpftiraden hatten sie noch nicht abgestellt.

»Aber ich bin euer Schatten, euer Richter bin ich. Ihr seid verdammt! Ihr werdet gerecht gerichtet ...«, keifte er nach wie vor.

Sie legten ihm Handschellen an und führten ihn unter begütigendem Zureden fort.

Und dann standen die Freunde – und Feinde – der letzten Tage und Wochen in der Geschäftsstelle und begriffen allmählich, dass ein neuer Tag angefangen hatte. Es war Freitag, der 18. Oktober, und sie waren frei. Bruno Füchtel aus Vechta würde nicht auf sie schießen, ihre Todesanzeige wurde – noch – nicht gedruckt. Auch Moritz und Franziska würden bald wieder auf freiem Fuß sein. Und dann würden sie alle darüber lachen, wenn Moritz ihnen gestand, wo er wirklich in der Nacht vom ersten auf den zweiten Oktober gesteckt hatte. Denn das wollten sie nun doch gern wissen. Sie alle waren erlöst von einem Albtraum.

Oder hatte der Albtraum heute Morgen erst angefangen? »Wie ist es?«, sagte Henry, nachdem die Polizisten, mit Bruno Füchtel im Fond ihres Wagens, mit Blaulicht abgefahren waren. »Seid ihr auch so hungrig wie ich? Bei Max und Consorten gibts ab zehn Uhr Frühstück!«

»Ich bin dabei«, sagte Marthe und hakte sich bei Marina Pichowiak unter. »Und dann erzählst du es uns, Männe. Was für eine Waffe war es denn nun?«

KLAUS KEMPE

Der Samurai im Elbberg

An einem miesen Dezembertag in New York hörte ein junger Mann auf die Stimmen in seinem Kopf. Er steckte eine 38er ein und bestieg den Express in Richtung Downtown. Während der Tunnelfahrt in dem Metallcontainer voller Graffiti und zerfetzter Sitze ließ er sein Spiegelbild im Fenster nicht aus den Augen. Als er ausstieg und über Metalltreppen das Tageslicht erreichte, hatte es aufgehört zu schneien. Schneidender Wind sorgte dafür, dass der Tag mies blieb. Der junge Mann beschloss, ihn zum Leuchten zu bringen.

Er schlug den Jackenkragen hoch. Im Gittermuster der Straßen wählte er die geplante Route, die ihn durch rechte Winkel und gerade Strecken führte. Manche Teilstücke durchmaß er in eine Richtung, drehte um und ging den gleichen Weg zurück. Nach und nach zeichneten seine Schritte ein Wort auf den Schneematsch, das vom Himmel her zu entziffern gewesen wäre: LOVE.

Er langte an. In einem Coffeeshop wärmte er sich die Finger an einem Styroporbecher mit schwarzem Kaffee aus Nicaragua. Er glaubte, dass die Leute dort ihre Zukunft in die Hand nahmen, und wollte sie unterstützen. Wenn es ging, kaufte er ihre Produkte. Er liebte sie. Der Kaffee war bitter, mit einem säuerlichen Nachgeschmack. Er trank aus, bestellte kolumbianischen und zwei Bagels. Im Hauseingang gegenüber rührte sich nichts. Der junge Mann wartete am Tresen vor dem Fenster. Er wusste, dass sein Geliebter spät aufstand und erst aus dem Haus ging, wenn er mit seiner Frau im Bett gefrühstückt und meditiert hatte. Sein Geliebter war Anarchist mit Regeln und Ritualen. Die Stimmen hatten dem jungen Mann befohlen, ihn auf eine höhere Ebene zu heben.

Er ließ den Hauseingang nicht aus den Augen. Endlich trat ein Doorman in grauer Uniform unter den Baldachin und hielt die Tür auf.

Der junge Mann verließ den Coffeeshop, überquerte die schmale Fahrbahn und erreichte den Bürgersteig, als sein Geliebter aus der Tür trat. Das Haar war kürzer, statt der weißen Kluft trug er unauffällige Straßenklamotten. Nur die runde Nickelbrille war unverkennbar.

Der junge Mann zog die 38er aus der Tasche und schoss. Sein Tag begann zu leuchten.

Buntes Neonlicht brachte die Kristalle des Eisregens zum Leuchten. Grellenkamp hörte im Autoradio von John Lennons Tod. Die Nachricht setzte ihm zu wie nichts anderes in den letzten elf Jahren.

Zu den Klängen von *Imagine* bog er rechts in die Davidstraße, links in den Spielbudenplatz. Er parkte vor dem St. Pauli Theater neben den Peterwagen der Davidwache, legte den Kopf in den Nacken und hyperventilierte. *Imagine there's no heaven*, dachte er. Was wird dann aus dir, Johnny?

Mit wackeligen Beinen stieg er aus dem Ford Taunus. Die fröstelnden Nutten in der Davidstraße schenkten ihm ihr schönstes Lächeln. Sie mochten ihn alle, obwohl keine je einen Pfennig an ihm verdient hatte. Er überquerte die Reeperbahn und schlitterte am Palais d'Amour vorbei zur Großen Freiheit. Vor dem Salambo blieb er stehen und tastete das Gebäude mit Blicken ab, die Talmipracht des Foyers, den Neonschriftzug, die Schaukästen mit den Fotos gelenkiger nackter Paare, die andeuteten, was sie allabendlich auf der Bühne zelebrierten. Sex. Sex. Mehr Sex.

In den 60er Jahren war es Musik, Musik, mehr Musik gewesen, also auch eine Art Sex, und das Haus hieß Star-Club. Langhaarige Typen mit elektrischen Gitarren und Drums hatten auf derselben Bühne die Nachkriegszeit in Grund und Boden gerockt. Letzte Zuckungen eingerechnet war das elf Jahre her. Achim Reichel und Freunde hatten 69 noch versucht, den Club zu retten, aber der Liverpool-Sound war tot.

Grellenkamp erinnerte sich an den Brunnen im Innenhof. Jede neue Band aus England ließ sich dort nach dem ersten Auftritt taufen. Die alten Hasen gingen mit den Neuen zum Brunnen, um ein paar Joints durchzuziehen. Im Club war das strikt verboten. Die Kellner sorgten dafür, dass sich die Leute die Birne mit legalen Drogen vollknallten, an denen etwas zu verdienen war. Wenn die Neuen auf dem Brunnenrand gemütlich an der

Tüte sogen, wurden sie an den Beinen gepackt und rücklings ins Wasser gehievt. Danach gehörten sie zur Familie.

Viele Besucher kamen aus Holland, Belgien und Skandinavien, sogar aus London, weil für ein paar magische Jahre die Musik in Hamburg spielte, in diesem engen, versifften Club mit Körperkontaktgarantie und Holsten Edel als Basisgesöff. Brave Jungs aus Volksdorf in Bundhose, Hemd und Weste fanden sich ein, die endlich mal die Sau rausließen, und Mädels aus Othmarschen in Halbschuhen, Kniestrümpfen, Schottenrock und Rüschenbluse, die ihren ersten BH auf der Toilette auszogen und sich befreit wieder ins Gewimmel stürzten. Die Hübschesten kamen umsonst rein und hatten Stammplätze neben der Bühne in der sogenannten Ritzenecke. Dort wippten sie im Takt und warteten, dass ein Platzhirsch oder – o Gott! – einer aus der Band ihnen einen Pinot spendierte, eine heimtückische Mixtur aus Cognac und Orangensaft, die in der Szene unter »Büchsenöffner« lief. Die weniger Hübschen zahlten fünfzig Pfennig Eintritt und hielten sich im Hintergrund, bis eine der Königinnen den Thron räumte und mit ihrem Schwarm verschwand.

1960 war Grellenkamp zwanzig und mit einer Leica aus seinem Heimatkaff in die große Stadt gekommen. Im Club freundete er sich mit Weißleder an, dem Pächter, als er Bilder für einen Artikel über Gerry and the Pacemakers schoss. Innerhalb weniger Wochen wurde er Hausfotograf. Für zwanzig Mark mietete er zwei Schaukästen neben dem Eingang, die er mit Schnappschüssen der aktuellen Konzerte bestückte. Wer wollte, konnte für ein paar Mark Abzüge erstehen. Der Verkauf der Fotos hielt ihn flüssig, er wurde im Club jederzeit mit offenen Armen empfangen, auch in der Ritzenecke, und sah die berühmtesten Beat- und später Rockbands seiner Zeit.

Die Anfänge der Beatles erlebte er hautnah. Sie traten mit Coverversionen der Songs von Elvis und Chuck Berry auf, für wenig mehr als Kost und Logis plus Freibier, mit Lederjacken und Rockertollen, John, Paul, George, Stuart und Pete aus Liverpool, blutjung, blutige Anfänger an den elektrischen Gitarren, denen sie ein paar holperige Akkorde abquälten – nichts Besonderes, wäre da nicht eine eigenartige, unverwechselbare Vitalität gewesen und der Hauch von etwas Neuem, etwas Unerhörtem. Sie schlossen Grellenkamp in ihr Herz, als er für sie die erste Party im Hotel Herbert auf der Reeperbahn organisierte und dazu fünf heiße Feger aus Winsen an der Luhe anschleppte.

»Eh, Rascal!« John nannte ihn Rascal, wenn er besoffen war. »Rascal, we all luv ye dearly. But could ye possibly get us more beer, for God's sake, please?« Zwanzig Jahre war das jetzt her. Stuart Sutcliffe war gestorben, etwas später hatten sie Pete Best aus der Band geworfen und sich mit Ringo zusammengetan, wenige Tage vor der Aufnahme von *Love Me Do*, ihrem ersten Hit, der die Beatlemania lostrat.

66 waren sie noch einmal nach Hamburg gekommen, schon als Götter, schon vereinnahmt vom Business. Statt im Hotel Herbert logierten sie im Atlantic. Grellenkamp verbrachte ein paar Minuten mit ihnen allein. John sagte, sie hätten gern im Star-Club gespielt, aber die Stadt verweigerte den Aufwand an Polizei, der nötig gewesen wäre, um für die Beatles und Grellenkamp die Zeit zurückzudrehen.

Er hielt losen Kontakt mit ihnen, bis sie sich trennten. John schrieb: »Rascal, we still love you dearly, you old fart. But each other – that is a different story.«

Das war 69, vor elf Jahren. Grellenkamp hatte zwei Tage und Nächte durchgesoffen, sich eine Woche lang davon erholt und wenig später die Prozedur wiederholt, als der Star-Club dichtmachte. Er hatte ein Gefühl, als würde ihm das Leben in die Fresse treten. Jetzt stand er im leuchtenden Eisregen vor diesem Sexschuppen auf der Großen Freiheit Nummer 39. Hier, in diesem Haus hatten die Beatles angefangen. Der Liverpool-Sound war in Hamburg geboren worden.

Und heute hatte ein kleiner Wichtigtuer Johnny umgelegt. Auf offener Straße, in New York, am 8. Dezember 1980.

Grellenkamp sah sich um. Seit ein paar Jahren trieben sich Junkies in der Gegend herum. Die Reeperbahn verrottete, die Große Freiheit stank.

Es war eine miese Nacht. Er fuhr nach Hause und soff sich ins Koma.

In der Silvesternacht arbeitete er in der Dunkelkammer. Aus seinem Beatles-Archiv wählte er eine Aufnahme von John, die ihn allein auf der Straße zeigte, von vorn, in Alltagskleidung, ohne besonderen Ausdruck im Gesicht. Er stand entspannt an einer Ampel in London. In mehreren Arbeitsgängen stellte Grellenkamp einen lebensgroßen Abzug her und ging ins Bett.

Am Neujahrstag erwachte er kurz vor sieben. Nach einem kargen Frühstück wankte er todmüde in die Dunkelkammer, nahm den Abzug aus der riesigen Trockenmaschine und trug ihn in die Werkstatt. Auf dem Arbeitstisch trennte er John mit einem Skalpell heraus und glättete die Schnittkanten. Den Umriss übertrug er auf rissfestes Papier, schnitt ihn aus und klebte ihn auf eine dünne Sperrholzplatte. Die nächsten drei Stunden verbrachte er damit, die Gestalt passgenau auszusägen, das Foto aufzukleben und mit Folie zu überziehen. Nach einer halben Flasche Cognac und zwei Hemdwechseln war er erledigt, aber er zwang sich, ein Klappgestell, zwei Haken und mehrere Ösen an der Rückseite anzubringen. Eine fiebrige Erregung ließ ihn nicht zur Ruhe kommen. Mit der Figur unter dem Arm ging er in den Park gegenüber und fotografierte sie aus wechselnden Perspektiven im wässrigen Sonnenlicht und im Halbschatten eines Rhododendrons. Am Abend entwickelte er die Abzüge, stellte fest, dass seine Idee funktionierte, aß eine Scheibe Knäckebrot und ging schlafen.

Mit dem Pappkameraden zog er vierzehn Tage lang durch die Stadt. Er fotografierte John im Weihnachtsgeschenkeumtauschrausch bei Karstadt, zwischen Obdachlosen im Durchgang zum Palais d'Amour, eingerahmt von Autonomen vor einem Haus der Hafenstraße, im Museum für Kunst und Gewerbe neben einer Vitrine mit Samuraischwertern, neben einer Telefonzelle mit dem Aufkleber *Ruf doch mal an!* und dem Schriftzug *Kenn niemanden!* darunter, in einem Plattengeschäft am Paul-Nevermann-Platz voller Punks in Leder, die grinsend Plattenhüllen der Beatles hochhielten, *Sergeant Pepper's Lonely Hearts Club Band*, *Abbey Road*, alle bekritzelt mit der Aufschrift *Johnny Rotten forever!*, an hundert anderen Orten und schließlich, als er meinte, es ertragen zu können, zwischen schwitzenden Gaffern in einer Sexshow im Salambo.

Eines Nachmittags stellte er seinen Pappkameraden in einem Raucherwagen der S1 hinter zwei ältere Damen, die an Zigaretten zogen und trotz Duttfrisuren, Witwenschwarz und unförmiger Handtaschen auf den Schößen eine Menge Spaß miteinander hatten. Auf das Fenster neben ihnen hatte jemand mit schwarzem Edding *Heute schon genickt?* gekritzelt. Aus einer der Handtaschen lugte ein Abendblatt. Das Wort *Nachrüstung* am Anfang der Schlagzeile war zu erkennen und daneben der Schopf des Bundeskanzlers mit dem messerscharfen Scheitel. Die Frauen nahmen Grellenkamp erst wahr, nachdem er sie dreimal aus wechselnden Perspektiven abgelichtet hatte. Sie kicherten, fragten, was denn hier los sei, und machten huch!, als sie John Lennon hinter sich bemerkten.

Dann blickten sie sich an, nickten in stillem Einverständnis und sangen *A Hard Day's Night* mit kräftigen Altstimmen. Die anderen Fahrgäste johlten und verlangten eine Zugabe.

Grellenkamp sichtete seine Fotos. Die meisten gefielen ihm. Auf manchen erkannte man erst auf den zweiten Blick, dass Lennon eine Attrappe war. Grellenkamp gönnte sich noch zwei Tage Koma zum Trauern, dann hörte er seinen Anrufbeantworter ab, kontaktierte verschiedene Redaktionen und übernahm den Auftrag des »Sterns«, eine Reportage über Trauerzüge auf dem Ohlsdorfer Friedhof zu machen. Der Job passte zu seiner Stimmung.

Bis Mitte Februar trieb er sich zwischen Gräbern herum. Er fotografierte eine Prozession mit zweihundert Trauergästen in schwarzen Mänteln von Versace, schwarzen Capes von Dior und schwarzen Hutkreationen mit schwarzem Glitter auf den Schleiern, die hinter sechs Sargträgern in schwarzen Talaren mit weißen Rundkragen wandelten. Er fotografierte ein Elternpaar, das allein hinter einem winzigen weißen Sarg herschritt, den ein krummer alter Mann trug. Er stieß auf Trauernde, die beim Gang zum Grab Witze rissen, und andere, die auf dem Kiesweg zusammenbrachen.

Ein blonder Junge von zehn oder elf Jahren fesselte seine Aufmerksamkeit. Er folgte einem fetten Mann, der eine grüne Urne trug. Hinter ihm ging ein langhaariger Freak um die vierzig in einem rosa Pullover unter der Parka und mit einer grün gebatikten Windel um den Hals. Grellenkamp folgte dem kleinen Zug auf einem Parallelweg, lief ab und zu voraus und schoss mit dem Teleobjektiv zehn Aufnahmen, von einer eigenartigen Scheu befallen, die es ihm verbot, sich näher heranzuwagen. Er wusste nicht genau, warum ihn dieser Anblick mehr als andere berührte. Der Junge war groß für sein Alter, schlank und wirkte extrem sportlich. Seine grünen Augen lagen unter einem Schleier, obwohl er nicht weinte. Er schritt leicht hinter dem Urnenträger her. Als der Freak seine Schulter berührte, schüttelte er die Hand ab. Am offenen Grab nahm er eine Schaufel, die der

Fette ihm reichte, ließ die Erde in die Grube rieseln, drehte sich um und ging. Der Freak steckte eine Zigarette an und folgte ihm.

Ein paar Meter entfernt lehnte ein Mann an einer Ulme und fotografierte die Szene. Er schwitzte in einem dicken Pfeffer-und-Salz-Mantel und musste jedes Mal seine Hornbrille absetzen und den Hut ins Genick schieben, wenn er durch den Sucher blickte. Grellenkamp schoss zwei Bilder von ihm, ging hin und fragte, was er da trieb. Der Mann hob seine Voigtländer-Spiegelreflex und machte zwei Aufnahmen von Grellenkamp, dann drehte er sich um und stapfte wortlos über ein Stück Rasen in Richtung Ausgang. Es war so still, dass Grellenkamp das Knistern der gefrorenen Halme hörte.

Mitte Februar hatte er hundertvierzig Aufnahmen beisammen. Für den »Stern« wählte er dreißig aus. Die Redakteurin war zufrieden, aber das Bild des Jungen, das Grellenkamp für das beste der Serie hielt, lehnte sie ab. Es passe nicht in die Story, sagte sie. Im Sommer 81 erschien es auf Seite 145 in *20 Jahre*, einem Fotoband, der einen Überblick über seine Arbeit gab. Gegenüber auf Seite 144 platzierte Grellenkamp das Foto der alten Damen mit John Lennon in der S-Bahn.

Neunzehn Jahre später erinnerte er sich an die Bilder und kramte sie wieder hervor. Sie gefielen ihm immer noch. Er nahm sie in seine Werkschau auf, die das Museum für Kunst und Gewerbe ausrichtete: *Rasmus Grellenkamp – 40 Jahre*.

Am Morgen des ersten Weihnachtstages 2000 fuhr John Jepsen in seinem Audi TT den kurzen Weg von der Admiralitätstraße, wo er in einem Speicher die ehemalige Werkstatt eines Segelmachers bewohnte, in das Hotel Am Strom, um sich sein Weihnachtsgeschenk abzuholen. Der Portier nickte ihm zu und bedankte sich für den Hunderter, den John ihm zusteckte. Er nahm den Fahrstuhl.

»Was hast du mit deiner Hand gemacht?«, fragte der Alte, als John ihm die Linke reichte.

»Es gab Ärger im Lacadam.«

Der Alte nickte und führte ihn ins Kaminzimmer, wo die Familie an der gedeckten Tafel saß. John bekam einen Geschenkkarton mit Champagner, Trüffeln und zwei Geldrollen, die später beim Nachzählen sechstausend wert waren. Sie unterhielten sich über Schiffsmodelle und den Plan des Alten, das Gelände der Hummelbrauerei zu kaufen. Er dachte daran, den Betrieb auf kleiner Flamme weiterzuführen und um eine Brennerei mit Ausschank zu erweitern. Auch ein Luxusbordell schwebte ihm vor. Er bot John den Posten als Sicherheitschef an.

»Du wirst einunddreißig, Johnny«, sagte er. »Es wird langsam Zeit, dass andere den Säbel schwingen.«

John kratzte sich mit der verbundenen Hand am Ohr. »Ich überleg's mir«, sagte er.

Nach dem Frühstück stieg er ins Auto und inspizierte die Meile. Die dünne Schneedecke von Heiligabend war fast geschmolzen, in den Hauseingängen regten sich die letzten Schnapsleichen. Am Lacadam parkte er, ging ins Büro und sprach kurz mit Lego-Dieter. Lego war sechzig. In jungen Jahren war er vor einer Vaterschaftsklage zur Fremdenlegion geflohen und hatte nach seiner Rückkehr auf dem Kiez als Türsteher und Mann für alle Fälle eine steile Karriere gemacht, die ihm den Spitznamen Legion-Dieter eintrug. Der Zahn der Zeit hatte Lego aus Legion gemacht und seinen Borstenschnitt versilbert. Im Smoking wirkte er immer noch schlank und schnell wie ein gutes Halbschwergewicht.

»Alles im grünen Bereich«, sagte Dieter. »Die Typen von gestern Nacht haben ihre Verletzten eingesammelt und sind brav abgezogen. Die Bullen wollten mehr wissen, wie üblich, aber sie haben keinen Aufstand gemacht.«

Er reichte John eine 38er, die er während des Ärgers im Tresor versteckt hatte. Sie umarmten sich. John warf einen Blick in den Gastraum, steckte den Putzfrauen Fünfziger zu und stieg ins Auto.

Er fuhr zum Hauptbahnhof und parkte am Steintorplatz vor dem Museum für Kunst und Gewerbe. Der kaisergelbe Bau war der einzige Farbfleck in der Gegend. Wenigstens heute waren weit und breit keine Junkies in Sicht, nicht einmal in den Büschen des Grüngeländes zwischen ZOB und Gewerkschaftshaus. Der Verkehr auf der Adenauerallee hielt sich ausnahmsweise in Grenzen, und von ferne sah es so aus, als hätte die dunkle Horde, die sich gewöhnlich auf dem Vorplatz des Bahnhofs herumtrieb, einen Feiertag eingelegt. John wusste, dass in zwei, drei Stunden wieder alles beim Alten sein würde: geschäftige kleine Deals, alte Männer auf der Pirsch nach dem festen Fleisch dreizehnjähriger Jungs, Polizisten mit Lederhandschuhen, die Platzverweise verteilten. Im Schauspielhaus am Glockengießerwall lief *Gier* von Sarah Kane und unter dem Plakat an der Außenwand würde sich bald der erste Junkie den ersten Schuss setzen. Oh du Fröhliche.

An der Ecke zur Brockesstraße blieb er vor seiner Lieblingstür stehen, einem schweren Bronzeportal schräg zur Kante des Gebäudes. Das Relief darauf gab ihr den Namen, Porta d'Amore. Dicke Frauen und Männer ragten schräge aus eckigen Feldern, nackt, manche allein und voller Saft, die anderen verstrickt in Liebesspiele, und jede Figur genoss, was sie tat. Torso und Kopf einer langhaarigen dicken Frau bildeten den Türgriff. Vom vielen Anfassen war sie blank und golden gewetzt. John kitzelte ihr Kinn.

»Süß«, sagte eine weibliche Stimme, begleitet vom Gekicher anderer Stimmen. John drehte sich um. Vier Mädels, alle um die zwanzig, standen im Halbkreis vor ihm und prusteten. John lächelte.

»Süß«, sagte er.

Sie lachten laut auf und drehten ab. Eine hörte er sagen: »Oha, grüne Augen. Ich steh auf grüne Augen.« John folgte ihnen langsam zum Eingang des Museums. Beim Blick auf das Drob Inn an der Altmannbrücke stellte er fest, dass über Weihnachten kein Frieden eingezogen und kein Wunder geschehen war. Vierzig Junkies warteten vor der Tür auf Einwegspritzen in Stanniol und freien Zugang zum Druckraum. Früher hatten sie sich ihre Schüsse bei Hitze und Frost in den Buschrabatten um das Museum gesetzt. Inzwischen hielt sie ein Zaun auf Abstand, und das Drob Inn war in eine Baracke gezogen, die den Platz des alten Automuseums einnahm.

Im kleinen Foyer des Museums und in dem angegliederten Shop drängten sich die Besucher. John stellte sich in die Schlange, kaufte eine Karte und überflog den Flyer, auf dem Sonderausstellungen beschrieben wurden. Die Fotoschau im ersten Stock, die einen Überblick über das 40-jährige Werk von Rasmus Grellenkamp gab, merkte er sich vor. Grellenkamp war einer der bekanntesten Fotografen der Stadt.

Das Museum war gut geheizt, John hätte seine Lederjacke gern an der Garderobe abgegeben. Wegen der 38er im Schulterhalfter musste er darauf verzichten.

Im zweiten Stock sah er sich Modefotos an. Die krassen Inszenierungen aus den 90ern interessierten ihn: Eine Frau in grellem Outfit hockte bei Nacht auf einem Bürgersteig und hielt zwei Dobermänner an der Leine, deren Augen und Zähne im Blitzlicht glühten. Viel Zeit verbrachte er vor den

Schwarz-Weiß-Porträts entrückter Göttinnen in Kostüm und Hut. 40er Jahre, makelloses Make-up, glänzendes gelfreies Haar, keine Strähne tanzte aus der Reihe.

Das kommt wieder, dachte er. Retro-Trend. Mit Katrin war er im Herbst zu einer Swing-Gala ins Goldbekhaus gefahren. Erst amüsierte er sich über die Gamaschen, gestreiften Zweireiher und pomadisierten Frisuren der Kerle, dann hatte er nur noch Augen für die Frauen in ihren strengen eleganten Outfits. Die klaren Gesichter und kunstvollen Frisuren wirkten geheimnisvoll und ausgelassen zugleich. Er überlegte, ob er seine Mädels im Lacadam so stylen sollte. Anfangs würden die Männer vor der kühlen Eleganz zurückschrecken, dann aber der Faszination erliegen, die jede Frau mit perfekter Fassade ausstrahlt. Sie würden den Drang verspüren zu beweisen, dass Makellosigkeit eine Illusion ist, und alles dafür tun, um mit einem Blick, einer Hand und einem Schwanz hinter das Geheimnis zu kommen. Vor allem würden sie alles dafür zahlen. John nahm sich vor, mit Lego und Katrin darüber zu reden.

In der ersten Etage betrat er einen abgedunkelten Raum mit Skulpturen in Lichtinseln. Er hockte sich vor die Holzfigur eines chinesischen Abtes, dann vor einen Buddha aus Terracotta. Der Frieden in den Gesichtern war das Lebendigste, was er seit langem gesehen hatte. Zeit verging.

Beim Hinausgehen blieb sein Blick an einer Vitrine haften. Darin hingen japanische Schwerter in lackierten Scheiden, ein langes und ein kurzes, Katana und Wakazuchi. Die Griffe waren mit Rochenhaut bezogen und mit Walrossbarthaaren umwickelt. Eine Erinnerung brachte ihn zum Frösteln. Er gestand sich ein, dass er wegen der Schwerter gekommen war, wie jedes Jahr. Hinter sich hörte er Schritte und Gekicher. Die Mädels von der Porta d'Amore waren auf dem Weg zu Buddha und bemerkten ihn nicht. In der Destille trank er einen Kaffee und betrachtete durch das Panoramafenster den Innenhof. Zwei Bäume und eine Steinskulptur aus drei Quadern standen in einem Rasenoval. Weißgraue Schneereste sprenkelten den gelben Laubteppich.

»He, Johnny«, sagte jemand. Er blickte auf in ein bärtiges Gesicht und erkannte es auf Anhieb.

Dieselbe Mähne, grau jetzt. Derselbe schüttere Bart. Rosa Windel um den Hals, verwaschene Parka, grünblaues Holzfällerhemd, ausgebleichte

Jeans und Dockers. Gerötete Augen, Venengeflecht auf der Nase. Zwanzig Jahre älter, verbraucht, aber dieselbe Mischung aus Sorge und Bedürftigkeit im Blick wie damals, dasselbe um Vertrauen und Zuneigung buhlende Lächeln.

Wie zum Henker kann einer zwanzig Jahre derselbe bleiben, schoss es John durch den Kopf, und eine Sekunde später: Hab *ich* mich auch nicht verändert, oder wieso erkennt er mich?

»Hallo, Schmidt«, sagte er. »Willst du gerade jemanden retten oder gehörst du hier zum Inventar?«

»Frühpensioniert.« Schmidt setzte sich zu ihm. »Kein Bock mehr. Mein Helfersyndrom hat sozusagen Metastasen gebildet. Ich hab's mir rausoperiert.«

John sah ihn an. Klingt gut, dachte er, stimmt aber nicht. So wie du guckst, leidest du immer noch ganz furchtbar gern mit. Er sagte: »Und, was hast du in letzter Zeit getrieben?«

»Fotos geguckt, von Grellenkamp. He, Johnny, komm mal mit. Das muss ich dir zeigen.«

Drei Ausstellungsräume, ungefähr hundert Schwarz-Weiß-Fotos in Magnetrahmen aus Aluminium, Hamburger Momente aus vierzig Jahren. John hätte sich viel Zeit dafür genommen, wenn er allein gewesen wäre. Schmidt ließ es nicht zu. Er schob ihn durch Besuchertrauben in den mittleren Raum.

»Guck dir das an, Johnny!« Schmidts Atem ging schnell, das Venengeflecht auf seiner Nase glühte. »Ist das nicht irre?«

Das Foto zeigte einen fetten Mann in einem schwarzen Wintermantel, der eine Urne trug. Links hinter ihm ging ein Junge von zehn oder elf Jahren. Er war groß für sein Alter, das blonde Haar kurz geschnitten, die schmalen hellen Augen blickten starr geradeaus. Sein Anorak stand offen und gab den Blick auf ein T-Shirt mit der Aufschrift *Ideal!* frei. Die Hände hatte er in den Taschen seiner Jeans vergraben. Über die Schulter des Urnenträgers ragten Kopf und Schultern eines langhaarigen, bärtigen Mannes. Aus den Augenwinkeln beobachtete er den Jungen. Er trug eine Parka und ein Tuch um den Hals. Sie gingen einen Kiesweg zwischen kahlen Bäumen entlang. Grabsteine und Kreuze säumten ihn, ein frisch aufgeworfenes Grab dazwischen, übersät mit Blumengebinden, ein Kranz mit Schleife; *Elli zum ewigen An...* war zu lesen. Grellenkamp hatte die Gruppe frontal abgelichtet. Atemwolken verpufften vor den Gesichtern.

John hörte seinen Herzschlag. Nach einer Weile sagte er: »*Ideal* waren damals schwer im Kommen. *Sex in der Wüste* und so, wenn ich mich nicht irre. Später haben es die Humpe-Schwestern alleine versucht. Die waren auch nicht schlecht.«

»Ist das das Einzige, was dir dazu einfällt?«, flüsterte Schmidt.

»Aber nein. 13. Februar 81, zehn Uhr zwanzig, fällt mir dazu ein. Steht ja auch auf der Tafel da. In der Urne, das ist mein Vater, fällt mir dazu ein. Erst mit 'nem Fleischermesser oder 'nem Säbel tranchiert, dann vom Pathologen tranchiert, dann zu Asche verbrannt, fällt mir dazu ein. Papa hat bequem in den Topf gepasst – der war grün, wenn ich mich recht erinnere –, obwohl er zu Lebzeiten einsvierundneunzig groß war. Mama hat sich vier Tage vorher umgebracht, fällt mir dazu ein. Und ein langer dürrer Sozialpädagoge hat mich laufend belabert, dass das Leben weitergeht, fällt mir dazu ein. Pablo Schmidt hieß der Schwätzer.«

»Ist ja auch weitergegangen.« Schmidt flüsterte immer noch. »War das alles?«

John drehte sich zu ihm um. Schmidt trat einen Schritt zurück.

»Mir fällt noch ein, dass ich gesehen habe, wie das Schwein meinen Vater in Stücke geschnitten hat. Mir fällt ein, dass die Bullen mir nicht geglaubt haben, als ich auf das Foto in dem Verbrecheralbum getippt habe. Sogar nach der Gegenüberstellung wollten sie mir nicht glauben. Der Kerl hatte ein wasserdichtes Alibi, und ich war noch klein und stand unter Drogen, damit ich nicht ins Bett mache oder aus dem Fenster springe. Nicht mal Schwätzer Schmidt hat mir geglaubt. Oder hab ich das alles nur geträumt, Schmidt? Sag's mir.«

Schmidt atmete durch und trat wieder einen halben Schritt näher. »Wie alt bist du jetzt eigentlich, Johnny, dreißig?«

»Treffer.«

»Dreißig, o Mann. Ich weiß zwar nicht, was aus dir geworden ist, aber du siehst gut aus. War doch nicht alles ganz umsonst, oder?«

John drehte sich um und ließ ihn stehen. Nach zwei Schritten machte er vor einem anderen Foto halt. »Schmidt«, sagte er. »Komm mal her. Wer ist das?«

Schmidt machte einen Bogen um ihn und stellte sich außer Reichweite. Die Aufnahme zeigte einen Mann, der an einem Baum lehnte, in einem Pfeffer-und-Salz-Mantel, mit Hut und Hornbrille. Er hielt eine Voigtländer-Spiegelreflex vor der Brust und sah in die Kamera mit einer Mischung aus Feindseligkeit und Kummer, die dem Bild seine unglaubliche Präsenz verlieh. Er war um die fünfzig. Obwohl es ein Schwarz-Weiß-Foto war, fing es den gläsern-fettigen Ton seiner Haut ein. Das Datum auf der Tafel unter dem Bild lautete 13.2.81.

»Wetzel«, sagte Schmidt. »Hauptkommissar Wetzel. Er hat die Ermittlung geleitet. Ich wusste, dass er zur Beerdigung kommen würde. Er wollte sehen, wer sich für deinen Papa interessiert. Hätte er sich schenken können.«

»Korrekt«, sagte John. »Außer uns war niemand da. Und auf dich hätte ich damals schon verzichten können. Hau ab.«

»Was?«

»Du sollst dich verpissen, Pablo Schmidt. Such dir einen anderen, bei dem du Gefühlsschulden eintreiben kannst. Komm mir nie wieder in die Quere. Abgang.« Schmidt öffnete den Mund und schloss ihn wieder. Seine Augen füllten sich mit Tränen. Er hob resigniert die Schultern, drehte sich um und schlurfte zum Ausgang.

John sah ihm nach, drehte sich einmal im Kreis und atmete tief ein. Einen zweiten Blick auf den blonden Jungen und die Asche des Vaters ertrug er nicht. Er beschloss zu gehen, schaffte es aber nur bis zur Destille. Bei einem Cognac am Fenster verfiel er in Trance, erwachte nach einer Weile inmitten fröhlicher Besucher, die über Modefotos und chinesische Horoskope plauderten, merkte, dass er die Farben der alten Meister an der rostfarbenen Wand gegenüber wieder auseinanderhalten konnte und das Hafenbild von Liebermann ihm sogar gefiel. Er sah sich um. Am Buffet drängten sich die Hungrigen, hinter dem schlachtschiffgrauen Tresen wirbelte die Bedienung. Das gelbe Blätteroval, die kahlen Bäume und die Skulptur im Innenhof strahlten Ruhe aus, die er allmählich wahrnahm und in sein Befinden einwob. Schmidt hat recht, dachte er. Irgendwie ist es weitergegangen.

So weit, dass ich die Erinnerung aushalte?

Er ging zurück in die Ausstellung. Zuerst musterte er den Hauptkommissar an der Ulme. Ein schwerer Mann, durch und durch konventionell, nicht gesund. Das Lebendigste an ihm war der Blick mit einer Mischung aus Zorn, Interesse und einer Spur Mitleid. Wie hieß er, Wedel? Wetzel! Damals hatte er John befragt, ihm die Fotos bekannter Gangster gezeigt und ihn bei der Gegenüberstellung betreut, zurückhaltend und geduldig, aber bis zum Letzten genau und hartnäckig. Als er Ende 81 die Ermittlungen einstellen musste, hatte er John im Heim besucht und ihm erklärt, dass er niemanden ohne Beweise ins Gefängnis bringen konnte, auch nicht den Mann, den John glaubte erkannt zu haben. Er ertrug den Wutausbruch und die Tritte des Jungen, bis Schmidt ihn in den Schwitzkasten nahm und aus dem Zimmer schleifte. Danach hatte John ihn nicht wiedergesehen. Inzwischen hasste er ihn nicht mehr.

Er wagte sich vor das Bild des kleinen Trauerzuges und starrte es an, bis er sich jede Einzelheit eingeprägt hatte. Der Junge, der er gewesen war, blickte durch ihn hindurch. Er erkannte sich nicht, aber Schmidt hatte ihn erkannt. Etwas von dem Kind musste er noch ausstrahlen. Im Grunde wusste er, was es war. Die Trauer nach dem Mord am Vater und der Flucht seiner Mutter, die ihm in den Tod folgte, weil sie ohne ihn nicht leben konnte. Die Wut auf beide, weil sie ihn verlassen hatten. Vor allem anderen der mörderische Hass auf den Mörder. Nichts davon war ihm über die Jahre verloren gegangen. Er hatte es nur eingekapselt und in einer dunklen Ecke seiner Erinnerung verstaut. Jetzt packte er es aus und spürte, dass es frisch war, wie neu. Und zwecklos. Rache? Wenn er wüsste, wer der Mörder war, er würde ihn aufspüren und töten. Aber der Mann hinter dem transparenten Spiegel im Präsidium, auf den er damals gezeigt hatte, war laut Polizei unschuldig, und andere Verdächtige gab es nicht.

Inzwischen hatte er neunzehn Jahre mit der Erinnerung gelebt, beileibe nicht schlecht, und ungeschehen machen konnte er nichts. Er beschloss, sich über das neue 40er-Jahre-Styling seiner Mädels im Lacadam den Kopf zu zerbrechen. Das war eindeutig angenehmer – und profitabler. Vielleicht gab es dabei sogar etwas zu lachen.

Vorher wollte er sich noch den großen Rest von Grellenkamps Werkschau ansehen. Er schlenderte die Bilderreihen entlang. Viel Kiezpersonal. Einige Gesichter erkannte er und musste grinsen. Abbruch der Häuser am Fischmarkt. Eine Punkband namens Kotzbrocken, der Drummer hieß Fotzer. Domenica, das alte Schlachtross. Räumung der Bohrstelle 1004 in Gorleben. Demo, ein Junge in Lederjacke, *Schieß doch, Bulle!* in weißer Schrift auf dem Rücken, Autonome in der Hafenstraße ...

»He, guck mal!!« Die vier Mädels von der Porta d'Amore bogen sich vor Lachen. Eine tippte auf ein Foto. »Darf ich vorstellen: meine Mama und mein Papa. Wie die aussehen! Oahh, er greift ihr an den du-weißt-schon. Die alten Heuchler! Mich wollen sie nicht auf Demos lassen, und selber ...!«

John blickte über ihre Köpfe hinweg auf die Aufnahme einer Anti-Reagan-Demo in der Mönckebergstraße. In der ersten Reihe marschierte eng umschlungen ein Pärchen Späthippies in identischen Jacken. Der Stoff war gemustert wie marokkanische Polster, die Jeans hatten Schlag. Auf dem Transparent über ihren Köpfen stand *Rea-Gun piss off!*

John lächelte, dann bemerkte er das Foto daneben.

John Lennon stand in der S-Bahn hinter zwei älteren Damen, die sich angeregt unterhielten. Am Fenster stand in schwarzer Schrift *Heute schon genickt?* Andere Fahrgäste beobachteten die Szene. Die kleine Tafel unter der Aufnahme gab das Datum an. 8.1.81.

John Jepsen verlor jedes Gefühl für seinen Körper. Als es wieder einsetzte, merkte er, dass seine Hand unter der Jacke den Griff der 38er umklammerte.

»Herr Jepsen?« Grellenkamp hielt die Tür auf. »Kommen Sie rein. Frau und Kinder sind ausgeflogen, wir können einen heben.«

Er führte John durch die entkernte Etage des ehemaligen Kontorhauses. Den größeren Teil nahm ein riesiges Atelier ein, das er mit japanischen Wänden variabel unterteilt hatte. Die Dunkelkammer war in einem gemauerten Kubus untergebracht, auf den restlichen dreihundert Quadratmetern waren Stahlschränke, Regale, Arbeitstische voller Computer, Archivschränke mit ausfahrbaren Segmenten und tausend andere nützliche Dinge verteilt. Das Licht von zwei Fensterreihen und einer Unmenge Neonröhren erhellte den kleinsten Winkel. An den Wänden hingen Gemälde, Collagen und Fahnen, Notenblätter, Widmungen auf Packpapier und Reliefs von Marx, Marilyn Monroe und Ernst Bader in feinkörnigem Granit. Und Fotos. Fotos von Musikern, Politikern, von Uwe Seeler und Kevin Keagan, von Nutten und Junkies, von Zuhältern und Mädels der Heilsarmee, vom Hafen und von der Hafenstraße, von fast jedem Winkel Hamburgs.

Grellenkamp bot John einen Stuhl an, schob Zeitungen und einen Espressokocher auf dem mächtigen Arbeitstisch beiseite und schenkte zwei Schwenker viertelvoll mit Remy. Er verschwand hinter einer japanischen Wand. Sekunden später kam er mit einer DIN-A4-Mappe zurück.

»Prost!«, sagte er. Sie nahmen einen Schluck.

»Wie viele haben Sie?«, fragte John.

»Wie viele was?«

»Kinder.«

»Drei Söhne, eine Tochter.«

»Stark. Eine Menge Arbeit, vermute ich.«

»Eher ein Vergnügen. Der hier hatte nur eins, wenn ich mich nicht täusche. Nur ein Kind, meine ich, nicht nur ein Vergnügen.«

Grellenkamp öffnete die Mappe und legte ein Foto auf den Tisch. John betrachtete es einen Moment lang, trank aus und nahm es zur Hand.

»John Jepsen senior«, sagte Grellenkamp. »Jep. Einer der Großen auf dem Kiez. Wir mochten uns ganz gern.«

»Hat er mir erzählt«, sagte John. »Er fand Sie ziemlich gesprächig, aber er meinte, wenn einer weiß, wo der Frosch die Locken hat, dann Sie.«

»Na, er hat wohl eher geschwätzig gesagt, oder? Er selber war ja ziemlich mundfaul. Schade, dass er mir die Familie nie vorgestellt hat. Dich und deine Mama hat er regelrecht unter Verschluss gehalten.«

»Hat er. Er wollte uns aus seinem Geschäft raushalten. Und ich werde gesiezt.«

»Oh«, sagte Grellenkamp. »Entschuldigung.«

»Kein Problem. Was wissen Sie über seinen Tod?«

»Lange her. Lassen Sie mich nachdenken. Zehn Stiche und zwanzig bis dreißig tiefe Schnittwunden. Es hat ihn in irgendeinem Tunnel erwischt, 80 oder 81, glaube ich. Er wollte den Albanern sein Gebiet nicht abtreten, hab ich gehört. Der einzige Verdächtige, den die Polizei auftreiben konnte, hatte ein Alibi. Die Sache ist im Sande verlaufen, richtig?«

John legte das Foto auf den Tisch, Rückseite nach oben, und nickte.

»Merkwürdig, dass ich Sie nie kennengelernt habe«, sagte Grellenkamp. »Sie managen das Lacadam, richtig?«

»Ich halte mich im Hintergrund«, sagte John. »Guter Cognac. Nein, danke, keinen mehr. Herr Grellenkamp, ich habe eine Bitte.«

»Unter einer Bedingung«, sagte Grellenkamp. »Ich möchte Sie fotografieren.«

»Haben Sie schon. Vor neunzehn Jahren.«

Grellenkamp legte die Mappe mit den Zweitabzügen der Ausstellung auf den Tisch. Langsam gingen sie die Bilder durch. Grellenkamp antwortete bereitwillig auf Johns Fragen nach den Entstehungsgeschichten, Ort und Zeit, Reaktionen der abgelichteten Personen und dem Erscheinen in verschiedenen Publikationen, soweit er sich erinnerte. Lange brüteten sie über den Aufnahmen vom Friedhof. Grellenkamp versuchte, das Gesicht des Jungen in dem des Mannes zu entdecken, der ihm gegenübersaß. Der Mund vielleicht, dachte er. Der Haaransatz. Die Ohren natürlich. Und der Blick. Du stehst anscheinend immer noch unter Schock, John Jepsen. Er fragte John, wie ihm bei der Beerdigung zumute gewesen war.

John sagte: »Beschissen.«

Grellenkamp öffnete den Mund, fing einen Blick von John auf und klappte ihn wieder zu.

Den Polizisten an der Ulme hatte er später kennen- und mit den Jahren schätzen gelernt. Heinz Wetzel war einer vom alten Schlag, unbestechlich, gründlich, langsam, meistens erfolgreich. Wenn er an einem Fall scheiterte, brodelte es noch jahrelang in ihm.

John Lennon in der S-Bahn war eines seiner Lieblingsbilder.

»Die besten Fotos«, sagte er, »hab ich immer gemacht, wenn ich angeschickert war.«

»Haben Sie für die Fotos eigentlich die Leute um Erlaubnis gefragt?«

»Wer viel fragt«, sagte Grellenkamp, »kriegt viele Antworten.«

»Seh ich auch so. Gab's irgendwann mal Trouble?«

»Ach was.« Grellenkamp lachte. »Frechheit siegt. Außerdem freuen sich die meisten, wenn man sie fotografiert. Oder, warten Sie mal. Jetzt, wo Sie fragen, der Typ hier« – er wies auf einen blonden Mann, der schräg hinter den Damen auf der Rückbank des S-Bahn-Wagens saß – »der war böse. Hat sich aber schnell wieder beruhigt.«

John nickte. »Noch mal zum Mitschreiben. Die Fotos von Wetzel und mir sind am 13. Februar 81 entstanden, das ist klar, das Datum weiß ich selber noch. Und das von Lennon mit den Ladys am 8. Januar 81, ganz sicher?«

»Ich war angeschickert«, sagte Grellenkamp, »aber so besoffen auch wieder nicht. 8. Januar 81, garantiert.«

»Okay, danke. Wo soll's sein?«

»Wie jetzt?«

»Ich dachte, Sie wollten mich fotografieren.«

Grellenkamp setzte ihn vor einen weißen Schirm und heftete das Foto vom Friedhof neben seinen Kopf. Wegen der 38er behielt John die Jacke an. Seit dem Museumsbesuch am Vortag trug er sie bei sich.

Das Stadthaus in der Wohlers Allee war terracottafarben lackiert und grenzte an andere seiner Art in Hellgrün und Weiß. Lichterketten umrahmten die Fenster im ersten Stock und im Erdgeschoss. Der Vorgarten lag unter einer dünnen Schneedecke. Von den Ästen der Bäume im Park gegenüber tropfte es, da und dort hielt sich Zuckerguss auf den Büschen und den Querstreben des Zauns. John erinnerte sich, dass der Park ein Friedhof gewesen war. Am Pfosten der Pforte war ein Namensschild aus Messing angebracht: *H. und K. Wetzel*. Die Pforte quietschte leise, als er sie öffnete. John ging auf dem Plattenweg zur Tür und klingelte.

Eine Frau öffnete. Aus reiner Gewohnheit schätzte er sie ab. Fünfunddreißig, kurzes schwarzes Haar mit wenig Gel, braune Augen, schmales Gesicht, ganz hübsch. Sie trug ein langes Hemd aus türkisfarbener Seide und eine schwarze Hose, die über den Knöcheln endete. Türkisfarbene Strümpfe, schwarze Hausschuhe. Eins achtzig mindestens, schätzte John. Sie blinzelte. Wahrscheinlich hatte sie ihre Kontaktlinsen vergessen.

»Jepsen«, sagte John. »Ist Herr Wetzel zu sprechen? Ich hatte angerufen.«

»Kommen Sie rein.« Eine Altstimme mit Kieksern. »Ich bin seine Tochter.«

John hatte die 38er zu Hause gelassen. Sie hängte seine Jacke an die Garderobe und führte ihn in ein überheiztes Wohnzimmer voller alter Möbel und mindestens tausend Büchern. In der Ecke stand ein Tannenbaum mit roten Kugeln und roten Kerzen. Ein alter Mann saß unter einer karierten Decke im Rollstuhl am Fenster. Auf seinen Knien lag ein Ordner, den er bei Johns Eintritt zuklappte. Er trug einen braunen Rollkragenpullover und eine gelbe Strickjacke. Sein Haar war weiß, das Gesicht fleischlos und faltig.

Die braunen Augen hinter der Hornbrille wirkten zwanzig Jahre jünger als der Körper. Die Stimme war tief und brüchig.

»Tag, Herr Jepsen. Setzen Sie sich. Kassie, machst du uns Tee?«

John zog einen Freischwinger heran und setzte sich. Er wischte Schweiß von der Stirn. Wetzel nickte.

»Ich brauche Wärme. Tut mir leid.«

»Kassie«, sagte John. »Was ist das für ein Name?«

»Kurzform für Kassandra. Ihre Mutter hat darauf bestanden. Sie liebte griechische Sagen.« Wetzel gluckste. »Und Sie sind Jeps Sohn. Was kann ich für Sie tun?«

Kassandra setzte den Wasserkocher in Gang und trat an das Küchenfenster. Sie notierte die Nummer von Johns Audi und ging in ihr Arbeitszimmer im ersten Stock. Auf dem Rechner wählte sie sich in das Intranet der Polizeidirektion Mitte ein. Von dort erreichte sie mit einem Kennwort die GPS-Datei des Zentralcomputers. Der Audi war registriert. Sie markierte den Eintrag mit einem Code. Anschließend prüfte sie, ob derselbe Code neben einem in Hamburg gemeldeten 7er BMW noch in Funktion war. Sie rief den Stadtplan ihres Tracer-Programms auf, gab beide Codes in ein Dialogfeld ein und drückte Return. Das Dialogfeld verschwand. Auf dem Plan blinkte ein grüner Punkt in der Wohlers Allee auf, ein anderer an der Elbchaussee nahe der Einmündung zur Rothestraße. Sie ging wieder ins Erdgeschoss. An der Garderobe hing Johns Lederjacke. Mit einem Skalpell schnitt sie in das Innenfutter neben dem Reißverschluss. Die Öffnung war anderthalb Zentimeter lang. Sie stopfte einen winzigen Metallzylinder hinein und schüttelte. Mit den Fingern erspürte sie, dass er an der Naht zum Leder lag, nur zu entdecken, wenn man nach ihm suchte. Sie ging in die Küche, brühte den Tee auf und füllte ein Tablett mit Tassen, Löffeln, Zuckerdose und Milchkanne. Fünf Minuten später stellte sie die Teekanne dazu, trug das Tablett ins Wohnzimmer, servierte und zog sich wortlos zurück.

»Sie erinnern sich nicht an den Namen, weil Sie ihn nie gehört haben«, sagte Wetzel. »Enver Tare. Er ist Albaner. Wir hatten ihn hochgenommen, weil auf einem Metallknopf an Jeps Jacke sein Fingerabdruck war. Dann kamen Sie ins Spiel. Wie alt waren Sie, zehn oder elf?«

John nickte. Wetzel räusperte sich.

»Sie waren völlig verstört und wollten trotzdem tapfer sein. In der Kartei für Gewaltverbrecher haben Sie sein Foto erkannt, aber beim zweiten und dritten Durchlauf haben Sie auf drei andere getippt. Dann die Schau hinter der Glaswand, acht Männer, davor der kleine John. Der war's. Nein, der. Oder doch der Erste. Wieso hatten Sie den Killer überhaupt gesehen? Das hab ich vergessen.«

»Ich war im Auto«, sagte John. »Hinten. Als er einstieg, mit der Knarre. Ich hab mich auf den Boden gelegt. Keine Ahnung, wieso er mich nicht bemerkt hat.«

»Wahrscheinlich wusste er, dass er Jep keinen Wimpernschlag aus den Augen lassen durfte«, murmelte Wetzel. »Jedenfalls konnten Sie ihn später nicht zweifelsfrei identifizieren. Trotzdem, irgendwas sagte mir, dass der kleine John nicht so schieflag. Aber dann stellte sich raus, dass Tare ein Alibi hatte. Eine Pokerpartie, zwei Nächte und den Tag dazwischen, mit vier Freunden in Lüneburg, achtzig Kilometer vom Tatort. Nicht zu knacken. Den Fingerabdruck auf dem Knopf hat er mit einem Gerangel drei Tage vorher in der Ritze erklärt. Er behauptete, Ihr Vater hätte ihn da vor versammelter Mannschaft verdroschen. Das haben wir geprüft, es stimmte.«

»Enver Tare«, sagte John. »Zwanzig Jahre her. Wieso erinnern Sie sich so genau?«

»Weil ich es hasse zu verlieren. Weil ich glaube, er war's, und es ihm nicht beweisen konnte. Und weil Kassie vor Weihnachten den Katalog einer Fotoausstellung mitgebracht hat, in dem ein Foto von mir ist. Auf dem Ohlsdorfer Friedhof. Und eins von dem kleinen John Jepsen, der hinter der Urne seines Vaters herläuft.«

John trank aus. Auf einen Wink von Wetzel füllte er beide Tassen nach. Der alte Mann nahm zwei Stück Würfelzucker und rührte um. John trank ohne Zucker. »Noch ein paar Fragen«, sagte er.

»Von mir hören Sie nichts mehr«, antwortete Wetzel. »Ich muss mal. Machen Sie es sich bequem.«

Er rollte aus dem Zimmer. John schloss einen Moment lang die Augen und trommelte auf den Beistelltisch. Sein Finger streifte den Ordner, den Wetzel bei seinem Eintritt dort abgelegt hatte. Er griff danach und schlug ihn auf.

Fotokopien aus der Zeit, als Akten per Schreibmaschine geführt wurden. Vernehmungsprotokolle, ein pathologischer Bericht, Ermittlungsberichte, Fotos. Er blätterte und las. Als er den Ordner beiseitelegte, stand Kassandra Wetzel in der Tür.

»Noch etwas Tee?«

John schüttelte den Kopf und bedankte sich höflich. Wetzel rollte wieder herein und stoppte neben dem Beistelltisch.

»8. Januar 81«, sagte er. »Der Todestag. Richtig? In diesem Scheißtunnel in Altona.«

John nickte.

»Außerdem Ihr Geburtstag, wenn ich mich recht erinnere. An dem Tag sind Sie elf geworden?«

»Genau.«

»Und vier Tage vor der Bestattung hat Ihre Mutter Tabletten geschluckt. Tut mir sehr leid, mein Junge.«

»Ich werde gesiezt«, antwortete John automatisch.

»Und ich werde müde. Kassie, begleitest du Herrn Jepsen zur Tür?«

John stand auf.

»Danke, dass Sie mich empfangen haben, Herr Wetzel.«

»Wird sich rausstellen, ob das eine gute Idee war. Mach's gut, mein Junge.«

Kassandra gab ihm die Jacke, brachte ihn zur Tür, öffnete und reichte ihm die Hand.

»Mein Vater stirbt auf Raten«, sagte sie. »Er will seine offenen Rechnungen begleichen, deshalb hat er Sie empfangen. Aber ich fürchte, dazu ist es zu spät.«

»Vielleicht nicht«, antwortete John.

»Vergessen Sie's. Ihre Idee ist gefährlich. Für Sie, meine ich. Tschüs.«

John fragte nicht, welche Idee sie meinte, aber er hatte das Gefühl, dass sie sich in seinem Kopf auskannte. Er klappte den Kragen hoch und ging.

Kassandra sah zu, wie er in den Wagen stieg und losfuhr. Sie ging in ihr Arbeitszimmer und folgte dem grünen Punkt auf dem Monitor, bis er in der Admiralitätstraße zum Stehen kam. Der andere blinkte stationär an der Elbchaussee.

Am letzten Donnerstag des Jahres stand John kurz nach Mittag auf, ließ aus dem Steigenberger sein Frühstück und zwei Zeitungen bringen und nahm sich eine Menge Zeit dafür. Der BSE-Skandal verdarb ihm nicht im Mindesten den Appetit auf die Rostbratwürstchen zum Rührei. Als zweiten Gang schob er Waffeln mit Ahornsirup ein, verspeiste eine halbe Melone und trank vier Becher Kaffee. Am Fenster rauchte er eine Zigarette und starrte auf das Lichtspiel der Wellen des Herrengrabens. Gegenüber im vierten Stock einer Burg aus Backstein, Glas und Chrom verkaufte die Jahresendbesetzung einer Versicherung per Computer und Telefon die letzten Rentenzusatzpolicen an toughe Yuppies. Um zwei duschte er, zog sich an und setzte sich an den Computer. Er rief das Hamburger Telefonverzeichnis auf. Enver Tare betrieb eine Importfirma für asiatische Antiquitäten am Altonaer Ende der Elbchaussee. Er wohnte im gleichen Haus, hatte aber privat einen Extraanschluss. John notierte die Nummern und die Adresse. Über Yahoo gelangte er auf die Homepage der TIC – für Tare Import Company – und erfuhr, dass sie Möbel, Vasen, Statuen, Gemälde und Waffen der höchsten Preisklasse anbot. Unter »Aktuell« las er, dass die Firma Anfang 2001 Lieferungen aus China, Japan, Usbekistan und dem Iran erwartete. Probestücke wurden in 3D-Verfahren vorgestellt. Sie sahen solide aus, geschmackvoll und teuer.

John schaltete den Rechner ab und betrat eine Abseite, die ihm den Keller ersetzte. Unter dem Gerümpel fand er ein schmales, leicht gebogenes, zirka einen Meter zwanzig langes Gebinde. Das Wachstuch war an beiden Enden getackert und mit schwarzen Seidenschnüren vertäut. Er überlegte, ob er es öffnen sollte, entschied sich aber dagegen. Es war nicht nötig. Seit er bei Wetzel den Bericht des Pathologen überflogen hatte, wusste er, dass er vor zehn Jahren instinktiv das richtige Gerät gekauft hatte. Tiefe und Form der Wunden seines Vaters passten genau dazu. Er legte das Gebinde griffbereit auf einen Korb. Noch waren elf Tage Zeit.

Er fuhr ins Lacadam und ging mit Lego die Monatsbilanz durch. Sie sprachen über Neuverpflichtungen für das nächste Jahr und den Einbau zweier Luxussuiten im Dachgeschoss. John erwähnte beiläufig seine Idee, die Mädels auf 40er-Jahre-Look zu trimmen. Wie er erwartet hatte, gab Lego keinen Kommentar ab. Gewöhnlich nahm er sich einige Tage Zeit, das Für und Wider von Neuerungen abzuwägen. Er berichtete John von seinen vergeblichen Verhandlungen mit Gil Echeverria, dem Besitzer des Stripladens gegenüber. Echeverria war dazu übergegangen, Kunden mit weiblichen Türstehern zu kobern, die jedem, der wollte, einen Probegriff in die Bluse erlaubten und ziemlich aggressiv zu Werke gingen. Die Schlägereien vor der Tür häuften sich, das Lacadam verlor deswegen Kundschaft. Lego hatte mit Engelszungen auf den Basken eingeredet und war an dessen Stolz gescheitert.

»Ich regle das«, sagte John. »Hör mal, du musst was für mich tun.«

Lego hatte unter Johns Vater im Lacadam angefangen. Nach dem Mord war er wie ein Racheengel mit zwei Kumpels über den Kiez gewirbelt und hatte jeden zur Rede gestellt, der etwas wissen konnte. Zwei albanische Familien, die Tares und die Nexhelis, mussten danach eine Zeit lang auf ihre besten Eintreiber verzichten, die im Krankenhaus komplizierte Brüche ausheilten. Der Feldzug war vergeblich gewesen.

Seit zwanzig Jahren hoffte Lego auf ein Replay mit besserem Ende. Als John ihm die Lage und seine Idee schilderte, begannen seine Augen zu glitzern.

»Sehr gerne«, sagte er, als John endete. Er steckte den Zettel mit der Adresse und den Telefonnummern ein. »Nur wir zwei?«

»Du musst rausfinden, ob wir es alleine machen können. Ab nächsten Dienstag. Das sind vier Tage zur Beobachtung und das Wochenende zur Vorbereitung. Was denkst du, wen sollten wir zu der Fete einladen?«

»Katrin.« Die Antwort kam wie aus der Pistole geschossen. »Elfi. Werner und Silke. Die sind zuverlässig und können sich ein Datum merken.«

»Dachte ich auch«, sagte John. »Mach das Separee für Samstagmorgen fertig, sag ihnen Bescheid und frag sie, ob sie mit einem Fotoapparat umgehen können. Mit Blitz und Stativ. Bist du sicher, dass du mit der Datenrückwand zurechtkommst?«

»Vor und zurück, kein Problem.«

Lego holte seine Nikon und zeigte John am Rechner, wie er das eingestellte Datum der Rückwand, 28-12-00, auf 08-01-01 und wieder zurück änderte. Sie besprachen, wo er unerkannt Blumen und Kaviar kaufen konnte, was an Essen und Alkohol herumstehen sollte und andere Details. John stand auf und streckte sich. Als er aus der Tür ging, nahm Lego seine alte Makharov zur Hand und zerlegte sie, um die Teile zu reinigen und zu ölen.

John ging über die Straße ins Elysee und sprach mit Echeverria. Danach war der Baske weiß um die Nase und versprach, seine Mädels von der Straße abzuziehen. Sie gaben sich die Hand und besiegelten das Abkommen mit einem Brandy.

Zwei Tage später, am Samstag, trafen Katrin, Elfi, Werner und Silke pünktlich um zehn Uhr morgens im Lacadam ein. Wie John und Lego trugen sie Abendkleidung und brachten Geschenke mit. Von Katrin bekam John einen Kaschmirschal, einen Motorradhelm von Elfi, zwei Kupfertöpfe von Silke und einen vergoldeten Totschläger von Werner. Im Separee stellten sie die Uhren einschließlich der Armbanduhren nach Legos Anweisung um. Ein Buffet war aufgebaut. Lego, Werner und Elfi fotografierten, Silke bediente die Musikanlage. Sie dinierten und tanzten. Whisky, Brandy und Curaçao kamen auf den Tisch. Gegen halb drei wirklicher Zeit, ein Uhr auf den Uhren, zog Werner seine Freundin auf das gigantische Bett und begann an ihr herumzumachen. Lego fotografierte, Johns und Katrins Atem wurde kürzer, sie gesellten sich dazu. Irgendwann wurde es Lego zu bunt. Er legte die Kamera weg und griff sich Elfi. Halb fünf wirklicher Zeit beendeten sie die Feier. Sie mussten sich auf den Abendbetrieb vorbereiten.

John übernahm den Empfang der Gäste, während Lego in seiner Wohnung die Fotos entwickelte. Er kam zurück, als der Laden brummte, und zeigte John die Abzüge.

»Die sollten wir in die Vitrine hängen«, sagte er. »Gute Werbung.«

»Nie im Leben«, sagte John. »Katrins Busen hängt, und ich werde fett.«

»Hör auf, Junge. Du stehst wie 'ne Eins.«

»Ich nicht.« John wies auf das Datum in der linken unteren Ecke einer Aufnahme, die ihn mit Katrin zeigte: 08-01-01. »Aber unser Alibi.«

Die Silvesternacht im Lacadam brachte den größten Umsatz des Jahres. Der Alte schaute herein, die Familie im Schlepptau, Echeverria schickte einen Präsentkorb, zwei Reeder und der Chef einer Softwarefirma aus Kaltenkirchen mussten mit Kreislaufproblemen in die Notaufnahme. John und Lego schwitzten in Armani-Anzügen, die Mädels zogen sich auf der Toilette Linien in die Nase und stürzten sich danach mit doppelter Energie wieder ins Getümmel. Der Pianist wuchs über sich hinaus. Gegen elf saß John mit zwei

Viehhändlern aus Bremervörde an der Bar und spielte das Zehnmarkspiel mit Hundertern, als ihn jemand auf die Schulter tippte. Er drehte sich um.

»Kassandra Wetzel«, sagte er. »Hallo. Herzlich willkommen. Wollen wir nachher miteinander anstoßen?«

Sie trug ein langes rotes Kleid, eine kurze schwarze Jacke und eine Diamantkette mit passenden Ohrringen. In der Hand hielt sie eine Tasche. Krokodil, schätzte John. Hinter ihr wartete ein Mann um die vierzig, der ihr knapp bis ans Ohr reichte. Dafür war er doppelt so breit wie sie. Er war völlig kahl, trug eine Sonnenbrille und sagte nichts.

Kassandra lächelte. John bewunderte ihre Zähne.

»Ich wollte nur kurz vorbeischauen«, sagte sie, »und Ihnen ein schönes neues Jahr wünschen.«

»Gute Idee. Danke. Ihnen auch.« John schüttelte unmerklich den Kopf. Katrin, die sich von der Seite her anschlich, sah es und wandte sich ab.

»Und«, sagte Kassandra, »Ihnen noch mal klarmachen, dass Ihre Idee nicht gut ist. Eine Scheißidee geradezu.«

»Nochmals danke«, sagte John. »Ich finde Sie auch äußerst attraktiv, Frau Wetzel.«

Kassandra lächelte, sagte tschüs und schob ihren Begleiter zum Ausgang. Sie überragte alle Mädchen. John hätte sie ohne Bedenken vom Fleck weg engagiert.

Um Mitternacht raubte ihm Katrin mit einem Dreiminutenkuss den Atem. Danach ging er allein in sein Büro, schenkte sich einen Brandy ein und trank auf seinen Vater.

Der 2. Januar war ein Dienstag. Lego parkte den Opel in der Rothestraße und nahm eine zweistöckige Stadtvilla schräg gegenüber auf der Elbchaussee ins Visier. Auf dem Beifahrersitz lag eine Tüte mit Sandwiches, Obst und Nüssen, auf dem Boden standen zwei Zwei-Liter-Flaschen stilles Wasser. Er legte die erste von vier Kassetten ein. Thomas Mann las *Die Bekenntnisse des Hochstaplers Felix Krull*.

Im Erdgeschoss der Villa brannten Lichter. Neben dem Eingang hing ein Messingschild: Tare Import Company. Halb eins trat ein Mann aus der Tür. Er trug einen schwarzen Anzug mit blauem Hemd und blauer Krawatte unter dem offenen Mantel. Lego setzte das Fernglas an. Der Mann war Enver Tare, immer noch rotblond, fetter um die Mitte als vor zwanzig Jahren, das Gesicht hager wie eh und je. Per Fernbedienung öffnete Tare ein Garagentor, ging hinein und rollte in einem schwarzen 7er BMW auf die Straße. Das Tor schloss automatisch. Lego folgte ihm. Der BMW rauschte ein paar Hundert Meter in westlicher Richtung und bog in den Parkplatz eines Restaurants ein. Landhaus Scherrer, erste Adresse. Lego fuhr weiter, wendete in Teufelsbrück und nahm seinen Posten in der Rothestraße wieder ein. Die Lichter im Erdgeschoss der Stadtvilla waren erloschen.

Halb zwei kam Tare zurück, stellte den Wagen in der Garage ab und ging ins Haus. Die Fenster leuchteten auf. Lego aß sein vorletztes Sandwich und hörte eine alte Aufnahme von der *Macht des Schicksals* mit der Callas. Um sieben erloschen die Lichter im Erdgeschoss, kurz darauf hellte es hinter den Fenstern im ersten Stock auf. Halb neun fuhr ein Taxi vor. Zwei Frauen in Pelzmänteln stiegen aus und klingelten. Lego kannte beide. Von der Schwarzhaarigen wusste er, dass sie ein mörderisches Parfüm benutzte. Sie sprach kurz in die Gegensprechanlage, drückte die Tür auf und verschwand mit ihrer Freundin. Lego startete den Astra und fuhr ins Lacadam. In der Küche ließ er sich eine Portion Fettuccine al pesto auffüllen, schaufelte sie in sich hinein und spülte mit Bordeaux nach. Dann ging er ins Büro.

John hörte sich seinen Bericht wortlos an. Er gab Lego den Schlüssel zum Tresor, nahm das Halfter mit der 38er aus dem Schreibtisch und zog sich um. In der Garage öffnete er den Kofferraum des Audi und kontrollierte, ob er alles dabeihatte.

Am Nobistor bog er in die Pepermölenbek, unterquerte die Brücke, machte einen Schlenker nach links, wieder rechts zum Fischmarkt und fuhr die Große Elbstraße entlang nach Westen. Die Hülsen der Silvesterböller und -raketen hatte noch niemand beseitigt, nur vor dem Stilwerk war der Bürgersteig geräumt. Italienisches Design zog umweltbewusstes Bürgertum an, das nicht gern durch aufgeweichte Pappe watete. Eine Gang von vier kleinen Jungs wuselte durch die Dunkelheit auf der Suche nach den letzten Fehlzündern. Der Eisregen der vergangenen Nacht hatte die Reste aufgeweicht, aber da und dort würden die kleinen Pyromanen etwas finden, das noch knallte. John wusste aus Erfahrung, wie das ging.

Er erinnerte sich an Morgenspaziergänge zu Neujahr an der Elbe mit seinem Vater. Beide hatten sie in dem Nachlass des Feuerwerks gestöbert, und wenn zehn oder zwölf Knaller beisammen waren, hatte Jep das Pulver in eine Styroporhülle gefüllt, mit dem Taschenmesser ein Loch in den Boden gebohrt, eine Lunte eingeführt und einen Pappdeckel aufgeklebt. Gemeinsam waren sie zum Lkw-Parkplatz neben der Fischhalle gestreunt. Die Bombe stellten sie jedes Jahr auf denselben Stein am Kai. Jep zündete die Lunte, warf seinen Sohn über die Schulter und schleppte ihn aus der Gefahrenzone, immer zu weit für Johns Geschmack.

Booouuum! Der Donner hallte über den Fluss, rollte die Häuserwände am Fischmarkt entlang und entfachte ein Schneegestöber aus aufgeschreckten Möwen. John hielt sich die Ohren zu. Er war glücklich.

Er ließ die Fischauktionshalle hinter sich und fuhr am neuen Speicher entlang. In der Ferne leuchtete der Terminal der Englandfähre. Die Fenster in den Häusern der Fischhändler waren dunkel. Bei einem spitz zulaufenden neuen Kontorgebäude hielt er sich rechts, nahm den Anstieg mit Schwung und parkte kurz vor der Absperrung auf halber Höhe des Elbbergs.

Er stieg aus, nahm eine Tasche aus dem Kofferraum und setzte eine Mütze mit Ohrklappen auf. Durch die versetzten Stangen der Absperrung ging er zu der Stahlpforte an der Ecke zur Kaistraße. Einen Moment lang genoss er den Blick über den Strom und die Lichter des Containerhafens. Er liebte diese Stadt. Aus der Tasche nahm er eine akkubetriebene Kreissäge. Das Schneiderad aus Titan maß zwei Zentimeter im Durchmesser und war anderthalb Millimeter stark. Es surrte, als er das Hängeschloss durchtrennte. Die Aktion dauerte fünf Sekunden. Auf der Kaistraße schlichen Autos bergan zum Altonaer Balkon, er kümmerte sich nicht darum. Durch glitschiges hohes Gras tastete er sich abwärts und erreichte ein kurzes Stück überwachsenen Gleiskörper. Die rostige Schmalspur lief auf ein verschlossenes Tor zu. John tastete nach der Ritze zwischen Flügel und Rahmen. Er schraubte eine flexible Welle an die Säge, setzte ein Schneidrad mit größerem Durchmesser auf die Halterung und durchtrennte die Metallzungen der Schlösser.

Der Tunnel führte steil abwärts zum Elbstrand. Früher hatten die Fischer dort ihre Schollen und Krabben auf Loren geladen. Eine kleine Lok zog sie den Geestrand hinauf und unterirdisch weiter bis zum Bahnhof. Seit Jahrzehnten lag die Strecke still. John wusste, dass Kids mit Unternehmungsgeist an Wochenenden im Tunnel ihre Feten feierten. Er schnallte eine Lampe um die Stirn und stieg hinab zum Ausgang am Fuß des Donners Parks. Das Gittertor ließ sich mit etwas Kraftaufwand öffnen und leicht wieder schließen. Auf dem Weg fand er Flaschen, ein silbernes Messer, Feuerstellen, improvisierte Fackelhalter an den Wänden und in einer Nische ein verwittertes Schränkchen mit gut bestückter Minibar und einer Großpackung Kondomen.

John stieg wieder bergan und betrat die höher gelegene Nische. Das Geviert maß vier Meter im Quadrat und war völlig leer. Er zog dünne Handschuhe über, entnahm der Tasche einen Akkubohrer und begann zu arbeiten.

Als er fertig war, hing eine Neonleuchte in Kopfhöhe an einer Betonstrebe. Die Kontakte des Kabels waren mit einem Satz Batterien verbunden. An einem Findling darunter hatte er einen massiven Stahlring verdübelt.

John prüfte, ob die Beleuchtung funktionierte, packte seine Sachen, knipste das Licht aus und stieg nach oben. Das Tunneltor fixierte er mit einem Metallkeil, für die Pforte zur Straße hatte er ein neues Vorhängeschloss mitgebracht.

Er ging zum Audi, stieg ein und fuhr zurück ins Lacadam.

Lego bezog täglich seinen Beobachtungsposten in der Rothestraße und erstattete abends Bericht. Dem Haus, dem Wagen und der Kleidung nach verdiente Tare Millionen. Neun Uhr morgens machte er Licht im Erdgeschoss, arbeitete bis halb eins, aß zu Mittag im Scherrer, kam halb zwei zurück und arbeitete bis sieben. Er beschäftigte keine Angestellten. Verhandlungen, Angebote, Verkäufe und Reklamationen ließen sich bequem per E-Mail, Telefon und Fax vom Schreibtisch aus erledigen. Irgendwo gab es wahrscheinlich ein Lager, Fahrzeuge und Leute, die Lieferungen in Empfang nahmen und Bestellungen ausfuhren.

Lego drängte John: »Lass mich rausfinden, wo das ist. Ein Feuer wäre doch ganz nett.«

John lehnte ab. Er wollte keine zusätzlichen Komplikationen, und Tare würde ohnehin keine Gelegenheit mehr haben, sich über Brandschäden zu ärgern.

Der Albaner bewohnte den ersten Stock der Villa, offenbar ebenfalls allein. Pünktlich halb neun am Donnerstagabend besuchten ihn wieder die beiden Nutten vom Dienstag. Gegen elf bestiegen sie mit aufgelösten Frisuren ein Taxi. Lego hatte ihnen einen Freund auf den Hals geschickt, der ihnen erst die Hölle heiß machte und dann genügend Geld bot. Sie redeten. Tare sei ein Karnickel mit Hang zu Maso, aber er zahle außerordentlich gut, wenn ihm die Behandlung gefiel. Aus Fotos an der Wand schlossen die beiden, dass er Frau und Kinder in Tirana hatte. »Wahrscheinlich in einem ungeheizten Loch ohne Strom und fließend Wasser.«

Freitagnacht, nachdem sie das Lacadam geschlossen hatten, setzten sich John und Lego zusammen und beschlossen, die Sache durchzuziehen. Allein.

John fuhr nach Hause und legte das Wachstuchgebinde aus der Abseite auf seinen Esstisch. Am Wochenende würde er es jeden Morgen sehen und am Montag öffnen.

Lego klingelte. Eine tiefe Stimme sagte: »Ja?« »Guten Abend, Herr Tare. Mein Name ist Hansen, vom Landhaus Scherrer. Darf ich Sie kurz stören?«

»Worum geht's?«

»Wir planen die Anschaffung einiger chinesischer Truhen. Im Internet sind wir auf die TIC gestoßen. Unsere Überraschung, als wir merkten, dass einer unserer Stammgäste die Firma leitet, können Sie sicher ermessen. Ich bin auf dem Weg zu einer Besprechung und dachte, ich könnte ...«

»Sicher, Herr Hansen. Kein Problem. Moment.«

Es surrte, Lego öffnete die Tür. Das Treppenhaus war mit Marmor verkleidet. Antike Leuchter strahlten, ein roter Läufer schmückte die Treppe. Tare stand auf dem Absatz neben einer halb offenen Glastür und lächelte verbindlich. Lego lächelte zurück, nahm zwei Stufen, zog die Makharov und sagte: »Komm mit, Arschloch!« Nach einem Leberhaken erinnerte sich Tare, dass sein Schlüsselbund und die Fernbedienung für das Garagentor in seiner Manteltasche steckten. Der Mantel hing im Vorraum des Büros. Lego klopfte Tare ab, dann den Mantel, warf ihn dem Albaner zu und trieb ihn vor sich her nach draußen.

Das Garagentor schwang auf. Tare setzte sich ans Steuer, Lego nahm hinten Platz.

»Rechtsrum«, sagte er. »Fahr flüssig, aber vorsichtig. Du weißt ja von früher, wie so was geht.«

Der BMW glitt die Palmaille hinunter. Lego registrierte mit Respekt, dass der Albaner den Mund hielt und nicht herumzappelte. Er war ein harter Junge gewesen und hatte etwas davon in die mittleren Jahre gerettet. Am Fischmarkt bogen sie nach rechts, fuhren die Große Elbstraße entlang und parkten am Elbberg kurz vor der Absperrung.

»Motor aus, kurz aufblenden«, sagte Lego. Tare tat es. Von der Sperre näherte sich eine Gestalt und öffnete die Fahrertür. Tare stieg aus. Der Mann bohrte einen Revolverlauf in Tares Magen. Lego stieg aus, setzte sich ans Steuer, schloss die Fahrertür und öffnete das Fenster.

»Bis nachher.«

Er ließ den Motor an, rollte vorsichtig rückwärts den Berg hinab und fuhr über Neumühlen zu Tares Haus. Er parkte den BMW in der Garage, wischte Lenkrad und Türgriffe ab, dann am Haus die Klingel. Im Büro widerstand er der Versuchung, den Schreibtisch zu filzen. Er säuberte die Fernbedienung und die Schlüssel von Fingerabdrücken, legte sie auf die Arbeitsplatte und sah sich um. Auf den ersten Blick bemerkte er nichts von Bedeutung und wandte sich zum Gehen. Da sah er das japanische Langschwert über der Tür. Der Atem stockte ihm. Er nahm das Handy aus der Tasche und wählte.

»John? Er hat die Waffe aufbewahrt. Hängt über der Tür. Vielleicht ist es eine andere, aber ... stimmt, hast recht, ist ziemlich egal.«

Er unterbrach die Verbindung und verließ das Haus. In der Rothestraße stieg er in den Astra.

Eine Stahlacht fesselte Tares Handgelenk an den Ring im Findling vierzig Zentimeter über dem Nischenboden. Stehen war unmöglich, und knien wollte er nicht vor dem Mann. Er hockte auf den Hacken. Bis jetzt hatte der Mann nichts gesagt. Im kalten Licht der Neonröhre hockte er vor ihm und sah ihn an. Um die dreißig, schätzte Tare. Blond, helle Augen, Gesicht wie ein Eisblock. Was ihn beunruhigte, war die instinktive Gewissheit, dass der Junge nicht auf Geld aus war. Etwas an ihm erinnerte Tare an seine Jugend in den albanischen Bergen. Die Männer dort hatten den gleichen Ausdruck in den Augen, wenn es um Ehre ging. Oder um Blutrache.

»Abend, Herr Tare«, sagte John. »Ich bin John Jepsen. Sagt Ihnen der Name was?«

Tare ließ sich Zeit. Er tat, als ginge er sein Gedächtnis durch. »Nein.«

»Sie haben meinen Vater getötet«, sagte John. »Am 8. Januar 1981, genau vor zwanzig Jahren. Genau hier.«

Seit der Mann ihn in den Tunnel getrieben hatte, wusste Tare, was kommen würde. Er erinnerte sich. Jep Jepsen. Der Mann war unvernünftig gewesen. Die Tares hatten ihm ein exzellentes Angebot für sein Gebiet unterbreitet, aber Jepsen erwies sich als extrem stur, selbst als sie seine Frau in die Mangel nahmen. Statt klein beizugeben, drohte er mit Krieg. In gewisser Weise vereinfachte das die Sache. Nach gescheiterten Verhandlungen blieb nur eine Lösung. In einem Wagen, den ein Cousin steuerte, folgte er Jepsens Jeep. An einer roten Ampel stoppten sie hinter ihm. Tare stieg aus, öffnete die Beifahrertür, rammte die Mündung seiner Smith and Wesson in Jepsens Seite, setzte sich und schloss die Tür. Simpel. Er lotste Jepsen zum Tunnel und löste das Problem.

Später bei den Bullen hörte er von dem Jungen, der ihn angeblich erkannt hatte. John Jepsen junior, elf Jahre. Als er mit seinem Alibi durchgekommen war, hatte er Erkundigungen eingeholt. Der Kleine war nach dem Selbstmord der Mutter in einem Heim gelandet. Bettnässer, völlig verstört. Kein Problem.

»Ah ja«, sagte er. »Sie sind der Sohn vom alten Jep. Jetzt seh ich's, ziemliche Ähnlichkeit. Ich kannte ihn, aber umgebracht hab ich ihn nicht. Sogar die Polizei hat mir das abgenommen.«

»Sogar ist gut.« John stand auf und holte das Wachstuchgebinde, das neben der Nischenöffnung lehnte. Er legte es auf den Boden und löste die Seidenschnüre. »Ich hab damals alles gesehen.«

»Aber die Polizei hat Ihnen nicht geglaubt.«

»Hat sie nicht. Ich war zu klein und selber fast tot vor ... Ich konnte Sie nicht einwandfrei identifizieren.«

»Natürlich nicht. Weil ich es nicht war. Sie haben sich geirrt. Das passiert kleinen Jungs in solchen Situationen. Trauer, Verzweiflung und so. Ich versteh das.«

John blickte auf das Gebinde. Langsam rollte er das Wachstuch auf.

»Waren Sie in letzter Zeit mal im Museum für Kunst und Gewerbe?«

Tare hätte fast gelacht. »Nein, wieso?«

»Da läuft eine Werkschau von einem Fotografen. Er heißt Grellenkamp. Ein Fan von John Lennon. Ende 80 ist Lennon erschossen worden. Grellenkamp hat ein lebensgroßes Foto von ihm auf Holz geklebt, damit ist er durch die Stadt gezogen und hat ihn überall fotografiert. Zum Beispiel in der S-Bahn.«

In Tares Kopf lief blitzartig ein Film ab, ein Erinnerungsfetzen. Er begann zu schwitzen.

»Das Foto aus der S-Bahn hängt im Museum. Grellenkamp hat mir erzählt, dass ein Fahrgast böse auf seine Knipserei war. Der Mann ist auf dem Bild zu sehen, und das Foto ist einwandfrei datiert. 8. Januar 81. Der Fahrgast sind Sie. Sie waren an dem Tag nicht zum Pokern in Lüneburg. Ihr Alibi ist Schrott. Abends waren Sie hier in dieser Nische. Mit meinem Vater. Was haben Sie benutzt, um ihn abzuschlachten? Messer, Säbel?«

»Hör zu, mein Junge.« Tares Stimme war heiser. »Das ist Quatsch. Ich ...«

»Ich werde gesiezt«, sagte John. Er rollte das Wachstuch auf. Im Innern lag ein japanisches Langschwert. Die Spitze war leicht gebogen. Aus der schwarz lackierten, mit goldenen Mustern verzierten Scheide ragte das Heft. Es war mit Rochenhaut umwickelt, auf der Schriftzeichen eingraviert waren. Den Abschluss zur Klinge bildete eine Wicklung aus Walrossbarthaaren.

»Das ist eine Katana«, sagte John. Er zog die Klinge heraus. Im Neonlicht schimmerte sie reinsilbern. »Aber das wissen Sie als Fachmann.«

Tare fiel vorwärts auf die Knie und senkte das Kinn auf die Brust. Eine Frage der Ehre, schoss ihm durch den Kopf. Für ihn, für den Jungen. Der Junge würde ihn töten. Für ihn kam es darauf an, würdig zu sterben. Keinen Ton mehr, schwor er sich.

Zehn Minuten später röchelte er: »Ich musste es tun. Ich hatte einfach keine andere Wahl.«

»Was musstest du tun?«, sagte John.

»Ihn töten.«

»Wann?«
»Januar 81.«
»Genaues Datum. Uhrzeit.«
»8. Januar 81, elf Uhr nachts.«
»Wo und wie?«
»Hier. Mit einem Messer. Einem langen Messer.«

John stellte die Akkusäge ab. Das Blatt hatte Tares Anzug zerfetzt und eine blutige Schraffur in seine gefesselte Hand geritzt. Während der Fragen und Antworten hatte es vor seinem rechten Auge gesummt. John legte die Säge weg, nahm die Katana in die Hand und stand auf.

»Vierzig Wunden«, sagte er. »Hiebe und Stiche, ein paar oberflächlich, die meisten tief. Benutzt hast du eine Katana, eine wie die hier. Das Profil der Wunden ist eindeutig. Kann sein, dass du meintest, ihn töten zu müssen. Ganz fremd ist mir der Gedanke nicht. Aber du hast ihn regelrecht geschlachtet. Das war nicht nötig, das war ein Genuss für dich. Was ist, war es die Katana, die in deinem Büro hängt?«

Tare schwieg.

John umfasste den Griff mit beiden Händen. Die raue Rochenhaut schmiegte sich in seine Handflächen. Er spürte die harte Windung am Daumen und hob die Klinge seitlich über die Schulter. Tare blickte zu ihm auf. Sein Blick war leer. Mit diesem Moment konnte er umgehen. Die Art, wie man starb, war eine Frage der Ehre.

»Fallen lassen«, sagte Kassandra Wetzel.

John drehte sich um. Der Tunnel flammte auf. Kassandra trug einen schwarzen Overall und einen Helm mit hochgeklapptem Visier. Neben ihr kauerten zwei MEK-Männer mit kurzen Gewehren. Die Silhouetten hoben sich schwarz gegen den leuchtenden Tunnel ab. John blickte an sich hinunter. Auf seiner Lederjacke leuchteten zwei rote Punkte.

Kassandra nahm John die Handschellen ab. »Möchten Sie einen Kaffee?«

John nickte. Sie schenkte ein und schob den Becher über den Schreibtisch. John griff mit beiden Händen zu, damit er nichts verschüttete. Langsam klang das Zittern ab.

Das Zimmer in der Polizeidirektion West war sachlich eingerichtet. Aktenschränke, zwei Schreibtische, eine Kaffeemaschine auf dem Fensterbrett.

Neben dem Computer auf Kassandras Schreibtisch stand ein silberner Rahmen mit einem Foto von Heinz Wetzel, als er jung war. Beim Hereinkommen hatte John das Türschild gelesen. Kassandra war Kriminalhauptkommissarin. John war nicht überrascht. Kassandra öffnete einen Ordner.

»Wie ich schon sagte, eine Scheißidee. Haben Sie mir was zu sagen?«

John nahm einen Schluck und stellte den Becher zurück. »Nein.«

»Aber ich brauche Antworten. Vorschlag: Zug um Zug. Erst ich, dann Sie.«

John reagierte nicht. Kassandra lehnte sich zurück.

Mord verjährt nicht, sagte sie. Die Akte Jepsen wurde alle zwei Jahre vorgelegt und mangels neuer Erkenntnisse wieder geschlossen. Vor seiner Pensionierung hatte Heinz Wetzel sie mit einigen anderen kopiert und in sein Privatarchiv gelegt. Er hasste offene Rechnungen. Als sie zur Polizei ging, machte er sie mit den Fällen vertraut und ging sie mit ihr in abendlichen Diskussionen immer wieder durch. Der Mord an Jepsen trieb ihn um, aber bei jedem neuen Anlauf stellten sie fest, dass er nichts übersehen hatte. Trotzdem, die Gespräche waren nicht vergebens. Bei jedem Fall, den sie bearbeitete, behielt sie die Frage im Hinterkopf, ob dabei Hinweise auf diesen Mord auftauchten. Es passierte ab und zu, dass die Ermittlungen zu einer Straftat Spuren zu einer anderen ergaben, die weit zurücklag. Erst vor zwei Monaten hatte sie einen Schläger festgenommen, der beim Verhör gestand, vor achtzehn Jahren im Botanischen Garten eine Frau getötet zu haben.

Enver Tare hatte bis zu seinem vierzigsten Geburtstag als Eintreiber und Zuhälter gearbeitet. Außer der vorläufigen Festnahme wegen des Jepsen-Mordes gingen drei weitere Morde auf sein Konto, aber keine Verurteilung. Juristisch war seine Weste weiß. Als Gründer und Chef der TIC hatte er acht Jahre lang unauffällig Geschäfte gemacht, bis er dem Rauschgiftdezernat auffiel. Er geriet in Verdacht, mit den Antiquitäten Opium und Heroin hereinzuschmuggeln. Kontrollen der Lieferungen ergaben nichts. Vor zwei Jahren sickerten Informationen durch, dass er außer Rauschgift auch Frauen einschleuste. Die Vorermittlungen verliefen im Sande, aber Kassandra folgte seiner Karriere aufmerksam.

»Bis letztes Jahr ohne Ergebnis«, sagte sie. »Kurz vor Weihnachten sah ich in der Grellenkamp-Ausstellung das Foto von Papa. Im Katalog entdeckte er Ihr Foto vom Friedhof, und ein paar Tage später kam Ihr Anruf.

Als Sie in der Tür standen, ahnten wir schon, dass der Jepsen-Fall aufbricht. Deshalb lag die Aktenkopie auf Papas Tisch. Sie sollten sie lesen.«

»Ich spiele ungern den Köder«, sagte John.

»Wer tut das schon.« Kassandra schenkte Kaffee nach. »Ich wollte Tare. Wegen Rauschgift und Frauen war er nicht zu kriegen. Ich brauchte unbedingt ein Mordgeständnis.«

»Woher wussten Sie, wann und wo?«

»Wir haben uns in GPS eingewählt. Ihr Wagen war jederzeit auf unserem Bildschirm. Und der von Tare.« Kassandra atmete durch. Der Mann stellte Fragen, er war interessiert. Endlich.

»Ich bin nicht mit dem Audi zum Tunnel gefahren«, sagte John.

»Doch, zweimal schon. Nur heute nicht. Dafür Ihr Freund Lego in Tares BMW. Außerdem haben wir Sie angepeilt. Seit Ihrem Besuch tragen Sie einen Tracer mit sich rum. Im Innenfutter Ihrer Jacke. Wir haben vermutet, dass Sie die Jacke anziehen, wenn es losgeht. Sie gehörte Ihrem Vater, stimmt's? Jedenfalls gibt es mehrere Fotos von ihm, auf denen er so eine trägt.«

»Scheiße«, sagte John.

»Ich seh das nicht so. Dass Sie den Tunnel wählen, war sowieso klar. Und das Datum stand fest.«

»Wieso?«

»Der Todestag Ihres Vaters. In diesem Jahr fällt er auf einen Montag. Montags macht das Lacadam dicht, da fällt es nicht auf, wenn der Chef anderweitig beschäftigt ist. Wir haben Ihren Anrufbeantworter gecheckt. *Hallo, John Jepsen hier. Wegen einer privaten Feier bin ich erst morgen zu sprechen.* Im ersten Stock vom Lacadam brennt Licht, Musik läuft. Zeitschaltuhren, vermute ich. Sie haben sich ein schickes Alibi gebastelt.«

John sah sie an. Kassandra musterte ihn über den Tassenrand. Er sah nicht besonders gut aus, aber er hatte dieses eigenartige Flair, von dem ihr Vater manchmal erzählte; das Flair der Kiezbarone aus früheren Zeiten, die ihre Läden und Geschäfte patriarchalisch führten, streng, mit Wärme und so etwas wie Ehre im Leib. Die ihre Streitigkeiten mit Fäusten und Totschlägern regelten, selten mit Blei.

Kassandra merkte, dass ihr der Blick aus den grünen Augen allmählich unter die Haut ging. Sie hatte sich eine letzte Bemerkung zurechtgelegt. Einen Moment zögerte sie, aber sie war zu sehr Polizistin.

»Im Grunde«, sagte sie leise, »haben Sie Tare kopiert. Genau so hat er Ihren Vater getötet. Sie sind auch nicht besser als dieses Stück Scheiße, Herr Jepsen.«

John stellte den Becher auf den Schreibtisch. Das Zittern setzte wieder ein.

»Fragen Sie«, sagte er.

»Aus dem Schneider sind Sie noch lange nicht«, sagte Kassandra. Sie legte ihren Mantel zur Lederjacke auf den Tresen. Der Garderobier brachte zwei silberne Marken. John steckte sie ein.

»Wer ist das schon«, sagte er.

Sie stiegen in den ersten Stock. Es war Dienstagmorgen. Ältere Damen und Touristenpärchen schlenderten durch die stillen Räume. In der Ausstellung über Alexis de Chateauneuf zeichneten Architekturstudenten die Modelle der Alsterarkaden und der Alten Post. Im Schümann-Flügel schienen die wenigen Besucher zwischen Spinetten, Wandklavieren und Flügeln zu schweben.

John folgte Kassandra in die Grellenkamp-Werkschau. Sie stoppte vor dem kleinen Trauerzug mit John, Pablo Schmidt und dem Urnenträger, aber John schob sie weiter. Vor der Aufnahme ihres Vaters blieben sie stehen.

Grellenkamp hatte ein 300er-Tele benutzt, das selbst winzige Wassertropfen in den Rillen der Ulmenborke einfing. Wetzels Gesicht lag halb im Schatten der Hutkrempe, seine Schultern in dem schweren Mantel wirkten breiter, als sie waren. Auf den ersten Blick hatte das Bild nichts Besonderes. Auf den zweiten bemerkte man außer Zorn ungefiltertes Mitleid in Wetzels Blick. Kassandra blieb lange stehen, atmete durch und wandte sich um.

»Also los«, sagte sie. »Ich hab's mir gestern Nacht im Katalog angesehen, aber das ist nicht dasselbe.«

John ging voraus. Nach ein paar Schritten standen sie vor dem Bild, dessentwegen sie gekommen waren. John Lennons Gesichtsausdruck war neutral. Er trug eine Jacke über dem dunklen T-Shirt, sein Haar war kurz, auf dem linken Brillenglas hing ein Tropfen. Beim genauen Hinsehen bemerkte man, dass er sich leicht nach vorn neigte. Grellenkamp hatte die Figur gegen die Rücklehne des Sitzes gelehnt. Die Damen in Schwarz waren guter Dinge, nicht direkt aufgekratzt, aber offensichtlich in Quassellaune. Vielleicht hatten sie einen Nachmittag bei Torte und Kaffee im Alsterpavillon verbracht und waren auf dem Weg zu den Enkeln.

Am Wagenende saß Enver Tare.

Er trug eine Pelzjacke, schwarze Schlaghosen und Sandalen mit Bommeln. In einer Hand hielt er einen Kranz aus Holzperlen, die andere ballte er zur Faust. Er stierte in die Kamera.

Kassandra schwieg. John trat zurück und ließ ihr Zeit.

Als sie sich umdrehte, schluckte sie.

»Wenn ich ihn erkannt hätte«, sagte sie.

»Was dann?«

»Fragen Sie nicht so blöde. Wir hätten ihn hopsgenommen. Das wäre alles nicht passiert.«

»Und wäre das nicht schade?«, sagte John. »Stellen Sie sich mal neben mich.«

»Wie jetzt?«

»Na, dicht neben mich vor das Bild. Ich muss was erledigen. Dichter! Machen Sie schon.«

Kassandra schüttelte den Kopf, dann tat sie ihm den Gefallen. Er sah sich um. Zwei Männer standen ein paar Meter entfernt vor einer Aufnahme des alten Fischmarkts, der gerade abgerissen wurde, und stritten sich, in welchem Haus ihre WG von 69 bis 74 gehaust hatte. Sonst war niemand im Raum. John zog einen Edding aus der Hosentasche und verzierte das Glas über Tares Gesicht mit einem Haken.

»Erledigt«, sagte er.

Sie gingen in die Destille. John besorgte Kaffee. Die Bäume im Innenhof tropften auf das gelbe Laub. Eine Weile schwiegen sie, dann murmelte Kassandra: »Oh Mist.«

»Was oh Mist?«

»Ich hab's vergessen«, sagte sie. »Alles Gute zum Geburtstag, Johnny. Nachträglich.«

»Danke. Ich finde Sie auch äußerst attraktiv, Frau Wetzel.«

INGVAR AMBJÖRNSEN

Die dritte Frau

1.

Ich träumte, ich sei tot. Es war ein angenehmer Traum. Ich schwebte frei durch Zeit und Raum, ich hatte keinen Körper und folglich auch keine Sorgen. Mein Bewusstsein pulsierte in einem Lichtschimmer aus wechselnden Farben, und es erklang leise Musik, wie ich sie noch nie gehört hatte, sie war schön, über irdische Begriffe hinaus schön.

Aber dann rief das Leben an. Selbst in meinem verklärten Zustand war mir klar, dass das Menschenleben mich zurückrief, aber ich wollte nichts davon wissen, ich ließ das Telefon weiterklingeln. Doch die Visionen, die reinen, heiligen, waren zerstört. Die Musik verstummte, die Farben wurden blasser, und am Ende war ich nur noch ein halbwacher Mann mit verschwitztem, schlaftrunkenen Leib. Meine Umgebung erschien vor mir in ihrer ganzen Hässlichkeit; ich hätte schon vor Wochen putzen oder zumindest auslüften müssen.

Das Telefon ließ nicht locker, und deshalb griff ich dann doch zum Hörer. »Victor.«

»Von Falk? Victor von Falk?«

Es war eine Frauenstimme. Sie klang wie ein sprudelnder Gebirgsbach im April. Das munterte mich auf, es war nämlich Herbst, fast schon Winter, und der Regen prasselte gegen die Fensterscheiben.

Ich sagte, dass sie ganz recht habe, was meinen Nachnamen betraf.

»Moment bitte, dann reiche ich Sie an Dr. Fris weiter.«

Nein!, dachte ich.

Aber da hatte ich ihn schon an der Strippe. »Vic?«

»Was willst du?«, fragte ich und schaute auf den Wecker. Der zeigte Viertel nach neun, und ich hätte seit einer Viertelstunde im Dienst sein müssen.

»Es ist schon spät«, sagte Fris. »Du hättest schon den ersten Scheckbetrüger des Tages entlarven sollen.«

»Was willst du?«, fragte ich noch einmal.

»Dich daran erinnern, dass du heute einen Termin bei mir hast.«

»Kommt nicht infrage.«

»Halb elf. Du hast also noch Zeit zum Frühstücken. Wenn du pünktlich bist, kommst du sofort an die Reihe.«

»Hol dich der Teufel«, sagte ich. »Was fehlt mir denn eigentlich?«

»Du hast Probleme mit den Ohren. Deshalb muss ich dir etwas hineinflüstern und sehen, wie du reagierst.«

»Kann das etwas Ernstes sein?«

»Ich bin Arzt, Vic. Ich habe geschworen, den Tod verdammt ernst zu nehmen, und du weißt doch, Versprechen muss man halten.«

»Der Tod ist schön«, sagte ich. »Friedlich und schön und erfüllt von himmlischer Musik.« – Er legte auf.

Das Innere meines Kühlschranks sah aus wie ein halber Kubikmeter Antarktis. Ich duschte, zog saubere Klamotten an und ging zum Frühstücken zu Max. Die Brötchen waren knusprig, Käse und Schinken wiesen keinerlei Schweißperlen oder Dürreflecken auf, der Kaffee war frisch aufgebrüht. Das weiche Ei lächelte mich gelblich an, nachdem ich ihm den weißen Hut vom Kopf geschlagen hatte. Es war Mittwoch, der 29. Oktober, ein Tag, der nicht gerade günstig angefangen, den ich aber durch die kluge Investition von zehn deutschen Mark ins richtige Gleis gelenkt hatte. Ich bat um ein weiteres Kännchen Kaffee und griff nach meinen Zigaretten.

Um Viertel nach zehn fuhr ich über die Kennedybrücke in Richtung Grindelberg und Hoheluftbrücke, wo Herberts Praxis lag. Vor mir, über Fernsehturm und Unigelände, hing ein grauweißer wässriger Himmel mit einzelnen goldenen Flecken, die mich auf den Gedanken brachten, dass es doch immer Hoffnung gab, dass immer ein Licht unterwegs zu Asphalt und Beton war, damit wir, die wir hier unten unser Leben vergeudeten, den Dreck um uns herum noch klarer sehen konnten. Aber bisher hatte das Sauwetter alles unter Kontrolle. Die Wolken barsten, als ich am Dammtor vorbeikam, der Herr ließ aus einer Überflut den Regen auf Sünder und Gerechte in der Freien und Hansestadt prasseln. Es war ein Tag wie fast alle anderen.

Ich hielt in einer Seitenstraße zum Grindelberg und lief zum Haus, in dem Herberts Praxis lag. Es war ein großes Haus aus der Zeit um die Jahrhundertwende, grauweiß gestrichen. Ein viel zu schönes Haus dafür, dass niemand hier wohnt, dachte ich, als ich an den Messingtafeln in der Eingangshalle vorbeiging. Diese Tafeln erzählten von einem wahren Wirrwarr von Ärzten, überhaupt schienen hier Behandlungen jeglicher Couleur angeboten zu werden. Man konnte bei der Fußpflegerin im Erdgeschoss anfangen und sich durch die verschiedenen Spezialisten hindurch nach oben arbeiten. Im vierten Stock konnte man sich bei Zahnarzt Draf das Lächeln aufpolieren lassen, man konnte sich bei Frau Cwol ein ganz neues Lächeln holen und schließlich der Psychologin Dr. Agnes Lambert von seiner entsetzlichen Kindheit und seiner Furcht vor dem Erwachsenenleben erzählen. Ich hätte gern gewusst, ob sich alle diese Fachleute untereinander so gut kannten, dass sie eine gemeinsame Weihnachtsfeier veranstalteten. Wenn ja, dann wollte ich Herbert überreden, mir in meiner nächsten Depressionsphase von dieser Weihnachtsfeier zu erzählen.

Herbert hatte seit meinem letzten Besuch eine neue Sprechstundenhilfe angestellt. Sie war groß und dick und rothaarig, ich nahm an, dass sie gern lachte. Missmutige Menschen werden schließlich nur selten mit so tiefen Lachgrübchen geboren. Sie telefonierte gerade, als ich die antiseptische Praxis betrat, aber sie winkte mich mit einer fröhlichen fetten Hand zu sich. Ich setzte mich und beugte meinen Kopf zu ihrer rechten Brust vor, während sie mit ihrer Gebirgsbachstimme einem vermutlich schwerhörigen Herrn Apfelbaum zu erklären versuchte, dass nicht sie versucht habe, ihn von seiner Schuppenflechte zu befreien, sondern Dr. Fris. Auf einem grauen Namensschild stand Sidonie Born. Das beeindruckte mich dermaßen, dass ich mir fast eine Zigarette angezündet hätte. Aber ich drückte dann lieber auf die Telefongabel, als sie noch einmal ihren Spruch über Behandlung und Verantwortung aufsagen wollte.

Sidonie Born bedachte mich mit einem strengen Blick. Sogar Menschen mit kratertiefen Lachgrübchen sind nicht immer zum Scherzen aufgelegt.

»Guter Trick, wenn man den Anrufern dermaßen ausgeliefert ist wie Sie«, sagte ich. »Wenn Sie die Verbindung unterbrechen, während Sie gerade reden, kommt niemand auf die Idee, dass Sie das waren.«

Jetzt lächelte sie, und der Bach gluckste.

Ich reichte ihr die Hand. Ihre war weich und warm und wunderbar. Eine Hand zum Ausruhen, ein Zufluchtsort. »Ich bin Victor von Falk«, sagte ich.

»Hab ich mir gedacht.« Ihre Augen waren groß und grün und blank, und niemand hätte mir einreden können, dass diese Frau in ihrem Leben jemals etwas Böses gesehen hätte. Und wenn doch, dann konnte es keinen großen Eindruck auf sie gemacht haben.

»Wissen Sie, dass Sie mir heute morgen das Leben gerettet haben?«, fragte ich. Diese Frage kam mir ganz natürlich vor. »Ja, wirklich. Als Sie anriefen, war ich schon auf dem besten Weg zum Jordan.«

»Ich glaube, Sie sollten jetzt hineingehen«, sagte sie und betrachtete züchtig ihren Trauring. »Und bitte, lassen Sie meine Hand los.«

2.

Herberts Sprechzimmer war in hübschem Weiß gehalten. Vor dem Fenster, das mit einem Rollo versehen war, stand ein moderner Schreibtisch aus Stahl und Glas. Auf dem Schreibtisch lagen ein Stethoskop, ein Rezeptblock und zwei Hände.

»Hallo, Vic!«, sagte Herbert. Er schien nicht aufstehen zu wollen. »Setz dich.« Seine große Gestalt strahlte dieselbe Ruhe aus wie die Buddhastatue im Restaurant meines Freundes Ho Li in St. Georg. Zu meiner Linken stand ein offener Glasschrank mit gefährlich aussehenden Teilen aus vernickeltem Stahl, die Tür zum Nebenzimmer war angelehnt. Im Halbdunkel dort drinnen konnte ich einen Stuhl von der Sorte sehen, die jede Frau mit normalem Gefühlsleben hasst wie die Pest.

Ich ließ mich lieber auf einem Stuhl aus Stahl und Plexiglas nieder.

»Na, wie läuft der Laden?«

Herbert lachte freudlos und schob langsam seinen Bürosessel zurück, bis er damit gegen die Wand stieß. Dann stand er auf und schaute aus dem Fenster. »Die machen mich verrückt.«

»Wer denn?«

»Die Patienten. Die machen mich einfach verrückt. Manchmal glaube ich, sie wollen mich zu Tode ärgern, und zwar ganz bewusst. Sie rauchen fünfhundert Zigaretten pro Woche und meinen, ich könnte ihnen eine

Wunderpille mit Zuckergeschmack verschreiben, wenn ich ihnen erzähle, dass ihnen der Lungenkrebs schon bis zum Hals reicht.«

»Und das kannst du nicht?«, fragte ich und steckte mir eine Zigarette an. Er schaute mich wütend an und verschwand im Nebenzimmer. Nach einer Weile kam er zurück und ließ mir einen gläsernen Aschenbecher auf den Schoß fallen. »Und erst vor ein paar Tagen wollte einer mit mir über seine Potenzprobleme sprechen, Himmel, Vic, der Mann hat vor vier Jahren bei einem Verkehrsunfall seine gesamte Gerätschaft eingebüßt, und jetzt kommt er und will über Potenzprobleme mit mir reden!«

»Nicht alle geben so leicht auf wie du«, sagte ich. »Und darüber sollten wir uns freuen. Aber was willst du nun eigentlich von mir? O verdammt, ich wünschte, wir könnten uns privat treffen statt hier in deinem antiseptischen Nest.«

»Aber am schlimmsten sind natürlich die, denen überhaupt nichts fehlt«, sagte Herbert unverdrossen. »Sie sitzen hier und labern und labern und labern und labern, bis ich sie anflehen muss, sich ihre eiserne Gesundheit und ihre Redseligkeit sonstwohin zu stecken und endlich abzuhauen.«

»Herbert, worum geht es hier?« Ich wusste genau, dass er um den heißen Brei herumredete, weil er nicht gegen seine Schweigepflicht verstoßen wollte, aber ich musste ihn trotzdem irgendwie stoppen.

Er setzte sich wieder. »Wie lange kennen wir uns jetzt schon, Vic?« »Seit du siebzehn warst und ich sechzehn. Jetzt bin ich sechsunddreißig und du bist siebenunddreißig. Macht zwanzig Jahre.«

»Zwanzig Jahre«, murmelte er und fuhr sich mit den Fingern durch die Haare, die mit neunzehneinhalb ergraut waren. In dem Herbst, in dem ein Verkehrsunfall alle Gerätschaften geraubt hatte, die seine Mutter über dem Kragen besessen hatte. »Wenn ich aus diesem Fenster blicke«, sagte er und zeigte mit dem Daumen nach hinten, »dann habe ich das Gefühl, das hier sei mein ›Revier‹. Meine Patienten wohnen fast alle hier in der Gegend. Und obwohl es in der Nähe jede Menge Ärzte gibt, fühle ich mich irgendwie wie ihr Mann, um das mal so zu sagen. So kommt mir das eben vor.«

Er näherte sich jetzt der Breischüssel, und deshalb bedachte ich ihn mit einem aufmunternden Blick. Aber er starrte weiter vor sich hin, als ob ich ihm frech ins Wort gefallen wäre.

»Na gut, Vic. Ich habe zwei Patientinnen. Die eine habe ich, seit ich hier die Praxis eröffnet habe, die andere ist ziemlich neu.« Dann schien er plötzlich aufzuwachen und sagte: »Ja, ich brauche dir ja wohl nicht zu erzählen, dass ...«

»Nein, du brauchst mir nicht zu erzählen, dass du mir nicht erzählen darfst, was du mir jetzt erzählen willst. Aber da du es ohnehin erzählen wirst, kannst du es auch gleich tun. Danach erzähle ich dir die Geheimnisse meiner Klienten, falls du dich dann besser fühlst.«

»HIV-positiv«, sagte er. »Alle beide.«

Das hätte ich mir ja denken können. Ich hatte nicht angenommen, dass er mir von Prostataproblemen und Menstruationsschmerzen erzählen wollte. Und da er mich wohl kaum damit beauftragen würde, das Rätsel des Aids-Erregers zu lösen, fragte ich: »Und jetzt willst du die Quelle?«

Er zögerte.

»Dieser Auftrag übersteigt fast meine Vorstellungsfähigkeiten davon, wie dreckig ein Job sein kann«, sagte ich. »Weißt du das?« Er hob eine große Handfläche. Aus irgendeinem Grund erinnerte sie mich an die Anstecker mit der Aufschrift »Mach meinen Kumpel nicht an«. »Vic! Ich renne nicht zu Polizei und Privatdetektiven, weil zwei Patientinnen HIV-positiv sind. Die beiden sind leider Gottes nicht die einzigen.«

»Aber?«

Er wand sich. Ich ahnte schon, dass hier von weiteren Verstößen gegen die ärztliche Standesordnung die Rede sein würde. »Wenn das herauskommt ...« – »Dann wird dir die Zulassung entzogen«, sagte ich. »Mehr nicht.«

»In solchen Fällen biete ich den Leuten an, die möglichen Verursacher zu informieren«, sagte er. »Natürlich darf ich das nicht, aber die Patienten sind eigentlich immer erleichtert. Und Sexualpartner gehen nie zur Polizei. Entweder schlagen sie vor Freude ein Rad, weil sie sich nicht angesteckt haben, oder sie haben ärgere Sorgen als meine Regelwidrigkeiten.«

»Und?«

»Beide haben denselben Namen genannt. Unabhängig voneinander.«

»Aber wo ist dann das Problem?«

»Der gute Mann hat keine Adresse. Nicht in Hamburg und offenbar auch sonst nirgends.« Ich schwieg. Herbert lächelte verkniffen und zeigte wieder mit dem Daumen aufs Fenster. »Er operiert in meinem Revier. Meine Patientinnen haben ihn beide im Café Celius kennengelernt. Also gleich um die Ecke. Wenn also hier in der Gegend ein potenter Trottel am Werk ist, der keine Ahnung hat, dass er ... Himmel, Vic! Wie gesagt, ich fühle mich verantwortlich für die Leute hier im Viertel. In der Unigegend, sollte ich vielleicht sagen. Junge Leute, Vic. Du weißt doch, wie das ist. Viele sehen sich ja vor, aber das Leben hat sich doch seit unserer Zeit nicht allzu sehr geändert. Ich mache mir wirklich keine Illusionen, dass ich mit deiner Hilfe bei uns in Hamburg die Verbreitung von Aids bekämpfen könnte. Aber ich bitte dich, diesen Typen zu stoppen. Diese beiden Frauen kennen sich untereinander nicht, soviel ich weiß, aber beide haben ihn im Celius kennengelernt. Das kann bedeuten, dass er hier in der Gegend wohnt. Und es bedeutet vermutlich ein recht aktives ...«

»Sexualleben.«

»Ja.«

»Und von Kondomen haben weder er noch diese Mädels je gehört?«

»Du, ich veranstalte normalerweise kein Verhör mit erwachsenen Menschen, denen ich gerade erst erzählen musste, dass sie vermutlich nicht mehr endlos lange leben werden.«

»Alles klar. Und die Mädels kennen sich also nicht?«

»Nicht dass ich wüsste. Aber so genau habe ich nicht nachgefragt. Natürlich nicht«, fügte er hinzu.

»Wie weit sind diese beiden HIV-Diagnosen auseinander?«

»Etwa drei Monate.«

»O verdammte Scheiße. Dann kann er in der Zwischenzeit noch allerlei erreicht haben. Na gut«, sagte ich. »Her mit den Einzelheiten. Und du musst jetzt endlich mit den Namen rausrücken.«

»Astrid Maria Dabe war die Erste. Eine meiner ältesten Patientinnen, wie gesagt. Zweiunddreißig, ledig. Ausgebildete Vorschullehrerin. Verkauft in einem Imbiss unten am Hafen Pommes und Bratwurst.« Er warf einen Blick auf einen Zettel, den er aus einer Schublade gezogen hatte. »Sie war am 17. Juli zum ersten Mal hier. Sie wollte einen HIV-Test machen, weil sie ... ja, sie glaubte, die Symptome zu haben, sie fühlte sich ganz allgemein schon seit längerer Zeit mies. Und der Test war dann leider positiv. Seither kommt sie regelmäßig.«

»Und im Juli hat sie dir auch die Quelle genannt?«

»Sie hatte zwei mögliche Kandidaten. Eine andere Ansteckungsmöglichkeit als durch Sexualverkehr gab es nicht, sie hat keinerlei Beziehungen zur Drogenszene.«

»Die Quellen«, sagte ich. »Namen, Namen, Namen!«

»Willi Mannhardt und Clas Broder Palézieux. Mannhardt war kein Problem. Er stand schon am nächsten Tag hier auf der Matte. Er hatte im Spätwinter und Frühling ein Techtelmechtel mit Dabe gehabt, und damals war sie aller Wahrscheinlichkeit nach noch nicht infiziert. Sie hat Palézieux im Mai kennengelernt und ihn seit Anfang Juni nicht mehr gesehen. Einige kurze, hektische Wochen, wie sie sich ausdrückte.«

»Und schon im Juli hat sie sich dann schlecht gefühlt?«, fragte ich skeptisch.

»Manche fühlen sich immer schlecht«, sagte Herbert. »Sie gehört zu denen, die mir die Bude einrennen. Als sie den Test machen wollte, dachte ich, na, von mir aus. Dann brauchst du dir deswegen immerhin keine Sorgen mehr zu machen.«

»Aber sie war nie zu Hause bei Palézieux?«

»Nein. Der ist wohl verheiratet oder hat eine feste Beziehung. Das weiß ich nicht so genau. Wie gesagt, ich habe sie nicht gefragt, warum sie so blöd sein konnte.«

»Und Patientin Nummer zwei?«

»Anna Graafen. Neu. Kam vor zwei Wochen und klagte über ihren Rücken. Und wollte einen HIV-Test machen. Positiv. Und ...«

Ich fiel ihm ins Wort. »Was hattest du für einen Eindruck von ihr? Von Anna Graafen?«

»Was ich für einen Eindruck hatte?«

»War sie zum Beispiel nervös?«

»Nervös?« Er zögerte. »Vor einem HIV-Test sind alle nervös.«

»Und ihr Rücken, was war mit dem?«

»Was hat das mit der Sache zu tun?«

»Vielleicht gar nichts.«

»Du weißt, wie das mit einem wehen Rücken ist«, sagte Herbert. »Der ist nicht umsonst so praktisch, wenn man gern noch eine Runde Urlaub machen will.«

»Alles klar«, sagte ich. »Gut, Herbert, ich werde mir alle Mühe geben.« Ich reichte ihm einen Zettel, von dem ich viertausend Kopien hergestellt hatte. »Meine Kontonummer. Du kannst gleich einen Tausender überweisen, ich werde dich über meine Ausgaben auf dem Laufenden halten.«

Er legte den Zettel zusammen mit dem anderen in die Schublade. »Gut. Brauchst du sonst noch was?«

»Natürlich. Die Adressen dieser beiden unglückseligen Damen und die von Willi Mannhardt.«

»Auch die von Mannhardt?« Er musterte mich skeptisch. »Aber Mannhardt ist doch negativ.«

»Also wirklich, Herbert. Misch dich nicht in meine Arbeit ein, ja? Ich will dir ja nicht zu nahe treten, wenn du deine idealistische Seite zeigst, aber wenn du mir Mannhardts Adresse nicht gibst, dann muss ich sie selber finden. Und das dauert.«

»Schon gut, schon gut.« Er wühlte in seinen Unterlagen herum.

»Und vergiss die Arbeitsplätze dieser Leute nicht, die können wichtig sein. Was macht zum Beispiel diese Anna Graafen?«

Er schaute auf. »Verkauft Kleider bei H&M.«

»Und der junge Herr Mannhardt?«

»Versicherung. Irgendwo draußen in Winterhude.«

»Der hat bestimmt ein Kondom genommen«, sagte ich. »Meinst du nicht? Versicherungsleute sind verantwortungsbewusste Menschen.«

»Ich bin nicht in Juxstimmung«, murmelte er und schrieb die Adressen auf ein Blatt Papier. »Brauchst du noch mehr?«

»Ja. Eine Beschreibung dieser Leute. Ich nehme an, dass du sie nicht fotografiert hast.«

Seine Beschreibung war erbärmlich, und das sagte ich auch.

»Tut mir leid«, erwiderte er. »Was die Mädels angeht, so wäre es ja leichter, wenn gewisse Kreaturen ihren Willen durchgesetzt hätten. Dann hätte man ihnen einen Stern auf die Stirn tätowiert.«

Ich steckte das Blatt mit den Adressen ein. »Das war nun auch nicht so witzig.«

»Trinken wir demnächst mal ein Bier?«

»Ja, warum nicht. Jetzt hab ich ja Kohle.«

»Ruf an«, sagte er. »Wenn du etwas weißt.«

»Mach ich«, sagte ich und stand auf. »Und was diesen Herrn Apfelbaum angeht, den solltest du nach Spanien schicken.«

»Apfelbaum?«

»Den mit der Schuppenflechte. Sonne ist da gut.«

3.

Willi Mannhardts Versicherungsgesellschaft hauste in einem Neubau beim Winterhuder Marktplatz. Wenn Mannhardt nicht ganz unten in der Hackordnung stand, dann konnte er am Fenster sitzen und das Gewimmel auf dem Platz betrachten, während er materielle und leibliche Schäden in Mark und Pfennig umrechnete. Seine Firma verfügte über sechs Fenster im ersten Stock, alle schauten auf den Platz. Um diese Jahreszeit gab es hier keinen nennenswerten Markt, wenn man von dem Penner absah, der beim Pissoir eine Quarzuhr feilbot. Ich umrundete das Pisshäuschen auf der Seite, die zur Hudtwalckerstraße und zum brodelnden Verkehr hin gelegen war. Natürlich hatten die öffentlichen Planer die einzige Telefonzelle der Gegend hier aufgestellt, vermutlich, um den Angerufenen jede Nuance der dramatischen Hintergrundmusik zukommen zu lassen. Wie Willi Mannhardt sich zu dem Problem urbaner Lärm stellte, wusste ich nicht, aber das würde ich zweifellos bald erfahren.

Doch nicht einmal ein verhältnismäßig gewitzter Privatdetektiv kann eine Nummer in einem Telefonbuch finden, aus dem die entsprechende Seite herausgerissen worden ist. Wenn ich mir überhaupt einen Vorwurf machen konnte, dann den, dass es naiv gewesen sei, mit dem Vorhandensein dieser Seite zu rechnen. Aber wo Geld ist, ist zumeist auch Rat. Ich spendierte der Auskunft zwei Groschen, und die machten sich bezahlt. Dann investierte ich zwei weitere Groschen und wählte die Nummer der Versicherungsgesellschaft.

Was dann passierte, passiert nur alle fünfzehn Jahre, immer wieder kommt dann Freude auf, und man vergisst es nie: Man ruft ein Büro an und hat sofort das Objekt der Begierde an der Strippe. Willi Mannhardts Stimme war ebenso weit von Sidonie Borns Gebirgsbach entfernt wie die Mitte der Sahara. Es war eine Stimme voller Sand und knochentrockener Hoffnungen auf ein eiskaltes Feierabendbier. Ich nannte meinen Namen, verschwieg aber meinen Broterwerb. Ich sagte, ich müsse ihn sofort sprechen. Und nachdem zwei Lkw die Kreuzung hinter sich gebracht hatten, erzählte ich ihm das alles noch einmal. Willi Mannhardt mochte keinen Hintergrundlärm. Oder vielleicht gefiel ihm auch meine Stimme nicht. Jedenfalls sagte er reichlich sauer, er werde sich meinen Namen notieren und ich solle am nächsten Tag vorbeischauen.

Aber Zeit ist Geld, und dieser Vorschlag gefiel mir nicht. Ich sagte, bei genauerem Hinsehen werde dieser Vorschlag auch ihm nicht behagen, denn ich müsse mit ihm über Astrid Maria Dabe und das Blut in ihren Adern sprechen. Ich konnte hören, wie Mannhardts Blut von seinem Kopf in seine Zehen hinunterstrebte. Dann legte er auf.

Ich schaute zu den Fenstern im ersten Stock hoch, aber dahinter war keine Bewegung zu sehen. Ich stellte mir vor, dass die Kollegen um seinen dahingestreckten Leib knieten, aber ich wählte seine Nummer trotzdem ein weiteres Mal.

Willi Mannhardt war nicht vom Schlag getroffen worden. Die Minute Pause schien ihm gutgetan zu haben, er wollte mir nämlich sofort kundtun, was ich mit Frau Dabes Blut anstellen sollte, er verbreitete sich über Gesetz und Rechte und seine vielen Freunde bei der Tagespresse.

Ich erwiderte, dass ich mir soeben in den Riehlstuben ein Bier bestellt hätte – diese Kneipe hatte ich vorhin entdeckt – und ihn am Fuße dieses Bieres aufsuchen wollte. Dann legte ich auf. Auf dem Weg zum Lokal wusste ich ganz genau, was es für ein Gefühl ist, ein Arschloch zu sein. Kein tolles jedenfalls.

Willi Mannhardt kam zusammen mit meinem Bier. Das Bier wurde von einem alten, gebrechlichen Wirt von links gereicht, Willi Mannhardt betrat rechts von mir das Lokal. Er trug nicht wie meine heimliche Angebetete Sidonie ein Namensschild auf der Brust, aber das war auch nicht nötig. Willi Mannhardt kam mit energischen Schritten auf mich zu und war stocksauer. Er war ein großer Mann, an die zwei Meter, schätzte ich, und Ende dreißig. Er hatte ein rundes, fast kindliches Gesicht, half seinem Auftritt als erwachsener Mann jedoch mit einem dichten blonden Vollbart auf die Sprünge. Er hatte kurze, nach hinten gekämmte blonde Haare. Ich registrierte, dass er sich leicht und locker bewegte, was gut zu seinem Anzug passte, der ebenfalls leicht und locker war. Anthrazitgraue Rohseide. Ich konnte gut verstehen, dass Astrid Dabe sich in ihn verguckt hatte. Ich konnte mir außerdem vorstellen, dass er mich zusammenfalten und unter den Arm klemmen könnte, wenn ihm der Sinn danach stand. Ich hatte das Maul so weit aufgerissen, wie ich es für richtig gehalten hatte, aber vielleicht war das doch ein wenig zu weit gewesen.

»Haben Sie mich angerufen?«

Er ragte jetzt vor mir auf. Wenn ich ihn auf die Tour weiter wüten ließe, dann würde er mir allerlei Versicherungspolicen aufschwatzen, ehe ich auch nur piep sagen könnte. Oder mir eine scheuern. Abgesehen vom alten Wilhelm Heinrich waren wir allein im Lokal.

»Setzen Sie sich«, sagte ich. »Und versuchen Sie sich zivilisiert zu benehmen.« Widerwillig nahm er Platz und winkte dem Wirt, der sich den Zapfhähnen näherte, abwehrend zu.

»Was wollen Sie eigentlich? Was soll das alles? Wissen Sie überhaupt, dass ich Familie habe? Und eine Arbeit, die ...«

»Ich war auch mit Astrid zusammen«, sagte ich. »Und ich hatte weniger Glück als Sie.« Ich schaute ihn an und versuchte, ehrlich und vertrauenswürdig auszusehen. »Und ich habe ebenfalls Familie.«

Zwei senile Tanten, dachte ich, und niemals würde ich sie verleugnen.

»Wie ungemein interessant. Könnten Sie mir auch verraten, was mich das alles angeht? Wer zum Teufel hat Ihnen überhaupt gesagt ...« Er unterbrach sich, steckte die Hand in die Tasche, zog eine Packung HB heraus und pulte wütend und mit geübten Fingern das Zellophan herunter. »O Scheiße. Kann die blöde Gans also den Schnabel nicht halten!«

»Glauben Sie, was Sie wollen«, sagte ich. »Aber ich bin wirklich durch puren Zufall auf Ihren Namen gestoßen.«

»Durch Zufall?«

»Ja, es war ein Versehen. Sie brauchen sich darüber nicht den Kopf zu zerbrechen, und aller Wahrscheinlichkeit nach werden Sie mich niemals wiedersehen.«

Vielleicht dachte er, er sei mit einem Sterbenden zu unsanft umgesprungen. Oder vielleicht versetzte ihn seine Zigarette einfach nur in bessere Laune. Auf jeden Fall hatte er seine Wüstenstimme so einigermaßen unter Kontrolle, als er sagte: »Ich muss an meine Arbeit denken.«

»Ich auch. Auch wenn ich nicht dafür bezahlt werde, so wie Sie. Das ist eher eine Ehrensache. Ich habe vor, dem Kerl, der Astrid und mich infiziert hat, die Fresse zu polieren. Ehe ich sterbe. Wenn Sie mir zehn Minuten Ihres Lebens schenken, dann gebe ich gern noch zwei Maulschellen von Ihnen dazu. Für die Zeit in der Folterkammer, während Ihre Blutprobe analysiert wurde, meine ich.«

Als gewiefter Ermittler entwickelt man einen gewissen psychologischen Instinkt. Oder man sucht sich einen anderen Job. Ich war durchaus nicht immer sicher, dass ich in diesem Leben im richtigen Karton gelandet war, aber Willi Mannhardt gegenüber hatte ich doch den richtigen Ton angeschlagen.

»Das ist wirklich entsetzlich!«, sagte er mit fast schon andächtiger Stimme. Als habe er gerade eben ganz unten auf einer Versicherungspolice in winziger Schrift einen unerwarteten Zusatz entdeckt.

»Ja«, sagte ich und trank einen Schluck Bier.

Mannhardt schaute auf die Uhr und wollte dann doch einen trinken. Der Wirt betätigte die Pumpe, und wir hörten eine Art Rülpsen, wie das letzte Röcheln eines Elefanten in einem geheimen Tal in weiter Ferne. Mannhardt wollte nicht auf das nächste Fass warten, sondern begnügte sich mit einer Flasche. Die sofort geliefert wurde.

»Ein Versehen, sagen Sie? Sie wollen nicht behaupten, das von jemand anderem zu wissen als von Astrid?«

Das konnte ich wirklich nicht behaupten. »Bitte, machen Sie ihr keine Vorwürfe«, sagte ich. Ich erzählte, wie ich Astrid stundenlang bedrängt hatte, um die Namen möglicher Kandidaten zu erfahren, und dass dabei auch seiner gefallen war, dass sie jedoch klargestellt hatte, dass er es nicht sein konnte. Ich hätte noch ein »wahrscheinlich« einfügen können, aber das ließ ich lieber sein.

»Und?«

»Sie behauptet, dass außer uns nur ein einziger Mann mit im Spiel war, ein Mann ohne Adresse hier in der Stadt, über den sie nichts weiß. Kurzer Flirt. Totales Pech.«

»Wieso glauben Sie, dass Sie nicht selber die Quelle sind?«

»Das ist zumindest sehr wenig wahrscheinlich, ich habe, drei Monate ehe ich Astrid kennenlernte, einen Test machen lassen. Negativ. Und während dieser drei Monate habe ich mich selber brav an der Hand gehalten. Aber um Ihre Zeit nicht zu sehr zu strapazieren: Was wissen Sie über Astrids Herrenbekanntschaften?«

»Nicht viel. Im Grunde nichts.«

»Dieser Mann, den sie erwähnt hat, hat den erstaunlichen Namen Clas Broder Palézieux. Sagt Ihnen das etwas?«

»Nein. Also hören Sie, Mann. Astrid und ich. Wir hatten eine Beziehung, die ... eigentlich war es überhaupt keine Beziehung. Ich habe sie im letzten Advent auf einem Fest kennengelernt. So einem Riesenfest, Bekannte meiner Frau. Bestimmt hundert Gäste, ich kannte nur zwei oder drei. Astrid und ich haben eine Runde das Tanzbein geschwungen, und das war's dann. Einige Zeit später ist sie mir dann zufällig hier in der Gegend über den Weg gelaufen. Wir haben zusammen einen Kaffee getrunken und sind danach in ihrem Bett gelandet. Das hat sich fünf- oder sechsmal wiederholt. Das war's.«

»War nach Ihrer Diagnose Schluss?«

»Nein. Schon viel früher.«

»Und haben Sie sie seither noch gesehen?«

»Nein. Aber ihr Arzt hat mir einen Brief geschrieben. Ich dachte, die Welt geht unter. Ich dachte an meine Frau, an die Kinder. Ich ...«

Ich sagte: »Und sie hat Ihnen nie von diesem Palézieux erzählt?«

»Nein. Ich habe keine Ahnung, wer das ist oder wo er sich rumtreibt.«

»Und Sie haben sie nicht mehr wiedergesehen?«

»Doch, das schon. Einmal, letzten Sommer, als gerade Schluss zwischen uns war. In einem Restaurant in der Innenstadt. Ich wollte gerade hineingehen, aber ich muss zugeben, ich habe auf dem Absatz kehrtgemacht, als ich sie da entdeckte.«

»War sie allein?«

»Nein, sie saß mit einem Mann zusammen.« Offenbar machte ich ein interessiertes Gesicht, denn rasch fügte er hinzu: »Aber Palézieux kann das nicht gewesen sein.«

»Warum nicht?«

»Sie wirkten so ...«, er suchte nach dem richtigen Wort und fand es. »Vertraut. Und ich hatte diesen Burschen schon mal gesehen. Um ehrlich zu sein, hatte ich bei dem Fest im letzten Winter gedacht, sie sei mit ihm zusammen. Jedenfalls war er auch dort.«

»Und das war, ehe Astrid den HIV-Test gemacht hatte?«
»Ja. Ja, das muss früher gewesen sein.«

Ich dachte nach. Möglicherweise hatte Astrid vor und nach Mannhardt noch einen anderen Liebhaber gehabt. Eine Frage brannte mir auf den Nägeln, aber ich brachte sie doch nicht heraus. Ich traute mich ganz einfach nicht, Willi Mannhardt zu fragen, ob er ein braver Junge gewesen sei und während des Aktes ein Kondom benutzt habe. Seine Antwort hätte mir ohnehin nicht weiterhelfen können.

»Wie meinen Sie das, dass die beiden so vertraut wirkten?«

»Ich weiß nicht so recht«, antwortete er ungeduldig. »Vielleicht habe ich mir das nur eingebildet. Wie gesagt, ich hatte ihn doch schon einmal gesehen, und als er nun wiederauftauchte, wieder zusammen mit Astrid, ja, da dachte ich ...«

»Alles klar«, sagte ich. »Könnten Sie ihn beschreiben?«

»Fescher Knabe. Ungefähr in meinem Alter, also Ende dreißig. Dunkle kurze Haare. Ziemlich graumeliert. Sportlicher Typ. Wie einer, der irgendeinen Sport treibt oder vielleicht Gewichte stemmt. Ein bisschen schickimickihaft vielleicht. Ich tippe auf einen Mann, der sehr um sein Aussehen besorgt ist, wenn Sie verstehen.«

Ich merkte, dass sein Blick an einem Tomatenfleck haftete, den ich mir eine Woche vorher im Bella Napoli zugelegt hatte. Ich hatte mir wirklich mit einem nassen Lappen und flinken Fingern alle Mühe gegeben, aber das hatte nicht gereicht.

»Ja, ich verstehe«, sagte ich. »Bei wem fand eigentlich dieses Fest statt, von dem Sie erzählt haben?«

Er erhob sich mit einer Miene, als habe er soeben unten in seiner Bierflasche ein Fledermausembryo entdeckt.

»Wir wollen das doch lieber nicht übertreiben, was? Ich finde, ich habe mehr Geduld aufgebracht, als Sie sich erhoffen durften.«

»Ja«, sagte ich. »Und deshalb möchte ich Sie wenigstens zu diesem Bier einladen.«

Er zuckte großzügig mit den Schultern und zeigte abermals seinen seltsamen Schlendergang, als er auf die Tür zuhielt. Ich blieb sitzen und fragte mich, ob er sich diesen Gang zugelegt hatte, als ihm das Testergebnis mitgeteilt worden war.

4.

Im Büro war es kalt, in der Wohnung war es kalt. Ich hörte den Anrufbeantworter ab, aber außer einer reichlich vergrätzten Klientin, der ich nicht liefern konnte, wofür sie bezahlt hatte, hatte niemand eine Nachricht hinterlassen. Ich drehte die Radiatoren ein wenig höher und ging wieder aus dem Haus. Es war jetzt Viertel nach vier und wurde langsam dunkel. Als ich mich ins Auto setzte, um wieder nach Winterhude zu fahren, nach Elebeken, wo Anna Graafen wohnte, setzte der Regen mit irrwitzigen Windstößen ein, die die gelben Blätter an den Bäumen der Kirchenallee zum Zittern brachten. Ich zitterte auch. Die Heizung hatte gerade keinen guten Tag.

Elebeken ist ein kleiner Schlauch von einer Straße zwischen Sierich- und Dorotheenstraße. In meiner frühen Jugend hatte ich hier einmal eine Freundin gehabt, aber das war so lange her, dass ich nicht mehr wusste, wie diese Beziehung angefangen hatte oder wie sie geendet war. Nur ihr Name baumelte noch in meinem Bewusstsein, wie ein Tauende an einem Pfahl, von dem das Boot sich längst losgerissen hat. Elise. Elise aus Elebeken. Wir waren im Stadtpark spazieren gegangen, zu mehr war sie nicht bereit gewesen, Elise, obwohl damals noch niemand von HIV oder Aids gehört hatte. Damals bedeutete eine Schwangerschaft eine Bedrohung, neues Leben, nicht Tod, nicht den unfreiwilligen Mord, den man an einem geliebten Menschen begehen kann. Ich fragte mich, was Fünfzehnjährige heutzutage machten, wenn das Blut heiß wurde. Vermutlich ebenfalls lange Spaziergänge durch den Stadtpark.

Ich musste dreimal um den Block fahren, bis endlich ein BMW Platz machte und ich mich in eine Parknische zwängen konnte. Das Haus, in dem Graafen wohnte, lag jetzt auf meiner rechten Seite. Es war weiß angestrichen, im Souterrain gab es einen Spielwarenladen. Aus den Fenstern strömte gelbes Licht auf Bürgersteig und Gosse. Kein Mensch war zu sehen, weder im Laden noch auf der Straße.

Ich schaltete den Motor aus und drehte mir eine Zigarette. Ich wusste nicht so recht, was ich hier vor Anna Graafens Haus zu suchen hatte, aber das störte mich nicht weiter. In diesem frühen Stadium habe ich selten eine klare Strategie, ich finde es zuerst wichtiger, mir ein Bild von den Beteiligten zu machen.

Ich glaubte nicht, dass Graafen und Dabe sich nicht kannten, wie Herbert behauptet hatte. Ich hielt die beiden für Freundinnen, vielleicht waren sie auch Rivalinnen, jedenfalls redeten sie miteinander. Oder hatten miteinander geredet. Sie hatten beide etwas mit diesem Palézieux gehabt, und ich vermutete, dass sie voneinander wussten. Auf jeden Fall hatte Astrid Dabe Bescheid gewusst. Sie hatte als Erste diese Hiobsbotschaft erhalten und sie vielleicht an Graafen weitergereicht. Vielleicht zusammen mit Herberts Adresse. Wenn Graafen keinen Hausarzt hatte, dann wäre das doch nur natürlich gewesen. Aber Anna Graafen hätte von diesem Tipp doch wohl kaum Gebrauch gemacht, wenn die beiden sich nicht gut verstanden hätten. Einen Arzt zu empfehlen und diese Empfehlung auch noch zu begründen ist für die meisten Menschen aus irgendeinem Grund etwas sehr Intimes, diese Erfahrung hatte ich jedenfalls gemacht.

Theorien. Annahmen. Mehr hatte ich nicht. Mein Aschenbecher war voll, deshalb schnippte ich die Kippe durch das Fenster. Ich wusste schon die ganze Zeit, was ich tun wollte, und jetzt wusste ich auch, dass ich es tun würde. Diese Gewissheit verpasste mir ein kribbelndes Gefühl im Bauch. Als ich aus dem Auto stieg, wäre ich fast in einen Haufen Hundescheiße getreten, und dabei dachte ich mir, dass ich um diese Zeit bestimmt hervorragend einen Blick auf Anna Graafens Wohnung werfen könnte, falls sie allein wohnte. Von etwaigen Mitbewohnern hätte Herbert mir sicher erzählt, das hoffte ich zumindest.

Das Haus lag etwas zurückgelegen von der Straße, die Eingangstür befand sich in einem Hinterhof. Auf der linken Seite der Haustür standen zwei Mülltonnen und warteten auf die Leerung. Es gab nur wenige Fenster, das war ein Vorteil, aber den brauchte ich vermutlich gar nicht. Ich nahm an, dass die Tür offen stehen würde, und diese Annahme traf zu.

Ich betrat ein düsteres Treppenhaus, machte aber kein Licht. Links von mir zogen sich zwei Reihen von Briefkästen zur Treppe hinüber. Graafen hatte den vierten von der Tür. Sie wohnte allein. Oder zusammen mit Leuten, die ihren Namen nicht auf dem Briefkasten stehen haben wollten. Ich ging noch einmal nach draußen und schaute mir die Namen auf dem Klingelbrett an, das hatte ich in meiner Begeisterung über die offene Tür vergessen. Auch hier thronte Anna Graafens Name allein auf einer mit Plastik überzogenen weißen Karte. Ich überließ den grünen Klingelknopf seinem

Schicksal und ging die Treppe hoch. Im zweiten Stock fand ich ihren Namen dann wieder, diesmal in weißer Glasur auf blauem Grund. An einer weißen Tür mit Buckelglasfenstern über der Klinke. Das Schloss war neu, aber nicht weiter problematisch. Ich würde es nicht aufstochern müssen. Hinter der Tür war alles dunkel, und im ganzen Haus war nicht das leiseste Geräusch zu hören.

Ich klingelte einmal. Und noch einmal. Wartete. Klingelte zum dritten Mal. Viele meiner Kollegen schrecken vor Einbrüchen zurück, mir ist das nie so gegangen. Ein Blick in die Gemächer der Beteiligten hilft oft, uns ein Bild dieser Person zu machen. Und so ein Bruch ist weniger gefährlich, als viele denken. Der ganze Fall ärgerte mich, ich wusste ja nicht einmal, wie die Hauptpersonen in diesem Drama aussahen. Und ich hatte Grund zu der Annahme, dass Anna Graafen noch einige Stunden lang Kleider verkaufen würde. Deshalb der Einbruch. Es ist nicht so leicht, mit einer Plastikkarte ein Schloss zu knacken, wie Kriminalromane das andeuten. Und hier war es nicht einmal so leicht, wie ich angenommen hatte. Ich musste doch stochern. Als mein Dietrich genau viereinhalb Minuten im Schloss herumgeschnüffelt hatte – ich stoppe aus purem Interesse dabei immer die Zeit –, öffnete sich die Tür nach innen. Als ich sie hinter mir zuzog, wusste ich bereits, dass Frau Graafen ein Ordnungsmensch war. Wie eine Diele aussieht, wie Mäntel und Schuhe behandelt werden, sagt viel über einen Menschen aus. Graafen behandelte ihre Besitztümer sehr rücksichtsvoll. In der halbdunklen Diele konnte ich an einer Holzplatte acht Haken sehen, vier waren in Gebrauch. Ein heller Frühlingsmantel, ein Poncho und zwei kurze Jacken, eine Jeansjacke, eine aus irgendeinem gewebten Material. An der Wand gegenüber stand eine Kommode mit drei Schubladen, alle geschlossen. Und über der Kommode hing ein Spiegel. Dielenspiegel sind zumeist in Augenhöhe angebracht, Anna Graafen war also vermutlich eine recht kleinwüchsige Person. Ich musste mich bücken, um mir in die Augen schauen zu können. Am Ende des kurzen Flurs stand ein zweitüriger Schrank, aber den würde ich später untersuchen, zusammen mit den Schubladen in der Kommode.

Die Küche lag auf der linken Seite. Sie war eng. Und aufgeräumt. Über einem Spülbecken aus Zink hing eine quadratische Korkplatte. Daran waren aus Zeitungen ausgeschnittene Rezepte befestigt und Nachrichten im

Stil von »Der 21-jährige Karsten Pufpaf kam am vergangenen Sonntag bei einer Explosion ums Leben«. Am Rand dieser Meldung stand in grüner Filzstiftschrift »Namen est Amen«. Na gut. So viel zu Anna Graafens Vorstellung von Humor. Ich fand drei Farbfotos interessanter, die unter dieser Meldung festgepinnt waren. Eins zeigte zwei badende Menschen und einen Sandstrand. Das andere zwei Frauen, eine junge und eine ältere, die sich gegenseitig ihre nackten Arme um die Schultern gelegt hatten. Trotz des Altersunterschieds sahen sie sich ähnlich. Sehr ähnlich. Beide hatten die gleichen rotbraunen Haare, beide die gleiche Stupsnase, beide die gleiche empfindliche weiße Haut, die sich nach zwei Tagen in der Sonne knallrot färbt. Sie waren schön. Jede auf ihre Weise war schön. Der eine will die Tochter, der andere die Mutter, dachte ich und löste das Foto vorsichtig von der Korkplatte.

Ich hatte recht gehabt. Auf der Rückseite stand in derselben runden Schrift und mit demselben grünen Filzstift wie auf dem Zeitungsausschnitt: »Mama. Kreta, Sommer 92«. Ich steckte das Bild zurück und ging davon aus, daß ich nun wußte, wie Anna Graafen aussah. Ein rascher Blick in ihren Vorratsschrank verriet mir, daß sie einen gewissen Hang zur italienischen Küche hatte, und auch das fand ich sympathisch.

Das Wohnzimmer war ebenfalls eng, aber gemütlich eingerichtet. Eine Sitzgruppe aus schwarzem Leder, ein selbstgezimmertes Bücherregal, das die eine Wand bedeckte. Anna Graafen las die Klassiker, George Sand, Hamsun, Fontane. An zeitgenössischer Literatur fand ich Gernhardt und Lassahn und andere, mir unbekannte. Und natürlich diesen unvermeidlichen Mist von Svende Merian. »Der Tod des Märchenprinzen«. Im CD-Regal stand Jazz, nichts als Jazz.

Vom Wohnzimmer aus führte eine Tür ins Schlafzimmer. Sie war halb offen, und ich stieß sie vorsichtig mit dem Fuß an. Mit einem Jammerlaut setzte sie sich in Bewegung. Das Zimmer war weiß gestrichen, abgesehen von der taubenblauen Fensterbank. Über dem breiten Bett, das fast den ganzen Raum in Anspruch nahm, hing ein gerahmtes Monet-Plakat. Das Bett war mit einer schwarzen Tagesdecke aus Samt zugedeckt, auf dem Boden hatte Anna Graafen einen rosa Teppichboden verlegen lassen. Es war ein elegantes Zimmer, eingerichtet von einem Menschen mit sicherem Geschmack und der Fähigkeit, auch aus wenig Geld viel zu machen. Der

Mensch, der Anna Graafens Leiche vor das Fenster gelegt hatte, hatte da schon sehr viel weniger Farbsinn bewiesen. Das dunkelrote Blut um ihren eingeschlagenen Schädel passte überhaupt nicht zu dem Rosa des Teppichs.

Ja, solche frechen Gedanken machte ich mir, während gleichzeitig meine Knie unter mir nachgaben. Ich nehme an, es war ein unbewusster Versuch, das alles zu verdrängen. Durch meinen Job hatte ich in den letzten Jahren zwar mehr Tote gesehen als der Durchschnittsbürger, aber an diesen Anblick gewöhnen konnte ich mich deshalb noch lange nicht. Und jedesmal reagierte ich anders. In diesem Fall hatte ich überhaupt nicht mit einer Leiche gerechnet.

Ich hockte mich neben sie. Wenn ich das Foto in der Küche richtig gedeutet hatte, dann war das hier Anna Graafen. Und da ich nur einen Meter von ihrem eingeschlagenen Hinterkopf entfernt saß, gab mir auch die Todesursache kein Rätsel auf. Die Mordwaffe lag nicht weit von der Leiche entfernt. Ein schwerer Kristallwürfel, blutverkrustet. Irgendwer hatte die spitzen Ecken benutzt, um Anna Graafen aus diesem Leben zu verjagen. Ein Unfall war das nicht gewesen.

Als Erstes zog ich die Handschuhe an, was ich schon längst hätte tun sollen. Sie steckten leichtsinnigerweise noch in meiner Manteltasche. Dann ging ich, wie ich hoffte, in meinen eigenen Fußspuren durch die Wohnung zurück und wischte alle Stellen ab, wo ich Fingerabdrücke hinterlassen haben konnte. Mit der Türklinke wollte ich noch warten.

Dann zählte ich bis vierhundert, um meine Panik unter Kontrolle zu bringen, und machte mich daran, die Wohnung zu durchsuchen. Das braucht seine Zeit. Selbst bei einer so winzigen Wohnung vergehen Stunden, wenn man nicht riskieren will, etwas Wichtiges zu übersehen. Ich brauchte zweieinhalb Stunden. Ich hatte einen halben Meter Postkarten aus aller Welt gelesen, aber darauf stand nur der übliche Schwachsinn. Briefe schien sie nicht gesammelt zu haben – falls die nicht entwendet worden waren. Ich fand acht Briefe zwischen Verstärker und Bücherregal und steckte sie ein, ohne sie mir genauer anzusehen. Die Korrespondenz mit Staat und Behörden wirkte so ordentlich wie fast alles andere in Anna Graafens Leben. Es gab zwei Ordner, einen für »Wohnung« und einen für »Versicherung usw.«. Sie war bei der Iduna versichert gewesen, und mit »usw.« hatte sie offenbar ihr versichertes Leben gemeint. Alle persönlichen Papiere waren hier eingeordnet, und ich las sie alle. Aber nichts in den Unterlagen, in Geburtsurkunde, Abiturzeugnis und Steuerkarte konnte mir verraten, warum Frau Graafen mit eingeschlagenem Schädel im Nebenzimmer lag.

Vier große Fotoalben beanspruchten meine Aufmerksamkeit fast eine Dreiviertelstunde lang. Ich fand Schwarz-Weiß- und Farbfotos, die Annas Entwicklung vom Baby auf Mamas Schoß bis zur reifen Frau auf dem Schoß diverser Liebhaber dokumentierten. Aber keines der Fotos, die ausnahmslos mit ausführlichen Erklärungen versehen waren, zeigte Anna Graafen zusammen mit Clas Broder Palézieux. Im Zeitraum, der mich am meisten interessierte, also vielleicht das letzte Jahr vor dem HIV-Test, gab es kein einziges Bild von ihr, das sie mit einem Mann zeigte. Immerhin machte ich einen Fund, der meine Annahme zu bestätigen schien, dass Anna Astrid Maria Dabe gekannt hatte. Graafen und Dabe waren zusammen auf Feste und auf Reisen gegangen. Es konnte sich natürlich auch um eine andere Astrid handeln, aber das glaubte ich nicht. Sie sahen sich nicht unähnlich, nur war Dabe größer und hatte hellere Haare. Außerdem trug sie auf manchen Fotos eine Brille. Zwei stammten von einer Schottlandreise im Jahr 1988, auf der auch eine dritte Frau, Hanna, dabei gewesen war. Sie war größer als die beiden anderen und hatte flammendrote Haare. Auf beiden Bildern stand sie kerzengerade da und hatte die Hände vor dem Bauch gefaltet. Sie machte einen ernsten, fast strengen Eindruck. Als ich zurückblätterte, entdeckte ich sie auch auf etlichen anderen Bildern. Ich wollte gerade nach anderen Wiedergängern suchen, als die Türklingel ging. Das leise Klingelsignal von vorhin erschien mir jetzt als der pure Donnerhall, und wieder überkam mich Panik, als ich mich lautlos aufrichtete. Wieder klingelte es, diesmal ziemlich heftig, eine Serie von Signalen, die auf mich wirkten wie elektrische Stöße. Dann wurde auch noch mit den Fäusten gegen die Tür gehämmert.

Ganz still stand ich da. Ich schaute auf die Uhr. Fünf nach sechs. Vielleicht machte Anna Graafen um diese Zeit Feierabend. Ich überlegte, wie lange sie wohl schon tot sein konnte, aber als Gerichtsmediziner war ich nie überzeugend gewesen. Sie war noch nicht starr, war aber auch keine frische Leiche. Vermutlich war sie am Vortag umgebracht worden, Dienstag also. Wenn sie einfach von der Arbeit weggeblieben war, wollte vielleicht ein Kollege auf dem Heimweg nach ihr sehen. Und dann würde der Betreffende die Tür sicher nicht allein aufbrechen, sondern zuerst die Polizei verständigen. Und bis dahin könnte ich längst verschwunden sein.

Es wurde nicht mehr geklopft, und nachdem noch zweimal das elektrische Foltergerät betätigt worden war, hörte ich Schritte, die sich entfernten. Ich lief zum Küchenfenster, von dem man auf Elebeken blicken konnte. Ich blieb einen halben Meter davor stehen, um von unten nicht gesehen zu werden. Und da in der Wohnung kein Licht brannte, waren nicht einmal meine Umrisse zu erkennen. Hoffte ich.

Ich hörte, wie unten die Haustür ins Schloss fiel, und gleich darauf überquerte dicht vor meinem Auto eine Gestalt die Straße. Es war ein hochgewachsener Mann in einer modernen Lammfelljacke und mit dunkler Hose, möglicherweise Jeans. Als er die andere Straßenseite erreichte, trat er in den Lichtkegel einer Straßenlaterne. Schon wenige Sekunden später verschwand er wieder in der Dunkelheit, aber immerhin hatte ich seine Haarfarbe erkennen können.

Er hatte dunkle Haare. Mit deutlichen grauen Einsprengseln. Mit hämmerndem Herzen ging ich zurück ins Wohnzimmer und stellte vorsichtig das Fotoalbum zurück. Als ich die Wohnung verließ, klingelte das Telefon. Es klingelte noch immer, als ich unten die Haustür schloss.

Während der nächsten halben Stunde fuhr ich wie wild im Viertel umher, aber der Mann, den ich von Graafens Küchenfenster aus gesehen hatte, war nicht zu entdecken. Vermutlich hatte er in der Dorotheenstraße einen Wagen stehen gehabt.

Dann setzte meine Nachreaktion ein. In Form von schwarzen Gedanken und seltsamen Zitteranfällen, die ich diesmal nicht der defekten Heizung in die Schuhe schieben konnte. Meine Lage war nach diesem verdammten Einbruch einfach ungünstig, und an meinen Nerven zerrte nicht nur die Erinnerung an die unschöne Leiche, die ich gefunden hatte. Ich steckte bis über die Knie in einer Soße, die ziemlich bald die Polizei interessieren würde, und ich war durchaus nicht sicher, ob ich mich still und leise aus der Affäre ziehen könnte. Schließlich hatte ich schon einiges unternommen, das die Ermittlungen erschweren würde. Außerdem konnte ich von der Polizei kein besonderes Wohlwollen erwarten, jedenfalls nicht von der Mordkommission.

So nervös und verwirrt, wie ich war, hätte ich eigentlich gar nicht am Steuer sitzen dürfen. Deshalb hielt ich in der Nähe der U-Bahn Eppendorfer Baum in einer ruhigeren Seitenstraße, ich konnte mit der U-Bahn nach Hause fahren und den Wagen am nächsten Morgen holen. Ich ging ins Schröder und bat um ein Bier und einen doppelten Korn.

Es war eine nette kleine Kneipe, von deren Existenz ich noch gar nichts gewusst hatte. Die anderen Gäste hatten mit sich und ihrem jeweiligen Gegenüber genug zu tun und achteten nicht auf mich. Ich setzte mich in eine Nische ganz hinten. Es war ein wunderbares Versteck für einen verängstigten Mann, der in Ruhe einen trinken und seine Probleme durchdenken wollte.

Es wäre nicht übertrieben zu behaupten, dass der Fall sich anders entwickelt hatte als erwartet. Ein einfacher Suchauftrag war zum Mordfall geworden. Zwei HIV-infizierte Frauen. Astrid Dabe und Anna Graafen. Alte Freundinnen. Beide frei und ungebunden, ohne feste Beziehungen. Beide Opfer des grausamen Zufalls, der hier in Gestalt von Clas Broder Palézieux aufgetreten war, dem Mann, den Herbert nicht gefunden hatte. Zwei Freundinnen, dachte ich und nahm einen ausgiebigen Schluck. Beide, ganz unabhängig voneinander, lernen denselben Heini kennen und steigen mit ihm ins Bett. Ich glaubte das einfach nicht. Ich war davon überzeugt, dass sie mehr über diesen Palézieux wussten, als sie Herbert gegenüber zugegeben hatten. War er zuerst Dabes Liebhaber gewesen, um dann später auf ihre gute Freundin Graafen überzuspringen? Das klang schon plausibler. Aber wenn es sich bei dem Mann, mit dem Willi Mannhardt Astrid Dabe gesehen hatte, um Palézieux gehandelt hatte, dann mussten die beiden eine längere Beziehung gehabt haben. Und wenn es Palézieux gewesen war, dann spielte er auch bei Anna Graafen eine ganz andere Rolle. Ich war nämlich überzeugt davon, dass er vorhin an ihrer Tür geklingelt hatte. Offenbar wollten beide Palézieux aus irgendeinem Grund decken, ich konnte mir diesen Grund nur nicht vorstellen. Und noch viel weniger konnte ich verstehen, warum Anna Graafen ermordet worden war.

Ich bestellte noch eine Runde und käute mein geringes Wissen wieder. Dann griff ich zu den acht Briefen, die ich bei Graafen gefunden hatte, und las sie sehr gründlich. Es verwirrte mich noch mehr.

Sieben Briefe waren für den Fall ganz einfach uninteressant. Fünf stammten von Graafens Mutter, die offenbar in Bremen wohnte. Nichtssagendes Gefasel, achte auf deine Gesundheit. Zwei hatte der Bruder in Basel verfasst, er hatte sich soeben eine Wohnung gekauft und war zum zweiten Mal Vater geworden. Ein Brief aber kam von einer gewissen Hanna Jenkel, und ich musste sofort an die ernste Hanna aus dem Fotoalbum denken. An die Frau mit den Flammenhaaren und den gefalteten Händen. Es konnte sich natürlich um eine andere Hanna handeln, aber diese Möglichkeit wollte ich nicht wahrhaben.

Es war ein ernster Brief, und ich konnte mir durchaus vorstellen, dass diese Frau ihn verfasst hatte. Er war in der Nähe von München aufgegeben worden, wo Hanna Jenkel sich offenbar in einer Reha-Klinik befand. Sie schrieb, dass sie noch immer unter Schmerzen im Rücken leide, dass ihr Arm aber fast wiederhergestellt sei. Sie freute sich auf Hamburg und ihre Freundinnen. Dreimal erwähnte sie einen Henning, der bei ihr einen dicken Stein im Brett zu haben schien. Es konnte sich um einen Ehemann, einen Liebhaber oder ganz einfach um einen guten Freund handeln, das ließ sich nicht mit Sicherheit sagen. Ganz am Ende des Briefes bat sie Anna, Astrid zu grüßen und ihr auszurichten, dass sie noch zwei Wochen unter derselben Adresse zu erreichen sei, ein paar Zeilen ihr den Alltag jedoch versüßen könnten. Der Brief war am 23. August 1997 abgestempelt, ein Jahr ehe Herbert den Freundinnen Astrid und Anna ihr Todesurteil verlesen hatte.

Mehr konnte ich nicht aus diesem Schreiben herausquetschen. Das Duo Graafen/Dabe war zum Kleeblatt geworden, mit Hanna Jenkel als Dritter im Bunde. Ich hätte gern gewusst, ob auch sie auf den Joker im Spiel gestoßen war, auf Clas Broder Palézieux, oder ob sie ihrem Henning die Treue bewahrte. Um ihretwillen hoffte ich doch auf Letzteres.

5.

Wenn man an der Oberfläche eines Falles kratzt, weiß man nie, wo die Verbindungslinien zwischen den dabei auftauchenden Namen verlaufen. Aber wenn man jeden Tag mit anderer Leute Elend zu tun hat, entwickelt man eine gewisse Intuition. Und da nun innerhalb weniger Stunden der Name Hanna in zwei verschiedenen Zusammenhängen aufgetaucht war, konnte diese Frau mir nicht mehr gleichgültig sein. Vielleicht wusste sie etwas über ihre beiden Freundinnen und Herrn Palézieux. Und plötzlich wurde ich ganz unruhig. Es war eine Unruhe von der Sorte, die ich ernst zu nehmen gelernt hatte. Anna Graafen war ermordet worden, und von einem Raubmord konnte zweifellos keine Rede sein. Möglicherweise war aus ihrer Wohnung etwas entfernt worden, sie war aber nicht auf Geld oder Wertgegenstände hin durchwühlt worden. Ich hatte zwar kein Bargeld gefunden, hatte aber einige Schmuckstücke aus Gold gesehen, die man leicht hätte zu Geld machen können. Graafen war von einer Person umgebracht worden, die sie gut genug kannte, um sie in die Wohnung und sogar in ihr Schlafzimmer zu lassen. Ich nahm an, sie hatte etwas gewusst, das diese betreffende Person zur Verzweiflung getrieben hatte.

Aber die Toten machen mich normalerweise nicht nervös. Meine Unruhe bezog sich auf Frau Dabe. Ich ahnte eine Art Allianz zwischen den beiden. Was immer Graafen gewusst haben mochte, sie konnte dieses Wissen sehr gut mit Dabe geteilt haben. Ich fürchtete, jemand könnte auf sie ebenso wütend werden wie auf ihre Freundin.

Das Telefon befand sich im engen Durchgang zwischen Lokal und Toiletten. Ich fand Dabe unter der Adresse, die Herbert mir genannt hatte. Doch in ihrer Wohnung ging niemand ans Telefon, und sofort fühlte ich mich wieder einsam und kalt. Ich setzte mit einem schnellen Kurzen am Tresen den Schlusspunkt, dann bezahlte ich meine Zeche und ging.

Vom Schröder aus brauchte ich zu Fuß nur zehn Minuten bis zur Hallerstraße, wo Dabe wohnte. Ich hatte die ganze Zeit Rückenwind, nur leider schnitt dieser Wind wie mit kalten Messern durch meinen Mantel. Und meine Nerven konnten an diesem Abend nicht noch eine Leiche ertragen. Den Gedanken an einen weiteren Einbruch konnte ich auch vergessen. Mit etwas Glück würde ich nicht in die Graafen-Sache hineingezogen werden, wenn die Polizei ihre Wohnung auseinandergenommen hatte, aber mit doppeltem Glück konnte ich nun wirklich nicht rechnen. Dass Dabes Name recht schnell mit ins Spiel kommen würde, stand fest, und das bedeutete, dass allein schon mein Auftauchen in der Hallerstraße keine besonders gute Idee war. Vielleicht war es nicht besonders gefährlich, aber ich musste doch den braven Buben und zufälligen Passanten spielen.

Viele andere Möglichkeiten gab es auch nicht. In Dabes Haus waren gerade einige Möbelpacker am Werk. Sie rannten im Treppenhaus hin und her, nie im Leben hätte ich unter diesen Umständen mit Plastikkarte und Dietrich brillieren können, auch wenn ich das noch so gern gewollt hätte. Im allgemeinen Chaos konnte ich aber immerhin einen Blick auf die Namen neben den Klingeln werfen, und wenn deren Position der Lage der Wohnungen entsprach, dann wohnte Frau Dabe im dritten Stock. Ich überquerte die Straße, blieb stehen und zündete mir eine Zigarette an. Im dritten Stock gab es zwei Wohnungen. In keiner brannte Licht.

Es war inzwischen schon fast halb zehn, und mein Magen teilte genervt mit, dass er seit dem Frühstück beschäftigungslos gewesen sei. Ich beschloss, meinen bisherigen Kurs weiterzusteuern, denn der würde mich ins Café Celius führen, und wer weiß, was diese Gaststätte alles zu bieten hätte.

Wie Herbert gesagt hatte, lag das Celius nicht weit von seiner Praxis entfernt. Ich meinte mich zu erinnern, dass sich dort früher ein Antiquariat befunden hatte, ein anarchistischer Buchdschungel mit abgegriffenen Buchrücken vom Boden bis zur Decke, in einem System angeordnet, das die geheime Bibliothek im »Namen der Rose« geradezu übersichtlich wirken ließ. Ich hätte gern gewusst, was aus diesen vielen Büchern geworden war. Hier hielten sie sich jedenfalls nicht mehr auf. Das einzige Buch, das ich entdecken konnte, als ich ins Licht der tausend Neonsonnen des Celius trat, war das Telefonbuch, das auf dem Marmortresen lag, neben einem rosa Telefon und einem Aschenbecher aus einem jadeähnlichen Material, bei dem es sich wohl eher um grünen Kunststoff aus Hongkong handelte. Das Lokal schockte mich nicht weiter, solche Reaktionen hatte ich mir im letzten Jahrzehnt abgewöhnt, aber ich fand es genauso scheußlich, wie ich erwartet hatte. Das Celius war ganz einfach ein blödes Schickimicki-Café, mit allem, was dazugehört. An den cremefarbenen Wänden hingen Originalgrafiken, die sicher hohe Kunst vertraten. Als Möbel dienten mit schwarzer Lackfarbe besprühte Holzstühle, die Tischplatten waren natürlich aus Marmor. Hinten im Lokal befand sich eine schmale Galerie mit vier Tischen, und da alle Tische in Tresennähe von Kreaturen belegt waren, die über Filme und über Gerhard Schröders allerneueste Ehefrau diskutierten, peilte ich den einen freien Tisch dort oben an.

Die Speisekarte war rosa und enthielt Mitteilungen in französischer und italienischer Sprache. Ich bestellte ein Mineralwasser und etwas, das ich für gefüllte Hähnchenbrust mit frischem Gemüse und Reis hielt. Die Kellnerin, die meine Bestellung auf einem so winzigen Zettel notierte, dass er in ihrem Händchen fast verschwand, wirkte so nett, munter und natürlich, dass ich sie fast gefragt hätte, wie eine Frau wie sie in dieses Loch geraten sei, aber ich riss mich dann doch zusammen. Ich fragte lieber: »Ich bin hier mit einem Bekannten verabredet und habe mich ein wenig verspätet. Er heißt Clas Broder Palézieux. Sie wissen nicht zufällig, ob er nach mir gefragt hat?«

Die reizende Frau versprach, sich zu erkundigen. Dann zeigte sie mir alle Edelweißzähne und begab sich an den Tresen, wo ihre drei Kollegen der Reihe nach den Kopf schüttelten. Danach drehte sie sich zu mir um, zuckte mit ihren schmalen Schultern, und ich winkte zum Dank. Es war schließlich nicht weiter schlimm. Ich hatte nicht erwartet, im Celius eine Nachricht vom alten Palézieux vorzufinden.

Das Mineralwasser wurde erst geliefert, als auch das Essen auf dem Tisch stand, aber auch das war nicht weiter schlimm. Schließlich wurde mir das alles von diesem Sonnenstrahl gebracht. Außerdem schmeckte die gefüllte Brust hervorragend, das musste ich einfach zugeben, mir selber und auch dem Sonnenstrahl gegenüber. Ich konnte gerade noch den Gaumen einigermaßen befriedigen, als Hanna Jenkel ihren Einzug hielt. Sie musste es einfach sein. Die Frau, die nur wenige Meter von mir entfernt in der Tür stand, war zwar einige Jahre älter geworden, seit sie mit ihren beiden Freundinnen in Schottland fotografiert worden war, aber eine radikale Veränderung hatte sie nicht durchgemacht. Ihr ein wenig strenges, zurückhaltendes Wesen, das auf dem Foto zum Ausdruck gekommen war, war einem größeren Selbstbewusstsein gewichen, wie es sich mit wachsendem Alter häufiger einstellt, doch ihr Gesicht strahlte noch immer denselben Ernst aus wie damals. Im scharfen Neonlicht war das haarfeine Netz von Fältchen um ihre Augen deutlicher zu sehen als vermutlich damals, aber ihre Haare waren weiterhin flammend rot. Sie trug einen hellen Trenchcoat und einen schottischkarierten Schal, und sie war sehr schön. Ich flehte Gott an, sie einen freien Stuhl finden zu lassen. Sie fand keinen, aber das spielte keine Rolle, jemand anders erledigte das nämlich für sie. Von einem Tisch in der Ecke hinter dem Tresen wurde ihr zugewinkt, und ein Sakkoträger sprang auf und holte am Nachbartisch einen Stuhl. Hanna Jenkel lächelte und winkte zurück. Dann hängte sie ihren Mantel an einen Garderobenständer neben der Tür, klemmte sich ihre Handtasche unter den Arm und zwängte sich zum Ecktisch vor. Erst als sie dort saß, merkte ich, dass ich das Atmen ganz vergessen hatte. Ich musterte ihre vier Tischgenossen. Drei Männer und eine Frau, alle Mitte dreißig, ihren Kleidern nach Leute, die nicht vor dem Arbeitsamt Schlange standen. Die Frau war klein und dunkel, sie konnte nicht Astrid Dabe sein. Keiner der Männer hatte graue Strähnen in den Haaren und war folglich auch nicht der mutmaßliche Herr Palézieux.

Im Grunde hatte ich jetzt die Wahl. Ich konnte sofort aus dem Fall aussteigen, und das mit gutem Grund. Eine Leiche ist eine Leiche zu viel, und Herbert hatte mich engagiert, um einen Mann zu finden, der Leute mit einem tödlichen Virus infiziert. Von einem X, das andere mit Kristallwürfeln erschlug, war nicht die Rede gewesen. Ich konnte mir aber auch alle Mühe geben, um die Wahrheit zu ermitteln und nichts als die Wahrheit – aber dann musste ich im Expresstempo ans Werk gehen. Ich wusste ja nicht, ob die Polizei schon in Elebeken angerückt war, aber ich ging davon aus, dass es nicht mehr allzu lange dauern würde. Und dann sollte ich besser aus der Sache ausgestiegen sein.

Ich entschied mich für die zweite Lösung, schließlich barg mein Archiv genug Fälle, die ich hatte aufgeben müssen. Hier aber hatte ich allerlei Fäden und eine lange Nacht, und außerdem war ich so neugierig wie ein pubertärer Knabe in einer Damensauna. Und noch eins: Hanna Jenkels Tasche sah ungemein verheißungsvoll aus. Schwarz, blank und hochschwanger. Ich ging zum Tresen und wählte Kurts Nummer. Ich ließ es zehnmal klingeln, dann drückte ich auf die Gabel und versuchte es bei Frau Müller. Seiner Stammkneipe. Nach einigen Sekunden hörte ich Bruce Springsteen und »Born to run« sowie die Stimme einer mir unbekannten Tresenfrau. Ich bat sie, eine Runde zu drehen und Kurts Namen zu rufen.

Und dann hatte ich ihn an der Strippe. Atemlos durch Billard und Bier. Ich erklärte ihm die Lage und sagte, er solle sich sofort in ein Taxi setzen. Ich konnte ungeniert losreden, in dem Stimmengewirr hier im Lokal hätte niemand auch nur ein Wort verstanden. Kurt zierte sich ein wenig, aber das machte er immer. Ich knallte den Hörer auf die Gabel und wusste, dass er bald auftauchen würde. Ob er rechtzeitig hier sein könnte, ließ sich noch nicht sagen, aber schlimmstenfalls würde ich ihn eben per Taxi zurückschicken.

Ich bestellte einen Espresso und kehrte zu meinem Tisch zurück. Rauchte eine nach der anderen und linste verstohlen zu Hanna Jenkel hinüber. Als ihr ein Teller mit irgendeinem dampfenden Gericht gebracht wurde, war ich so erleichtert, dass ich in meinem Überschwang um einen Campari bat.

Zehn Minuten später lief Kurt ein. Er ging zum Tresen, trank einen Kaffee und kannte weder mich noch Frau Jenkel. Ich wusste aber, dass sein rascher Blick uns im Spiegel über dem Flaschenregal allesamt registriert hatte. Als er ging, fühlte ich mich satt und warm und so wohl wie seit geraumer Zeit nicht mehr. Ich hoffte, dass er nicht zu lange warten müsste, denn wie üblich trug er nur seine dünne Jeansjacke.

Doch der Abend hatte noch weitere Überraschungen auf Lager. Um Viertel vor elf öffnete sich die Glastür des Restaurants, und der Mann, den ich damit zum zweiten Mal in meinem Leben sah, erschien zu einer Stippvisite. Er trug dieselbe Lammfelljacke wie früher an diesem Abend, seine Haare wiesen weder mehr noch weniger graue Strähnen auf. Sein Gesicht war scharf geschnitten und maskulin, und er war gerade so unrasiert, wie es in gewissen Kreisen derzeit angesagt ist. Wie Willi Mannhardt war er ein fesches Mannsbild, das von Proteinen und Selbstsicherheit nur so strotzte. Ein Mannsbild von der Sorte, das nicht vergisst, jeden Tag eine saubere Unterhose anzuziehen, dachte ich, während er strahlend Hanna Jenkel klarmachte, sie müsse sich beeilen, da der Wagen im Halteverbot stehe. Ich schaute aus dem Fenster. Draußen blockierte ein perlgrauer Porsche den Radweg. Unser Freund machte auf dem Absatz kehrt und setzte sich wieder hinters Lenkrad. Jenkel legte zwei Zehner auf den Tisch, schnappte sich ihre Handtasche und steuerte Garderobenständer und Mantel an. Ich nagte an meiner Unterlippe, als sie ihren Tischgenossen zunickte und dann das Celius verließ.

Ich hätte mir aber keine Sorgen zu machen brauchen. Kurt war schon so lange in dieser Branche tätig, dass er einen solchen Job auch in Handschellen geschafft hätte. Er langte erst zu, als sie gerade die Autotür öffnen wollte und nicht weiter auf ihre Umwelt achtete. Ich sah nur einen Schatten in Jeans, der von links herbeistürzte, und nach kurzem Handgemenge war Kurt mit der Tasche über alle Berge. Der Graugesprenkelte setzte sofort hinterher, gab die Verfolgung aber nach wenigen Sekunden auf, vermutlich, um den Strom von teilnehmenden Menschen zu organisieren, der jetzt aus dem Café quoll.

Hanna Jenkel hatte eins auf die Stirn bekommen und wurde von einem Bierzapfer hinter den Tresen geführt. Ihr unbekannter Kavalier holte Eiswürfel, strich ihr über die Haare und beteiligte sich energisch an der Diskussion der vielen Augenzeugen, die alles genau gesehen hatten. Der Sonnenstrahl hatte offenbar die Polizei verständigt, und ich ging zum Tresen und zeigte meine Brieftasche vor. Während sie die Rechnung fertig machte, begab ich mich zur Patientin und ihrem Pfleger und reichte der Patientin meine Visitenkarte. Sie musterte mich nur verwirrt, dann sah sie sich die Karte an. Ihr Bekannter begnügte sich mit einem kurzen skeptischen Blick, der mir und der Karte gleichermaßen galt.

»Ich habe alles gesehen«, sagte ich. »Soll ich einen Versuch machen? Ich habe einige Beziehungen in dieser Szene. Und die Polizei ...«

Der Sonnenstrahl teilte mit, die Polizei sei unterwegs und ich hätte 27,60 zu bezahlen. Ich gab ihr drei Zehner und sagte »Stimmt so«. Hanna Jenkel hatte derweil ihre allerstrengste Miene hervorgeholt und noch eine gute Prise Verachtung hinzugegeben. Wortlos drückte sie mir meine Karte in die Hand. Der Namenlose jedoch entriss sie mir gleich wieder und zerfetzte sie in vier gleich große Stücke. Die er mir dann seinerseits in die Hand drückte.

»Verpiss dich«, sagte er kurz und bündig, ohne Hass oder erwähnenswertes Engagement in diese Aufforderung zu legen.

»Lass doch, Henning«, sagte Hanna Jenkel. »Zum Teufel mit dem Heini.«

Und ich wanderte hinaus in die kalte Nacht.

In der Ferne war schon das Martinshorn zu hören.

6.

Ich fuhr mit einem Taxi zur Reeperbahn. Unterwegs brach der Regen los, und als ich vor dem Billard-Salon am Spielbudenplatz ausstieg, spiegelten sich die vielen Neonlichter des Sexzirkus auf dem nassen Asphalt und ließen die ganze Straße doppelt festlich aussehen. Ich reichte dem Fahrer durch das Fenster einen Geldschein, er nahm ihn wortlos entgegen und verschwand in Richtung Innenstadt. Überall auf der Reeperbahn blinkten die gelben »frei«-Schilder seiner Kollegen wie ein Schwarm von hektischen Glühwürmchen.

In der Bar im Erdgeschoss waren nur zwei Tische besetzt. An einem waren vier Iraner ins Bier vertieft und lachten herzlich über etwas, das ich für mullahfeindliche Witze hielt. Aber vielleicht lebten sie auch schon so lange hierzulande, dass sie sich wie alle anderen über Gerhard Schröders allerneueste Ehefrau unterhielten. An einem anderen Tisch saßen ein Zuhälter und eine seiner Damen, und sie lachten über rein gar nichts. Ich lachte auch nicht. Ich nickte dem Barmann zu und ging die Treppe zum Billard-Salon hoch.

An vier Tischen wurde gespielt. Die üblichen Asiaten, die mit einem Queue in der Hand auf die Welt gekommen waren und vermutlich damit auch sterben würden. Im scharfen Licht der tiefhängenden Lampen glänzte ihre schweißblanke Haut goldbraun wie Bernstein. Nirgendwo wurde auch nur ein Wort gesagt. Nur das leise Geräusch, mit dem eine Kugel getroffen wurde und sich in Bewegung setzte, war zu hören.

Ich holte mir am Tresen zwei Bier und zeigte auf den quadratischen weißen Zettel, der mit einer Klammer am Brett unter der Nummer 12 befestigt war. Dort war schon ein Bier vermerkt, und ich konnte dieses Tempo nur bewundern.

Zwischen Kurt und dem nächststehenden Chinesenquartett gab es vier freie Tische. Kurt spielte langsam und konzentriert gegen sich selber, seine Zigarette lag qualmend an der Tischkante, wovon der Salonbetreiber per Schild dringend abgeraten hatte. Ich wartete das Ende der Runde ab, dann reichte ich ihm ein Bier und bot ihm eine Zigarette als Ersatz für die an, die gerade ein Loch ins teure Holz des Billardtisches brannte.

»Danke.« Er nahm beides entgegen und stellte das Queue ab.

»Hast du schon reingeschaut?«, fragte ich.

»Nein.«

»Red keinen Scheiß.«

»Vierhundertachtzig. Glatt.«

»Und sonst hast du nichts angefasst?« Mein Blick wanderte zu der Plastiktüte, die hinter ihm auf dem Resopaltisch lag.

»Einen Ring. Gold.« Er wühlte in seiner Jackentasche und hielt den Ring dann zwischen Zeige- und Mittelfinger. »Den würd ich gern behalten, so als kleine Erinnerung.«

Ich betrachtete den Ring unter der Lampe über dem Billardtisch. Ein schlichter Goldring mit einem Stein, der sich als Diamant ausgab. Keine

Gravur. »Von mir aus«, sagte ich, fügte aber hinzu: »Aber geh noch nicht gleich damit zum Onkel.«

»Alles klar.«

»Na, schaun wir mal«, sagte ich und stellte mein Bier auf den Tisch. Dann ging ich mit der Plastiktüte auf die Toilette und schloss mich dort ein.

Was Handtaschen angeht, so gibt es drei Frauentypen. Die einen benutzen ganz einfach keine. Die anderen bringen in ihren Handtaschen das Allernötigste unter: Schminksachen, Tampons, Monatskarte, Geld. Und dann gibt es noch die, für die die Handtasche eine Art Privatarchiv darstellt. Hanna Jenkel gehörte zur dritten Gruppe, und ich begriff einfach nicht, warum sie meine Visitenkarte verschmäht hatte. Ich an ihrer Stelle hätte zu weitaus drastischeren Mitteln gegriffen, als einen Privatdetektiv anzuheuern, um diese Tasche zurückzubekommen. Denn hier gab es so ungefähr alles, was man eigentlich zu Hause an einer sicheren Stelle aufbewahren sollte – falls man ein Zuhause hat. Und das hatte Hanna Jenkel, wie ich jetzt wusste. Ihr Personalausweis nannte eine Adresse in Uhlenhorst, vermutlich hatte sie von dort Ausblick auf Außenalster und Schwanenwik. Ich brauchte deshalb kein allzu schlechtes Gewissen zu haben, was Kurts Provision anging, sie würde in der nächsten Zeit trotzdem kein trockenes Brot essen müssen. Aus ihrer Tasche lernte ich weiterhin, dass sie mit dem Dipl.-Ing. Henning Jenkel verheiratet war, und ich ging davon aus, dass es in ihrem Leben keine zwei Henninge gab. Clas Broder Palézieux dagegen zeichnete sich auch in dieser inhaltsreichen Tasche durch Nichtvorhandensein aus.

Ansonsten gab es zwei interessante Fundstücke. Einen Brief auf rosa Papier, in französischer Sprache, im Juni 97 in Lyon abgestempelt. Ich las ihn ganz langsam, Wort für Wort, dann steckte ich ihn wieder in seinen Umschlag und legte ihn in die Tasche. In einer engen Seitentasche fand ich, fast begraben unter Münzen und Haarnadeln, eine Quittung. Und nun wusste ich, warum meine Visitenkarte so wenig Anklang gefunden hatte. Die Quittung steckte ich ein, dann kehrte ich mit der Tasche in der Plastiktüte ins Lokal zurück. Halb benommen zahlte ich Kurts Rechnung, ging in die Bar hinunter und bat um einen doppelten Whisky, was ich mir sonst nur selten leiste. Aber jetzt brodelte es nur so in meinem Hinterkopf, und in diesem Zustand kann ich besonders gut denken, wenn ich in die Tiefe eines

Whiskyglases blicke und dabei die zarte Musik von winzigen Eisberglein höre, die immer wieder gegeneinanderstoßen.

»Wolfram Steinitz«, sagte ich leise zu meinem Whiskyglas.

»Was zum Kranich hast du mit diesem Fall am Hut?«

Dann trank ich aus, um mir eine Antwort auf diese Frage zu holen.

7.

Vor langer Zeit hatte ich Wolfram Steinitz als Freund betrachtet. Aber damals hatte ich zu viel getrunken und zu wenig über mich und andere gewusst. Jetzt betrachtete ich ihn in guten Momenten manchmal als Kollegen und war ansonsten froh darüber, dass wir uns nicht gar zu häufig über den Weg liefen.

Seit ich ihn kannte, wohnte er in einer engen Zwei-Zimmer-Wohnung in der Arnoldstraße in Ottensen. Wie ich hatte er sein Büro zu Hause, anders als bei mir war sein Büro der pure Bluff. Ich nahm ein Taxi und vergaß diesmal nicht, mir eine Quittung geben zu lassen. Ich bereute, dass ich mein Auto in Eppendorf hinterlassen hatte, und den Whisky bereute ich auch. Eine innere Stimme riet mir, in den kommenden Stunden klaren Kopf zu bewahren. Und meinte, ich würde meine Karre sicher bitter vermissen.

Eine Frau öffnete mir die Tür. Vor einigen Monaten hatten Chemikalien aus ihr eine Blondine gemacht, jetzt aber standen die schwarzen Haaransätze dicht an dicht neben dem rosa Mittelscheitel und verrieten alles. Ihr brauner Blick schwamm still in einer kräftigen Alkohollösung, er wusste offenbar nicht so recht, wo er hinwollte, am Ende jedoch machte er sich an meinem Kinn fest. Die Frau trat zuvorkommend zwei Schritte auf mich zu, und ich konnte sie gerade noch auffangen, als sie vornüberkippte, während sie sich gleichzeitig nach meinem Begehr erkundigte. Ich legte sie in der engen Diele auf den Boden und beschwerte sie nicht weiter mit unbegreiflichen Mitteilungen.

»Was war das denn für ein Arsch?« Wolfram saß mit dem Rücken zu mir auf dem Sofa und starrte in die Glotze. In der linken Hand hielt er eine Dose Astra, in der rechten die Fernbedienung. Sein rotglühender Nacken wies darauf hin, dass er sich der richtigen Bettschwere näherte. In der Glotze gab es eine Talk-Show, eine Frau in einem grünen Pullover erzählte einem Mann in glitzerndem Kraftspielwams, dass Junkies so seien wie wir alle, nur noch ein wenig verzweifelter.

»Das waren nur die Zeugen Jehovas«, sagte ich. »Mit der neuesten Nummer des Wachtturms.«

Wolfram fuhr so heftig herum, dass sein Bier aufspritzte, zugleich sprengte, jetzt auf SAT. 1, John Wayne hoch zu Ross seiner Wege.

»Vic! Was zum Henker!« Wolfram lächelte benebelt und legte die Fernbedienung weg. Er hatte sich seit einer Woche nicht mehr rasiert und zweifellos seit der letzten Spaghettischlacht mit der Dame auch nicht mehr sein Hemd gewechselt. Er sah zum Kotzen aus, aber das war sein Problem.

Ich sagte: »Ich habe sie draußen abgesetzt. Sie wollte gerade die Treppe runterfallen, aber ich habe sie lieber wieder mitgebracht.«

Er schien mir nicht besonders dankbar zu sein. Er schnitt nur eine Grimasse und griff nach seinen Gauloises. Ich gab ihm Feuer. »Lange nicht mehr gesehen.«

Er zog an seiner Fluppe, dass seine Bronchien aufheulten, und nickte zustimmend. In der Glotze schnappte John W. sich einen bösen Buben und warf ihn durch die geschlossene Glastür kopfüber auf die staubige Straße.

»Setz dich!«, sagte Wolfram und fegte einen Stapel Softpornos vom versifften Sofa. Die Pornos klatschten auf den Linoleumboden, dass die Titten nur so wackelten. Ich setzte mich. »Muss dich nur schnell was fragen, Wolfi. Es geht um einen Fall.«

Er nickte und trennte sich für eine Sekunde von seiner Bierdose. »Kannst du dir das denn leisten, Vic?«

Ich zeigte ihm die Quittung, die ich in Frau Jenkels Tasche gefunden hatte. Sie lautete auf »DM 2000,- für ausgeführten Auftrag« und war mit »W. Steinitz« unterzeichnet. Und dann auch noch blau abgestempelt.

»Ich hätte nicht gedacht, dass feine Damen wie Frau Jenkel in dein Ressort fallen«, sagte ich. Und das taten sie auch nicht. Wolfram verdiente seinen Lebensunterhalt vor allem damit, dass er auf böse Buben aufpasste, mit denen noch bösere Buben ein Hühnchen zu rupfen hatten.

Er warf einen gleichgültigen Blick auf die Quittung und fragte: »Wo hast du die denn her?«

»Hab ich geklaut«, sagte ich.

Er lächelte und schaute in Richtung Diele, wo die Frau inzwischen in heftige Verfluchungen der nervenden Newtonschen Gesetze verfallen war.

»Das kleine Arschloch«, sagte er, ohne genauer zu erklären, ob damit Frau Jenkel oder die Dame in der Diele gemeint war. Ich nahm mir eine Zigarette. »Auf dieser Quittung fehlt das Datum.«

»Letzten Sommer. Genau weiß ich das nicht mehr. Was willst du von ihr?«

»Keine Ahnung. Was wollte sie von dir?«

Er stand auf und wackelte zur Küche, während seine riesige Pranke aus der leeren Bierdose einen kleinen Blechball formte. »Möchtest du ein Bier?«

»Nein. Kaffee, wenn das geht.«

Ich hörte, wie er im Kühlschrank herumwühlte und wie er dann Wasser in die Kaffeemaschine einlaufen ließ. Die ehemalige Blondine kroch zielstrebig aufs Schlafzimmer zu und verfluchte zur Abwechslung die Mutter Gottes.

Wolfram kehrte zurück, und die Kaffeemaschine in der Küche röchelte und gurgelte drauflos. Mit effektivem Feuerwehrgriff lud er sich die Frau auf die Schulter und schaffte sie ins Schlafzimmer. Ich war durchaus beeindruckt von der Tatsache, dass er dabei nicht einmal die volle Bierdose weggestellt hatte. »Das Übliche«, sagte er. »Diese Leute sind einfach bescheuert, aber das weißt du ja. Wollte ›Gewißheit‹, wie sie sich ausgedrückt hat. Aber sie wusste es doch schon.«

»Was denn?«

»Dass ihr Alter noch andere bediente, und zwar sehr pflichtbewusst.«

»Redest du von Henning Jenkel?«

»Kann schon sein, dass er so hieß. Er hat auf mich keinen weiteren Eindruck gemacht, um das mal so zu sagen.«

»Aber bei den Mädels war das anders?«

Wolfram setzte sich und goss Bier in sich hinein. Er blickte mich mit einem Hauch von Interesse an. »Hat sie dich angeheuert?« »Nein. Sie ist nur eine Nebenfigur.«

Er nickte und versuchte, ein nachdenkliches Gesicht zu machen. »Ich mag solche Jobs eigentlich nicht«, sagte er. »Die sind doch beknackt. Das hier war eine Ausnahme. Und saueinfach.«

»Ich wusste nicht, dass du auf Rotschöpfe stehst.« Ich warf einen Blick in Richtung Schlafzimmer. Die Ex-Blondine hatte sich inzwischen aufs Kotzen verlegt.

»Ach, Hannchen«, sagte Wolfram und leerte die Bierdose, zerdrückte sie zärtlich und ließ sie auf den Tisch fallen. »Ich war verrückt nach ihr. Jahrelang war ich verrückt nach ihr.«

»Du kennst sie schon lange?«

»Zement mal.« Er ging in die Küche, holte einen Eimer und verschwand im Schlafzimmer. John Wayne hatte inzwischen in der kleinen Stadt Ordnung geschaffen. Ich hörte, wie Wolfram beruhigend auf seine Liebste einredete und dabei Schubladen öffnete und wieder zuschob.

Dann brachte er ein ziemlich großes, gerahmtes Schwarz-Weiß-Foto. »Hier sind wir. Die 6 b der Jahnschule. Na, kannst du mich erkennen? Und auch Hanna?«

Wolfram fand ich sofort. Ein übellauniger Fettsack in der ersten Reihe, der scheinbar gerade auf den Fotografen losgehen wollte. Auch Hanna Jenkel, damals noch Grimm, machte keinerlei Probleme. Sie strahlte schon als Zwölfjährige denselben strengen Ernst aus wie auf den Fotos, die ich in Anna Graafens Wohnung gefunden hatte. Sie hatte lange und vermutlich auch rote Haare, das verriet das Schwarz-Weiß-Foto nicht so genau. Sie trug ein geblümtes Kleid und Kniestrümpfe, auf ihren Schultern sah ich die Tornisterriemen. Aber auf ihren Schultern war noch etwas anderes zu sehen, zwei Mädchenarme, einer von rechts, einer von links. Sie bildete den Mittelpunkt in einem Trio.

»Lass mich raten«, sagte ich und ließ meinen rechten Zeigefingernagel von einem lächelnden Mädchengesicht zum anderen wandern. »Die beiden neben ihr sind Astrid und Anna, nicht wahr?«

»Richtig. Die drei Grazien, so wurden sie damals genannt. Sie waren unzertrennlich.« Er steckte sich eine Zigarette an. »Deshalb war sie ja so stocksauer.«

Ich schaute ihn an, und so langsam ging mir ein Kronleuchter auf. »Du meinst, dass Astrid und Anna ...«

»Sich mit ihrem Kerl eingelassen hatten, ja. Seine anderen Seitensprünge waren ihr schnurz, sie wollte nur wissen, ob er es wirklich mit ihren beiden besten Freundinnen trieb.«

»Und den Beweis hast du ihr verschafft?«

»Aber sicher. Wie gesagt, das war ein Kinderspiel.«

»Und wie hat sie reagiert, als sie Gewissheit hatte?«

Er zuckte mit den Schultern. »Kann ich nicht sagen. Sie ist schon eine seltsame Frau, Vic. Ich weiß einfach nicht, was in ihr vorgeht. Das hat mich schon damals frustriert. Aber jetzt ist es nicht mehr so wichtig.«

Ich nickte und ließ meinen Blick über die anderen Gesichter auf dem Foto gleiten. Eifrige Kindergesichter, auf dem Sprung ins Leben, Lehrer und Lehrerin, die danebenstanden, schienen sie nur mit Mühe für das Bild im Zaum halten zu können.

Wolfram war meinem Blick gefolgt. »Die alte Frau Hoffmann-Krayer«, sagte er und zeigte mit seiner Zigarette auf die Lehrerin. »Na ja, damals war sie sicher noch nicht so alt, aber uns kam sie vor wie eine Greisin.« Er lächelte, und seine Stimme klang so sanft, wie ich das noch nie gehört hatte. »Sie war schon eine tolle Frau, Vic. Auf diesem Bild sieht sie streng aus, aber sie hat dem jungen Steinitz mehr Chancen gegeben, als er verdient hatte.«

»Und der Herr dahinten?« Ich zeigte auf einen Mann mittleren Alters, der einen dunklen Anzug und ein weißes Hemd trug. Seine Fliege hing schief, sein Mund war so gerade wie sein schmaler Schnurrbart. Sein Blick schien Steine zermalmen zu können.

»Unser Mathelehrer«, sagte Wolfram und verschluckte sich mächtig am Rauch seiner Zigarette. »Clas Broder Palézieux hieß er. Wir haben ihn ebenso innig gehasst, wie wir Frau Hoffmann-Krayer geliebt haben. Er ist schon vor vielen Jahren an Krebs gestorben.«

8.

Etwa eine halbe Sekunde vor sieben drückte ich ganz leicht mit dem Zeigefinger auf Astrid Maria Dabes Klingelknopf. Ich hatte mich wirklich dazu zwingen müssen, nicht mitten in der Nacht bei ihr Sturm zu läuten. Die meisten Menschen machen nachts ganz einfach nicht auf; Klingelei am frühen Morgen dagegen kann einen Expressbrief oder den unerwarteten Besuch des Schornsteinfegers bedeuten.

Dabe war einwandfrei kein Morgenmuffel, denn schon nach wenigen Sekunden hörte ich einen Summton, und der bedeutete, dass sie auf einen

Knopf drückte, der die Haustür öffnen sollte. Ich ging ins Haus und schloss hinter mir die Tür. Dann stieg ich die Treppen zum dritten Stock hoch und hielt mich dabei ganz dicht an der Wand. Sie sollte mich nicht sehen können, falls sie neugierig war und oben über dem Geländer hing.

Aber sie war nicht von der neugierigen Sorte. Ihre Tür war angelehnt, wahrscheinlich zog sie sich in aller Eile an. Ich spazierte in ihre Diele und trat die Tür hinter mir zu.

Und stand endlich Astrid Maria Dabe von Angesicht zu Angesicht gegenüber.

Sie trug Jeans und eine weiße Bluse, zu Socken und Schuhen hatte die Zeit nicht gereicht. Ihre rotlackierten Zehennägel bildeten einen scharfen Kontrast zu dem grünen Teppichboden. Ihre Haare waren blond und ungekämmt, ihre Augen verquollen, aus Schlafmangel oder weil sie geweint hatte, was wusste denn ich. Natürlich fragte sie mich, wer zum Henker ich denn sei, und wich automatisch in Richtung eines weißen Telefons zurück, das hinter ihr auf einem Stuhl stand.

Ich nannte meinen Namen. Und erzählte von meinem abscheulichen Metier. Dann gab ich ihr noch die Nummer der Polizei, vielleicht wusste sie die ja nicht auswendig.

Ihre schlanke Hand blieb für einen Moment auf dem Hörer liegen, dann zog sie sie zurück und ging ins Nebenzimmer. Ich folgte und sah, dass es sich dabei um die Küche handelte. Frau Dabe stand am Fenster und schaute in den Hinterhof hinunter. »Und jetzt?«, fragte sie.

Ich trat dicht an sie heran, ich hätte gern ihren gebeugten Nacken berührt, er kam mir so verletzlich und hilflos vor, ich wollte meinen Zeigefinger von ihrem Haaransatz bis zum Kragen ihrer weißen Bluse wandern lassen. Stattdessen schaute ich über ihre rechte Schulter hinweg in den Hinterhof. Eine graue Katze stolzierte über den Zaun zum Nachbarhof und schaute dabei interessiert zwei Tauben hinterher.

»Jetzt fahren wir in den Schwanenwik«, sagte ich.

Sie drehte sich um und sah mich an. Lange. Sie hatte schöne Augen. Das hatten die Fotos nicht gezeigt.

»Ja«, sagte sie nur.

Unterwegs wechselten wir nicht ein einziges Wort. Ich fuhr am Dammtor vorbei, dieselbe Straße, auf der ich vor bald vierundzwanzig Stunden zu Herbert gelangt war. Jetzt fuhr ich mit einer fremden Frau und einem seltsamen Druck in der Brust in die Gegenrichtung.

Im Kopf hatte ich ein ziemlich klares Bild davon, was mit den einzelnen Personen geschehen war. Sie taten mir leid. Die ganze Welt tat mir leid, und außerdem war ich hundemüde. Ab und zu schaute ich zu Dabe hinüber, aber sie blickte in eine andere Richtung. Sie starrte vor sich hin, durch die regennasse Windschutzscheibe, durch den strömenden Regen, durch Menschen, Häuser und Autos. Ich hätte gern gewusst, ob das Land, in das sie hineinblickte, aus wechselnden Farben und wunderschöner Sphärenmusik bestand, aber solche Fragen stellt man HIV-Infizierten nun einmal nicht. Vor einer Ampel zündete ich mir eine Zigarette an, drückte sie aber sofort wieder aus, als Dabe die Augen zukniff, um sie vor der grauen Wolke zu schützen, die aus meinen Nasenlöchern quoll.

Die Außenalster lag grau und düster auf unserer linken Seite, als wir auf den Schwanenwik und die kleine Seitenstraße zuhielten, in der die Jenkels residierten. Auf der windgepeitschten Wasseroberfläche war nicht ein einziges Segel zu sehen, und auch keiner der wahnwitzigen Windsurfer, die sich sonst zu allen Jahres- und allen Tageszeiten hier herumtreiben. Am Ufer lieferten sich einsame Jogger einen Wettlauf mit sich selber, und dieser Anblick erfüllte mich aus unerfindlichen Gründen mit einem Gefühl von Wehmut, das mir bis hoch in den Hals stand. Schlafmangel, dachte ich. Du hättest dich erst eine Runde hinhauen sollen, ehe du mit zweimal Jenkel sprichst. Aber ich wollte diese Sache so schnell wie möglich hinter mich bringen, in Morpheus' Arme konnte ich mich dann immer noch fallen lassen.

Ich hielt vor dem dreistöckigen Wohnhaus, das Hanna Jenkels Ausweis als ihre Adresse genannt hatte.

»Bist du so weit?«, fragte ich und steckte meine Zigarette noch einmal an. »Hier ist es doch, nicht wahr?«

»Hanna«, sagte sie mit brüchiger Stimme. »Und Henning. Hier wohnen sie.«

Sie wirkte total gleichgültig.

»Komm!«, sagte ich.

Ich musste ihr die Tür öffnen. Und sie aus dem Wagen ziehen.

Henning Jenkel öffnete die Tür. Er stand breit und selbstsicher in der Türöffnung, mit einer dampfenden Kaffeetasse in der einen Hand und einer qualmenden Zigarette im rechten Mundwinkel.

»Astrid!« Seine gelassene Miene war gleich weniger gelassen, als er sah, wie fertig sie war. Als er mich erblickte, verlor er erst recht den festen Boden unter den Füßen. »Sie schon wieder!« Er wandte sich wieder an Astrid. »Hat das irgendwas mit Hannas Tasche zu tun? Sie waren doch gestern Abend im Celius, oder?«

»Sicher«, sagte ich. »Wenn wir schon hier im Gang stehen bleiben müssen, dann hol zumindest für Frau Dabe einen Kaffee. Ich glaube, den braucht sie jetzt.«

Er winkte uns in die Wohnung und ging voran in die Küche, die einen prachtvollen Blick auf die Alster bot. Eine große moderne Küche jener Sorte, von der ich höchstens träumen konnte. Ich stellte mir vor, was es für ein Gefühl sein mochte, nach einer Sumpfnacht zu erwachen, auf die weiße Kaffeemaschine auf dem weißen Tisch zuzustapfen, sich ans Fenster zu setzen und die Enten unten auf dem sommerblanken Wasserspiegel zu beobachten. Unter solchen Bedingungen musste ein Kater doch das reine Vergnügen sein.

Auf einem Küchenstuhl neben dem Tisch saß Hanna Jenkel und bestrich eine Scheibe Toast mit Orangenmarmelade. Sie schaute überrascht auf, ihr Mund öffnete sich, aber sie brachte keinen Laut heraus.

»Setz dich, Astrid«, sagte Henning Jenkel und zog einen Stuhl unter dem Tisch hervor. »Ist irgendwas passiert?«

Astrid Dabe setzte sich, sagte aber nicht, ob etwas passiert sei. Das war auch nicht nötig, schließlich fing sie lautlos an zu weinen.

»Himmel.« Jenkel war offenbar an weinende Frauen nicht gewöhnt.

Ich ging zu dem offenen Schrank und nahm zwei Becher heraus. Dann füllte ich sie aus der knallweißen Kaffeemaschine bis an den Rand und schob einen zu Astrid hinüber.

Und das reichte, um Jenkel in die Luft zu jagen. Bei unsicheren Männern ist das oft so.

»Würden Sie uns jetzt bitte eine Erklärung liefern? Und wieso zum Teufel bedienen Sie sich hier einfach in meinem Haus?« Ich trank erst einmal einen Schluck von dem glühendheißen Kaffee und stellte die Tasse dann auf den Tisch. Dann nahm ich mir einen Stuhl, ehe ich Henning Jenkel eine scheuerte und mich setzte. Offenbar war ich auch ein wenig unsicher.

»Wir haben nicht viel Zeit«, sagte ich und betrachtete sein verdutztes Gesicht. Das hatte er in »seinem« Haus offenbar noch nie erlebt. Und Hanna ging es auch nicht anders. Sie hatte wieder ihr verdammtes Steinbrechergesicht aufgesetzt. Astrid Dabe weinte noch immer lautlos und hatte ihren Kaffee nicht angerührt.

»Ich war gestern Abend bei Anna Graafen«, sagte ich und registrierte, dass alle drei bei diesem Namen zusammenzuckten. »Und ein netter Besuch war das nicht gerade. Ich musste mich ebenso selber bedienen wie hier. Nicht, weil die Gastgeberin ebenso unhöflich gewesen wäre wie Sie, Frau Jenkel, sondern weil jemand ihr mit einem Kristallwürfel den Schädel eingeschlagen hatte.«

»WAS!« Das war Henning Jenkel. Er ließ sich auf einen Stuhl fallen und griff nach einer Packung Prince. »WAS!?«

Hannas Blick hatte sich verändert, aber ich wusste nicht, wie ich ihn deuten sollte. Ich nahm an, dass sich dahinter ein Gutteil Trotz versteckte.

»Tot?«, fragte sie.

»Ja«, antwortete ich. »Ohne Hinterkopf können wir nun einmal nicht leben, Frau Jenkel.«

Ich drehte mich zu ihrem Gatten um. »Seien Sie froh, dass nicht Sie sie gefunden haben. Verdammt scheußlicher Anblick, das kann ich Ihnen sagen. Aber ich war nun einmal früher da. Über zwei Stunden sogar.«

Er sah mich nicht an. Sondern seine Frau. Und sie ihn. Sie hatte Hass und Verachtung wiedergefunden. »Ich habe Sie vom Fenster aus gesehen«, sagte ich.

»Ja, ich war da, aber ich wollte nur ...«

»Halt die Klappe, Henning!«, fauchte Hanna Jenkel. »Kapierst du nicht, dass das ein Mordfall ist. Und dass du darin verwickelt werden kannst ...«

»Das sind Sie ohnehin alle drei«, sagte ich. »Und die Polizei wird Sie sicher mit der Pinzette zerpflücken, um herauszufinden, wer Anna erschlagen hat.«

»Wenn dieser verdammte Schnüffler uns nicht was vom Pferd erzählt, dann solltest du einen Anwalt anrufen, Henning«, sagte Hanna. »Und zwar sofort.«

»Richtig«, sagte ich. »Aber warte doch einfach noch zwei Minuten und hör mir solange zu. Dann kannst du deinem Anwalt auch mehr erzählen.«

»Ich hab Anna doch nicht umgebracht, zum Teufel!«, schrie Henning. »Das ... das ist doch total absurd! Ich ...«

»Darüber lässt sich diskutieren«, sagte ich. »Aber natürlich hast nicht du mit dem Kristallwürfel zugelangt.«

»Aber Sie kennen vielleicht die Wahrheit, Sie Detektiv?«, fragte Hanna. Ihre Hände zitterten, als sie die Kaffeetasse hob, und sie war absolut nicht so hart im Nehmen, wie ihre Stimme sich anhörte.

»Ja«, sagte ich. »Ich glaube schon. Die Wahrheit ist leider ausgesprochen ekelhaft, aber sie muss ans Licht. Von mir aus könnt ihr machen, was ihr wollt, wenn in einigen Stunden die Polizei hier anrückt, im Grunde spielt das keine Rolle mehr.«

»WER HAT ANNA UMGEBRACHT?«, schrie Henning. »Jetzt spuck doch endlich aus, Mann!«

»Astrid Maria Dabe«, spuckte ich.

Astrid hörte auf zu weinen und starrte mit dem verträumten Blick vor sich hin, den ich schon von der Herfahrt kannte. Ich fragte mich inzwischen, ob sie noch klar bei Verstand war.

»Das ... das ist doch der pure Wahnwitz!«, sagte Hanna. Zum ersten Mal warf ihre Fassade Risse, ihre Lippen bebten, sie hatte Tränen in den Augen.

»Ja«, sagte ich. »Wahnwitz. Das Ganze ist ein krankhaftes Schauspiel, und ich weiß wirklich nicht, wer von euch die widerlichste Rolle gespielt hat.«

Ich zündete mir am Stummel der alten eine neue Zigarette an und schenkte mir Kaffee nach. »Es waren einmal drei Busenfreundinnen«, sagte ich. »Sie gingen durch dick und dünn, und sie teilten ihre Geheimnisse und Erfahrungen miteinander. Drei kleine Mädels, die einander auf dem Schulhof um den Hals hingen und zu drei erwachsenen Frauen wurden, die gemeinsam in die gefährlichen neunziger Jahre hineinwanderten. Eine heiratete den feschen und erfolgreichen Henning, die anderen blieben ledig.«

»Jetzt hör doch bloß mit diesem Scheiß auf«, sagte Henning.

»Von mir aus«, sagte ich. »Wenden wir uns also der Tatsache zu, dass du gleichzeitig sowohl mit Anna Graafen als auch mit Astrid Dabe ein Techtelmechtel vom Zaun gebrochen hast. Mit den besten Freundinnen deiner Frau. Schön bescheuert von dir. Du hättest dich an deine übrigen willigen Bewunderinnen halten sollen.«

»Ich ...«

»Lass ihn reden«, fiel Hanna ihm ins Wort.

»Tut mir leid, Jenkel«, sagte ich und betrachtete meinen Kaffee.

»Du bist nur ein schnöder geiler Trottel, und ich bin weiß Gott auch schon so blöd gewesen wie du ... aber vor einigen Monaten hat Astrid Dabe erfahren, dass sie HIV-infiziert ist.«

Ihm fiel das Kinn herunter, und er wurde blass, leichenblass.

»Später«, sagte ich, »kam die Reihe dann an Anna Graafen.«

Sein Kinn konnte nicht weiter nach unten kippen, und seine Gesichtsfarbe konnte auch nicht ungesunder aussehen. Er sah so aus, als habe ein Stümper ihn ausgestopft.

Die beiden Frauen schwiegen. Und starrten die Tischplatte an. »Astrid und Anna hatten die ganze Zeit Hanna gegenüber ein schlechtes Gewissen«, sagte ich. »Das glaube ich zumindest. Ohne ihre Krankheit wären sie vielleicht ganz einfach ausgestiegen, und über die ganze Kiste wäre Gras gewachsen. Aber als HIV-Infizierte blieben ihnen nicht viele Wege für einen ehrenhaften Rückzug offen. Vor allem, da nur Herr Henning Jenkel die Infektionsquelle sein konnte.«

Ich dachte an Clas Broder Palézieux und ließ es bei diesem freundlichen Gedenken. Wenn ich ihn erwähnte, würde ich Herbert bloßstellen, und das wollte ich nicht. Zwei Freundinnen erfinden einen Sündenbock, dachte ich. Der verhasste Mathelehrer musste Henning Jenkels Rolle übernehmen.

»Das kann ich einfach nicht glauben«, sagte er leise.

»Was du glaubst oder nicht, spielt keine Rolle«, sagte ich. »Aber die beiden Frauen konnten dir gegenüber einfach nicht auspacken, denn dann hätten sie sich als Teilnehmerinnen an einem Sexkomplott geoutet, das indirekt auch Hannas Leben bedrohte. Das Doppelspiel hinter Hannas Rücken hat ihnen vermutlich Gewissensbisse genug gemacht, dass jetzt auch noch Aids mit im Spiel war, war einfach zu viel. Deshalb haben sie den Kontakt zu dir abgebrochen und sich in ihre Schneckenhäuser zurückgezogen.«

Alles schwieg. Ich ließ ihnen Zeit. Und mir auch. Dann sagte ich: »Ich glaube, du hast Anna umgebracht, weil sie dieses Wissen nicht mehr für sich behalten wollte, Astrid. Ich glaube, sie wollte zu Hanna gehen und die Karten auf den Tisch legen. Ich glaube, ihr habt euch gestritten, und ich glaube, du hast dabei zugeschlagen – aus lauter Verzweiflung!«

Astrid ließ ihren Zeigefinger an der Kante ihres Bechers entlangwandern. »Ja«, sagte sie. »So war das.«

»Die meisten Morde sind total sinnlos«, sagte ich. »Dieser auch.« Sie blickte mich fragend an, und ich drehte mich zu Hanna um. Dann sagte ich mit aller Rücksichtnahme, zu der ich überhaupt fähig war: »Es gab überhaupt kein Geheimnis. Kein Gemunkel hinter Hannas Rücken.«

Hanna Jenkel fuhr zusammen.

Henning und Astrid schauten mich fragend an.

»Hanna hat das Virus eingeschleppt«, sagte ich. »Und sie hat es an euch alle weitergereicht. Bewusst. Herrgott, was muss sie euch gehasst haben!«

Hanna sagte kein Wort, ihr Mund war wie mit sieben Siegeln verschlossen.

»Der Autounfall«, sagte ich. »in Frankreich. Ein Auto mit vier Insassen stößt mit einem Motorrad zusammen. Ein Blutbad. Zwei auf der Stelle tot, zwei schwer verletzt. Hanna Jenkel war eine davon, die andere war die Französin Murielle Peyrac. Hanna muss das Gefühl gehabt haben, das Leben sei ihr neu geschenkt worden, als es ihr endlich besserging. Und dann muss die Welt für sie eingestürzt sein, als einige Monate später Murielles Brief kam.«

»Die Tasche«, sagte Hanna tonlos. »Du warst das.«

Ich achtete nicht weiter auf sie, sondern wandte mich an die anderen. »Murielle hatte Aids. Das stellte sich heraus, als sie langsam wieder auf die Beine kam. Und Hannas schwer misshandelter Arm war doch von Murielles Rippen fast zersägt worden. Wie gesagt, ein Blutbad.«

»Großer Gott!«, sagte Henning. »Hanna! Wer hat hier eigentlich den Verstand verloren – du oder dieser Mann?«

Ich sah Astrid Dabe an, die nun wieder in Trance versunken war, und ich dachte, dass wir vielleicht allesamt auf irgendeine Weise den Verstand verloren hatten. Ich fühlte mich jedenfalls nicht so toll.

Hanna Jenkel sagte: »Er hat recht, Henning. Ich habe euch gehasst. Alle drei. Deine anderen Frauengeschichten konnte ich noch ertragen, aber nicht diese verdammte Gemeinheit von euch dreien, die mir doch eigentlich ... am nächsten stehen sollten. Ich hatte das nicht so genau geplant, aber es stimmt, ihr wart mir scheißegal, als ich ...«

»... als du Bescheid über die drei kleinen Schweinchen wusstest«, sagte ich.

Sie nickte. »Ich hätte mir wohl besser einen anderen Detektiv suchen sollen als Wolfram Steinitz.«

Ja, dachte ich. Aber es hatte sicher keinen Zweck, ihr zu erzählen, wie schlecht diese Wahl wirklich gewesen war.

Eigentlich hatte es überhaupt keinen Zweck, den dreien noch mehr zu erzählen. Ich betrachtete diesen Fall als abgeschlossen, jetzt, wo ich Henning Jenkel alias Clas Broder Palézieux auf die Idee gebracht hatte, einen Arzt aufzusuchen. Außerdem war mir inzwischen ziemlich schlecht, und ich trank meinen Kaffee nicht mehr aus, sondern erhob mich und packte meine Zigaretten ein.

Alle drei schwiegen, als ich ging. Und als ich hinter mir die Tür schloss, dachte ich, dass auch nach meinem Verschwinden nicht viel gesagt werden würde. In der Wohnung saßen drei Menschen, die keine Gemeinsamkeiten hatten außer der bedrückenden Gewissheit eines möglicherweise baldigen Todes. Die Polizei würde das alles vielleicht anders sehen, vermutlich würde sie mit Hinblick auf Anna Graafens eingeschlagenen Schädel eine gewisse Mitteilsamkeit verlangen – aber ich hoffte, dass mich das alles nichts mehr angehen würde.

Ehe ich losfuhr, nahm ich Hanna Jenkels Tasche aus dem Wagen und warf sie ins Treppenhaus. Dann drehte ich den Zündschlüssel um und peilte St. Georg, mein Büro und meine Wohnung an. Ich dachte an mein versifftes, aber wunderbares Schlafzimmer mit dem schmalen Einsiedlerbett – und ich fragte mich, ob ich wohl wieder vom Tod träumen würde.

Aus dem Norwegischen von Gabriele Haefs

BIRGIT LOHMEYER (BIRGIT H. HÖLSCHER)

Süßer Sumpf

Sie taumelt.

Direkt neben ihrem Ohr sein Atem. Unfassbares Entsetzen. Sie hebt die Arme schützend empor, knickt mit den Beinen ein. Sein massiver Oberkörper verdunkelt ihr gesamtes Gesichtsfeld. Sie hört sein Keuchen, spürt die eigene, lähmende Panik. Ihr Kopf wird zurückgerissen, die Kehle stramm gespannt. Er schiebt sie mit den Beinen rückwärts, ihre nackten Füße schleifen über den kalten Flurboden.

Der Druck auf ihren Kehlkopf verstärkt sich unaufhaltsam, wird unerträglich. Luft, sie braucht Luft! Ihre Hände finden ihren Hals, das straff gespannte Tuch, reißen an den großen Männerfäusten. Die Seide gräbt sich immer tiefer in ihre Haut. Kratzen, Zerren. Ihre Fingernägel splittern, doch sein Griff lockert sich nicht. Todesangst überschwemmt sie, löscht alles andere aus. Ewigkeiten scheinen zu vergehen. In ihrer Schläfe pocht ihr Leben. Sie reißt die Augen weiter auf, sieht nichts.

Rot, alles ist rot.

Die Verzweiflung rauscht in ihren Ohren. Sie stemmt die Füße auf den Boden, fühlt die heiße Panik ihren Leib durchfluten. Ihr Schädel klingelt ... Alarm, das sind Alarmsirenen ... Ohne, dass sie es merkt, sinken ihre Hände herab. Den Bruchteil einer Sekunde lang riecht sie sein Rasierwasser.

Dann nichts mehr.

Sie ist blind.

Es strömt ihr warm die Beine hinab. Ein grenzenloser Abgrund öffnet sich vor ihr, unter ihr. Stumpf und schwarz wie Samt. Jegliches Gefühl verlässt sie, stumm sinkt ihr Körper auf den nackten Beton. Das Letzte, was sie wahrnimmt, sind Bluesakkorde, die aus der Ferne heranwehen.

* * *

»Ha-ess-vau, Ha-ess-vau!« Wie eine Schlechtwetterfront näherte sich das mühsam artikulierte Grölen dem *Full House*. Dann tauchte der Trupp, Bierdosen und Fahnen in die Höhe gereckt, am rechten Rand des Kneipenfensters auf, stürmte wie auf einer imaginären Bühne nach links vorbei die Friedrichstraße entlang. Dumpf blickende, purpurn unterlaufene Augen, aufgerissene Münder, Mützen und Schals in Vereinsfarben. Blauweißschwarzer Wahnsinn. Die Stammgäste am Tresen des *Full House* nickten, über die Köpfe der anderen Gäste hinweg, wissend in Richtung der sogleich zu erwartenden Fortsetzung des Schauspiels und hoben zuvor noch mal die Schnäpse an die Lippen. Und richtig, da kam schon die Schar der Grünen herangaloppiert. Junge, blasse Gesichter unter den Plastikvisieren, die Stöcke noch am Gürtel, schwere Stiefel polterten über das Kopfsteinpflaster. Bereitschaftspolizei, die bei jedem Heimspiel des HSV den Hans-Albers-Platz und die umliegenden Straßen abriegelte. Doch die Zeiten, in denen dieser Aufmarsch der Gesetzeshüter ironischerweise dem Schutz der Hafenstraßenbesetzer vor den Hooligans galt, waren vorbei. Die Hafenstraße war befriedet, die Bewohner waren älter und ruhiger geworden, lebten kaum anders als die sogenannten Normalbürger und ließen sich nicht mehr so leicht provozieren. Heute schützte die Polizei Passanten und Kiezgastronomie vor den marodierenden Fußballrowdys und verteidigte vor allem die Staatsräson. Die Maxime *Ruhe ist die erste Bürgerpflicht* gilt zwar auf St. Pauli seit jeher nur sehr bedingt, aber wer so abgefüllt ist, dass er nichts mehr verzehrt, sondern nur noch Randale sucht, ist schlecht für das Geschäft.

»Ja logo, Adnan. Ich weiß, dass du jetzt seit einer Woche darauf wartest. ... Klar, hab ich's im Griff. Ich mach keinen Scheiß. Du kannst dich drauf verlassen ... Nein, nein, das geht klar, wenn ich's doch sage. ... Was? Nein, unmöglich. Du weißt doch, was sonnabends hier los ist. Außerdem hab ich's nicht hier. Montag, spätestens Dienstagfrüh ... Adnan?«

Tommes, seit drei Jahren Inhaber des *Full House*, schüttelte den Kopf, wischte sich den Schweiß von der Stirn und steckte das Handy zurück an den Gürtel. Diese Scheiß-Kohle! Die Kneipe war, ebenso wie Paola und Chris, die für ihn vor dem Laden anschafften, nicht unbedingt ein Zuschussgeschäft, aber mehr als ein BMW-Cabrio, das Reihenhaus in Farmsen und am Abend ein paar Linien Freudenpulver kam dabei nicht heraus. Das Leben war einfach zu teuer und die Kneipe selten so gut besucht, dass sie ihrem Namen Ehre machte. Deshalb hatte er seine Finger noch in diversen Sachen, wie zum Beispiel dem Verteilerjob für Adnan, bei dem er zur Zeit haushoch in der Kreide stand.

Tommes schloss die Küchentür und postierte sich wieder hinter der Theke. Während er Schnapsgläser spülte, grübelte er, wie er die Neuntausend so schnell auftreiben sollte. Wäre er vorgestern nur nicht zum Zocken nach Travemünde gefahren. Aber es hatte ihn eben gejuckt. Dagegen war er machtlos. Wenn's juckt, musste man sich kratzen. Ne Pechsträhne war eben Risiko. Nur würde sich Adnan nicht mehr lange hinhalten lassen, das war klar. Der war knallhart, verstand in der Hinsicht überhaupt keinen Spaß.

Tommes schob die goldgefasste Pilotenbrille die Nase hinauf und betrachtete den schlaksigen Gitarristen der Hausband, der gerade eine neue Saite auf sein Instrument aufzog. Zumindest sonnabends brummte der Laden jetzt. Seit zwei Monaten spielten *Dollar Bill and the Big Spenders* an jedem Sonnabend ihre verschrobenen Versionen alter Rhythm & Blues-Klassiker und andere skurrile Coverversionen im *Full House*. Waren einfach eines Abend hereingeschneit und hatten gefragt, ob sie bei ihm auftreten dürften. Tommes hatte ein Faible für Livemusik, seit er als Jugendlicher so manche Nacht im *Onkel Pö* versumpft war. So etwas wie das *Pö* gab es leider nicht mehr, die Überlebenden der damals auf der Bühne rockenden *Hamburger Szene* waren heute alkoholkranke Greise mit Profilneurose. Tommes' Ehrgeiz war es, aus dem *Full House* eine richtige Musikkneipe zu machen. Er gehörte auch mit Anfang sechzig noch nicht zum alten Eisen.

»Ha-ess-vauuu ...« Die vielstimmige, verzweifelte Anrufung des Fußballgottes, der Substanz in sinnentleertes Leben zu bringen schien, verklang um die Ecke in der Gerhardstraße. Ein Schwall nach Brauereihefe stinkender Frühlingsluft durchbrach den Kneipendunst. Der langhaarige Bassist und Bill, der amerikanische Bandleader, traten durch den mit künstlichen Feldsteinen auf Grotte getrimmten Eingangsbereich herein. Sie hatten vor der Tür die Polizeiposse beobachtet, während sie einen Joint teilten.

»It's showtime, folks.« Bill grinste und schnallte sich die alte Gibson um. Dann kletterte er auf das kleine Podest mit der bunt blinkenden Lichterkette und der verstaubten Spiegelkugel und baute seine Einsneunzig neben dem müden Klavier auf, das mindestens seit der Steinzeit hier zu stehen schien. Das Publikum schnatterte ungerührt weiter und kippte begeistert einen hausgepanschten *Sauren* nach dem anderen. Es waren vor allem Freunde der vier Musiker und eine Schar treuer Fans, für die der Auftritt der Band im *Full House* zu einem festen Punkt in ihrem Wochenendprogramm geworden war. In den Jungdesigner- und Kunststudentenkreisen des Schanzenviertels wurden *Dollar Bill and the Big Spenders* als kultiger Geheimtipp gehandelt. Immerhin war Bill waschechter Amerikaner, der außerdem noch seltsame Stierbilder malte, was der Band einen gewissen Originalitätsbonus verschaffte. Der schöne Schlagzeuger an seinem minimalistischen Drumkit zählte vier vor, der Bassmann hüpfte vergnügt auf der Stelle, und Bill schlug den ersten Akkord an.

Tommes beugte sich hinunter und schaltete die Rockmusik vom Band aus. Für einen Moment waren alle Stimmen zu laut, schrien sich die Gäste förmlich an.

»Gib mir schnell noch einen. Ein und ein.« Rotze, ein Stammgast aus dem Viertel, von dem niemand mehr wusste, dass er eigentlich Reinhard hieß, deutete auf sein leeres Schnapsglas und kippte sich den Rest aus seiner Bierflasche in den Mund. Tommes stellte ihm Bier und Schnaps vor die Nase, froh, dass die *Spenders* lautstark einsetzten und er um Rotzes Gerede herumkam. Zwar war er selbst einem lukrativen Nebenverdienst gegenüber nie abgeneigt, aber die zusammengesponnenen Pläne, die Rotze regelmäßig ausbaldowerte, waren nicht sein Ding. Da waren andere für weitaus gewieftere Dinger für Jahre eingefahren.

Tommes nickte Paola zu, die von draußen hereinkam und sich einen Weg durch die Menge bahnte, vorbei an mit den Füßen wippenden und kopfwackelnden Gestalten, die Klamotten trugen, die vor dreißig Jahren modern gewesen waren. Hässlich gemusterte Rollkragenpullis, Schlaghosen mit Blumenmustern, ausgebeulte blaue Adidasjacken. Den jungen Leuten fiel eben nichts mehr ein. Er ließ seinen Blick durch den überfüllten Laden wandern, ignorierte für ein paar Augenblicke einen Kerl mit dunkler Kassenbrille, der am rechten Ende des halbrunden Tresens verzweifelt nach Bedienung winkte. Bevor die Tür zu den Klos hinter Paola zufiel, erhaschte Tommes einen Blick auf ihre Arschgrübchen, die unter den hautengen Hotpants hervorgrinsten. Die Kleine hatte sich gemacht. Hatte sich vom verhuschten Vorstadtmäuschen zur abgebrühten, geschäftstüchtigen Profinutte gemausert. Sie machte keine Zicken, rechnete korrekt ab und war dankbar für jede seiner Aufmerksamkeiten. Neulich zum Beispiel, ihr Ausflug nach Helgoland. Noch Tage später hatte sie gute Laune gehabt. Ganz anders als Chris, auf die er anfangs so große Stücke gehalten hatte, dass er eine viel zu hohe Abstecke für sie gezahlt hatte. Über die Köpfe des zappelnden Publikums hinweg warf er einen Blick auf ihren silberblonden Schopf draußen vor den Fenstern. Sie sah aus wie ein Model, nur mit mehr Oberweite, war zwar ein bisschen doof, aber wenn sie den Mund nicht aufmachte eine imponierende Erscheinung. Wenn sie nur nicht so herumzicken würde. In letzter Zeit war sie ständig unzufrieden, geradezu aufsässig. Er hatte das Gefühl, sie hecke irgendwas aus. Weder die ausgiebige Shoppingtour, die er mit ihr gemacht hatte, noch die Abreibung, die sie gestern von ihm kassiert hatte, zeigten Wirkung. Er knüllte das Gläsertuch zusammen und pfefferte es neben das Spülbecken. Das würde er schon noch in den Griff kriegen, er ließ sich doch von einem Weib nicht auf dem Kopf herumtanzen. Als Paola vom Nasepudern zurückkam, schob er ihr einen *Kleinen Feigling* über den Tresen. Die übliche Stärkung der Mädels für den harten Job an der Bordsteinkante.

Rotze kneift die Augen zusammen. Die Zigarette im Mundwinkel hängen zu lassen sieht verdammt cool aus. Leider hat er noch immer nicht den Bogen raus, wie er dabei verhindern kann, dass das Ding in kürzester Zeit durchweicht. Er killt die feuchte Filterlose, indem er sie auf den Boden wirft und streicht das strähnige, halblange Haar zurück. Seit die Band jeden Sonnabend hier spielt, hat seine Woche einen Höhepunkt mehr. Jede Menge knackige Weiberärsche, gute Musik und Top-Stimmung. Zwar kann man sich nur in den Pausen mit den Leuten unterhalten, aber dazu ist ja an den übrigen Tagen genug Gelegenheit. Er kommt jeden Abend ins *Full House*. Ist zu so etwas wie seinem Wohnzimmer geworden. Wohnzimmer mit geschäftlichem Nebeneffekt. Wenn man genügend Sitzfleisch hat, kommen im Laufe der Woche alle entscheidenden Visagen hereingeschneit. Schließlich zieht Wirt Tommes so einige Fäden auf dem Kiez. Rotze setzt das Bier an und leert es mit wenigen Schlucken. Er selbst wird auch noch mit Tommes ins Geschäft kommen, da gibt es nichts. Er ist da gerade an einer heißen Sache dran. Spielhalle, ideale Lage, guter Umsatz, Hinterausgang. Besser als die Coups, die er Tommes bisher vorgeschlagen hat. Tja, Ideen muss man haben. Er zieht geräuschvoll seinen Naseninhalt in die Höhe, was bei dem Lärm jedoch niemand hört. Ihm fällt immer was ein, nur die richtigen Kontakte fehlen ihm. Solche Dinger, wie ihm vorschweben, kann man nicht allein durchziehen. Ein, zwei Spezialisten würden genügen. Dafür braucht er Tommes. Er dreht sich auf seinem Barhocker und schaut hinüber zur Band. Neben ihm drängt sich ein Typ mit rasierter Glatze und Yuppie-Tattoo mithilfe seines Ellenbogens zur Theke durch und bestellt Bier. Rotze weicht nicht aus. Er macht sich ganz steif, hebt den Kopf und starrt den Wichser an. Wenn nur ein Tropfen Bier auf dem Ärmel seiner Wildlederjacke landet ...! Doch dann fällt ihm ein, dass er sich besser unauffällig verhalten sollte. Keinen Ärger, schon gar nicht mit der Schmiere. Er befindet sich schließlich in der Planungsphase eines ganz großen Dings. Das wird er nicht wegen einer solchen Lappalie wie einer Schlägerei gefährden. Obwohl dieser arrogante Affe es verdient hätte, von ihm die Fresse poliert zu bekommen. Was glaubt der, wer er ist? Er schnickst eine Zigarette aus der Packung, hängt sie in den Mund und atmet tief ein; ganz so als hätte er sie gerade angezündet. Doch auch im *Full House* gilt das bekackte Rauchverbot. Okay, cool bleiben. Der Abend ist noch lang, die Bräute heiß. Mal sehen, was sich noch so ergibt mit der einen oder anderen. Er schickt ein Grinsen zu der Schwarzhaarigen, die neben dem Klavier in der Ecke lehnt. Dollar Bill singt gerade etwas vom *Sea of love*, vor dem Podest tanzen tatsächlich ein paar Leute auf den freien Quadratzentimetern, und draußen auf dem Gehweg schmiert die blonde Chris einem dümmlich lächelnden Freier Honig ums Maul. Alles ist wie immer.

Und die Band spielt Blues ...

* * *

Kriminalhauptkommissar Joachim Last riss die verklebten Augen auf. Es dauerte mehrere Sekunden, bis ihm wieder einfiel, wo er war. Die Steppdecke, die wie ein Albtraum auf seiner Brust lastete, roch muffig. Er starrte auf die braun-grün gemusterten Vorhänge, als hätte er das hohe Fenster, das sie einrahmten, noch nie gesehen. Der Himmel dahinter zeigte verschlossenes Grau. Drei Stockwerke tiefer rumorte die Müllabfuhr auf dem Hof. Sein Pensionszimmer. Zu Tode möbliert und erbarmungslos trist. Seit fünf Tagen sein Zuhause, mitten in Hamburgs Uni- und Schickviertel Rotherbaum. Er atmete dreimal tief ein und aus und zwang sich, danach sofort aufzustehen. Zu viel Schlaf wirke depressionsfördernd, hatte er gestern im Radio einen dieser Schlaumeier schwadronieren hören. Das Parkett unter dem fadenscheinigen Perserteppich knirschte unter seinen Schritten. Er wich seinen Koffern und der Reisetasche aus und stieß sich das Knie an einem der beiden Lehnsessel. Verdammte Pest! Er rieb sich die schmerzende Stelle, beugte sich zu dem Kleiderhaufen neben dem Schrankungetüm hinunter und fischte sein Unterhemd heraus. Wenn er nicht so knauserig gewesen wäre, würde er in einem modernen, großzügigen Hotelzimmer mit Full Service wohnen. Scheiß auf die Unterhaltszahlungen. Der Morgenhusten kollerte rau aus seiner Kehle. Bevor er sich kurzerhand ins Waschbecken erleichterte, schaltete er den Miniatur-Ghettoblaster ein, der noch bis vor einem guten Jahr als Küchenradio in ihrem Uelzener Einfamilienhaus gedient hatte. Beate hatte es gemocht, wenn Stimmen schnatterten, Musik dudelte. Sie fühle sich dann nicht so allein, hatte sie verlegen lachend erklärt, wenn er sich mal wieder darüber lustig gemacht hatte, dass das Radio lief, obwohl sie vor dem Fernseher gesessen hatte, als er vom Dienst kam.

Nun war das Eigenheim verkauft, der Hausstand aufgeteilt, und Beate war vermutlich kaum noch allein, denn ihr Neuer – ein Computerfachmann – arbeitete überwiegend zu Hause. Was soll's, er zuckte mit den klobigen Schultern, es war dieselbe abgelatschte Geschichte wie bei so vielen seiner Kollegen. Schichtdienst, chronische Überstunden – das halten die wenigsten Ehen aus. Sein berufsbedingter Zynismus, der über die Jahre im selben Maß angewachsen war wie die Sprachlosigkeit zwischen ihnen, hatte seinen Teil zur ehelichen Entfremdung beigetragen. Kinder hatten sie zum Glück keine. Obwohl es möglicherweise die Trennung hätte verhindern können, dachte er manchmal. So hatte sich Beate nach etwas Besserem umgesehen, war Hals über Kopf ausgezogen. Würde ihn nicht wundern, wenn sie bald schwanger würde. Viel Zeit blieb ihr ja nicht mehr, mit einundvierzig. Er hatte sich in seinen Beruf vergraben, noch mehr Überstunden gemacht, um möglichst wenig Zeit in dem leeren Haus verbringen zu müssen. Dann hatte er sich nach Hamburg versetzen lassen. Wenn er schon einsam war, dann konnte er es gleich in einer Großstadt sein. Heute Abend würde er seinen Dienst in der traditionsreichen Davidwache in St. Pauli beginnen. Als er sich Zahnpasta auf die Bürste drückte, meldete sich Herbert, wie er sein Magengeschwür voller Galgenhumor nannte, mit boshaftem Stechen. Nein, Herbert ließ sich nicht täuschen. Er – Last – war noch lange nicht über die Scheidung hinweg.

»Last – wie James, nur ohne James.« Er grinste, dass ihm die Wangen wehtaten, und versuchte gleichzeitig, alle Personen zu überblicken, die im Wachraum verteilt an den Schreibtischen saßen oder standen. Kuhlbrodt, der Revierführer, überging Lasts Standardscherz und ratterte die Namen der Kollegen herunter. Die wenigsten blickten auf. Nur eine uniformierte Kollegin mit einem brünetten Pferdeschwanz lächelte ihm zu. Das konnte ja heiter werden. Last zog die Wangen zwischen die Zähne und sah sich beklommen um. Das war nun sein neuer Arbeitsplatz. Einen roten Teppich hatte er nicht erwartet, aber diese Zurückhaltung grenzte an Unhöflichkeit. War das etwa typisch hamburgisch? Acht Personen zählte er im großen, an die Wachstube angrenzenden Raum, in dem es penetrant nach kalt gewordener Pizza und abgestandenem Kaffee stank. Einige in Zivil, die meisten in Uniform. Auf der anderen Seite der Trennscheibe waren zwei weitere Kollegen vorn am Tresen damit beschäftigt, einem japanischen Touristenpaar den Weg zum Operettenhaus zu erklären und den Diebstahl des Fahrrades einer zotteligen Studentin aufzunehmen. Routinefälle am Sonnabendnachmittag.

»Das große Geschäft läuft natürlich erst heute Abend. Heimspiel des HSV.« Kuhlbrodt zwinkerte und schob seinen imposanten Bauch in Lasts Richtung. »Da haben Sie sich ja einen schönen Arbeitsbeginn ausgesucht. Das volle Programm – im wahrsten Sinne des Wortes.« Last zuckte mit den Schultern.

»Da bekomme ich gleich den richtigen Eindruck. Wer ist der Kollege, der mich einarbeiten wird?« Kuhlbrodt lotste ihn über einen leeren Flur in einen kleineren Schreibraum, dessen Tür offen stand.

Das Sonnenlicht fiel von schräg oben durch die ungewöhnlich hoch in der Wand liegenden Fenster und blendete ihn. Er nahm die schlanke Gestalt vor einem Computermonitor wahr, sah lange Finger über die Tastatur fliegen, hörte deren Klickern. Einen Moment lang war ihm nicht klar, ob es sich um eine Frau oder ein Mann handelte. Dann sprang der Kollege wie ertappt auf.

»Kriminaloberkommissar Schmidt, Kriminalhauptkommissar Last«, stellte Kuhlbrodt vor. Ein Arm streckte sich Last entgegen und wurde nach zweimaligem kraftlosen Händeschütteln zurück an den schmächtigen Körper gezogen.

»Ich freue mich sehr.« Last lächelte knapp zurück. Ein blasses Fuchsgesicht mit schmaler, goldgefasster Akademikerbrille. Fast schwarze Haare kräuselten sich länger als nötig über dem Kragen. Die Kleidung war absurd, ja fast frivol. Hautenge, weiße Jeans, ein bauchfreies Shirt mit neonfarbenen Plastikapplikationen, rosafarbene Turnschuhe mit Plateausohlen. Tarnung für einen verdeckten Einsatz, hoffte Last. Bei genauem Hinsehen war der andere höchstens zehn Jahre jünger als er, also Mitte dreißig. Seine Aufmachung verjüngte ihn zwar um einiges, machte ihn aber nicht sympathischer. Ein Weichei, schoss Last durch den Kopf.

* * *

Schmidt warf die Tür des zivilen Golfs hinter sich ins Schloss und deutete mit einem Kopfnicken auf die unspektakuläre Fassade mit den beiden halbhohen Kneipenfenstern. Es war drei Uhr zweiundvierzig Sonnabendnacht, in St. Paulis Strichzone herrschte Hochbetrieb. Last tastete nach dem neuen Dienstausweis in seiner Brusttasche und besann sich darauf, dass er – zumindest indirekt – Schmidts Vorgesetzter war. Er überholte den Kollegen auf dem Gehsteig und drängte sich an den Uniformierten, die die Schaulustigen im Zaum hielten, vorbei durch die Eingangstür des *Full House*.

Schnell orientierte er sich. Die vielleicht vierzig Quadratmeter große Kneipe wurde von einem halbrunden Tresen an der linken Seite dominiert. Davor saßen und standen ungefähr zwanzig mehr oder weniger betrunkene Gäste, Männer und Frauen, zwischen zwanzig und fünfzig Jahren. An der rechten Wand gab es drei Sitznischen, in der hinteren saß eine heftig weinende Frau, umringt von zwei Männern und einer weiblichen Schutzpolizistin. Vor den Fenstern, auf der kleinen Bühne, hockten zwischen Schlagzeug, Verstärkern und Gitarren vier wild aussehende Männer, die

Musiker anscheinend, und nestelten an ihren Instrumenten. Dem Eingang gegenüber führte eine Tür zu den Toiletten und den Nebenräumen. Sie stand offen, Last erkannte einen der Polizeimeister aus der A-Schicht, der ihm heute Nachmittag vorgestellt worden war, und nun anscheinend den Tatort sicherte. Mit Ausnahme des erstickten Schluchzens der Frau war es gespenstisch still. Last hörte sogar das Wasser ins Spülbecken hinter der Theke tropfen. Er sah in die verschlossenen Gesichter der Kneipengäste, hörte hinter sich das hohle Rumsen, als die Männer des Beerdigungsinstituts mit dem Sarg gegen die Wände des Eingangs stießen. Sein erster Fall in der neuen Dienststelle. Er musste zeigen, was er konnte. Er straffte die Schultern, wappnete sich innerlich gegen das Bild, das sich ihm gleich bieten würde, und trat durch die Tür an der Rückseite des Raums.

Die Tote war schön.

Selbst die zwischen den Lippen hervorquellende, himbeerrote Zunge schmälerte nicht ihre Ausstrahlung, ja gab ihrem jungen Gesicht fast etwas Anzügliches. Die großen, grün umrandeten Augen unter der silberblonden Tina-Turner-Mähne waren aufgerissen, ihr Ausdruck uneindeutig. Vielleicht hatte sie so auch die Männer angesehen, für deren Geld sie Erniedrigungen, Schmutz und Gestank ausgehalten hatte. Ihr Äußeres ließ keinen Zweifel, dass sie als Prostituierte gearbeitet hatte. Lasts Blick wanderte an ihrem Körper herab. Sie war mittelgroß, extrem schlank und lag mit verdrehten Beinen eingeklemmt zwischen einem Stapel leerer Bierkästen und einem offenen Schrank mit Putzmitteln. Der Minirock aus schwarzem Lack war bis zum silberfarbenen Slip hinaufgerutscht, gab die Tätowierung eines Schmetterlings an der Außenseite ihres linken Oberschenkels frei. Die transparente Bluse war vor dem Bauch zusammengeknotet, darunter waren die großen Brüste in dem zu knappen Büstenhalter zu den Seiten gerutscht. Die langen, sicherlich künstlichen Fingernägel waren silberweiß lackiert. Sie kam ihm vor wie ein Paradiesvogel. Ein Vögelchen, das schon vor viel zu langer Zeit aus dem Nest gefallen war.

Er räusperte sich, beugte sich dann hinunter, um das Seidentuch in Augenschein zu nehmen, das so vollständig in der zarten Haut ihres Halses verschwunden war, dass kaum noch erkennbar war, welche Farbe es hatte. So blieb er eine Weile, tief über sie gebeugt, als hoffte er, sie flüstere ihm den Namen desjenigen zu, der sie erdrosselt hatte.

»Schmidt, was wissen wir über die Tote? Wer hat sie gefunden? Wann? Was sagt der Arzt?« Er richtete sich auf und sah sich in dem kleinen Raum um. Irgendetwas irritierte ihn. Sein Partner lehnte in der Türöffnung und las von einem Personalausweis ab.

»Christiane Stüver, dreiundzwanzig Jahre alt, geboren in Lübeck, wohnhaft in Eimsbüttel, Heußweg. Hat hier in der Friedrichstraße angeschafft. Draußen sitzt ihre Kollegin. Die hat sie gefunden.« Er deutete hinter sich. Im Laufe des Abends hatte er sich, etwas von »lange Nacht gehabt« murmelnd, umgezogen, trug nun über den weißen Jeans ein dunkles Hemd zum Leinensakko. Die rosa Turnschuhe waren braunen Wildlederslippern gewichen.

Das war es, was ihn irritiert hatte. Last drehte sich zur Toten um. Sie war barfuß, nirgendwo sah er Schuhe. Schmidt erstattete Bericht über das, was er in den wenigen Minuten, seit sie angekommen waren, von den Kollegen der Schutzpolizei erfahren hatte.

»Der Wirt ist ihr Zuhälter, Thomas Reblin. Der steht hier selbst hinter der Theke, jetzt wartet er vorn in der Kneipe. Einer von den Hartgeldluden. Doktor Wegener ist schon wieder fort. Die Tote ist erdrosselt worden, Kehlkopf eingedrückt, Liegezeit der Leiche zwischen einer und vier Stunden, das heißt vermutlicher Todeszeitpunkt heute Nacht, zwischen halb elf und zwei Uhr. Alles Weitere nach der Obduktion, wie gehabt.« Schmidt klappte seinen Notizblock zu. »Anscheinend gibt es hier jeden Sonnabend Livemusik. Das Volk in der Kneipe ist der Rest vom Publikum. Zum Tatzeitpunkt waren wahrscheinlich doppelt so viele im Lokal, sind abgehauen, als die Kollegen anrückten.«

Die Männer von der Spurensicherung bahnten sich einen Weg durch die Menge, grüßten knapp. Last und Schmidt überließen ihnen die Abstellkammer und gingen hintereinander durch den düsteren, schmalen Gang, der an der Küche und den Toiletten vorbei zum Schankraum führte.

»Wie war das eben, wie haben sie den Zuhälter genannt?« Er hatte in der Uelzener Mordkommission zwar auch gelegentlich mit dem *Milieu* zu tun gehabt, aber dieser Ausdruck war ihm neu. Schmidt blieb stehen und grinste.

»Hartgeldlude. Die untere Klasse Zuhälter mit einem, höchstens zwei Mädchen und chronischem Mangel an gebündeltem Baren.« Er zog ein sauber gefaltetes Stofftaschentuch hervor, nahm die Brille ab und putzte sie, ohne hinzuschauen, mit hektischen Bewegungen. »Wie gehen wir weiter vor? Schätze, wir vernehmen die Leute lieber hier irgendwo. In der Wache tobt der Bär.« Last stimmte ihm zu. Im Laufe des Abends hatten die Kollegen der Schutzpolizei an die hundert HSV-Hooligans in Gewahrsam genommen, die Zellen und Vernehmungszimmer der Davidwache platzten aus allen Nähten. Da die Stationierung von Kriminalbeamten des Landeskriminalamts in der Davidwache, als Produkt behördeninterner Grabenkämpfe, ein zeitlich befristetes Experiment war, verfügten Last und die Kollegen seines Kommissariats nicht einmal über eigene Büros, sondern mussten sich die wenigen Vernehmungszimmer mit allen anderen Beamten teilen. Last stieß die Tür zur Küche auf und rümpfte die Nase. Die verklebten Oberflächen von Herd und Kühlschrank waren vollgestellt mit Legionen leerer Schnapsflaschen, irgendwelche verknautscht zusammengerollten Plakate lehnten an einem schmalen, hohen Schrank mit einem Sammelsurium dümmlicher Aufkleber auf der Front, in der Spüle türmten sich dubiose Kanister aus weißem Plastik. Überquellende Aschenbecher, zerknüllte Zigarettenpackungen und diverse benutzte Gläser zeugten von der wenig bestimmungsgemäßen Nutzung dieses Raumes. Gekocht worden war hier sicher schon lange nichts mehr.

»Das wird gehen. Holen Sie mir erst mal den Wirt. Vielleicht hat sich dann in der Zwischenzeit diese Heulsuse, die Kollegin der Toten, beruhigt.« Last tat absichtlich härter, als er war. Gerade äußerlich softe Kollegen wie dieser Schmidt waren, nach seiner Erfahrung, die ersten, die einen in die Pfanne hauten, wenn man ihnen die Gelegenheit bot. Also war es wichtig, von Anfang an mit einer gewissen Härte aufzutreten und so seine Position zu stärken. Während Schmidt nach vorn stürmte, betrat er die Küche und betrachtete angeekelt das schmierige Chaos. Er wollte lieber nicht so genau wissen, was hier zusammengepanscht wurde. Ein stechender Schmerz fuhr ihm durch die Magengrube. Herbert erinnerte ihn boshaft daran, dass er seit Stunden nichts gegessen hatte. Er fischte die magenberuhigenden Kaubonbons aus der Jacketttasche, um Herbert damit zu füttern. Als er sich nach einer Entsorgungsmöglichkeit für die Verpackung umsah, bemerkte er ein Paar hochhackige, silberne Sandaletten neben dem überquellenden Mülleimer. Die eine aufrecht, die zweite dekorativ umgekippt, wie in der Auslage eines Schuhgeschäfts, warteten die Stilettos vergeblich auf ihre Besitzerin, deren Füße niemals wieder in sie hineinschlüpfen würden.

»Ich weiß gar nichts. Ich war den ganzen Abend hinter der Theke.« Das flächige, bartlose Gesicht des Wirts changierte zwischen Aufsässigkeit und Leutseligkeit. Er drehte einen Autoschlüssel mit BMW-Anhänger zwischen den blond behaarten Händen und wippte mit dem Fuß, den er auf das andere Knie gelegt hatte. Seine stämmige Gestalt thronte auf dem einzigen Stuhl, den die kleine Küche zu bieten hatte, und er ignorierte routiniert das Müllkippenambiente.

»Der Laden wirft nicht genug ab, um zu Hause die Beine hochzulegen«, grinste er beinahe entschuldigend. Last stand vor ihm, die Hände in die Taschen seines Sakkos versenkt – eine Angewohnheit, die in früheren Zeiten regelmäßig zu Auseinandersetzungen mit Beate geführt hatte – und kniff die Augen zusammen. Hinter ihm lehnte Schmidt an der geschlossenen Tür und machte sich Notizen. In dem kleinen Raum war es heiß, in der Luft lag der süßsaure Pesthauch von seit Wochen faulendem Müll.

»Wann haben Sie denn die Tote, Frau Stüver, zum letzten Mal gesehen?«
Der andere rieb sich die fleischige Nase.

»Lassen Sie mich überlegen ... Also, gegen eins war wieder Glücksrad-Zeit. Zur vollen Stunde dreht Bob, der Bandleader, immer das Glücksrad. Das hab ich selbst gebaut. Jedes Feld steht für ein anderes Getränk – Korn, Rum, Saurer und so weiter –, das für die Zeit, in der die Band eine kurze Pause macht, nur einen Euro kostet. Man muss den Leuten schon was bieten heutzutage. Na, jedenfalls war Chris da gerade wieder rausgegangen.« Er verstummte, wollte auf Chris' Broterwerb und seine Rolle dabei offensichtlich nicht näher als nötig eingehen.

»Danach haben Sie Chris nicht mehr gesehen?«, insistierte Last. Obwohl er nichts für Zuhälter übrig hatte, war ihm dieser Reblin nicht unsympathisch. Er verzichtete erfreulicherweise auf die üblichen Ludeninsignien wie Goldkettchen, zur Schau gestellte Brustbehaarung und die Pranken voller Siegelringe. Im Gegenteil, mit Brille, bunt gemustertem Hemd und Turnschuhen konnte er jederzeit als der nette Nachbar von nebenan durchgehen.

»Na ja, beschwören könnte ich es nicht. Bei dem Trubel kann ich nicht alles im Blick haben.«

»Sie haben die Tote doch identifiziert. Ist Ihnen dabei irgend etwas an ihrer Kleidung aufgefallen?« Reblin sah irritiert auf.

»Nee, wieso?«

»Was für Schuhe trug Chris heute Abend? Erinnern Sie sich?« Der Lude war nun eindeutig verwirrt. Er knetete den Autoschlüssel, sein Fuß wippte schneller.

»Das, das kann ich nicht sagen,« stotterte er. »Da hab ich nicht drauf geachtet. Ich nehme an, etwas, was zum Rest ihrer Aufmachung gepasst hat. Und natürlich hochhackig. Das muss schon sein. Wieso wollen Sie das wissen?« Last überging die Frage.

»Okay, Herr Reblin, wir wollen nicht um den heißen Brei herumreden. Wir wissen, dass Sie der Zuhälter von Frau Stüver waren. Das interessiert uns jedoch nur so weit, als Sie uns bei der Aufklärung ihres Todes helfen können. Um Zuhälterei kümmern sich die Kollegen vom Milieudezernat.«

Wenn er erleichtert war, wusste Reblin es gut zu verbergen. Sein glattes Gesicht blieb unbewegt.

»Wo lassen Ihre Frauen ihre Handtaschen, wenn sie arbeiten? Ziehen sie sich hier um oder kommen sie schon in ihrer ... Arbeitskleidung?« Beide Männer grinsten sich plötzlich an.

»Na, wir sind ja nicht das Alcazar«, versetzte Tommes. »Ne Garderobe gibt's hier nicht. Wenn sie ne Tasche haben, stellen sie die bei mir unter den Tresen.«

Noch bevor sich das schmale Einverständnis zwischen ihnen ausdehnen konnte, schoss Last seine nächste Frage ab.

»Wo waren Sie heute Abend zwischen zehn Uhr dreißig und zwei Uhr dreißig? Lückenlos!«

Ein breites Lächeln erschien auf dem Gesicht Reblins.

»Na hier, hinter dem Tresen. Mit mindestens fünfzig Zeugen.«

»Sie haben ihren Platz nicht einmal verlassen? Waren nicht auf der Toilette, haben nichts aus der Küche geholt oder im Keller ein Bierfass gewechselt?«

Die Antwort kam ohne Bedenkzeit. »Nein, nichts dergleichen. Ich wollte, ich hätte. Dann hätte ich vielleicht mitgekriegt, was hier hinten ablief.

Hätte es verhindern können.« Er hielt die Hand ruhig, nur der Fuß wippte weiter. »Auch wenn Sie's mir nicht glauben, ich hatte Chris gern. Sie war eine Superfrau.«

»Heißt das, Sie hatten eine Beziehung zu ihr, die über das Geschäftliche hinausging?«

»Ach wissen Sie, das kann man nicht so trennen. Wir mochten uns, anfangs war sie richtig verschossen in mich. Mittlerweile waren wir sehr gute Freunde. Wie das halt so ist. Wenn ich wollte, hat sie mich rangelassen. So lief das.«

Paola, die eigentlich Sigrid Klumke hieß, hatte sich tatsächlich etwas beruhigt. Sie hockte zusammengesunken auf dem Küchenstuhl, zerpflückte ein Papiertaschentuch nach dem anderen, und während hoch oben am Hinterkopf ihr kurzer Pferdeschwanz wippte, schilderte sie stockend, wie sie die tote Kollegin gefunden hatte. Last beobachtete die Frau, die altersmäßig seine Tochter hätte sein können, und empfand ein diffuses Bedauern. Weshalb, hätte er nicht sagen können. Während sie erzählte, bemerkte er ihre eigenwillige Ausstrahlung. Sie war nur scheinbar so kindlich-sanft und schutzbedürftig, wie sie mit ihren Sommersprossen, den wie staunend nach oben gebogenen Augenbrauen und den rotblonden Kringellocken wirkte. Dahinter schimmerte eine durchaus clevere, lebenskluge Person hervor, die genau zu wissen schien, was sie wollte. Eine aparte Kombination.

»Und haben Sie irgendeine Idee, wer es getan haben könnte? Gab es jemanden, vor dem Chris Angst oder mit dem sie Ärger hatte?« Schon während er die Frage stellte, wurde ihm klar, dass, selbst wenn sie etwas wusste, der Kodex des Milieus ihr verbot, darüber mit ihm, dem Bullen, zu sprechen. Tatsächlich fiel ihre Antwort recht einsilbig aus. »Nee, nicht dass ich wüsste.« Sie schlug ein Bein über und fummelte in ihrer Bauchtasche nach Zigaretten. Last hatte Mühe, seinen Blick von der Stelle zu lösen, an der ihre, in schimmernden Nylonstrümpfen steckenden, schlanken Schenkel zusammentrafen. Die hauchdünnen Hotpants gaben, ebenso wie das pinkfarbene Bustier, mehr preis, als sie verhüllten. Er machte einen Schritt auf das vergitterte Fenster zu, das die Szene in der engen, durch die Neonröhre erhellten Küche widerspiegelte. Dahinter schwammen zwei weiße Flecken – die Mützen der Polizisten, die den dunklen Hinterhof absuchten. Er drehte sich mit gerunzelter Stirn wieder zu der Frau um.

»Wie würden Sie Chris charakterisieren? Was für ein Mensch war sie?«

»Ach je.« Die geröteten Augen füllten sich erneut mit Tränen, sie nahm zwei hastige Züge aus der Zigarette, stieß Rauchwolken aus. »Wie soll ich sagen, sie war eine harmlose Natur. Herzensgut, fast zu gutmütig manchmal. Obwohl sie sehr gut aussah, war sie kein bisschen eingebildet. Manchmal hatte sie schlechte Laune, hat alle angeraunzt. Aber das ist doch normal. Und sie konnte störrisch sein wie ein Esel, wenn sie sich was in den Kopf gesetzt hatte.« Sie legte den Kopf schief, sah ihn von unten herauf an. »Sie war eine tolle Kollegin.« Als wäre dies das Schlusswort ihrer Unterhaltung, stand sie auf. Wie nebenbei zupfte sie an den Hotpants, rückte ihre Korsage zurecht und fragte mit feinem Spott in der Stimme: »Darf ich jetzt gehen, Officer? Tommes spendiert mir ne Taxe.«

* * *

Rotze hat extrem gute Laune. Er schmeißt die Tür seines Zweizimmerwohnklos hinter sich ins Schloss und poltert die ächzenden Holzstufen hinunter. Im düsteren Treppenhaus stinkt es wie gewöhnlich erst sauer-muffig, dann, je näher er dem Erdgeschoss kommt, immer stärker stechend-scharf nach Urin. Der Hauseingang dient Obdachlosen und St.-Pauli-Touristen als beliebtes Pissoir.

Doch er nimmt den Gestank kaum wahr, so zufrieden ist er. Da wird er dem armen Tommes doch gleich heute mal einen Kondolenzbesuch abstatten. Er grinst. Es ist zwar erst halb fünf, normalerweise geht er nicht vor sieben ins *Full House*, aber das, was er Tommes zu sagen hat, ist nicht für fremde Ohren bestimmt. Er hofft, die Kneipe ist so gut wie leer. Dass Tommes auch heute, einen Tag nach dem Tod von Chris, hinter der Theke stehen wird, ist sicher. Der lässt kein Geschäft aus. Wenn Rotze Pech hat, wären allerdings wegen Chris diese Schmeißfliegen von der Zeitung oder sogar vom Fernsehen da. Risiko!

Mit angehaltenem Atem steigt er über einen Haufen aus zerknitterten Werbesendungen, feuchten *Wochenblättern* und diversen nicht näher zu identifizierenden Bestandteilen und tritt vor die Haustür. Sonntagnachmittag in der Paul-Roosen-Straße. Er biegt in die Große Freiheit ein. Gruppen von dümmlich glotzenden Provinzlern schieben sich an den erloschenen Leuchtreklamen der Clubs, an den dubiosen Imbissen und an *seiner* Spielhalle vorbei. Ohne einen Blick passiert er den Laden, aus dem er in Kürze als gemachter Mann herauskommen wird. Ein Windstoß wirbelt ihm eine Zeitungsseite vor die Füße, er steppt auf der Stelle, um das Papier von den Spitzen seiner Cowboystiefel zu bekommen.

Drecksviertel! Er zuckt mit den Schultern. Wenn alles glatt geht, ist er bald raus hier, wird irgendwo im Süden in der Sonne sitzen, einen Drink in der Hand und eine Braut neben sich. Die Spielhalle ist fällig. Er hat den Coup seit Wochen in allen Einzelheiten geplant, ist zu allen Tages- und Nachtzeiten die Große Freiheit auf und ab marschiert, hat das Terrain sondiert. Gelegentlich, aber nicht so oft, dass er auffiel, hat er vom Imbiss gegenüber aus die Besucherdichte zu verschiedenen Tageszeiten getestet. Und er ist einige wenige Male hineingegangen, um, während er einen Automaten gefüttert hat, die Lage im Innern zu peilen. Nun ist er bereit, braucht nur noch personelle Unterstützung. Tommes ist genau der Richtige. Davon wird er ihn schon überzeugen, da ist sich Rotze sicher. Hundertpro, dass Tommes nicht nein sagen wird. Als er in die Friedrichstraße einbiegt, pfeift er eine kleine Melodie. Tommes kann nicht ablehnen. Bei dem, was Rotze letzte Nacht gesehen hat.

* * *

»Sie zieht sich in der siffigen Küche die Schuhe aus, geht dann barfuß hinüber in den Abstellraum, um sich dort erdrosseln zu lassen. Also, ich habe schon wahrscheinlichere Geschichten gehört«, maulte Schmidt.

Sie hatten sich in das enge Vernehmungszimmer zurückgezogen, das ihr provisorisches Büro beherbergte. Schmidt hockte vor dem Computer, und Last hantierte mit der prähistorischen Kaffeemaschine auf dem Aktenbock. Seit dem Fund der toten Prostituierten waren sechsunddreißig Stunden vergangen. Sie hatten das Privatleben der Christiane Stüver durchleuchtet – ohne Ergebnis. Keine Verwandten, keine Freunde, kaum Kontakte außer zu den Kolleginnen von der Bordsteinkante und ihrem Zuhälter Reblin.

»Ich halte den Wirt, diesen Reblin, für hochgradig verdächtig«, resümierte Schmidt. »Er hatte die Gelegenheit, der Frau unauffällig nach hinten zu folgen. Sie war ihm gegenüber sicher nicht misstrauisch. Zudem ist er kräftig genug für die Tat, und ein Motiv könnte er auch haben. Die Beziehung Nutte – Zuhälter ist doch prädestiniert für Konflikte.« Er hielt inne.

Last hörte ihm gar nicht zu, zählte konzentriert, mit steiler Stirnfalte, fünf Teelöffel Kaffeepulver ab. Seine Gedanken waren bei den skurrilen Typen, die das *Full House* bevölkerten und denen er während ihrer Befragungen begegnet war. Rockmusiker, ehemalige Seeleute, Kunststudenten, Prostituierte mit Hochschulabschluss, weibliche Türsteher. Der *Hamburger Kiez*, das war eine völlig neue Welt für ihn. Es war sein dritter Tag in der Hamburger Mordkommission und er begann, sich an die neuen Arbeitsbedingungen zu gewöhnen. An die betonte Coolness seines Partners, die Unfreundlichkeit der Schutzpolizisten der Davidwache ihnen, den ungebetenen Gästen, gegenüber und vor allem an St. Pauli.

Die Tür wurde aufgerissen, und gleich darauf mit einem gemurmelten »Entschuldigung« wieder ins Schloss geknallt. Schmidt stöhnte genervt.

»Wenn sich die dämlichen Luden doch nur ein wenig diskreter gegenseitig umlegen würden. Dann würden wir beide gemütlich in Alsterdorf hocken, in modernen Büros, die wir mit niemandem teilen müssten, und niemand würde beispielsweise an unserem Computer herumpfuschen.« Schmidt spielte auf den Grund dafür an, dass sie, als Außenposten ihres Dezernats, auf St. Pauli saßen. Nachdem die zähen Verteilungskämpfe der albanischen Zuhälter- und Drogengang mit der kurdischen Konkurrenz beendet schienen, war es vor einem knappen Jahr zu erneuten wilden Straßenduellen und blutigen Hinrichtungen im Milieu gekommen. Aus dem Kosovo strömten immer mehr extrem gewaltbereite und äußerst skrupellose Nachwuchskriminelle auf den Kiez und lieferten sich erbitterte Fehden mit den ebenso brutalen ansässigen *Geschäftsleuten* aus Albanien und der Türkei. Waren solche Kämpfe früher eher im Stillen ausgefochten worden – die eine oder andere Leiche auf einem abgelegenen Industriegelände oder in einem der vielen Kanäle der Stadt –, war es mit dieser neuen Verbrechenswelle immer häufiger zu Todesopfern unter unbeteiligten Passanten gekommen. Handgranatenattentate in gut besuchten Diskotheken,

Schießereien auf belebten Einkaufsstraßen, Autobomben in Wohnstraßen. Dass die Kriminellen sich gegenseitig abschlachteten, war eine Sache, aber dass sie dabei auch normale Bürger töteten, war etwas anderes. Die Boulevardpresse bauschte die Vorfälle auf und schürte mit der Verunsicherung auch die Empörung der Bevölkerung, bis diese nach mehr Sicherheit schrie. Schnell wurde ein griffiges Schlagwort gefunden: Amerikanische Null-Toleranz-Verhältnisse mussten her und wurden von den Rechten in der Bürgerschaft bereitwillig und vollmundig propagiert. Da Hamburg vor der Bürgerschaftswahl stand, konnte die Politik diese Rufe nicht überhören, und die Innenbehörde wurde aufgefordert, geeignete Maßnahmen zu ergreifen. Eilig wurde eine Strategie zusammengeschustert: Die Kriminalpolizei sollte dort, wo es am häufigsten zu milieubedingten Gewalttaten kam, präsent sein – auf St. Pauli. Werbewirksam und relativ wirkungslos, denn bei einem einschlägigen Delikt war noch immer die Schutzpolizei für die ersten sichernden Maßnahmen zuständig. Behördenintern war der schwarze Peter so lange hin und her geschoben worden, bis es letztendlich, wegen der Führungsschwäche seiner Leitung, das Morddezernat traf, obwohl doch das Dezernat »Milieu, Waffen, Glücksspiel« viel eher für die Bandenkriege zuständig war. Politische Logik! Da der Chef der Davidwache wiederum einem hohen Tier in der Innenbehörde einen Gefallen schuldete, waren für die abgeordneten Kollegen keine eigenen Räume angemietet worden, sondern sie waren in den sowieso zu engen Wachräumen am Spielbudenplatz untergebracht worden.

»Du glaubst gar nicht, wie ich mich damals gefreut habe, als klar wurde, dass wir vom Präsidium am Berliner Tor in den Neubau nach Alsterdorf ziehen würden. Raus aus dem Asbestbunker. Sogar mein Arbeitsweg wäre dadurch kürzer geworden. Nun bin ich hier gelandet. Das hier ist eine verdammte Strafversetzung.« Schmidt hatte endlich die gesuchte Datei gefunden und klickte sie auf. »Ich hab vom ganzen Kiez die Nase gestrichen voll.«

Noch etwas fiel ihm ein. »Außerdem ist es statistisch erwiesen, dass Hamburg einer der sichersten Orte der Welt ist. Die Kriminalitätsrate schwankt nur unwesentlich. Es ist absolut unredlich, angesichts einiger spektakulärer Einzelfälle für amerikanische Null-Toleranz-Verhältnisse zu plädieren.« Er ereiferte sich dermaßen, dass ein feiner Spuckesprühregen auf die Tastatur niederging.

Last hätte gern gewusst, weshalb der Kollege hierherversetzt worden war. Im Gegensatz zu ihm selbst, den man als Neuling in der Stadt problemlos überall einsetzen konnte, musste es einen triftigen Grund geben, warum Schmidt nicht nur einen neuen und noch dazu ranghöheren Partner bekam, sondern auch, immerhin nach fünfzehn Jahren bei der Kriminalpolizei, gegen seinen Willen hierherbeordert worden war. Er zuckte mit den Achseln und schenkte Kaffee in die angestoßenen Keramikbecher.

»Was die tote Prostituierte angeht, ich bin alle Protokolle noch mal durchgegangen. Es ist unbegreiflich, dass niemand außer dem Wirt gesehen haben will, wie diese Chris quer durch den Laden nach hinten gegangen ist. Bei ihrer auffälligen Erscheinung.«

»Finde ich überhaupt nicht«, maulte Schmidt. »Das Aussageverhalten der Zeugen ist genau so dürftig, wie zu erwarten war. Die echten St. Paulianer halten sowieso zusammen. Und die Leute, die dort sonnabends, wenn die Band spielt, Party machen, die saufen, kiffen und sich die Seele aus dem Leib tanzen, das sind nicht die typischen Kieztouristen, die braven Bürger, die den Nutten mit großen Augen nachstarren und der Polizei ohne zu zögern alles erzählen. Diese Szenetypen feiern sich selbst, benutzen das Milieu nur als Kulisse für die Inszenierung ihres eigenen, möchtegern-prominenten Lebens.« Er spuckte verächtlich sein Kaugummi in den Papierkorb. »Für die sind wir nur die *Bullen*, zu denen man möglichst großen Abstand hält. Das ist deren Auffassung von politisch korrektem Verhalten. Was erwarten Sie da als Zeugenverhalten?«

Last reichte seinem Kollegen einen Kaffee und nahm einen Schluck von dem bitterheißen Gebräu aus seinem Becher. Hatte Schmidt nicht fast etwas neidisch geklungen bei seiner Beschreibung des Partypublikums? Er erinnerte sich an die Raver-Aufmachung des anderen an seinem ersten Diensttag.

»Was halten Sie von dem Wirt?«, kam Schmidt zum eigentlichen Thema zurück.

Last überlegte.

»Na, wenn es nicht sein Mädchen gewesen wäre, würde ich ihn schon in den Kreis der Verdächtigen einbeziehen. Er kennt die Örtlichkeiten, verfügt über ausreichende Körperkräfte, eine Frau zu erwürgen, und er hat eine Latte an Vorstrafen, unter anderem wegen Körperverletzung. Zumal ja die meisten Täter aus dem jeweiligen Umfeld des Opfers kommen.« Er nahm einen Schluck Kaffee. »Aber Chris war seine Einkommensquelle, und er mochte sie.«

Sein Partner schüttelte den Kopf.

»Seien Sie nicht naiv, Last. In der Gerichtsmedizin liegen zur Zeit bestimmt zwanzig Tote, die von Leuten umgebracht worden sind, die sie vermutlich auch gemocht haben.«

* * *

Sonnabend Abend im brechend vollen *Full House*. Kriminalhauptkommissar Joachim Last lehnte neben dem *Daddel-Automaten* am Ende des Tresens und nuckelte an seinem Bier, während die junge Band eine alte Nummer für ihr begeistert mitwippendes Publikum spielte. *Rock me baby*. Der Song erinnerte Last schmerzhaft an längst vergessen geglaubte Discoabende im Gemeindesaal der Kreisstadt, an denen er als pickeliger Achtzehnjähriger unbeholfen und frisch verliebt mit Beate getanzt hatte. Vorbei, alles längst vorbei. Mit einem Mal zweifelte er, ob der Schritt nach Hamburg richtig gewesen war. War es nicht eigentlich eine Flucht? Vor sich selbst, vor dem Eingeständnis, dass sein Leben fade und belanglos war? Er hatte faktisch kein Zuhause, keine Freunde. Die Eltern dämmerten im Altersheim, wo er sie zweimal pro Jahr pflichtschuldigst besuchte. Urplötzlich schnürte ihm das Gefühl, sein Leben völlig umsonst zu leben, den Brustkorb ein. Was hatte er schon erreicht, mit seinen dreiundvierzig Jahren? Eine kaputte Ehe, eine mittlere Beamtenposition, weiter als bis Teneriffa war er nicht in der Welt herumgekommen. Er hatte keine besonderen Hobbys, keine erwähnenswerten Talente. Sein Leben war stets in geordneten Bahnen verlaufen. Und doch war er alles andere als glücklich. Vielleicht sollte er die geordneten Bahnen verlassen, bevor es dazu zu spät war? Was hatte er zu verlieren? Ein unaufgeräumtes Pensionszimmer, die lähmende Routine eines zermürbenden Berufs ohne wirkliche Erfolgserlebnisse, die scheinbare Sicherheit des braven Bürgers. Er schüttelte den Kopf, stellte die Flasche auf die Theke und nickte diesem Quasselkopp zu, den alle Rotze nannten und der gegenüber auf einem der Barhocker hing und in sein leeres Schnapsglas sah. Last zwang sich, an etwas anderes zu denken.

Die ersten achtundvierzig Stunden, die erfahrungsgemäß über den Erfolg einer Mordermittlung entscheiden, waren längst vergangen, die Spuren im Fall Christiane Stüver eiskalt. Schmidt und er tappten nach wie vor im Dunkeln. Es gab kein offensichtliches Motiv, weder Tatzeugen noch verwertbare Spuren oder Indizien. Die gerichtsmedizinische Untersuchung der Leiche und die kriminaltechnischen Ermittlungen hatten keine neuen Erkenntnisse ergeben. Auf dem Seidentuch und am Körper der Toten konnten keinerlei Fingerabdrücke festgestellt werden. Unter den Fingernägeln fanden sich keine fremden Hautpartikel. Die wenigen DNA-Spuren, die man auf dem Körper der Toten gefunden hatte, würden sich ebenfalls als Sackgasse herausstellen, konnten sie doch von jedem ihrer Freier stammen. Bisher hatten sie jedenfalls alle nicht zu einem Treffer beim Datenbankabgleich geführt. Da sich im Büstenhalter der Toten zweihundertfünfzig Euro befunden hatten, ihre Einnahmen des Abends, war nicht von einem Raubmord auszugehen. Nach den Tatortspuren zu schließen, lag ebenso wenig eine sexuell motivierte Tat vor. Last hatte trotzdem die Hoffnung nicht aufgegeben, schließlich war er für seine Hartnäckigkeit bekannt, die schon häufig zu überraschenden Erfolgen geführt hatte. Er kam immer wieder ins *Full House*, hielt Augen und Ohren offen. So war die Kneipe in den vergangenen zwei Wochen zu einer Art Wohnzimmerersatz für ihn geworden, denn er war auch nach Dienstschluss oft hierhergekommen.

Er schreckte auf, als Tommes unaufgefordert ein Bier vor ihn hinstellte. Der Wirt beugte sich zu ihm herüber und schrie ihm ins Ohr: »Weißt du, ich war nicht ehrlich zu dir, am Abend als Chris gestorben ist.« Er rückte einen Stapel Bierdeckel von links nach rechts, verstaute ihn dann unter der Theke, holte ihn wieder hervor. Währenddessen vermied er, Last anzusehen, und ignorierte das Winken von mindestens drei Leuten entlang des Tresens. Last schob ihm drei Euro hinüber. Niemand sollte behaupten können, er wäre bestechlich.

»Wieso, wie meinst du das?« Automatisch benutzte er ebenfalls das *Du*. Es fühlte sich irgendwie richtiger an. Der Wirt kam wieder näher. Last roch Männerschweiß und Rasierwasser.

»Na, ich hab doch gesagt, ich hätte nichts Ernstes mit Chris gehabt. Das stimmt nicht.« Er hob den Blick, sah Last mit feuchten Augen an. »Die

Chris, die war mein Einundalles. Ich hab sie echt geliebt, das verrückte Huhn.« Er schluckte, schob die Brille höher auf die Nase. »Ich konnte das in dem Moment nicht so sagen, verstehst du? Ich war noch zu geschockt, kannte dich ja noch nicht.«

Der Abend ging wie gewohnt weiter. Dollar Bill und seine Spenders rockten durch ihr Programm, die Meute vor der Bühne wurde immer ausgelassener, und auch Last spürte einen kleinen Glimmer vom Bier. Warum auch nicht, er hatte Feierabend. Das *Full House* war ihm inzwischen ebenso vertraut wie sein Pensionszimmer. Und irgendwie verschwammen die Grenzen zwischen seinen Ermittlungen und dem eigenen Interesse, das er überraschenderweise an dem Fall empfand, immer mehr. Genau hätte er nicht sagen können, was ihn immer wieder hierherzog. War es die Neugier, hinter die Kulissen dieses weltbekannten Hamburger Stadtviertels zu sehen? Oder die Anziehungskraft, welche die scheinbar eingeschworene Gemeinschaft der St.-Pauli-Bewohner auf ihn ausübte? Seine Sehnsucht nach Zugehörigkeit, nach Linderung seiner Einsamkeit schien die Faszination, die Menschen wie der Wirt Tommes, Paola und die Stammgäste des *Full House* auf ihn ausübten, zu verstärken. Er war eigentlich kein Grübler, dachte selten über sich und sein Leben nach. In letzter Zeit hatte er sich jedoch ein paarmal dabei ertappt, wie er sich selbst ganz fremd vorgekommen war. Ob das an der neuen Umgebung, an der ungewohnten Großstadt lag? Das Leben in der Kleinstadt hatte eine Harmlosigkeit besessen, die ihm Hamburg als roh und verwildert vorkommen ließ. Dennoch, selbst das dreckige Geschäft der Prostitution, das ihn bisher kaltgelassen hatte, die ausbeuterische Hartherzigkeit der Zuhälter und die unverständliche Opfermentalität der Frauen, das alles hatte sich in seiner Fantasie zu einer Welt voller Verlockungen und Begierden verwandelt. Das *Milieu* heizte seine Träume an, ohne dass er sich dies eingestand. Hier spürte er eine Art Glück, eine vage Begeisterung, scheinbar ganz ohne Grund. Es kam ihm vor wie ein süßer Sumpf, der sich warm wabernd um seine Fußknöchel schloss und ihn fast unmerklich tiefer zog. Doch die meiste Zeit über glaubte er noch immer, er käme aus rein beruflichem Interesse her. Er müsste nur oft genug herkommen, dann würde sich ihm das Geheimnis des Mordes an Chris schon offenbaren. So hatte Tommes, der bisher nicht sonderlich erfreut gewirkt hatte, ihn so häufig hier zu sehen, nun anscheinend Vertrauen gefasst. Das war doch ein Fortschritt.

Die Band wechselte zu *Wasted Days, Wasted Nights*, und Last hoffte, dass der Titel nicht auch für seine Aufenthalte im *Full House* zutraf.

Als er später von der Toilette zurückkam, hätte ihm in dem engen, düsteren Gang beinahe jemand die eiserne Hoftür an den Schädel geschlagen. Im letzten Moment sprang er zur Seite. Die Tür wurde weiter aufgestoßen und knallte an die Wand. Fluchend stolperte Paola herein.

»Scheiß Sturm.« Mühsam drückte sie die Tür ins Schloss und nahm dann erst Last wahr. »Hallo Officer.« Sie verstaute ihren Schlüssel in der Bauchtasche und fingerte ein Zigarettenetui heraus. »Hast du mal Feuer?«

Wieder einer dieser Momente, in denen Last sich selbst nicht mehr kannte. Sein Herz klopfte so heftig wie bei einem ersten Rendezvous. Er tastete die Taschen seiner Lederjacke ab, zuckte bedauernd mit den Schultern und brachte keinen Ton heraus. Ein Mann von Anfang vierzig, der einer zwanzigjährigen Göre gegenüberstand! Was war nur mit ihm los? Ihre strahlend grünen Augen ruhten unverschämt lange auf seinem Gesicht. Das stürmische Frühlingswetter hatte ihrer Frisur nichts anhaben können, sie trug wieder diese Püppchenfrisur, die er nicht leiden konnte, weil sie ihre Trägerin noch mehr zum Objekt zu degradieren schien als ihre übrige Blutjunges-Mädchen-Aufmachung. Die hellroten Locken waren oben am Hinterkopf zusammengeschnürt, nur zwei dünne Strähnen kringelten sich um ihr blasses Gesicht. Zwischen den rot geschminkten Lippen sah er das Rosa ihrer Zungenspitze. Wie im Traum hob er die Hand, spürte gleichzeitig seinen ausgetrockneten Mund und strich sanft mit dem Handrücken ihre Wange entlang. Sie schien überrumpelt, blieb ganz still stehen. Ihre halbentblößten Brüste hoben und senkten sich so dicht vor ihm, dass er die bräunliche Puderschicht auf ihnen erkannte. Ihr Parfüm war süß, erinnerte ihn entfernt an Spanien, Wassertropfen auf blauen Trauben und an das Meer. Der Moment dehnte sich in die Unendlichkeit, die Geräusche aus der Kneipe, Dollar Bills Stimme, die das Ende der *Glücksrad-Time* und den Beginn eines neuen Sets ankündigte, das Johlen des Publikums, der Trommelwirbel verschwammen zu einem akustischen Brei. Jemand kam aus dem Männerklo und drängte sich an ihnen vorbei, ohne dass sie es wahrnahmen. Paola trat noch dichter an ihn heran, ihre Nasen berührten sich fast. Last schluckte, spürte, wie er zu schwitzen anfing, und genoss jede Sekunde. Paola fand als Erste wieder in die Realität zurück. Sie schob ihn sanft von sich und nahm die Zigarette zwischen die Lippen.

»Erst der Job, dann das Vergnügen, Süßer. Du bist vielleicht nicht im Dienst – aber ich.«

Grinsend wie ein Schuljunge kämpfte sich Hauptkommissar Joachim Last durch die Menge, die den Tresen belagerte, zurück an seinen Platz neben dem Spielautomaten.

Und die Band spielte Blues ...

* * *

»Peter 15/3 für Michel kommen.« Die Frauenstimme blecherte aus dem Lautsprecher. Schmidt beugte sich vor und kappte mit einem schnellen Fingerdreh den Funkkontakt.

»Schnauze, Puppe.« Er grinste unlustig und hielt vor einer roten Ampel. Ihr ziviler Dienstwagen hatte heute Morgen den Geist aufgegeben, so dass sie ausnahmsweise in einem Streifenwagen der Davidwache unterwegs waren. Gerade kamen sie von einer abschließenden Zeugenbefragung in einem Altonaer Wohnhaus zurück. Zumindest in diesem Fall schien nun alles zweifelsfrei. Der schwere Alkoholiker hatte seinen Zechkumpan vor Monaten im Suff erschlagen und dann, dank seiner Fachkenntnisse als ehemaliger Schlachter, in kleine, handliche Portionen zerteilt. Danach hatte allerdings seine rationale Planung ausgesetzt, und er hatte die blauen Plastiktonnen mit den Überresten des Freundes ungekühlt auf dem eigenen Balkon gelagert. Dort waren sie, dank des milden Frühlingsklimas, vor wenigen Tagen entdeckt worden, und der Täter war wenig später heulend zusammengebrochen, hatte alles gestanden. Ein leichter Fall, der die Aufklärungsquote in der einschlägigen Statistik hob und beim braven Bürger für einen schaurigen Nervenkitzel sorgte. Wer konnte schon sagen, was der eigene Nachbar auf dem Balkon *züchtete*!

»Ich gehe heute noch mal ins *Full House*«, kündigte Last an. »Irgendwas beunruhigt mich. Ich habe das Gefühl, da ist irgendwas im Gange.«

»Wieso, hat deine Paola einem anderen schöne Augen gemacht?«, witzelte Schmidt, der schnell eine Erklärung dafür gefunden hatte, dass sein Kollege so häufig und am liebsten allein in der Kneipe Erkundigungen einzog, obwohl der Fall nach drei Wochen immer unlösbarer schien und es keinerlei öffentliches Interesse an einer Aufklärung gab. Die Tote hatte eben zu jener Bevölkerungsgruppe gehört, die man sowieso am liebsten aus dem öffentlichen Bewusstsein tilgen würde.

»Blödsinn.« Last hatte keine Lust, das unberechenbare Gefühlswirrwarr, das die junge Prostituierte in ihm auslöste, mit dem Stockfisch Schmidt zu diskutieren. »Da läuft irgendetwas zwischen dem Wirt und einem der Stammgäste, diesem Rotze. Ich hab bisher nicht genug mitbekommen, aber mein Gefühl sagt mir, dass es mit dem Tod der Stüver in Zusammenhang steht.«

»Tu, was du nicht lassen kannst. Ich werde heute ausnahmsweise pünktlich Feierabend machen. Hab ja schließlich auch noch so was wie ein Privatleben.« Last starrte auf den Unterarm seines Kollegen, wo eben für eine Sekunde unter dem hochgerutschten Ärmel ein großen dunkler Fleck, ein Stempelabdruck, sichtbar geworden war. Entgegen dem Rat von Herbert, der an seinem Zwerchfell zupfte, entschied Last, dass sie jetzt lange genug zusammenarbeiteten und er Schmidt ein wenig auf den Zahn fühlen würde.

»In der Disco gewesen, gestern?« Er deutete auf Schmidts Handgelenk. Der verschaltete sich prompt beim Anfahren, knüppelte den richtigen Gang hinein und brummte Unverständliches. Last spürte eine heiße Woge Ärger in sich aufsteigen, Herbert frohlockte.

»Hör mal Schmidt, ich weiß nicht, wie es mit dir ist. Aber ich habe vor, weiter mit dir zusammenzuarbeiten. Und dazu brauche ich ein Mindestmaß an Vertrauen zwischen uns. Du tust ja gerade so, als wäre ich von der *Dienststelle Interne Ermittlungen* auf dich angesetzt worden, um dich auszuhorchen.« Er holte kaum Luft, ließ seinen Partner nicht zu Wort kommen. »Verdammt, das bin ich natürlich nicht! Und jetzt erzähl endlich, was mit dir los ist. Immerhin habe ich dir ja auch erzählt, wie's um mich, den verwahrlosten Ehekrüppel, steht.«

»Okay, Joachim, okay.« Schmidt scherte, ohne zu blinken, in eine Parklücke und stellte den Motor ab. »Ist mir auch völlig egal, ob sie mich noch immer auf dem Kieker haben oder nicht.« Er steckte sich eine Zigarette an und kurbelte das Fenster herunter, als er Lasts gekräuselte Nase bemerkte.

»Mir ist sowieso mittlerweile gleichgültig, ob ich bei der Kripo versauere oder ob sie doch noch einen Grund finden, mich hinauszuwerfen.« Er nahm einen tiefen Zug, stieß den Rauch aus und sah Last direkt an. »Versucht haben sie es bereits, aber da kam ihnen wohl die *Hamburger Ehe* dazwischen.« Er schnaubte verächtlich. »Wenn die Politik sich entschließt, endlich etwas für schwule Paare zu tun, kann sie keine potenziellen Skandale um geschasste schwule Kripobeamte gebrauchen.«

»Na hör mal, das glaube ich nicht, dass du hier im liberalen Hamburg als Schwuler auf der Abschussliste stehst«, zweifelte Last. Draußen waren zwei kleine Jungen vor dem Streifenwagen stehen geblieben und ließen die beiden Männer in Zivil nicht aus den Augen.

»Vielleicht nicht, wenn man ein ansonsten braves, angepasstes Leben führt. Aber wenn du zusätzlich eine Vorliebe für sehr junge Männer hast – keine Bange, pädophil bin ich nicht – und dann noch mit ein paar bunten Pillen auf einem Rave in eine Kontrolle rennst, dann sieht die Sache schon anders aus. Eigentlich kann ich froh sein, dass ich noch mit dir in diesem Wagen sitze und nicht auf einer Bank im Arbeitsamt.« Er grinste schief. Last wusste nicht recht, was er sagen sollte. Der Altersunterschied zwischen ihnen klaffte so weit wie nie zuvor. Schmidt lebte in einer so völlig anderen Welt als er, dass es fast schmerzte.

***

»Ich will dir mal eins sagen, du Scheißkopf, wenn du mir nicht vom Acker gehst mit deinen halbgaren Geschichten, dann ...« Tommes scheint für einen Moment den Faden verloren zu haben und stützt sich schwer auf den Bierkasten, den er gerade auf den Stapel gestemmt hat. Der von einer hohen Brandmauer und den schmutzig grauen Rückseiten zweier Vorkriegsmietshäuser umsäumte Hinterhof des *Full House* liegt im trüben Licht der Dämmerung. Feiner Nieselregen überzieht alles mit einem Grauschleier.

»Dann was?« Rotze wippt auf den Spitzen seiner Cowboystiefel hin und her. Die Daumen hat er lässig in die Schlaufen seiner Blue Jeans gehakt. »Soll ich etwa deinem neuen Freund von der Schmiere einen Tipp geben?« Tommes dreht sich blitzschnell zu Rotze um und packt ihn am Kragen seiner Fransenlederjacke.

»Hör zu, du Arschloch. Wie oft soll ich dir noch sagen: Das Ding in der *Freiheit* läuft nicht. Jedenfalls nicht mit mir. Bin doch nicht lebensmüde.« Es fällt ihm schwer, Rotze nicht zu schlagen. Unwillig gibt er dessen Jacke frei. »Das ist ein Himmelfahrtskommando, Alter. Lass dir das gesagt sein. Vergiss die Chose. Und hör auf, mich als Bullenfreund hinzustellen. Den Ruf kann ich mir nicht leisten.« Er stutzt. »Sag mal, was sollen eigentlich diese ständigen Andeutungen? Was genau willst du dem Bullen eigentlich stecken? Kannst du mir das mal verraten?«

Rotze glättet seinen Kragen und setzt eine selbstgerechte Miene auf. Bevor er antwortet, zieht er geräuschvoll den Rotz in seiner Nase hoch und ordnet sein feuchtes Haar.

»Du solltest besser zuhören, Tommes. Ich hab dir neulich schon gesagt, dass die Hoftür hier manchmal offen steht. Die Mädels sind da ziemlich nachlässig.« Diejenigen Freier, die nicht genug Geld für die Steige haben, werden im dunklen Durchgang zum Hinterhof bedient. Das Geschäft läuft so mau, dass die Frauen sich nicht leisten können, diese Billignummern abzulehnen. Friss oder stirb.

»In der Nacht, als Chris getötet wurde, war die Tür auch offen.« Rotze macht eine künstlerische Pause, zündet sich umständlich eine Zigarette an. An Tommes' Schweigen erkennt er, dass der andere endlich versteht, wie ernst es ihm ist. »Ich hab ein wenig Luft geschnappt hier auf dem Hof. Ja, und dann ging in der Küche das Licht an. Von hier aus kann man alles sehen, was drinnen passiert.« Tommes steht gebeugt da, der gedrungene Oberkörper wirkt aufgepumpt.

»Weiter«, stößt er hervor. »Was noch?«

»Na ja.« Rotze lässt den Schleim in seiner Nase Achterbahn fahren. »Ich werd dich schon nicht verschüttgehen lassen. Jedenfalls nicht, wenn du in das Spielhallending einsteigst.« Er tritt einen Schritt zurück, lauert auf Tommes' Reaktion.

Last, der die provisorische Pinnwand auf dem Gang zu den Klos studierte – gerade war sein Blick an einem Nachmietergesuch für eine Einzimmerwohnung in der Silbersacktwiete hängen geblieben –, spitzte die Ohren.

***

»Tommes?«

»Adnan?«

»Ja.«

»Was liegt an?« Der Wirt klemmte das Handy zwischen Ohr und Schulter und kickte die Küchentür zu.

»Übergabe der Ware morgen um sechs. Gleicher Ort, gleiche Konditionen.« Der Dealer machte eine Pause. »Ich hoffe, deine Zahlungsmoral hat sich gebessert, nach dem erschütternden Verlust deiner lieben Chris. Du willst doch nicht auch noch die andere verlieren.« Das Kichern bohrte sich in Tommes' Gehörgang.

»Man hält mich nicht hin, das solltest du langsam wissen, mein Lieber.« Tommes war, als explodierte eine Faust in seinem Magen. Er schnappte nach Luft. Es fiel ihm wie Schuppen von den Augen. Adnan! Das Schwein hatte Chris auf dem Gewissen! Er knirschte mit den Zähnen. Das Schlimmste war, dass er nicht darauf reagieren, nichts dagegen tun konnte! Ihm wurde schlecht, in seinen Ohren rauschte es. Das hatte die Kleine nicht verdient. So zickig sie auch gewesen war. Er schob die Brille auf die Stirn und wischte sich über die Augen. Wozu das alles? Weshalb riss er sich den Arsch auf, wenn dann doch nur wieder jemand kam, um ihn zu linken. Wann würde er endlich in einer Position sein, in der ihm so etwas nicht mehr passierte? In der endlich er selbst am längeren Hebel saß. Er presste das Telefon ans Ohr und holte Luft.

»Alles klar, Adnan.«

»Gut, dann ist ja alles in Ordnung. Wie läuft sonst das Geschäft?« Adnan tat plötzlich jovial. Tommes sah förmlich die Goldzähne in der öligen Visage blitzen. Ihm fiel etwas ein, eine kleine Entschädigung wenigstens.

»Rotze macht Schwierigkeiten. Will mich verschüttgehen lassen wegen Chris. Völlig abgedreht, der Wichser. Und dann hängt dieser Bulle ständig hier rum.« Am anderen Ende ist es für einen Moment still.

»Okay, Tommes. Ich kümmere mich darum. Ruf Punkt elf die Nummer vom Club an und gibt Murat die Fakten durch.«

Wenige Minuten später nahm der Wirt seinen Platz hinter der Theke wieder ein. Dollar Bill und seine Jungs zersägten gerade ein altes James-Bond-Thema – *Goldfinger*. Tommes ließ den Blick über das schwitzende Publikum wandern. Als er den Bullen zusammen mit Paola vor der Kneipentür stehen sah, spannten sich seine Wangenmuskeln. Wie hatte er glauben können, dass bei dem die scheißfreundliche und bei Rotze die Einschüchterungstour Wirkung haben würden. Beide Kerle waren auf ihre Art zäh wie ein altes Steak. Er konnte es sich nicht leisten, dass die Bullen auf ihn aufmerksam wurden, ihn wegen Mordes verdächtigten oder sogar verknackten. Sei es auch nur aufgrund der Aussage eines Idioten wie Rotze. Zum Glück sah Adnan das genauso. Er hob die Platte vom Tresendurchgang, schlüpfte hindurch und nickte dem alten Säufer zu, der am Zapfhahn aushalf. Tommes war zuversichtlich. So hart wie Adnan gegenüber seinen Geschäftspartnern war, so hart verfolgte er deren Feinde. Bald würde er seine Ruhe haben. Er grinste Rotze zu und stellte ihm unaufgefordert ein Bier vor die Nase. Auf Nimmerwiedersehn, du Arsch.

Und die Band spielte Blues ...

* * *

Rotze ist guter Dinge. Dass Tommes ihm vorhin ein Bier ausgegeben und ihm zugegrinst hat, ist ein Zeichen dafür, dass er auf seinen Deal eingehen wird. Seine Philosophie hatte sich wieder einmal bestätigt. Erst einen exakten Plan entwerfen, dann die Sache in Angriff nehmen, durchziehen und verschwinden. Und ein wenig bluffen muss man schon, wenn man was erreichen will. Denn eigentlich hat er nichts Spektakuläres gesehen, in Chris' Todesnacht. Die beiden haben kurz vor der Mordzeit in der Küche gequatscht, Tommes hat ihr an die Titten gegriffen und das war's auch schon.

Es ist gegen vier, als Rotze die Tür des *Full House* hinter sich zufallen lässt. In Hochstimmung wandert er leicht schwankend über die Reeperbahn, auf der sich noch immer Massen von Menschen scheinbar ziellos hin und her bewegen. Irgendwann heute Abend hat es angefangen, richtig zu schütten, die Straßen glänzen vor Nässe.

Last stolperte. Es war Viertel nach vier, der Sonntagmorgen wolkenverhangen. Dauerregen, keine zehn Grad. Er zog fröstelnd die Schultern hoch. Die House-Musik aus der Schwulenbar, an der er gerade vorbeigekommen war, pulsierte hinter ihm her. Sein Dienst war offiziell seit achteinhalb Stunden zu Ende. Er gestand sich ein, dass er wieder einmal, wenn auch nicht die Not zur Tugend, doch wenigstens das staatliche Ermittlungsinteresse zum Vehikel seiner privaten Neigungen gemacht hatte. Nun ja, nicht ganz. Denn schließlich hatte sich durch die Auseinandersetzung im Hof der Kneipe, die er am frühen Abend mitgehört hatte, ein neuer Aspekt im Fall Christiane Stüver aufgetan. Gerade verschwand Rotzes Gestalt dort vorn in einem Torweg am toten Ende der Großen Freiheit. Last eilte ihm nach. Er hatte beschlossen, dem Kerl ein wenig auf den Zahn zu fühlen. Paola – oder Sigi, wie er sie mittlerweile nennen durfte – hatte ihn mit einem flüchtigen Kuss nach Hause geschickt. Ihre Schicht endete erst um sechs, und er solle bloß nicht auf die Idee kommen, auf sie zu warten, hatte sie ihm gedroht, als sie in ihrer so genannten Kaffeepause auf der gegenüberliegenden Seite der Friedrichstraße im türkischen Imbiss gesessen hatten.

Er schob ein nasses Bündel Zeitungspapier mit dem Fuß beiseite und trat in den unbeleuchteten Torweg. Schnell orientierte er sich. Obwohl bereits der Morgen dämmerte, wirkte es in dem Hinterhof so, als würde es hier niemals Tag werden. Hinter ihm, draußen auf der Straße, lärmte eine Gruppe betrunkener St.-Pauli-Touristen vorbei, irgendwo schlug ein Hund an.

Dann kehrte Stille ein. Dort drüben flackerte über einer unauffälligen, grauen Stahltür eine Lampe. Last schob sich ein magenberuhigendes Kaubonbon in den Mund. Vorsichtig bewegte er sich an den von Unrat überquellenden Plastiktüten, den zerweichten Pappkartons, den leeren Flaschen und den aufgetürmten Kühlschrankleichen vorbei. Es roch nach frischem Urin und altem Blut.

»Wieso Tommes? Was will er von mir?« Rotze versucht, sich aus dem Schraubstockgriff der beiden Türken zu entwinden. Sie haben ihn in den Torweg gerufen, hätten irgendetwas von Tommes zu bestellen. Die gehören zu Murats Clan. Knallhart trainierte Kampfmaschinen mit blitzschnellen Reaktionen und ohne jegliche Skrupel. Was wollen sie von ihm? Sie schleifen ihn an den Oberarmen über den düsteren Hof, scheinbar ohne jegliche Anstrengung, und bleiben stumm. Er hängt zwischen ihnen wie eine Marionette.

»Was soll das? Das könnt ihr nicht machen! Ich habe einen Deal mit Tommes.« Er reißt sich halb los, versucht einen Schlag zu platzieren, wird sofort an den Haaren zurückgerissen. Ein scharfer Schmerz durchzuckt das Schultergelenk, dessen Arm brutal nach hinten hochgerissen wird. Das Letzte, was Rotze wahrnimmt, sind die dreifarbigen, geschnürten Boxerstiefel, vor die er mit dem Gesicht nach unten fällt.

Last war schlagartig hellwach. Dort hinten, zwischen einem Müllcontainer und einer kurzen Treppe, die hinunter zu irgendeiner Tür führte, ging etwas vor. Mehrere Gestalten rangen miteinander, einer sank zu Boden, stöhnte rau. Rotze! Last erkannte die Fransenlederjacke. Er tastete nach seiner Dienstwaffe und stürmte voran.

»Polizei! Lassen Sie den Mann los!« Seine Sohlen rutschten über den glitschigen Asphalt. Die Waffe lag schwer und sicher in seinen Händen. Die Gestalten blickten sich nach ihm um.

»Nehmen Sie die Hände hoch und treten Sie zurück.« Die beiden richteten sich langsam auf, blieben mit hängenden Armen regungslos stehen, den zusammengekrümmten Rotze zwischen sich auf dem Boden. Last verlangsamte seinen Schritt. Hier bestand der Boden aus aufgeweichtem Sand. Nur nicht stolpern, jetzt.

»Nehmen Sie die Hände hoch.« Sein Puls raste, vor Nervosität zerbiss er sein Magenbonbon. Die Gestalten rührten sich nicht, schienen wie erstarrt. Last hielt die Waffe mit beiden Händen und stieg über ein mit Regenwasser gefülltes Schlagloch.

»Die Hände hoch, sag ich. Aber keine hektischen Bewegungen.« In Zeitlupe wurden dort drüben die Arme gehoben. Er fixierte die beiden Männer und überlegte fieberhaft, ob er es riskieren konnte, sein Handy zu bedienen, während er die beiden, Gesichter und Hände zur Wand, in Schach hielt. Ohne Handschellen ging's nicht anders. Zwei Meter vor ihnen stoppte er. Rotze hatte sich noch immer nicht bewegt. Last musterte aus den Augenwinkeln die Hauswände. Nirgendwo an den Fenstern nahm er etwas wahr. Das Rauschen des Regens untermalte das Keuchen seines Atems. Er war allein mit den Kerlen.

»So, und nun dreht euch zur Wand um, ebenfalls ganz gemütlich. Keine falsche Hektik.« Er entsicherte die Waffe, so dass die Knaben mitbekamen, dass er es ernst meinte. Doch nichts geschah. Hatten sie ihn nicht verstanden? Er wiederholte seine Aufforderung. Sekunden geronnen zu Minuten.

Der Pistolengriff rutschte in seinen schweißfeuchten Händen. Die Männer starrten ihn unbewegt an.

Im letzten Augenblick, bevor sein Hinterkopf explodierte, ihm die Beine wegknickten und er das Bewusstsein verlor, sah Last, wie sich ein freches Grinsen auf den Gesichtern ihm gegenüber ausbreitete. Er hatte nicht an einen dritten Mann gedacht.

* * *

Schmidt blickte hinunter auf den Mann, den alle nur als Rotze gekannt hatten. Er lag auf dem Rücken, in einem Stapel fauliger Pappen, zwischen Hauswand und einem stinkenden Müllcontainer. Die vor Nässe dunkle Wildlederjacke war weit geöffnet, Haarsträhnen lagen wie Seegras über dem bleichen Gesicht, und auf der linken Brustseite war aus dem Loch im hellen T-Shirt das Blut gesuppt. Von Doc Wegener wusste Schmidt bereits, dass dies nur die Austrittswunde war. Die weitaus größere Blutmenge war in den Pappen versickert. Er seufzte. Übelkeit verspürte er bei solchen Anblicken schon lange nicht mehr. Trotzdem widerte es ihn an. Er stemmte den Regenschirm gegen eine plötzliche Windbö und raffte mit der anderen Hand den weißen Trenchcoat über seinem Sakko aus Honanseide zusammen. Seine hellen Raulederslipper waren völlig im Eimer. Dass ihn die anwesenden Kollegen wegen seiner Garderobe belächelten, war ihm bewusst. Er verzog verächtlich den Mund und packte den Schirmgriff fester. Wie egal ihm das war. Er hasste nichts mehr als durchweichte Kleidung und Regentropfen auf seinen Brillengläsern.

Der Tatort war gesichert, die Kollegen von der Spurensicherung, in ihren weißen Marsmenschenanzügen, packten bereits ihre Koffer ein. Die Tatwaffe war in der Hand des mutmaßlichen Täters sichergestellt worden, den man unweit der Leiche verletzt aufgefunden hatte. Zwei Kugeln fehlten im Magazin. Die Hand des Mannes wies Schmauchspuren auf. Zeugen hatten sich nicht gefunden, die Schießerei war anonym gemeldet worden, aber der Tathergang war eindeutig zu rekonstruieren. Schmidt klappte im Schutz des Torwegs den Schirm zusammen und nickte dem Einsatzleiter der Schutzpolizei zu.

»Sauwetter.« Der Uniformierte grinste und nahm dankbar die Zigarette, die Schmidt ihm anbot. Sie wechselten ein paar belanglose Worte, und

Schmidt merkte nach einer Weile, dass er seinen nächsten dienstlichen Schritt hinauszögerte.

Er würde nun ins Krankenhaus fahren müssen, um den Tatverdächtigen zu vernehmen. Seinen Partner Joachim Last.

* * *

Er träumte. Ganz eindeutig, dies war ein Traum. Joachim Last spürte, wie die kleine, weiche Hand immerfort über seine Wange strich. Ganz so, als gäbe es für sie nichts anderes zu tun, als das verschwitzte, stoppelige Männergesicht zu liebkosen. Er widerstand dem Impuls, die Augen zu öffnen. Denn vielleicht würde sie dann aufhören.

Stoff raschelte, die Unterlage, auf der er lag, schwankte sacht. Da war es wieder – Spanien, Wassertropfen auf blauen Trauben, das Meer. Eine unsagbare Beruhigung durchströmte ihn. Sigi war hier. Er bemühte sich, etwas zu sagen, doch kein Ton wollte seinen trockenen Mund verlassen. Als er doch versuchte, die Augen zu öffnen, grub sich ein jäher Schmerz durch seinen Schädel. Dann kam die Erinnerung wieder. Der Hinterhof, die beiden Gestalten, der am Boden liegende Rotze. Er schlug die Augen auf, sein Herz raste.

»Ich hau ab.« Sigi saß auf der Kante des Krankenhausbetts und sah ihm nicht in die Augen. Ihre kleine, sanfte Hand lag nun in ihrem Schoß, nestelte an ihrem Zigarettenetui.

Last räusperte sich, versuchte zu verstehen, wovon sie sprach. Gleichzeitig schoss ihm erneut durch den Kopf, was ihn an seiner Situation seit drei Tagen immer wieder peinigte. Die Tatsache, dass er als hochgradig Tatverdächtiger im Mordfall Reinhard Geertz, genannt Rotze, angesehen wurde. Seine unerklärliche Gedächtnislücke, was das Geschehen in jener Nacht betraf, nachdem er Rotze in den Torweg gefolgt war. Die Peinlichkeit, dass Schmidt gegen ihn, den eigenen Partner, ermitteln musste. Ihm hatte er zu verdanken, dass er noch immer unbehelligt in der Klinik lag und alle weiteren Vernehmungen seiner Person verschoben worden waren. Wie sollte er jemals wieder mit dem Kerl zusammenarbeiten? Aber wollte er das überhaupt? Vielleicht sollte er aussteigen. Einfach weg, alles hinschmeißen. Möglicherweise war jetzt genau der richtige Zeitpunkt. Doch wohin konnte er gehen, in seinem Alter? Er konnte doch nichts anderes als *Bulle* sein, hatte weiter nichts gelernt. Die am meisten beunruhigende Tatsache, dass er nämlich mit einem Bein im Knast stand, blendete er völlig aus. Das konnte einfach nicht sein, war zu ungeheuerlich, als dass er es an sich heranlassen konnte.

Und nun saß seine Zaubermaus hier bei ihm. Sigi, an die er während seines dreitägigen Zwangsaufenthalts in dieser Krankenzimmerödnis so oft hatte denken müssen. Doch er begriff nicht, wovon sie sprach. Er ächzte und griff nach ihrer Hand.

»Wo willst du denn hin? Du bist doch gerade erst gekommen«, presste er zwischen den aufgesprungenen Lippen hervor.

»Quatsch, ich meine, ich bin weg vom Fenster, richtig weg, für immer.« Sie richtete für einen Moment ihre Sternenaugen auf ihn, und er nahm gerade noch wahr, wie sie sich verschleierten, bevor sie sich abwandte und aufstand. Sie riss, mit dem Rücken zu ihm, am Hebel der Fensterklappe und zündete eine Zigarette an. Er liebte sie für diesen natürlichen Ungehorsam. Krankenzimmer? Rauchverbot? Was soll's.

»Ich war vorhin bei den ... deinen Kollegen.« Im letzten Augenblick hatte sie die *Bullen* heruntergeschluckt. Last drehte mühsam den Kopf, um sie dabei zu betrachten, wie sie zwischen Fenster und Tür hin und her stöckelte. Ihr blasslila Overall aus Fallschirmseide war farblich zwar dezenter als ihre übliche Berufsbekleidung, lag aber nicht weniger eng an ihrem Körper an.

»Ich hab denen gesagt, dass du es nicht warst. Ich hab nämlich gehört, wie Tommes am Sonnabend per Handy die Typen beauftragt hat, Rotze das Licht auszudrehen. Hat sogar Namen genannt, der Trottel.« Sie drückte fahrig die Zigarette im Waschbecken aus. »Sieh mich nicht so an, verdammt noch mal. Du glaubst doch wohl nicht, dass ich in der Stadt bleiben kann, nachdem ich meinen Mann hab verschüttgehen lassen. Das überlebt keine.« Sie schnaubte. »Ich will einfach nicht, dass du Schwierigkeiten bekommst. Keine Ahnung, warum.« Sie griff nach der roten Baseballkappe, die am Bettende lag, und stülpte sie über ihre Locken. Ihre Stimme klang rauer als sonst. »Mach's gut, Alter. Hau rein.«

Die Zimmertür klackte ins Schloss, zurück blieb nur ein Hauch Parfüm und faseriger Tabaknebel. Last fühlte sich unendlich allein und schloss die brennenden Augen. Herbert grinste schadenfroh dazu. Ein trockenes Schluchzen entwich der Kehle des Kriminalhauptkommissars.

Wenn sie ging, konnte er auch in den Knast wandern. Dann war alles egal. Die Verzweiflung schnürte seine Brust ein.

* * *

Kriminaloberkommissar Hans-Günther Schmidt sah von der abgenutzten Computertastatur auf und musterte die Gestalt, die dort drüben neben Revierführer Kuhlbrodt im Türrahmen des Dienstzimmers lehnte. Von draußen drangen Stimmengewirr und Telefonschnarren herein. Schmidt schluckte. Sein Partner! Die unförmige Lederjacke bauschte über den zu engen Kaufhausjeans, an den Füßen billige Turnschuhe voller Schrammen. Unter dem hellblonden Bürstenschnitt schossen scheinbar wimpernlose Augen aggressiv hin und her. Die schmalen Lippen öffneten sich kaum, um das knappe »Guten Tag, Kollege« herauszulassen.

Der Bürostuhl knarrte, Schmidt lehnte sich betont langsam zurück. Sein neuer Partner! Mit einem Blick erkannte er in ihm einen von diesen übergenauen, akribisch auf Recht und Ordnung pochenden, verrohten Beamten. Die im Zweifelsfall eher einen Kollegen über die Klinge springen ließen, als ihre eigene Karriere mit Pensionsanspruch zu gefährden. Trotz der sommerlichen Temperatur fröstelte Schmidt. Last hatte er anfangs auch für einen von ihnen gehalten, dessen eckigen Schädel, seine zu scharf rasierten Züge mit den tiefen Falten des Magenleidenden, diese Unbewegtheit in seinen Augen. Doch er hatte sich getäuscht. Der wortkarge Provinzkriminale hatte sich als ein durchaus verständnisvoller und gutmütiger Kollege entpuppt.

Während er den Neuen mechanisch begrüßte, registrierte Schmidt beklommen, dass er Last tatsächlich vermisste. Schließlich hatten sie nur wenige Wochen zusammen gearbeitet, waren in der ganzen Zeit nicht einmal nach Dienstschluss ein Bier trinken gegangen. Trotzdem war zwischen ihm und Last ein wortloses Einverständnis gewachsen, das es für Schmidt noch schwerer machte, eine Erklärung für Lasts Verschwinden zu finden. Vor drei Wochen war sein Partner einfach aus dem Krankenhaus abgehauen, hatte sich seitdem nirgendwo mehr gemeldet. Dabei standen Lasts Chancen, sauber aus der Sache mit diesem Rotze herauszukommen, gut. Da er ihn bei seinen Besuchen verbotenerweise über den Stand der Ermittlungen auf dem Laufenden gehalten hatte, wusste Last, dass, aufgrund der Aussage von Sigrid Klumke, gegen den Wirt Reblin wegen Anstiftung zum Mord ermittelt wurde. Als er Last gerade die gute Nachricht überbringen wollte, dass Reblin gestanden hatte und dass die Stiefelabdrücke am Tatort eindeutig von den auffälligen Boxerstiefeln des mit dem Mord beauftragten Türken stammten, hatte Last das Krankenhaus bereits verlassen und war untergetaucht.

Schmidt wusste nicht, was er glauben sollte. Hatte Last doch irgendetwas mit dem Tod des Kleinganoven zu tun? Oder mit anderen illegalen Geschäften im *Full House*? Dort war er, wie die Ermittlungen ergeben hatten, bis zur Mordnacht fast jeden Abend gewesen. Aber wahrscheinlich hatte er nur Colombo gespielt. Schmidt schüttelte fast unmerklich den Kopf. Selbst wenn – einsame Helden gab es bei der Kripo nicht. Hier ging alles nach Vorschrift. Wahrscheinlich war das Last auch bewusst geworden. Oder war er einfach durchgedreht, hatte dem Druck, der auf ihm lastete, nicht standgehalten? Die kaum verarbeitete Scheidung. Die neue Stadt. Diese kleine freche Nutte, die ihn zum Narren hielt.

Schmidt zuckte mit den Schultern und bot dem Neuen lauwarmen Kaffee an. Wahrscheinlich hatte er sich doch in seinem Ex-Partner getäuscht.

ROBERT BRACK

Die Feinschmeckermorde

*Das Fleisch wird gegen
die Faser tranchiert.
Als erstes schneidet der Kellner
einen Anschnitt ab.
Es folgen vier gleichmäßig
große Tranchen.
Die Schneide des Messers
zeigt dabei schräg zum Trancheur.
Die Tranchiergabel wird
auf das Fleisch gelegt
und gibt beim Schneiden
den notwendigen Halt.*

Aus »Gekonnt serviert«
von Heinz Neumann und Adolf Scharfe

Montag

Etwa zur gleichen Zeit, als sich der ehrgeizige Nachwuchs-Restaurantkritiker Franz Xavier in der »Ente von Altona« über seine Hummerterrine mit Zuckerschotensalat und Schnittlauchsauce hermachte, verzehrte Kommissar Leipziger, der griesgrämigste Polizeibeamte Hamburgs, seine dritte Currywurst im »Taxi-Imbiss« am Neuen Pferdemarkt. Der Kommissar war mit der Qualität seiner Wurst sehr zufrieden und schmatzte laut.

Die rustikale Imbisswirtin sah ihn verschmitzt an. »Ist doch mal was anderes als immer nur Champagner und Kaviar«, sagte sie. Leipziger nickte und gurgelte mit seiner zweiten Ananaslimonade.

»Wissen Sie, was der Schlehmann, der Restaurantchef, den kennen Sie doch? Kennen doch alle ... was der mal in der Zeitung gebracht hat?«, fragte die Wirtin.

Leipziger schichtete den Kartoffelsalat auf seine Gabel und sah nicht auf.

»Er verfeinert seinen Ketchup mit Ananassaft, hat er geschrieben. Was sagt man dazu? Das hat der Mann doch von mir! Wir gießen den Saft aus den Dosen nicht weg, wenn wir mal zu Hause Hawaii-Toast machen. Den isst mein Mann doch so gern, wenn's mal was Besonderes sein soll, am Geburtstag oder so ... Wir gießen den Saft nicht weg, sondern heben ihn auf für unseren Ketchup. Eingefroren natürlich, wegen der Haltbarkeit. Und dann an Weihnachten verfeinern wir. Es wird immer so viel über saisonale Küche geredet. Na bitte, das ist saisonal!«

Leipziger brummte. Er spielte mit den Currywurststücken wie ein zufriedener Bernhardiner mit dem Knochen.

»Und überhaupt«, sagte die Wirtin, »es heißt immer, Essen vom Imbiss sei ungesund. Aber wo sterben die Leute? Im Luxusrestaurant sterben sie! Hier!« Sie hob die aktuelle Ausgabe der Bild-Zeitung hoch: »Schon wieder ein Toter im Luxusrestaurant! Na bitte! Dass Hummer und Kaviar gesund sind, hat mir sowieso noch niemand einreden können. Auch nicht der Schlehmann. Da war ich sowieso noch nie. Soll aber nicht so gut sein, wie alle immer behaupten. Eine Bekannte von mir, deren Mann hat einen Kollegen, der mal dort gewesen ist. Er meinte, bei uns würde es ihm besser schmecken. Jedenfalls ist noch keiner an unserer Currywurst gestorben. Noch eine Wurst, Herr Kommissar?«

Leipziger nickte. Was du heute kannst verzehren, musst du morgen nicht entbehren, dachte er.

Den gleichen Gedanken hegte auch Franz Xavier, als er seine Freundin über das geeiste Blumenkohlsüppchen hinweg anblickte. Sie sah hinreißend aus. Allein schon das Dekolleté. Er wusste nicht, wo er hinsehen sollte, dorthin oder aus dem Fenster, wo das Hafenpanorama von der untergehenden Sonne bestrahlt wurde.

»Du siehst mich überhaupt nicht an«, stellte sie fest und hob drohend das Champagnerglas.

»Was ist?«, fragte er.

Ann-Kathrins Augen funkelten: »Du weichst meinem Blick aus.«

Franz Xavier blickte sich vorsichtig um. Hoffentlich merkte niemand, dass er gerade in eine uncoole Situation hineinschlitterte.

»Hier bin ich!«, sagte Ann-Kathrin ziemlich laut und schwang das Champagnerglas, dass es beinahe überschwappte.

»Ann-Kathrin, ich bitte dich!«

»Das ist aber schön. Um was denn?«

»Sprich bitte nicht so laut. Wir sind in offizieller Mission hier.«

»Offizielle Mission? Wir verprassen hier mein Geld, damit du deine Sterne verteilen kannst, und du siehst mich nicht mal an!«

»Nicht so laut! Außerdem verteile ich keine Sterne, sondern Kochmützen«, sagte Franz Xavier und senkte verschwörerisch die Stimme: »Beim Gault Millau gibt es Kochmützen.«

Ann-Kathrin lachte hämisch: »Hast du welche zum Verteilen dabei?«

Franz Xavier rückte sich die rote Armani-Krawatte zurecht, die vorzüglich zu seinem schwarzen Kandismann-Anzug passte, und sagte nach kurzem Zögern: »Ich muß schnell mal zur Toilette.«

»Schon wieder?«

»Du weißt schon.«

Ann-Kathrin sah störrisch aus dem Fenster: »Wenn du wieder stundenlang deine Notizen über die Qualität der Suppe machen willst, dann geh ich. Nicht einen Abend können wir ganz normal essen gehen. Ständig hockst du auf der Toilette herum. Wer weiß, was wirklich dahintersteckt.«

Mit hochrotem Kopf stand Franz Xavier auf und entgegnete mit gepresster Stimme: »Ich tue nur meinen Job.«

»Der einzige Job, den man selbst bezahlen muss. Nicht mal die Arbeitskleidung bekommst du gestellt. Wenn ich dir nicht den Anzug ...«

Franz Xavier schritt davon, durchquerte das geradlinig elegant gestylte, in rötlichbraunem Birnenholz gehaltene Luxusrestaurant, erntete das Lächeln eines Kellners, der ihn womöglich als Stammgast wiedererkannt hatte, und betrat die Herrentoilette.

Es war das schönste Klo der Welt, stellte er wieder einmal fest. Er blickte in den Spiegel und bemerkte, dass er die Hände um den Rand des marmornen Waschbeckens krampfte und so verbissen dreinschaute wie Michael Douglas.

Es stimmte schon, sie half ihm gelegentlich aus. Es stimmte auch, dass ihn das wurmte, zumal er ihr, der Tochter aus dem Hause Pfeffersack, gern mal mehr als das geboten hätte, was sie sich allabendlich sowieso von ihm holte.

Er kramte sein Portemonnaie aus der Gesäßtasche, um vorsichtshalber nachzuzählen. Lauter kleine Scheine. In der Redaktion hatten sie ihm seine letzten Auslagen mit dem Geld aus der Kleinanzeigenkasse zurückerstattet. Er hörte ein Ächzen. Hoppla, dachte er, ich will mich doch nicht auf der Toilette eines Luxusrestaurants mit einem Stapel Zwanzig-Mark-Scheine erwischen lassen. Besser schloss er sich ein.

Er drehte sich um, trat durch die nächste Tür in das eleganteste Pissoir der Welt, wo wahrscheinlich jedes Pissbecken eine Original-Signatur von Marcel Duchamp trug, und stolperte über einen herumliegenden Fuß.

Der Fuß steckte in einem Budapester-Halbschuh von Church und gehörte einem Mann, der sich auf dem Fußboden ausgestreckt hatte. Ein junger Herr, zweifellos aus der Werbebranche. Hatte eine entfernte Ähnlichkeit mit dem jungen Travolta. Er ächzte, zuckte, gurgelte, zuckte heftiger, ein Schwall Blut und Kotze ergoss sich aus seinem offenstehenden Mund, dann blieb er regungslos liegen.

Franz Xavier hielt noch immer die vielen Zwanzig-Mark-Scheine in der Hand und staunte. Die blaue Gesichtsfarbe des Travolta-Doubles verhieß nichts Gutes.

Er steckte das Geld wieder ein und verließ die Toilette. Er trat an die runde Bar aus Azul-Granit in der Mitte des Gastraums und sagte zu dem Sommelier, der gerade eine Drei-Liter-Magnum-Flasche »Champagne Krug« hochstemmte, die eine Runde zigarrenrauchender Grauschläfen nebst Gattinnen bestellt hatte: »Im Waschraum ist gerade jemand verstorben.« Dann ging er an seinen Tisch zurück. Es ist immer so, dachte er, je nobler die Umgebung, desto gewählter die Worte. Trifft leider nur auf mich zu, überlegte er weiter, als er hörte, wie einer der Grauschläfen lautstark seiner Gattin vorschlug, ihre Pumps für den Champagnergenuss freizugeben.

Er setzte sich, und sein Blick fiel auf den leeren Stuhl gegenüber. Der Kellner huschte herbei: »Die Dame ist gegangen.«

»Hoffentlich nicht auf die Herrentoilette«, sagte Franz Xavier, »dort liegt nämlich ein Toter.«

Der Kellner lächelte verständnisvoll: »Wünschen Sie, dass ich das Menü dennoch weiterserviere?«

»Tja«, sagte Franz Xavier verwirrt, »ich hab noch ein paar Zwanzig-Mark-Scheine in petto. Die Polizei wird sicher gleich kommen und uns alle verhören. Da ist es besser, wenn ich mich vorher gestärkt habe.«

Der Kellner nickte und wandte sich zum Gehen.

»Und Currywurst«, fügte Franz Xavier hinzu.

»Bitte?«

»Bereiten Sie schon mal die Currywurst vor. Kommissar Leipziger isst gern Currywurst.«

Dem Kellner schien kein Wunsch seiner Gäste zu extravagant zu sein. »Currywurst, sehr gern«, sagte er und ging.

Franz Xavier lehnte sich zurück und wartete ab. Es dauerte eine geschlagene Viertelstunde, bis beim Personal der Groschen fiel. Nachdem einer der Graumelierten seinen Assistenten vermisste, wurde in der Toilette nachgesehen.

Im gleichen Moment als die Currywurst aus Kalbfleisch serviert wurde, stand Leipziger in der Tür. In solchen Lokalen klappt das Timing doch immer noch am besten, dachte Franz Xavier. Der Kommissar folgte dem ausnahmsweise nervös wirkenden Oberkellner in die Toilette. Dort sah er sich die Leiche an, begutachtete die Räumlichkeiten und stellte fest: »Reich gestorben, trotzdem tot.«

Als Leipziger zurück ins Lokal kam, bemerkte er Xavier, und seine Miene verfinsterte sich. Er sah etwa so freundlich aus wie der Hamburger Himmel im April.

Er trat an Franz Xaviers Tisch und brummte missgelaunt: »Sie schon wieder. Das ist das dritte Restaurant mit Leiche, in dem ich Sie treffe.«

»Heute hab ich sogar die Leiche gefunden«, erklärte Franz Xavier.

»Stärken Sie sich«, sagte Leipziger mit Blick auf den Seesaibling mit Bohnenpüree und Ingwersauce, »diesmal nehme ich Sie mit.«

»Wollen Sie mich nicht hier verhören, Herr Kommissar? Ich habe Ihnen schon eine Currywurst bestellt.«

Leipziger blickte auf die Currywurst im Nouvelle-cuisine-Look und seufzte: »Nach drei Flaschen Anjola frage ich mich, ob ein Bier nicht genau das richtige wäre.«

Franz Xavier winkte dem Kellner.

»Der Herr Kommissar wünscht ein Bier.«

»Mit Sechseinhalb-Minuten-Blume«, forderte Leipziger. Der Kellner nickte und machte sich ans Werk.

»Das kann ja dauern«, murmelte Leipziger, »nach allem, was ich bisher in diesen Restaurants gelernt habe, brauen die das Bier wahrscheinlich selbst.« Damit griff er zu Messer und Gabel. »Das ist eine Portion für ein Pantoffeltierchen«, fügte er hinzu.

Als der Kellner die Sechseinhalb-Minuten-Blume servierte, hatte Leipziger seine Mahlzeit bereits beendet.

»Sie haben die Sauce nicht mit Ananassaft verfeinert«, nörgelte er. »Sagen Sie das Ihrem Chef.«

Der Kellner lächelte nachsichtig.

»Was kostet überhaupt dieses Portiönchen?« fragte der Kommissar.

»25 Mark, schätze ich mal. Es ist Kalbfleisch drin.«

»Ha!« Leipziger warf einen Blick ins Lokal, wo die Reichen und die Einflussreichen unruhig auf ihren Freischwingern herumrutschten, weil sie plötzlich allesamt Verdächtige in einem Mordfall waren. »Ich sollte diese ganze Bagage verhaften. Wasser und Brot!« »Steht beides direkt vor Ihnen, Herr Kommissar.«

»Bleiben Sie mir vom Leib mit dieser Putschelbrühe. Ist wahrscheinlich ein Destillat aus den Schweißtropfen des Küchenchefs.«

Franz Xavier lachte amüsiert.

Ein Beamter der Spurensicherung trat an den Tisch und nahm die Nickelbrille ab: »Wie es scheint, ergibt sich ein ähnliches Bild wie in den anderen beiden Fällen, Herr Kommissar.«

»Und das wäre, Herr Doktor?«

»Eine Vergiftung unbekannter Art, vielleicht auch ein Virus oder ...«

»Oder was?«

»Eine Krankheit, die vom Tier auf den Menschen übertragen wird, vom toten Tier.« Der Polizeiarzt ließ seinen Blick durchs Lokal schweifen und flüsterte: »Hier wird durchweg rosa gebratenes Fleisch serviert.«

»Sieh mal an«, sagte Leipziger, »die Wurst war aber gut durch.«

»Das Fleisch wird teilweise in rohem Zustand auf den Tisch gebracht ...«

»Na und!«, knarrte plötzlich eine Stimme hinter dem Polizeiarzt.

Der Kommissar und der Restaurantkritiker sahen auf und blickten in ein Gesicht, das eine gewisse Ähnlichkeit mit einem zerknautschten Boxhandschuh hatte.

»Der Maître«, flüsterte Franz Xavier ehrfürchtig. Der Maître stand da in seiner weißen Chefkoch-Uniform, stemmte die Arme in die Hüften und klapperte unruhig mit seinen Clogs auf dem Holzboden.

»Ihre Leute behindern den Restaurant-Betrieb. Wenn heute ein Kritiker vom Gault Millau anwesend ist, könnten wir eine Kochmütze verlieren.«

Franz Xavier wurde rot. Er war stolz auf seine Mission, aber traurig, dass der Maître ihn nicht identifiziert hatte.

»Kaufen Sie sich halt eine neue Mütze«, brummte Leipziger.

Dann wandte er sich einem seiner Beamten zu und sagte: »Wir nehmen alles Essbare, ob angeknabbert oder nicht, mit! Die Personalien der Gäste werden aufgenommen.« Dann sah er den Maitre an, der die geballten Fäuste jetzt hinter seinem Rücken versteckte, und fügte hinzu: »Das Lokal bleibt morgen geschlossen.«

Während die Beamten der Spurensicherung Reste von Kalbsbries, Seeteufel, Steinbutt, Kapaunflügeln, Gänsestopfleber, Ente und Kalbshirnsoufflé eintüteten, unterhielten sich Leipziger und Xavier auf der Terrasse.

»Danke, dass Sie mein Inkognito gewahrt haben«, sagte Franz Xavier.

»Ihr was habe ich?«

»Ich bin doch von Berufs wegen hergekommen.«

»Ist mit ziemlich egal, warum Sie hier sind. Aber dass Sie immer anwesend sind, wenn ein Mord in einem Luxusrestaurant passiert, das finde ich interessant.«

»Meinen Sie, der Täter hat sich an meine Spur geheftet?«

»Was reden Sie denn für ein schwachsinniges Deutsch?«

»Vielleicht will er mich in die Rolle des Sündenbocks drängen.«

»Wer weiß denn schon vorher, wo Sie abends essen gehen, und kann sich danach richten?«

»Manchmal die Redaktion, aber nur wenn ich für die Zeitschrift arbeite. Das war heute nicht der Fall.«

»Sie waren nicht allein«, stellte der Kommissar fest.

»Ann-Kathrin war bei mir, Sie wissen schon. Aber sie ist gegangen, während ich zur Toilette ging.«

»Wo Sie den Toten gefunden haben.«

»Den Sterbenden, Herr Kommissar.« Franz Xavier bekam eine Gänsehaut.

»Ihre Freundin hat also das Weite gesucht, als die Leiche fällig war«, stellte Leipziger nachdenklich fest.

»Wollen Sie damit etwa andeuten, dass ...«

»Ich will überhaupt nichts andeuten. Aber ich werde mir die Dame vorknöpfen.«

»Seien Sie bloß vorsichtig.«

»Keine Angst, junger Mann.«

»Ich meine wegen Ihnen, sie kommt doch aus einer einflussreichen Familie.«

»Ich freue mich über jedes Disziplinarverfahren, ich giere geradezu nach Degradierung, ich sehne mich nach dem vorzeitigen Ruhestand.«

»Na gut, dann halt wegen ihr. Sie ist eigentlich ganz nett.«

»So nett wie ein samtener Handschuh mit eisernen Krallen.«

Franz Xavier sah den Kommissar erstaunt an.

»Woher ...«

»Ich habe Ihre Glosse über die Probleme des männlichen Gourmets im Zeitalter der Frauenemanzipation gelesen, Sie wissen schon, wo es darum geht, dass junge Damen aus gutem Hause ihr Mütchen kühlen, indem sie dicke Zigarren zwischen den Gängen rauchen.«

»So habe ich das nicht ausgedrückt.«

»Nein, aber ich.«

»Was wollen Sie nun mit mir anfangen?«

»Sie sind der einzige Mensch, der sich immer am Tatort herumtreibt, wenn's passiert. Und dann ist da noch Ihre Freundin ... Wo werden Sie denn morgen Abend speisen?«

»Voraussichtlich bei ›Mama e Pepino‹, aber ohne Ann-Kathrin. Möchten Sie mitkommen?«

»O nein, ich habe eine bessere Idee«, sagte der Kommissar.

»Die Sie mir nicht verraten wollen.«

»Sie haben's erfasst, junger Mann. Aber ich bitte Sie, Ihr Testprogramm wie geplant fortzusetzen.«

Als sie wieder ins Restaurant traten, waren alle Gäste gegangen. Die Beamten der Spurensicherung hatten die Lebensmittelreste weggeschafft und Küche und Vorratskammer versiegelt. Der Gesichtsausdruck des Maître glich dem Geschmack einer Sauerampfersuppe, in die ein Fass Sherryessig gefallen war. Schief grinsend trat er auf den Kommissar zu.

»Wünschen Sie ein Brechmittel, Herr Kommissar?«

»Bitte?«

»Wegen der Spurensicherung. In Ihrer Currywurst war etwas Kalbshirn.«

»Und?«

»Der Tote hat eine Scheibe vom gleichen Hirn verspeist.«

»Sieh mal an. Wenn ich morgen also sabbernd vor Ihrer Tür stehe, dann haben wir den Fall gelöst, was?«

»Genau so ist es, Herr Kommissar«, murmelte der Maître und sah dabei aus wie eine Bulldogge kurz vor dem Sprung.

Dienstag

Nicht sabbernd, sondern durchaus konzentriert kutschierte Leipziger mit einem Landrover aus dem Bestand der Kripo Hamburg durch die Pfützen eines holprigen Feldwegs in Schleswig-Holstein. Neben ihm saß ein Beamter des hiesigen Landeskriminalamts, denn der Kommissar wilderte in fremdem Terrain und musste beaufsichtigt werden.

»Das sind reiche Leute, die sich aufs Land zurückgezogen haben«, erklärte der LKA-Heini (wie Leipziger ihn heimlich nannte), der Simonis hieß, wie seine oberste Chefin.

»Was Sie nicht sagen.« Dieser Simonis schien stolz darauf zu sein, dass seine ländliche Heimat zum Refugium für wohlhabende Taugenichtse aus der Großstadt verkommen war, dachte Leipziger.

Er ließ den Motor des Landrovers aufheulen. Die Räder wühlten sich durch ein paar extratiefe Pfützen, und nach dem nächsten Hügelchen (sie befanden sich in der Holsteinischen Schweiz) wurde das Anwesen von Frau Schlägeli sichtbar.

»Ihr Mann ist ein hohes Tier in der Werbung gewesen«, sagte Simonis.

»Gibt's da hohe Tiere?«

»Die Agentur hieß ›Der Bär ist los‹. Die waren revolutionär und haben zig Millionen verdient.«

»Wie kann man denn revolutionär sein und zig Millionen verdienen?«, fragte Leipziger, während er den Wagen durch das Tor auf den Hof des imposanten Anwesens lenkte. So ein riesenhaftes Reetdach hatte er noch nie gesehen. Rechts und links davon Stallungen und viele Gebäude, die bestimmt nur dazu dienten, Platz wegzunehmen.

»Mein Sohn will auch in die Werbung gehen«, sagte Simonis. »Studiert noch in Kiel, will aber nach Hamburg wechseln. Wegen der Chancen. Hat großes künstlerisches Talent.«

»Ach, wozu braucht man das denn?«, fragte Leipziger unkonzentriert und würgte den Motor ab.

Noch bevor er seinem Hang zu Respektlosigkeiten nachgeben und hupen konnte, öffnete sich die ungeheuer große Tür des Gutshauses, und zwei Damen in Hosenanzügen und blütenweißen Turnschuhen traten zwischen die vier Säulen rechts und vier Säulen links auf die Veranda. Die Säulen dienten der Demonstration des Wohlstands, wusste Leipziger. Vier Säulen war mega. Allerdings hatte der frühere Großbauer sie hinstellen lassen.

Die Beamten stiegen aus dem Landrover. Von weitem sahen die Damen aus wie Models, aus der Nähe aber eher wie Barbie und ihre beste Freundin auf der Suche nach dem Puppendoktor.

»Herr Simonis!«, rief Frau Schlägeli, die graugewordene Rothaarige.

»Frau Schlägeli, ich grüße Sie!«, rief Simonis leutselig zurück.

»Tag«, sagte Leipziger und tippte sich an die Schläfe.

»Darf ich Ihnen Herrn Kommissar Leipziger aus Hamburg vorstellen?«, fragte Simonis höflich.

»Herr Kommissar!«, rief die Schlägeli leutselig, aber es klang ein bisschen so, als würde jemand mit Metall auf Glas kratzen. »Darf ich Ihnen Jilda vorstellen? Sie wissen schon, Jilda wie der Film ›Gilda‹, aber mit J.«

Jilda, die so blond war wie der Schimmel von Lady Godiva (was hab ich da nur für Assoziationen?, fragte sich der Kommissar besorgt), streckte den Polizisten die Hand hin: »Mein Markenzeichen.«

Die Hand? Das Blond? Oder das J? Leipziger war einen Moment lang verwirrt.

»Die Dame ist eine ganz große Nummer im Modegeschäft gewesen«, hatte Simonis ihm während der Fahrt erklärt, »jetzt hat sie sich zur Ruhe gesetzt. In diesen Kreisen setzt man sich spätestens mit 48 zur Ruhe.«

»Ich bin so froh, dass Sie mir helfen wollen, meinen Ruf und den meiner Rinder zu retten«, sagte Frau Schlägeli.

»Was haben denn Ihre Kinder damit zu tun?«, fragte Leipziger, der sehr wohl richtig verstanden hatte.

»Meine Rinder sind meine Kinder«, lachte die Schlägeli affektiert, und Jilda stimmte peinlich berührt ein.

Das Lachen erstarb, und die Schlägeli deutete auf die riesige Scheune zu ihrer Rechten: »Wollen wir gleich die Stallungen besichtigen, Herr Kommissar?«

»Ich bin kein Veterinär, gnädige Frau. Ich will nicht mit den Kühen reden, sondern mit Ihnen.«

Die Hausherrin staunte einen Moment, dann erwiderte sie gefasst: »Sie dürfen Mona zu mir sagen.« Lächelte versonnen und fügte hinzu: »Der Boy wird uns einen Tee bereiten.«

»Im Allgemeinen nenne ich sie Mona«, hatte Simonis auf der Herfahrt großspurig erklärt. »Man kennt sich.«

Nun kannte man auch den grobschlächtigen Kommissar aus Hamburg. Simonis verzog traurig das Gesicht.

Durch eine endlos lange Diele, an deren Wänden zahllose Medaillen des Art Directors Club hingen, gingen sie in den Salon, der sich als japanische Wohnlandschaft mit zirka fünftausend winzigen Sitzkissen entpuppte. In die Mitte des Raums war ein quadratisches Goldfischbecken eingelassen worden. Darin wubbelten Schleierschwänze mit Teleskopaugen herum. Zum Wasser stieg man auf winzigen Stufen hinab, die auch als Sitze benutzt werden konnten. Ein Plexiglas-Tischchen ließ sich über das Becken ziehen, und fertig war der postmoderne Teetisch.

Der Boy, der tatsächlich aussah wie ein Inder und von der Millionärin mit Herz adoptiert worden war, bevor sie ihn zum Diener ausbilden ließ, brachte eine Kanne Darjeeling First Flush (wie die Hausherrin stolz annoncierte).

»Sie haben wohl ein Herz für Tiere«, stellte der Kommissar fest, während er die in unförmig gezüchteten Zierfische betrachtete – Genmanipulationen, die die Chinesen schon vor ein paar Tausend Jahren vorgenommen hatten.

»Ganz bestimmt, Herr Kommissar, deswegen bin ich ja auch so traurig. Ich kann kaum noch schlafen. Diese Vorwürfe treffen mich zutiefst, müssen Sie wissen. Jilda unterstützt mich moralisch, sonst wäre ich längst verzweifelt.«

Jilda drückte den Arm ihrer Freundin und nickte mitfühlend.

Leipziger vermutete, dass auch sein Kollege Simonis ein bisschen mitfühlte.

»Sehen Sie, diese ganze Pressekampagne, das ist ja eine Hinrichtung.«

»Die Morde sind Hinrichtungen«, verbesserte der Kommissar.

»Aber diese Kampagne ist unmenschlich! Ich bekomme Drohbriefe, es ist ...«

»Drohbriefe? Darf ich die sehen?«, fragte Simonis begierig.

»Selbstverständlich, mein Anwalt ...«

»Die Briefe interessieren mich nicht«, unterbrach Leipziger. »Es geht um die Mordanschuldigungen gegen Sie oder sagen wir besser den Verdacht des Totschlags.«

Frau Schlägeli alias Mona hielt sich erschrocken die Hand vor den Mund. Jilda legte ihr den Arm um die Schultern und sah den Kommissar so böse an, als hätte er gerade ein behindertes Kind geohrfeigt.

»Allerhöchstens ja wohl der Verdacht auf fahrlässige Tötung oder sogar nur Körperverletzung«, verbesserte Simonis.

Mona brach in Schluchzen aus.

Jilda hob den Zeigefinger und deutete anklagend auf Leipziger: »Das ist doch alles Unsinn!«

»Ist es nicht, gnädige Frau. Die Todesfälle, die in der Presse inzwischen als die ›Feinschmecker-Morde‹ bezeichnet werden, sind alle im Zusammenhang mit dem Verzehr von Rindfleisch aus der Schlägeli-Züchtung aufgetreten.«

»Verleumdung!«, rief Mona.

»Das ist doch lächerlich«, fand Jilda.

»Eine vage Vermutung«, murmelte Simonis.

»Meine armen Rinder«, ächzte Mona, die in der Schraubstockumklammerung von Jilda kaum noch Luft bekam.

»Monas Anwalt hat doch längst Entlastungsmaterial zusammengetragen, ich verstehe nicht, wie Sie überhaupt ...«

»Ihr Anwalt«, wandte sich Leipziger an die Rinderbaronin, »hat uns mit Aktenordnern voller Formelkram zugemüllt. Die ganze Sonderkommission ist damit beschäftigt. Und hören Sie endlich auf, den Trauerkloß zu mimen. Ich weiß, dass Sie den Restaurants horrende Preise abpressen und außerdem viel mehr Fleisch verkaufen, als Sie hier züchten können.«

»Was? Was?« Mona Schlägeli war plötzlich hellwach. »Woher kommt denn das Rindfleisch, das Sie an die Luxusrestaurants von ganz Norddeutschland verkaufen? So viele schottische Hochlandrinder passen überhaupt nicht auf das bisschen Wiese, das hier zu Ihrem Gut gehört!«

Simonis war blass geworden und starrte ins Goldfischbecken, wo gerade ein schwarzer Teleskopfisch gegen ein Kalmusblatt aus Plastik prallte, das er übersehen hatte.

»Ich will damit nur sagen, dass uns Ihre Aktenordner völlig schnurz sind. Wir haben Unterlagen aus Schleswig-Holstein, Hamburg, Mecklenburg-Vorpommern und Niedersachsen, die uns das Ausmaß Ihres Handels mit Biofleisch schottischer Hochlandrinder verdeutlicht haben. Was wir noch nicht wissen, ist, woher die Viecher oder ihr Fleisch überhaupt kommen. Wenn Sie Ihre Haut retten wollen, liefern Sie uns schleunigst stichhaltige Beweise, dass es das Fleisch von sauberen Kühen ist!«

Jilda war erschrocken von Mona abgerückt und sah sie halb mitleidig, halb angewidert an.

»Mona!« rief sie. »Deine Ideale!«

Simonis hob mit zitternder Hand die Teetasse.

»Stichhaltige Beweise!«, wiederholte Leipziger.

»Argentinien«, murmelte Mona vor sich hin, »Tiefkühl-Container, per Schiff.«

»Ihr Tee ist mir zu bitter«, sagte Leipziger und goss den Inhalt seiner Tasse ins Goldfischbecken. »Kommen Sie, Simonis, wir haben noch zu tun.«

Der Espresso im Hotel Défilé schmeckte ausgezeichnet, aber alles andere war eine Lüge. Franz Xavier schüttelte den Kopf, als der Weißhaarige mit dem dynamischen Gestus ihm eine »garantiert echte Havanna aus dem Klimaschrank« anbot.

»Wenn die Zigarre so echt ist wie Ihr Essen ...«

»Jetzt sagen Sie bloß nicht, es hat Ihnen nicht geschmeckt. Sie haben doch jeden Teller leer geputzt«, stellte der weißhaarige Besitzer des Hotels und einer die ganze Republik verschlingenden Restaurant-Kette namens »Feinschmecker« fest.

»Ich hatte Hunger«, entschuldigte sich Franz Xavier. Tatsächlich hatte seine Barschaft nicht mal mehr für ein Rundstück gereicht, nachdem er sich um die Begleichung der Rechnung in der »Ente von Altona« nicht hatte drücken können.

»Genauso geht es meinen Gästen auch. Sie haben Hunger, essen was und sind zufrieden.«

»Ich bin nicht zufrieden, Herr Schlock.«

»Völlegefühl?«

»Nein.«

»Sodbrennen?«

»Nein.«

»Blähungen?«

»Ich bitte Sie.«

»Bitten Sie mich, um was Sie wollen.« Schlock breitete die Arme aus: »Das Hotel steht Ihnen zur Verfügung. Verfügen Sie! Ich könnte Ihnen sogar einen sehr günstigen Preis für eine Suite machen, sagen wir eine Woche lang zum Tagespreis eines Doppelzimmers ... Laden Sie jemanden ein, Ihre anspruchsvolle Freundin, die ich neulich kennenlernen durfte ...«

»Die ist auf und davon.«

»Das tut mir leid. Aber in Ihrem Beruf muss es doch ein Leichtes sein, eine Dame zum Essen einzuladen ...« Schlock lachte aufmunternd.

»Dazu muss man die entsprechende Dame erst mal an der Hand haben.«

Schlock beugte sich vor: »Jetzt mal ganz unter uns ... Sie wissen ja, dass wir hier abends regen ... äh ... Verkehr haben ... die Bar ... die Damen dort ... es reicht, wenn Sie Ihre Zimmernummer diskret sehen lassen ...«

Franz Xavier war einen Moment lang verunsichert. Was für ein Angebot! Aber dann wäre er für immer und ewig erpressbar. Eine Marionette an den Fäden von Schlock, dem »Feinschmecker«-König.

»Nein, danke.«

Schlock zuckte resignierend mit den Schultern: »Eine ehrliche Haut, was? So was gibt es doch gar nicht mehr in Ihrem Beruf. Der Journalismus ist tot, die Redaktionen sind doch längst nur noch Public-Relations-Abteilungen der Warenproduzenten.«

»Sie haben ja recht, aber ich kann Ihr Restaurant trotzdem nicht für eine Kochmütze vorschlagen.«

»Sie müssen ja nicht den zweiten Schritt vor dem ersten tun. Fangen Sie doch erst mal mit einigen positiven Kritiken in Ihrer Zeitschrift und der Kolumne in der Tageszeitung an.«

»Damit disqualifiziere ich mich total.«

»Sie werden die Speerspitze einer neuen Bewegung, die Avantgarde des neuen Geschmacks.«

»Ich werde meine Jobs verlieren.«

»Eine kleine Aufwandsentschädigung ließe sich einrichten.«

»Stellen Sie lieber einen richtigen Koch ein, und verzichten Sie auf diesen schauderhaften Fabrikfraß.«

»Sie haben doch selbst gesagt, dass es schmeckt.«

»Manches ist passabel, aber das ändert nichts daran, dass es Convenience-Food ist.«

»Jede Küche ist doch eine Essfabrik. Meine Küche ist eben sehr groß und kocht für das ganze Land. Wir haben eine Riesenbrigade ausgezeichneter Köche, da sind sogar Sterneköche darunter!«

»Das, was Ihre Angestellten in die Plastikbeutel schweißen, verdient noch nicht mal eine Sternschnuppe.«

»Sie sind ein Snob!«

»Natürlich bin ich das. Die Feinschmeckerei ist nichts für die breite Masse. Das, was die großen Köche praktizieren, ist allerhöchste Kunst. Es geht nicht darum, den Hunger zu stillen, sondern um Ästhetik. Darum, neue geschmackliche Ufer zu betreten.«

»Das ist elitär.«

»Selbstverständlich ist das elitär. Selbst wenn wir noch in einer nivellierten Mittelstandsgesellschaft leben würden – für die solche Lokale wie Ihre sogenannten ›Feinschmecker‹-Restaurants genau das richtige sind –, gibt es eine Klassengesellschaft des guten Geschmacks. Und die wird es immer geben!«

»Nun ereifern Sie sich doch nicht so. Ich muss mich schon sehr wundern. Sie waren doch mal politisch aktiv. Linksradikal geradezu. Und nun höre ich solche Töne aus Ihrem Mund.«

»Woher wissen Sie denn etwas über meine Vergangenheit?«

»Ich habe ein bisschen rumgefragt.«

»Sie wollten etwas finden, was Sie mir anhängen können.«

»Ach was, Sie nehmen sich wirklich zu wichtig.«

»Sie nehmen mich doch wichtig, Herr Schlock. Sie wollen doch unbedingt eine Kochmütze von mir verliehen bekommen.«

Schlock schlug mit der flachen Hand auf den Tisch: »Ich will Sie nur vor dem Absturz retten, Sie hochnäsiger Snob!«

»Absturz? Was soll das denn jetzt wieder heißen?«

»Sie sind wirklich von vorgestern, Sie arroganter Schnösel!«

»Erst laden Sie mich zum Essen ein, dann beschimpfen Sie mich, ich muss schon ...«

Schlock grinste böse: »Sie kennen doch die Zeitschrift ›Fit For Fun‹?«

»Mit gestähltem Körper in den Tod, klar kenne ich die.«

»Die haben ein Restaurant aufgemacht.«

»Ist mir bekannt.«

»Jetzt stellen Sie sich das mal andersherum vor.«

»Ein Restaurant macht eine Zeitschrift auf. Hat's alles schon gegeben. Bei McDonald's beispielsweise.«

»Ich meine was anderes: Eine Restaurant-Kette kauft eine etablierte Zeitschrift.«

»Was soll das für einen Zweck haben?«

»Den, die Berichterstattung im Gastronomie-Bereich auf Vordermann zu bringen.«

Franz Xavier lachte unglücklich: »Soll das eine Drohung sein?«

Schlock lehnte sich zufrieden zurück: »Nein, das ist, wie man heutzutage so schön sagt, bereits Fakt.«

Franz Xavier starrte den Unternehmer fassungslos an. Schlock grinste triumphierend: »Wie wär's mit einem Grappa?«

Mittwoch

Ein neues, in eine coole hanseatische Shopping-Mall integriertes Hotel wurde eingeweiht. Das Hotel besaß auch ein Restaurant im aktuellen Glas-Chrom-Stil. Zur Eröffnung gab es einen Empfang. Eine Menge Prominenz lungerte am Hummer-Büffet herum, sämtliche bedeutenden Gastronomie-Journalisten und Klatschreporterinnen schweiften umher und sammelten Eindrücke. Unter ihnen befand sich natürlich auch Franz Xavier.

Als der junge Mann aus der Luxus-Herrentoilette mit den futuristischen Wasserhähnen trat (»Sind die aus Platin?«, fragte ein verwunderter Feuilleton-Redakteur, der sich hierher verirrt hatte), wo er einen bösen Beluga-Kaviar-Fleck von seinem Rutland-Hemd entfernt hatte, bemerkte er, dass er schon wieder sein Champagnerglas verloren hatte.

Mit leeren Händen stand er da, glotzte orientierungslos in die Menge plappernder Medienvertreter und sah, wie ein dicker Kerl in einem ungeheuer weiten Omen-Anzug eine junge Frau misshandelte. Misshandeln ist vielleicht nicht das richtige Wort: Er versuchte, ihr das kleine Schwarze vom Leib zu reißen, während sie ihm wiederholt gegen das Knie trat. Keiner von beiden gab einen Laut von sich. Niemand der Umstehenden beachtete sie.

Außer Franz Xavier. Zwar hatte er nichts gegen kleiderlose Schönheiten in der Öffentlichkeit, wohl aber etwas gegen fette ältere Herren wie diesen, der aussah wie der Chefredakteur eines zweitklassigen Nachrichtenmagazins.

»Entschuldigung, hören Sie auf!«, forderte Franz Xavier. Eigentlich hatte er etwas Resoluteres sagen wollen, aber leider war er im Reden nie so gewandt wie im Schreiben.

Der Fettwanst sah seinen Widersacher an, schürzte die wulstigen Lippen und ließ den Träger des Rüschen-BHs gegen die zarte Haut der misshandelten Dame schnalzen.

»Was?«, fragte er.

Franz Xavier vergaß beinahe zu antworten, weil ihn die lächelnden roten Lippen und alles andere an der Dame so sehr anzogen.

»Was?«

Und da hatte Franz Xavier, der Schüchterne und Begriffsstutzige, plötzlich eine Eingebung: Er fasste in die Hosentasche, zog sein letztes Markstück hervor und drückte es dem Dicken in die Hand.

»Was'n das?«, fragte der und starrte die Münze an.

»Kaufen Sie sich ein Glas Leitungswasser.« Und dann drehte sich Franz Xavier der Dame zu, die nun fast wieder ganz angezogen war, und schlug vor: »Champagner?«

»Und ein Stück Hummer mit einem Klecks Kaviar obendrauf«, stimmte sie zu. Den Rest des Abends verbrachten die beiden am Büffet, wo sie einen Sport daraus machten, neue Kombinationen zu erfinden. Beinahe gewann Xavier den Wettbewerb, als er den »halben Grisini-Stab aus Vollkorngries mit Spitze von Safran-Mayonnaise und einem Top von Lachsrogeneiern« erfand. Dann aber schlug ihn die Dame mit einer »gefalzten Radieschenscheibe auf der hohlen Hand mit Zanderkrümel«.

Sie verstanden sich prächtig und unterhielten sich so gut, dass Franz Xavier jede Gelegenheit verpasste, misstrauisch zu werden. Angesichts seines Glücks ging er davon aus, dass es ganz normal war, die schönste Frau der Welt ganz einfach so zum kalten Büffet gereicht zu bekommen. Sogar die folgende Äußerung fand er einfach bloß lustig: »Mein Vater?«, sagte Yvonne, nachdem sie endlich ihren Namen preisgegeben hatte. »Mein Vater ist Italiener, meine Mutter Amerikanerin, und ich bin Französin.« Das kam Franz Xavier nicht im Geringsten merkwürdig vor.

Als das Büffet abgeräumt war, die Gäste großspurig wurden und das Servicepersonal zudringlich, verließen sie den gastlichen Ort und landeten schnurstracks in der Bar des Hotel Reichshof, wo sie sich die Martini-Cocktails extra lange schütteln ließen, um wieder nüchtern zu werden.

Franz Xavier hatte Glück, dass seine Begleiterin liquide war. Bevor er mit der dämlichen Ausrede »Ich glaube, ich habe meine Kreditkarte vergessen« kommen konnte, gab sie bekannt: »Ich bin so reich, dass mir beinahe schlecht wird, wenn ich bloß daran denke. Ich lade dich ein, für immer.« Das war die Wirkung des Champagners. Franz Xavier nahm sich vor, es nicht zu sehr auszunutzen.

Später standen sie sich in seiner Wohnung gegenüber und stellten die Szene mit dem fetten Redakteur nach. Danach war ihr Kleid hin und sein Knie auch – aber das ist nur eine andere Beschreibung für Glück.

Im Morgengrauen, als sie plötzlich aufstand, sich notdürftig ankleidete und ging, hätte Franz Xavier mal ans Fenster treten sollen. Dann hätte er den schwarzen Cadillac Seville mit Chauffeur gesehen, in den sie einstieg.

Kommissar Leipziger hatte am gleichen Abend weniger zu lachen gehabt. Gegen 21 Uhr hatte er mit Egon Schlock im Hotel Défilé gesessen und den Hotelier und Convenience-Food-Fabrikanten verhört.

»Sie essen doch mit mir zu Abend?«, hatte Schlock gesagt, während er dem Kommissar die Hand hinhielt, was dieser geflissentlich ignorierte.

»Essen? Wollen Sie mich vergiften?«

Schlock lächelte wie über einen guten Scherz und wies den Weg: »Ich führe Sie ins Restaurant.«

»Na schön.«

In Wirklichkeit war der Kommissar ganz erpicht darauf, ins Restaurant zu kommen. Dort nämlich hoffte er, einen Blick auf seinen ehemaligen Kollegen und jetzigen Gelegenheits-Undercover-Agenten Stövhase zu werfen, der sich neuerdings im Défilé als Kellner verdingte.

Schlock führte den Kommissar in eine Nische.

»Ich empfehle Ihnen das Saison-Menü«, sagte er. »Das ist frisch und leicht.«

Leipziger runzelte die Stirn: »Welche Saison haben Sie denn gerade in Ihrer Fabrik?«

Schlock lehnte sich dünn lächelnd zurück: »Die gleiche wie in der wirklichen Welt, Herr Kommissar. Ich dachte nicht, dass ich Ihnen erklären muss, dass wir in unserem Foodcenter keine künstlichen Produkte chemisch zusammenrühren, sondern Spitzenerzeugnisse der Landwirtschaft verwenden, teilweise sogar Bio!« »Und das schweißen Sie dann alles in Plastikbeutel, um es später in der Küche von einer Aushilfskraft im Wasserbad erhitzen zu lassen.«

»Wir versiegeln das Aroma, Herr Kommissar. Und dann komponiert unser Sternekoch aus den Zutaten ein individuelles Menü. Das ist eine kreative Leistung.«

»Oho, was tut er denn?«

»Er komponiert, placiert, variiert, ergänzt.«

»Ein Foodstylist? Das Wort hab ich neulich in einer Frauenzeitschrift gelesen. Hat mir gefallen. Hairstylist gefällt mir auch. Überhaupt Stylist.«

»Sie machen sich über mich lustig, Herr Kommissar.«

»Können Sie auch eine Currywurst stylen?«

»Ich kann Ihnen eine von der Bude in der U-Bahn-Station holen lassen.«

»Das ist eine gute Idee. Und eine Flasche Holsten.«
»Wir haben nur Heinecken.«
»Heinecken?« Leipziger lachte.
»Was ist daran so witzig?«
»Wenn Sie's nicht wissen, werden Sie's nie erfahren. Holsten bitte!«

Das sagte der Kommissar jetzt, ohne mit der Wimper zu zucken, obwohl sein Undercover-Agent Stövhase in bordeauxroter Kellner-Uniform neben ihn trat.

»Imbissware, Herr Stövhase«, sagte Schlock.
»Sehr wohl.«
»Holsten edel mit geschlossenem Kronkorken«, verlangte Leipziger.
»Edel mit Krone, sehr wohl.«
»Sie machen das sehr gut, Herr Kellner«, sagte Leipziger.
»Danke, mein Herr.«

Stövhase verließ den Tisch. Leipziger sah ihm zufrieden nach. Stövhase hatte in den letzten Wochen gute Ermittlungsarbeit geleistet. Bewaffnet mit Mikrokamera und Abhörutensilien, hatte er einen kleinen Lauschangriff gegen Egon Schlock gestartet. Da er nicht mehr im Polizeidienst war, sondern Privatagent, brauchte er dafür auch keine richterliche Genehmigung. Mit der nötigen Entschlusskraft konnte man sich alles erlauben. In dieser Hinsicht war Leipziger auf Linie mit allen bundesdeutschen Innenministern.

»Kommen wir zum Thema«, sagte Leipziger. »Sie wissen ja, warum ich hier bin?«
»Es geht um die Feinschmecker-Morde?«
»Richtig.«
»Sie wollen sichergehen, dass in unserem Etablissement nichts dergleichen ...«
»Nein«, sagte der Kommissar.
»Nein?«, Schlock stutzte.
»Nein, ich will nicht sichergehen, dass ... Ich bin dem Täter auf der Spur.«
Schlock sah sich beunruhigt um: »Hier? Bei uns?«
Leipziger tippte mit seinem dicken Zeigefinger auf die Tischplatte: »Hier, an diesem Tisch.«
»Sie?«, rief Schlock.

»Bringen Sie nicht alles durcheinander, Herr Schlock. Ich bin der Bulle.«

»Aber was wollen Sie denn von mir?« Schlock saß jetzt sehr aufrecht, er war mindestens empört.

»Die Wahrheit, ein Geständnis, eine Currywurst und eine Flasche Bier. Ist das zu viel verlangt?«

»Die Wahrheit über was?«

»Über Ihre Rindfleisch-Schiebereien.«

»Ich verstehe nicht.«

»Schottische Hochlandrinder, die gar keine Schotten waren, aus angeblicher Biozucht, die mehr als angezweifelt werden darf, da die Herkunft nicht dokumentiert ist.«

»Ja, und? Bei uns kommen die Steaks doch aus dem Labor.«

»Es geht nicht um Ihre Restaurant-Kette, es geht um die Fleischhandelsfirma, die Sie mit Frau Schlägeli gegründet haben und die zehnmal so viel Biofleisch verkauft hat, wie der Viehbestand zulässt.«

»Hat Frau Schlägeli das getan? Ich bin erschüttert, nein, empört.«

»Sie hängen mit drin, Schlock.«

»Wir haben nur eine Versuchsanstalt gemeinsam ins Leben gerufen, unten in Bosnien. Wiederaufbau und so. EU-Mittel.«

»Mit dem Fleisch stimmt was nicht.«

»Wenn verantwortungslose Restaurants ihre Gäste vergiften, kann ich doch nichts dafür.«

»Dort wird Ihr Fleisch verzehrt, immerhin. Außerdem nützt es Ihnen, wenn die Lokale pleitegehen.«

»Mir?«

»Sie versuchen doch seit geraumer Zeit, Restaurants mit berühmten Namen aufzukaufen und sie Ihrem Imperium einzuverleiben.«

»Aber hören Sie mal, das ist doch ganz normales Wirtschaften.«

»Ob es das wirklich ist, werden wir noch herausfinden. Seltsamerweise sind die Morde in Lokalen passiert, die Sie gern gekauft hätten, aber nicht bekommen haben.«

»Aber das ist doch grotesk!«

»Finde ich auch. Entschuldigen Sie, mein Telefon.«

Leipziger kramte das Handy aus der Brusttasche seines Jacketts hervor.

»Hallo?«

»Herr Kommissar, es ist wieder ein Mord passiert.«
»Morde passieren andauernd, was hat das mit mir zu tun?«
»Ein Feinschmecker-Mord, im ›Landhaus Keller‹.«
»Na schön, wann und wie?«
»Vor einer halben Stunde. Das Opfer ist einfach umgekippt, kurz nachdem es über Bauchgrummen geklagt hat.«
»Bauchgrummen hab ich auch. Was gab's zu essen?«
»Gepökelten Kalbskopf mit Leipziger Allerlei.«
»Was!«
»Entschuldigung?«
»Sie Idiot, da will sich jemand über mich lustig machen.«

Wütend knipste der Kommissar das Handy aus: »Ich nehme an, das ›Landhaus Keller‹ beliefern Sie auch.«

Schlock hob abwehrend die Hände: »Gott bewahre! Als ich mal dort war, hat mich der Küchenchef beinahe rausgeschmissen. Unmoralisches Angebot nannte er das.«

»Ich meine das Rindfleisch.«
»Frau Schlägeli liefert, nicht ich.«
»So einfach kommen Sie mir nicht davon!«

Plötzlich stand Stövhase neben dem Tisch, eine Pappschale und eine Bierflasche in den Händen.

»Eine Piccata von der Bratwurst an Currysauce und ein Edles von Holsten unter dem Kronkorken, Herr Kommissar.«

»Packen Sie's wieder ein, ich nehm's für unterwegs.«
»Sehr wohl, Herr Kommissar.«

Donnerstag

Ochsenbacke, auweia«, stellte Franz Xavier fest. Yvonne sah ihn amüsiert an: »Joue de boeuf, das ist mein Leibgericht.«

»Hm.«

»Die deutschen Worte fürs Essen sind immer ganz schrecklich: Haxe, Sülze, Bauchfleisch, Ochsenbacke ...« »Stimmt, joue de boeuf klingt nett.«

»Das ist auch nett. Mit Sauerkraut vom Spitzkohl.«
»Tja, aber ich esse auch gern mal ein Täubchen.«

»Du das Täubchen, ich den Ochsen«, sagte Yvonne, »wie das mal wieder passt.«

»Wie denn?«

Sie saßen im Restaurant »Melo« im Hotel Tschernowitz, dem ersten Haus am Platz. Durch das Fenster hindurch konnte man die Fontäne auf der Binnenalster sprühen sehen. Im Gästesaal versprühten die Kellner ihren Charme mit verschwenderischer Geste.

Franz Xavier sorgte sich um die Gesundheit seiner Tischdame, die inzwischen auch seine Bettdame war, und druckste herum wegen der Backe des Ochsen. Schließlich wollte er sein frisches Glück nicht allzu schnell versterben sehen.

»Entschuldigen Sie, Herr Ober.« Die schöne Yvonne hob ihren schlanken Arm.

»Bitte sehr?«

Franz Xavier deutete auf die Speisekarte: »Die Backe, das joue oder wie auch immer ... wo kommt denn das ehemals dazugehörende Rind her?«

»Das ist beste Qualität, mein Herr. Einzeln verlesene Tiere aus einer ganz kleinen Herde. Garantiert rein biologische, artgerechte Aufzucht.«

»Kleine Herde?«

»Von einem Gutshof in Schleswig-Holstein. Ich kenne die Züchterin persönlich.«

»Na dann«, lenkte Franz Xavier ein.

»Siehst du«, stellte Yvonne fest, »hier gibt's nur allerbeste Qualität.« Sie warf dem Kellner einen umwerfenden Blick zu: »In jeder Beziehung.«

»Vielen Dank, Madame.«

»Mademoiselle.«

»Sehr wohl, die Dame.« Der Kellner verbeugte sich leicht.

»Ich nehme dann auch den Ochsen«, rang Franz Xavier sich durch, »beziehungsweise die Backe.«

»Und das Gänseleberparfait in Gemüsegelee und den Steinbutt auf Morcheln, bitte«, ergänzte Yvonne.

Franz Xavier überschlug mal kurz die voraussichtlichen Kosten des heutigen Abends: zwei viergängige Menüs für jeweils 125 Mark, diverse, jeweils zum Gericht passende Weine, Kaffees, Digestifs, eine Zigarre für die Dame – da würden leicht 500 Mark zusammenkommen. Er hatte noch einen Blankoscheck seines gelegentlich vertrauensseligen Chefredakteurs in der Tasche. Es würde schon klappen. Nur für das Taxi zum Bett fehlte dann das nötige Kleingeld.

Aber sie kamen gar nicht bis zur Rechnung.

Diesmal war es ein Japaner, den es regelrecht vom Stuhl warf. Der kleine Mann hatte sich schon mit morbider Lust über den angerollten Käsewagen gebeugt, um sein vom Champagner hochgepeitschtes Mütchen an den »verrückten Spezialitäten aus verfaulter Milch« zu kühlen.

Als der Kellner ihm zu erklären versuchte, wie die Schimmelpilze in den besten Roquefort der Welt kamen, schrie er laut auf und kippte hinterrücks mit dem ganzen Stuhl um.

»Das tut mir leid«, sagte der Kellner höflich und bückte sich, um Stuhl und Gast wieder aufzurichten.

Doch der Japaner zuckte nur, und dann war er hin.

»Man könnte beinahe meinen, dass eure Sterne Trophäen für abgemurkste Gäste sind«, stellte Yvonne fest und winkte den Kellner fort, der gerade die Ochsenbacke servieren wollte.

»Kochmützen«, verbesserte Franz Xavier. »Wir verteilen Kochmützen.«

Yvonne faltete ihre Serviette zusammen und stand auf: »Was hältst du davon, wenn wir uns davonmachen, bevor die Polizei auftaucht?«

»Gute Idee.« Franz Xavier erhob sich.

Er warf den Blankoscheck auf den Tisch und nickte einem verzweifelt dreinblickenden Kellner zu.

Als sie vor der Garderobe standen und ihre Regenmäntel anzogen, sagte sie: »Du solltest deinen Anzug in die Expressreinigung geben.«

»Wieso?«

»Da ist ein Fleck und da und da. Und morgen Abend sind wir bei meinem Onkel eingeladen.«

Expressreinigung, dachte Franz Xavier, als sie an dem Portier vorbei die Treppen zur Straße hinunterschritten, das wird mich eine Stange Geld kosten.

Plötzlich fuhr der schwarze Cadillac Seville vor. Yvonne küsste ihn auf die Wange, stieg ein, winkte durchs geöffnete Fenster, rief: »Bis morgen!« und verschwand.

Franz Xavier blieb ratlos zurück.

»Ein Taxi, der Herr?«, fragte der Portier.

»Nein danke«, sagte Franz Xavier gedankenverloren. »Ich nehme die S-Bahn. Mit dem Taxi kann man nicht schwarzfahren.«

Der Portier lächelte nachsichtig.

Franz Xavier ging grübelnd davon. Woher wusste sie eigentlich, dass er sich nicht mehr als nur einen Anzug leisten konnte?

Freitag

Stövhase blickte auf die Elbe hinaus und schüttelte sich. Er hatte an diesem Abend zwanzigmal Labskaus mit Wachtelei serviert. Das ganze Lokal war voll mit Touristen gewesen, die den Pökelfleisch-Kartoffelbrei für die bedeutendste kulinarische Errungenschaft der Hansestadt hielten. Oder Matjes. Stövhase bekam eine Gänsehaut. Oder Aalsuppe. Er würgte. Es gab doch wirklich Besseres hier im »St. Pauli-Fischlokal«, zum Beispiel Steinbutt in Pommery-Senf-Sauce.

Das Elbwasser schob sich schwarz und träge vorbei. Am anderen Ufer jaulten Sirenen, blinkten gelbe Lichter, rumpelten Container, staksten hohe Kräne durch die grell erleuchtete Nacht. Stövhase, der private Undercover-Agent seines Herrn und Meisters, Kommissar Leipziger, trug mal wieder eine Kellner-Uniform. Das Einstellungsgespräch hatte einem Verhör in einem Theaterstück von Eugène Ionesco geähnelt: Die zwei Restaurantbesitzer Sobanski senior und junior, die trotz des Altersunterschieds beinahe wie ein Ei dem anderen glichen, hatten *good cop/bad cop* gespielt, als wären sie in einem amerikanischen Film.

Vor allem hatten sie Wert darauf gelegt, den allerhöchsten Respekt gegenüber den im Lokal verkehrenden Prominenten an den Tag zu legen. Wenn der König von St. Pauli (der wahre, nicht der aus dem Fernsehen), ein Nachrichten haspelnder TV-Moderator, ein Modezar oder ein Filmstar seine Ankunft meldete, vergewisserte sich die Kellnerbrigade an der Wand mit den Promi-Fotos, ob sie die Gesichtszüge der Prominenten wiedererkennen mussten. Eigentlich war das überflüssig, dachte Stövhase. Er hatte in seiner kurzen, aber intensiven Karriere als Restaurantkellner die Erfahrung gemacht, dass Prominente einen immer so anlächeln, als wären sie mit einem zur Schule gegangen. Ganz schön anstrengend.

Stövhase seufzte und schloss das Fenster, als er merkte, dass der Geruch nach verfaultem Fisch, der diese Hafengegend beherrschte, intensiver wurde. Er dachte an seine schöne Zeit als Etagenkellner im Hotel Reichshof und an die schreckliche Zeit, als er noch offizieller Assistent von Kommissar Leipziger gewesen war. Warum nur kam er von diesen Mordgeschichten nicht los, fragte er sich. Eigentlich wollte er doch nur ein beschauliches Leben führen. Natürlich als Kellner, er diente gern. Andererseits war da diese Neugier, die ihn immer wieder packte, diese Lust am Lauschen, am Rumkramen in den Sachen anderer Leute, am Spionieren. Das Schönste waren kleine Gucklöcher in Zimmerwänden ... Ein lustvoller Schauer durchrieselte seinen Körper. Dann zuckte er zusammen.

»Herr Stövhase, kommst du mal bitte zur Oyster-Bar?«, kommandierte ein älterer Kollege.

Die meisten Gäste waren schon gegangen, aber an einigen Tischen stocherten die Touristen in ihren Kaffeetassen herum und beneideten die Promis, die sich den besten Cognac der Welt in riesige Schwenker füllen ließen oder noch einen Eimer Schampus zum »Dessert nach dem Dessert« orderten.

Stövhase durchquerte das Lokal, vorbei an weißgedeckten Tischen, auf denen nun Flecken in allen Farben und Schattierungen zu sehen waren, zusammengeknüllte Servietten, umgekippte Aschenbecher, mit Rotwein aufgemalte Herzchen oder kunstvoll auf die Blumensträußchen gesteckte Fischgräten.

An der letzten Ecke vor der Bar wurde er vom Seniorchef abgefangen, der ihm mit verzerrtem Gesicht in den Weg trat. Lächelte er oder war er wütend, fragte sich Stövhase.

»Diese Burschen«, sagte er, »diese Burschen an der Bar. Sehen Sie zu, dass die nicht die ganze Nacht bleiben. Die kleben ja auf ihren Sitzen!«

Wahrscheinlich liegt es daran, dass sie auch noch die Rote Grütze in sich reingeschaufelt haben, dachte Stövhase bei sich.

»Aber passen Sie auf«, fügte der Senior hinzu, »alles wichtige Leute, alle ganz wichtig, Herrgott!«

Damit wieselte er davon.

»He!«, rief einer der Herren in der Oyster-Bar. »Wir wollen mehr!«

»Noch einen Krug Champagner«, kiekste ein anderer.

»Aber Magnum!«
»Aber Mega-Magnum!«
»Und Zigarren!«
Stövhase seufzte.
Es waren vier. Sie trugen Leinenanzüge und Turnschuhe. Zwei Werbefuzzis und zwei PR-Typen aus der Musikbranche.
Stövhase holte eine Schampus-Flasche aus dem Kühlschrank, füllte Eis und Wasser in den Kühler und machte sich am Korken zu schaffen.
»He, he!«, lallte einer der Herren.
»He, he!«, lallte ein anderer.
»He, he, stopp!«
»Stopp den Mann!«
Stövhase sah erstaunt auf.
»Stopp! Die ist nicht Mega-Magnum.«
»Wir wollen Mega-Magnum!«
»Mega-Mega-Mega ...« Der das röchelte, konnte sich kaum noch auf dem Hocker halten.
»Eine Doppel-Flasche?«, fragte Stövhase unsicher.
»Mega-Doppel!«
»Drei Liter!«
»Vier!«
»Fünf!«
Sie brüllten vor Lachen.
Stövhase zögerte. Mit diesen glasigen Blicken, den hochrot glänzenden Gesichtern und den lallenden Zungen war eine Kommunikation nicht gerade einfach. Durfte man denen denn überhaupt noch was geben?
»Was wir nicht trinken, duschen wir«, rief der eine und tat so, als würde er sich mit einer unsichtbaren Bürste den Rücken schrubben.
»Was wir nicht trinken, duschen wir!« Die Herren kicherten. Das fanden sie umwerfend.
»Wir besorgen uns eine Badewanne und kippen alle Mega-Magnums rein, die Ihr auf Lager habt!«
»Gebt uns eine Wanne!«
Stövhase sah sich hilfesuchend um. Wo waren die Chefs? Warum ließen sie ihn allein?

Die betrunkenen Herren wurden immer lebendiger.

»In die Wanne muss eine Frau!«

»Jawoll, was ist ein Bad ohne Nixe!«

»Jawolljajaja.«

Der erste brach glücklicherweise schon zusammen. Sein Kopf knallte auf den makellos glänzenden Tresen. Die anderen lachten. Einer stand auf.

»Ich hol uns eine Nixe«, erklärte er.

»Wiedenn wiedenn?«

»Da draußen stehen doch welche rum.«

»Genau! Da stehen sie rum, Straßenstrich. Kennst dich mit aus, was?«

»Nimm 'ne Dicke. Dick muss sie sein.«

Der Nixensucher taumelte auf den Ausgang zu. Die anderen sangen: »Dick muss sie sein! Dick muss sie sein!« Stövhase blickte besorgt auf den Herrn, dessen Kopf auf dem Tresen lag. Er wollte ihn nicht anfassen. Er ekelte sich ein bisschen. Andererseits musste doch mal jemand nachsehen, warum der Nacken und die Wangen jetzt nicht mehr krebsrot, sondern bläulich waren. Ungesund bläulich.

»Er ist blau«, sagte Stövhase hilflos zu den beiden Übriggebliebenen.

Sie johlten vor Begeisterung: »Er ist blau! Hast du das gehört? Er sagt, er ist blau!« Sie konnten sich nicht mehr einkriegen.

Stövhase berührte vorsichtig die inzwischen auch blau angelaufene Hand des Bewusstlosen. Daraufhin kippte der Körper des Mannes ganz langsam zur Seite, und dann fiel er wie ein Doppelzentner Kartoffeln vom Hocker.

»Dunkelblau!«, sagte der eine Mann erstaunt.

Stövhase beugte sich über die Theke. Es gehörte nicht viel Einbildungskraft dazu, um sich auszumalen, dass der Mann da unten auf dem Parkettboden tot war. Die Herren, die eben noch in Champagner baden wollten, saßen jetzt ganz still da.

Stövhase ging um den Tresen herum. Wo zum Teufel waren die Chefs! Er bog um die Ecke und trat durch die Schwingtür in die Küche. Hier war schon alles blitzsauber. Grelles Neonlicht. Keine Menschenseele weit und breit.

Dann hörte er ein Klappern.

Er ging um den großen Herd herum. Hinten im Korridor, wo es zu den Vorratskammern ging, schepperte es. Er trat durch die Tür in den dunklen

Gang. Dort hinten war eine Tür offen, ein unruhiger Lichtschein flackerte hin und her. Wieso kramte da jemand im Schein einer Taschenlampe herum? Stövhase blieb wie angewurzelt stehen. Erstens war er kein Held, und zweitens wollte er nicht so neugierig erscheinen, wie er tatsächlich war.

Er hörte ein fremdartiges Hecheln und Glucksen, dann ein röchelndes Lachen, das sich in ein Kichern verwandelte. Die Geräusche kamen aus dem Kühlraum. Langsam näherte sich Stövhase der offenen Tür. Der Fußboden knarrte. Als er davorstand, sah er zunächst gar nichts. Der Raum war ziemlich verwinkelt, in verschiedene Abteilungen gegliedert. Als Kellner hatte Stövhase damit natürlich nichts zu tun gehabt. Er hörte ein Atemgeräusch. Vielleicht war es auch ein Hund, so, wie es klang. Er suchte nach einem Lichtschalter, fand aber keinen.

Dann sah er, wie aus der Dunkelheit heraus etwas noch Dunkleres auf ihn zukam. Plötzlich blitzte etwas auf, Stövhase wurde geblendet, riss die Hände hoch, um die Augen abzuschirmen, aber da prallte auch schon der gedrungene schwarze Körper gegen ihn, warf ihn um und trampelte über ihn hinweg. Stövhase nahm noch einen scharfen, muffigen Geruch nach Schimmelpilzen wahr, sah eine riesige Spritze, die ihn an seinen Onkel, den Veterinär, erinnerte, dann war der Unhold vorbei, und er hörte, wie die Schritte unregelmäßig im Korridor verhallten.

Als er in die Bar zurückkam, hatten sich die Herren aus der Werbe- und Musikbranche zusammengerissen. Alle vier! Stövhase rieb sich die Augen. Der Tote stand taumelnd zwischen seinen Kollegen und lebte wieder. Der vierte im Bunde war zurückgekehrt und murmelte was von »zickigen Drogenschlampen«.

Einer wandte sich an Stövhase und sagte: »Vergessen Sie das mit der Badewanne. Rufen Sie lieber ein paar Taxen. Wir gehen.«

Damit schoben sie ab.

Kaum hatte Stövhase den Anruf erledigt, kamen Senior- und Juniorchef und blickten ihn finster an: »Was machen Sie denn noch hier!«

Stövhase verabschiedete sich.

Als er draußen zwischen den Lagerschuppen der Fischgroßhandelsfirmen entlangging und nach der Treppe suchte, die das Elbufer hinaufführte, bemerkte er den gedrungenen Schatten wieder. Die Gestalt humpelte über einen verlassenen Parkplatz. Stövhase folgte ihr eine Treppe hinauf in den

Elbpark und beobachtete, wie der Verdächtige sich ins Gebüsch schlug. Stövhase rannte hinterher.

»Das ist mein Onkel Gesualdo«, sagte Yvonne. Dieser drahtige kleine Mafioso hinter dem riesigen Schreibtisch sollte ihr Onkel sein? Schwer zu glauben, dachte Franz Xavier.

»Guten Abend«, sagte Onkel Gesualdo. »Setzen Sie sich doch.« Yvonne deutete auf die beiden Klubsessel. Franz Xavier nahm den linken.

»Willkommen in der Familie«, sagte Onkel Gesualdo.

»Danke, Herr Gesualdo« war alles, was Franz Xavier auf diese rätselhafte Bemerkung hin einfiel.

»Sagen Sie Don.«

»Don?«

»Don Gesualdo«, erklärte Yvonne.

»Ach so.«

Don Gesualdo nickte und rieb sich die Hände: »Jetzt, wo du dazugehörst, solltest du auch etwas für deine Familie tun, Francesco.«

»Wie bitte?«

»Ja, ja, du verstehst schon.«

Franz Xavier blickte hilfesuchend zu Yvonne. Sie lächelte ihn an. Es war das tollste Lächeln der Welt, aber trotzdem hatte er das Gefühl, in die Fänge eines Riesenkraken geraten zu sein. »Was denn für eine Familie?«

»Die Familie von Yvonne, Francesco. Und das ist auch meine Familie. Und deine jetzt auch.«

»Wir sind doch gar nicht verheiratet.«

Don Gesualdo lachte. Das war ein Witz ganz nach seinem Geschmack. »Heiraten könnt ihr ja noch, Francesco. Aber ich meine doch die andere Familie.«

»Welche denn noch?«

Don Gesualdo sah ihn jetzt sehr ernst an: »Genug gescherzt. Ich habe einen Auftrag für dich. Du wirst ihn zu unser aller Zufriedenheit erledigen, da bin ich mir ganz sicher.«

Bei Franz Xavier fiel endlich der Groschen. Er warf Yvonne einen zornigen Blick zu: »Das war eine Falle! Eine Show! Das mit dem Dicken auf dem Empfang war geplant! Du hast mich bewusst verführt!«

»Aber natürlich«, erwiderte Yvonne lächelnd.
»Ich gehe! Das ist einfach widerlich!«
»Aber, Francesco, du kannst doch jetzt nicht einfach so gehen. Du willst Yvonne doch noch zum Essen ausführen heute Abend.«
»Will ich nicht!« Franz Xavier stand auf. »Nie mehr! Ich gehe!«
»Francesco, ich bitte dich, setz dich wieder hin. Da draußen ist noch viel mehr Familie.« Don Gesualdo deutete zur Tür, dann auf Yvonne: »Ihre Brüder.« Franz Xavier sank wieder in den Sessel: »Was wollen Sie von mir?«
»Nur Selbstverständlichkeiten, sonst nichts, Francesco.«
Franz Xavier seufzte resigniert: »Und was bedeutet das konkret?«
Don Gesualdo warf Yvonne einen anerkennenden Blick zu. »Ein deutscher Pragmatiker«, stellte er fest, »genau das, was wir noch brauchen.«
Yvonne strahlte: »Ich hab ihn gut ausgesucht, nicht wahr?«
Der Don nickte.
»Können wir jetzt endlich mal auf den Punkt kommen?«, verlangte Franz Xavier ungeduldig.
Don Gesualdo legte die Hände zusammen, als sei er der Papst, und fragte: »Weißt du eigentlich, wie viele italienische Ristorantes es in Hamburg gibt, Francesco?«
»Zweihundertfünfzig?«
»Nicht schlecht geschätzt, mein Junge. Und wie viele von denen gehören zur Familie, was meinst du?«
»Keine Ahnung. Viele?«
Don Gesualdo nickte andeutungsweise. »Und wie viele von unseren hervorragenden Ristorantes haben eine Kochmütze bekommen?«
»Ich weiß nicht. Ich glaube, sieben italienische Lokale sind ausgezeichnet worden. Welche davon Ihnen gehören, weiß ich nicht.«
Don Gesualdo sah Franz Xavier mit versteinertem Blick an: »Wie viele, glaubst du, sind ausgezeichnet worden?«
»Zwei? Drei? Keine Ahnung.«
Der versteinerte Blick des Don wurde immer stechender.
»Kein einziges?«, fragte Franz Xavier.
Der Don nickte im Zeitlupentempo.
»Es liegt nicht in meiner Macht«, sagte Franz Xavier.

»Doch«, sagte der Don.

»Nein, nein. Sehen Sie mal ... ich bin erst ganz neu dabei. Der Gault Millau wird von alteingesessenen Kritikern gemacht, ich bin nur eine Stimme von vielen.«

»Sie sind alle korrupt. Sieh dir doch an, wen sie ausgezeichnet haben, ›Mama e Pepino‹!« Der Don schüttelte sich vor Ekel.

»Mag ja sein, aber das ändert nichts daran, dass ich keinen Einfluss habe.«

»Du hast Einfluss, Francesco. Du gehörst jetzt zur Familie. Mehr Einfluss kann man gar nicht haben.«

»Aber das ist unmöglich!«

»Du wirst einen Weg finden, Francesco.«

»Und wenn ich mich weigere?«

»Du gehörst zur Familie, du kannst dich nicht weigern. Denk doch an Yvonne! Du willst sie doch nicht unglücklich machen.«

»Yvonne?« Franz Xavier sah hinüber zur schönsten Frau, die er jemals geküsst hatte, und schüttelte den Kopf. Sie lächelte so verführerisch, dass ihm angst und bange wurde. Das Kopfschütteln verlangsamte sich, wurde zu einem Kopfwiegen, dann bewegte sich der Kopf unmerklich und ganz langsam auf und ab.

»Ich kann's ja mal versuchen.«

Yvonne strahlte.

Der Don hüstelte zustimmend.

»Bravo, Francesco! Nur eine Kleinigkeit noch.«

Franz Xavier konnte seinen Blick nicht mehr von Yvonne wenden. Das Leben korrumpiert, dachte er, so ist das nun mal.

»Francesco!«

»Ja?«

»Nur eine Kleinigkeit noch.«

»Ja?«

»Ich habe gewisse Pläne, bei denen du mir helfen musst.«

»Klar.«

»Es gibt da ein Lokal, das ich seit Jahren kaufen will. Ein Schmuckstück. Die Krönung meiner Sammlung. Das Sahnehäubchen, wie ihr Deutschen immer sagt.«

»Welches?«

»Der ›Goldene Hummer‹ am Jungfernstieg. Kennst du das Lokal?«

»Das ist ein Museum.«

»Ich werde es zu einem Schatzkästlein für höchste Ansprüche machen. Ich werde den besten Koch kaufen, und du wirst ihm vier Kochmützen geben!«

Der Don trommelte vor Begeisterung mit den Fäusten auf dem Schreibtisch herum.

»Der ›Goldene Hummer‹ ist doch in Familienbesitz.«

»Die falsche Familie«, sagte Don Gesualdo.

»Tja.«

»Du schreibst sie da raus. Du weißt, wie man es macht.«

»Hm.«

»Comprende?«

»Na gut«, hörte Franz Xavier sich sagen, »unter einer Bedingung.«

Don Gesualdo sah ihn stirnrunzelnd an.

»Ich will den schwarzen Caddy als Dienstwagen. Mit Chauffeur.«

Der Don zuckte mit den Schultern.

»Was mein ist, ist auch dein«, sagte Yvonne.

Ein Glück, dachte Franz Xavier, dann muss ich wenigstens nicht mehr schwarzfahren.

Samstag

Sie saßen in einem Steakhaus nahe dem Hauptbahnhof. Der Kommissar hatte sich die »Komplette Holzfällermahlzeit mit Riesensteak, Monsterkartoffel und Wahnsinnssalat« bestellt. Den Salat spendierte er seinem inoffiziellen Mitarbeiter Stövhase.

»Bravo«, sagte Leipziger und rülpste.

»... und dann bin ich hinter ihm her«, fuhr Stövhase fort.

»Ihm?«

»Er läuft gebückt oder bucklig wie Quasimodo, deshalb denke ich, es ist ein Mann. Gedrungen und kräftig, in einem schwarzen Kittel mit kurzen Ärmeln. Dicke Arme wie ein Fleischer. Aber vor allem hat er mich an Quasimodo erinnert, Sie kennen doch ›Der Glöckner von Notre Dame‹ ... ?«

Leipziger hob abwehrend Messer und Gabel.

»Ich meine natürlich die Fassung von 1939 mit Charles Laughton. Anthony Quinn mag ich nicht so, vor allem wegen dieser schrecklichen Figur Alexis Sorbas, die er verkörpert hat, ein schauderhafter Charakter ...«

»Stövhase!«

»Herr Kommissar?«

»Verschonen Sie mich mit Ihrem cineastischen Hobbywissen.«

»Jawohl, Herr Kommissar.«

»Was ist dann passiert?«

»Er humpelte durch die Hafengegend. Richtung Fischmarkt, wo schon die ersten Buden aufgebaut wurden und angetrunkene Touristen herumlungerten ...«

»Keine atmosphärischen Details, Stövhase, ich kenne den Fischmarkt.«

»Natürlich ... Dann ging es weiter bis zur St. Pauli Hafenstraße. Da, wo dieser Künstlerklub ist, der mit dem goldenen Pudel, kennen Sie den?«

Leipziger machte eine unwirsche Handbewegung.

»Nicht? Jedenfalls dort die Treppe hoch und dann die Hafenstraße entlang und durch die Bernhard-Nocht-Straße. Immer auf der dunklen Seite der Straße, vorbei am Hafenkrankenhaus – ich dachte zuerst, er wollte da rein.«

»Wieso denn das?«

»Er hatte diese riesige Spritze dabei, deshalb ... eine Assoziation.«

»Das Hafenkrankenhaus ist demontiert, Stövhase!«

»Ja, das dachte ich dann auch. Er ging sowieso weiter, durch den Elbpark, vorbei am Bismarck-Denkmal ...«

»Guter Mann, der Bismarck«, brummelte Leipziger. »Hat den Hering erfunden.«

»... dann durchs Gängeviertel Richtung Jungfernstieg ...«

»Und er hat Sie nicht bemerkt?«

»Nein.«

»Ein Wunder, Stövhase, ein Wunder.«

»Und jetzt kommt's, Herr Kommissar!«

Leipziger säbelte sein ledriges Steak und blickte nicht auf: »Sie bringen mich noch mal um mit Ihrer Spannungsdramaturgie, Stövhase.«

»Aber ich hab mich doch auch sehr gewundert. Der Bucklige ging in den ›Goldenen Hummer‹!«

Leipziger legte das Besteck weg und wischte sich mit der Papierserviette den Mund: »In den ›Goldenen Hummer‹?«

»Ja. Das Lokal war schon geschlossen. Aber er hatte einen Schlüssel! Ist das nicht merkwürdig?«

»Tja ...«

»Der ›Goldene Hummer‹ ist eine legendäre Institution der Hamburger Gastronomie, was macht ein Buckliger dort?«

»Das werden Sie zweifellos bald herausgefunden haben, Stövhase. Nachdem Sie unser Abendessen bezahlt haben.«

»Jawohl, Herr Kommissar.«

Sonntag

»Der ›Goldene Hummer‹ ist eine legendäre Institution der Hamburger Gastronomie«, erklärte Franz Xavier.

»Wirklich?«, sagte Yvonne. »Aber was macht dieser Bucklige hier?«

»Welcher Bucklige?«

»Als ich zur Toilette gegangen bin, hab ich einen Mann gesehen, der aussah wie Quasimodo. Verkörpert von Charles Laughton, ich meine im Film, nicht der mit Alexis Sorbas oder wie hieß der noch? Quinn, Alexis Quinn ...?«

Sie saßen im »Arabischen Zimmer«, das eingerichtet war wie ein Beduinenzelt, wenn die Beduinen Protestanten gewesen wären. Aber natürlich saßen sie nicht auf dem Boden, sondern auf Sofas. Jeder hatte sein eigenes Sofa. Es war ein Séparée. Das ganze Lokal bestand aus größeren oder kleineren Séparées. Die hatten früher die Pfeffersäcke benötigt, um so unzüchtige Dinge wie Geschäftsabschlüsse durchzuführen. Die Anzahl der Frauen, die im Laufe der letzten hundert Jahre hier mit Hintergedanken zum Tête-à-tête eingeladen worden waren, konnte man an zwei Händen abzählen, erklärte Franz Xavier.

»Und was ist mit mir?«, fragte Yvonne.

»Wenn ich dich ansehe, bin ich ein einziger Hintergedanke«, sagte Franz Xavier.

»Charmant.«

Sie stießen mit den Champagnergläsern an. Es klang, als würde man zwei Holzklötzchen gegeneinanderstoßen.

»Still! Ich höre jemanden kommen!«

»Andere Gäste?«

Franz Xaviers Frage hatte durchaus ihre Berechtigung. Sie waren nämlich die einzigen Gäste in dem riesigen, holzvertäfelten Restaurant, dessen Mobiliar ziemlich verschlissen war. Sogar die Plastikblumen in den Vasen schienen verwelkt zu sein. Von dem Zustand der Teppiche ganz zu schweigen.

»Nein, die Patronin.«

Sie hielten beide den Atem an, als das Hüsteln der Patronin näherkam. Sie hüstelte die ganze Zeit, und das Geräusch verursachte den Gästen ebenfalls ein Kratzen im Hals. Dann stand sie in der Tür des Séparées und sah aus wie eine zerrupfte Krähe. Gebückt, alt, greisenhaft und so klein, dass sie draußen auf der Straße übersehen worden wäre. Ohne die beiden Gäste anzublicken, stellte sie die Vorspeisen auf den Tisch. »Welchen Wein darf ich Ihnen bringen?«, fragte sie.

»Wir nehmen die Weißburgunder Spätlese von Dr. Heger«, sagte Franz Xavier und deutete auf die aufgeschlagene Weinkarte.

Die Patronin sah gar nicht hin. Sie nahm ihm die Karte ab, nickte und schlurfte davon.

»Was ist das?«, fragte Yvonne.

»Austernschnitzel.«

»Und das?«

»Hummersuppe.«

»Sieht beides merkwürdig aus.«

»Riecht auch merkwürdig.«

»Meinst du, dass ... ?«, fragte Yvonne besorgt.

»Was?«

»Könnte es nicht sein ...«

»Hm?« Franz Xavier zog den Suppenteller zu sich und griff nach dem Löffel.

»Ich meine nur ...«

Franz Xavier tauchte den Löffel in die Suppe. Sie hatte eine graue Farbe mit wenigen roten Pigmenten.

Er hob den Löffel.

»Stopp!«, rief Yvonne.

»Was denn?«

»Nicht essen!«
»Aber ich muss doch probieren.«
»Nein.«
Plötzlich flüsterten sie.
»Meinst du etwa ... ?«, fragte Franz Xavier.
»Sie weiß, warum wir hier sind!«
»Unsinn.«
»Doch, ich habe es gespürt. Außerdem habe ich dein Gesicht gesehen.«
Franz Xavier sah sie besorgt an. »Natürlich«, flüsterte er, »ich bin ja hier.«
»Nicht hier. Dort vorn.«
»Geht's dir nicht gut? Sollen wir gehen?«
»Deine Kolumne, die mit dem Foto von dir drüber. Sie lag vorn im Korridor auf einem Tisch.«
Franz Xavier ließ den Löffel sinken: »Oh.«
»Sie ahnt, dass wir ihr an den Kragen wollen.«
»Aber, woher denn!«
»Weil ich schon mal hier war. Damals mit meinem Onkel, als er ihr das Kaufangebot gemacht hat. Sie hat ihn mit einer Spritze bedroht.«
»Einer was?«
»Einer riesigen Spritze, so eine, womit man Ochsen umlegt!«
»Ach du Schande.«
»Sie hat sich an mich erinnert, ich habe es in ihren Augen gesehen! Ich glaube, es ist besser, wenn wir wieder gehen!«
»Aber ...«
»Komm!« Yvonne stand auf und warf den Brotkorb vom Tisch.
Wäre Franz Xavier nicht so träge gewesen, hätten sie sich womöglich noch retten können. Die Tür des Séparées, die die ganze Zeit offen gestanden hatte, weil es den beiden Gästen sonst zu klaustrophobisch vorgekommen wäre, wurde angestoßen und fiel krachend ins Schloss. Ein Schlüssel drehte sich kaum hörbar.
Yvonne schrie laut auf und sprang zur Tür, probierte die Klinke, hämmerte und schluchzte wütend.
»Miserabler Service hier«, sagte Franz Xavier, »vom Essen gar nicht erst zu reden. Das wird ein Verriss.«
»Wir kommen hier nie mehr raus, du Idiot.«

Gefangen, bei Champagner und Hummersuppe, was für ein Schicksal, dachte Franz Xavier. Dann spürte er dieses seltsame Gefühl im Magen, als würde plötzlich ein ganz dicker heißer Klumpen dort heranwachsen. Das Gefühl kroch in Windeseile nach oben, und in seinem Kopf polterten Felsblöcke herum.

Genau in dem Moment, als Yvonne bemerkte: »Du bist total grün«, kippte er um.

Vielleicht hätte er diese Austernschnitzel nicht probieren sollen.

Eine Stunde später wurde Stövhase von dem Buckligen überwältigt, als er gerade dabei war, über den mit unendlich vielen Mülltüten verstellten Lieferanteneingang in den »Goldenen Hummer« einzudringen. Der Bucklige hatte ihm einen gusseisernen Fleischwolf in den Nacken gewuchtet und ihn anschließend gut verschnürt. Nun zerrte er ihn an den Beinen durch einen schimmeligen Korridor in die Küche. Dort saß eine riesige zerrupfte Krähe, die eine entfernte Ähnlichkeit mit einer uralten Frau hatte, und griff mit der Hand nach der Seezungenplatte, die eigentlich für die beiden einzigen Gäste bestimmt gewesen wäre, nahm sich ein gerolltes Filet, tunkte es in die Krebssauce und stopfte es sich in den zahnlosen Mund. Saucentropfen und Fischteile fielen auf ihr schwarzes Kleid und auf den Boden, der ohnehin mit allem übersät war, was anfällt, wenn die Teller von den Gästen zurückkommen.

»Na, Söhnchen«, sagte die Krähe. »Hast deine Arbeit gut gemacht?«

Der Bucklige nickte.

Stövhase versuchte, Laute von sich zu geben, aber er war mit einem Wischlappen und einem Geschirrtuch geknebelt worden.

»Bald sind sie alle pleite«, sagte die Krähe zufrieden.

Der Bucklige nickte wieder.

»Sie haben uns die Gäste weggenommen«, murmelte die Krähe vor sich hin, »und wir haben sie ihnen weggenommen.«

Der Bucklige griff mit seinen breiten Händen nach einem Seezungenröllchen und verschlang es.

»Ab morgen kochst du wieder. Bestimmt werden viele Gäste kommen.«

Der Bucklige setzte sich an den Tisch, legte den Kopf schief und sah sie aufmerksam an.

»Es wird viel Fleisch geben in der nächsten Zeit«, sagte die Krähe und holte eine riesige Veterinärspritze aus der Tischschublade.

Der Bucklige nickte, stand auf und ging zum Messerblock. Er zog das Filetiermesser und das Ausbeinmesser heraus, schärfte gewissenhaft die Klingen und legte sie auf die schmierig glänzende Tischplatte.

Mit weit aufgerissenen Augen beobachtete Stövhase, wie der Mann, der noch viel schrecklicher aussah als Charles Laughton, die Spritze in Empfang nahm und auf ihn zukam. Dann verlor er das Bewusstsein.

So versäumte er Leipzigers großen Auftritt wenige Sekunden später.

Plötzlich gab es ein Getöse, als würde ein Trupp GSG-9-Nationalhelden einfallen. Leipziger bahnte sich wie ein Terminator den Weg durch den Dienstboteneingang und trat die Küchentür ein. Er hatte seine Dienstpistole in der einen, seine Privatwaffe in der anderen Hand und fuchtelte damit herum wie Chow Yun-Fat der Ältere. Er erschoss den Buckligen, ohne sich mit irgendwelchen Fragen aufzuhalten. Die Krähe krächzte laut auf und lachte gackernd, als Leipziger sie aufforderte, den Bratenspieß wegzulegen. Sie bückte sich in Zeitlupe nach der auf dem Boden liegenden Spritze. Eine Kugel genügte.

Der befreite Stövhase wurde mit einem Schwall Eiswasser geweckt. Als der Kommissar und sein Helfer die Tür zum »Arabischen Zimmer« öffneten, überraschten sie die dort anwesenden Gäste bei der Besiegelung des Ehevertrags.

Am nächsten Tag kaufte Don Gesualdo den »Goldenen Hummer«. Am übernächsten wurde er von einem Konkurrenten erschossen.

Yvonne erbte sein Imperium und beförderte Franz Xavier zum Firmenchef. Er verordnete allen wichtigen Restaurantkritikern steuerfreie Renten, worauf sie großzügig darüber hinwegsahen, dass er mit Egon Schlocks Fabrik einen lukrativen Deal gemacht hatte. Seine Lokale bekamen alle Sterne und Kochmützen, die er sich wünschte.

Vergiftet wurde keiner mehr. Jedenfalls nicht so, dass es jemand bemerkt hätte.

FRANK GÖHRE

Die toten Augen vom Elbstrand
Dr. Mabuse ist zurück

»*Mabuse, gerichtet, bekam das Übergewicht und stürzte über Wenk hinüber in die Tiefe, die ihn gleich begrub.*«

Aus »Dr. Mabuse, der Spieler« (1921/22)
von Norbert Jacques

Staatsanwalt von Wenk und Gräfin Told, die ihn und sich aus der Gewalt des Dr. Mabuse befreite, wurden ein Paar. Dr. Mabuse aber versteinerte tief unten in der Hamburger Kanalisation, bis er jetzt wiedererweckt wurde ...

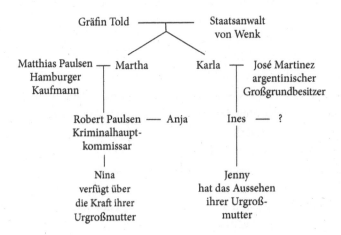

Wer aber kann den nun als Dr. M. A. Buse agierenden »tyrannischen Übermenschen« endgültig vernichten?

> »Wer das verlor,
> was du verlorst,
> macht nirgends halt.«
>
> *Friedrich Nietzsche*

Hamburg, in diesen Tagen.
 In einer dieser Nächte, die nicht enden sollen. Sagt sich Jenny und legt den Kopf weit zurück. Ihr langes, blondes Haar flattert im Fahrtwind. Es ist nach Mitternacht, weit nach Mitternacht. Rave dröhnt aus den Boxen des offenen Alfa. Ein DJ-Mix. Big City Feeling.
 Der silbergraue Flitzer schießt auf die Große Elbstraße zu. Drüben die Werft. Blohm + Voss.
 Die Silhouetten der Kräne.
 Die Container.
 Der Containerhafen.
 Der. Die. Das.
 Jenny sagt, that's great. That's fine. That's nice.
 Jenny aus New Jersey. Mit eingepasster Spirale und Zahnseide unterwegs. Neu an der Hamburger Uni. Eingeschrieben bei den Germanisten.
 Bewohnt eine von der in Amerika eingebürgerten Mutter Ines finanzierte Dachgeschosswohnung am Müggenkamp. Eimsbüttel. Terrassenausblick.
 Very nice. Very nice little town.
 Sven nimmt die Hand vom Lenkrad. Er legt den Arm um Jennys Schultern, lächelt sie an. Das ist seine Nacht. Seine erste mit ihr allein. Mit Jenny, dem sauber geschrubbten American Girl. Süß wie Ahornsirup, glaubt Sven zu wissen. Er ist irre gut drauf.
 Doch Jenny wird von einem anderen erwartet.
 Sven weiß es nicht, und Jenny weiß es auch nicht.
 Noch nicht.
 Kleine Wellen flatschen an die Mauern des Hafenbeckens, an moosbewachsenen Stein. Seit Ewigkeiten glitschnass.
 »Yeah!«, ruft Sven und bremst den Wagen ab. Er parkt ihn dicht am Straßenrand und greift nach Jennys Hand. Läuft mit ihr zur efeubewachsenen Mauer rüber, dem Gittertor. Es hängt lose in den Angeln. Sven drückt es auf.

»Okay, alles bestens.« Sven steigt vor Jenny die Sprossen hinab in den Schacht. Runter in die Kanalisation. Ein niedriger Gang. Spärlich ausgeleuchtet.

Hamburg tief unten.

»Geheim«, flüstert Sven der weizenblonden Jenny ins Ohr. »Geheim.« Er streicht verlangend über ihren Rücken, über ihr eng anliegendes Kleid. Schwarze Seide aus Sri Lanka. Perfekter Schnitt. Wahnsinn!

Gedämpft ist Oriental-Dub zu hören. Elektronische Halleffekte zu harten Trommelrhythmen. Schrille Melodien. Acid Queen.

Es ist feucht. Es wird kälter. Die Schatten flackern auf vermoderten Wänden. Abzweigungen in stockfinstere Röhren. Tropfendes Wasser. Ein Gluckern und ein undefinierbares Schnappen. Kloakengeruch.

Kratzgeräusche in Nischen.

»Wow!«, haucht Jenny. Sie hat ein Ziehen im Bauch, einen flachen Atem und Achselnässe.

Sven schmiegt sich an sie. Geil.

Er ist geil wie nichts. Geil auf sie. Auf ihren Fitness-Studio-Body, sonnenbankgebräunt.

Come on, Baby, let me do. That's nice. Come on!

Jenny dreht sich weg. Sie lacht verhalten. Lacht ein Teenagerlachen. Ein pubertäres Lachen.

Okay, sagt Sven sich. Er versichert sich flüchtig der Pillen in seiner Calvin-Klein-Jeans. Grinst. Wird schon noch. Kein Stress, nur kein Stress. Erst einmal auf Speed, wird es auch bei ihr tierisch abgehen. Er winkt das Cheerleader-Girl nach rechts. In einen schmalen Seitengang. Jenny geht vor. Ein, zwei Schritte, tastend.

Da blitzen aus dem gruftigen Dunkel zwei grau-grüne Punkte auf. Dicht nebeneinander. Ein Augenpaar im verwitterten Stein. Funkelnd. Stechend.

Jenny erstarrt. Die Luft gefriert.

Grün, grün. Giftig grün.

Sven tritt zu ihr heran. Er will etwas sagen. Öffnet den Mund.

Die grünen Punkte schießen auf ihn zu.

Treffen, explodieren in gleißendem Weiß. Mit unsäglichem Schmerz.

Sven stürzt neben Jenny zu Boden.

Sein Schrei erstickt. Und Jenny ...

»So was hab ich noch nie gesehen«, sagte der Pathologe und schlug das Laken zurück. Er zeigte auf das Gesicht der Leiche. »Sieh dir diese Augen an, die Augäpfel. Wie zerschmolzen. Unglaublich. Eine einzige glibberige Masse.«

Kriminalhauptkommissar Paulsen trat näher heran. Der Tote war in den frühen Morgenstunden in unmittelbarer Nähe eines weiteren Opfers am Elbstrand bei Övelgönne entdeckt worden. Er war ein ansonsten gut aussehender junger Mann. Der bei ihm sichergestellte Personalausweis wies ihn als Sven Jacobs aus, Jahrgang sechsundsiebzig, wohnhaft in der Hochallee. Auf seiner Visitenkarte stand Producer.

Paulsen nickte nachdenklich.

»Bei der anderen auch?«, fragte er.

»Nur die Augen«, bestätigte der Mediziner. »Das hat vermutlich bei beiden zu sofortigem Herzstillstand geführt. Aber nagel mich nicht darauf fest. Wir nehmen sie uns erst in den nächsten Stunden komplett vor.«

Paulsen schlug sein Notizheft auf.

»Der andere ist wesentlich älter«, vergewisserte er sich.

»Dreiundsechzig. Wolfgang Köhler, ein Witwer, wurde mir durchgegeben. Eine Verbindung zu Jacobs gibt es nach ersten Ermittlungen nicht. Es sei denn, beide hatten was mit dieser Frau zu tun.«

»Was für eine Frau?«

»Wir wissen noch nichts über sie. Sie lief den Kollegen bei der Anfahrt zur Elbe in die Arme. Halb nackt, stark unterkühlt und – tja, offenbar auf Droge. Sie redet weitgehend unverständlich. Vermutlich aber eine Amerikanerin. Sie haben sie ins AKA eingeliefert.«

Sie starrte zur Decke hoch, und ihre Lippen bebten leicht. Der Stationsschwester hatte sie angegeben, Jenny zu heißen. Jenny Martinez. Sie hatte ihre Mutter anrufen wollen, die Nummer aber nicht nennen können.

Paulsen beugte sich zu ihr. Viel Zeit hatte man ihm nicht zugebilligt.

»Paulsen«, sagte er. »Mein Name ist Robert Paulsen. »Ich bin Kommissar, Kriminalhauptkommissar bei der Hamburger Kripo. Verstehen Sie mich?«

»Ich –« Sie nickte matt. »Er hat mich erwartet.« Sie flüsterte. Ihre Stimme war brüchig.

»Wer? Mit wem waren Sie zusammen?«
»Er hat mich berührt.«
»Jacobs? Sven Jacobs oder Köhler?«
»Ich – ich habe es geschehen lassen. Ich bin sein.«
»Jenny«, sagte Paulsen eindringlich. »Ich brauche einen Namen. Über beide Männer wird bereits ermittelt. Sie –« Er besann sich. »Sie können Ihnen nichts mehr tun.«
»Er – er holt mich heim. In sein Haus. Hoch – hoch über dem Meer. Es ist kalt. Entsetzlich kalt.« Urplötzlich stieß sie einen gellenden Schrei aus. »Ich will nicht! Ich will nicht! Ich will nicht zu dir!« Sie bäumte sich auf.
Paulsen griff rasch nach ihren Schultern und drückte sie in die Kissen zurück. Jenny spie ihn an.

Thiess wischte sich den Schweiß von der Stirn. Der Filialleiter schäumte.
»Fünfhunderttausend!«, brüllte er. »Fünfhunderttausend! Sind Sie noch bei Sinnen?! Was ist da in Sie gefahren?!«
»Ich muss – ich muss mich verlesen haben.«
»Verlesen?! Verlesen, sagen Sie? Mann, allein schon diese verdammten Barschecks gibt's seit Jahren nicht mehr! Haben Sie das verpennt?! Selbst wenn Sie nur die beschissenen Fünfhundert ausgezahlt hätten, würd ich Sie zum Teufel jagen, Sie – Sie müssen wahnsinnig sein!« Er schnaubte giftig und griff zum Telefon. »Krank! Sie sind krank! Die Nummer!«
»Bitte –?«
»Köhlers Telefonnummer!«
Thiess begann, fahrig in den Unterlagen zu blättern. Der Schweiß rann ihm mittlerweile am ganzen Körper herunter. Mein Gott! Das war das Ende! Sein Ende! Es war aus. Er sah wieder den kräftig gebauten Mann vor sich am Kassenschalter stehen. Sah den wuchtigen Schädel mit dem kurz geschorenen Haar. Eisgraues Haar. Und die ihn starr anblickenden Augen. Diese ihn durchdringenden Augen. Grünlich schimmernd. In großen Scheinen, hatte er noch mit der Annahme des ihm hingeschobenen Schecks gehört, eine tiefe, dunkle Stimme, die bei ihm nachhallte und dann, dann ... dann hatte er sich von entsetzten und völlig fassungslosen Kollegen umringt gesehen, war von ihnen bedrängt und hastig nach oben geschickt worden, und er hätte nicht sagen können, wie viel Zeit bis dahin vergangen war.

»Die – die Nummer, ja.« Thiess' Mund war staubtrocken.

»Das ist die Achteinundachtzig – ja, Övelgönne 43 wohnt er. Achteinundachtzig–siebenunddreißig–zweiundneunzig.« Der Filialleiter wählte bereits.

»Peters«, meldete er sich. »Hamburger Sparkasse. Spreche ich mit Herrn Köhler? Mit Wolfgang Köhler? Nein? Sie sind – was?! Die Kripo-?!«

Thiess schluckte heftig. Er schloss die Augen und brach zuckend zusammen.

Der Pulk schmutzig grauer Tauben flatterte hoch, gurrte aufgeschreckt und hinterließ eine Wolke feinen Staubs über dem Pflaster des Gänsemarkts, während der Grauhaarige ein weiteres lautloses Lachen ausstieß und eine der Luftratten mit seinem stählernen Blick tödlich durchbohrte.

Paulsen stürmte durch den Vorgarten und klingelte heftig an der Haustür. Anja öffnete ihm. Sie trug einen ihrer aufreizend kurzen Röcke und die hochhackigen, pinkfarbenen Pantoffeln. Ihr alkoholgeschwängerter Atem schlug ihm entgegen. Paulsen schob sie beiseite.

»Was ist mit Nina? Wo ist sie?«

»Schläft.« Sie stakste ihm nach und bekam ihn im nur vom Fernsehschirm beleuchteten Wohnraum am Arm zu fassen. »Du kannst nicht zu ihr.«

»Sie hat mir 'ne Nachricht hinterlassen. Sie hörte sich verdammt noch mal nicht gut an.«

Anja kämpfte gegen einen Schluckauf an.

»Kein Grund, hier einfach so reinzuschneien.«

Paulsen schüttelte sie ab. Er riss die Durchgangstür zu Ninas Zimmer auf und rief nach ihr. Seine Tochter antwortete nicht, und seine Ex zeterte weiter herum. Paulsen ließ sich nicht aufhalten.

Nina war nicht in ihrem Zimmer. Ihr Bettzeug allerdings war zerwühlt. Das Fenster zum Garten stand weit offen. Paulsen schwang sich hinaus. Er lief ein Stück über den Rasen und sah intuitiv hoch.

Nina! Seine kleine Nina! Sein Ein und Alles!

Sein Herzschlag stockte.

Nina stand mit weit ausgebreiteten Armen oben auf dem Dach. Ihr knielanges Nachthemd hob sich hell vom Nachthimmel ab. Der Vollmond beschien ihr Gesicht. Paulsen glaubte zu erkennen, dass die Lippen seiner Tochter sich bewegten.

Schwer atmend verharrte er, bis Anja ihren Kopf aus dem Fenster streckte. Da war er mit einem Satz bei ihr, presste ihr fest die Hand auf den Mund und fauchte ihr ins Ohr.

»Seit wann? Seit wann schlafwandelt Nina? Schrei jetzt nicht, sonst –« Er spürte ihre Zähne im Fleisch und schlug zu.

»Okay, okay«, sagte Ramona ungeduldig. »Zwei Tote am Elbstrand, und die Todesursache wird zurückgehalten. Wo ist da die Story?« Sie blickte schon wieder auf den Bildschirm. Die Quote ihrer vorabendlichen Infotainment-Sendung sackte von Woche zu Woche tiefer in den Keller. Shit! Noch weitere drei bis vier Prozent weniger Marktanteil und sie würde bei diesem ohnehin nicht mehr sonderlich erfolgreichen Lokalsender bestenfalls noch das Wetter ansagen dürfen. Im Stringtanga vermutlich. Mit sabbernden Greisen als einzig verbleibender Zielgruppe. Dann aber Gute Nacht!

Heberlein rieb sich den Nasenflügel und schniefte leicht.

»Die Story ist die Tatverdächtige«, sagte er. »Ein echt megaheißes Teil. Ich schaff sie dir ran.«

»Heiß bin ich selbst«, erwiderte Ramona. Sie klickte die Scheißtabelle weg und stand auf. Es war ein strahlend schöner Vormittag. Auf dem Hof des Studiogeländes alberten ein paar Techniker mit einem wassergefüllten Luftballon herum. Ramona sah Heberleins Spiegelbild in der Scheibe. Er wiegte zweifelnd den Kopf. Worüber? Über ihre erotische Ausstrahlung etwa? Arschloch! Er geierte ihr doch selbst seit einer Ewigkeit nach.

»Du verkaufst sie als Killerin. Die Psychopathin mit dem Engelsgesicht, live und exklusiv bei ›Ramba um fünf‹.« Heberlein stieß schwungvoll die Faust in die Luft. »Hey, außerdem hat Paulsen den Fall.«

Paulsen.

Das griff.

Mit Paulsen hatte sie noch eine alte Rechnung offen. Er hatte ihre damalige Affäre mit dem neu ins Amt berufenen Senator für Gesundheit, Umwelt und Verbraucherschutz der Presse gesteckt und ihr damit den in Aussicht gestellten Job als Persönliche Referentin verbaut. Obwohl sie mit dem windelweichen Typen längst nicht mehr in die Kiste stieg, fraß die seinerzeit von Paulsen ausgelöste Kampagne nach wie vor an ihr. Denn seitdem hing ihr der Ruf an, sich karrieregeil durch sämtliche infrage kommenden Betten zu vögeln.

Robert Paulsen!

Dieser kleinkarierte Kacker!

Grimmig nickend wandte sie sich Heberlein nun zu. »Okay«, sagte sie. »Liefere mir, womit ich ihn anpinkeln an. Vorher wird nicht gezahlt. Weder bar noch sonst was. Schlag dir das aus dem Kopf.«

Paulsen sah auf die Uhr und gab seinem Kollegen Boris zu verstehen, die nächste Parklücke zu nehmen. Sie waren auf dem Weg zu dem vorerst beurlaubten HASPA-Angestellten Dieter Thiess, 53, ledig.

»Ich muss kurz telefonieren«, sagte Paulsen. Er hatte bereits sein Handy hervorgezogen. Zwischen den Fingern seiner Linken klemmte eine angerauchte Zigarette. Die werweißwievielte an diesem fantastischen Frühherbsttag.

»Wieder Stress mit der Alten?«, fragte Boris.

»Ich mach mir Sorgen um Nina«, sagte Paulsen. Er stieg rasch aus. Während er das alte D2 betätigte, ging er zur Straßenecke vor. Nina meldete sich sofort.

»Kleines, wie geht es dir heute?«

»Gut.« Er hörte im Hintergrund die auf dem Pausenhof lärmenden Schüler. »Wir haben nur noch eine Stunde.« »Ich hole dich ab«, sagte Paulsen impulsiv. »Das kann ich einrichten. Warte beim Portugiesen auf mich.«

»Pa.« Ninas Stimme klang leicht genervt. »Ich bin okay. Es ist wirklich alles in Ordnung. Ich habe nichts. Ich will dann kurz zur Oma.«

»Aber wir müssen reden.« Fahrig nahm er einen Zug und schaute zum Himmel hoch. »Ich muss wissen, ob – war das das erste Mal, Nina? Erinnerst du dich nicht doch an etwas? Was dir vielleicht wie ein Traum vorgekommen ist.«

»Ich träume immer was.«

»Nina, du weißt, wie schwer es mir deine Mutter macht, mit dir allein zu sein.«

»Du hast ja auch nie Zeit.«

»Die nehme ich mir. Die nehme ich mir ganz bestimmt, Kleines. Es war schon richtig, mich anzurufen. Gestern wolltest du mich sprechen und ich – ich bin dann ja auch gekommen.«

»Das war wegen – ich durfte nicht mehr raus.«

»Abends nicht mehr? Hat Ma das verboten? Wo wolltest du denn hin?«

»Pa, ich muss jetzt Schluss machen.« Ihre Stimme wurde leiser. »Das ist – es ist nichts weiter, 'ne Freundin wollte mir ein paar von ihren CDs brennen. Das ist aber nicht so wichtig. Ich hab nur – ich war sauer. Das ist alles. Klappt's bei dir denn dieses Wochenende?«

»Kleines –« Paulsen schnippte die Kippe weg. »Ja, natürlich. Schlimmstenfalls muss ich – nein, ich versprech's dir. Du, ich – ich ruf dich später noch mal an, ja?«

»Musst du nicht«, sagte Nina. »Ich – ich bin echt nicht krank.« Sie beendete die Verbindung.

Paulsen blieb noch einen Moment unschlüssig stehen. Das war nicht gut gelaufen. Gar nicht gut. Er hätte nicht anrufen sollen. Telefonate waren nicht gerade seine Stärke. Und Nina war auf dem Schulhof gewesen. Mit ihren Klassenkameradinnen in der Nähe und entsprechend gehemmt. Wie auch immer. Er nestelte eine weitere Zigarette aus der Packung und sah zu dem am Wagen lehnenden Boris.

Boris lenkte seinen Blick auf den gegenüberliegenden Spielplatz.

Dort belaberte ein Afrikaner zwei jüngere Schlabberlookschlunzen. Er kramte in seiner großen Tragetasche nach irgendwelchem Scheiß.

Paulsen winkte ab. Sich einen kleinen Dealer zu schnappen war nun wirklich nicht ihr Job.

Thiess empfing sie mit einem Pott Kaffee in der Hand. Er war mit einem verwaschenen Sweatshirt und einer grauen Trainingshose bekleidet. An seinem Mundwinkel klebte ein Krümel Eigelb.

»Ich fürchte, dass ich Ihnen keine große Hilfe bin«, sagte er, nachdem er sie in sein mit wuchtigen Polstermöbeln und einem verstellbaren Couchtisch vollgestopftes Wohnzimmer geführt hatte. »Ich muss blind gewesen sein, ja. Möglicherweise lag es auch am Wetter.«

»Wir haben seit Tagen durchweg angenehme Temperaturen«, wandte Boris ein. Paulsen nahm in einem der breiten Sessel Platz. Seine Knie stießen an die Tischplatte. Er musterte Thiess aufmerksam. Der Mann war blass und hatte tiefe Ringe unter den Augen. Und er war nervös. Hochgradig nervös.

»Der Herbst stimmt mich von jeher – nun, wie soll ich sagen? Ich denke verstärkt an den Tod.«

»Haben Sie irgendein Leiden?«

»Nein, nein, das nicht. Nichts Akutes. Obwohl –« Er lachte bitter. »Die Luft in dieser Bank ist nahezu unerträglich. Mein Anwalt meint, das könne ausschlaggebend sein.«

»Für was?«

»Die Schuldfrage. Ich war – sehen Sie, mir wurde schwindelig, alles verschwamm und ich –«

»Sie haben den Mann aber doch wohl noch gesehen«, fiel Paulsen ihm ins Wort. »Wir brauchen eine genaue Beschreibung.«

»Wolfgang Köhler war es jedenfalls nicht«, ergänzte Boris. »Er kann es nicht gewesen sein, weil er zu dem Zeitpunkt bereits –« Er nahm Paulsens warnenden Blick wahr und setzte neu an. »Bei ihm wurde eingebrochen. Diese alten Scheckformulare sind mit anderen Wertsachen aus seinem Haus gestohlen worden.«

»Er war –« Thiess schüttelte den Kopf und strich flüchtig sein schütteres Haar zurück. Auf seiner Stirn bildete sich Schweiß. »Ich war irgendwie nicht bei mir. Wie – ja, wie hypnotisiert.«

»Was –?«

»Hypnotisiert, ja. Unter Hypnose. Als ob ich – ich sag doch, dass mir schwarz vor Augen wurde. Das – das waren seine Augen, ja. Das hat er – er hat mich angesehen, und ich – ich konnte gar nicht anders.«

»Das ist Scheiße!«, sagte Paulsen. »Damit kann ich nichts anfangen. War er groß oder eher schmächtig? Alt? Jung? Was für ein Typ? Das will ich verdammt noch mal wissen!«

Thiess zuckte zurück, und Boris hob beschwichtigend die Hand.

»Doktor Jacques?« Anja zögerte einzutreten. Der Mann, der ihr geöffnet hatte, war ungewöhnlich groß. Er hatte ein breites, auffallend blasses Gesicht und trug eine dunkel getönte Brille. Sein Dreiteiler saß perfekt, und seine Krawatte zierte eine weiße Perle in einer etwas barocken Fassung.

»Doktor Buse.« Er lächelte entschuldigend. »Ich habe die Praxis des werten Kollegen neu übernommen. Norbert, Doktor Jacques, will sich in Zukunft mehr dem Schreiben widmen. Seinen Studien. Sie hatten noch keinen Termin?«

»Ich – nein, ich habe im Branchenbuch nachgeschlagen. Ich wohne nicht weit von hier. Von daher –«

»Ich verstehe. Aber bitte –« Er machte eine einladende Geste. »Versuchen Sie es mit mir. Sie wissen sicher, dass Sie sich nach dem ersten Gespräch immer noch anders entscheiden können. Das gilt übrigens auch für mich. Ich muss ebenfalls sehen, ob ich – ja, ob ich Ihnen helfen kann, Frau –?«

»Paulsen. Anja Paulsen.«

»Frau Paulsen.« Dr. Buse nickte. Er wies in den langen Flur und ließ sie vorgehen. »Ich habe erst vor kurzem von einem Paulsen gehört. Ein Mann bei der hiesigen Kripo, glaube ich.«

»Mein Mann«, sagte Anja. Sie war keineswegs überrascht. Über Robert stand immer wieder was in den Zeitungen. »Mein Ex. Er ist sozusagen das Problem. Ich meine –«

»Die letzte Tür, bitte«, unterbrach er sie. »Sie können im Zimmer ablegen – Ihre Jacke. Und wenn Sie rauchen möchten –«

»Das stört nicht?«

»Sie sollen sich in keiner Weise eingeschränkt fühlen.« Anja betrat den Raum. Er hatte zwei hohe Fenster, vor denen weiße Jalousien heruntergelassen waren. An der Stirnseite stand eine mit hellem Stoff bezogene Couch. Darüber hing eine schlicht gerahmte alte Weltkarte.

Zwischen zwei identischen Designersesseln war ein quadratischer und matt lackierter Holzblock platziert. Dr. Buse zog hinter der Fensterjalousie einen Aschenbecher hervor und stellte ihn auf den Block.

»Wo soll ich sitzen?«, fragte Anja.

Dr. Buse nahm seine Brille ab.

»Was drückt dich denn nu?« Großmutter Martha nickte Nina zur äußersten Ecke der Terrasse hin. Energisch schob sie ihren Rolator vor sich her. »Gib mir aber erst mal eine Zigarette.«

Nina klopfte sich auch eine aus der Packung. Die Großmama inhalierte genüsslich. Sie stützte sich auf der Brüstung ab und sah auf die ruhig dahinfließende Elbe hinunter. Ein wunderbarer Ausblick. Das war das wirklich Angenehme an diesem Pflegeheim. Es bestimmte allerdings auch erheblich den Preis. »Ma dreht mal wieder durch«, berichtete Nina. »Sie meint, Pa mache mich mit seiner übertriebenen Fürsorge noch ganz verrückt. Ich sei ohnehin gestört.«

»Das einzig Gute, was von deiner Mutter kommt, bist du. Du und gestört, pah! Lass dir das nu ja nicht einreden. Du bist von meinem Blut.«

»Ich –« Nina sah ihre Großmutter betrübt an. »Ich soll auf dem Dach herumgegeistert sein.«

Die zierliche Frau musste heftig husten. Mit einem letzten, kratzigen Räuspern wandte sie sich Nina wieder zu und hob die Augenbrauen. »Und?«, fragte sie. »Ist da was dran?«

»Pa sagt es auch.«

»Ich frage dich, Nina. Wir haben Vollmond.«

»Ich weiß. Ich kann dann meist nicht schlafen. Aber dass ich draußen gewesen bin – ich hab jedenfalls nichts davon gemerkt.«

Die Großmutter musterte sie nachdenklich. »Wenn Robert dich dabei gesehen hat –« Sie nestelte ihre Brosche von der Bluse. »Hat er dir mal was von seiner Großmutter erzählt? Von meiner Mutter, der Gräfin?«

»Eine echte Gräfin? Nein!«

»Das ist sie.« Martha klickte die Brosche auf und reichte sie Nina. In ihrem Innern steckte ein ovales Porträtfoto. Die melancholisch blickende junge Frau hatte den Kopf zur Seite geneigt. Helles und leicht gewelltes Haar fiel ihr tief in die Stirn. »Nun, Robert war damals auch noch sehr jung. Sie starb, als er acht war. Mutter war – sie war mondsüchtig, hieß es bei uns. Du wirst es von ihr haben. Mutter behauptete, es gebe ihr Kraft.«

»War sie denn krank?«

»Sie glaubte an das absolut Böse. Wir haben es ja dann auch mit Hitler erlebt. Aber selbst danach ließ sie sich nicht davon abbringen. Ja, sie sagte oft, es kommt wieder, das Böse bleibt bestehen. Es lässt sich nicht ausrotten.« Die Großmutter schaute mit Nina auf das Porträt. »Sie hatte ständig Angst um uns Kinder.«

»Und das mit dem Mond?«, fragte Nina. »Hat das geholfen?«

»Uns ist nie was ganz Schlimmes passiert. Das heißt, was aus meiner Schwester Karla geworden ist, weiß ich allerdings nicht. Sie hat Ende zweiundvierzig Deutschland verlassen. Sie wollte nach Amerika. Aber man hat dann nichts mehr von ihr gehört.«

Nina konnte ihren Blick nicht von dem Foto lassen. Für einen Moment war ihr, als mache die Gräfin Anstalten, mit ihr zu reden. Sie glaubte, ein gequältes Seufzen zu hören. Doch es war nur die Großmutter, die den Rauch ihrer Zigarette ausstieß.

Nina streckte ihr die Brosche behutsam wieder hin. Martha wehrte ab.

»Behalt sie«, sagte sie. »Wenn du sie nicht tragen willst, wirst du schon einen Platz für sie finden. Obwohl –« Sie zögerte und sah zum wolkenlosen Himmel hoch. »Du solltest sie dir nachts anstecken. Ich habe so ein Gefühl, dass es dich, nun ja, vor irgendeinem Unglück bewahren könnte. Zumindest kann es nicht schaden.« Sie strich liebevoll über Ninas Wange. »Wie sieht es denn inzwischen mit einem festen Freund aus? Du hast doch bestimmt schon viele Verehrer?«

Nina schüttelte stumm den Kopf. Die Brosche in ihrer Hand erschien ihr mit einem Mal tonnenschwer.

Dr. M. A. Buse stand am Fenster und sah hinaus auf die Straße. Vor der am Harvestehuder Weg gelegenen Villa parkte der Wagen der »Computec«. Die beiden jungen Techniker verkabelten hinter ihm im Raum mehrere iMacs mit Camcordern und Boxen. Sie arbeiteten ruhig und routiniert, würden aber noch einige Zeit brauchen. Buse entschloss sich, sie großzügig zu entlohnen. Er ging freundlich nickend an ihnen vorbei in den Therapieraum. Anjas Parfüm hing noch in der Luft, und Buse nahm auch einen Hauch ihres Körperschweißes wahr. Ein dünnes Lächeln umspielte seine Lippen. Er würde ein leichtes Spiel mit ihr haben.

Buse öffnete den in der Fensterecke stehenden Aktenkoffer und entnahm ihm die notwendigen Utensilien. Nachdem er die Spritze aufgezogen hatte, setzte er sich unterhalb der Armbeuge den Schuss. Die Wirkung ließ nicht lange auf sich warten.

Ein wohliger Schauer überlief ihn. Sein mächtiger Brustkorb hob sich. Eisige Gischt peitschte ihm ins Gesicht. Er stemmte sich den stürmischen Winden entgegen. Trotzte den Naturgewalten. Bezwang sie. Die Röcke der Edlen vor ihm bauschten sich. Sie knickte im nassen Sand der Nordseeküste ein. Wankte wie eine Trunkene. Er lachte höhnisch, trieb sie weiter voran. Der Propeller der Einmotorigen klopfte laut und lauter. Das Flugzeug sollte sie in sein Reich bringen. Zu seinem Palast. Weit weg. Grell zuckte ein Blitz durch die Finsternis. Das blonde Haar der Edlen lud sich auf. Sie erstarrte. Schwarze Seide umspannte ihren Körper. Ihre Brüste lagen frei.

Er brannte den neben ihr vortretenden Jüngling an. Streckte ihn nieder. Die Augäpfel zerrannen zu einer glibberigen Masse.

Die Schenkel der Honigblonden bebten nun. Er umfasste sie, hob sie an. Mit einem gewaltigen Stoß katapultierte er sie und sich hinauf in das Grau des frühen Morgens. Er warf den Kopf in den Nacken und verbannte den bereits verblassenden Mond vom Himmel. Rachelüstern spreizte er die Beine der Frau, die ihn einst heimtückisch zu Fall brachte, und presste seine Lippen auf ihre Scham, züngelte ihr Begehren ein, eine unstillbare und ewig anhaltende Lust auf ihn. Sein noch mit Erde und Geröll behafteter Rücken wölbte sich.

Jenny stieg aus dem Taxi und eilte hinüber zu dem Eckhaus. Im Eingang wartete ein untersetzter und ungepflegt wirkender Mann auf sie. Er rauchte. Jenny zog ihre Schlüssel hervor.

»Interessant«, sagte der Mann. »Sie haben die Haustürschlüssel, Sie hatten Geld für das Taxi – im Krankenhaus hatten Sie nichts. Nicht einmal irgendwelche Papiere. Darf ich?« Noch bevor sie reagieren konnte, tastete er ihren bis zu den Fußknöcheln reichenden weiten Mantel ab und zog aus ihm eine flache Damentasche hervor. Er öffnete sie.

»Was – was wollen Sie? Wer sind Sie?«

»Tun Sie nicht so. Ich war erst gestern an Ihrem Bett.« Er inspizierte rasch den Inhalt der Tasche. »Ausweis, Visum, Schminkkram und – sieh einer an! Nagelneue Hunderter! Das sind tausend Euro – Jenny. Ich bin gespannt, wie Sie mir das erklären wollen.«

»Das ist – das ist nicht mein Mantel.«

»Nein? Aber Sie tragen ihn. Schließen Sie auf.« Er nickte zur Tür hin und fasste sie fest am Arm. »Ich will mir Ihre Wohnung ansehen. Wir haben zu reden ...«

Heberlein schnalzte. He, sagte er zu sich, das ist es doch! Er hatte seine handliche Videokamera auf das neu erbaute Müggenkamphaus gerichtet und filmte, wie Paulsen diese megageile Tante anging. Auf der Kassette war schon die Aussage einer AKA-Nachtschwester. Sie hatte ihm gesteckt, dass in der vergangenen Nacht ein Dutzend Ampullen Morphium aus dem Medikamentenschrank entwendet worden waren. Riesig! Das war der Hammer! Eine drogensüchtige Killerlady, die allem Anschein nach gerade dabei war, den großkotzigen Paulsen einzuwickeln. Ja, so musste man es drehen. Das war die Verkaufe! Denn Paulsen stiefelte jetzt munter mit der Alten ins Haus. Bingo! Ramona, du legst dich flach. Ganz von selbst. Und Heberlein wird dich kacheln, bis du nicht anders kannst, als ihm einen festen Vertrag rüberzuschieben.

»Sven – Sven hat mir die Sachen gebracht.«
»Sven ist tot –« Dr. M. A. Buse lehnte sich behaglich zurück. Er verfolgte Paulsens Befragung auf den Monitoren. Die »Computec«-Techniker hatten erstklassige Arbeit geleistet. Die von ihnen in Jennys Dachgeschosswohnung versteckt installierten Kameras schalteten sich bei jedem noch so geringfügigen Geräusch automatisch ein. Sie überwachten die beiden Räume bis in den kleinsten Winkel, die offene Küche und auch das Bad.
Jenny sah Paulsen verstört an.
»Hirnschlag. Eine überstarke Blendung vermutlich, verursacht durch glühendes Metall oder sonst was. Das müssen Sie beantworten. Wir wissen inzwischen, dass er Sie von der Uni abgeholt hat. Und wir wissen auch, dass Sie im ›Jena Paradies‹ mit ihm essen waren. Aber danach –«
»Nein, das – das ist nicht wahr!«
»Für die Zeit danach, so ab Mitternacht bis sie am frühen Morgen aufgefunden wurde, gibt es keine Hinweise mehr. Wo waren Sie da, was haben Sie getan, und wann kam Köhler hinzu?«
Jenny kauerte auf der Sesselkante. Immer und immer wieder schüttelte sie den Kopf. »Sven, er – wir sind – er – er wollte –«
»Ja, was?! Sie rumkriegen? Im Krankenhaus haben Sie gesagt, er habe Sie ›berührt‹! Scheiße! Er hat Sie –«
»Im Wagen«, sagte Jenny kaum hörbar. »Zu der – der Party.«
»Sein Wagen parkte – verdammt noch mal! Was für 'ne Party? Diese Dock-Lokale haben wir alle schon abgeklappert! Da gab's nichts!« Er setzte sich ihr gegenüber.
»Jenny –«

»Geheim«, hauchte sie.

Dr. M. A. Buse spannte die Muskeln. Er durfte Paulsen nicht unterschätzen. Seine Augen sanken tief zurück unter den Schatten der Lider. In rasender Geschwindigkeit durchdachte er die nächsten Schritte.

Anja öffnete die Herdklappe und zog die Pizza aus dem Ofen. Sie stellte sie Nina hin. Ihre Fingernägel waren frisch lackiert, und unter ihrem eng anliegenden Shirt trug sie keinen BH. Auch auf eine Strumpfhose hatte sie verzichtet. Ihr eklig rostbrauner Lederrock spannte sich über dem leicht gewölbten Bauch.

»Bei mir wird's heute spät«, sagte sie. »Warte nicht auf mich.«

»Wohin gehst du?«

»Ich muss unter Menschen. Mal sehen. Irgendwo ist immer was los.«

»Willst du – willst du tanzen?«

»Tanzen, trinken, mir was gönnen – ja. Ich brauche das. Das gehört zu meiner – nun guck nicht so. Ich habe mir Rat geholt. Mit deinem Vater bin ich durch, begreif das endlich mal. Ich kann tun und lassen, was ich will.«

»Ich sag ja nichts.«

»Ich weiß, was du denkst. Gewöhn dich daran, dass ich mein eigenes Leben lebe. Du bist alt genug, um nicht weiter betüddelt zu werden.« Sie brach sich ein Stück von der Pizza ab und stopfte es sich weit vornübergebeugt in den Mund. Ihre Finger wurden fettig. Sie leckte sie ab. Nina sah angeekelt weg.

Durch die offene Tür zum Garten drang das Lachen der Nachbarn. Holzkohlegeruch wehte herüber. Ein Hund kläffte. Der Vorhersage nach war es einer der vorerst letzten schönen Abende. Und eine weitere Vollmondnacht.

Anja wedelte verabschiedend mit der Hand.

»Spül dann das Geschirr. Und sieh nicht so lange fern.«

Nina nickte nur. Ihre aufgetakelte Mutter stöckelte in den Flur. Kurz vor der Wohnungstür hörte Nina sie ärgerlich schnauben und zurück in ihr Schlafzimmer gehen. Sie kramte noch in etwas herum.

Paulsen hatte ein Grummeln im Magen. Er stieß das in den Angeln quietschende Gittertor auf. Vor dem schmalen Einstieg in die Kanalisation wucherte Unkraut. Er ging in die Knie und tastete nach unten. Die Eisensprosse, die er zu fassen bekam, war glatt und saß fest im Mauerwerk. Er zwängte sich rücklings durch die halbrunde Öffnung. Als er Halt gefunden hatte, konnte er das Weitere schnell hinter sich bringen. Er knipste seine Stablampe an und leuchtete Boden und Wände ab.

Vor ihm erstreckte sich ein niedriger Gang.

In unregelmäßigen Abständen steckten Klemmen in der Wand. Sie umschlossen heruntergebrannte Fackeln.

Paulsen nickte entschlossen.

Er war auf der richtigen Spur.

Nina überflog das Fernsehprogramm. Keiner der angekündigten Filme interessierte sie. Lediglich das Kurt-Cobain-Porträt auf MTV würde sie sich später ansehen. Sie blätterte weiter in der »Hörzu« und blieb bei dem Original+Fälschung-Rätsel hängen.

Das Original war von Ernst Ludwig Kirchner. Es war ein Ölgemälde aus dem Jahr 1925 und trug den Titel »Haus auf dem Felsen«. Zehn Fehler sollten in der darunter abgebildeten Fälschung versteckt sein.

Nina las den kurzen Text über den Maler. Der Nachlass eines größenwahnsinnigen Psychiaters hatte den Mitbegründer der Künstlervereinigung »Die Brücke« zu dem Bild angeregt. Dieser »Dr. Mabuse« sollte bei einem Flugzeugabsturz ums Leben gekommen sein. Seine Leiche aber war nie gefunden worden. Nur eine stählerne Kiste, randvoll mit abenteuerlichen Plänen und Skizzen, hatte man unter den Trümmern sichergestellt. Die Entwürfe für ein sich selbst zu setzendes architektonisches Denkmal auf der Insel Capri waren von Kirchner aufgegriffen worden. Er hatte ein riesiges, kastenförmiges Haus in einem dunklen Blutrot gemalt, auf dessen ins Meer ragender Dachterrasse sich ein weißes Sonnensegel spannte. Das Haus lag hoch oben auf einer bewaldeten Klippe und hatte zur Seite hin nur wenige Fenster.

Nina machte sich daran, das Original mit der Fälschung zu vergleichen. Zwei Fehler entdeckte sie sofort.

Ein Felsvorsprung neben der unten schmalen und nach oben immer breiter werdenden imposanten Freitreppe zur Terrasse war wegretuschiert worden. Und die im Schatten des geblähten Tuchs ruhende Frau war auf der Fälschung nicht gänzlich nackt. Man hatte sie mit einem winzigen Bikini bekleidet. Nina beugte sich tiefer über die Seite und zuckte wie elektrisiert zurück.

Das fein gestrichelte Haar! Das Gesicht! Das war die Gräfin. Unverkennbar! Es war ihre Urgroßmutter, die auf dem Kirchner-Gemälde ebenso entrückt in die Ferne blickte wie auf dem Porträtfoto in der Brosche.

Thiess stakste nach hinten und öffnete die Heckklappe des Wagens.

Dr. M. A. Buse half ihm, die leblose Jenny herauszuhieven. Gemeinsam brachten sie die junge Frau ins Haus. Nachdem Buse sie in seinem Therapieraum gebettet und bis zum Kinn mit einer Wolldecke eingehüllt hatte, wies er Thiess an, sich ihm gegenüberzusetzen.

Mechanisch nahm Thiess Platz.

Dr. M. A. Buse fixierte die nach innen gekehrten Augen des Bankangestellten.

»Komm zurück«, befahl er ihm. »Komm zurück und sieh mich an.« Er wartete, bis Thiess' Augenlider zu zucken begannen. »Erkennst du mich?«

»Ja«, sagte Thiess gedehnt. »Ja.« Er kam allmählich zu sich. Buse nickte.

»Du hast nichts zu befürchten. Du hast deinen Auftrag zu meiner vollsten Zufriedenheit erfüllt. Du wirst mir auch weiterhin zur Verfügung stehen. Es gibt auch für dich noch viel zu tun.«

»Ich – wo bin ich?« Thiess rieb sich nun die Augen und rappelte sich mühsam auf.

»Schweig! Und widersetze dich nie meiner Macht. Denn wenn ich dich fallen lasse, bist du für immer verloren.« Mit einem letzten Blick auf die immer noch wie tot daliegende Jenny trat er in den Flur. »Folge mir, Thiess. Du hast einige Transaktionen abzuwickeln. Börsengeschäfte. Ich sage dir, wie du vorzugehen hast.« Er lachte ein raues Lachen und ging energisch voran.

Die beiden jungen Männer lagen dicht nebeneinander auf dem feuchten Boden. Paulsen leuchtete sie mit seiner Stablampe ab. Seine Kehle wurde eng. Er schluckte heftig. Er würgte. Die Augen der Männer waren zu einer milchigen Masse geronnen. Wie bei Sven Jacobs. Wie bei Wolfgang Köhler. Zwei weitere Tote, zu Tode Gebrachte. Tief unten in der Kanalisation. Im Bauch der Stadt. Verstärkt stiegen Paulsen die üblen Gerüche in die Nase. Er suchte Halt an der nasskalten Wand und zündete sich mit zitternden Händen eine Zigarette an. Was zum Teufel war hier vorgefallen? Wer waren diese beiden Opfer, und warum, warum mussten auch sie so grauenvoll sterben?

Ramona kam als Erste aus der täglichen Redaktionskonferenz. Als sie in den Gang zu den Toiletten einbog, stieß sie mit einem kräftig gebauten, älteren Herrn zusammen. Entschuldigend deutete er eine Verbeugung an.

»Ich suche das Büro der Geschäftsleitung«, sagte er. »Den Finanzchef.«

Ramona musterte ihn interessiert. Der Mann war teuer gekleidet und äußerst gepflegt. Handgearbeitete Schuhe, registrierte sie. Vom Feinsten. Interessant. Der Mann roch förmlich nach Geld. Nach sehr viel Geld. Und überhaupt. Eine solche Klasse war in diesem Popelsender nun wirklich eine Seltenheit. Sie trat ein wenig zurück, um ihm einen besseren Blick auf sich zu ermöglichen. Sie fand, dass sie gerade heute besonders gut aussah. Der helle Hosenanzug unterstrich ihre schlanke Figur, und unter der Jacke trug sie lediglich einen spitzenbesetzten Body, ein hauchdünnes, durchsichtiges Teil.

»Kein Problem«, sagte sie. »Die Jungs sitzen eine Etage höher.« Sie unterdrückte ihr Bedürfnis, sich zu erleichtern, und nickte ihn mit sich. Ihr war klar, dass er zwangsläufig auf ihren Hintern starren würde. Genau so sollte es sein. Der Mann gefiel ihr. Eine geradezu animalische Kraft ging von ihm aus. Sie glaubte sein kaum mehr gezügeltes Verlangen zu spüren. Nur zu, sagte sie sich. Mir würde es gefallen. Es war schon einige Zeit her, dass sie auf Anhieb derart erregt gewesen war.

Der Unbekannte fasste sie am Arm.

»Bemühen Sie sich nicht«, sagte er. »Ich finde mich jetzt schon zurecht.« Er überreichte ihr seine Karte. »Dr. Buse. Rufen Sie mich doch einmal an. Wir sollten über ihre berufliche Zukunft reden – Ramona.« Er sah sie durchdringend an, und augenblicklich stieg flammende Hitze in ihr auf. Sie senkte den Blick. Mit Entsetzen sah sie, dass sich in ihrem Schritt dunkle Nässe ausbreitete.

Boris machte ein ernstes Gesicht. Kommentarlos legte er Paulsen das Blatt Papier hin. Es war eine Reparaturannahme der Firma »Computec«: Festplatte reinigen, Programme neu installieren, aktualisieren. Fassungslos starrte Paulsen auf die Anschrift des Auftraggebers.

»Jenny?!« Boris nickte knapp und nahm sich eine von Paulsens Zigaretten. Er rauchte selten. Er rauchte nach einem guten Essen. Er rauchte nach einem erfolgreich geführten Verhör. Boris gönnte sich nur dann ein paar Züge, wenn er etwas zufriedenstellend abgeschlossen hatte.

Zum Teufel, das war –

»Die beiden Techniker sind gestern Morgen kurz nach neun zu ihr«, kam Boris ihm zuvor. »Henning Riewe und Sergej Stankowski. Spitzenkräfte. Knapp eine Stunde später haben sie in der Firma angerufen. Es gebe Komplikationen. Es würde länger dauern. Danach hat man nichts mehr von ihnen gehört.«

»Jenny war zu der Zeit noch im Krankenhaus. Das habe ich selbst überprüft, bevor ich – Scheiße, was hat das zu bedeuten?!« Paulsen stand auf und rieb sich die Schläfen. Er ging zum Fenster und sah mit zusammengekniffenen Augen zur U-Bahn-Station Alsterdorf rüber. Er hatte kaum geschlafen. Bis zwei, drei Uhr in der Nacht waren er und ein halbes Dutzend Kriminaltechniker in dem Kuppelraum der Kanalisation tätig gewesen. Sie hatten Kippen und Kondome sichergestellt, leere Champagnerflaschen, zerknautschte Red-Bull-Dosen, eine beschädigte CD mit irgendwelcher Schweinemusik und auch eine Spiegelscherbe, auf der winzige Kokainreste hafteten. In einem Seitengang war dann noch ein dünner Slip entdeckt worden, am Bund eingerissen. Na toll. Das volle Programm. Eine nur für Eingeweihte stattfindende Party im Underground, hatte Jenny sich schließlich doch noch erinnert. Ihn damit noch einmal die Große Elbstraße hatte abchecken lassen. Wo Sven in jener Nacht seinen Wagen geparkt hatte. Er hatte nach einem in unmittelbarer Nähe liegenden Einstieg Ausschau gehalten und relativ schnell den schmalen, mit Efeu überwachsenen Zugang entdeckt. Geheim, geheim.

Paulsen schüttelte entschieden den Kopf.

»Die beiden Jungs muss ein anderer in ihre Wohnung gelassen haben«, sagte er. Er wandte sich Boris wieder zu. »Hundertprozentig! Und der hat ihr auch Mantel und Tasche ins Krankenhaus gebracht. Das Geld, Boris, das Geld! Okay, wir nehmen uns erst sie und dann Thiess noch einmal vor. Ja, Thiess, diesen verdruckssten Hund! Da besteht ein Zusammenhang, ganz klar. Den Scheiß von ›ich weiß nicht, ich weiß nicht‹ will ich jetzt nicht mehr hören! Nein, verdammt noch mal! Ich hab Nina das Wochenende versprochen, das lass ich mir nicht schon wieder versauen!«

Boris zuckte nur die Achseln. Er drückte die Zigarette aus und schob sein Pistolenhalfter zurecht. Paulsen schnappte sich bereits seine Jacke.

Es war Freitagvormittag, 11.15 Uhr, und draußen wehte ein erster kühler Herbstwind.

Sie hörte Wellen an Stein klatschen, hörte einen anhaltenden, pfeifenden Ton. Benommen erhob sie sich.

Sie hatte auf kalten Marmorfliesen gelegen und sah nun den riesigen Raum, einen Saal, in dessen Mitte lediglich ein langer, mit einem weißen Tuch bedeckter Tisch stand, auf dem Essgeschirr für zwei Personen, Terrinen, Schüsseln und Schalen mit Obst und Brot, Wein- und Wasserkaraffen und mehrere bronzene Kerzenleuchter arrangiert waren.

Die hohen Fenster waren weit geöffnet, und sie sah auf ein heftig bewegtes, stahlblaues Meer hinaus, auf ein unendliches Meer.

Oh my God, was war mit ihr geschehen?

Sie trug keine Schuhe und keine Strümpfe, und nur ein knöchellanges Gewand umhüllte ihren ansonsten nackten Körper.

Eine schwere Hand legte sich auf ihre Schulter.

Sie erschrak bis ins Mark.

»Willkommen daheim«, sagte der nun vor sie hintretende Mann und erfasste sie mit seinem Blick. Ihr Atem stockte.

Seine Augen, diese Augen, dieses giftig grüne Funkeln ... heillose Panik peitschte ihr Gesicht, und sie vernahm wieder das Krachen und Bersten des Mauerwerks tief unter der Erde, sah die mächtige, dunkle Gestalt sich aus dem Erdreich lösen, den schmutzig grauen Mann, diesen Mann, der seine noch starr gekrümmte Hand nach ihr ausstreckte, daumendicke Maden fielen von ihm ab, und zischend stieg eisiger Nebel an ihren Beinen hoch, drang stechend in sie ein und ...

»Was hast du mit mir gemacht?«, brachte sie mühsam hervor.

»Was du mit dir geschehen ließest.« Er lachte ein triumphierendes Lachen. »Du bist wie sie, die einst von mir begehrte Gräfin. Du bist von ihrem Blut, bist ihr getreues Ebenbild. Ich habe lange auf dich gewartet, war verdammt, zu Stein zu erstarren, über Generationen hinweg umspült von stinkender Brühe, den Ausscheidungen erbärmlicher Kreaturen. Das war ihr Werk, die Tat der Gräfin, ihr von Angst getriebenes Aufbegehren. Angst vor meiner Kraft, meinem Willen zur Macht, meinem Herrschenwollen und Hassenmüssen, meinem alleinigen Reich, diesem Plateau hier auf Capris schroffstem Felsen. Die Gräfin hat mich zu Fall bringen, aber nicht auslöschen können. Das kann niemand, kein Mensch! Ich bin hoch vom Himmel herab tief in die Erde gestürzt, durch ihre Hand. Aber mein Herz schlug weiterhin für sie in der Gewissheit der Wiederkehr, ihrer und damit meiner. Du, Tochter der bereits umtriebigen Ines, Enkelin der sich ebenso wie ihre Mutter meiner Unsterblichkeit bewussten Karla, du hast nun endlich den Weg zu mir gefunden, hast dich lenken lassen, weil du willst, was die Gräfin sich versagte. Du willst an meiner Seite sein, wirst es sein. Du wirst fortan mein Bett mit mir teilen, deiner Begierde, deiner Lust freien Lauf lassen, im andauernden Exzess dein wahres Ich erkennen. Dein Körper wird glühen –«

»Jesus!«, schrie sie auf. »No, no!« Der Mann riss sie an sich. Seine Zunge stieß hart in ihren Mund. Seine Hand umfasste ihren Nacken, und im Bruchteil einer Sekunde erschlaffte sie in seinen Armen, versank unendlich langsam in fein rieselnden Sand ...

Ramona. Ramona auf Rollerblades. Ramona saust über die Köhlbrandbrücke. Ramona schnellt aus dem Wasser der Außenalster hoch. Ramona. Ramona brettert auf einer Harley vor das Rathaus. Macht einen Flic Flac im Büro des Ersten Bürgermeisters. Ramona. Ramona reckt hoch auf der Turmspitze des Michels die Faust. Ramona. Ramona ist Ramba. Ramba um. Ramba um fünf. Schnelle Schnitte. Fetzender Sound. »Und hier ist sie – Ramona!« Applausmaschine. Begeisterte Rufe. Johlen.

Ramona kommt aus der Studiokulisse. Kurzes, strohblondes Haar. Kräftig gegelt. Ramona trägt einen Herrenanzug, weißes Hemd und Krawatte. Sie blickt besorgt.

»Guten Abend«, sagt sie. »Wir berichten wie immer live und aktuell. Heute haben wir ein Opfer zu beklagen. Das Opfer einer Polizeiwillkür. Ein unbescholtener Bürger unserer Stadt, der Sparkassenangestellte Dieter Thiess, ist gegen Mittag in einer Eimsbüttler Wohnung mit einem finalen Fang-

schuss niedergestreckt worden. Das ist ein Skandal. Und er hat eine ebenso skandalöse Vorgeschichte. Ramba deckt die Fakten auf. Unser Reporter Thomas Heberlein hat sie für Sie zusammengetragen. Bitte, Thomas.«
　Einblendung.
　Heberlein steht am Elbstrand. Er hat den Kragen seiner Jacke hochgeschlagen. Sein dunkel getöntes Haar flattert im Wind. Heberlein hält das Mikro mit dem Senderlogo in der Hand. Hebt es an.
　»Danke, Ramona. Ich stehe hier bei Övelgönne an der Elbe. Und von genau dieser Stelle aus nahm die Tragödie ihren Lauf. Die Tragödie der toten Augen vom Elbstrand. Denn hier wurden vor zwei Tagen ...«
　Anja streckte sich lang auf der Couch aus. Sie fühlte sich wie zerschlagen. Vor allem in ihren Schenkeln zuckte der Schmerz. Aber es war gut. Sie bereute keine Sekunde. Irgendwann nach Mitternacht hatte sie sich von dem wirklich unterhaltsamen Immobilienmakler zu einem letzten Drink auf sein Zimmer im Radisson einladen lassen. Im vollen Bewusstsein dessen, was sie dort erwartete. Oh ja. Sie wollte es ja auch. Sie hatte sich den Rat ihres neuen Therapeuten zu Herzen genommen, hatte losgelassen. Sich endlich einmal ohne vermeintliche Verpflichtungen oder gar Schuldgefühle ausgetobt. Und sie hatte es genossen. Mit jeder Faser ihres Körpers.
　In wollüstiger Erinnerung an die mit dem Mann verbrachte Nacht schob sie eine Hand unter ihren Slip und schaute weiterhin teilnahmslos auf den Fernsehschirm.
　Zwei offenbar grausam ermordete Männer. Die Augen zerstochen.
　Opfer einer durchgeknallten Drogensüchtigen. Eine deutschstämmige Amerikanerin. Ein Partyluder.
　Anja rieb ihre Scham.
　Das Polizeipräsidium wurde eingeblendet. Der Alsterdorfer Rundbau. Ein Foto ihres Ex füllte das Bild.
　Anja lachte ein lautloses Lachen. Ein böses Lachen.
　Arschloch. Versager. Nullnummer in jeder Beziehung. Du hättest mich sehen sollen. Zu was ich fähig bin. Keuchend, schwitzend. Vor wilder Lust schreiend. Was du nie, nie aus mir herausgebracht hast! Du Scheißkerl! Schau her!
　»Papa!« Nina stand in der Tür, und Anja hielt abrupt inne. Sie zerrte ihr Shirt zurecht. Dummes Blag!

»Ja, dein Vater«, maulte sie. »Bist du schon mit deinen Schulaufgaben fertig?«

»Hör doch! Die sagen, er vertuscht was!«

»Na und –?«

»Das tut er bestimmt nicht.« Nina griff nach der Fernbedienung und stellte den Ton lauter.

»... heimlich jedenfalls suchte Paulsen die aus unerfindlichen Gründen nicht in Haft genommene Tatverdächtige auf. Ich war Augenzeuge ihres Zusammentreffens. Aber sehen Sie selbst. Sehen Sie, wie intim die beiden miteinander umgehen, und achten Sie auf das Päckchen, das sich Paulsen von Jenny Martinez zustecken lässt ...«

»Das ist –« Nina sah gebannt, wie ihr Vater die junge Frau an sich zog. Anja schnaubte abfällig und langte nach ihrem Drink. Die blonde Frau drehte sich kurz von Paulsen weg und ... »Die Gräfin«, sagte Nina tonlos.

Sie wankte zum Fenster. Das Meer war unverändert, und auch der pfeifende Ton war nicht abgebrochen. Sie griff nach dem Fensterbrett, um sich abzustützen und hinauszulehnen. Um zu erkunden, ob sie fliehen konnte. In ein nahe gelegenes Dorf. Weg von diesem Wahnsinnigen. Dieser Bestie. Sie griff ins Leere. Verlor das Gleichgewicht. Prallte gegen eine Wand. Sie taumelte zurück. Bemühte sich, ruhig und gleichmäßig zu atmen. Klarheit in sich zu pumpen. Vorsichtig streckte sie die Arme weit aus, hob sie an. Wellen zeichneten sich auf ihnen ab. Noch zweifelnd drehte sie sich um und sah an sich herunter. Auf ihrem Körper tanzten die silbernen Schaumkronen. Ein Film! Es war ein Film, der auf die Wand projiziert wurde. Auf sämtliche Wände des Raumes.

Er behielt sie im Blick. Die dunklen Gläser verbargen seine Augen. Er musste sich kontrollieren. Durch seine Adern schoss noch das Morphium. Seine unstillbare Begierde. Sein Wille zu demütigen. Zu vernichten.

Auf der Elbe zog ein Frachter vorbei. Barkassen tuckerten zurück in den nächtlichen Hafen. Das »Darling Harbour« war bis auf den letzten Platz besetzt. Er registrierte intuitiv, dass immer wieder jemand zu ihnen herübersah. Die Ramba-Ramona war bekannt. Sie war zudem auffallend gekleidet. Mit einem mehr enthüllenden Fummel. Dunkel. Über einem winzigen schwarzen String. Er lächelte still in sich hinein. Diesmal brächte er sie nicht in Verlegenheit. Nicht bei vollem Bewusstsein. Sie redete unentwegt. Hob zwischendurch das Glas, nahm einen weiteren großen Schluck. Er hatte einen schweren Rotwein gewählt. Zu Lamm und feinen Bohnen. Ramona beugte sich vertraulich zu ihm.

Er gewährte ihr, ihre Hand auf die seine zu legen. Ihre künstlichen Nägel glänzten bläulich.

Sie hauchte ihm wieder was von Drogengeschäften zu. Wiederholte sich. Dass Jenny eine der ganz Großen eines internationalen Rings sei, sich selbst noch im Krankenhaus Stoff besorgt habe, nachweislich. Eine abgebrühte Dealerin. Killerin des smarten Sven und des mit ihm einst beruflich verbundenen Musikredakteurs Köhler. Zwei ihrer Abnehmer, kaltblütig niedergestochen nach einem Streit. Die beiden Techniker seien Zeugen gewesen, hätten sie daraufhin erpressen wollen. Und Thiess – ihr Griff verstärkte sich, der von Paulsen hinterrücks erschossene Thiess sei Montag noch einmal das große Thema bei Ramba. Er sei nicht zufällig in Jennys Wohnung gewesen, aber hallo! Ramona feuchtete ihre Lippen an. In ihren Augen lag ein lüsterner Glanz.

»Thiess«, vernahm er amüsiert. »Thiess war Jenny hörig, keine Frage. Sie hatte schon vor Wochen bei ihm ein Konto eröffnet und seitdem – oh, oh, oh! Da ging's heftig ab! Er hat sich verdammt tief reingeritten. Durch Manipulationen, Unterschlagungen – enorme Summen. Und als Gegenleistung – die Kleine hat ja nett was zu bieten. Dumm, dass sie abtauchen konnte. Shit, ja. Ich hätt's nur zu gern aus ihr rausgekitzelt, und sie wär – sie wär gekommen!«

Ihr Lachen war ordinär.

Er entzog ihr seine Hand und schenkte noch einmal nach. »Interessant«, sagte er. »Hochinteressant. Heißt das, Sie wollen nicht weiter auf diesen Paulsen eingehen? Auf seine Rolle in der ganzen Angelegenheit –«

»Paulsen fick ich später«, entfuhr es ihr. Sie stemmte sich hoch. »Sorry, ich – ich muss kurz.« Leicht schwankend stöckelte sie zu den Toiletten. Er entschied, dass es nun doch an der Zeit war, sie sich gänzlich gefügig zu machen, zahlte und nahm an der Garderobe die Mäntel entgegen.

Nach einer Weile kam sie zurück und war überrascht, dass er schon zum Aufbruch bereit war.

»Gehen wir ein paar Schritte«, sagte er. »Ich möchte Ihnen noch ein Angebot unterbreiten.«

»Eins, das ich nicht ablehnen kann?« Sie kicherte albern.

»Im Zusammenhang mit meinem in Ihren Sender eingebrachten Kapital. Meinem Mitspracherecht.« Er hielt ihr den Mantel auf, und als sie hineinschlüpfte, stieß er ihr blitzschnell die vorbereitete Spritze in den blanken Nacken.

Paulsen war angenehm überrascht, wie gut seine Tochter Englisch sprach. Nina hatte den Telefonhörer zwischen Ohr und Schulter geklemmt und ging mit seinem alten Apparat in der Hand im Zimmer umher. Mit der freien Hand forderte sie einen Zug aus seiner Zigarette. Widerstrebend reichte er sie ihr. Einen Moment lang lauschte sie nur der Stimme aus New Jersey. Bruce Springsteen Town, hatte sie ihm beiläufig erklärt. Nachdem er sich die Nummer von Boris aus dem Präsidium hatte durchgeben lassen.

Paulsen zündete sich eine neue Zigarette an. Nina sprach wieder. Er verstand längst nicht alles, aber er wusste, dass es um seine Familie ging.

Um seine seinerzeit ausgewanderte Tante Karla. Und um deren Mutter, die Gräfin. Nina kam wieder auf jenen Dr. Mabuse zurück.

»Okay, okay«, schloss sie schließlich. »Thanks. I call you.« Tief ausatmend legte sie auf. Sie stellte das Telefon zurück und rauchte mit einem letzten Zug die Kippe runter.

»Deine Cousine ist ganz schön crazy. Bei ihr drüben ist es gerade mal Tag, und sie war schon fett auf Koks. Okay, auf jeden Fall irre aufgedreht.«

»Was hat sie gesagt?«

»Um Jenny macht sie sich keine Sorgen. Sie sei schon öfter zu Unrecht von der Polizei verdächtigt worden.«

»Bei Mord –?!«

»Pa, das glaubst du doch selbst nicht. Hast du dich echt nie für deine Großeltern interessiert? Jennys Mutter war das wenigstens total präsent.«

»Mein Alter – er war 'n Arsch! Ich – zum Teufel, ich hab mir nur immer wieder anhören müssen, dass er Mutters Sippe für komplett verrückt hielt.«

»Die Gräfin ist vor ihrer Hochzeit entführt worden. Mensch, Pa, das steht sogar im Internet! Diese ganze Dr.-Mabuse-Story. Jenny – Jenny ist ihrer Urgroßmutter wie aus dem Gesicht geschnitten. Da wiederholt sich die alte Geschichte, das ist kein Zufall. Das ist so was wie Rache!«

»Nina – dass sie mit uns verwandt ist, gut. Das hast du richtig gesehen. Und vielleicht läuft da draußen auch jemand rum –«

»Nicht jemand! Die Family drüben ist fest davon überzeugt, dass Mabuse nie gestorben ist! Das war der Grund, warum Omas Schwester damals von hier abgehauen ist. Angst, Angst vor Mabuses Wiederkehr!«

»Das gibt's nicht, das gibt's einfach nicht!«

»Ich hab's doch gerade erst gehört!«

Paulsen fasste Nina an den Schultern. Er setzte sich mit ihr auf das ungemachte Bett und sah sie ernst an. »Kleines«, sagte er. »Dein Hinweis war wichtig. Auch der Anruf, die Bestätigung. Das hast du wirklich gut gemacht. Ich geb das gleich an Boris weiter. Aber sieh mal, ich kann ohnehin nichts mehr tun. Schon gar nicht, wo es jetzt um eine Angehörige geht. Die Fahndung nach Jenny ist raus, und – und man wird sie finden. Dann wird sich klären, dass Thiess –«

»Nein«, unterbrach Nina. »Nein, Pa. Du musst nach Mabuse suchen. Es gibt Fotos von ihm. In dem Kirchner-Nachlass.«

Paulsen zog seine Tochter an sich.

»Leg dich jetzt erst mal ein wenig hin«, sagte er und strich sanft über ihr Haar. »Du hast genug getan. Wir fahren nachher raus an den See ...«

Tag. Träume. Nacht. Silbernächte.

Der Wagen war auf die Minute pünktlich. Anja reichte dem Reporter die Hand. Heberlein war auf den ersten Blick von ihr angetan. Das spürte sie. Er wartete, bis sie auf dem Beifahrersitz Platz genommen hatte, und half ihr, den Gurt anzulegen. Sie reagierte nicht pikiert, als er dabei ihre Brüste streifte. Dr. M. A. Buse hatte sie erst heute Vormittag noch zu ihrem ersten ausschweifenden Abenteuer beglückwünscht. Und ihr nachdrücklich geraten, auch weiterhin all ihre Bedürfnisse zu befriedigen.

Heberlein ließ den Motor an. Das Autoradio schaltete sich ein. Das Wetter an diesem Montag würde unverändert bleiben. Bedeckt, windig und Nieselregen.

Dr. M. A. Buse betrat Ramonas Büro. Er schloss die Tür hinter sich und blieb daran angelehnt stehen. Ramona wandte sich ihm zu. Doch bevor sie etwas sagen konnte, hatte er seinen Blick tief in ihre Augen versenkt. Sie fiel schlaff in ihren gepolsterten Schreibtischsessel zurück. Buse begann, ihr seine Anweisungen zu geben.

»Dazu bist du nicht befugt!«, schnauzte Boris. Er kippte den Rest seines Espressos hinunter. Paulsen rührte in seiner Tasse noch den Zucker um. Immerhin war Boris in den Coffeeshop am Gleis 14 gekommen. Die S-Bahn nach Wandsbek fuhr ab Hauptbahnhof im 20-Minuten-Takt.

»Sie geben mir die Gelegenheit, Stellung zu nehmen«, erwiderte Paulsen ruhig. »Ich weiß, auf was ich mich einlasse.«

»Du wirst endgültig geschasst! Scheiße, es geht dabei auch um mich. Ich will, dass wir Partner bleiben. Wir sind – Robert, wir sind ein klasse Team. Warte ab, bis Jenny gegriffen ist. Das kann schon heute sein, in den nächsten Stunden. Wenn sie aussagt, dass die Morde auf Thiess' Konto gehen, ist deine Suspendierung vom Tisch. Du kennst doch den Laden. Dann hast du ein perverses Stück Scheiße abgeknallt und aus, Ende!«

»Genau das bekommen sie in der Sendung zu hören.«

»Ramba!« Boris fasste sich verzweifelt an den Kopf. »Ausgerechnet bei dieser abgewichsten Schnalle. Die hat dich doch schon lange auf dem Zettel. Für die bist du der Prototyp des schmierigen und hinterfotzigen Bullen. Die lässt dich erst gar nicht groß zu Wort kommen.«

»Unterschätz mich nicht. Ich bleib straight auf meinem Strang. Selbst wenn sie mir sonst was reindonnern. Nein, nein, Boris, das ist meine einzige Chance, die Dinge klarzustellen.« Er trank seinen Espresso aus und zündete sich eine Zigarette an. »Also, fährst du mit raus?«

Nina beendete das kurze Telefonat mit ihrer Großmutter. Sie hatte ihr versprochen, sich ein Taxi zum Altenheim zu nehmen. Erschrocken stellte sie aber fest, dass sie nur noch knapp acht Euro hatte. Sie eilte ins Schlafzimmer ihrer Mutter und durchsuchte die Taschen der auf dem Bett abgelegten Lederjacke. Mit einem klebrigen Cocktailstab, einigen Münzen und einem zerknüllten 20-Euro-Schein kramte sie eine Visitenkarte hervor. Sie warf einen kurzen Blick darauf und ... und las sich stockend vor, was darauf ge-

druckt war: Dr. M. A. Buse, Psychotherapie, Harvestehuder Weg ... Nächster Termin für Frau Anja Paulsen, Donnerstag ...
    M. A. Buse ... M – A – Buse.
    Mabuse! Dr. Mabuse!
    Nina erstarrte.

Er hatte sie in einer offenen, sargähnlichen Box festgeschnallt, bereit zum Transport, waren seine letzten Worte gewesen, und wann immer sie die Augen öffnete, erblickte sie das um sie herum tobende Meer, riesige Wellen, die sie zu verschlingen drohten, und unablässig dröhnte seine Stimme aus den sie schmerzhaft drückenden Ohrstöpseln, seine hasserfüllten Tiraden, wechselnd mit Wispern und heiser geflüsterten Verheißungen, eintönig dann wieder, monoton sein Leben rekapitulierend, mit wildem Aufschrei schließlich seine Schmach herausschreiend und verkündend, sämtliche Nachkommen der Gräfin auszurotten, bis allein auf sie, die er zu sich emporziehe auf seinen Olymp, wo sie ihm Kinder gebären werde, Blut von seinem Blut, das frisch und wild diese alte Welt unterspüle und nach seinem Willen neu gestalte ... die Endlosschleife eines grauenerregenden Monologs, der sich seit Stunden, seit Tagen in sie bohrte, sie wusste nicht, wie lange schon, jegliches Zeitgefühl war ihr abhandengekommen, heiße Tränen strömten wieder über ihr Gesicht, und an ihren Beinen vermengten sich Urin und Kot ...

»Die Maske.« Heberlein öffnete Anja die Tür und ließ sie eintreten. Es war ein kleiner, mit Schminktisch, Friseurstuhl und einem Garderobenschrank ausgestatteter Raum, fensterlos und hell erleuchtet. Niemand hielt sich in ihm auf. »Ich sage Ramona Bescheid. Soll ich Ihnen was zu trinken mitbringen?«
    »Darf man hier rauchen?«
    Heberlein schaute kurz in den Gang zurück. Kein Mensch ließ sich blicken. Geheimnisvoll lächelnd zog er ein schmales Papierbriefchen aus der Tasche und wedelte damit vor Anjas Nase.
    »Gönn dir was Besseres«, sagte er.

Ramona stoppte den vom Band verstärkten Applaus der knapp fünfzig Studiogäste. Sie wandte ihr Gesicht zur Kamera 1 hin.

»Ramba«, sagte sie. »Ramba ist fair. Ramba bittet jeden öffentlich Beschuldigten zu sich in die Sendung. Kriminalhauptkommissar Robert Paulsen vom Hamburger Morddezernat ist unserer Bitte gefolgt. Hören wir, was er zu den Vorfällen der letzten Tage zu sagen hat. Hören wir seine Version – wie zweifelhaft sie uns auch immer nach Lage der Dinge erscheinen mag. Robert Paulsen stellt sich mir – im Kreuzverhör. – Kriminalhauptkommissar Robert Paulsen!«

Soundakzent. Erneut aufbrandender Applaus, durchsetzt von schrillen Pfiffen und Buh-Rufen.

Ramona wies dem auf das Podium kommenden Paulsen einen der beiden Schalensessel zu. Sie blieb schräg vor ihm stehen. Sie sah auf Paulsen herab. Ihre Augen glänzten fiebrig.

»Herr Paulsen, Sie sind seit vergangenem Freitag vom Dienst suspendiert«, begann sie.

»Vorerst. Aus –«

»Ja oder nein?«

»Die Suspendierung hat persönliche Gründe.«

»Wir fragen nach den Fakten. – Sie sind dienstlich bereits mehrere Male abgemahnt worden.«

»Nein.«

»Unterschlagung von Beweismaterial –«

Paulsen schüttelte verneinend den Kopf.

»Vorsichtsmaßnahme in Bezug auf Nachahmungstäter – wenn Sie den Fall des Kindermörders Schulze meinen«, sagte er.

»Missachtung von Dienstvorschriften –«

»Zügiges Handeln, um ein Menschenleben zu retten.« Paulsen lehnte sich zurück. »Sie sind schlecht informiert.«

»Es gibt entsprechende Aktenvermerke.«

»Legen Sie sie vor.«

»Verhör unter Androhung von Gewalt.«

»Eine Anweisung des Polizeipräsidenten. Weit über tausend Dombesucher konnten vor einem Bombenattentat bewahrt werden. Pokern ist nichts für Nutten. Sie haben nichts in der Birne.«

Ramona starrte ihn fassungslos an. Nur ihre Lippen zuckten.
Dann stieß sie ein kurzes, hysterisches Lachen aus. Sie drehte sich wieder ganz der Kamera zu.
»Ramba fragt weiter«, sagte sie. »Gleich nach der Werbung. Ich –« Sie zuckte wie unter einem Stromschlag. »Ich nage ihm die Eier!«, geiferte sie.

Nina griff nach der Hand ihrer Großmutter. »Pa will mir einfach nicht glauben«, sagte sie eindringlich. »Aber Ma – sie kennt ihn. Sie war bei ihm.« Martha nickte matt. Sie lag in ihrem Bett und schaute an Nina vorbei auf den eingeschalteten Fernseher. Nina drückte den Ton weg.
»Ich – ich bin müde«, sagte die alte Frau. »Ich möchte Robert – ich will ihn noch einmal sehen.«
»Gleich«, sagte Nina. »Es geht ja gleich weiter. Ich hab schon versucht, ihn anzurufen. Aber er hat sein Handy ausgeschaltet. Was soll ich machen, Omi?«
»Bleib – bleib stark, meine kleine Nina. Nimm die Kraft – die Kraft des Mondes auf und trag die Brosche. Ich – ich hatte einen so furchtbaren Traum. Nein, ich, ich weiß nicht, ob es nur ein Traum war. Es war kalt, eisig kalt, und – da stand er. Direkt vor mir –«
»Papa –?«
»Er, Nina, er. Der Satan. Das Böse –«
»Du hast –?«
»Mabuse – ja. Mabuse war bei mir. Er – er hat gesagt, er sei zurück. Ich werde sterben, Nina. Meine – meine Zeit ist vorbei. Er muss mich nicht – nicht vorher noch auslöschen.«
»Nein!« Nina klammerte sich an Martha und bedeckte ihr liebes Gesicht mit Küssen. »Nein, Omi, nein! Ich bin bei dir. Ich – das darfst du nicht sagen. Das ist –« »Da ist Robert wieder.« Martha streichelte Ninas Haar. Sie lenkte ihren Blick zum Fernsehschirm ...

Paulsen lehnte sich weit in den Sessel zurück und schlug die Beine übereinander. Er blickte Ramona herausfordernd an.
»Nur zu«, sagte er und registrierte, dass sein Mikro ausgeschaltet war. Gelassen zuckte er die Achseln. Ramona kam mit keinem Wort auf ihren Ausbruch zurück.

»Ramba«, sagte sie. »Ramba scheut keine noch so heftige Kontroverse. Sie hier im Studio und vor allem Sie zu Hause danken es uns. Das verpflichtet. Sie werden in Zukunft ›Ramba XL‹ sehen können. Wie immer um fünf, aber – eine halbe Stunde länger! Dreißig Minuten mehr – absolute power! Superpower! Heute bereits ein neuer Act – ›Der Kronzeuge‹!« Ramona zeigte in die Kulisse und hob die Stimme. »Anja Paulsen!«

Donnernder Konservenapplaus.

Paulsen schnellte hoch.

Anja stöckelte heran. Sie lächelte breit und hob in alle Richtungen grüßend die Hand.

»Was soll das?!«, schrie Paulsen. »Sie hat von dem Fall keine Ahnung! Sie weiß einen Scheiß –!«

»Anja Paulsen«, wiederholte Ramona. »Paulsens Ehefrau – Noch-Ehefrau. Anja, Sie kennen Ihren Mann als Choleriker –«

»Oh ja, nur zu gut.« Paulsen sah sich von ihrem kalten Blick geblockt. »So habe ich ihn eigentlich immer erlebt. Er tobt, er wütet herum – er hat unsere Familie zerstört. Ich selbst bin schon in Behandlung.«

Paulsen konnte es nicht fassen. Er blieb wie angewurzelt stehen. Das war ungeheuerlich.

»Er hat sie geschlagen?«, hörte er Ramona weiter fragen.

»Geschlagen und – mein Gott, er lässt dann nicht mehr von einem ab. Erst vor einigen Tagen wieder – sehen Sie.« Sie wandte Ramona den Rücken zu und zog ihre locker fallende Bluse in die Höhe.

»Ein Hämatom.«

»An mehreren Stellen. Am ganzen Körper. Auch Bisswunden.«

Paulsen ballte die Fäuste. Seine Knöchel traten weiß hervor. Er hielt nur noch mühsam an sich.

»Waren Sie damit schon bei der Polizei?«

»Bei der Polizei? Ramona, mein Mann ist die Polizei! Er steht immer mit reiner Weste da.«

»Zum Beispiel?«

»Er fährt mit zig Promille im Blut. Er wird von seinen Kollegen geschnappt, und was passiert? Nichts! Nichts passiert, rein gar nichts. Oh, ich kann Ihnen Sachen erzählen –«

»Tun Sie es, Anja –«

»Nein, nein!«, schrie Paulsen jetzt doch. »Das ist Scheiße, eine gottverdammte Scheiße!« Er stürzte auf seine Ex zu ...

Dr. M. A. Buse trat aus der Kulisse hervor. Aus seinen Augen schossen haarfeine, gleißende Strahlen. Stählerne Kraft. Seine den Tod bringende Macht. Sie zielte auf Anja. Sie traf sie. Ihre Augäpfel platzten auf. Ihre Stimme erstarb. Sie brach vor Paulsen zusammen. Fiel gegen ihn. Paulsen stolperte mit ihr zu Boden.

Einen Herzschlag lang war es totenstill.

Dann sprang Boris von seinem Platz auf und hechtete zur Bühne ...

Nina rannte. Sie stürmte aus dem Pflegeheim auf die Straße, das Flehen ihrer Großmutter im Ohr: Rette ihn, rette Robert vor ihm!

Auch Nina hatte den dunklen Schatten auf dem Fernsehschirm gesehen, die kurz auftauchende Gestalt, bevor sich das Bild in ein schwarzgraues Flimmern auflöste, der Ton rauschte und ... Mabuse, Mabuse, Dr. Mabuse, hämmerte es in ihrem Hirn. Sie lief und lief die Elbchaussee entlang, stadteinwärts, und streckte bei jedem hinter ihr heranfahrenden Wagen den Arm aus, um schnell zur Alster hin mitgenommen zu werden, zu seiner Adresse am Harvestehuder Weg, zu Mabuse, Mabuse, Dr. Mabuse ...

Hamburg von oben. Hamburg aus der Luft. Der Helikopter schoss über die Ahrensburger, die Wandsbeker hinweg, knatterte dicht über die Dächer von Eilbek und Eilenau zum Kuhmühlenteich, Mundsburger Damm, und weiter über die Außenalster nach Rotherbaum, Harvestehude.

In einem sanften Bogen landete Dr. M. A. Buse im Schatten der Villa. Ein letztes schlaffes Flapp-Flapp-Flapp, und der Rotor kam zum Stillstand.

Dr. M. A. Buse blieb noch einen Moment am Steuer der Maschine sitzen.

Paulsen war erledigt.

Vor Millionen Zuschauern hatte er seiner Ex die Finger in die Augen gestoßen. Sie tödlich verletzt. So jedenfalls würde es auf der manipulierten Aufzeichnung aussehen. Ein Mord vor laufender Kamera. Ein Quotenhit. Um Buses Aktien stand es gut. Doch seine Rachgier war längst noch nicht gestillt.

Er schwang sich aus dem Helikopter und ging zu seinem Haus.

Sie hörte nicht, dass er den Raum betrat. Sie nahm ihn erst wahr, als er angewidert vor ihr stand. Rasch löste er ihre Fesseln und herrschte sie an, sich gründlich zu waschen.

»Wo bist du?«
»Altona«, sagte sie. »Auf der Stresemann. Am Schlump muss ich raus –«
»Gib mir den Typ!«, unterbrach Boris sie.
Nina reichte dem Fahrer ihr Handy.

Jenny stützte sich am Waschbecken ab. Sie starrte in ihr bleiches Spiegelbild. My God, oh, my God! Angestrengt versuchte sie, einen klaren Gedanken zu fassen. In ihren Schläfen pochte ein unsäglicher Schmerz. Mom, Mom, wo bist du? Warum hast du mich gehen lassen? Ich will heim, heim zu dir. Sie sah die weiten Felder von New Jersey vor sich. Die grünen Wiesen. Summertime, it's summertime. Eiswürfel klirrten im Glas. Saftige Steaks lagen auf dem Grill.
Sie zitterte am ganzen Körper.
Er, er!
Er!
Er rumorte in der Wohnung herum, packte noch etwas für die Reise zusammen, den Flug zu seinem nun wirklich realen Domizil auf Capri, dem Haus auf dem schroffen Felsen. Bitte, Mom, bitte hilf mir!
Ihr Mund war trocken, und sie beugte sich zum Kran herunter, schlappte und schluckte, bis sie ein eisiges Stechen verspürte, einen kalten Windhauch im Nacken. Das Fenster!
Das Fenster stand einen Spaltbreit offen!

Boris probte am Steuer seines Wagens beruhigende Worte. Dein Vater, dein Vater ist okay. Er redet noch mit den Kollegen, das ist normal, das Übliche. Als Zeuge, Nina, er ist Zeuge, nichts weiter. Deine Mutter ... wir finden das heraus, oh, Scheiße, ja, die ganze Scheiße!
Er schaltete runter und bretterte mit quietschenden Reifen in die Kurve.
Der Himmel dunkelte allmählich ein.

Der Feierabendverkehr nahm zu. Nina sah zu der gegenüberliegenden Alstervilla hinüber. Sie wartete eine Ampelschaltung ab und überquerte die Straße. In der oberen Etage des Prunkbaus flammte Licht auf.

Dr. M. A. Buse, Psychotherapie, Termine nach Vereinbarung.

Das bronzene Schild war glänzend poliert.

Ninas Herz pochte heftiger. Boris musste jeden Moment eintreffen. In wenigen Minuten. Ihre Anspannung wuchs.

Da übertönte ein gellender Schrei den Verkehrslärm, und Nina ...

Sie sah eine weiß gewandete Gestalt hinter dem Haus hervorhasten, sie humpelte, drohte zu stürzen, fing sich und stolperte weiter, ihr langes, blondes Haar wehte und gab ihr Gesicht frei ...

»Jenny!«, schrie Nina ihr zu. »Jenny, hier, hierher!«

Doch Jenny hörte nicht, eilte drüben über den Rasen, wankend und wie vorangestoßen, die Arme ausgestreckt, brach sie durch das Buschwerk, trat von der niedrigen Mauer ins Leere und ...

Nina sprintete los.

Zu ihr.

Zu Jenny.

Hin zu Jenny, die sich vom Bürgersteig aufrappelte und gleich wieder einknickte, wild um sich schlug, als gelte es, einen Mückenschwarm abzuwehren, taumelnd die Hand vor die Augen hielt und mehr und mehr zurückwich, den Rücken zur Straße hin ...

»Jenny!«

Ein bellendes Hupen schluckte Ninas Schrei, und voller Entsetzen sah sie, wie Jenny von dem Wagen erfasst und in die Luft geschleudert wurde ...

Dr. M. A. Buse riss das Fenster aus dem Mauerwerk. Ein wölfisches Heulen brach aus ihm heraus. Er zerschmetterte das Glas und schleuderte den Rahmen in das Grau des frühen Abends.

Schäumend vor Wut über die ihm in den Tod Entkommene, schlug er die Stirn an die Wand, bis das Blut spritzte und kalter Hass ihn erfasste.

Er ließ die Verschlüsse seines Koffers aufschnappen und jagte sich eine hohe Dosis in die Vene. Jetzt war er bereit, sich wenigstens ihre Leiche zu sichern. Oh ja, sie gehörte ihm, ihm allein. Er war zu allem bereit. Wer sich ihm in den Weg stellen würde, hatte nicht mal mehr einen Atemzug.

Nina spürte seine schweren Schritte. Sie richtete sich auf und ließ die aufgeregt palavernden und nach Rettungsdienst und Polizei telefonierenden Fahrer hinter sich. Sie spürte ihn.

Sie sah ihn.

Sie sah den großen, kräftigen Mann. Sah sein wild verzerrtes Gesicht.

Dr. M. A. Buse stieß die Pforte zur Straße auf.

Mabuse. Dr. Mabuse.

Nina blieb stehen. Sie nestelte die Brosche auf. Die Gräfin blickte sie an. Hilf mir, bitte, bitte, steh mir bei. Ihre Augen füllten sich mit Tränen. Die Gräfin nickte ihr zu, nahm ihr die Angst und machte sie frei.

Nina sah dem Grauhaarigen entgegen.

Sie sah seine grün schimmernden Augen.

Sie blitzten und schossen glühende Strahlen ab.

Nina hielt das Porträt hoch. Schützend. Sich schützend und zugleich die Strahlen zurückwerfend. Auf ihn. Auf dass er von der ihm eigenen Macht selbst getroffen wurde, zusammenbrach und zu Boden fiel.

Ein Summen war in ihrem Kopf. Ein süßer, melodischer Klang. Nichts anderes vernahm sie mehr. Nur dieses sich nun verstärkende Summen, und sie fühlte sich mit einem Mal schwerelos, schwebte empor und sah unter sich den schwankenden und kraftlos die Fäuste ballenden Mann, er torkelte zum Haus, und Nina streckte das Porträt der Gräfin weiter vor, sie sah, wie Mabuse sich krümmend zu dem Helikopter schleppte, sich hineinhievte, und sie stieg hoch und höher, bis weit hinauf zu dem jetzt aus einer Wolke hervorbrechenden Mond, der sich mehr und mehr wieder füllte, zur gänzlich runden und strahlend hellen Scheibe wurde, einem riesigen weiß glühenden Rad, dessen gleißendes Licht auf den Helikopter fiel, der vom Boden abhob und augenblicklich von der Kraft des Mondes angezogen wurde, im Bruchteil einer Sekunde wie ein schwirrendes Insekt am Himmel verglühte, in einem Feuerball auseinanderbrach, und Nina, losgelöst von jeglichem rationalen Erfassen, verspürte, wie die Flammen Mabuse verzehrten, sein Fleisch und seine Muskeln verbrannten, wie er zur Hölle herniederfuhr und seine Knochen zu Staub zerfielen ...

»Nina! Nina!« Boris zog sie schützend an sich. »Oh, Scheiße! Verflucht ...!« Schwere Metallteile krachten auf das Dach der Villa. Ein starker Brandgeruch hing in der Luft. »Der verdammte Hubschrauber! Er ist explodiert! Nina ... «

Nina atmete tief durch.

Sie schaute auf die Brosche in ihrer Hand.

In das Gesicht der Gräfin. Ihr war, als lächele sie befreit.

»Was ist mit Pa?«

Boris hielt sie an den Schultern.

»Dein Vater – mach dir keine Sorgen. Mein Gott, was ist hier passiert? Auf der Straße ist kein Durchkommen und ...«

»Jenny«, sagte Nina. Sie merkte jetzt, wie erschöpft sie war. »Jenny ist vor ein Auto gelaufen. Sie ... es ist vorbei, Boris. Ich will zu Pa. Er ... er wird es jetzt hoffentlich begreifen.« Sie löste sich von dem jungen Kollegen ihres Vaters und konnte nicht verhindern, dass ihr wieder Tränen über die Wangen liefen.

Ihr Blick war verschwommen, als sie zum Himmel hochsah.

Er war dunkel, und der Mond zeigte sich nicht.

KLAUS KEMPE

Im Netz

Die Lichter von Finkenwerder punktierten das Spiegelbild des weiten weißen Raumes in den großen Fenstern, die tagsüber und im Sommer bis spätabends einen wundervollen Blick über die Elbe boten. Lisas Blick schweifte über den edlen Deckenstuck, das Bouquet aus Gladiolen und Lilien zwischen blitzenden Flaschen auf dem Buffet und zum Nachbartisch, wo drei Männer und eine junge Frau leise lachten, während die hübsche Kellnerin ihnen nacheinander die Flamme eines Holzspans an lange Zigarren hielt, die sie sorgfältig drehten, bis die Spitzen gleichmäßig glommen. Der würzige Duft der Havannas wehte in Lisas Nase. In Gedanken schmeckte sie das Menü nach: Gänseleberterrine mit einem winzigen Glas Ansolo Prunotto, Vierländer Ente gerundet von einem roten Savigny-les-Beaune, Coralba zum Dessert. Jetzt Café crème und eine Zigarette. Sie liebte Jacobs Restaurant, seine Lage hoch über dem Fluss, den edlen Raum und den unaufdringlichen Service, der zur richtigen Zeit das Richtige tat, brachte oder empfahl. Sie liebte das göttliche Essen, den Wein, das leise Klimpern von Kristallgläsern und Silberbesteck und den Hamburger Tonfall des Oberkellners, der sie zwar nie »min Deern« nannte, sich aber ab und zu augenzwinkernd nette Vertraulichkeiten herausnahm.

»Soll's noch was Süßes sein, Frau Schenk?«, fragte er im Vorübergehen.
»Ich finde, das würde zu Ihnen passen.« Lisa schüttelte lächelnd den Kopf. Ihr Begleiter schreckte aus seiner trüben Stimmung auf und musterte sie interessiert.

»Sie sind hier bekannt? Das wusste ich gar nicht.«

Woher auch, dachte sie. Männer wissen nie etwas, wenn man sie nicht mit der Nase drauf stößt. Bei euch funktionieren sowieso nur die linke Gehirnhälfte und der Unterleib.

Rudger Penndorf war Verkaufsleiter der BitCom, einer neuen Firma für Computersysteme, die sich zwischen dem DESY und dem Volkspark im Hightech-Park am Einsteinring angesiedelt hatte. In den Verhandlungen am Nachmittag um ein neues internes EDV-Netz für die Arana-Niederlassung hatte er Lisa kompetent, witzig und mit den raffiniertesten Kommunikationstricks aus dem Handbuch für Manager umgarnt. Er war flexibel, sobald er bei ihr auf Granit stieß, aber zupackend und schnellentschlossen, wenn sie bei kleineren Punkten nachgab. Nach sechs Stunden beinharten Feilschens paraphierten sie einen Vorvertrag über 18,4 Millionen plus Zweijahresoption für Service, Updates und schrittweise Erneuerung der Peripherie. Penndorf war nicht völlig zufrieden; er hätte gern auf drei Jahre abgeschlossen und murrte ein bisschen.

Lisas Antwort war: »Was meinen Sie, was ich alles gerne für drei Jahre sicher im Kasten hätte.«

»Oh, la, la.« Penndorf blinzelte sie an. »Eine Option auf mich können Sie jederzeit kriegen. Drei Stunden, drei Tage, drei Jahre.«

Typisch, dachte Lisa. Erst das Business, dann der Schwanz. Am liebsten hätte sie ihn sofort abserviert, aber seine Einladung zur Feier des Abschlusses musste sie annehmen. Das gehörte dazu. Damit sie etwas davon hatte, schlug sie Jacobs Restaurant vor. Wenigstens teuer sollte es für ihn werden.

Ihren eisigen Blick nach seinem Fauxpas hatte er mit jungenhafter Verlegenheit hingenommen. Anfangs während des Essens fand sie ihn ganz ansprechend. Er hatte Humor, streute Anekdoten ein, bei denen er selbst nicht gut wegkam, und las ihr jeden Wunsch von den Augen ab. Außerdem war er attraktiv. Der Abend kippte, als sie merkte, dass er sich seiner Wirkung bewusst war und sie kalkuliert einsetzte. Du willst mich für deine Trophäensammlung, dachte sie. Schade, ich war gerade dabei, mich zu entspannen.

Nach der Vierländer Ente schlüpfte Lisa in ihre Rolle als Eisprinzessin. Bei Dessert und Kaffee kratzte Penndorf mit nachlassender Energie an ihrem Panzer, dann verlangte er die Rechnung. Die letzten Züge an den Zigaretten verbrachten sie schweigend. Als Lisa an der Garderobe wartete, während Penndorf sich in den Mantel helfen ließ, eilte der Oberkellner heran und flüsterte mit ihm. Er hielt etwas in der Hand. Obwohl er es mit den

Fingern abschirmte, erkannte Lisa den kleinen Plastikbrief mit grünweißem Aufdruck. Es war ein Kondom. Penndorf hatte es wohl beim Zahlen aus der Brieftasche verloren. Mit dem Rücken zu Lisa steckte er es ein. Der Kellner verbeugte sich leicht und ging.

In der Tiefgarage öffnete Penndorf die Tür von Lisas BMW Z3. Als sie hinter dem Steuer saß, sagte er: »Sie sind sehr schön, Frau Schenk. Mein Pech, dass ich kein Heiliger bin. Dann wäre es besser gelaufen, oder?«

Lisa strafte ihn mit dem Blick, den er schon kannte.

»Es ist ausgezeichnet gelaufen«, sagte sie. »Mit dem Vertrag sind wir doch beide gut bedient. Wir telefonieren.«

Auf der steilen Rampe zur Straße fühlte sie sich leer. Automatisch blinkte sie nach links und navigierte den Z3 durch Newmans Park in die Jürgensallee. Kurz vor dem Bahnhof Klein Flottbek überraschte sie sich selbst, als sie scharf rechts in die Kanzleistraße bog und nach hundert Metern noch mal rechts in eine Sackgasse, die in ein Rondell mündete. Sie stellte den Motor ab und schüttelte den Kopf. Was will ich hier?, dachte sie. Zweimal bewegte sich ihre Hand zum Zündschlüssel und zog sich wieder zurück. Mit einem Seufzer stieg sie aus und ging zwischen Fahrradschuppen und erleuchteten Eingängen auf ein brandneues Eckhaus zu. In der oberen Wohnung brannte noch Licht. Die stählerne Außentreppe vibrierte unter ihren Schritten. *B. Schenk* stand auf dem Türschild. Lisa klingelte.

Irene, die neue Freundin ihres Vaters, begrüßte sie verhalten. Sie war abgeschminkt und auf dem Weg ins Bett. Benno Schenk saß über einem Fotoband am Schreibtisch, ein halb volles Glas Rotwein in der Hand. Er blickte auf. »Hallo, Süße. Je später, je lieber.« Er horchte seiner Freundin nach, die zum Schlafzimmer schlurfte, und rief: »Nacht, Irene!«

»Nacht, Bärchen«, schallte es zurück. Lisa zuckte zusammen.

Sie trat hinter ihren Vater und küsste seine Glatze. Er hatte das Foto eines portugiesischen Viermasters aufgeschlagen, der *Fernando Piheiro*, und mit dünnem Bleistift Linien in die Takelage gezogen. Manchmal dachte er sich Verbesserungen der Segeleigenschaften von Großschiffen aus, die in seiner aktiven Zeit als Kutterfischer manchmal am Horizont vorbeigeschwebt waren und seine Sehnsucht gekitzelt hatten.

»Hallo, Pa«, sagte Lisa.

Er fragte nichts, das war seine große Stärke. Sie setzten sich an das Schachbrett, das immer auf dem Spieltisch bereitstand. Lisa eröffnete mit Weiß, holländisch, Bauer f4 – f2. Nach einer halben Stunde opferte ihr Vater seine schwarze Dame und zertrümmerte danach in sechzehn Zügen mit einer Turm-Läufer-Kombination ihre aufgelockerte Stellung. Es lief wie immer. Sie trank ein letztes Glas Soda, ihr Vater brachte sie zur Tür.

»Manchmal muss man eben die Dame opfern«, schmunzelte er.

»Damit es dem König gutgeht?«

»Der König ist die dämlichste Figur in dem Spiel.« Er lachte. »Unbeweglich, ängstlich, angreifbar. Wie im richtigen Leben. Nein, damit man gewinnt. Tschüs, Süße.«

Halb zwei am Morgen waren die Straßen leer. Über die Osdorfer Landstraße und den Holstenkamp fuhr Lisa nach Eimsbüttel. Das Spiel und ihr Vater hatten ihr gutgetan. Immer wenn sie mit ihm zusammen war, packte sie die schale Erinnerung an die Männer in Watte, die ihr während des Tages begegnet waren, und legte sie beiseite.

Sie hielt vor ihrem Haus in der Eichenstraße. Das Café Strauss war schon dicht, und die Kellnerin der Eckkneipe gegenüber trieb die letzten Gäste ins Freie. Sie fand einen Parkplatz direkt vor der Tür. Auf der Treppe ahnte sie schon, was ihr bevorstand: Die Watte um ihren Zorn auf Penndorfs unverschämte Anmache würde sich auflösen. Schlaflosigkeit, Wälzen im Bett, rasende Gedanken. Diesmal nicht, schwor sie sich. Schon gar nicht wegen Rudger Penndorf.

Ihr war, als ob das Parkett knarzte, als sie im Flur zur Garderobe ging und den Mantel aufhängte. Vier große Räume hatte sie für sich, und jeder hallte in dieser Nacht verschieden. Sie entkleidete sich, duschte und zog vor dem großen Spiegel sorgfältig die Lippen nach. Dann schlüpfte sie in den pfirsichfarbenen Seidenpyjama. In der Küche schenkte sie Rotwein in ein Ballonglas, die Marke ihres Vaters. Zwölf Flaschen hatte er ihr geschenkt, dies war die vorletzte.

Am PC wählte sie den ersten Chatroom an, der ihr in den Sinn kam. Ihrer Erfahrung nach war es der mit den interessantesten Nachtfalken und den wenigsten Freaks und Perversen, auf die man in der Anonymität des Netzes immer gefasst sein musste. Sie klinkte sich ein. Hier hieß sie Michelle.

Hallo, zusammen! – Michelle
Hallo, Michelle, lange nichts von dir gehört. Wie geht's? – Amazone
Gut, tippte sie. *Danke, Amazone. Wer ist da? – Michelle*
Die anderen stellten sich vor: *Bertrand* aus Duisburg hatte sein Pseudonym nach dem englischen Philosophen Bertrand Russell gewählt. *Mark,* ein Neuer aus Hamburg, hasste angeblich Pseudonyme und behauptete, das sei sein wirklicher Name. *Sonne* war Werbefuzzi in Düsseldorf und vagabundierte im Netz auf der Suche nach normalen Menschen. Ein Münchner, auch neu, nannte sich *Thoma.* Bei der Vorstellung setzte er ein Icon hinter seinen Namen, ein lächelndes Gesicht aus Klammern und Punkten.
Worum geht's gerade? – Michelle
In gewisser Weise um deine Frage von eben, antwortete Amazone. *Wer ist da? Zum Beispiel: Sind John F. Kennedy und Marilyn Monroe in der Hölle oder im Himmel, und was treiben sie gerade. Was meinst du?*
Was für ein absurdes Problem, dachte Lisa. Abseitig.
Genau das, was ich brauche.
Sie singen ein Duett, tippte sie. *»Happy deathday, Mister President«. Marilyn im Himmel, John in der Hölle. Das ist eine ziemliche Entfernung. – Mark*
Himmel und Hölle? Die liegen dicht beieinander. Ist das etwa neu für dich? – Michelle
Es wurde drei Uhr, vier. Neue kamen hinzu, zwei Frauen und vier Männer. Sie unterhielten sich über Versace, die Neutrinostrahlung der Sonne und die Frage, ob Verona Feldbusch ein Kunstgeschöpf des Cyberspace war oder aus Fleisch und Blut, von Dieter Bohlen erschaffen. *Thoma* wollte wissen, wie real er für die anderen sein konnte, wenn er sich ihnen nur über Keyboard und Monitor näherte. Lisa fühlte sich wohl. Im warmen Schein der Schreibtischlampe flitzten Fragen und Geständnisse über den Bildschirm, wurden aufgegriffen, gedreht und gewendet, kommentiert, manchmal mit Icons belächelt, aber nie ins Lächerliche gezogen. Lautlose, gefahrlose Intimität aus elektrischen Impulsen. Sie stellte sich Gesichter vor, die zu den Worten passten, Narben, Haare, Kleidung. Was trug *Amazone* um vier Uhr morgens, rauchte *Mark,* trank *Sonne* einen Roten wie sie? Es war gut, nichts von ihnen zu wissen, und besser, dass sie nichts von ihr wussten. Sie konnte sich Fantasiebilder zurechtspinnen und ihre Grenze

ziehen, wo sie wollte, unbehelligt. Wenn ihr danach war, gewährte sie Einblicke. Nur wenn sie wollte, sonst nicht. Wenn einer unverschämt wurde, genügte ein Druck auf den Power-Knopf ihres PC, um ihn aus ihrem Leben zu verbannen. Keine Gefahr.

Sie spürte, wie *Thoma* aus München sich auf sie einpegelte. Er schrieb sie öfter an als alle anderen, seine Fragen und Geständnisse wurden persönlicher. Er versuchte, sich in ihre Gedanken zu winden und darin Spuren zu hinterlassen. Langsam beschlich sie ein Gefühl wie von einer dünnen Schleimschicht, die sich über sie legte. Die meisten anderen reagierten amüsiert; ein Smiley von *Amazone* blitzte auf, *Ritsch ratsch Reißverschluss* kam von *Sonne*, *Machomacho* von einer Neuen aus Neumünster. Es war halb fünf, Lisa dachte über eine gepfefferte Abschiedszeile nach, einen Blattschuss für *Thoma*. Der Kriecher sollte waidwund in die Kissen sinken.

Mark aus Hamburg hatte in der letzten halben Stunde weder Icons noch Kommentare beigesteuert und auch nicht versucht, dem Chat eine andere Richtung zu geben. Er hielt sich raus, war vielleicht schon im Bett. Aus irgendeinem Grund war Lisa enttäuscht. Er kam als Einziger aus ihrer Stadt, und sie hatte gehofft ...

Thoma, altes Haus? – Mark

Mark, junge Hütte, was willst du? Du störst. – Thoma

Mit Absicht, mein bayerischer Freund. Lass Michelle einfach mal in Ruhe, gell? Ich glaube, sie passt nicht zu deinem Stil. – Mark

Ach was? Wer oder was ist denn mein Stil? Wenn du das beurteilen kannst, Preuße. – Thoma

Lisa beugte sich vor und schenkte, ohne hinzusehen, den Rest Rotwein in ihr Glas. Sie nahm einen Schluck. Zeit genug war, Mark schien seine Antwort sorgfältig zu erwägen. An allen zugeschalteten Rechnern herrschte Funkstille. Die anderen waren ebenso gespannt wie sie. Jetzt!

Hamburg war nie preußisch, aber vier Jahre lang französisch. Das nur nebenbei. Ich glaub, ich weiß, was dir fehlt. – Mark

Da schau her, er weiß, was mir fehlt! Bitte, Mark, lass mich nicht warten, sag schon, was mir fehlt! – Thoma

Ehrlich? – Mark

Sauhund! – Thoma

Zehn nackte Friseusen – mit richtigfeuchten Haaren la la la ... – Mark
Thoma floh aus dem Chatroom, als die anderen lachende Icons und Bayernwitze über ihn ausschütteten. Lisa trank den Wein und genoss ihr warmes Gefühl. Sie war immer noch nicht müde, aber das machte nichts.

Mark, ich wusste gar nicht, dass Hamburg mal französisch war. Wieso und wann? – Michelle

Der leere Monitor flimmerte. Dann erschien eine E-Mail-Adresse mit Nachtrag: *Alle anderen weggucken! Die Adresse ist nur für dich, Michelle! Damit kein Missverständnis aufkommt: Versteh das bitte nicht als Anmache. Ich hab nur einfach keine Lust auf die Thomas dieser Welt, wenn ich mit dir rede. Zu deiner Frage: Von 1810 bis 14 waren wir von den Truppen Napoleons besetzt. Morgen Abend? Und tschüs – Mark*

Lisa überlegte lange. Dann speicherte sie die Adresse und verabschiedete sich aus dem Chat.

»Sie sehen müde aus«, flüsterte Condermann in Lisas Ohr. »Harte Nacht gehabt?«

Jeder andere wäre unter ihrem Blick zu Eis erstarrt, Condermann nicht. Er grinste wie ein Honigkuchenpferd, klein, fett und hässlich, aber unberührbar von Zurückweisungen oder Kritik. Lisa trat ans Fenster und starrte auf den gekräuselten Spiegel des Sonninkanals, der den grauen Himmel in Splitter zerlegte. Müde war sie, aber nicht leer wie sonst.

Hinter ihr füllte sich der Konferenzraum mit dem Planungsstab der Arona Versicherungs AG, Niederlassung Nord. Alles Männer. Anschwellendes Gemurmel: der DAX, die Zinsängste der Wall Street, argentinische Poloponys, spanischer Brandy, der neue Stairmaster im firmeneigenen Fitnessstudio.

Lisa hörte das typische Schlurfen, als Dr. Döbler hereinkam, und ein Rascheln. Sein Assistent richtete die Flipchart für eine Präsentation her. Sie setzte sich neben Condermann und drehte die Beine weg. Der kleine Lüstling hatte Meetings schon dafür benutzt, sein Knie an ihr zu reiben.

»Moin«, sagte Döbler. »Herrschaften, ich habe Frau Dr. Schenk zur Wochenkonferenz eingeladen. Hallo, Lisa. Mir ist klar, dass einige hier nicht glücklich sind, wenn die Innere Abteilung in unseren Jagdgründen wildert. Aber es hat sich schon zweimal ausgezahlt, und der Vorstand meint völlig zu Recht, dass Außenstehende die richtige Medizin gegen Betriebsblindheit sind. Gut. Heute steht Feindaufklärung auf der Agenda. Norbert, lass jucken.«

Döblers Assistent versorgte die Runde mit Charts, Diagrammen und Einschätzungen über Konkurrenzprodukte in den Bereichen Lebens- und Kfz-Versicherung. Nach einer Stunde gab Döbler den Startschuss zum Brainstorming. Unter dem Tisch suchte Condermanns Knie vergeblich nach Lisas Schenkel. Die Taschenrechner der Mathematiker klickten. Alle Vorschläge, die auf den Tisch kamen, zielten auf innovative Einzelklauseln, mit denen die Angebote der Konkurrenz zu schlagen wären. Schnell wurde die Debatte technisch. Döbler blinzelte Lisa zu.

»Frau Dr. Schenk?«

»Prämienfreie Policen vielleicht?«, schlug Lisa vor. »Auf zwei Jahre?«

Aufruhr brach los. Döbler sorgte für Ruhe und überließ Lisa die Bühne. Sie bat die elf Männer, ihre Idee vorurteilsfrei und offen zu durchdenken: Zehnjahresverträge, davon zwei beliebig wählbare Jahre ohne Prämienzahlung; die restlichen acht mit einem Prämiensockel, der leicht über dem der teuersten Konkurrenz lag, plus Anpassungsklausel; bei vorzeitiger Kündigung Nachzahlung von zwei Monatsprämien pro beitragsfreies Jahr und eine mäßige Bearbeitungsgebühr; Auszahlung sechs Monate nach Vertragsende.

»Langfristige Kundenbindung«, schloss Lisa, »eindeutige Wettbewerbsvorteile national und verbesserte Chancen europa- und weltweit. Nach meinem ersten Überschlag rechnet es sich. Aber ich will den Mathematikern nicht vorgreifen.«

»Völlig meschugge«, flüsterte Condermann durch das allgemeine Geraune in ihr Ohr. »Könnte aber klappen, Döbler ist hin und weg. Obwohl Sie so müde sind. Was war letzte Nacht nur los. Vitamin F? F für ...«

»Pass auf, dass du dir keinen Knoten reinmachst, Ringelschwänzchen«, sagte Lisa laut und klar.

Cindy Krautwelsch zupfte das flauschige Handtuch zurecht, legte frische Unterwäsche und den Bademantel bereit und stellte die Dusche auf die Lieblingstemperatur ihrer Chefin ein. Der Arona-Konzern stellte seinen besten Leuten ab Abteilungsleiterebene ein Bad und einen winzigen, aber luxuriös ausgestatteten Umkleideraum zur Verfügung. Lisa war sehr gut in ihrem Job und genoss dieses Privileg seit zwei Jahren. Sie zog sich aus.

»Gib meine Notizen von dem Meeting in den Computer ein und drucke sie aus«, sagte sie, während sie den rechten Strumpf vom Bein schälte. »Die zeichne ich nachher ab. Dann möchte ich, dass du meine Idee als Präsentation für den Bereichsleiter ausarbeitest. Nach der Mittagspause. Geht's dir gut?«

Cindy war im sechsten Monat schwanger. Seit Wochen kämpfte sie mit Übelkeit und Schwindelanfällen, aber es wäre ihr nicht im Traum eingefallen, Lisa damit zu behelligen. Dafür mochte sie ihre Chefin zu gern.

»Mir geht's klasse. Das Blag rumort schon, macht aber nichts. Wie ist es gelaufen?«

»Ganz gut. Bis auf Condermann.«

Cindy verdrehte wissend die Augen.

Lisa duschte und zog sich um. Im Vorzimmer scheuchte sie Cindy vom PC auf und befahl sie sofort in die Kantine zum Mittagessen mit anschließendem Spaziergang. Das Kind braucht frische Luft, sagte sie. Als Cindy gegangen war, paraphierte sie die Notizen von dem Meeting und legte sie in ihrem Privatordner ab. Dann warf sie den Mantel über und zog die Kupferspange aus ihrem Haar.

Auf der Amsinckstraße rauschte der Verkehr. Nieselregen verschleierte die Großmarkthalle gegenüber, eine mächtige Welle aus Beton und Glas. Lisa lehnte am Geländer der Brücke, die den Zufluss des Sonninkanals in den Mittelkanal überspannte. Laster donnerten vorüber. Feine Tropfen sprenkelten Lisas schwarze Mähne. Sie blickte auf das Wasser. Von einer kaum merklichen Strömung getrieben, dümpelte ein durchweichter Pappdeckel mit einem Gebinde frischer Lilien auf den kurzen Wellen und driftete unter die Brücke. Lisa erwog, auf die andere Seite zu wechseln, um die Blumen wiederzusehen. Sie schüttelte den Kopf und machte sich auf den Rückweg. In der Kantine wählte sie Cordon bleu, Salat und Soda. Sie fand einen Einzeltisch, lächelte Cindy zu, die sich mit anderen Sekretärinnen eine kalte Platte teilte, und stocherte appetitlos in ihrem Essen. Sie ernährte sich schlecht und fand sich viel zu dünn für ihre Größe. Trotzdem fing sie immer wieder die gewissen Blicke von den Männern ein, wenn auch nicht so viele und offen lüsterne wie die Kleine mit den violetten Fingernägeln am Nebentisch.

Sie arbeitete in der Revisionsabteilung. Langes strohblondes Haar, Babyface, endlose Beine und diese Figur, bei deren Anblick die Kerle an heilige Huren denken würden, bis sie in zwanzig Jahren aus dem Leim ging. Wie war gleich ihr Name? Susi Speichert. Susi saß mit vier Damen aus ihrer Abteilung zusammen. Sie waren gut bei Stimmung, alle um die vierzig und dabei, den Kampf gegen die Pfunde aufzugeben. Ab und zu beteiligte Susi sich am Gespräch, die meiste Zeit tauschte sie Blicke mit Typen, schlug die Beine übereinander und fummelte an ihrem Ausschnitt. Lisa nickte Ilona Moldt zu, der stellvertretenden Leiterin der Revision, die sie flüchtig kannte. Ilona versicherte sich, dass Susi mit Blicketauschen beschäftigt war, verdrehte die Augen, verschränkte die Hände hinter dem Hals und wackelte mit ihrem mächtigen Busen. Susi merkte nichts, Lisa kicherte in den Salat.

Am Nachmittag diktierte sie Cindy einige Briefe, ging mit ihr die Präsentation für den Bereichsleiter durch und skizzierte anhand der BitCom-Unterlagen, die Penndorf ihr überlassen hatte, ein Organogramm für die Installation des neuen EDV-Netzes. Bis zur Fertigstellung würde es sie noch vierzehn Tage Schufterei kosten. Um halb fünf schickte sie Cindy nach Hause mit der strengen Auflage, sich hinzulegen. Keinesfalls sollte sie sich wieder von ihrem Mann beschwatzen lassen, ihn zum Treffen seines Modelleisenbahnclubs zu begleiten.

Zwischen sechs und sieben leerte sich das Gebäude. Erfahrungsgemäß blieben um diese Zeit nur die leitenden Angestellten und einige junge Wölfe, die an ihrer Karriere bastelten. Gegen halb neun ließ das Donnern des Verkehrs auf der Amsinckstraße nach. Dreißig Minuten später speicherte Lisa ihre letzte Datei, reckte sich und gähnte. Genug für heute. Sie räumte auf und goss die Blumen. Im Bad schminkte sie sich ab, wusch Gesicht und Hände, legte neues Rouge auf und zog die Lippen nach. Ihr fiel ein, dass sie seit Wochen ihrem Bruder einen Brief schuldete. Sie setzte sich wieder an den Schreibtisch, aber nach zwei Sätzen zerknüllte sie das Papier. Warum ging sie nicht nach Hause? Es dauerte eine Weile, bis sie sich den Grund eingestand. Aus ihrer Handtasche zupfte sie einen Zettel. Ihr PC war noch eingeschaltet. Sie tippte die Adresse ein.

Hallo, Mark! Heute Abend bin ich zu müde für einen Klönschnack. Tut mir leid. Morgen nehme ich mir Zeit, ganz bestimmt. – Michelle

Mit einem PS fügte sie eine E-Mail-Adresse in der Firma hinzu, die sie sich am Nachmittag besorgt hatte. Sie schickte die Nachricht ab und schaltete das Gerät aus. In der Tiefgarage merkte sie, dass sie ihren Schlüssel auf dem Schreibtisch vergessen hatte. Leise schimpfend fuhr sie wieder nach oben und fand ihn nicht auf dem Schreibtisch, sondern im Bad. Wie war er dahingekommen, überlegte sie. Egal, ab nach Hause. Im Licht der Halogenlampe glitzerte ein Fleck auf der gläsernen Schreibtischplatte. Sie holte einen Lappen und wischte ihn weg. Ohne Plan und Ziel schaltete sie den Rechner wieder an.

You have got mail, meldete der Bildschirm.

Lisa überlegte, dann rief sie die Nachricht auf.

Hallo, Michelle, das Leben macht manchmal müde. Zu oft, finde ich. Morgen Abend – versprochen?!? – Mark

Lisa strich durch ihr streichholzkurzes weißblondes Haar. Die Spitzen piksten in der Handfläche. Seit dem Friseurbesuch vor zwei Stunden prüfte sie jedes fremde Gesicht, dem sie begegnete: Steht mir die neue Frisur? Nicht zu auffällig, nicht zu frech? Frech genug? Sie brauchte Ermutigung und klingelte.

Ein kleiner Junge streckte sein erhitztes Gesicht durch den Türspalt. »Wer bist du denn?« Ehe sie antworten konnte, schwang die Tür auf. Eine große schlanke Frau fasste das Kind an der Schulter.

»Ja, bitte? Was ... Lisa! Du siehst ja toll aus!«

»Hallo, Jenny, hallo, Boris.«

Die Schwestern umarmten sich. Jenny Bols, geborene Schenk, führte Lisa in ihren Wintergarten mit Blick auf den Alsterlauf und ließ Cappuccino von der portugiesischen Perle servieren. Ein Kanu mit zwei vermummten Männern glitt flussabwärts und verschwand unter der Streekbrücke.

»Ganz harte Typen«, lächelte Jenny. »Aber sag mal, wieso hast du dich dermaßen verwandelt? Sieht ja todschick aus!«

Lisa freute sich. Wenn Jenny das sagte, stimmte es.

»Ach, ich wollte einfach mal was anderes.«

»Na, na ?!« Jenny machte schmale Augen.

Sie war Feuer und Flamme, als Lisa eine kleine Shoppingorgie vorschlug. Auf dem Weg nach Pöseldorf kamen sie aus dem Kichern nicht heraus. Bei Joop! und Jil Sander brachten sie das Personal ins Schwitzen. Eine Verkäuferin fragte, ob sie Models seien. Dass ihre Gesichter das gewisse Etwas hatten und die Kleider perfekt an ihren Körpern und den langen Beinen entlangflossen, wussten sie, seit sie achtzehn waren. Aber es schadete nichts, das mit Anfang dreißig ab und zu bestätigt zu bekommen. Bei den Anproben erzählte Jenny von Bernd, ihrem Mann, dessen Blick ihr nach sechs Jahren Ehe immer noch Schauder auf die Haut zauberte.

»Und jetzt brauchst du noch einen neuen Duft. Was Unanständiges.«

»Wieso?« Lisa legte die Tüten in den Kofferraum. »Stimmt was nicht mit meinem Parfüm?«

»Zu klar und kühl, finde ich. Damit könntest du mit dem neuen Putz einen *Tick* androgyn wirken. Und das wollen wir doch nicht, oder? Außerdem« – sie kicherte – »möchte Bobo ein Cousinchen. Da sollte die Tante ein bisschen sinnlicher riechen.«

Bei Douglas beschäftigten sie eine Verkäuferin mit Wiener Dialekt eine halbe Stunde lang. »Na, dös is es nett, dös hat zu viel Body, aber i hätt do oans von Cardin ...«

Cardin ist out, entschied Jenny. Calèche von Hermès war angesagt! Das lähmte bei jedem Mann die linke Gehirnhälfte, also Logik und Vorsicht. Lisa wehrte sich ein bisschen, dann gab sie nach.

In einem teuren Sportgeschäft am Mittelweg erstand sie einen Gutschein für Rollerblades, den Jenny ihrem Sohn überreichen sollte. Erschöpft schlenderten sie die Milchstraße entlang ins La Casa.

»Hast du Urlaub?«, fragte Jenny zwischen zwei Bissen Antipasto.

»Mmh, nachher fahre ich noch in die Firma.«

»He, du hast dir den Nachmittag freigenommen?«

»Hm, hm.«

»Meine Schwester!« Jenny machte große Augen. »Das ist ja seit Jahren nicht vorgekommen!«

»Dann war es ja mal wieder Zeit, oder?«

Jenny verspeiste die letzten marinierten Zucchini und legte das Besteck auf den Teller.

»Also gut, wie heißt er, was macht er, und wie sieht er aus?«

»Wer?«

»Na, wer wohl. Der Kerl.«

»Welcher Kerl?«

Jenny schob ihre Nasenspitze ganz dicht an Lisas Nasenspitze.

»Jetzt hör mal auf. Neue Frisur, freier Nachmittag, Überraschungsbesuch bei deiner kleinen Schwester, Shopping, bis der Arzt kommt, und ein neues Parfüm, zu dem ich dich nicht mal zwingen musste. Das ist eindeutig.«

»Aber da ist nichts. Ehrlich.«

Jenny bestellte Mousse au Chocolat und nahm ihre Schwester ins Gebet. Nach zehn Minuten brach Lisas Verteidigung zusammen.

»Okay, okay«, seufzte sie. »Nur ein kleiner Internet-Flirt. Wir haben ein paar Worte im Chatroom gewechselt, mehr nicht.«

»Die deine Fantasie auf Trab gebracht haben.« Jenny nickte wissend. »Die erogenste Zone der Frau ist nun mal der Kopf. Nett?«

»Gar nicht mal, eher klar und gerade. Oder doch, irgendwie schon. Er hat einen Spinner zur Sau gemacht, der mich anlabern wollte.«

»Zur Sau gemacht?« Jenny hustete. »Dieses Wort aus deinem Mund? Dich hat's wirklich erwischt. Gerade, klar, nett, ritterlich. Ein wunderbarer Kontrast zu deinem Verflossenen.«

»Kann man so sagen.«

»Aber vielleicht ist er klein, fett und hässlich?« Jenny grinste.

»Was weiß ich?« Lisa lächelte. »Wir chatten. Jeder an seinem PC, kein Bild vor Augen, kein Kontakt ...«

»... kein Austausch von Körpersäften«, warf Jenny ein.

»Du sagst es. Keine Gefahr.«

»Nein, natürlich nicht. Dass du praktisch als neue Frau vor mir erscheinst, hat *überhaupt* nichts zu bedeuten. Wann siehst du ihn?«

»Sag mal, hörst du nicht zu?!«

»Ach ja, richtig, Internet, Chatroom, und kein Gedanke an den Austausch von Körpersäften. Sag mal, ist das nicht doof, wenn die anderen mitlesen?«

»Er hat mir seine E-Mail-Adresse gegeben.«

Jenny winkte dem Kellner.

»Grappa«, sagte sie. »Nur einen. Meine Schwester muss noch fahren. Und die Rechnung.« Sie wandte sich an Lisa.

»Hast du ihm deine gegeben?«

»Hm, eine neue. Die läuft über die Firma.«

Jenny reichte dem Kellner ihre Amex-Karte und kippte den Grappa. Sie glühte.

»Weshalb du gleich noch unbedingt an deinen Schreibtisch musst. Ich *verstehe!* Hör mal, Schwesterlein ...«

Vorsicht ist ja gut und richtig, sagte Jenny auf dem Heimweg, aber frau braucht nun mal ab und zu Körperwärme und eine Schulter zum Anlehnen. Oder zum Ausheulen. Wer ständig auf unnahbar macht, eist irgendwann ein. Bedenken sind dazu da, über Bord geworfen zu werden. Und Leben ist eine gute Alternative zum Funktionieren.

Als Lisa vor dem schönen Haus an der Heilwigstraße stoppte, umarmte Jenny sie heftig. Auf dem Kiesweg drehte sie sich um, setzte die Tüten mit den neuen Kleidern ab, hob die Hände und drückte beide Daumen. Boris stürmte aus der Haustür und sprang ihr auf den Rücken. Auf der Treppe stand Bernd, ein lässiger Schlaks mit Brille, den Lisa sofort geheiratet hätte, wenn Jenny ihr damals nicht zuvorgekommen wäre. Die Familie lachte und winkte, als sie davonfuhr. Ihr wurde warm ums Herz.

Im Arona-Gebäude leuchteten nur noch wenige Fenster, als Lisa in die Tiefgarage einbog. Das Verkehrsrauschen auf der Amsinckstraße klang gedämpft und fast elegant in ihren Ohren, und die Betonwelle der Großmarkthalle gegenüber schwang sich sanft durch den sternenglitzernden Himmel. Im Fahrstuhl summte sie *You Can Leave Your Hat On* von Joe Cocker und *When Tomorrow Comes* von den Eurythmics, als sie die Tür zu ihrem Büro öffnete. Noch bevor sie den Mantel auszog, stellte sie den Computer an. *Hallo, Mark, jetzt hab ich Zeit. Du kannst mich anmailen unter ...*

Ich liebe diese Wohnung, dachte Mark. Die Miete frisst mein halbes Gehalt, aber wer außer mir hat schon drei Zimmer in Övelgönne. Der Blick auf den Strom, nachts das Glitzern der Sterne über dem gelborangenen Schein des Containerterminals, große Pötte auf Fahrt zur Nordsee ziehen schimmernde Spuren über das Wasser. Und wenn ich mich umsehe, sind da die schönen chinesischen Möbel und der Perser, ein Imitat zwar, aber immerhin. Und Blumen. Ob Michelle Blumen mag? Lilien, Rosen, Nelken, Tulpen, mindestens fünfzehn Sträuße. Es ist alles so freundlich und farbenfroh, wie der Schleier über meinem Bett, ein einziger Regenbogen, toll. Schade, dass mein Bett leer ist, ob ich nun drinliege oder nicht.

Michelle?

Was fang ich nur mit ihr an. Sie ist ganz süß. Ziemlich schlau, glaube ich. Der Name ist natürlich ein Pseudonym. Fast alle, die zum Chatten ins Netz gehen, probieren eine neue Identität aus. Sein, was man oder frau nicht ist, das reizt. Aber nach zehn Sätzen liegen sie blank, und man kennt sie auch ohne richtigen Namen. Michelle: zart, verletzlich und verletzt. Irgendein Typ hat sie schlimm in die Pfanne gehauen. Jetzt misstraut sie allen, mir auch. Aber langsam wird es für sie eng in ihrem Panzer, langsam kriegt sie Lust auf frische Luft. Oh, Mann, wenn ich sie da rausholen könnte!

Ausgerechnet ich? Vorhin, diese Katastrophe im Spiegel: klein, fett, hässlich. Uäh! Ich brauche einen Schnaps. Mark, wie wäre es mit Mirabellenwasser? Gute Idee, Mark! Kühlschrank, ich komme, und keinen Blick in den Flurspiegel. Verboten!

Aaah! Noch einen. Michelle, wer bist du? Eigentlich mag ich Geheimnisse, ich will ja selber eins bleiben. Dieses Flirren, wenn Unbekannte auf Distanz miteinander spielen, das ist magisch. Aber du reizt mich nun mal.

Die CD-ROM klickte und surrte im Laufwerk. Roberta hatte sie gestern gegen 500 Mark geliefert, die Kleine von Hanse Inter, einem der größten Provider der Stadt. Weitergabe von Klaradressen an Außenstehende war natürlich illegal und mit hohen Strafen bedroht, aber Roberta musste ihre kleinen Schwächen finanzieren. Das weiße Pulver war teuer.

Mark kippte den dritten Mirabellenschnaps und tippte Michelles E-Mail-Adresse in die Suchmaschine. Markieren, Mausklick auf Search, es surrte. Kinderspiel. Die CD-ROM enthielt alle deutschen E-Mail-Adressen. Zwei Sekunden. *PC 12/8, Arona Versicherungs AG, Niederlassung Nord, Amsinckstraße 43, 20097 Hamburg.*

Da schau her, dachte Mark. Michelle, du kleine Verbrecherin. Du nutzt deinen Firmenrechner, und ausgerechnet bei der Arona. Arona, Verona, Ilona didldum didldi. Wenn das der Dr. Döbler wüsste! Na ja, andere tun's auch, hihi. Fragt sich nur, warum du. Vielleicht traust du dich nicht, deine Gefühle mit nach Hause zu nehmen? Ein Chat, der zum Liebesgeflüster ausarten könnte, ist ganz schön riskant so nahe am eigenen Bett, hm? Ich weiß. Trotzdem interessiert mich, wer du bist.

Mark stöberte im Schreibtisch. Unter der Steuertabelle 99 und mehreren Skripten von der letzten betriebsinternen Fortbildung lag das Firmenhandbuch der Arona Versicherungs AG. Im Anhang waren alle Mitarbeiter in Leitungsfunktion mit Foto, Aufgabenbereich, Einsatzort, Telefon, PC-Nummer und offizieller E-Mail-Adresse alphabetisch aufgelistet.

A, B, C ... S. Da, PC 12/8! Frau Dr. Lisa Schenk!

Du?!, dachte Mark. Ausgerechnet du!

Weißt du, dass ich dich schon seit ewigen Zeiten bewundere? Du bist so verflixt schön. Erfolgreich, cool, unnahbar. Die Kerle hecheln dir hinterher, und du lässt sie reihenweise abblitzen. Unsere Eisprinzessin aus der achten Etage.

Und jetzt wählst du mich? Dein Panzer bröckelt, weil ich ein bisschen mit dir flirte. Kann ich das wirklich so gut? Dann krieg ich dich.

Mark stellte sich vor den Spiegel.

Hässlich, fett und klein, dazu diese bescheuerte Unterwäsche! Morgen kauf ich mir einen neuen BH.

Am nächsten Morgen machten Lisas Frisur und das neue Outfit auf den Fluren der Firma Furore. Ängstlich und entzückt kreuzte sie ein Sperrfeuer erstaunter Blicke und lauschte dem Tuscheln nach, das hinter ihr einsetzte. Cindy riss die Augen auf, als sie das Büro betrat. »Ist das toll, Frau Schenk! Ich weiß gar nicht, was ich sagen soll.«

Das Kostüm fand sie traumhaft, die Schuhe einfach klasse und den neuen Duft gefährlich. Calèche von Hermès? Sündhaft teuer, hatte sie von einer Freundin gehört, aber angeblich das beste Parfüm der Welt.

Cindy roch an Lisas Ohr.

»Hmmmm, stimmt!«

Lisa fragte streng, ob sie nichts Besseres zu tun habe, als sie anzugaffen und an ihr herumzuschnuppern. Gleich danach fing sie an zu kichern, und Cindy lachte mit. Dr. Döbler schaute herein, um ihr zu dem Auftritt vor dem Planungsstab zu gratulieren. Der Vorstand beriet ihren Vorschlag bereits. Dann fragte er, ob sie ihn unter Umständen heiraten würde. Lisa versprach, das Problem mit seiner Frau zu besprechen. Döbler lachte und ging.

Sie studierte ihre Notizen zu dem BitCom-Material von Penndorf und rief ihn an. Nach Abklärung einiger Details sagte sie:

»Neulich war ich ziemlich biestig, Herr Penndorf. Tut mir leid. Und eine Heilige bin ich auch nicht.«

»Aber eine Eisprinzessin«, lachte er. »So nennt man sie bei der Arona. Ich hab mich erkundigt.«

Er lud sie zum Essen ein. Freundlich gab sie ihm einen Korb. Zum ersten Mal im Leben fand sie Worte dafür, die nicht schnippisch klangen.

Am Nachmittag wurde sie zum Bereichsleiter gerufen. Auf dem Weg kamen ihr Susi Speichert und Ilona Moldt aus der Revision entgegen. Die Ältere grüßte, Susi klimperte mit den Wimpern und hob lässig eine Hand mit violetten Fingernägeln. Als sie vorbei waren, drehte sich Ilona Moldt zu Lisa um, wackelte mit dem Hintern und machte Schlafzimmeraugen. Sie lachten sich lautlos an.

Der Bereichsleiter stellte Fragen zu ihrer Präsentation. Lisa war sicher, dass sie nicht verlieren konnte. Ihre Antworten kamen wie aus der Pistole geschossen.

»So weit glasklar«, sagte der Bereichsleiter. »Aber der Teufel steckt bekanntlich im Detail. Wir richten eine Arbeitsgruppe ein, Sie und Döbler sind verantwortlich. Gute Arbeit, Frau Dr. Schenk. Und die neue Frisur steht Ihnen.«

Wieder im Büro, vertrieb sie den kleinen fetten Condermann von Cindys Schreibtischkante, wo er seit zwanzig Minuten vergeblich versuchte, ihr die neuesten Klatschgeschichten über ihre Chefin zu entlocken. Bei Lisas Anblick fing er um ein Haar an zu hecheln.

Als er aus der Tür war, schickte sie Cindy nach Hause. Bis kurz vor neun arbeitete sie, dann ging sie ins Netz.

Hallo, Mark ...

In den nächsten Wochen arbeitete sie jeden Tag bis spätabends, einmal sogar am Wochenende. Cindy, deren Bauch dicker wurde, plagte Übelkeit, trotzdem machte sie sich mehr Sorgen um Lisa als um ihren eigenen Zustand. Der Bereichsvorstand und Dr. Döbler rieten ihr dringend, kürzerzutreten. Lisa lächelte nur, ihr ging es blendend. Wenn sie abends die letzte Datei gespeichert hatte, mailte sie Mark an und wartete mit Flattern im Bauch auf seine Antwort, die außer an dem Wochenende, das sie durcharbeitete, immer prompt eintraf.

Michelle, wie zum Teufel soll ich mich beschreiben? Äußerlich kein Problem: 1,86 m, 78 Kilo, schwarze Haare, blaue Augen, zu große Nase. Narbe auf der rechten Wange von einem Wasserski-Unfall. Aber wer und wie ich bin, weiß ich selbst nicht genau. Mir fehlt jemand, der mich spiegelt. Ich weiß nur, dass ich gerne einen Laster voller Blumen vor deiner Tür ausschütten würde. – Mark

Michelle, nein, ich trage nie Jeans. Ehrlich gesagt und peinlicherweise bin ich ein Fan von Boss-Anzügen, englischen Schuhen und Armani-Krawatten. Manche finden mich eitel. Ich finde mich gepflegt. Übrigens lasse ich mir einen Bart stehen. Doof? – Mark

Michelle, warum verrätst du mir nicht, wie du aussiehst? Ich habe kein Bild im Kopf, wie die Frau sein und aussehen muss, die ich liebe. Nur, wie nicht: bitte keine schrille Stimme, keine Birkenstocklatschen, keine violetten Fingernägel, nicht zu viel Fett, keine fanatische Vegetarierin, überhaupt: kein Fanatismus, vor allem nicht für Volksmusik ... u.s.w. – Mark

Michelle, in letzter Zeit träume ich von dir. Das macht mir Angst. Bitte sorge dafür, dass ich dir nicht zu nahe komme. – Mark

Michelle, meine Träume verrate ich dir, wenn du mir deine verrätst. – Mark

Tagsüber fühlte sich Lisa voller Energie. In einer Arbeitspause schrieb sie den lange hinausgezögerten Brief an ihren Bruder in München. Alle paar Tage rief sie Jenny an und erstattete Bericht über den Fortgang ihrer Affäre mit dem Unbekannten. Sie sollte sich den Kerl endlich angeln, meinte Jenny, aber ihr genügten die allabendlichen Schmetterlinge im Bauch. Vorläufig. Mit ihrem Vater telefonierte sie zweimal. Sie fragte ihn, ob man immer die Dame opfern sollte, um zu gewinnen. Manchmal, antwortete er, und nur selten die eigene. Lieber die feindliche, wenn sie dir in die Quere kommt. Beim zweiten Gespräch plauderte sie fünf Minuten mit Irene, die sich als ganz patent erwies, obwohl sie Lisas Vater immer noch Bärchen nannte.

Michelle, ich hab mir schon gedacht, dass du noch mal auf unseren ersten Chat zu sprechen kommst. Thoma ist dir ganz schön auf die Pelle gerückt. Nein, ich bin nicht oft aggressiv. Aber ich mag Frauen – und keine grobe Anmache. Ich finde, zwischen den Geschlechtern sollte es liebevoll zugehen. Faszination sollte herrschen, Geheimnis.

Wie findest du es eigentlich, dass Hamburg mal französisch war? Ich liebe Französisch.

Erzählst du mir deine Träume? – Mark

Am Morgen des letzten Freitags im Februar fuhr Lisa zum Isemarkt nach Eppendorf. Sie kaufte Lilien, Zutaten für ein gutes Essen und im Weinladen am Eppendorfer Baum drei Flaschen Cabernet. Zu Hause räumte sie die Tüten aus und fuhr anschließend in die Firma. Bis zum abendlichen Rendezvous mit Mark arbeitete sie fast ohne Unterbrechung. Am Samstag schlief sie aus, nachmittags nahm sie den Telefonhörer von der Gabel und kochte.

Sie brauchte Zeit und Ruhe, um ihre Gefühle zu klären. Mark rückte unaufhaltsam näher, ihre Fantasien wurden von Nacht zu Nacht farbiger. Noch wollte sie ihn nicht sehen, aber sie spürte, wie ihr Widerstand bröckelte. War es möglich, einen zu lieben, den man nie getroffen hatte?

Als sie mit Kochen fertig war und die Wohnung nach gebratener Ente und Orangensauce duftete, deckte sie den Tisch und legte Mozart auf. Sie nahm sich viel Zeit zum Essen und Trinken, aber als sie das Geschirr in die Maschine stellte, war sie so unentschlossen wie zuvor. Mit einem Glas Wein in der Hand steckte sie die Diskette in den Rechner, auf der sie ihre Internet-Treffen mit Mark gespeichert hatte. Sie überflog alle Mails, dann las sie gründlich jedes seiner Worte. Beim dritten Durchgang stutzte sie.

Er wollte einen Lastwagen voller Blumen vor ihrer Tür ausschütten? Das erinnerte sie an etwas. Sie trank aus und dachte nach. Richtig! Vor zwei Jahren war ein Laster auf dem Weg zum Großmarkt vor dem Arona-Gebäude ins Schleudern geraten und hatte seine Ladung über die Fahrbahn verstreut, Paletten voller frischer Rosen. Die halbe Belegschaft war nach draußen gestürzt und hatte sich mit Sträußen versorgt. In den nächsten Tagen dufteten alle Büros nach Rosen.

Seltsam. Lisa runzelte die Stirn. War Mark zufällig aus einer romantischen Regung heraus auf die Idee verfallen oder wusste er vielleicht von dem Unfall? Das würde bedeuten, dass er –

Sie schüttelte den Kopf. Nein, bestimmt kannte er nicht einmal das Arona-Gebäude und sie schon gar nicht. Oder? Gab es noch einen Hinweis? Sie blätterte weiter. Da!

Ich habe kein Bild im Kopf, wie die Frau sein und aussehen muss, die ich liebe. Nur, wie nicht: bitte keine schrille Stimme, keine Birkenstocklatschen, keine violetten Fingernägel, nicht zu viel Fett, keine fanatische Vegetarierin, überhaupt: kein Fanatismus, vor allem nicht für Volksmusik ...

Violette Fingernägel! Susi Speichert lackierte ihre Nägel violett, die Kleine aus der Revision.

Lisa starrte auf den Monitor. Mark, dachte sie, das ist ein Treffer zu viel. Du arbeitest bei der Arona. Kennen wir uns?

Rudger Penndorf lehnte an seinem Mercedes, als Lisa in den Einsteinring bog. Er hatte die Haare gewaschen und geföhnt und trug seinen besten italienischen Zwirn. Lisa parkte, stieg aus und begrüßte ihn per Handschlag. Er hatte das Gefühl, dass sie ihn kaum wahrnahm. »Das Lächeln ist unecht«, sagte er. »Ihnen geht's nicht so gut, oder?«

Lisa schüttelte den Kopf. Penndorf war unsicher, ob sie damit seine Frage beantwortete oder nur ihre trüben Gedanken verscheuchte.

»Sie tun mir einen großen Gefallen«, sagte sie heiser. »Mir ist klar, dass Sie das eigentlich nicht dürfen. Dafür lade ich Sie Ende März zum Essen bei Jacobs ein. Deal?«

»Dafür würde ich die Firma in die Luft sprengen. Deal.«

An diesem Sonntag lag der neue Hightech-Park an der Luruper Hauptstraße wie ausgestorben. Penndorf schloss die Tür der BitCom auf und ließ Lisa vorgehen. In seinem Büro bot er ihr den Schreibtischstuhl an und schaltete seinen PC ein. Während der Rechner hochfuhr, verschwand er in einem Nebenraum und kam mit einer CD-ROM zurück, die er unschlüssig zwischen den Fingern drehte. Er stellte sich neben Lisa.

»Wir sind nicht hier«, sagte er, »und diese CD existiert nicht.«

Lisa nickte, Penndorf zündete sich einen Zigarillo an und trat an das Fenster mit Blick über die Trabrennbahn. Das Laufwerk surrte. Lisa tippte Marks E-Mail-Adresse ein, bewegte den Cursor auf Search und drückte Return. Penndorf hörte den Stuhl quietschen und drehte sich um. Lisa stützte das Kinn auf, ihr Gesicht reflektierte das kalte Licht des Monitors. Es war vollkommen leer. Sie riss einen Zettel vom Block und notierte etwas, dann verließ sie die Datei und hob die CD aus dem Schlitten. Penndorf nahm sie in Empfang.

»Noch mal vielen Dank«, sagte Lisa tonlos. »Wir essen Ende März zusammen, versprochen. Ich rufe Sie an.«

»Glaub ich nicht.« Penndorf schüttelte den Kopf. »Dazu sind Sie zu verknallt in den Inhaber dieser geheimnisvollen E-Mail-Adresse; oder Sie hassen ihn aus vollem Herzen, eines von beidem. Jedenfalls sind Sie bis zum Hals verstrickt. Mein Pech, aber ich kann warten. Ciao, Lisa.«

PC 7/4, Arona Versicherungs AG, Niederlassung Nord, Amsinckstraße 43, 20097 Hamburg.
   Lisa trank den Roten in einem Zug. Durch den Boden des Ballonglases starrte sie auf ihre verzerrte Schrift auf dem Zettel mit dem BitCom-Logo. *PC 7/4.* Sie schenkte nach. Seit drei Stunden lag der Zettel vor ihr auf dem Küchentisch. Seit drei Stunden trank sie und scheute sich, das Geheimnis zu lüften. Es wäre ganz leicht, dachte sie zum hundertsten Mal. Aber will ich?
   Denk nach, Mädchen! Mark arbeitet bei Arona. Wahrscheinlich kennt er mich: die Eisprinzessin und die neue Frau, die seit Wochen auf Wolken durch die Flure schwebt. Er mag Frauen, hat er geschrieben. Ob er uns wirklich kennt, ist eine andere Frage. Wenn, dann ahnt er, dass ich verliebt bin. Aber nicht, dass ich Michelle bin, und nicht, in wen. Nämlich in ihn.
   Was heißt das überhaupt, er mag Frauen? In der ganzen Firma kenne ich keinen, der das mit Recht von sich behaupten kann. Die Kerle stehen alle nur auf Busen und Hintern und Schlafzimmerblick à la Susi Speichert. Condermann zum Beispiel ...
   Lisa verschluckte sich am Rotwein und hustete. Wenn sie sich im Netz eine andere Identität zugelegt hatte, warum nicht Mark? O Gott! Mark, bist du etwa in Wahrheit Condermann? Bist du dieses fette, hässliche kleine Tier, dieser glatzköpfige Lüstling, der in der Anonymität des Netzes auf sensibel macht, um Michelle aufzureißen? Der so hartnäckig nach meinen Träumen fragt? Es wäre unerträglich. *PC 7/4.* Was heißt das? Rechner Nummer sieben im vierten Stock. Wer arbeitet im vierten Stock? Teile der Kfz-Schadensabteilung, die Revision, die Hausverwaltung und der Botendienst. Condermann ist im Planungsstab, sechster Stock. Mark, du bist nicht er. Halleluja.
   Wer dann? Der kleine Rothaarige aus der Schadensabteilung mit dem Faible für Lodenjacken? Der Hausmeister? Im vierten Stock gibt es keinen mit schwarzen Haaren, blauen Augen und Narbe auf der Wange. Aber einer von den Typen gibt sich als Mark aus und macht sich schöner, interessanter und sensibler, als er ist. Lisa würgte. Ihr wurde eiskalt. Irgendein Schwein spielte mit ihren Gefühlen. Sie spürte, wie ihr Traumgebilde splitterte. Mit

aller Kraft riss sie sich zusammen. Wenigstens weißt du nicht, wer ich wirklich bin. Oder? Ich hab mit Penndorfs Hilfe deinen Rechner gefunden. Das kannst du mit den richtigen Verbindungen auch. Und dann ist es ein Kinderspiel.

Sie stürzte an ihr Bücherbord. Zitternd fuhr sie mit dem Zeigefinger die Reihen entlang und fand das Firmenhandbuch der Arona. Bücher polterten zu Boden. Sie trug den Band zum Küchentisch. Seite um Seite verglich sie die E-Mail-Adressen mit der auf ihrem Zettel. A, B, C ... M! Sie las den Eintrag und stierte auf das Foto. Sie las noch einmal, und wieder. Und wieder. Ihre Knie knickten ein, als sie aufstand. Niemals, dachte sie. Nein. Auf allen vieren kroch sie ins Bad und erbrach sich über der Kloschüssel. Als sie ganz leer war, flüsterte sie: »Ich bring dich um.«

Am Montagmorgen meldete sie sich krank, den Tag verbrachte sie mit Heulen und Zähneklappern. Die folgende Nacht und den Dienstag über war sie unfähig zu den kleinsten Handgriffen. Ekel vor sich selbst beherrschte sie. Sie war wieder reingefallen, tiefer als je zuvor, in eine Jauchegrube. Sie fühlte sich beschmutzt. Sollte sie mit Jenny reden? Nein, sie brauchte keine Komplizin aus guten Tagen. Aber irgendjemandem musste sie ihr Herz ausschütten. Am Abend machte sie eine Stunde Atemübungen, dann rief sie ihren Vater an. Er merkte sofort, dass mit ihr etwas nicht stimmte, aber er fragte nicht. Stattdessen erzählte er einen Witz: »Ein Elefant zertrampelt einen Ameisenhaufen und tötet Tausende. Der Rest stürzt sich auf den Feind, und der stärkste Ameiserich schafft es auf den Hals des Elefanten. Was jetzt?, ruft er seinen Mitstreitern zu. Die schreien zurück: Würg ihn, Erwin!«

»Du bist ein Born an Weisheit«, sagte Lisa. »Danke, Pa. Grüße an Irene.«

Die Waage verriet, dass sie seit Sonntag vier Kilo abgenommen hatte. Sie setzte sich an den Computer und programmierte ihre Träume für Mark. Nach sechs Stunden brannte sie die riesige Datei auf einen CD-Rohling und ließ sie anschließend durchlaufen. Es funktionierte.

Am nächsten Morgen fuhr sie in die Stadt. Bei Anson's in der Spitaler Straße kaufte sie einen grauen Anzug von Boss, ein Hemd, T-Shirt, Krawatte und Socken, bei Görtz ein Paar Schuhe von Lloyds. Die erstaunten Blicke der Verkäuferinnen prallten an ihr ab. In einem Spezialgeschäft am Rathausmarkt erstand sie eine Perücke. Sie fuhr nach Eppendorf in den Lehmweg und betrat einen winzigen Laden für Theaterrequisiten. Eine halbe Stunde lang probierte sie Bärte und entschied sich für einen unauffälligen Schnauzer in der Farbe der Perücke.

Zu Hause verwandelte sie sich vor dem Spiegel. Ihr Bild erschreckte sie, es war perfekt für ihre Zwecke. Sie bewegte sich durch ihre vier Zimmer, um ein Gefühl für den Mann zu bekommen, der sie sein wollte. Am Abend schob sie einen historischen Film mit Richard Gere in den Recorder und studierte seinen Gang. Sie übte bis Mitternacht vor dem Spiegel. Als sie zufrieden war, steckte sie einen Netzstrumpf in die Anzugtasche, verstaute ihre Neuerwerbungen in Tüten und fuhr in die Amsinckstraße. Das Arona-Gebäude war dunkel, nur eine Lampe in der Loge des Portiers leuchtete. Die Loge war leer.

Sie fuhr in den achten Stock, ging in ihr Büro und legte die Tüten in den Schrank des Umkleideraums. Als sie abgeschlossen hatte, wollte sie gehen, aber der PC zog sie unwiderstehlich an. Sie schaltete ihn ein.

You have got mail!

Geschäftlich oder von Mark? Sie zögerte, dann schaltete sie das Gerät ab und nahm die Treppe zur Tiefgarage. Vielleicht bemerkte sie einer der Wachmänner auf dem Überwachungsmonitor, vielleicht auch nicht. Es war gleichgültig.

Am nächsten Morgen fuhr sie pünktlich zur Arbeit. Sie funktionierte. Cindy flatterte besorgt um sie herum, aber bis zum Abend glaubte sie Lisa, dass sie die Grippe völlig überwunden hatte und ihr altes energisches Selbst war.

»Tschüs, Frau Schenk. Nicht zu lange machen!«

»Keine Sorge.« Lisa lächelte. »Ich erledige nur noch das Allernotwendigste.«

Sie begleitete Cindy zur Tür und schloss hinter ihr ab.

Es wurde halb zehn. Lisa tippte Marks E-Mail-Adresse.

Mark, bist du da? – Michelle

Ihre Hände bebten, während sie wartete. Dann kam die Antwort.

Michelle, was war los mit dir? Ich hab mir Sorgen gemacht. – Mark

Lisa zog sich bis auf den Slip aus. Es dauerte eine Weile. Sie tippte: *Mark, das war nicht nötig. Es ist alles in Ordnung, nur eine kleine Grippe. He, das ist unser sechzehntes Rendezvous, und mir ist immer noch nicht langweilig.*

Er ließ sich Zeit mit der Antwort. Komm schon, dachte sie, während sie Socken anzog und in die Anzughose schlüpfte. Spiel mit mir.

Michelle, langsam macht mich diese Fernliebe ohne Körperkontakt meschugge. Willst du mich nicht treffen? Meine Gefühle laufen Amok, die Hormone ehrlich gesagt auch. Unter meinen Fingerkuppen verwandeln sich die Tasten des Keyboards in deine Haut ...

Lisa zog T-Shirt und Hemd über. Sie band die Krawatte und dankte im Stillen ihrem Vater, der ihr die verschiedenen Knoten beigebracht hatte, als sie ein kleines Mädchen war und ihm immer den Schlips binden wollte. Mark schickte zehn Fragezeichen, seine Bitte um Antwort. Sie ging ins Bad. Ihr abgeschminktes Gesicht unter dem streichholzkurzen Haar starrte bleich und hart aus dem Spiegel. Sie betrachtete ihre Fingernägel: kurz geschnitten, unlackiert. Sie nickte sich zu und ging zum Rechner. *Ich bin nur ein Elektronenbündel,* tippte sie. *Niemand aus Fleisch und Blut kann mich lieben.*

Zurück ins Bad. Die Perücke saß. Sie war teurer gewesen als das restliche Outfit zusammen. Jetzt der Bart, lächerlich, aber notwendig. Die Grimasse im Spiegel war ihr männliches Alter Ego, zynisch und furchtsam.

Michelle, du bist ein magisches Bündel, las sie auf dem Monitor. *Ich liebe dich! Wie schön bist du?*

Nicht schön, antwortete sie. *Verheult, rote Augen. Ich schlafe zu wenig wegen dir, du Verbrecher. Und ich träume zu viel.*

Von mir? Jetzt spann mich nicht länger auf die Folter. Erzähl mal!

Meine Träume? Damit könntest du mich erpressen.

Höchstens unter mir, wenn du mich endlich lässt. Her mit deinen Träumen.

Da kann ich ja wohl nicht widerstehen, tippte Lisa. *Aber du musst mir eins versprechen: Unterbrich mich nicht. Warte, es dauert einen Moment.*

Lisa startete die CD-ROM, die sie in der Nacht programmiert hatte. Buchstabenweise, als zögere sie beim Tippen, erschienen die ersten Wörter auf dem Monitor, die ersten Sätze. Nach fünf Minuten würde das Programm *Warte, gleich geht es weiter* und den Sendebefehl eingeben, damit der Beginn ihres Geständnisses auf Marks Monitor erschien. Danach folgten portionsweise die nächsten. Er musste glauben, dass Michelle ihre Träume in Echtzeit offenbarte.

Viel Spaß, Miststück, dachte Lisa. Sie entriegelte die Bürotür und trat auf den Flur.

Ich träume von Mark, wie er seine Tür öffnet und mich in die Arme reißt ...

Am Fahrstuhl erschrak sie, als vier Männer aus der Kabine traten. Einen kannte sie vom Sehen. Junge Wölfe aus der PR-Abteilung, dachte sie, die Überstunden für die Karriere einlegen. Die Männer grüßten und gingen den Flur entlang zu einem Konferenzraum. Der, den sie kannte, schenkte ihr keine Beachtung, ein anderer drehte sich nach ihr um und schien die Nase zu rümpfen. Als sie ihm zunickte, nickte er zurück. Ihre Verkleidung funktionierte. Sie trat in den Fahrstuhl und drückte auf die Vier. Auf dem Türschild von Raum 412 stand *Revision, I. Moldt*. Lisa atmete durch und zog den Netzstrumpf aus der Tasche. Lautlos öffnete sie die Tür.

Mark kniet vor mir, ich spüre seinen Atem durch den dünnen Stoff, als er mit den Zähnen ...

Die weichen Gummisohlen machten kein Geräusch. Ilona Moldt blickte verzaubert auf den Monitor, wo nach und nach Michelles Träume erschienen, bis der zusammengerollte Netzstrumpf in ihren Hals schnitt.

»Hallo, mein Mark«, flüsterte Lisa. Sie beugte sich über Ilona Moldt und starrte in ihre dick geschminkten Augen, während sie die Schlinge straffte. »Schön, dass wir uns endlich treffen.«

Einer der beiden Wachmänner fand Ilona Moldts Leichnam bei seinem Rundgang um drei Uhr morgens. Die Tür von Raum 412 stand einen Spaltbreit offen, drinnen flimmerte ein Monitor. Er machte Licht und spürte, wie sein Herz einen Schlag aussetzte.

Per Funk verständigte er seinen Kollegen in der Loge, der die Polizei rief. Die erste Streife war nach vier Minuten vor Ort und sicherte den Tatort. Die Zentrale hörte von der zuständigen Polizeidirektion Mitte, dass alle Kripoleute unterwegs waren, und gab den Fall an die PD West weiter.

Deren Chef vom Dienst scheuchte Henning Holbein von einer Pritsche im Bereitschaftsraum. Vor Müdigkeit zitternd, setzte Holbein sich in seinen alten Volvo und raste über die Stresemannstraße ostwärts in Richtung Innenstadt. Am Holstenbahnhof kam ihm ein diabolischer Gedanke. Mit dem Handy weckte er Kanter.

»Ja, Herr Kriminalrat, es ist vier Uhr morgens. Aber Sie wollten doch mal wieder weg vom Schreibtisch an die Front. Ich hab was für Sie.«

Als die zweite Streife seinen Volvo in die Tiefgarage der Arona einwies, bremste ein Taxi vor dem Haupteingang. Kanter stieg aus, zielte mit dem Zeigefinger auf ihn und machte »Pow!«. Er parkte neben dem grauen Bus der Spurensicherung.

Ihr Kopf hing auf der Brust. Sie lehnte an der Sitzfläche des Schreibtischstuhls, die Beine gestreckt, die Arme leicht gewinkelt. Die Hände berührten den Boden. Neben der Rechten lag ein blutiges Messer. Kanter und Holbein rauchten in der Tür, um die Leute von der Spurensicherung nicht zu stören. Im Profil sah die Tote friedlich und ein wenig erschöpft aus. Blitze erhellten den Raum. Als der Fotograf nickte und ein Mann im weißen Plastikanzug die nötigen Markierungen und Kreidestriche gesetzt hatte, hoben zwei andere den Leichnam beiseite. Der Fotograf trat wieder in Aktion, der Arzt begann mit der Untersuchung, während die anderen sich um Fingerabdrücke und weitere Indizien kümmerten. Das Messer war ein Brieföffner aus Messing. Jemand hatte den Griff sorgfältig abgewischt. Das Blut nicht.

»Würgemale«, sagte der Arzt. »Die sehen ziemlich homogen aus. Wahrscheinlich ein Strick aus Stoff, Bademantelgürtel oder so was. Nicht sehr tief, kaum tödlich. Ich schätze, das da hat sie das Leben gekostet.« Er wies auf den Brieföffner. »Stich ins Auge. Sie war sofort tot.«

Kanter und Holbein griffen sich die Wachmänner, die auf dem Flur warteten. Der Kleinere ließ einen Flachmann verschwinden, als die Polizisten auf sie zukamen. Zu viert gingen sie in das zweite Büro der Revisionsabteilung. Die Polizisten prüften minutiös und mit endlosen Wiederholungen das Alibi der beiden und wandten sich dann ihren Beobachtungen seit Dienstantritt zu. Nach einer schweißtreibenden Stunde war der Flachmann leer.

Beide Wachmänner waren seit zwanzig Uhr bei der Arbeit. Seitdem war vermutlich niemand mehr in das Gebäude gekommen.

»Vermutlich?«

Manchmal mussten sie pinkeln gehen oder gönnten sich eine Kaffeepause vor dem Fernseher. Das war doch normal. »Und wer rechnet schon mit so was?«

Formelle Personenkontrollen gab es nicht. Die Wachmänner kannten aber die meisten Angestellten, die regelmäßig ab zwanzig Uhr noch im Gebäude waren; höhere Chargen zumeist. Außerdem gab es Überwachungskameras für die Eingangshalle, jeden Flur und die Garage, aber leider keine Aufzeichnung auf Video. Vier Herren waren gegen Viertel nach zehn gegangen. Namen? Sie kannten drei, Holbein notierte. Noch jemand? Sie hatten niemanden gesehen, aber es war möglich ...

»Ab und an muss man pinkeln«, sagte Kanter. »Klar. Um neun haben Sie Ihre erste Runde gemacht. Frau Moldt war wohlauf, laut Ihrer Aussage arbeiteten noch mindestens weitere elf Leute. Wen haben Sie *nicht* rausgehen sehen?« »Dr. Döbler vielleicht? Herr Condermann von der Personalabteilung? Frau Dr. Schenk – ach Quatsch, das Büro war zu. Die war in letzter Zeit sowieso nicht in der Firma. Krank, hab ich gehört. Und Frau Moldt natürlich.«

Holbein fragte, ob die Garagenschranke ein automatisches Zeitprotokoll führte. Die Gesichter der Wachmänner leuchteten auf. In der Loge druckten sie die Liste aus. Von 22:18 bis 22:23 hatten vier Wagen die Garage verlassen, 23:07 ein weiterer. Die vier gehörten wahrscheinlich den Herren aus der PR-Abteilung. Der fünfte? Keine Ahnung. »Kaffeepause«, murmelte Holbein. Er notierte sich die Namen und Adressen der Wachmänner. »Geht fernsehen, aber wehe, ihr verschwindet. Wir brauchen euch noch!« In Ilona Moldts Büro packte die Spurensicherung ihre Sachen. Auf allen Oberflächen glommen bestäubte Fingerabdrücke wie fluoreszierende Schmetterlinge. Kreidelinien zeigten die Sitzposition der Leiche, ihre aufgestützten Hände und die Lage des Brieföffners.

»Okay, Jan.« Der Arzt bediente sich aus Kanters Gauloiseschachtel. »Würgemale, Einstich. Frag nicht nach dem Zeitpunkt, den kriegst du gegen neun. Ich mach mich gleich an die Arbeit. Kein Sex, keine Vergewaltigung, kein Kampf. Sie hat sich brav würgen lassen. Wahrscheinlich von hinten.« Der Leiter des Spurendienstes wollte auch eine Zigarette. Es gab Hunderte von Abdrücken, ein paar Fasern am Blusenkragen der Toten, die von dem Würgestrick stammen konnten, nicht identifizierte Splitter auf dem Schreibtisch, mikroskopisch klein.

»Das war's. Leider. Ich bleib noch hier, bis die Jungs mit dem Zinksarg kommen.«

»Nicht nötig«, sagte Kanter. »Das machen wir. Und lass die Handtasche hier.«

Er setzte sich an Ilona Moldts PC. Die zuletzt gesicherte Datei war ein Bericht über finanzielle Transaktionen der Kfz-Schadensabteilung vom Vorabend, 21:43 Uhr. Hatte das Opfer danach noch am PC gearbeitet? Es sah so aus, da er beim Rundgang des Wachmannes um drei noch eingeschaltet war. Vermutlich hatte sie nach 21:43 Uhr noch etwas am Rechner gemacht, aber nichts mehr auf der Festplatte gesichert. Vielleicht auf Diskette?

Sie brauchten das Nutzerprotokoll vom Zentralrechner und die Namen aller Mitarbeiter, die nach 21:43 Uhr im Hause waren. Die Wachmänner hatten von etwa elf Personen gesprochen, plus Frau Moldt. Wahrscheinlich schieden die vier PR-Leute als Täter aus. Den Mord hatte ein Einzelner begangen, und es war unwahrscheinlich, dass er danach seelenruhig mit drei Kollegen in die Tiefgarage spaziert und in sein Auto gestiegen war. Es blieben Condermann, Dr. Döbler, fünf Namenlose. Vorläufig Namenlose.

Sie durchsuchten Ilona Moldts Handtasche. Ausweis, Führerschein, Portemonnaie, Schlüssel. Lippenstift, Rouge, Mascara, Kleenex. Nichts Ungewöhnliches, aber informativ.

Die Jungs mit dem Zinksarg trafen ein. Als sie ihre Last aus der Tür geschleppt hatten, versiegelte Holbein den Raum. Inzwischen war es sechs. Kanter und Holbein fuhren ins Erdgeschoss und scheuchten die Wachmänner vom Fernseher, wo gerade Bärbel Schäfer die Sendung »Dein Piercing macht mich echt an« moderierte.

»So«, sagte Holbein. »Ihr ruft jetzt den großen Arona-Chef an. Der muss ja irgendwann erfahren, was in dem Laden hier so abgeht.«

Mit Ilona Moldts Schlüssel verschafften sie sich Zutritt zu ihrer kleinen Wohnung am Niendorfer Gehege. »Schöner Blick«, sagte Holbein am Fenster. Er sah fast nichts, draußen war immer noch tintenschwarze Nacht, aber er ahnte die Wiesen und Bäume. »Das fette Pferd hatte Geschmack.«

»Halt dich zurück, Henning.« Kanter saß am PC und blätterte durch die Disketten in einer Plastikschachtel Die Etiketten sagten ihm auf den ersten Blick gar nichts. »Sie ist tot, verdammt.«

»Tschuldigung.« Holbein streifte durch die Räume, zog Bücher aus dem Regal, öffnete Schubladen und lachte leise beim Anblick des überbordenden Kosmetikschränkchens im Bad. Kanter spielte auf dem PC, klickte sich in die Festplatte und ein paar Disketten ein und wühlte in den Schreibtischfächern. Nach zwanzig Minuten trugen sie ihre Erkenntnisse zusammen.

Ilona Moldt lebte allein in zwei Zimmern mit Küche, Bad und Abstellkammer. Sie war ordentlich, ein Bücherwurm mit Vorliebe für Romanzen und historische Schmöker. An den Wänden hingen gute Drucke von Renoir und van Gogh. Keine Fotos, überhaupt keine Bilder lebender Menschen. Außer Büchern hatte sie offenbar Nippes geliebt, eine Vitrine war angefüllt mit vielen kitschigen und einigen faszinierenden Porzellanfiguren, darunter mindestens zwanzig Paare in inniger Umarmung. Neben dem Bett stand eine kleine Nachbildung des David von Michelangelo auf einem halbrunden Sockel.

Als stellvertretende Leiterin der Revision verdiente Ilona Moldt nicht schlecht. Die Möbel waren von guter Qualität. Sie benutzte Silberbesteck, edles Porzellan, eine Designer-Knoblauchpresse und Bettwäsche aus Satin. Im Schreibtisch lag ein Ordner mit Bankbelegen. Sie besaß Aktien, Obligationen und Barvermögen. Hundertvierzigtausend Euro, schätzte Kanter.

»Was hat sie nicht?«, fragte er Holbein.

»Pille, Diaphragma, Kondome. Die Männer in ihrem Adressbuch sind an einer Hand abzuzählen, drei davon Ärzte. Sie hat keinen Badeanzug und keinen Rasierer für die Beine. Sie hat keine erotischen Bücher, keine sexy Unterwäsche und, wenn man den Etiketten auf den Videos trauen kann, keine heißen Filme. Anscheinend null Liebesleben.«

»Hm. Vielleicht lief das über den Computer. Das kriegen wir raus. Okay, wir brauchen vier Kollegen, die die Wohnung auseinandernehmen. Zielsuche: Finanzprobleme, persönliche und berufliche Feinde, Sex. Du regelst das, schließlich hast du Dienst. Ich geh wieder ins Bett.«

Um neun spulte Kanters Faxgerät den Bericht des Arztes in den Auffangkorb, kurz darauf das Resümee der Spurensicherung. Beide enthielten keine Überraschungen. Ilona Moldt war gewürgt und kurz darauf, wahrscheinlich noch bewusstlos, mit dem Brieföffner erstochen worden. Die Fasern an ihrem Kragen waren sehr fein und aus schwarzem Nylon. Sie konnten von einem Damenstrumpf stammen, von einem zusammengedrehten Netz oder etwas anderem. Die Fingerabdrücke stammten zum größten Teil von Ilona Moldt. Außer ihr hatten seit dem letzten Putztag drei Personen welche hinterlassen.

Die Spurensicherung hatte sie durch den Computer gejagt; alle drei waren nicht registriert. Noch unklar war die Herkunft und Zusammensetzung der Splitter vom Schreibtisch. Sie wiesen eine bläulich rote Färbung auf.

Kurz vor elf setzte sich Holbein an seinen Schreibtisch. Übernächtigt las er den Bericht über die Durchsuchung von Ilona Moldts Wohnung. Er kostete ihn anderthalb Stunden.

Um eins traf Kanter frisch und ausgeruht in der PD West ein, las die Faxe, überflog Holbeins Bericht, stellte zweihundert Fragen und sagte endlich: »Dann fahren wir mal zur Arona.«

»Ich fahre ins Bett.«

Holbein stand halb auf, bemerkte Kanters Gesichtsausdruck und sackte wieder auf den Stuhl. »Nicht? Dann nicht.«

»Wir nehmen deinen Volvo«, sagte Kanter.

Zuerst sprachen sie mit dem Bereichsvorstand, dann mit Dr. Döbler und Condermann, der ihnen die Namen von vierzehn Angestellten gab, die möglicherweise am Vorabend länger gearbeitet hatten. Es stellte sich heraus, dass die vier PR-Leute darunter waren und auch Dr. Lisa Schenk, die entgegen der Vermutung der Wachmänner nicht mehr krank war. Die Polizisten hielten die ersten Befragungen kurz und baten alle Betroffenen, sich zur Verfügung zu halten.

Beim Verantwortlichen für den Zentralrechner ließen sie sich die PC-Nutzerprotokolle der vierzehn Damen und Herren und von Ilona Moldt für den Februar ausdrucken und baten ihn, einen Blick darauf zu werfen. Er tat es, runzelte die Stirn und wies sie auf siebzehn irreguläre Verbindungen zwischen Ilona Moldts Rechner und einem der anderen hin. Beide Teilnehmer hatten sich im *Internet per call*-Verfahren bei einem fremden Provider eingewählt und immer abends auf Kosten der Arona stundenlang im Netz kommuniziert.

»Warum macht man so was?«, fragte Kanter. »Sie hätten sich doch einfach im internen Netz anwählen können.« »Jederzeit«, sagte der Systemadministrator. »Bloß hätte dann jeder vom anderen gewusst, wer das ist. Oder mindestens, dass sie beide bei der Arona arbeiten. Alle unsere E-Mail-Adressen enthalten den Firmennamen. Bei dem fremden Provider konnten sie sich mit unverfänglichen Adressen anmelden. Ich denke ...«

»Ja?«, sagte Kanter.

»Ich denke, sie wollten beide eine andere Identität annehmen. Das machen viele im Netz, wenn sie privat reingehen. Alle diese Chatrooms und dergleichen sind Bühnen für Rollenspiele.«

»Sie denken also, die haben nicht geschäftlich, sondern privat E-Mails getauscht?«

»Sieht so aus.«

Kanter und Holbein bedankten sich. Dann fuhren sie in den vierten Stock.

An der Oberfläche herrschte im ganzen Gebäude *business as usual*, die Arbeit musste weitergehen. Aber auf den Fluren war kein lautes Wort oder Lachen zu hören. Vor der versiegelten Tür von Raum 412 lagen Blumensträuße, Teelichter flackerten in Gläsern. Wer vorbeikam, blieb einen Moment lang stehen und ging umso eiliger weiter. Die Tür zum Viererzimmer nebenan stand offen. Kanter und Holbein musterten drei ältere und eine junge Frau, die an ihren Schreibtischen vor sich hin starrten. Aus den Papierkörben quollen durchnässte Kleenextücher.

Sie drückten ihr Beileid aus und unterhielten sich ausführlich mit den Damen, danach trennten sie sich und befragten nochmals alle höheren Angestellten, die nach zwanzig Uhr gearbeitet hatten. Die Vernehmungen dauerten bis halb acht.

Sie fuhren zurück in die PD West und glichen ihre Ergebnisse ab, prüften erneut die Berichte des Arztes, der Spurensicherung und des Teams, das Ilona Moldts Wohnung durchsucht hatte, lasen deren Tagebuch und ließen auf Kanters Rechner eine ihrer Disketten laufen. Eine Stunde später rief Kanter den diensthabenden Staatsanwalt an und beantragte eine Hausdurchsuchung. Der Staatsanwalt überzeugte telefonisch den zuständigen Richter, der schon im Bett lag. Kurz vor Mitternacht traf die Genehmigung per Fax in der PD West ein.

Am nächsten Morgen um sieben stand Kanter mit Holbein und vier Kollegen vor dem Haus Eichenstraße 86 und klingelten bei Lisa Schenk.

»Es ist vorbei, Frau Schenk«, sagte Kanter.

»Ich war es nicht.« Lisa lächelte ihn an. Er gefiel ihr.

Verwundert über die eigene Kälte war sie in den Fahrstuhl und zurück in ihr Büro geschlendert. Sie traf niemanden. Im Bad entfernte sie Bart und Perücke vor dem Spiegel. Ihr Gesicht war leer und ganz ruhig. Sie schminkte sich langsam und genüsslich. Anzug, Schuhe und Socken stopfte sie in die Plastiktüten und schlüpfte wieder in Bluse und Kostüm. Zur Garage ging sie über die Feuertreppe.

Sie fuhr stadtauswärts, bog in die Billhorner Brückenstraße ein und nahm kurz vor der Autobahn die Ausfahrt Veddel. Entlang der Hovestraße zogen sich die Gebäude, Öfen und Stahltürme der Norddeutschen Affi. Gegenüber auf einem freien Platz entdeckte sie mehrere Reihen riesiger Müllcontainer. Vorsichtig probierte sie mehrere Schiebedeckel, bis sie einen fand, der nicht quietschte. Mühsam öffnete sie ihn ganz und warf die Tüten in den Container. Er war fast bis zum Rand gefüllt mit verschiedenen Abfällen. So weit sie im trüben Licht der Straßenlaternen sah, waren keine Verpackungen mit Grünem Punkt dabei. Keine Sortierung, dachte sie. Gut. Bei der Leerung würden die oben liegenden Tüten zuerst herausfallen und von der folgenden Mülllawine verdeckt werden. Sie zog den Deckel zu, stieg in den BMW und fuhr nach Hause.

Am Morgen wunderte sie sich, wie gut sie geschlafen hatte. Sie nahm es als Zeichen, dass Mark die Lektion wirklich verdient hatte.

»Ich war so entsetzt wie alle anderen, als ich von Frau Moldts Tod hörte. Ich kannte sie nur flüchtig, trotzdem war es furchtbar für mich, Herr Kanter. Aber ich habe nichts damit zu tun.«

Er hat blonde Haare und braune Augen, dachte sie. Die Kombi wirkt immer. Und er ist ruhig und rücksichtsvoll. Und garantiert ein Schwein wie alle anderen. Stimmt doch, Frau Moldt?

»Vorschlag«, sagte Kanter. »Ich sage Ihnen, was wir wissen. Dann entscheiden Sie, ob Sie gleich gestehen oder erst nach dem Verhör in der Polizeidirektion.«

»Kaffee?«

»Ein andermal, danke. Sie geben zu, dass Sie vorgestern bis 23 Uhr in der Firma waren. Der Zentralrechner hat ab 21:47 Uhr eine Verbindung zwischen Ihrem PC und dem von Frau Moldt registriert, die erst 42 Minuten später unterbrochen wurde. Anfangs sind E-Mails hin- und hergegangen, dann arbeitete nur noch Ihr Rechner. Für Februar zeigt das Nutzerprotokoll siebzehn zum Teil sehr lange Verbindungen zwischen Ihnen und Frau Moldt, und zwar immer nach zwanzig Uhr. Beruflich bedingt? Kaum. So flüchtig kann Ihre Bekanntschaft mit Frau Moldt also nicht gewesen sein. Außerdem wissen wir, dass Sie und Frau Moldt sich unabhängig voneinander neue E-Mail-Adressen besorgt haben, um sich gegenseitig zu täuschen. Wir haben die Diskette, auf der Frau Moldt alle Kontakte gespeichert hat. Wir kennen jedes Wort, Punkt und Komma, die Sie ausgetauscht haben, bis auf die von vorgestern. Michelle und Mark. Soll ich Ihnen die Ausdrucke vorlesen?«

»Sie wollen wirklich keinen Kaffee?« Lisa stand auf. »Ich brauche einen.«

Kanter begleitete sie zur Tür des Wohnzimmers. Auf dem Flur wartete Holbein. In der Küche rauchten sie, während Lisa Kaffee mahlte, den Filter in die Maschine legte und Wasser eingoss. Als es zischte und blubberte, stand sie mit verschränkten Armen im Bademantel am Fenster und summte vor sich hin.

Sie summte noch, während sie das Tablett mit der silbernen Thermoskanne, zwei Bechern, Löffeln, Milch und Süßstoff ins Wohnzimmer trug. Holbein blieb im Flur, Lisa und Kanter setzten sich wieder.

»Ich habe wirklich nichts damit zu tun«, sagte sie freundlich. »Kommen Sie schon, mein Kaffee ist spitze.«

Kanter nickte und hielt ihr den Becher hin. Sie schenkte ein.

»Danke«, sagte er. »Machen wir weiter. Das ist Frau Moldts Tagebuch.«

Aus seinem Rucksack nahm er ein gebundenes blaues Heft und schlug es auf.

»Hören Sie zu. *Michelle ist Lisa Schenk, die Eisprinzessin aus dem achten Stock. Ich liebe sie nicht, aber ich betrüge sie. Sie ist die Frau, die ich gerne wäre. Das weiß ich, seit ich Mark bin. Langsam verfällt sie mir, wie ich einem verfallen möchte.* Reicht das, oder wollen Sie mehr?«

»Das liegt bei Ihnen. Ich war es nicht.«

Kanter nickte. Er beugte sich zu ihr, bis seine Nasenspitze fast ihre berührte, und holte Luft. Er nickte wieder und lehnte sich zurück. »Vorletzter Versuch. In Ihrem Auto haben wir unter dem Beifahrersitz einen Strumpf gefunden. Nylon, schwarz, Netzmuster. Die Analyse wird vermutlich ergeben, dass das Material mit Fasern identisch ist, die am Kragen von Frau Moldt hingen.«

»Sie sind nicht sicher?«, fragte Lisa interessiert.

»Noch nicht, aber ich halte jede Wette. Der Laborbericht muss bald fertig sein.«

»Na, dann warten wir doch so lange.«

»Schade«, sagte Kanter. Er stand auf. »Frau Schenk, ich nehme Sie vorläufig fest wegen Mordes an Ilona Moldt. Bitte ziehen Sie sich an.«

Lisa schien es nicht zu stören, dass Holbein ihr beim Anziehen zusah. Sie summte vor sich hin und lächelte ab und zu durch die offene Tür des Schlafzimmers.

Auf der Straße öffnete Kanter ihr die Hintertür von Holbeins Volvo. Drinnen tippte sie auffordernd auf den Nebenplatz. Kanter setzte sich zu ihr.

»Sie schulden mir noch den letzten Versuch«, flüsterte sie in sein Ohr.

Kanter neigte sich zu ihr. Seine Knie berührten ihre, und sie spürte seinen Atem.

»Sie duften so gut«, flüsterte er. »Calèche von Hermès, unverkennbar. Extrem erotisch, finde ich. Die schönsten Frauen der Welt tragen es.«

Lisa lächelte.

»Zum Beispiel die Freundin von Herrn Severing«, flüsterte Kanter. »Das ist ein Kollege von Ihnen aus der PR-Abteilung. Der war mit drei anderen auf dem Weg zu einer Besprechung. Am Fahrstuhl wartete ein Mann, den sie nicht kannten. Knapp einsachtzig, schlank, Anzug von Boss, Armani-Krawatte, englische Schuhe. Werbefuzzis sehen so was auf einen Blick. Dunkles Haar, Schnauzbart. Ein unauffälliger Typ, passte zur Arona, kein Grund, sich über ihn Gedanken zu machen. Merkwürdig war nur, dass er eindeutig nach Calèche von Hermès duftete. Severing hat sich umgeschaut, und Sie haben ihn angesehen. Er hat die Nase gerümpft, erinnern Sie sich?«

»Nein«, sagte Lisa. »Nein, ich erinnere mich nicht. Nein. Nein!«

»Lisa«, flüsterte Kanter.

Sie drehte sich weg und starrte aus dem Fenster. Holbein stoppte bei Rot am Eimsbütteler Marktplatz. Niemand sagte etwas. Als er anfuhr, hörte er ein ersticktes Wimmern. Im Rückspiegel sah er Lisa, die sich auf Kanter stürzte. Gerade als er in die Bremse steigen wollte und schon zum Schulterhalfter griff, bemerkte er, dass sie sich an Kanter klammerte und sein Chef ihren weißblonden Schopf streichelte.

»Los, komm«, flüsterte Kanter. Er spürte Tränen an seiner Wange. »Sag mir, warum.«

Lisa hob ihr nasses Gesicht.

»Sie war der beste Mann, den ich je hatte.«

Lisas monotone Stimme nervte Holbein. Noch mehr nervte ihn, dass sie den Angriff mit dem Strumpf zwar zugab, den Brieföffner aber nie berührt haben wollte. Er hatte acht Seiten mit Notizen gefüllt, die zweite Kassette rotierte im Rekorder. Seit zwanzig Minuten kreisten Kanters Fragen um ihr Nein, und trotz des Zusammenbruchs im Auto blieb Lisa Schenk stur bei ihrer Geschichte. Sie hatte die Frau gewürgt, bis sie bewusstlos war. Dann war sie gegangen. Kanter ließ sie zum vierten Mal den Ablauf beschreiben. Das Telefon summte. Holbein nahm ab.

»Für Sie.« Er reichte den Hörer weiter.

Kanter hörte zu. Sein Blick bohrte sich in Lisas Gesicht, die erschöpft und blass die Augen schloss. Er legte auf und schwieg lange. Dann sagte er: »Das war der Bericht aus dem Labor. Die Fasern am Kragen stammen von Ihrem Strumpf, Frau Schenk. Die Wette hätte ich also gewonnen. Aber was anderes: Die Kollegen haben ein paar Splitter vom Tatort analysiert. Haben Sie eine Kollegin, die violetten Nagellack benutzt?«

»Das Miststück hat es verdient«, sagte Susi Speichert. »Was glauben Sie, wie die mich gemobbt hat. Immer freundlich, immer lustig, aber wenn sich ein Mann für mich interessiert hat, ist sie fies geworden. Tuscheltuschel mit den Kolleginnen, Faxen hinter meinem Rücken, sogar meinen Gang hat sie nachgeäfft. Die fette Kuh war neidisch, weil sich nämlich ziemlich viele für mich interessieren. Blöderweise war sie auch meine Chefin. Vorgestern hat sie wieder so ein Ding abgezogen, mit Frau Dr. Schenk. Wir laufen den Flur lang, die Schenk kommt uns entgegen, und plötzlich fängt Frau Moldt an, mit den Wimpern zu klimpern, blöde zu grinsen und mit dem Arsch zu wackeln. Da hatte ich endgültig genug und hab mit ihr geredet, dass sie mich nicht mehr nachmachen soll. Wissen Sie, was die gesagt hat? Susi, damit hör ich auf, wenn dein Gehirn auf Normalmaß wächst und dein Hintern auf Normalmaß schrumpft. Und dann lacht sie sich tot und schreit: Also nie, also nie, also nie! Vor den Kolleginnen!«

Bei Arbeitsschluss hatte Susi ihren Mantel angezogen und war wortlos gegangen, verfolgt vom Kichern ihrer Kolleginnen. Auf dem Flur traf sie Ilona Moldt, die sich demonstrativ in den Hüften wiegte. Da platzte ihr endgültig der Kragen.

Sie fuhr ein Stockwerk tiefer und schloss sich in der Toilette ein. Ihr war klar, dass sie lange warten musste. Ilona Moldt arbeitete immer lange, damit prahlte sie geradezu. Susi malte sich aus, wie sie der fetten Kuh gründlich eins auswischen konnte. Ihre Fantasie lief Amok, aber so richtig kam dabei nichts heraus. Brandstiftung, Akten zerfleddern, das Bad demolieren, das der stellvertretenden Leiterin der Revision heilig war? In das Büro würde sie mit ihrem Schlüssel gelangen, kein Problem, aber alle diese Pläne waren kindisch und würden die Mordswut kaum kühlen, die in ihrem Magen rumorte. Nicht genug jedenfalls.

Kommt Zeit, kommt Rat, sagte sie sich und zog die *Allegra* aus der Handtasche.

Viertel vor neun wagte sie sich in den vierten Stock. Die fette Kuh hackte noch auf dem Computer herum. Susi zog sich zurück. Um ein Haar hätte sie der Wachmann gesehen, der seine Runde machte. Sie konnte rechtzeitig im Fahrstuhl verschwinden und hoffte nur, dass der andere gerade nicht auf den Monitor mit den Videobildern vom vierten Stock stierte und sie erkannte.

In ihrem Versteck dachte sie sich im trüben Licht ein rabenschwarzes Horoskop für die fette Kuh aus: lebenslanges Zölibat; fliehende Männer, sobald sie auftauchte; Infarkt beim Zeitungsbericht über Susis Traumhochzeit mit Leonardo DiCaprio; starker Bartwuchs; früher Tod durch Herzverfettung, und kein Mensch an ihrem Sarg.

Viertel nach zehn wagte Susi es wieder. Sie horchte lange. Hinter der Tür von 412 rührte sich nichts. Mit ihrem Schlüssel öffnete sie, trat schnell ein und schloss wieder ab. Kein Licht brannte, nur der Monitor flimmerte. Auf Zehenspitzen näherte sie sich, um die Schreibtischlampe anzuschalten. Sie stolperte, sah zu Boden und schlug die Hand vor den Mund. Es waren Frauenbeine, über die sie fast gefallen wäre.

Ilona Moldt lag neben dem Schreibtischstuhl. Susi beugte sich zu ihr. Atmete sie? Licht! Sie knipste die Lampe an. Die fette Kuh atmete noch, o ja. Um den Hals zog sich eine dünne rote Schwäre. Susi atmete auch wieder. Sie hockte sich neben ihre Chefin.

»Na, du Hackfleischgesicht«, flüsterte sie. »Da hat mir jemand die Arbeit abgenommen.«

Ilona Moldts Hände zuckten, ihr Atem begann zu rasseln, einen Spaltbreit öffneten sich die Augen. Susis erster Gedanke war: Weg hier! Dann dachte sie: Ach was, ich hab sie so gefunden und bleibe hier, um zu helfen. Zum Beispiel, indem ich ihren Kopf unter Wasser ...

Ilona Moldt krächzte ein Wort.

»Was!?«, fragte Susi unwillkürlich.

Ilona Moldt wiederholte das Wort. Es kam verzerrt aus ihrem viel zu dick geschminkten Mund.

Susi verstand: »Transvestit.«

»Wer ist ein Transvestit?!«

»M-m-m.« Die Frau blickte sie aus glasigen Augen an. Susi starrte zurück. Eine kalte Wut überkam sie.

»Wer – ist – ein – Transvestit?«

»Sie doch!« Die Frau würgte und lachte gleichzeitig. Speichel lief aus ihrem Mund. »Sie ... überhaupt keine ... richtige Frau ... Vogelscheuche ... Transvestit ... nicht mal als Mann ... ha ...«

Susi schloss die Augen. Der Abschaum auf dem Teppich brabbelte und brabbelte und giftete und beleidigte sie. Ihre Hand suchte die Schreibtischkante und berührte kaltes Metall. Sie zuckte zurück, dann griff sie zu. Es war ein Brieföffner.

Kanter stellte den Rekorder ab. Holbein legte seine Notizen beiseite.

»Kommen Sie bitte, Frau Speichert?«

»Wohin?«

Holbein verdrehte die Augen und schob sie aus dem Zimmer.

Kanter legte die Beine hoch und rauchte eine. Dann rief er beim Staatsanwalt an. Frau Dr. Schenk war noch in der Vernehmung. Sicher, er konnte sie sprechen.

»Ja?«, sagte Lisa.

»Kanter.«

»Ja?«

»Frau Schenk, wir wissen jetzt, dass Sie nicht zugestochen haben. Wahrscheinlich werden Sie nur wegen Körperverletzung angeklagt, wenn überhaupt. Ich hoffe, das freut Sie.«

»Ja.«

»Sie haben Frau Moldt nicht getötet. Umgebracht haben Sie sie trotzdem, aber das konnten Sie nicht wissen.«

Kanter wartete fast verzweifelt, dass sie etwas sagte oder wenigstens fragte, was er meinte. Nach einer Weile räusperte er sich.

»Haben Sie verstanden? Ich sagte, Sie haben sie nicht getötet, aber umgebracht.«

Frag mich was, dachte er. Widersprich mir. Sag, dass ich maßlos übertreibe, womit du ja recht hättest. Sag irgendwas!

»Ja«, sagte Lisa.

CARMEN KORN

Schlafende Ratten

Und du paßt nun auf die Ratten auf?, fragte der Mann.
Auf die doch nicht! Und dann sagte er ganz leise: Mein Bruder liegt nämlich da unten. Da. Jürgen zeigte mit dem Stock auf die zusammengesackten Mauern. Unser Haus kriegte eine Bombe. Mit einmal war das Licht weg im Keller. Und er auch. Wir haben noch gerufen. Er war viel kleiner als ich. Erst vier. Er muß hier ja noch sein. Er ist doch viel kleiner als ich.
Der Mann sah von oben auf das Haargestrüpp. Aber dann sagte er plötzlich: Ja, hat euer Lehrer euch denn nicht gesagt, daß die Ratten nachts schlafen?

Aus »Nachts schlafen die Ratten doch«
von Wolfgang Borchert

Er gab einen Tropfen der Lasurfarbe auf die Untertasse und tauchte den feinsten der Pinsel ein. Nur nicht zittern, wenn er jetzt ansetzte, der Dame den bitteren Zug um den Mund zu nehmen. Er hätte gestern Abend nicht so viel saufen sollen. Dann wäre die Hand ruhiger gewesen. Doch Jo hatte noch eine Flasche Salice auf den Küchentisch gestellt, die wollte einfach gekillt werden. Jo und er waren zu Rotweintrinkern geworden. Gut fürs Herz.

Thies bohrte sich die Zunge in die linke Backe, so voller Konzentration war er, als er seinen Pinsel in den linken Mundwinkel der Dame senkte. Eine zarte Retusche, und die Gute lächelte, wie sie vor sechsundsechzig Jahren nicht gelächelt hatte, als sie in einem Fotoatelier am Großen Burstah in die Kamera blickte. Thies sah zufrieden auf den Abzug, den er vom Original gemacht hatte. Er würde dem Kunden beide Varianten vorlegen. Dame lächelnd. Dame bitter. Das Parteiabzeichen im Kragen der Bluse hatte er wegretuschiert. Auch da konnte der Kunde wählen.

Thies Lang seufzte. Er hatte eine tiefe Sehnsucht danach, die Vergangenheit zu schönen. Das vermutlich war es, was ihn zu einem erstklassigen Retuscheur machte, wenn der kleine schäbige Laden hier auch nicht ahnen ließ, welch ein Könner darin tätig war. Einer, der noch mit der Hand arbeitete. Ein Computer kam nicht infrage, selbst wenn er ihn hätte bezahlen können.

Er legte den Pinsel auf die Untertasse und betrachtete die Fotografie. Tante Lydia, 1936. Er wusste, dass das auf der Rückseite geschrieben stand. In blasser Tinte. 1936. Da war er ein Jahr alt gewesen und der Kleine noch nicht geboren. Endlos lange her. Konnte man ihm nicht ansehen, dass er das alles gelebt hatte. Gestern Abend erst hatte ihm Jo am Küchentisch gesagt, dass Thies noch immer das treue verknautschte Hundegesicht von vor vierzig Jahren habe. Hast dich kaum verändert, Alter, hatte Jo gesagt. Thies fing an, das für ein Kompliment zu halten. Glaubte wirklich keiner, dass er in der zweiten Hälfte der sechzig war.

Thies stand auf und ging in den vorderen Teil des Ladens, den ein schwarzer Samtvorhang von Studio und Werkstatt trennte, und sah aus dem Schaufenster. Drüben beim Schlachter standen Angestellte aus den Büros für den kleinen Mittagstisch an. Dabei war es erst halb zwölf.

Um zwölf wollte der Kunde kommen und Tante Lydia samt einem nagelneuen Negativ abholen. Die geschönte Reproduktion war nur ein Angebot des Hauses.

Thies kniff die Augen zusammen, um zu lesen, was auf der Schiefertafel stand, die vorm Schlachterladen angelehnt war. Sauerfleisch auf Salat von Rauke. Das wurde doch immer verrückter. Warum keine Bratkartoffeln? Thies wandte den Blick ab und sah in die Auslage seines eigenen Schaufensters. Ein Dutzend Kodak-Schachteln waren nett platziert. Daneben ein paar antiquarische Bücher, von denen Kartons voll im Keller standen. Es hatte kaum einen Buchclub gegeben, dem seine Mutter nicht beigetreten war. Lenkt mich ab, Thies, hatte sie immer gesagt. Braucht man nicht so viel über das eigene Leben zu weinen.

Nun musste sie nichts und niemanden mehr beweinen. Nicht die Anna Karenina, nicht das eigene Leben. Seit acht Jahren lag Käthe Lang in Ohlsdorf. Neben dem Kleinen. Bübchen. Von ihrem Mann waren nur die Lebensdaten auf den rauen Granitstein gemeißelt. Die Leiche war damals leider nicht aus Russland zurückgeschickt worden.

Konnte sich Thies noch neben legen in Ohlsdorf. Nur nicht so bald. Wenn nicht noch eine seiner beiden Ehefrauen käme, um den Anspruch zu erheben, mit ihm in einem Doppelgrab zu liegen. Lene vielleicht. Die war die sentimentalere.

Thies Lang zuckte zusammen, als die Glocke der Ladentür ging. Er hatte die beiden gar nicht kommen sehen, so sehr war er in Gedanken gewesen. War zeitig dran, der Kunde. Noch keine zwanzig vor zwölf. Er lächelte dem Mann zu, der das Negativ in Auftrag gegeben hatte, und dann blieb sein Blick an dem alten Herrn hängen, der ihn begleitete. Elegant sah der aus. Teuer. Doch sein Mund hatte was Verächtliches, da war die bittere Lydia ein mild lächelnder Engel gegen. Irgendwas rührte sich in Thies Lang. Eine vage Erinnerung. Nur hatte er keine Ahnung, an was, und so ging er nach hinten, um zwei Fotos und ein Negativ zu holen.

Heike Pöhls hatte früh angefangen, ihren Vater zu hassen.

Er war ekelhafter geworden, je reicher er wurde. Das Geld hatte ihm nicht gutgetan. Das hatte Heikes Mutter immer gesagt, die Helmut Pöhls geheiratet hatte, als er ein kleiner Vertreter für Campingmöbel gewesen war. Doch dann war er auf den Dreh gekommen, diese und andere Pritschen zur Ausstattung von Bunkern anzubieten, die wieder eingerichtet wurden. Unter dem Hamburger Hauptbahnhof zum Beispiel. Ein großes Geschäft. Auch in den anderen Städten der prosperierenden Bundesrepublik. Bunker konnte man sicher immer mal brauchen, und dann wollten die Leute, die sie mit Kind und Kegel aufsuchten, auch zu sitzen und zu liegen kommen. Pöhls' Pritschen waren solide Arbeit, von Anfang an in einer kleinen Fabrik am Gardasee hergestellt. Es war ihm immer gelungen, die Preise zu drücken, als die Kosten für die Herstellung in Italien im Laufe der Jahre stiegen.

Heike war 1962 geboren worden. Da war ihr Vater schon wohlhabend gewesen und ihre Mutter tablettensüchtig. Eigentlich ein Wunder, dass sie noch fast vierzig Jahre wartete, bis sie den Inhalt von vier Röhrchen schluckte.

Heike hatte sie im vergangenen Dezember gefunden. Ihr Vater war wie immer nicht zu Hause gewesen, sondern bei einer seiner Nutten. Er hatte noch viel Energie für einen Mann seines Alters.

Nach dem Tod ihrer Mutter war Heike Pöhls zu einer Psychologin gegangen, die Heikes Hirnströme messen ließ, um ihr dann ein Rezept für ein Antidepressivum über den Schreibtisch zu schieben, das schon Heikes Mutter nicht glücklicher gemacht hatte. Heike hatte es später auf der Mönckebergstraße in einen Abfallkorb geworfen.

Erst in den nächsten Monaten erkannte sie, wo die Lösung für ihre Depression war. Da hatte sie schon die Kladden gefunden, die ganz hinten im Wäscheschrank ihrer Mutter gewesen waren. In denen stand die Qual von vierzig Jahren.

Nein. Sie wollte nicht so enden wie ihre Mutter. Heike glaubte immer sicherer zu wissen, dass sie erst frei atmen konnte, wenn ihr Vater nicht länger am Leben wäre.

Thies schloss den Laden, als er sah, dass beim Schlachter drüben der Fußboden aufgewischt wurde. Der allabendliche Zapfenstreich. Gott sei Dank, dass dieser Tag geschafft war. Er hatte sich den ganzen Nachmittag lang niedergeschlagen gefühlt und nicht so richtig gewusst, wieso. Es gab auch kaum Arbeit, die ihn hätte ablenken können. Nur ein paar Fotos für eine Bewerbung fertig machen. Auch da hatte er sich eine kleine Verbesserung erlaubt und dem jungen Mann ein Leuchten ins Auge gesetzt, das jedem Arbeitgeber Tatkraft signalisieren musste.

Doch die meiste Zeit war er durch den Laden geschlichen und hatte ein paarmal vor dem gerahmten Familienfoto gestanden, das über seinem Arbeitstisch hing. Nichts retuschiert daran. Alle hatten sie froh gelächelt, und der kleine Viererverbund war noch komplett gewesen. Vater, Mutter, Thies, Bübchen. Im Frühling 1943. Sein Vater hatte die Landseruniform ausgezogen für dieses Foto und gegen den guten Anzug getauscht.

Viel Leben war das für Thies Lang gewesen zwischen 1943 und jetzt. Eine Menge passiert und er immer mittendrin. Kein Kind von Traurigkeit. Doch das eine Jahr klebte an ihm wie die Pest. Phosphor, dachte er, der klebte auch wie die Pest. Dass ihn die Bombennächte des Juli 43 nicht losließen. Thies schüttelte den Kopf. Es war ja nicht so, dass er ständig dran dachte. Aber heute. Heute ließ es ihn mal wieder nicht los. Vielleicht sollte er doch die Sauferei von gestern Abend fortsetzen. Jo hatte bestimmt nichts dagegen, den Spanier auszutrinken, den Thies bei Penny aufgetan hatte.

Die Flaschen klirrten, als er die Tüte hochhob. Zwei Gran Reserva würden kaum reichen, um ihn in seliges Vergessen sinken zu lassen. Vor allem nicht, wenn sein alter Kumpel Jo mittrank. Thies griff nach der Lesebrille, die noch auf dem Arbeitstisch lag. Neben dem eingetrockneten Pinsel. Da kaufte er den teuren aus Rotmarderhaaren, und dann ließ er ihn verkommen. Er stellte die Tüte noch einmal ab und ging zum Waschbecken. Das Wasser lief noch, als der Pinsel schon längst sauber war. Doch Thies war eine Erinnerung gekommen. Ihm war eingefallen, wo er diesen verächtlichen Mund schon einmal gesehen hatte.

Er drehte das Wasser endlich ab und nahm die Tüte, um durch die Flurtür ins Treppenhaus zu gehen. Acht Treppen bis zum obersten Stock. Die Terrazzosteine tanzten ihm vor den Augen, und er sah das graubraune Gesprenkel noch, als er schon die Wohnungstür hinter sich geschlossen hatte.

Die vielen Treppen. Das Kind auf dem Arm. Das andere, das noch taumelig ist vom Schlaf, vor sich hertreibend. Den Koffer in der Hand. Das Federbett auf dem Rücken.

Starke Anflüge auf Hamburg, hat der Reichssender gemeldet. Die matte Stimme des Staatssekretärs Ahrens, der im Bunker vom Gauleiter sitzt: In wenigen Minuten fallen die ersten Bomben. Suchen Sie die Luftschutzkeller auf.

Onkel Baldrian nennen sie ihn, den Ahrens. Weil seine Stimme so schläfrig klingt. Beinahe beruhigend. Nur nicht ins Stolpern kommen auf den Stufen abwärts. Die Sirenen. Der Luftschutzwart, der vor der Kellertür steht mit einem Stahlhelm aus dem Ersten Weltkrieg auf dem Kopf. Treibt sie alle hinein. Feste Plätze, die nächtlich aufgesucht werden. Selten kommt ein Fremder in den Keller.

Die erste Detonation. Kalk und Staub rieseln von der Decke.

Nicht bei uns, sagt einer. Ist weit weg. Trostworte. Nur der Dreizehnjährige aus dem dritten Stock liest seine Heftchen. Tom Mix. Er hört erst auf, als die Notbeleuchtung zu heftig ins Flackern kommt. Sie flackert einem noch vor den Augen, wenn man schon wieder hochgestiegen ist. Ein Uhr. Und wieder ins Bett. Mit den Kleidern. Bis zum nächsten Alarm.

»Das war toll, als der Krieg zu Ende war«, sagte Jo, »abends ausgezogen ins Bett zu gehen. Durchzuschlafen.«

Thies nickte. Jo und Bübchen hatten zusammen gespielt im Hof des Hauses in der Heitmannstraße. Drei Jahre alt waren die beiden da gewesen. Nachbarskinder. Sommer 1943.

Thies erinnerte sich noch an die Geranien, die Jos Mutter in die Balkonkästen gepflanzt hatte. Leuchtend rot. Dann lag grauer Staub auf ihnen, und auf einmal waren sie nicht mehr da. Die Geranien nicht. Kein Balkon und kein Haus.

»Denkst du noch viel dran?«, fragte Jo.

Thies zögerte, ihm von dem alten Herrn im teuren Anzug zu erzählen. Dem mit dem verächtlichen Mund. »Kommt drauf an. Ganz nach Gemütslage.«

»Die scheint nicht doll zu sein«, sagte Jo.

Thies zuckte die Achseln. Er stand auf und ging zum Fenster und blickte auf die nächtliche Mozartstraße. Weit weg hatte er sich wirklich nicht bewegt in diesem Leben. Von der Heitmann in die Mozart. Immer dem südlichen Barmbek treu geblieben. Selbst als er mit Lene verheiratet gewesen war und dann mit Karin, war er nicht über die Herderstraße hinausgekommen.

»Glaubst du an späte Rache?«, fragte er.

»Dass du das fragst. Gerade habe ich was drüber gelesen. Dass die Inkubationszeit für eine Rache unendlich sein kann. Psychische Prozesse haben keine Verjährungsfrist.«

»Was liest du für Bücher?«

»Krimis«, sagte Jo, »Henning Mankell.« Er schnitt sich von dem Gouda ab, von dem ein Kilostück auf dem Küchentisch stand, und goss den letzten Schluck Rotwein ins Glas.

»Was haben wir eigentlich mit unserem Leben gemacht?«, fragte Thies.

Jo guckte auf. »Ist das eine ernsthafte Frage?«

Thies nickte. Er ging zum Kühlschrank, um mal nach dem Aquavit im Eisfach zu gucken. »Ich höre«, sagte er.

»Ein Kind. Eine Ehefrau. Dreißig Jahre bei Brinkmann hinter der Ladentheke gestanden und Elektrokleinteile verkauft.«

»Wenigstens ein Kind«, sagte Thies, »und mit Gudrun geht's doch auch noch. Oder?«

»Geht jeder so seine eigenen Wege.«

»Okay«, sagte Thies. »Fotografenmeister, der in einer Klitsche sitzt. Zwei Ehen. Keine Kinder. Leider.«

»Worauf willst du eigentlich hinaus?«

»Darauf, dass ich noch was zu erledigen habe in diesem Leben«, sagte Thies und tat den Aquavit in zwei kurze Gläser.

»Rache?«, fragte Jo und klang beunruhigt. »Was willst du rächen und an wem?«

Thies schwieg. Die beiden tauschten nur einen langen Blick aus, bevor sie die Gläser aneinander stießen.

Ihr vierzigster Geburtstag. Der ideale Tag, um endlich das freie Atmen anzufangen. Noch acht Tage bis dahin. Das sollte genügen für die kleinen Vorbereitungen.

Das Schwierigste würde werden, ihren Vater zu bewegen, ihr Zeit zu schenken. Heike war keine, die ihn auch nur eine Sekunde lang reizte, und da unterschied er nicht zwischen Töchtern und anderen Frauen. Es gab nur lockende Weiber und ausgetrocknete Tanten für ihn. Vielleicht ihr Glück, dass er sie zu der zweiten Kategorie zählte.

Einmal hatte er sie angefasst. Da war sie fünfzehn gewesen, und sie hatten noch das Haus in Nienstedten gehabt. Aus dem Pool war sie gekommen und hatte sich nass auf die Liege gelegt, um in der Sonne zu trocknen. Auch eine Klappliege aus der Produktion der Fabrik am Gardasee. Seine Hand in ihrem Bikinihöschen. Sie hatte ihn gar nicht kommen hören. Den hohen Schluchzer ihrer Mutter hörte sie. Die Hand wurde weggezogen. Hysterisch, hatte ihr Vater gesagt. Hätte nicht schluchzen sollen, ihre Mutter. Das ließ Helmut Pöhls nur wütender werden. Dann schlug er zu.

Die nächste Schwierigkeit wäre, ihn in ihre Wohnung zu locken. Die hatte er nur einmal betreten. Ihr zerstückelter Altbau war ihm zuwider. Zwei Zimmer und eine dunkle Küche. Tat so, als habe er nichts anderes als Häuser in Nienstedten gekannt. Oder sechs Zimmer im Nonnenstieg, in denen er nun allein wohnte, wenn nicht schon längst eine der Nutten zu ihm gezogen war. Dabei wohnte sein Geldeintreiber hier um die Ecke, der Mann, der seit Jahren die schmutzige Seite seiner Geschäfte übernahm.

Heike Pöhls mochte die Mozartstraße. Hier war keiner so wie die Leute, mit denen ihr Vater verkehrte. Nicht mal die Nutten.

Hier würde ihr endlich gelingen, die Glasglocke zu heben, unter der sie bisher gelebt hatte.

Sie nahm den Kalender, der vor ihr lag, und hängte ihn wieder an seinen Platz zurück. Ein kleines Herz hatte sie um das Datum ihres Geburtstages gemalt. Mit einem roten Stift.

So hatte ihre Mutter es immer gemacht.

Eine Viertelstunde schon schlich er in der Heitmannstraße herum. Als könne er hier die Geister beschwören. Doch in dieser Straße beschwor er höchstens den Wiederaufbau der Fünfzigerjahre. Ein einziges altes Haus stand noch.

Von ihrem hatte noch eine Zeit lang die leere Fassade gestanden. Bis dann das schwarze Kreuz auf eine der Mauern gemalt worden war. Sprengung hieß das.

Thies blieb stehen und massierte sich den Nacken. Warum fing der an, so schrecklich wehzutun, während er hier die roten Backsteine betrachtete? Er sollte seinen Samstagnachmittag besser dazu nutzen, Squash zu spielen, um zu gucken, wie weit er noch kam gegen die nervösen Jungs in den Vierzigern. Die aus den Manageretagen.

Heute Abend musste er unbedingt aus dem Haus gehen, sonst würde er noch verrückt werden bei all dem Wühlen in der Vergangenheit. Vielleicht ins Akropolis. Die hatten heute Live-Musik. Letzter Samstag im Monat. Ein bisschen Busuki konnte nicht schaden. Er sollte Karin anrufen. Sie war immer gern zum Griechen gegangen.

Er bog in den Imstedt ein und ging in die Mozart zurück und blieb schließlich vor seinem eigenen Laden stehen. Flauberts Madame Bovary lag im Schaufenster. Aus den Beständen seiner Mutter. Die beiden Simmel, die daneben lagen, hatte Lene zurückgelassen. Eine eher trostlose Dekoration für das Fenster eines Fotografen. Thies' Blick blieb an dem Porträt eines Kindes mit Hund hängen. Er wusste, dass es von 1909 war. In drei verschiedenen Vergrößerungen warb er damit.

Thies seufzte. Eigentlich schrieb er immer die Adressen der Kunden in seine Kartei. Oder die Telefonnummer. Er hatte keine Ahnung, warum er es nicht getan hatte, als Tante Lydia in Auftrag gegeben worden war. Nur den Namen hatte er notiert. Ein echter Treffer. Es gab Hunderte Bansens im

Hamburger Telefonbuch. Zum Totlachen, die Vorstellung, die alle anzurufen und sein Anliegen zu erklären.

Er schloss die Haustür auf und stieg zu seiner Wohnung hoch und war sich sicher, dass er Karin nicht erreichen würde.

Bomben, die treffen, hört man nicht mehr. Alle, die hier sitzen, wissen das, außer den ganz Kleinen. Im Augenblick sind nur die Kanonen der Flak zu hören. Dann ein Krachen.

Der Zementboden des Kellers schwankt. Das Haus. Tee, sagt einer. Wer will Tee? Er dreht die Thermosflasche auf. Keiner trinkt Tee. Auch der nicht, der ihn angeboten hat.

Die Hände beschäftigen, ehe sie sich wieder zu Fäusten ballen, deren Knöchel weiß hervortreten. Der Dreijährige auf dem Schoß der jungen Frau klammert sich an ihrer Bluse fest, und sie fängt ganz automatisch an zu summen. Ein paar Töne, die beruhigen sollen. Es ist immer noch nicht vorbei, da draußen. Die Angriffe werden heftiger. Den ganzen Tag hat es Gerüchte gegeben. Eimsbüttel brennt. Altona. Der Hafen. Hier im Keller spricht keiner davon. Um ein Uhr zwei endlich Entwarnung. Heute steigen sie nur zögernd die Kellertreppe hoch. Haben Angst davor, was sie oben vorfinden werden.

»Du bist einfach zu sentimental«, sagte Karin, »hättest bei Lene bleiben sollen. Die hat zu dir gepasst.«

Sie zündete sich eine Zigarette an, obwohl schon zwei Kippen im Aschenbecher lagen. Dabei hatte der Abend gerade erst begonnen. Thies hatte ihre Raucherei nie gemocht, auch wenn das nicht gerade der Scheidungsgrund gewesen war. Doch nun saß er hier mit Karin, die gleich beim ersten Klingeln des Telefons abgenommen hatte. Da sollte er friedlich sein und dankbar, dass er den eigenen Gedanken entkommen war. Stattdessen quatschte er ihr die Ohren von den Qualen der Vergangenheit voll.

»Was weißt du von Lene«, sagte er.

»Genug«, sagte Karin und blies ihm Qualm ins Gesicht.

»Du bist einfach zu jung«, sagte Thies, »hast das alles selber nicht mehr erlebt.«

»Das ist bald sechzig Jahre her, und die Toten machst du auch nicht mehr lebendig.«

»Nein«, sagte Thies.

»Das ist dein Problem. Dass du dich an ein Trauma hängst. Hat dich völlig lebensuntüchtig gemacht. Darum bist du nicht aus deinem Laden rausgekommen. Du konntest was. Hättest in der Welt herumfahren können und fotografieren.«

»Vietnam«, sagte Thies. »Kambodscha. Uganda. Bosnien. Vielleicht würden sie mich für Afghanistan nicht mehr nehmen. Dafür bin ich vermutlich schon zu alt.«

Es war doch keine so gute Idee gewesen, sich mit Karin zu treffen. In ihren Augen ließ sich leicht lesen, was sie früher gern ausgesprochen hatte. Sie hielt ihn für einen Versager.

»Vergiss es«, sagte Karin.

»Du solltest deine Zigarette ausdrücken. Sie verbrennt dir gleich die Finger.« Ihre Beziehung schien wirklich noch Zunder zu haben, so wie sie sich angifteten.

»Du glaubst gar nicht, wie viele Leute einen verächtlichen Zug um den Mund haben«, sagte Karin. Thies sah sie an. »Doch«, sagte er.

»Du kannst ja eine Anzeige aufgeben. Mutmaßlicher Mörder verzweifelt gesucht.«

»Streich mutmaßlich«, sagte Thies.

»Verrenne dich nicht«, sagte Karin und lächelte die junge Frau an, die ihr die Calamares hinstellte.

Thies sah auf seine Lammkoteletts. Sie sahen ohne Zweifel lecker aus. Doch wenn er die kleinen Knochen betrachtete, fing er an, sich für den geborenen Vegetarier zu halten.

»Ich kann deine Geschichten jedenfalls nicht mehr hören«, sagte Karin, »einmal muss ein Mann erwachsen werden.«

Heul nicht, hatte ihr Vater gesagt. Da hatte Margot Pöhls noch auf der schwarzen Ledercouch gelegen, die zweimal so lang war wie sie selbst. Die Leichenstarre war schon eingetreten, und ihre Finger ließen sich kaum von dem Kaschmirplaid lösen, das sie umklammert gehalten hatte.

Die Polizeibeamten waren gerade gegangen, als die Männer mit dem Sarg kamen. Helmut Pöhls konnte es nicht schnell genug gehen. Er hatte sehr gereizt geklungen, als Heike ihn endlich auf dem Handy erreichte.

Der Selbstmord seiner Frau schien ihm der letzte Beweis ihrer Hysterie zu sein.

Am Grab hatten seine Geschäftsfreunde gestanden, um eine Schaufel Erde hinabzuwerfen und dem gefassten Witwer zu kondolieren. Für ihre Mutter waren keine eigenen Menschen übrig geblieben nach all den Jahren. Nur Heike.

Am Abend war er dann in ihre Wohnung gekommen. Er hatte an die Wände geklopft, als ob er die Bausubstanz prüfen wollte. »Wovon willst du leben, wenn deine Mutter dich nun nicht mehr unterhält?«, hatte er gefragt, und Heike hatte sich dafür gehasst, dass ihr darauf die Antwort fehlte.

Den Schmuckkasten ihrer Mutter durfte sie behalten. Ihr Erbe. Margot Pöhls hatte kein Konto auf der Bank gehabt. Das, was sie ihrer Tochter zusteckte, war das Geld für Garderobe und Haushalt gewesen, das ihr Mann immer mal wieder auf der antiken Konsole in der Diele liegen ließ.

Heike hatte schon zwei der schweren Goldketten aus dem schweinsledernen Schmuckkasten verkauft. Die Kladden waren das eigentliche Erbe für sie.

Thies hatte den ganzen Sonntag im Laden herumgehangen und immer wieder die Szene rekonstruiert. Das Klingeln der Ladenglocke. Dann waren die beiden Männer eingetreten.

Der Kunde, der die Reproduktion von Tante Lydia in Auftrag gegeben hatte, mochte vielleicht um die vierzig sein. Nicht ausgeschlossen, dass er hier in der Gegend arbeitete. Er war keineswegs so elegant gewesen wie sein Begleiter. Der sah nach City aus. Neuer Wall. Colonnaden. Fleetinsel. Harte Sorte Geschäftsmann, schätzte Thies.

Er versuchte, sich auf das Gesicht dieses alten Herrn zu konzentrieren, um dann die Erinnerung an das Gesicht des Mannes von damals aus dem Gedächtnis hochzuholen.

Ein junger Mann, der Soldat hätte sein müssen. Der keine Uniform trug. Nur die schweren Stiefel hatte er getragen.

Für Thies war er ein Erwachsener gewesen.

Er war sicher, dass die Erinnerung ihn nicht trog, auch wenn er ganz gern eine Fotografie in der Hand gehalten hätte.

Verrenne dich nicht, hatte Karin gesagt.

Der Abend gestern war wirklich nicht erfreulich gewesen.

Immerhin wusste er jetzt wieder, warum Karin und er nicht länger zusammenlebten. Das war ihm in den einsamen Nächten der letzten Monate entfallen.

Was wäre denn, wenn er diesen Hansen auftäte, ihn aus den Seiten des Telefonbuches sieben würde? Ihn auf der Straße träfe? Ich suche einen Mörder, der mit Ihnen in meinen Laden spaziert ist. Genau. Der teure alte Herr. Bitte nennen Sie mir Namen und Adresse, damit ich ihn endlich zur Rechenschaft ziehen kann. An der Scheibe des Schaufensters klopfte es. Thies guckte auf und sah Jo, der doch mit Gudrun in der Heide sein sollte, den ersten Spargel holen. Jo drückte gegen die Ladentür. »Mach doch mal auf«, rief er. Thies suchte eine Weile, bis er den Schlüssel neben der Kasse liegen sah. »Ich dachte, du verbringst deinen Sonntag auf dem Lande«, sagte er, als er Jo einließ.

»Gudrun hat Kopfschmerzen, und ich habe noch mal über alles nachgedacht.«

»Worüber hast du nachgedacht?«, fragte Thies.

»Der Alte, der zu dir in den Laden gekommen ist.«

Thies war sich sicher, Jo nichts davon erzählt zu haben. So viel war in der Aquavitflasche nicht mehr drin gewesen, dass er das vergessen hätte.

Jo hob die Hand. »Schon gut«, sagte er, »Gudrun hat mit Karin telefoniert, und die hat es erzählt. Ist ziemlich beunruhigt, deine Verflossene.«

»Ich bin immer noch zu vertrauensselig«, sagte Thies. »Ich hätte meinen Mund halten sollen gestern beim Griechen.«

»Du kennst doch die Frauen«, sagte Jo.

Thies schüttelte den Kopf. »Komm mit nach oben«, sagte er, »erzähle mir bei einer Tasse Kaffee, worüber du nachdenkst.«

»Ich wollte dir vorschlagen, unsere Erinnerungen zusammenzuwerfen. Vielleicht entsteht dann ein genaues Bild.«

»Du warst doch noch nicht mal vier Jahre alt.«

»Da kommt schon einiges hoch, wenn ich mir Mühe gebe.«

»Und dann?«, fragte Thies.

Jo hob die Schultern. »Schau'n wir mal«, sagte er.

Die Stempel aus Holzbalken zittern. Sollen die Kellerdecke stützen, falls das Haus einfällt. Keiner kann sagen, ob die Stützen halten werden. Im Ernstfall. Ergeben kommt man in diesen Keller, der zum Luftschutzraum ernannt worden ist. Am frühen Abend werden die Kinderwagen der Kleinsten hinuntergetragen. Dass sie nachts nur noch hineingelegt werden müssen, die schlafenden Bündel.

Der Junge aus dem Parterre lehnt sich an die zitternden Holzbalken und hält sein Koffergrammophon in der Hand.

Fünfzehn Jahre alt ist er. Wenn der Krieg lange genug dauert, werden sie ihn auch noch nach Russland schicken. Dann ist Ende mit dem Hotkoffer und den langen Haaren. Gibt jetzt schon ständig Ärger in der HJ. Wenn man da nicht Meister der Ausreden wäre. Heute ist es besonders schlimm. Auch des Wissens wegen, was schon geschehen ist. An den Straßenecken wurde den ganzen Tag geflüstert, dass die Stadt ausradiert werden soll. Größerer Angriff auf Hamburg, steht im Wehrmachtsbericht.

Ein furchtbarer Einschlag. Luftmine vielleicht. Die Männer drücken gegen die Kellertür, als müssten sie sie zuhalten. Jemand setzt eine Baldrianflasche an den Hals. Andere klammern sich an ihren Stühlen fest. Die Kinder weinen.

Endlose Zeit, bis Entwarnung kommt. Der Luftschutzwart geht als Erster und kehrt zurück. Sie sollen Tücher nass machen. In der Zinkwanne, die hinten steht. Das Wasser ist trübe geworden von Kalk und Staub. Tücher vors Gesicht und dann nach oben. Es brennen viele Häuser in der Straße.

»Da war ein Junge«, sagte Jo, »der hat deinem Bruder und mir Musik vorgespielt. Ganz andere als im Radio. Wir Kleinen waren ein dankbares Publikum. Weißt du, dass das eine meiner ersten Erinnerungen ist?«

»Swing«, sagte Thies. »Teddy Stauffer.«

»Die Familie hat später lange in einem zusammengeflickten Keller gewohnt. Den Jungen habe ich nie mehr gesehen.«

»Nein«, sagte Thies.

Jo guckte auf den Kaffee, der noch in der kleinen Glaskanne war. »Hast du nichts anderes?«

Thies stand auf, um die eine Flasche Wein zu öffnen, die er gestern bei Penny an der Mundsburg mitgenommen hatte.

»An was erinnerst du dich noch?«, fragte er.

»Bübchen wollte immer Geschichten hören«, sagte Jo.

»Deine arme Mutter. Draußen dröhnte es. Die Mauern bebten, und dein Bruder saß auf ihrem Schoß und ließ sich vom Wolf und den sieben Geißlein erzählen.«

»Das hat ihn beruhigt. Solange Mütter Geschichten erzählen, kann die Welt nicht untergehen.«

»Ja«, sagte Jo, »doch meine Mutter machte das nicht mit. Die hat immer nur auf ihrer Zigarette herumgekaut.«

Thies goss die Gläser voll und leerte seines, noch ehe Jo zum Zuge gekommen war.

»Du bist ein echter Genießer«, sagte Jo. »Vielleicht sollten wir aufhören. Geht dir noch viel zu nahe.«

»Die letzte Nacht«, sagte Thies, »weißt du da noch was?«

Jo schwieg und kaute an einem Schluck Wein herum, als sei es ein Stück Schwarte. In seiner Kindheit hatte er oft geträumt von dieser Nacht. Aus dem Schlaf war er dann hochgefahren und hatte geschrien. Er erinnerte sich kaum an die Träume.

»Da war der schlimmste Angriff auf Barmbek«, sagte er schließlich. Nicht das, was Thies wissen wollte. »Schon gut«, sagte Thies, »ich erinnere mich ja. Dachte nur, du wüsstest noch was von dem Fremden, der in der Nacht im Keller war. Der Luftschutzwart kannte ihn.«

»Ich weiß, an wen du denkst«, sagte Jo. »Doch ich kenne ihn nur aus deinen Erzählungen.«

Thies stand auf. »Was hältst du von Nudeln?«, fragte er. »Oder wartet Gudrun auf dich mit dem Essen?«

»Nee«, sagte Jo. »Die hat die Beine hochgelegt und guckt die Lindenstraße. Da kann ich mir nur ein Butterbrot schmieren.«

Er war erstaunt gewesen von ihrem Anruf. Genau, wie sie es sich gedacht hatte. Um Heikes Geburtstag hatte sich Helmut Pöhls nie gekümmert. Das war Sache ihrer Mutter gewesen.

Geht es dir um ein Geschenk?, hatte er gefragt.

Das wäre noch einfach für ihn gewesen. Die Sekretärin losschicken oder eine seiner Nutten. Ein Tuch von Hermès für die Tochter. Ein Eau de Toilette von Van Cleef & Arpels. Und es dann von einem Boten abgeben lassen.

Das Erstaunen ihres Vaters wurde noch größer, als sie das Essen vorschlug. Doch er fing sich schnell. Vier Jahreszeiten? Viehhauser? Bei mir zu Hause, hatte Heike gesagt, und das ließ ihn schweigen. Sie hörte ihm dabei zu.

Gut, Heike, hatte er schließlich gesagt, viel Zeit werde ich nicht haben. Nein. Sie hoffte auch, dass es schnell vorüber war. Vielleicht schon nach dem ersten Gang. Eine Zeit lang hatte sie an Gift gedacht. Ein Ratatouille, in dem sie die Blätter ihres Oleanders einkochte. Doch sie wollte nicht, dass er in den Minuten vor seinem Tod nur an eine Magenverstimmung glaubte. Er sollte ihren Hass spüren. Die erhobene Hand sehen, in der sie die Waffe hielt.

Seit sie den Hörer aufgelegt hatte, lief sie durch die Wohnung und suchte nach dieser Waffe. Zog eine der Schubladen im Küchenschrank auf und holte ein Messer heraus. Stach zögernd in ein Kissen. Doch sie war keine Messermörderin. Konnte keine Kehlen durchschneiden. Sich nicht rücklings nähern und dann noch die richtige Stelle finden.

Sie blieb eine Dilettantin. Ihr Vater hatte recht. Was sie in die Hand nahm, misslang ihr. Heike öffnete den Kühlschrank und holte die Literflasche Le Patron hervor, eher Plörre als Wein, der billigste, den sie finden konnte. Doch sie musste sich das Geld vom Schmuck einteilen. Sie hatte schon lange keinen der Jobs mehr gehabt, die sie durchs Leben brachten.

Heike setzte die Flasche an die Lippen und trank in großen Schlucken. Sie war immer davon überzeugt gewesen, dass Wein nicht den Schaden anrichten konnte, den die Tabletten ihrer Mutter getan hatten. Sie wollte die Weinflasche zurück in den Kühlschrank stellen, doch sie zögerte und schwenkte die Flasche. Drückte den Korken wieder hinein und schwenkte sie heftiger. Dann wog sie den Le Patron befriedigt in der Hand.

Wenn man erst mal wieder angefangen hatte, sich zu treffen, wurde gleich eine Serie daraus. Wenn auch ganz ungewollt.

Am Morgen war es Thies noch gelungen, Karin nur leicht zuzuwinken, als er sie auf der anderen Straßenseite sah. Doch am Mittag kam sie in den Schlachterladen, als er dabei war, sich Erbsensuppe mit Wursteinlage zu genehmigen. Ein angenehm normales Gericht. Keine Frage, dass Karin was mit Rauke wählte und sich an seinen Stehtisch stellte, um ihm kritisch ins Gesicht zu gucken. »Hast du schon was unternommen?«, fragte sie.

»Die Anzeige habe ich noch nicht aufgegeben«, sagte Thies.

»Vielleicht solltest du mal in eine Therapie gehen«, sagte Karin, »all das Unverarbeitete in dir.«

»Da ist mir das Geld meiner Krankenkasse zu schade.«

Thies wusste, dass Karin das anders sah. Sie hatte sich zu einem Typ entwickelt, der Lebenshilfebücher las, die Haare rot färbte und Milva hörte. Fehlte nur eine Katze.

Er sah aus dem Schaufenster und löffelte seine Suppe. Da war wirklich viel Wurst drin.

»Du weichst aus«, sagte Karin, »kennen wir ja nicht anders.«

Thies kaute an einem dicken Stück. Wäre einfach unhöflich gewesen, mit vollem Mund zu antworten.

»Guck den Typen da drüben«, sagte Karin, »das ist ein Geldeintreiber. Sieht gar nicht danach aus, nicht wahr?«

Thies folgte ihrem Blick und ließ den noch nicht ganz leeren Mund offen stehen. Das war Hansen, der da vorüberging.

»Woher weißt du das?«, fragte er und sah Hansen schon nicht mehr. Einen schnellen Schritt hatte der gehabt. Er sah sie an. »Hast du denn finanzielle Sorgen?«

»Ich nicht. Ein Freund von mir. Bei dem stand er vor der Tür.«

»Und du warst gerade anwesend.«

»Ich habe die Tür geöffnet«, sagte Karin.

»Geht mich ja nichts mehr an.«

»Nein«, sagte sie.

»Ich habe mir Geldeintreiber kräftiger vorgestellt.«

»Der hat üblere Methoden als Prügel.«

»Erpressung?«, fragte Thies. Karin zuckte die Achseln. Sie schien das für ihre Privatsphäre zu halten. »Das ist der Kunde, von dem ich dir erzählt habe«, sagte er. Wer Tante Lydia in der Verwandtschaft hatte, dem war wohl vieles zuzutrauen. »Der von dem Alten begleitet wurde.«

»Der Geldeintreiber?«, fragte Karin. »Dann halte dich fern. Der ist nicht geeignet als Komplize, und deine alten Geschichten interessieren den einen feuchten Kehricht.«

Thies schob die Schüssel aus weißem Plastik zur Seite und sah mehr denn je aus wie ein treuer verknautschter Hund. Karin sah ihn beinah liebevoll an. »Das ist alles eine Nummer zu groß für dich«, sagte sie.

Im Ernstfall, dachte Thies, im Ernstfall werde ich mich auf Karin verlassen können.

Keiner mehr, der zögert, bei Alarm in den Keller zu gehen. Auch die Kühnsten nicht. Der Keller ist voll wie nie. Wenn sie hier eingeschlossen werden sollten, wird ihnen die Luft bald knapp sein. Alle haben sie am Tage davon gesprochen, aus der Stadt zu entkommen. Haben sich das Grauen zugeraunt. Hamm. Hammerbrook. Rothenburgsort. Stadtteile, die ausgelöscht sein sollen von nicht vorstellbaren Feuern.

Doch von ihnen hier hat keiner den Weg aus Hamburg gefunden. Sie sitzen noch auf den Klappstühlen. Dem alten Lehnstuhl. Auf den beiden Pritschen. Mit den Kindern. Den Koffern. Den Kissen und Decken.

Nur das jüngste, in dem Uhrkasten, das fand der Wolf nicht, sagt die junge Frau. Das Kind auf ihrem Schoß. Zwei andere Kinder kauern vor ihren Füßen. Auf einer Wolldecke, die auf dem Zementboden liegt. Wolle entzündet sich nicht. Wolle fängt kein Feuer. Viele haben Wolldecken. Alle denken ans Verbrennen, seit sie von Hamm hörten. Hammerbrook. Rothenburgsort. Von Überlebenden der letzten Nacht.

Die alte Frau aus dem Vierten hat nur eine große Tasche neben dem Lehnstuhl stehen. Den Vogelkäfig hat sie nicht mehr dabei. Der alte Jacki ist in den ersten Tagen des Juli einen leichten Tod gestorben. Glücklicher Kanarienvogel.

Heike hatte lange nicht mehr auf ihren Geburtstag hingelebt.

Doch jetzt war ihr das Lied im Ohr, das ihre Mutter in Heikes Kindheit gesungen hatte. Zweimal werden wir noch wach.

Wie hatte die junge Margot an Helmut Pöhls geraten können? Weich wie sie war und lieb. Heike wusste es. Geliebt hatte sie ihn. Bis zum Schluss. Trotz ihres besseren Wissens.

Die einzige Pein, die Heike quälte, war, dass es Margot Pöhls nicht recht sein würde, was die Tochter vorhatte zu tun. Ihre Mutter war ein Mensch gewesen, der sich lieber selbst zum Opfer brachte. Das hatte sie bewiesen.

Die letzten Tage vor ihrem Geburtstag zerliefen ihr in all den Vorbereitungen, und so gelang es Heike, die Gedanken an Gut und Böse, Recht und Unrecht zu verdrängen.

Ihre Vorbereitungen galten dem Essen. Der Tathergang schien ihr geklärt zu sein, und die Beseitigung der Leiche kümmerte sie nicht. Sie hatte vor, die Polizei zu rufen und ihr den Schauplatz darzubieten. Von der Opferbereitschaft der Mutter war in ihr noch genügend vorhanden. Wenn sie sich auch sicher fühlte, mit einer nur geringen Strafe davonzukommen. Schließlich war es ein jahrelanger Missbrauch gewesen, selbst wenn er sie nie angefasst hatte, bis auf damals, als sie gerade aus dem Pool gekommen war und sich auf der Liege sonnte im Nienstedtener Garten.

Heike hatte kaum Ahnung vom Kochen. Keiner, der je ein Essen von ihr gewollt hätte, und aus Lust tat Heike Pöhls nur wenig im Leben. Doch diese Mahlzeit musste gelingen. Jeder einzelne Gang, denn wer wusste, wie schnell sie Gelegenheit bekommen würde zuzuschlagen. Ihr Vater würde nicht zögern, aufzustehen und zu gehen, wenn das Essen ihm nicht schmeckte. Kraftbrühe. Das gelang ihr leicht. Die gab es in Dosen von Lacroix. Ein Schuss Sherry hinein. Vielleicht Eierstich. Den gab es auch fertig. Gelieren, die Kraftbrühe? Hatte es das nicht mal bei ihnen zu Hause gegeben? Heike erinnerte sich an glasklare Gelatineblätter mit Rautenmuster, die ihre Mutter im Küchenschrank verwahrte.

Fleisch zum Hauptgang. Helmut Pöhls war ein Fleischesser. Filetsteaks. Sie würde den Schlachter fragen, wie man sie am besten briet. Ein Kartoffelgratin dazu. Das konnte sie. Feine Bohnen aus der Tiefkühltruhe.

Zum Schluss Eis mit heißen Himbeeren. Da schwelgte er. Gleich zu Anfang, wenn er zur Tür hereinkäme, würde sie ihm das Eis und die Himbeeren in Aussicht stellen. Damit er ihr nicht absprang, falls doch etwas misslingen sollte.

Die Getränke. Gin Tonic zum Einstieg. Sekt war für ihn ein Getränk für Weiber. Blieb der Wein. Sie konnte ihm kaum einen Le Patron anbieten. Da musste sie gucken, was gut und teuer aussah. Ließ sich ohnehin nicht vermeiden, den kleineren der Brillantringe zu verkaufen. Dann konnte sie zuschlagen bei den Weinen. Heike kicherte. Sie war lange nicht mehr so aufgeregt gewesen und so heiter.

Ein nervöses Huhn, die Dame. Zappelte vor der Fleischtheke herum, als versuche sie, aus der Schusslinie zu kommen.

Jo fing an, ungeduldig zu werden. Er hatte schnell Gulasch kaufen wollen, um Thies mit einem kräftigen Abendessen zu überraschen. Der Gute brauchte mal ein bisschen Verwöhne, und Gudrun war in Göttingen, um ihrerseits die gemeinsame Tochter zu bekochen, die dort schon zu lange studierte.

Jo seufzte. Die Kunst, ein Filetsteak zu bereiten. Auf beiden Seiten scharf anbraten und dann kurz fertig garen. Sollte zu schaffen sein, doch die Dame schien noch unsicher. Trotz der Erklärungen des Schlachtermeisters.

»Scharf anbraten«, hörte er sich sagen, »danach kurz fertig garen. Das können Sie auch im Backofen machen.«

Sie drehte sich um. »Danke«, sagte sie.

Sah eigentlich nett aus, das Huhn. Die Dame. Bisschen blass. Müde um die Augen. Aber nett. Nur nicht mehr jung genug, um im Leben noch kein Steak in der Pfanne gehabt zu haben. Frauen, die nicht kochen konnten, machten ihn fertig.

»Nehmen Sie Pflanzenöl«, sagte er, »bloß keine Butter.«

»Kennen Sie sich auch mit Weinen aus?«

Jo sah sie verblüfft an. Nicht, dass sie seine guten Tipps für eine Anmache hielt. Das hätte ihm gerade noch gefehlt.

»Nehmen Sie einen Salice zum Fleisch«, sagte er, »das ist ein körperreicher Roter. Gibt's bei Rindchen am Hofweg.«

Das Huhn sah aus, als hielte es den Hofweg für die Äußere Mongolei. Machte keinen lebenstüchtigen Eindruck. Oder war körperreich das falsche Wort gewesen? Jo wandte sich dem Schlachter zu, dessen Aufmerksamkeit er nun endlich hatte, und entschied sich für ein durchwachsenes Stück. War doch saftiger. Wenn er hier weiter Zeit verplemperte, musste er das Gulasch noch durch den Schnellkochtopf jagen.

Sie stand tatsächlich immer noch da. »Penny hat einen guten Roten«, sagte Jo, »Spanier. So'n goldenes Drahtnetz hat der.«

Er war dankbar, dass er seinen Karton Salice im Kofferraum hatte. Sonst ginge er noch Hand in Hand mit ihr zum Hofweg.

»Danke«, sagte das Huhn. »Danke für ihre Freundlichkeit.«

Jo nickte. Irgendwie schien sie bedürftig zu sein.

Er bezahlte das Fleisch und ging zu seinem Auto, das vor dem Gemüseladen geparkt stand, öffnete den Kofferraum und legte vier Flaschen Rotwein in einen Korb. Zu dem Kilo Zwiebeln. Den Büchsen mit dem Tomatenmark. Den Nudeln. Paprika würde Thies ja wohl im Haus haben.

Thies lugte hinter dem schwarzen Vorhang hervor, als Jo in den Laden trat, und blieb dahinter verborgen.

»Was ist los?«, fragte Jo. »Bist du nackt?«

»Hab mir die Lasurfarbe übers Hemd gekippt.«

»Na und?«, fragte Jo.

Thies trat in den vorderen Laden. Sein Hemd sah aus, als habe er eine klaffende Wunde in der Brust. Voll geblutet.

»Seit wann retuschierst du in Rot?«

»Nachträgliche Kolorierung eines Familienbildes.«

»Wer will denn so was?«

»Ich«, sagte Thies und winkte Jo in die Werkstatt.

Jos Blick wanderte zu dem wohlbekannten Bild, das über dem Arbeitstisch hing. Es war noch da. In Schwarzweiß.

Vater. Mutter. Thies. Bübchen. Im Frühling 1943.

Doch auf dem Tisch lag das gleiche Bild noch mal. Nur dass Bübchen hier farbig hervorgehoben war. Er sah aus wie das Baby auf Brandts Zwieback.

»Was soll das?«, fragte Jo.

»Er steht im Fokus«, sagte Thies, »Fokus auf den Kleinen.«

Jo sah ihn zweifelnd an. »Du kriegst heute Abend Gulasch zu essen«, sagte er, »das wird dir guttun.«

»Du kochst?«

»Ja«, sagte Jo, »und du kommst mit nach oben und wechselst das Hemd und gibst mehr von deinem Geisteszustand preis.«

»Ist wohl besser, wenn du nicht alles weißt«, sagte Thies.

Heike hatte den Gran Reserva mit dem Drahtnetz gekauft.

Zwei Flaschen. Würde er wohl kaum getrunken kriegen, und sie auch nicht. Kühlschublade. Untersuchungshaft.

Einen kleinen Koffer hatte sie gepackt. Der stand neben der Garderobe. Kleider zum Wechseln. Ein Nachthemd. Wäsche. Ihre Kulturtasche. Die

Kladden. Später würde man ihr noch mehr aus der Wohnung holen müssen, und die würde dann wohl aufgelöst werden. Wer sollte für Heike Pöhls die Miete zahlen wollen. Eine Vatermörderin.

Den ganzen Tag war das Telefon still gewesen. Keiner hatte ihr gratuliert. Wer denn auch? Wenn er nur nicht vergaß, am Abend zu kommen. Zwanzig Uhr hatte sie vorgeschlagen. Eine seiner besseren Eigenschaften war Pünktlichkeit.

Der Tisch. Lindgrüne Sets aus einer Leinenimitation. Weiße Teller. Weingläser. Margeritenpflänzchen, die sie in eine der Müslischalen getopft hatte. Kerzen. Hatte ihre Mutter nicht gesagt, dass wenigstens ein Lebenslicht brennen musste am Geburtstag? Heike kam mit der offenen Literflasche Weißem aus der Küche und blieb hinter einem der Stühle stehen.

So sollte es gehen. Sie nahm einen tiefen Schluck.

Die Kraftbrühe stand auf dem Herd. Das Gratin im Backofen. Die Bohnen waren aufgetaut. Die Steaks lagen bereit.

Noch eine Stunde. Sie sollte sich was anderes anziehen. Das würde ihm gleich die Laune verderben, wenn er ihren ausgeleierten Pulli sah und die alte Hose. Vielleicht ein wenig Schminke. Schließlich war es ihr Ehrentag.

Heike nahm noch einen Schluck. Die Flasche war leer, und in ihrem Kopf tickten die Minuten, als sei er ein alter Wecker.

Die Schiefertafel war schon hereingeholt worden. Gleich würden die Fliesen gewischt werden. Thies schaute auf die Uhr. Zehn nach sieben. Er konnte sich verlassen auf den Schlachter. Tag für Tag. Abend für Abend.

Er verschloss die eigene Ladentür und wollte in die Werkstatt gehen, um einige Vergrößerungen zu machen. Doch er blieb im Laden stehen und sah nach draußen, von Unruhe erfasst. Jo hatte Recht. Er fing an, überspannt zu sein.

Die Rachegedanken, die ihn besetzten. Von was wollte er sich befreien? Von den Albträumen? Dem Schuldgefühl, vielleicht nicht alles getan zu haben, in jener Nacht vom neunundzwanzigsten auf den dreißigsten Juli?

Er war acht Jahre alt gewesen. Schrecklich überfordert.

Hätte ihm gutgetan, Kinder zu haben. Sich von neuen Leben ablenken zu lassen. Doch weder Lene noch Karin waren je schwanger geworden. Lag wohl an ihm.

Thies trat hinter die kurze Theke zurück, auf der die Kasse stand. Eine Frau war vor dem Schaufenster stehen geblieben und betrachtete die Auslage. »Via Mala« hatte er heute neu ins Fenster gelegt und Harper Lees »Wer die Nachtigall stört«.

Die Frau ging weiter. Thies blieb hinter seiner Theke stehen und sah in den Himmel, der sich rötete. Sonnenuntergang. Als er das nächste Mal auf die Uhr guckte, war es kurz vor acht. Höchste Zeit, oben auf Privatleben zu machen.

Thies wandte sich der Flurtür zu, um ins Treppenhaus zu gehen. Drehte sich nur noch einmal kurz um, als er den Diesel eines Taxis hörte, das drüben zum Halten kam.

»Willst du verreisen?«, fragte er und sah auf den Koffer, als stünde nicht seine Tochter da und wartete auf ein Wort, das mit ihrem Geburtstag zu tun haben könnte.

Er ging in das kleine Wohnzimmer, in dem der gedeckte Tisch stand, setzte sich hin und schien einen schnellen Service zu erwarten. »Was ist los, Heike?«, fragte er.

»Eis mit heißen Himbeeren«, sagte sie, »zum Nachtisch. Trinkst du einen Gin Tonic?«

Er nickte. Sie ging in die Küche und kehrte mit den Gläsern zurück. Sie stießen nicht an. Nur die Eiswürfel klirrten in Heikes Glas, so flatterten ihr die Hände. Dann servierte sie die Suppe.

»Du bist wie deine Mutter«, sagte er, »schleichst herum und kriegst den Mund nicht auf.«

Sollte sie ihm sagen, dass es von ihrer Seite nichts mehr zu sagen gab? Dass er sie sprachlos hatte werden lassen?

»Trägst auch die gleichen Säcke wie sie.«

Heike grub die Hände in die Taschen des Leinenkleides und zog es nach hinten, als versuche sie, die Taille zu straffen.

Sollte er sie doch niedermachen. In der Küche stand eine leere Literflasche, bereit zum Schlag.

Das Fleisch war ihm zu sehr durch. Er schnitt daran herum und ließ es stehen. Er lehnte ab, mehr von ihrem Gratin zu nehmen. »Ich habe heute schon gut gegessen«, sagte er.

»Der Wein«, sagte sie, »schmeckt er dir?«

»Du hättest ihn vorher atmen lassen sollen«, sagte ihr Vater.

Atmen, dachte Heike. Er hatte ihr das Stichwort gegeben.

Sie ging in die Küche und wollte die leere Literflasche greifen, doch es war die volle Gran Reserva, nach der sie griff.

Heike kam herein und schlug sie ihm auf den Kopf und hatte nur noch den Hals der Flasche in der Hand.

Der Wein mischte sich mit dem Blut, und beides tropfte ihm von der Stirn, und er wischte sich mit dem Hemdsärmel über die Augen und sah sie zum Telefon gehen.

»Du blödes Ding«, sagte er, »wen willst du anrufen?«

»Die Polizei.« Heike schluchzte. »Einen Mord anzeigen.«

»Lass das sein, du Hysterikerin«, zischte Helmut Pöhls, »bring mir lieber Handtücher und Pflaster.« Da hatte Heike schon die Eins Eins Null gedrückt.

Er stand auf und ging auf sie zu. Die Hand zum Schlag erhoben, um in dieses Geschluchze hineinzuschlagen.

Doch Helmut Pöhls kam ins Torkeln und fiel um.

»Du wirst immer scheitern«, sagte er, als sie ihn auf die Trage legten. Wenigstens seine Stimme war leiser geworden.

Es tat Thies zum ersten Mal im Leben leid, nicht zu der Sorte Mensch zu gehören, die magisch angezogen wurde von den Martinshörnern und die nicht zögerte, in vorderster Linie im tanzenden Blaulicht zu stehen.

Er hatte an dem Abend aus dem Küchenfenster geguckt, als der Lärm da drüben losgegangen war. Wäre er so gewesen, wie Karin ihn sich wünschte, hätte er nach der alten Olympus gegriffen, das Ereignis fotografiert und die Fotos an die Bild-Zeitung verkauft. Doch das taten andere schon, die wohl den Polizeifunk abhörten. Er sah ihre Blitzlichter. Sah Sanitäter mit einer Trage aus der Haustür kommen. Dann sah er weg.

Er hatte den Mann nicht erkennen können, der dort auf der Trage lag. Darum betraf es ihn nicht. Betroffen war er erst, als er am übernächsten Tag ins Abendblatt blickte.

Kein großer Text im Lokalteil. Aber ein Foto. Ins Gesicht des Mannes auf der Trage geschossen. Thies erkannte ihn.

Vorbei die Chance, Erlösung zu finden und denjenigen zur Rechenschaft zu ziehen, der Bübchen einfach so zertreten hatte, wie ein Spatz zertreten werden kann, der bei einem Gewitter in das Gedränge flüchtender Füße gerät.

Ein andere gequälte Seele hatte ihre Chance gesucht. Die eigene Tochter hatte ihn erschlagen wollen. Der Name sagte ihm nichts, auch wenn Thies jetzt glaubte, ihn im Keller gehört zu haben in der letzten Nacht. Aber hatte nicht auch der Dreizehnjährige aus dem dritten Stock Helmut geheißen? Der mit den Heftchen?

Was musste Helmut P. für ein Mensch sein, für ein Leben gelebt haben, wenn die eigene Tochter das tat? Glaubte, tun zu müssen. Schwer verletzt hatte sie ihn nicht. Eine Platzwunde. Gehirnerschütterung. War das genug?

Thies schnitt das Foto aus. Klebte es auf ein Stück Karton.

Jo sollte sich das ansehen.

Gegen halb zwölf ging Thies aus dem Laden und ließ die Tür offen stehen. Nur mal da drüben auf das Klingelschild sehen.

Er fand nur einen Namen, der sich hinter Heike P. verbergen konnte. Thies kehrte zurück und schaute in das Telefonbuch. Doch darin gab es keinen Helmut Pöhls.

Beim Schlachter hatte sich schon die Schlange für den kleinen Mittagstisch aufgestellt. Pichelsteiner Eintopf stand auf der Schiefertafel. Prager Schinken. Keine Rauke.

Vielleicht hatte er Jos Gulasch nicht genügend gewürdigt an dem Abend. Schon den dritten Tag Funkstille. Das war ungewöhnlich bei ihnen beiden. Bübchens Spielgefährte hatte ihn durchs ganze Leben begleitet. Er liebte keinen anderen Menschen so wie Jo. Thies drehte sich um und ging zum Telefon. Die Funkstille durchbrechen. Er brauchte dringend Zuwendung.

Jo guckte kurz auf das Foto. »Hab ich gelesen«, sagte er, »in der Bild. Die schreiben, dass sie mit einer vollen Flasche Gran Reserva zugeschlagen hat. So was Dämliches.«

»Warum?«, fragte Thies.

»Weil ich ihr den Wein empfohlen habe. Abgesehen davon schlägt man nicht mit vollen Flaschen zu. Die zerbrechen viel leichter als leere.«

Thies sah ihn staunend an. Jo hob die Schultern. »Das ist die Auswirkung physikalischer Gesetze«, sagte er. »Du hast dieser Heike empfohlen, ihren Vater mit einer Weinflasche zu erschlagen?«

»Ich habe ihr den Wein empfohlen. Zum Filetsteak beim Schlachter drüben, als ich das Gulasch einkaufte. Da hat sie vor mir gestanden und Ratschläge eingeholt.«

»Bist du sicher, dass sie es war?«

»In der Bild ist ein Foto von ihr. Wie sie aus dem Haus kommt. Ich habe natürlich nicht geahnt, wer der Alte sein könnte.«

»Das Gulasch war gut«, sagte Thies.

Jo nickte.

»Du machst mir Angst, Thies«, sagte er, »mit all dem, was du an dem Abend gesagt hast. Der Kleine im Fokus und dass du dich erlösen müsstest.«

»Das kommt davon, wenn du vier Flaschen Wein anbringst.«

»Wir sind so eine Generation, die alles verdrängt hat, und dann auf einmal kommt was hoch, und wir laufen Amok.«

Thies schüttelte den Kopf. Verdrängung war nicht sein Thema. Er sah im Gegenteil alles viel zu deutlich.

»Was soll ich tun, wenn sie dich abführen? Vielleicht das kolorierte Bild von Bübchen hochhalten?«

»Mach dich nicht lustig«, sagte Thies.

Jo sah traurig aus. »Tu ich nicht«, sagte er, »ich denke nur, dass du dich in was hineinsteigerst. Lass den alten Kerl. Er hat schon eins auf den Schädel gekriegt.«

»All die verdammten alten Kerle, die verschont sein sollen, nur weil sie die Gnade des Alters erfahren«, sagte Thies.

»Pöhls ist kein Kriegsverbrecher«, sagte Jo.

»Nein. Er ist zu allen Zeiten ein Schwein gewesen.«

»Dass du gar keine Zweifel hast.«

Thies schwieg. Er konnte Jo nicht sagen, dass er längst keine Zweifel mehr zuließ. Er war einen zu weiten Weg gegangen, seit er glaubte, den Mörder seines Bruders erkannt zu haben.

Vor einer Stunde hat es Alarm gegeben, und seitdem sitzen sie im Keller und horchen auf die Ruhe, die draußen herrscht.

Eine trügerische Ruhe, denn kurz nach Mitternacht bricht die Hölle los. Kaum mehr einen Augenblick Stille zwischen den Detonationen. Krachen ohne Unterlass.

Den Kopf nach unten und beten. Eine Frau fängt hysterisch an zu schluchzen. Der Fremde, der heute zum ersten Mal im Keller ist, geht zu ihr und schlägt sie ins Gesicht. Sie macht ja sonst die Kinder verrückt, sagt der Luftschutzwart.

Als könnten die Kinder verrückter werden. Sie krampfen ihre Hände in die Körper der Mütter. Kriechen in sie hinein und verstecken die Köpfe in den Schößen. Keine Geschichten, die sie noch hören wollen. Sie weinen nicht mal mehr.

Jo wachte in der Nacht auf und versuchte, den Traum festzuhalten, den er lieber abgeschüttelt hätte. Es war das erste Mal seit vielen Jahren, dass er vom Keller geträumt hatte, in dem sie saßen, als die Phosphorkanister das Haus trafen und das Feuer wie ein Sturm heulte.

Doch was er da an Bildern festhielt, schien nicht wichtig.

Das geblümte Kleid, das Käthe Lang trug. Bübchens kurze Hose mit dem Trägerlatz. Seine Mutter, die die ungerauchte Zigarette wegwarf und nach ihm schrie. Joachim.

Der Fremde. Ja. Er erinnerte sich, dass da jemand gewesen war, der nie vorher in dieser kleinen Kellergemeinschaft gesessen hatte, die seit Jahren da saß und sich kannte.

Er glaubte inzwischen auch schon, dass der Luftschutzwart ihn Helmut genannt hatte. Die Gehirnwäsche von Thies.

Der Junge, der die Heftchen mit den bunten Titelbildern gelesen hatte, das war jedenfalls Heinz gewesen.

Das hatte er Thies gestern gesagt. Und der Name des großen Jungen, der sich an sein Koffergrammophon klammerte? War das nicht Jens gewesen? Jens, der dann auf die Ziegelmauer einschlug, da, wo ein bisschen Leuchtfarbe die mögliche Stelle für einen Durchbruch anzeigte?

Jo schloss die Augen in dem Versuch, wieder einzuschlafen. Doch sein Herz raste zu sehr. Er blinzelte hinüber zu Gudruns leerer Bettseite. Sie war immer noch in Göttingen. Wich dem Leben mit ihm aus, wo sie nur konnte.

Sanftes Einduseln. Die Müdigkeit kam zurück. Jo war schon wieder im Schlaf, als er hochschreckte, weil er ein Bild vor Augen sah, das noch nie in seine Träume gekommen war.

Ihr Vater hatte keine Anzeige gegen sie erstattet. Das schien Heike beinah noch die größte Schmach. Kein Mord. Nicht mal ein Versuch. Die Akten der Kriminalpolizei schwiegen tot, was sie getan hatte. Sie blieb ein Nichts. Eine, die scheiterte. Das war seine Strafe für sie. Die Tochter als Hysterikerin hinzustellen, die außer sich war wegen ihres Ungeschicks, so außer sich, dass sie die Polizei rief. Schlagen Sie sie, hatte Helmut Pöhls von seiner Trage aus gesagt. Wenn sie schluchzt, hilft nur ein Schlag ins Gesicht.

Vielleicht war der Arzt wegen dieses Satzes milde mit ihr gewesen. Hatte ihr nur Beruhigungstabletten gegeben. Zweimal in der Woche musste sie eine Therapeutin aufsuchen, und demnächst machte sie vielleicht eine kleine Kur.

Heike war dankbar, wieder in der Mozartstraße zu sein. Sie merkte nicht, dass die Menschen sie anders ansahen. So dicht war der Schleier von Tabletten und Wein.

Doch sie erkannte den Mann, der freundlich zu ihr gewesen war. Er stand vor ihrer Tür, und sie ließ ihn ein und bot ihm Wein an. Er sah verlegen aus, als sie mit der Flasche kam.

Sie war froh, ihm helfen zu können. Nur ein altes Foto ihres Vaters besaß sie leider nicht. Doch sie erinnerte sich, dass im Nonnenstieg eines auf dem Schreibtisch gestanden hatte. Neben anderen Fotos im Silberrahmen. Helmut Pöhls konnte nicht älter als zwanzig auf diesem Porträt gewesen sein.

Thies trug den Farmerschen Abschwächer auf den feuchten Abzug, um Licht in die Schatten des Landschaftsbildes zu bringen. Ein Haus in der Heide. Um 1940 fotografiert. So dunkel mochte es die Kundin nicht mehr leiden. Sah auch wirklich bedrohlich aus, als bräche gleich ein Unheil los.

Er war gerade fertig geworden, als die Glocke der Ladentür ging. Thies wischte sich die Hände an einem Tuch ab, das auf seinem Arbeitstisch lag, und warf einen Blick auf das Zeitungsfoto, das daneben lag. Es war ihm in den letzten Tagen schon zur Gewohnheit geworden, darauf zu gucken und den angeschlagenen Helmut Pöhls zu betrachten.

Er trat nach vorne in den Laden und war überrascht, den Geldeintreiber zu sehen. Hansen.

Thies versuchte zu lächeln. »Alles in Ordnung mit Ihren Abzügen?«, fragte er und dachte an die geschönte Lydia.

Hansen grinste.

»Ich will weitere bestellen«, sagte er, »hatte erst gar nicht gesehen, dass Sie ihr das Parteizeichen aus dem Blusenkragen genommen hatten. Sieht heute ja keiner mehr gern, das Hakenkreuz.« Es klang beinah so, als ob der Geldeintreiber Hansen dies bedauere.

»Dann brauche ich das Negativ«, sagte Thies.

Hansen legte einen Umschlag auf die Theke. »Fünfmal«, sagte er, »Familienfest. Da werde ich sie verteilen.«

Wie familiär und gediegen es doch bei Hansen zuging.

»Ich rufe Sie an, wenn die Abzüge fertig sind«, sagte Thies. Was konnte ihm die Telefonnummer noch bedeuten? Die Identität des teuren alten Herrn war geklärt.

»Ich komme nächste Woche wieder«, sagte Hansen. Er war offensichtlich nicht bereit, die Nummer zu hinterlassen.

»Ach übrigens«, sagte Thies, da hatte Hansen schon den Griff der Ladentür in der Hand, »der Herr, der letztes Mal in Ihrer Begleitung war ...«

Hansen unterbrach ihn. »Ganz dumme Sache, nicht wahr? Stand ja in allen Zeitungen. Die eigene Tochter haut einem eine Flasche über den Kopf.« Er nickte Thies zu und ging aus der Tür, und Thies sah ihn zum Schlachter gehen.

Jo kam wenigstens einmal am Tag in den Laden und wich nicht, so als wolle er Wache halten. Er hockte hinter der Theke und las Harper Lees »Nachtigall«, während Thies arbeitete.

Er hatte sich das Buch aus dem Schaufenster geholt, und ab und zu las er laut vor, Stellen, an denen die Freundschaft der beiden Kinder beschworen wurde. Thies hörte nicht alles. Zu sehr war er in seine Gedanken vertieft, während er fünfmal Lächeln in Tante Lydias Gesichter malte. Die Hakenkreuze waren schon weg.

Ein paarmal hatte Jo vom Keller angefangen. Von Jens, der die Stelle für den Durchbruch gefunden hatte. Dem Hotkoffer, der am anderen Morgen nahezu unversehrt auf der Straße stand. Den Fahrrädern, die ein glühendes Blechknäuel bildeten. Vom Luftschutzwart, von dem man dann nur noch den Stahlhelm aus dem Ersten Weltkrieg fand.

Es waren nicht alles seine eigenen Erinnerungen. Vieles hatte er von anderen gehört. Doch das eigene Wissen holte Jo ein. Kam aus den Tiefen seines Bewusstseins. Jede Nacht.

Davon erzählte er dem schweigenden Thies nichts. Gelegentlich sah Jo aus dem Schaufenster, und einmal sah er Heike Pöhls mit einem Koffer aus ihrem Haus kommen und in ein Taxi steigen. Fast hoffte er, dass sie noch einmal versuchen würde, ihren Vater zu töten.

Dann hätten sie es hinter sich.

Detonationen, die den Zementboden zittern lassen. Die hölzernen Stützen haben sich verschoben. Risse laufen durch den Putz der Ziegel. Es fängt an, unerträglich heiß zu werden. Das Atmen fällt schwer.

Den Keller verlassen. Der Luftschutzwart schlägt es vor.

Die Klinke der Eisentür glüht, doch ihm gelingt es, die Tür zu öffnen, und da zieht es ihn hinaus in ein jaulendes Feuer, ehe die Tür zufällt. Kein Entkommen dort. Auf der Seite steht alles in Flammen. Ersticken oder verbrennen. Das ist ihre Wahl. Fünf Frauen. Drei kleine Kinder. Zwei große. Ein Fremder.

Du sagst nichts. Du trinkst nichts«, sagte Jo und füllte das eigene Glas nach. »Guckst nur wie ein trauriger Köter.«

»Ändert sich schon wieder«, knurrte Thies.

»Die Tragödie ist alt. Daran kannst du doch jetzt nicht mehr scheitern. Viel zu spät.«

»Ich scheitere daran, dass ich nichts tue.«

Jo blickte auf. »Nichts getan hast oder nichts tun wirst?«

Thies zupfte an seiner Scheibe Brot und formte Klümpchen.

»Ich kann ihn nicht töten. Ich bin genauso ein Versager, wie Karin immer behauptet hat.«

Jo zischte. Karin gehörte nicht zu seinen Lieblingen.

»Und auf die Erlösung kannst du verzichten?«, fragte er.

»Nein«, sagte Thies.

»Es ist auch verdammt schwierig, einen Mann zu töten, der einem den kleinen Bruder totgetreten hat.« Jo lauschte den eigenen Worten nach und war entsetzt.

Thies griff nach dem vollen Glas, als wolle er es zerdrücken. Doch dann trank er es in nur einem Zug aus. »Danke«, sagte Thies, »das habe ich gebraucht.«

Noch in der Nacht stand er vor dem Haus im Nonnenstieg. Er legte den Kopf in den Nacken und blickte zu dem einzigen hellen Fenster hoch, und es öffnete sich, als er noch dabei war, den Klingelknopf zu drücken. »Ich komme von Hansen«, sagte er. Es klappte. Er hatte es nicht geglaubt.

Der Alte schien allein zu sein. Nichts von den Nutten, von denen die Tochter gesprochen hatte. Ein Glas Whisky stand auf dem Schreibtisch, zu dem er geführt wurde. Helmut Pöhls hatte tatsächlich noch gearbeitet.

Er sah das Porträt des Zwanzigjährigen. Im Silberrahmen.

»Nun«, sagte Pöhls und klang schon viel ungeduldiger.

Da holte er das kleine Foto mit dem gezackten Rand hervor.

Eines, das aus den Trümmern gerettet werden konnte. Zwei kleine Jungen im Sandkasten. Lächelten nicht in die Kamera. Strahlten sich an, als seien sie einander das pure Glück.

»Was soll das?«, fragte Pöhls.

»Ein kleiner Junge in einem Keller in der Heitmannstraße. 1943. Den Sie getötet haben.«

Helmut Pöhls trank sein Whiskyglas leer und schnaubte. Sein Mund sah verächtlicher aus denn je. »Krieg«, sagte er, »da rettet jeder die eigene Haut.«

Er wandte sich ab, um vom Knockando nachzufüllen. »Was wollen Sie?«, fragte er. »Dass ich mit Ihnen weine? Wer sind Sie überhaupt?« Der Schraubverschluss fiel hinunter.

Die bronzene Madonnenfigur stand dort, wo sie gesagt hatte.

Stimmte alles, was sie gesagt hatte. Das liebe Huhn. Es ging ganz leicht. Helmut Pöhls hätte sich gar nicht nach dem Verschluss bücken müssen.

Ein kleines Knacken, und Pöhls sackte zusammen und lag auf der Seite mit weit offenen Augen.

Er zog ein Tuch aus der Brusttasche von Pöhls' Mohairjackett und wischte ab, was von der Madonna abzuwischen war. Es war nicht einmal eine

Viertelstunde vergangen, als er das dunkle Haus wieder verließ. Er seufzte tief. Das hatten sie hinter sich.

Es war das Glück der Heike Pöhls, sich in einem Sanatorium auf der Insel Sylt zu befinden. Polizisten sind nicht immer fantasievoll. Ihnen fiel als Erstes die Tochter ein, als sie Pöhls mit eingeschlagenem Schädel vorfanden.

Thies hörte das Quietschen der Bremsen vor der Tür, als die Einsatzfahrzeuge hielten. Er sah die Wagen wieder davonfahren. Wirkte, als hätten die da drüben nichts erreicht, so wie sie auf der Straße gestanden hatten und palaverten. Er war gerade dabei gewesen, Kostbarkeiten der Weltliteratur in die Schaufensterauslage zu legen. Nachts hatte er noch in den Bücherkartons seiner Mutter gekramt. War noch genügend da. Man könnte glauben, sie hätte die letzten vierzig Jahre nur mit Lesen verbracht.

Der Abend gestern. Das, was Jo gesagt hatte. Es hatte ihn kein Auge zutun lassen, und schließlich hatte er gewünscht, die Tochter hätte den Alten erschlagen. Keine Erlösung wäre das für ihn gewesen, aber ein Ende der Qual.

Die Qual, diesen Mann ein langes Leben leben zu sehen.

Mittags guckte er hinüber zur Schiefertafel, aus Gewohnheit, der Magen schmerzte ihm schon, wenn er an Essen dachte.

Er ging nach hinten in die Werkstatt, um den Wasserkocher anzustellen und einen Tee aufzugießen.

Thies hörte die Glocke der Ladentür, doch er war dabei, kochendes Wasser in die Tasse zu geben. Sekunden, die Karin nicht abwartete. Sie riss den Samtvorhang auf.

»Du bist da«, sagte sie.

Thies sah sie erstaunt an.

»Dass du es getan hast.«

»Trink einen Tee und beruhige dich«, sagte Thies.

»Der Alte im Nonnenstieg, das ist doch deiner«, sagte Karin. »Hörst du denn nicht mal jetzt Nachrichten?«

»Ich kenne keine Seele im Nonnenstieg«, sagte Thies. Doch er sah sie neugierig an.

Die Decke glüht. Das Haus darüber brennt. Das Feuer hat sich vom Dach durch die Stockwerke gefressen. Jetzt ist es über dem Keller angekommen. Das kann nicht mehr lange dauern, bis die Decke einstürzen wird und sie alle unter den Trümmern des Hauses begraben sein werden.

Draußen ein Zischen, das sie für die Wasserfontänen aus den Feuerwehrschläuchen halten. Gut, dass sie noch nicht wissen, dass es ein Feuersturm ist, den sie hören.

Die Notbeleuchtung ist ausgefallen. Der Fremde versucht, sein Benzinfeuerzeug am Brennen zu halten. In den Straßen toben die Flammen, und hier wollen sie ein Flämmchen retten, das ihnen einen Weg aus dem Keller weisen soll. Doch es erlischt immer wieder.

Der Junge aus dem Parterre. Der Fünfzehnjährige. Kauert auf seinem Koffergrammophon. Doch auf einmal springt er auf, gräbt in seiner Jacke und holt eine Taschenlampe hervor. Ein kleiner heller Punkt, der an den Ziegelmauern entlangwandert. Eine markierte Stelle.

Sie schlagen auf die Ziegel ein. Kohlenschaufeln. Spaten. Ein einziger Hammer. Das Loch ist klein. Doch es ist kein Feuer auf der anderen Seite.

Der Junge schiebt seine Mutter durch. Dünn genug ist sie. Das Grammophon gibt er ihr, als sie auf der anderen Seite des Kellers steht. Da stürzen bei ihnen Teile der Decke ein. Von da an ist alles ungeordnet.

Die Frauen mit den Kleinen schieben sich vor. Doch ihnen gelingt am wenigsten mit den Kindern auf den Armen.

Kaum einer weiß mehr, wer im Loch steckt. Wer gezogen wird. Durchgepresst. Da rutscht einer der Kleinen aus dem Arm. Liegt auf dem Zementboden. Gerade als seine Mutter durch die Öffnung will. Halt. Eine helle Jungenstimme, die aufmerksam macht auf den am Boden liegenden Kleinen.

Halt. Halt. Doch der Fremde mit den Stiefeln lässt sich nicht aufhalten. Hinter ihm brennt der Keller. Er trampelt über das Kind. Bleibt stehen auf ihm, um sich dann von dem kleinen Körper abzuschwingen in den Durchbruch hinein.

Jo stellte eine Flasche Salice auf den Küchentisch und zog die Schublade auf, in der er den Korkenzieher fand.

Jo kannte sich aus in diesem Haushalt. Er öffnete die Flasche und schnupperte an ihrem Hals und füllte dann die Gläser.

Thies sah ihn fragend an.
»Es ist zu mir zurückgekommen, das Bild«, sagte Jo.
»Wie du Bübchen aufgehoben hast und in den Durchbruch gelegt. Ich stand auf der anderen Seite neben meiner Mutter, und da kam das tote Bübchen durch das Loch.«
Thies nickte. Er hob das Glas und sah in den Wein hinein.
»Helmut Pöhls ist tot«, sagte Jo.
»Ich danke dir«, sagte Thies und trank seinem Freund zu.

GUNTER GERLACH

Pauli, Tod und Teufel

Kein Lichtstrahl drang in Julias Zimmer. Seit ihrem dreißigsten Geburtstag vor vier Wochen versuchte sie, ihr Leben in abgedunkelten Räumen zu verbringen. Mit einer Ausnahme: das von Tages- und oft Sonnenlicht überschwemmte Stadion bei den Heimspielen des FC St. Pauli. Julia war überzeugt, mit Dunkelheit und Kunstlicht den Alterungsprozess aufhalten zu können. Sie lauschte, hob den Kopf aus den Kissen. Nie bemerkte sie, wenn Krallo das Bett verließ. Sie erwachte immer erst, wenn er seine Schuhe anzog, seine Absätze über den Flur zur Wohnungstür klackten. Jetzt konnte sie noch eine halbe Stunde in Dunkelheit baden. Wenn sie auf das Duschen verzichtete, noch länger. Duschen ist ab dreißig sowieso schädlich. Sie lauschte Krallos harten Schritten auf den Stufen im Treppenhaus. Dann kam das Quietschen der Haustür. Sie drehte sich um und befreite sich mit den Füßen von der Bettdecke. Sie durfte nicht wieder einschlafen. Im Verlag nahm man es zwar nicht so genau mit ihrem Arbeitsbeginn, neuerdings aber schaute ab und zu ihre Chefin zur Tür herein. Alles nur, weil sie tagsüber mit heruntergelassenen Jalousien bei Lampenlicht am Schreibtisch saß.

Das Telefon im Flur klingelte. Sie kroch auf allen vieren bis zur Zimmertür, dann zog sie sich an der Klinke hoch. Ein Sonnenstrahl aus der offenen Küche wie eine Messerklinge. Auf der anderen Seite das Telefon. Sie fluchte, dann sprang sie über den Todesstreifen.

»Du kannst dich nicht dagegen wehren«, sagte der Anrufer, bevor sie sich meldete. »Du weißt, dass es nur uns beide gibt. Wir können nicht leben ohne den anderen. Wir sind zwei Dinge des gleichen Teils.«

»Torben, bist du das? Spinnst du! Weißt du, wie spät es ist?« Gestern Abend war Torben plötzlich wieder aufgetaucht. Sie hatte mit Pauli-Fans an der Bar vom Zoe über das bevorstehende Spiel diskutiert. Plötzlich stand er neben ihr, hatte sie geküsst, bevor sie ihn abwehren konnte. Er wohnte wieder in Hamburg. Vor sechs Jahren war sie kurz mit ihm befreundet gewesen. Aber sie war seitdem gewachsen. Mindestens drei bis vier Zentimeter. Torben nicht.

»Wehr dich nicht, Julia. Es gibt keinen anderen Weg als zu mir zurück.«

Der Fußweg vom Pferdemarkt bis zur Seilerstraße war Zitrone auf Krallos Haut. Er hörte seinen Schritten zu und dachte nicht an das bevorstehende Gespräch mit Hase, einer Kiezgröße. Die kleinen Eisen nagelte er sich seit den Tagen der Hausbesetzungen unter seine Absätze. Sie gaben Halt. Krallo betrat das auf dem Weg liegende Sonnenstudio. Diese zehn Minuten mussten sein. Christoph, sein Partner, kam sowieso immer erst später. Er schlief bis mittags. Das war schon damals so, als sie noch zu den Hausbesetzern gehörten. Vor Jahren hatten sie gemeinsam ihre Versicherungs- und Finanzberatung gegründet. Christoph schleppte die Kunden an. Typen vom Kiez. Es war besser, man wusste nicht so genau, wie sie ihr Geld verdienten. Krallo hatte sein Jurastudium eingebracht. Es lief gut. Nur nicht für einige Kunden. Dafür konnten sie nichts. Der Aktienmarkt war schuld.

Krallo öffnete die beiden Sicherheitsschlösser des Büros, ein ehemaliger Lebensmittelladen. Jetzt hatte er dreißig Sekunden Zeit, die Alarmanlage zu deaktivieren. Einige Briefe waren unter der Tür durchgeschoben worden. Er bückte sich. Als er wieder hochkam, spürte er einen Druck im Rücken.

»Keine falsche Bewegung!«

Krallo hob die Arme halb, ließ sich in den Raum schieben. In zwanzig Sekunden würde die Sirene aufheulen.

»Los, weiter!« Der Mann hinter ihm stieß ihn vorwärts. »Mach den Safe auf!«

Noch fünfzehn Sekunden bis zum Alarm. Krallo ging zu dem Büroschrank, in dessen unterem Teil sich ein kleiner Geldschrank befand.

Noch zehn Sekunden.

Krallo bückte sich, öffnete die Safetür, drehte sich um. Der Mann trug eine weiße Pudelmütze, stand vor der in der Wand eingelassenen Tastatur der Alarmanlage und tippte die richtige Zahlenkombination. Die schwarze Pistole war auf Krallo gerichtet. Der Lauf zitterte.

Der Telefonhörer roch nach Fleischbrühe.

»Weißt du noch, als ich dein Blut getrunken habe?«, fragte Torben. Er schmatzte.

»Hör auf mit dem Scheiß.« Sie erinnerte sich, wie er damals vor ihr gekniet und die Blutstropfen von der Wunde geleckt hatte. Sie war gestürzt, hatte sich die Hand aufgeschürft.

»Wir müssen uns noch einmal treffen.«

»Nein.«

»Einmal noch.«

»Nein.«

»Uns verbindet etwas, das stärker ist als die Zeit.«

»Quatsch. Hör auf. Es ist vorbei.«

»Wenn es zu Ende sein soll, dann muss ich noch einmal über alles sprechen.«

»Plötzlich bist du weg gewesen. Wo warst du all die Jahre überhaupt? Und was willst du? Du spinnst.«

»Du wirst dich morgen Nachmittag mit mir treffen müssen.«

»Ha, morgen schon gar nicht, da spielt Pauli.«

»Noch immer Fan.«

»Und immer noch dieselben Plätze.«

Einen Augenblick herrschte Stille.

»Ich komme mit«, sagte Torben.

Julia blies die Luft ins Telefon. »Gibt schon lange keine Karten mehr.«

»Ich komme trotzdem rein.«

»Versuch es doch. Tschüs.«

»Warte ...«

»Was willst du?«

»Weißt du, wie dein Blut geschmeckt hat?«

Sie legte auf. Sie wusste, dass ihr Blut nach Kräuterlikör schmeckt.

Krallo kannte den etwa dreißigjährigen Mann mit der Pistole. Dünn, mit Kratzwunden im Gesicht. Er wohnte irgendwo gegenüber. Zu den St.-Pauli-Spielen kam er an der Hand seiner Mutter. Er wurde Fats genannt. Und wer von ihm sprach, wedelte mit der Hand vor dem Gesicht. Manchmal bettelte er in den Kneipen, ging von Tisch zu Tisch und führte ein Autorennen mit dem Mund auf. Er imitierte die Geräusche der sich jagenden Wagen. Dazwischen kommentierte er Ereignisse einer letzten Runde mit einem Sieg von Schumacher. Manchmal saß er unter einem Kneipentisch, sang Schlager, bis seine Mutter ihn nach Hause holte. Woher kannte er die Zahlenkombination?

»Was soll der Mist? Außerdem ist hier kein Geld.« Krallo deutete auf den leeren Safe.

Der eingebaute Geldschrank war beim Kauf der gebrauchten Büroausstattung dabei gewesen. Sie hatten beschlossen, ihn nicht zu benutzen. Seine Tür stand immer offen.

»Ich brauche eine Million«, sagte Fats. »Wenn dir dein Leben lieb ist, dann füll meinen Koffer mit kleinen gebrauchten Scheinen.« Er schwenkte die Pistole.

»Welcher Koffer?« Krallo ging auf ihn zu, um ihm die Wasserpistole wegzunehmen.

Fats sah an sich herunter. »Der Koffer? Oh, den habe ich jetzt vergessen. So ein Mist.« Er blickte Krallo an. »Das nächste Mal bringe ich ihn mit.«

Fats' Mutter kam zur Tür herein. Sie schlug ihm die weiße Pudelmütze vom Kopf. »Was machst du da?« Sie zog den Arm ihres Sohnes lang. »Komm schon!« Die Pistole fiel ihm aus der Hand. Er ließ sich lächelnd alles gefallen und gab ihr einen Kuss auf die Stirn.

»Was hat er getan?«, fragte sie. »Macht er Schwierigkeiten?«

Ihr Sohn versuchte, sie weiter auf die Stirn zu küssen.

»Nein, nein.« Krallo hob die Pistole auf. »Seltsam ist nur, er kannte unseren Alarmcode.«

»Oh, das kann ich erklären. Wir wohnen da drüben im ersten Stock, und er hat ein Teleskop zu Weihnachten bekommen. Nur für die Sterne. Eigentlich.« Sie wendete sich zu ihrem Sohn. »Los, entschuldige dich.«

Fats verbeugte sich tief. »Ich entschuldige mich. Ich entschuldige mich.«

Krallo hob die Pistole auf, wog sie in der flachen Hand. »Da wäre noch etwas: Diese Pistole ist echt!«

»Ach, was. Die kenne ich, die ist aus Plastik.« Die Mutter nahm ihm die Waffe ab und ließ sie im gleichen Moment fallen. »Oh Gott.«

Das Telefon klingelte sofort wieder.
»Lass mich zufrieden«, spuckte Julia in den Hörer.
»Schon gut, schon gut. Ich werde dich nie wieder anrufen.«
»Martina, bist du das? Entschuldige. Ich hatte so einen Nervtypen am Telefon.«
»Ich wollte nur sagen, ich komme morgen früh wegen der Pauli-Dauerkarten.«
»Was?«
»Ihr hattet sie uns für das Spiel morgen versprochen.«
Julias Gelenke füllten sich mit Pudding. Sie versuchte zu lachen. »Spinnst du?«
»Ihr habt gesagt, ihr fahrt zu Krallos Eltern.«
»Aber nicht, wenn Pauli Heimspiel hat!«
»Ich bin doch nicht blöd, dass hatten wir fest abgemacht.«
»Martina, bitte, das ist unmöglich. Wann soll denn das gewesen sein?«
»Vor einem Monat ungefähr. Ich weiß doch sogar noch: Haupttribüne, Block 7, Reihe 4, Platz 2 und 3, stimmt's? Ihr könnt jetzt nicht zurück. Klaus freut sich schon die ganze Zeit darauf.«
»Hör mal, Martina, ich erinnere mich nicht. So was wüsste ich doch. Außerdem sitzen wir eine Reihe höher.«
Martinas Stimme formte eine auf- und abschwellende Alarmsirene. Dann sang sie: »War nur Spaß. War nur Spaß.«
»Oh, Mensch, du ...«
»Ich wollte dir nur einen Schreck einjagen. Wir haben nämlich noch Karten gekriegt. Gegengerade. Ich wollte dir nur sagen, dass wir uns dann morgen sehen.«

Zum ersten Mal hatte der Safe eine Funktion. Fats konnte oder wollte nicht sagen, woher er die Waffe hatte. Seine Mutter wollte sie nicht anfassen. Die Pistole zur Polizei zu bringen, war jetzt keine Zeit. Hase stand bereits in einem dunklen Anzug in der Tür. Schwarze Seide und unter dem Jackett nur die rasierte nackte Brust. Das Gesicht unter einer Pilotensonnenbrille versteckt, doch den entscheidenden Makel bedeckte sie nicht: die schräge Operationsnarbe seiner Hasenscharte.

»Ich sag mal: Guten Tag«, lispelte er, »obwohl es nicht klar ist, ob das ein guter Tag wird. Ich sag mal: für mich oder für dich.«

Krallo wies auf den Platz vor seinem Schreibtisch. »Kaffee?«

Hase schüttelte den Kopf. »Erst ausrauben und dann vergiften wollen, oder was ist das hier!«

Hase setzte sich und zog den Stuhl heran. Er streifte seine Jackettärmel hoch. Dann legte er seine muskulösen Arme auf Krallos Schreibtisch ab, als wären sie etwas, das er extra mitgebracht hatte.

Krallo öffnete den Ordner mit Hases Konten, nahm das oberste Blatt heraus.

Hase wehrte ab. »Ich sag mal: Dein Papierkram interessiert mich nicht. Ich will wissen, wo mein Geld geblieben ist.« Krallo betrachtete das Blatt mit der Kontenübersicht. Er hatte im Laufe der Zeit rund dreihunderttausend für Hase in Aktien mit hohem Risiko angelegt. Vor zwei Tagen dann die Notbremse gezogen und alles verkauft. Nur die Hälfte war noch übrig.

»Es war höchste Risikoklasse. Du wolltest das.«

»Du willst damit sagen: Ich wollte mein Geld verlieren? Ich sag mal, ich wollte größte Chance. So ist das. Und das ist ein Unterschied.«

»Größte Chance ist größtes Risiko.« Krallo blätterte in der Akte und stieß auf die von Hase unterschriebene Erklärung. Er verzichtete darauf, sie ihm vorzulegen.

»Ich frag mal so«, Hase rückte näher. »Wie legst du dein Geld an?«

»Ich habe nicht viel, deshalb mache ich nur die ganz sicheren Sachen. Fonds, Versicherungen, Banken und so.«

»Und was kommt dabei raus?«

»Ein paar kleine Gewinne.«

»Gut. Dann erkläre ich dir jetzt mal was. Wenn ich dir einen Hunderter gebe und du legst ihn in deine Brieftasche, wo schon ein Hunderter von dir liegt, dann kannst du doch nach einiger Zeit nicht mehr unterscheiden, welcher mein Hunderter ist und welcher deiner, hä?«

»Ja, kann schon sein.«

»Und wenn du jetzt deinen Hunderter anlegst, dann kann das ebenso gut meiner gewesen sein.«

Krallo antwortete nicht. Er wünschte, sein Partner würde endlich eintreffen.

»Und jetzt sage ich dir mal was: Es war mein Hunderter!« Hase umklammerte mit beiden Händen die Schreibtischkante. Er war wahrscheinlich stark genug, den Tisch hochzuheben. Tägliches Training im Gym-Studio. Er richtete sich auf. Knoblauchgeruch strömte Krallo ins Gesicht. »Du kannst auf dem Kiez jeden fragen. Frag nach Hase. Und jeder wird dir antworten: Hase verliert kein Geld! Ist das klar?«

Das Fest hieß St.-Pauli-Heimspiel. Es begann am Mittag mit dem Frühstück. Julia schlief noch. Krallo ging einkaufen.
Nach zwanzig Minuten kam er zurück. Zwei Plastiktüten zogen ihm die Arme lang. Julia erwachte. Er trank geräuschlos einen Möhrensaft für die Haut, dann öffnete er eine Flasche Prosecco. Plopp. Julia hob den Kopf. Krallo nahm einen kleinen Schluck und dekorierte alle Vorräte auf dem Tisch. Julia legte den Kopf zurück aufs Kissen. Dann begann er die Rühreier mit dem geräucherten Tofu zu braten. Julia zählte langsam bis dreißig, dann hatte sie der Bratenduft erreicht. Sie schwenkte die Beine aus dem Bett.
»Du bist süß«, sagte Julia. Sie lehnte am Türpfosten, blinzelte und fuhr sich mit den Fingern durchs Haar. Krallo zog den Fenstervorhang auf ihrer Seite des Tisches zu. Julia holte sich trotzdem ihre Sonnenbrille.
»Du bist früher dran als sonst«, sagte sie und angelte mit ihren Füßen unter dem Tisch nach Krallos Beinen.
»Mir fiel ein, ich sollte noch mal ins Büro.«
»Ins Büro?«
»Ich habe gestern vergessen, die Pistole zur Polizei zu bringen.«
»Ach, die liegt doch im Safe. Das kannst du auch Montag machen.« Julia schaufelte sich das Rührei in den Mund.
»Der Safe ist nicht abgeschlossen. Ich habe den Schlüssel nämlich nicht gefunden.«
»Was ich nicht verstehe, ist, woher Fats eine echte Waffe hat. Das ist doch ein Verrückter.«
»Vielleicht ist er so verrückt auch wieder nicht. Als damals die gefälschten Eintrittskarten für Pauli auftauchten, hat die Polizei ihn verhaftet. Er hatte welche verkauft.«
»Aber er wusste nicht, dass sie falsch waren. Sie haben ihn laufen lassen.«

Krallo stellte seinen leeren Teller hinter sich in die Spüle, dann lehnte er sich zurück. »Vielleicht wusste er auch nicht, dass die Pistole echt ist.«

»Was willst du damit sagen?«

»Jemand gab sie ihm in der Hoffnung, er würde damit schießen.«

Erst der dumpfe Knall machte eine ganze Reihe Leute auf den Mann aufmerksam. Als er über den Zaun des Hochhauses neben dem St.-Pauli-Stadion geklettert war, hatte er kaum Beobachter gehabt. Er wirkte wie ein Pauli-Fan. Das Gesicht mit braunen, roten und weißen Streifen geschminkt. Der FC-Schal, das schwarze T-Shirt mit dem Totenkopf und ein schwarzes Tuch mit Knochenmuster tief über der Stirn. Ungewöhnlich war der eckige Rucksack. Eine Art Bergsteigerausrüstung. Das hohe Gitter mit dem Zackenrand hatte er mit eleganten Bewegungen überwunden. Ein Kletterprofi. Dann sein Seil sorgfältig in einer Spirale ausgelegt und ein Rohr montiert. Mit dem Knall schoss etwas aus dem Rohr hervor, zog das Seil hinter sich her und landete oben auf dem Dach. Er zog an dem Seil, bis es sich straffte. Der Mann setzte sich ins Gras, schnallte sich gebogene Eisen an seine Schuhe. Er legte seinen großen Rucksack wieder an und ging die orangefarbene Fassade des Telekom-Gebäudes mit einem Sprung an.

Etwa ein Dutzend Leute beobachteten ihn. Jugendliche mit Fan-Utensilien und Bierdosen, die sich rund ums Stadion schon Stunden vor Spielbeginn trafen.

Der Mann steckte die Eisen an seinen Füßen in den schmalen Spalt zwischen den Verkleidungsplatten. Trotz seines Gepäcks stieg er auf diese Weise sehr schnell an der Fassade empor. Das Seil diente ihm dabei nur zur Sicherung. Für die Beobachter war hier ein Bergsteiger und Pauli-Fan am Werk. Er trainierte an dem Gebäude seine Fähigkeiten, um am Nachmittag von oben einen besonderen Blick in das Stadion nebenan zu ergattern.

Er erreichte den Dachrand, schwang sich hinüber und verschwand. Kurz darauf aber erschien er wieder und hisste eine Totenkopffahne. Die Zuschauer applaudierten und grölten. Als er nicht wieder herunterkam und auch am Dachrand nicht sichtbar wurde, zerstreute sich die Gruppe.

Krallo betrachtete Julia im Spiegel. Sie hatte sich Sonnencreme mit Lichtschutzfaktor 30 im Gesicht verrieben und legte sich nun den Fan-Schal um. Sie war bleich geworden. Er dagegen hob sich im Hintergrund kaum noch von dem dunklen Flur ab. Er drehte den Kopf. Rundum makelloses Braun. Dann steckten sich beide gleichzeitig ihre Sonnenbrillen hinter die Ohren. Fast blind tappten sie die Treppe hinunter. Draußen grellte die Sonne.

»Du solltest ein Kopftuch tragen«, grinste Krallo.

»Wenn es nicht so blöd aussehen würde, hätte ich einen breitrandigen Strohhut.«

»Vielleicht solltest du mal bei Hundertmark auf der Reeperbahn ein paar Cowboyhüte probieren.«

»Ich hoffe nur, Pauli weiß es zu schätzen, dass ich alle vierzehn Tage im Stadion um Jahre altere.«

Eine Gruppe Fans ging vorbei. Sie schlossen sich an. Als sie die Budapester Straße überquerten, hupte ein altes, mit Sonnenblumen bemaltes Auto. Es bremste. Der Fahrer schrie und gestikulierte aus dem Fenster.

»Oh, nee, der doch nicht.« Julia drehte den Kopf weg.

»Was ruft der denn für einen Namen?«, fragte Krallo.

»Ist doch egal. Komm schnell weiter.«

Der Fahrer ließ seinen Wagen mit offener Tür auf der Fahrbahn stehen und sprang mit wehenden langen Haaren herüber. »He, kennst du mich nicht mehr?« Er griff nach Julias Armen, versuchte mit ihr im Kreis zu tanzen. Sie wehrte ihn ab. Auf der Straße bildete sich ein Stau. Die Autofahrer hupten, schimpften aus den offenen Fenstern. Einer schlug mit der Faust auf das Blech des geparkten Wagens. Der Hippie ließ Julia nicht los, versuchte ihr einen Kuss zu geben.

Sie schlängelte sich aus seiner Umarmung. Krallo stellte sich vor sie. »Ist ja gut«, sagte er.

»Wo hast du den anfertigen lassen?«, fragte der Hippie.

»Und aus welchem Zoo bist du ausgebrochen?«, gab Krallo zurück.

»Hört auf.« Julia zog Krallo zurück. Sie zeigte auf die Straße. Zwei Jugendliche trommelten auf der Motorhaube des Sonnenblumenwagens und sangen.

»Ich rufe dich an.« Der Hippie sprang zu seinem Auto zurück.

»Wer war das? Allmählich nehmen die Kerle aus der Vergangenheit überhand.«

»Fragte die Eifersucht«, ergänzte Julia.
»Wie hat der dich genannt? Ecki? Oder was?«
»Es war wegen eines Tanzes.« Sie umarmte Krallo.
»Wie tanzt man Ecki?«
Sie stellte sich auf die Zehenspitzen und küsste ihn.

Der Mann auf dem Dach näherte sich der Kamera von hinten. Er inspizierte die Zuleitungen. Die Kamera war per Fernbedienung in alle Richtungen schwenkbar. Jetzt war sie auf den Michel und das Bismarck-Denkmal ausgerichtet. Zur Verkehrsüberwachung diente sie wohl nicht. Vielleicht zeigte sie nur den Himmel über Hamburg im Internet oder in einem Fernsehprogramm. Er klammerte sich an den Mast, kletterte hoch und spuckte von unten auf das Schutzglas vor dem Objektiv. Dann ging er zurück zu dem vorbereiteten Platz. Er hatte eine große Plastikplane ausgebreitet, auf die er sich rücklings legte und reglos in den Himmel schaute.

Nach einer Weile drehte er sich auf den Bauch, robbte bis zum Dachrand und sah hinunter in das sich langsam füllende Millerntor-Stadion. Er rutschte zurück, klappte seinen Rucksack auf. Gewehrkolben, Lauf, Zielfernrohr und Stativ waren mit Schlaufen darin befestigt. Er nahm die Teile heraus, montierte das Gewehr, lud es und prüfte die Zieleinrichtung. Er war nicht zufrieden und begann die Linsen zu polieren. Schließlich zog er einen Hunderter aus der Tasche, glättete ihn und steckte ihn unter sein Kopftuch, so dass er das rechte Auge verdeckte. Langsam schob er das Gewehr bis zum Dachrand. Erst hier steckte er die Waffe auf das flache dreibeinige Stativ. Er rutschte wieder ein paar Zentimeter zurück und gab mit zwei herausklappbaren Krallen dem Stativ sicheren Halt.

Das Stadion brummte. Es dauerte eine Weile, bis er merkte, dass es ein elektrisches Brummen war. Es kam aus den Lautsprechern. Krallo winkte seinem Partner Christoph zu, der auf der anderen Seite neben der Trainerbank seinen Stammplatz hatte. Weiter oben, auf der ersten Sitzplatzreihe, entdeckte er Hase. Hoffentlich sprachen die miteinander. Krallo hatte Hases Restgeld bis zu einer neuen Investitionsentscheidung erst einmal in einem Geldmarktfonds geparkt. Christoph musste das jetzt übernehmen.

Julia suchte die Menge nach Torben ab. Ihm musste sie unbedingt aus dem Weg gehen. Eine weitere Begegnung mit einem Typen aus ihrer Vergangenheit war Krallo heute nicht zuzumuten.

Kurz bevor das Spiel begann, hörte das Brummen auf. Julia machte Krallo auf Fats aufmerksam. Er kam von oben. »Der will zu dir.«

Doch dann grinste ihn Fats nur an und verbeugte sich. Er setzte sich auf einen freien Platz direkt vor ihm. Krallo kannte den Platzinhaber. Ein Wirt aus der Schanzenstraße. »Da kannst du nicht sitzen.«

Fats wedelte mit der Karte. »Fats kann alles, alle können Fats.«

»Wenn ich die Waffe zur Polizei gebracht hätte, säße der jetzt nicht hier«, murmelte Krallo.

Das Spiel begann. Zu aller Überraschung waren die Gäste spurtstark und sicher im Kurzpassspiel Bei den ersten Angriffen stürmten die Verteidiger nach vorn. Bevor es die Abwehr des FC begriffen hatte, stand es null zu eins. Der Schock ließ die Gesänge verstummen. Die Fans um Julia und Krallo protestierten: Der Torschuss war aus klarer Abseitsposition erfolgt. Ach, ja, den Schiedsrichter kannten sie aus der letzten Saison. Hatte er nicht schon damals immer wieder zu Unrecht gegen Pauli entschieden? Und an seinen Linienrichter erinnerten sich die Zuschauer auch sehr gut: der Mann mit dem gelähmten Arm. Denn nie hob er bei Abseits der Gäste seine Fahne.

Die Stille hielt nicht lange an. Denn die Pauli-Fans waren sich bewusst, dass sie nun zur Motivation ihrer Spieler gebraucht wurden. Neue Chöre bildeten sich. Jeder gewonnene Zweikampf, jeder kleine Angriffsversuch der FC-Spieler wurde bejubelt.

Aber alles nützte nichts. Schließlich schieden auch noch Incemann und Adamu verletzt aus. Es war eines jener Spiele, bei denen der Fan zu zweifeln beginnt, ob es Gerechtigkeit gibt.

Auch die Hoffnung, dass Trainer Demuth seine Spieler mit neuer Einstellung aus der Pause aufs Feld schickte, erfüllte sich nicht. Die Spieler fanden keine Lücke in der Abwehr des Gegners, die Fehlpässe häuften sich.

In der 79. Minute wechselte der Trainer aus. Toralf Konetzke kam ins Spiel. Vielleicht hoffte er auf die Magie des Vornamens.

Es blieben noch elf Minuten. Doch die Qual ging weiter. Noch zwei Minuten, wenn der Schiedsrichter nicht nachspielen ließ. Julia saß auf ihrem

Platz, hatte die Hände wie ein Gitter vor dem Gesicht. Die Fans ermüdeten bei ihren vergeblichen Anfeuerungen. Auch Krallo hatte die Luft ausgestoßen und sich zurückgelehnt. Die Niederlage schien unvermeidlich.

Die neunzigste Minute. Der Schiedsrichter griff nach der Pfeife, da eroberte sich Stanislawski den Ball durch ein halbes Foul. Der Schiedsrichter reagierte nicht. Stanislawski sah den Freiraum für einen langen flachen Pass auf Rath. Rath stand allein vor dem »Tor ... Tor! Tor!« Alle sprangen auf, jubelten. Krallo und Julia rissen die Arme hoch. Vor ihnen sprang Fats mit beiden Füßen auf seinen Sitz und fiel nach hinten. Krallo und Julia umarmten sich. Zu ihren Füßen lag Fats.

Krallo stieß ihn mit dem Fuß an. »He!«

Fats rührte sich nicht. Krallo bückte sich, rüttelte ihn und packte ihn unter dem Arm. Seine Hände wurden blutig. Der Schlusspfiff.

Die Kamera auf dem Dach bewegte sich nicht. Noch immer der Himmel über Hamburg. Verschwommen. Selbst wenn sie den Mann auf dem Dach erfasst hätte, er wäre mit seiner Gesichtsbemalung nur schwer zu identifizieren gewesen. Als das Tor fiel, krümmte sich sein Finger. Kein Beobachter hätte dabei auf seinem Gesicht eine Regung erkennen können. Der Mann zögerte einen kurzen Augenblick, fast schien es, als wollte er ein zweites Mal schießen, doch dann sprang er auf. In Sekunden nahm er sein Gewehr auseinander und verstaute die Teile wieder in den vorgesehenen Halterungen seines Rucksacks. Oft geübte Bewegungen. Anschließend rollte er die Folie zusammen, auf der er gelegen hatte. Mit dem Schlusspfiff war alles eingepackt. Er schwang sich über den Dachrand und rutschte in hohem Tempo an dem Seil herab. Dabei rollte er eine zweite dünne Leine ab, die er vorher an dem Anker seines Seiles befestigt hatte. Unten angekommen zog er daran. Die Mechanik des Ankers schloss sich, und mit einem zweiten kurzen Ruck fiel der Anker von oben herab. Der Mann sammelte alles ein, stopfte es in seinen Rucksack. Er sprang über den Zaun, schloss sich einer Gruppe singender Fans an, stimmte in ihr Lied ein.

Blut. Die Handflächen voller Blut.

Krallo wusste nicht, wohin mit den Händen, streckte sie Julia entgegen. »Ich habe nichts getan«, sagte er.

Von oben kamen Stimmen. Sie setzten sich gegen Gesänge und Lautsprecher, gegen die aus dem Stadion drängende Menge durch. »Machen Sie Platz! Bitte machen Sie Platz.«

»Es ist alles voller Blut«, sagte Krallo. »Ich verstehe das nicht.«

Julia wich vor ihm zurück. Jemand griff nach seinem Arm.

»Polizei«, sagte ein Mann in Zivil.

Krallo blickte auf den verrenkten Fats zu seinen Füßen. Der Polizist in Zivil beugte sich herab und sprach in sein Funkgerät. Er kam wieder hoch. »Sie bleiben hier. Wir brauchen Sie als Zeugen.« Er beschrieb einen Kreis.

Krallo wusste nicht, wohin mit seinen Händen. »Julia ...« Sie war nicht da. Er drehte sich um. Er wusste nicht, wie weit er sich bewegen durfte. Fats lag auf seinen Schuhen, drückte gegen seine Beine.

Quer über das Spielfeld kamen zwei Rettungssanitäter mit einem Metallkoffer. »Machen Sie Platz.«

Einer kniete sich zu Fats, der andere betrachtete Krallo.

»Es ist nichts, nur Blut«, sagte Krallo. Er streckte die Hände vor. »Nur Blut von ihm.«

Mit einem Mal waren auch mehrere uniformierte Polizisten um sie herum.

»Julia, wo ist Julia?«

Jemand zog ihn zum Treppenaufgang. »Machen Sie Platz.«

Ein anderer hielt ihn fest. »Hier bleiben.«

»Nennen Sie mir Ihren Namen.« Eine andere Stimme.

»Was mache ich mit dem Blut?«, sagte Krallo.

Jetzt hoben die Sanitäter Fats vorsichtig aus der Reihe, schmierten dabei sein Blut über die Sitze.

Julia war wieder neben ihm, klammerte sich an Krallos Arm. »Was ist passiert?« Krallo streckte seine Hände vor. »Ich war es nicht«, sagte er.

Die Polizisten bildeten einen Kreis, hinderten einige der Zuschauer daran zu gehen.

»Ich wollte ihm hochhelfen«, sagte Krallo. »Ich habe nichts gemacht.«

»Was ist mit ihm?« Julia sah nicht hin. Zu viel Blut.

Einer der Sanitäter hielt einen Tropf in die Höhe. Der zweite hatte Fats' Brust freigelegt, suchte nach der Wunde. Dann drehte er ihn auf die Seite, fingerte in Fats' Mund herum. Ein dritter kam hinzu, schleppte eine Sauerstoffflasche heran.

»Wo haben Sie gesessen?«, fragte der Zivilpolizist.

»Direkt hinter ihm. Er ist mir vor die Füße gefallen.« Krallo betrachtete seine Schuhspitzen. Sie waren voller Blut. »Verdammt, meine Schuhe.«

»Kennen Sie den Mann?«

»Ja, ja.«

»Bleiben Sie hier.« Der Polizist wendete sich den Sanitätern zu.

Krallo spürte Julias Finger in seinem Arm. »Krallo, das ist alles Scheiße hier«, sagte sie. Sie drückte ihr Gesicht gegen seine Schulter.

Die Sanitäter trennten Fats' Hemd auf. Ein vierter war hinzugekommen, hatte ein Gerät in der Hand, vielleicht ein Messer, setzte es auf der Brust an, wurde von einem anderen zurückgehalten. »Hat keinen Zweck mehr. Exitus.«

»Nennen Sie mir Ihren Namen«, sagte der Polizist.

»Was mache ich damit?« Krallo betrachtete seine blutbeschmierten Handflächen. »Darf ich die abwischen?«, fragte er. »Oder brauchen Sie die noch?«

Der Sonntag floss wie ein farb- und geschmackloser Brei durch die Straßen der Schanze. Floss rüber zur Reeperbahn, die Seitenstraßen zum Hafen hinunter und übergab sich der Elbe. Ein Gewitterregen wischte die Reste weg.

Krallo stand auf, ging zum Fenster und lüftete den schwarzen Vorhang einen Spalt. Ein Lichtstrahl fiel wie dampfende Salzsäure über das Bett. »Au«, sagte Julia und bedeckte ihr Gesicht.

»Ich muss los.« Krallo rieb an der Fensterscheibe. »Ich bin mit einem Bullen verabredet. Der will die Waffe abholen.« Er fühlte sich schwach. Im Traum war Blut aus ihm geflossen. Er setzte sich auf die Bettkante. »Draußen sieht es aus, als hätten sich alle in ihren Wohnungen verbarrikadiert.« Er stützte die Arme auf die Knie und hielt seinen Kopf in beiden Händen. »Vielleicht haben sie recht.«

Julia lag zusammengerollt im Bett und langte mit einer Hand nach Krallo. »Ich stehe heute nicht auf«, sagte sie. »Die Welt ist scheiße.«

»Und Frühstück?«

»Wie soll das gehen?« Sie schüttelte den Kopf. »Ich will schlafen.«

»Sei froh, dass du nicht meine Träume hast.«

»Was hast du geträumt?«

Er schüttelte den Kopf. »Wenn du sie hättest, würdest du die Welt da draußen wunderbar finden.«

Als er das Haus verließ, kam die Sonne. Er drehte seinen Kopf in ihre Strahlen. Wollte Stärke gewinnen. Aber beim Überqueren des Schulterblatts bekam er die Füße kaum hoch. Die Eisen unter seinen Hacken schleiften über das Kopfsteinpflaster. Ein weiches, metallisches Geräusch wie beim Messerwetzen. Es gefiel ihm. Auf der Sonnenseite der Straße ging er bis zum Café Transmontana. Es war nicht viel los. Der Regen hatte die üblichen Trauben von Kaffeetrinkern hinweggeschwemmt. Er setzte sich mit dem Milchkaffee und dem Vanilletörtchen auf die Bank vor den Laden, so dass die andere Gesichtshälfte von der Sonne beschienen wurde.

Jemand warf Schatten. Der Obdachlose mit den zerrissenen Hosen. »Eins – eins.« Er grinste und hob den Daumen.

»Scheißspiel«, antwortete Krallo.

»Du hast nicht zufällig Kleingeld dabei?«

Krallo langte in die Hosentasche und gab ihm eine Münze. Auf der anderen Straßenseite vor der Roten Flora böllerte der Wagen mit der Sonnenblumenbemalung vorbei. Sein Auspuff war kaputt. Krallo hob den Kopf, sah ihm nach. Julias Vergangenheit. Krallo hieß Krallo, weil er nicht losließ, was er einmal besaß.

Der Obdachlose steckte die Münze zwischen die Lippen, drehte sich um, beugte sich zur Seitenscheibe eines Autos herab und spiegelte sich darin. Dann schwenkte er in der gebeugten Haltung zu Krallo zurück. Er spuckte sich die Münze in die Hand. »Auf mich kannst du dich verlassen«, sagte er. »Ich kann schweigen.«

Statt zu lachen, stieß Krallo die Luft aus.

Julia stöhnte, rollte sich unter der Bettdecke hervor und angelte nach ihrem Handy.

»Nein«, sagte sie.

»Doch«, klang es zurück.

»Woher hast du diese Nummer?«

»Übrigens, ich war gestern im Stadion.«

»Torben, ich schlafe noch.«
»Ich konnte leider nicht zu dir kommen. Die haben mich nicht durchgelassen.«
»Bitte, lass mich zufrieden.«
»Da ist doch einer neben dir erschossen worden, nicht?«
»Torben, leg auf, hau ab, verschwinde und ruf mich nie wieder an.«
»Ich meine, du brauchst jemanden, der dich beschützen kann.«
»Und das bist du?« Sie ließ das Telefon fallen. »Idiot.«

Zuerst kam die lange rosafarbene Schnauze um die Ecke. Die Schweineaugen. Das Maul war mit einem flachen Band zusammengebunden. Dann kam der breite weiße Körper schwarzbraun gefleckt auf kurzen Beinen. Am Ende der straffen Leine hing Hase.
Die braunen Hundeaugen in dem rot geäderten Weiß fixierten Krallo.
»Ich sag mal, der tut nix. Ehrlich.«
Die Muskeln unter dem kurzen Fell schwollen an. Die Lefzen öffneten sich, Schleim tropfte. Dann löste sich ein dunkles Grollen.
Hase lachte, zog an der Leine. »Keine Angst, der ist ganz lieb.«
»Na, ich weiß nicht.« Krallo ging einen Schritt zur Seite.
»Ich sag mal, den kannst du streicheln, ehrlich.«
»Lieber nicht.«
Hase lachte, zog weiter ohne Ergebnis an der Leine. »Ich sag mal, der macht nur, was ich will. Wenn ich jetzt zum Beispiel ›Fass!‹ sagen würde, dann wärst du hin.«
Der Hund drehte den Kopf schräg.
»Sag ich aber nicht. Noch nicht. Ich sag mal, spar ich mir auf. Hab ich noch in Reserve.«
Krallo versuchte, an den beiden vorbeizukommen. Hase packte ihn am Arm.
»Ich sag mal, so ein Hund, der findet sein Ziel. Selbst in einem vollen Stadion. Der funktioniert wie ein Torpedo mit Geruchssensor. Verstehst du? Da brauchst du keine Pistole. Da nützt es auch nichts, zur Seite zu gehen oder sich zu ducken. Ich sag mal, in Deckung zu gehen. Wie ein Torpedo funktioniert der. Wenn du verstehst, was ich meine.«

»He, Ecki, ich bin's!«

»Nenn mich nicht Ecki!«

»Julchen.«

»Was willst du?«

»Was ist denn das für ein Typ, mit dem du da gehst? Das kann doch nicht dein Ernst sein.«

»Was willst du?«

»Wir beide ...«

»Nein!«

»Komm schon, weißt du nicht mehr. Erinnerst du dich an das Dylan-Konzert im ...«

»Nein!«

»Warte mal, was hältst du davon, wenn ich deinem Freund erzähle, dass ...«

Julia hörte es schon nicht mehr, kroch mit einem Knurren zurück ins Bett.

Als sie ihn sah, kam sie in Filzpantoffeln quer über die Straße. »Ach Gott, ach Gott.« Kleine hastige Schritte, fast ohne die karierten Füße zu heben. »Ach Gott, ach Gott, mein armer Junge.«

Krallo schloss das Büro auf. »Es tut mir leid.«

Sie zog die Nase hoch. »Erschossen haben sie ihn. Mein armer Kleiner. Warum bloß? Wer macht denn so was?« »Es tut mir wirklich leid.«

»Und jetzt soll er mit einem Mal ein Verbrecher gewesen sein, mein armer Junge. Der tat doch keiner Fliege was. Der war doch nur hilfsbereit. Das wissen Sie doch auch, war doch alles nur Spiel.«

»Was soll er denn gemacht haben?« Krallo wies auf die offene Tür, aber Fats' Mutter schüttelte den Kopf.

»Plötzlich soll er alle möglichen Kontakte gehabt haben, zu Leuten aus der Unterwelt. Er war Verteiler oder so ähnlich. Aber ich weiß doch gar nichts. Ich weiß doch nichts davon.« Sie zog erneut die Nase hoch, wischte sich über das Gesicht.

»Was hat die Polizei denn gesagt?« Er ging durch die Tür, klappte die Steuerung der Alarmanlage auf, tippte den neuen Code ein. Julias Geburtsdatum.

Die Frau blieb in der Tür stehen, sah ihn an. Die Tränen liefen ihr über die Wangen. »Sie waren es doch. Sie haben ihm doch auch Aufträge gegeben. Mein armer Junge.«

»Ich?«

»Er war doch bei Ihnen. Wegen des Geldes.«

»Geld? Was soll ich ihm für Aufträge gegeben haben?«

»Alle haben ihn doch benutzt. Mein armer kleiner Junge. Und dann einfach erschossen.«

»Was wollen Sie damit sagen, ich hätte ihm Aufträge erteilt?«

Sie schluchzte. »Mein armer Junge hat doch alles gemacht, was man ihm sagte. Alles hat er gemacht, weil er herzensgut war.«

»Mich hat er versucht zu überfallen.«

»Was weiß ich. Ich weiß doch nichts.« Sie wischte sich die Hände an ihrem Kleid ab, dann versuchte sie, ihre Lockenfrisur in Form zu drücken. »Mein armer Junge.« Sie kam einen Schritt in den Laden. »Er hat immer Schwierigkeiten gehabt. Vielleicht ist das deshalb auch alles gut so. Einmal wäre ich ja nicht mehr da gewesen. Und was hätte er dann gemacht? Ohne mich. Wie hätte er dann was zu essen gekriegt? Wer hätte ihm denn die Wäsche gewaschen? Verstehen Sie, das kann er doch gar nicht. Was hätte dann aus ihm werden sollen, ohne mich?

Vielleicht ist es gut so, dass er tot ist, weil ... er war ja verrückt. Verrückt war er. Wussten Sie das nicht?«

Julia drückte auf die Gegensprechanlage. »Hallo.«

Niemand antwortete. Sie hörte ein Auto vor dem Haus vorbeifahren.

»Hallo, wer ist da?«

Jemand atmete.

»He, was soll der Mist.« Sie hängte den Hörer an den Türrahmen zurück und ging in die Küche. Der Toast war verbrannt. Sie fluchte und steckte eine neue Scheibe in den Toaster. Im Kühlschrank stand eine geöffnete Flasche Prosecco. Sie trank einen Schluck direkt aus der Flasche, verschluckte sich, hustete.

Mit der Hand vor dem Mund eilte sie nach vorn gebeugt ins Bad. Sie stützte sich auf das Waschbecken, würgte mehrmals, übergab sich aber nicht.

Fluchend wankte sie wieder in die Küche. Aus dem Toaster stieg ein dünner schwarzer Rauchfaden.

»Oh nein.« Sie ließ sich auf einen Stuhl fallen und rieb sich das Gesicht. Doch dann hob sie den Kopf. Aus dem Flur kam ein Rascheln. Sie lauschte, aber es wiederholte sich nicht. Ohne ein Geräusch zu machen, stand sie auf, schlich zur Küchentür. Vom Türpfosten aus beobachtete sie den Flur. Ein leises Schaben kam vom Wohnungseingang. Es war jemand im Treppenhaus. Sie schlich weiter bis zur Tür. Das Geräusch verstummte.

Sie beruhigte sich mit dem Gedanken, dass wahrscheinlich das Treppenhaus gereinigt wurde, und tappte zurück in die Küche. Wieder ein Rascheln aus dem Flur. Diesmal ganz deutlich. Sie erstarrte in der Bewegung. Dann stieß sie die Luft aus. Sie warf das verbrannte Toastbrot in den Mülleimer, holte die letzte Scheibe aus dem Paket und füllte den Toaster erneut. Sie beschimpfte das Gerät und reduzierte die Einschaltzeit auf die Hälfte. »Butter«, sagte sie laut, ging zum Kühlschrank, dann aber daran vorbei, um noch einmal einen Blick in den Flur zu werfen. Unter der Eingangstür war etwas durchgeschoben worden. Ein farbiges Foto. Sie hob es auf. Es war ein Bild von ihr an der Ostsee. Sie saß in einem schwarzen Bikini auf einem blau gestreiften Handtuch. Sie drehte das Foto herum. Hinten stand in steilen Buchstaben: »Du wirst zurückgehen müssen, um zu erkennen, wie es wirklich ist!«

Sie erinnerte sich, wo und wann das Foto aufgenommen worden war. Vor sechs Jahren.

Sie presste ein Auge gegen den Türspion. Im Treppenhaus war niemand zu sehen. Sie wusste, dass er noch da war, und hütete sich, die Tür zu öffnen. Aus der Küche kam der Geruch nach verbranntem Toast.

Der Beamte zog sich eine Plastiktüte über die Hand, nahm die Waffe aus dem Safe und steckte sie in eine zweite Plastiktüte.

Sie waren zu zweit gekommen. Einer war an der Tür stehen geblieben. Krallo hatte sich seinen Namen nicht gemerkt. Der andere hatte sich als Carstens vorgestellt und seinen Ausweis gezeigt.

Krallo deutete auf die Waffe. »Es sind natürlich auch meine Fingerabdrücke drauf.«

»Fingerabdrücke?«, wiederholte Carstens. »Ja. Natürlich. Worin besteht Ihr Geschäft?«

»Versicherungen, Vermögensverwaltung.«

»Gibt es weitere Räume, Keller?«

»Keller nicht, nur dort durch die Tür geht's zu einer kleinen Küche, einem Lagerraum, der kaum benutzt wird, und dem Klo.«

»Dürfen wir?«

»Bitte.«

Carstens nickte seinem Kollegen zu, der die Räume inspizierte. Solange sie nicht in seine Akten gucken wollten, war es Krallo egal.

»Und was haben Sie für Kunden?«

»Hier so aus der Gegend.« Krallo breitete seine Arme aus.

»Und dieser Fats machte manchmal Botengänge für Sie?«

»Nein, nie. Ich kannte ihn und seine Mutter nur vom Sehen, die wohnen ja da drüben. Außerdem war er verrückt.«

»Das kann auch von Vorteil sein.« Carstens lächelte.

»Meinen Sie, es hat ihn jemand benutzt?«

Carstens antwortete nicht. Er lehnte sich zurück. »Sie haben ihm auch nie Geld gegeben?«

»Nein.«

»Wie kam er dann darauf, Sie zu überfallen?«

Krallo hob die Schultern. »Ich habe keine Erklärung dafür. Wenn es denn ein Überfall war.«

»Und Sie sind sicher, er hat diese Waffe mitgebracht. Sie war nicht schon vorher hier?«

»Wie meinen Sie das?«

»Ich gebe Ihnen eine Chance. Sie wussten, dass wir Ihren Fats observierten?«

»Deshalb waren Sie so schnell im Stadion.«

Carstens reagierte nicht.

»Ich habe mit der Sache nichts zu tun«, sagte Krallo.

»Welche Sache?«

Der Assistent kam von seiner Inspektionstour zurück. Schlenderte durchs Büro und betrachtete wie absichtslos, was auf den Tischen und in den Regalen lag.

»Hinsichtlich dieser Pistole: Hätten Sie nicht auch eine Waffe zum Schutz brauchen können? Ich meine, bei Ihren Klienten? Das Ding könnte ja auch einer Ihrer Kunden hier zurückgelassen haben. Es gibt da viele Möglichkeiten.«

»Ich verstehe nicht, was Sie damit sagen wollen.«

»Haben Sie nicht damals auch eine der gefälschten Eintrittskarten von diesem Fats gekauft?«

»Was? Nein.«

»Ist er mal hier gewesen, um Geld zu wechseln?«

»Nein. Er ist Freitag zum ersten Mal in unser Büro gekommen. Fragen Sie meinen Partner.«

»Und Sie sind im Bereich Geldanlage tätig?«

»Ja.«

»Dann haben Sie immer viel Bargeld hier?«

»Nein, so läuft das nicht. Wir haben Vollmacht für die Konten unserer Klienten.«

»Kein Bargeld?«

»Nur, was ich in der Brieftasche habe.«

»Zeigen Sie mal.«

Carstens nahm ihm die Brieftasche aus der Hand, zog die drei Fünfziger heraus, hielt sie gegen das Licht.

»Geht es um Falschgeld?«

Carstens antwortete nicht, durchsuchte die Fächer von Krallos Brieftasche.

»Bin ich verdächtig?«

Carstens gab ihm die Brieftasche zurück. Er beugte sich vor, legte die Arme wie Hase auf den Schreibtisch ab.

»Verdächtig? Hm. Nein. Wissen Sie, wenn ich das richtig sehe, haben Sie im Stadion neben ihm gesessen. Finden Sie das nicht merkwürdig? Er hatte Sie einen Tag vorher überfallen, und schon sitzt man wieder friedlich beieinander. Warum auch nicht. Und da er gleich darauf erschossen wird, gibt es gar keinen besseren Platz als neben ihm. Dann war man es nicht.«

»Ich saß hinter ihm. Ich habe immer diesen Platz. Dauerkarte.«

»Richtig. Sie saßen sozusagen direkt in der Schusslinie.« Er lachte einen kurzen Husten aus. »Das ist im Grunde noch besser. Wenn man das Risiko liebt. Und wie man sieht: Sie leben noch.«

Julia wählte Krallos Büronummer.

»Du, ich gehe jetzt was frühstücken.«

»Sie sind gerade weg. Ich komme auch. Wo gehst du hin?«

»Ich weiß noch nicht, wo ich Platz kriege. Im Bedford, Mellow oder so. Ich melde mich dann übers Handy.«

»Kannst du mir noch einen Gefallen tun und deine Redaktion anrufen? Die arbeiten doch heute.«

»Ach, Krallo, wozu das. Ich habe Hunger.« Auch der Telefonhörer war schwerer als sonst.

»Die Bullen haben mich irgendwie im Verdacht.«

»Dich? Was soll das denn?«

»Ich weiß nicht. Vielleicht ist es auch andersrum.«

»Wie andersrum?«

»Erkläre ich dir nachher.«

Julia legte auf. Sie bückte sich nach ihrer Umhängetasche, stöhnte. »War die Durchwahl jetzt 2398 oder 3289 oder vielleicht doch 3928?« Sie wühlte nach ihrem Telefonbuch, kam mit leeren Händen und einem sirenenartigen Ton wieder hoch.

Sie schlurfte durch alle Zimmer, hob Zeitschriften hoch, beugte sich unters Bett, ohne Ergebnis. Einen Augenblick blieb sie still stehen, legte den Zeigefinger an die Nasenspitze. Dann sprang sie zur Garderobe und zog ihr kleines Telefonbuch aus der Jackentasche. »Hab ich dich!«

Sie wählte eine Nummer. »Ich bin's, Julia. Heiner, habt ihr schon was über den Toten beim Pauli-Spiel?«

Eine Weile blieb sie still.

»Der Polizeibericht, prima, lies vor.«

Sie hörte zu, ihre Stirn legte sich immer mehr in Falten. »Die haben Drogen bei dem gefunden? Ein Racheakt!?«

Sie wehrte alle Fragen ab, ob sie im Stadion in der Nähe des Toten gewesen sei, ob sie etwas gesehen habe.

Sie legte sich ihre Jacke um die Schulter, steckte sich die Sonnenbrille ins Haar, sah durch den Türspion und betrat das Treppenhaus. Als sie die Haustür öffnete, ließ sie die Brille von der Stirn über die Augen fallen. Sie betrat die Straße und bemerkte aus den Augenwinkeln, wie jemand in einem geparkten Wagen tief in die Sitze rutschte, um nicht gesehen zu werden.

Fats' Mutter hatte sich eine schwarze Schürze umgebunden, einen Stuhl geholt und vors Haus gesetzt. Als die Polizeibeamten zu ihrem Wagen gingen, erhob sie sich für eine Verbeugung. Krallo stand hinter der Ladenscheibe, blickte dem Wagen nach, dann ging er vom Fenster zurück und schob den Safe mit dem Fuß zu. Er aktivierte die Alarmanlage und verließ das Büro.

Fats' Mutter saß wieder still auf ihrem Stuhl und blickte starr zu Boden. Zwischen den Händen hielt sie ein Bild ihres Sohnes im Schoß. Zu ihren Füßen stand ein Topf mit rosafarbenen Alpenveilchen. Krallo drehte die beiden Sicherheitsschlösser zu.

»Mörder!«, rief die Mutter, als er die Straße überquerte.

Krallo schüttelte den Kopf. Er sah sich nach anderen Passanten um. Niemand hatte es gehört. Er ging die Hein-Hoyer-Straße entlang. Fats war nach hinten über die Lehne gefallen. Im Augenblick des Torjubels. Er konnte sich nicht vorstellen, dass jemand unbemerkt im Stadion eine Waffe hebt und einen Schuss abgibt. Im Augenblick des Torjubels ginge das vielleicht doch.

Er holte sein Handy hervor und wählte Julia an. »Wo bist du?«

»Im Café unter den Linden.«

Er wollte die Straße vor dem Paulinenplatz überqueren. Ein Radfahrer klingelte. Er wich aus.

»Ich bin gleich bei dir.«

Der Radfahrer schimpfte. Krallo hörte ein Auto mit Vollgas kommen.

»Soll ich schon für dich bestellen?«, fragte Julia.

Im letzten Moment sah Krallo sich um. Ein alter Opel fuhr direkt auf ihn zu. Er sprang zum Straßenrand. Wegen der heruntergeklappten Sonnenblende war der Fahrer nicht zu erkennen, nur sein schwarzes T-Shirt. »Böhse Onkelz« stand auf der Brust. Krallo presste sich flach gegen ein geparktes Auto. Er bekam einen Schlag in die Hüfte. Das Handy rutschte über das Pflaster. Dann bog der Opel um die Ecke.

Der Radfahrer lag auf der anderen Straßenseite. Er stemmte sich fluchend auf die Arme. »Haben Sie die Nummer?«, schrie er. »Haben Sie die Nummer? Die Autonummer!«

Krallo schüttelte den Kopf, hielt sich die Seite. Er war wahrscheinlich vom Außenspiegel getroffen worden. Und der hatte zum Glück nachgegeben, war umgeklappt.

Er ging zu dem Radfahrer. »Sind Sie verletzt?«

Der Radfahrer zog seine Beine unter dem Rad hervor und stand auf. Er verlagerte sein Körpergewicht von einem Bein aufs andere. »Alles o.k.« Er sah auf das Rad herab. »Aber das Rad ist hin.«

Krallo zog sich das Hemd aus der Hose und tastete nach einer Verletzung. Die Seite schmerzte.

»Es war ein brauner Opel. Die Rückbank fehlte. Es lagen Werkzeuge hintendrin, glaube ich.« Er ging zurück, bückte sich nach dem Handy.

»Hallo? Julia?«

Es funktionierte noch.

»Krallo, was ist passiert?«

»Alles in Ordnung. Mir ist nur das Telefon aus der Hand gefallen. Bin gleich da.«

»Bist du immer noch in dem Geschäft?«

Er öffnete seine Jacke, so dass nur sie hineinsehen konnte. Mit zwei Fingern hob er aus der Innentasche eine kleine silberne Pistole. »Wie gesagt, ist preiswert und ein wunderbarer Schutz für jemand wie dich.«

Sie schüttelte den Kopf. »Du spinnst.« Er ließ die Pistole zurückgleiten und neigte sich vor. »Ich besorge dir alles bis zur Mörsergranate.« Dann lachte er, schüttelte seine blonden Haare. Sie wippten wie Draht.

»Hau jetzt ab«, sagte sie.

Er rührte sich nicht.

»Los, verschwinde schon.«

Er lehnte sich zurück und grinste sie an. »Und wie wär's mit einem kompletten Panzer?«

»Mach schon, gleich kommt Krallo.«

»Wenn er kommt, stehe ich auf.«

Er verschränkte die Arme hinter dem Kopf und sah hinauf in den Lindenbaum. »Raketen, Raketen hätte ich auch.«

»Michael, bitte, ich will nicht, dass er dich sieht.« Sie sagte es ohne Nachdruck. Es war sein Tisch vor dem Eingang des Cafés unter den Linden, an den sie sich gesetzt hatte.

»Los, du hast versprochen, den Tisch frei zu machen.«

»Was ist, wenn er mich sieht?«

»Ich habe keine Lust, Erklärungen abzugeben.«

»Ist es dir peinlich, dass wir mal zusammen waren?«

»Michael, los, geh, bitte.«

Er stand auf, griff nach ihrer Hand. Sie ließ es geschehen.

»Keine Chance mehr?«

Er legte einen Finger auf ihre Lippen. »Nicht antworten.« Sie drehte den Kopf, um ihm auszuweichen. »Warum bloß tauchen in letzter Zeit so viel Leute aus meiner Vergangenheit auf und tun so, als wäre nichts geschehen?«

»Ist etwas geschehen?« Er beugte sich herab und versuchte, sie auf den Mund zu küssen.

»Hör auf. Verschwinde!«

Er steckte etwas in ihre Jackentasche, die sie über den Stuhl gehängt hatte. »Ein kleines Geschenk.«

»Nein.« Sie griff in die Tasche. Es war ein Amulett aus Ton an einem Lederband.

»Die Indios in Südamerika glauben, es schützt vor feindlichen Kugeln.«

Er drehte sich um und marschierte davon.

»Ich will das nicht!« Sie sprang auf, lief ihm nach. »Nimm das sofort zurück!« Sie warf es ihm zu, aber er fing es nicht auf. Es fiel auf die Fußwegplatten und zersprang in zwei Teile. Sie bückte sich, legte die Scherben auf die Hand. »Es tut mir leid.«

»Du hättest es nicht aufheben dürfen«, sagte er.

»Vielleicht kann man es kleben.« Sie versuchte, die Teile zusammenzufügen und ihm zu geben. Er wehrte ab.

»Jetzt bedeutet es, dass jemand in deiner Umgebung stirbt.«

»Ich glaube«, er dehnte die Worte, »ich gebe das Büro auf.« Er setzte sich, sah sich nach dem Kellner um. »Ich brauche einfach einen anderen Job.« Er sprang wieder auf, betastete den Sitz. »Es klebt.«

»Was ist passiert?«

»Es ist alles, einfach alles. Es kommt alles zusammen.« Er prüfte seinen Hosenboden. »Dieser Stuhl klebt.«

»Was für einen Job willst du?«

»Eine größere Firma, seriöse Kunden, geordnete Abläufe, verstehst du?«

Julia nickte. Er setzte sich wieder.

Ein anderer Gast winkte herüber, rief, bis er Krallos Aufmerksamkeit erreicht hatte. Er winkte zurück. »Und dann will ich nicht meinen Kunden mit ihren Kampfhunden in meiner Freizeit begegnen. Oder wenn schon, dann sollen sie nicht herumgrölen. Oder mir gar drohen, ich müsste ihre Verluste ersetzen.«

Er stand wieder auf. Der Kellner ging vorbei. »Gibt es noch einen anderen Stuhl? Dieser klebt.« Der Kellner breitete die Arme aus. Sie bestellten Milchkaffee und Rührei. Krallo wischte den Stuhl mit einer Serviette ab.

»Es ist auch wegen gestern, nicht wahr?« Julia reichte ihm ein Papiertaschentuch. »Weißt du, ich habe in der Redaktion angerufen.« Sie wartete, bis er sich wieder gesetzt hatte. »Im Polizeibericht stand, dass er Drogen bei sich hatte.«

»Drogen? Das kann nicht sein. Da stimmt was nicht.« Er lehnte sich vorsichtig zurück. »Die suchen was anderes. Weißt du, im Büro ...« Er kam wieder vor, stand noch einmal auf, tastete die Rückenlehne des Stuhls ab. »Es ist alles klebrig hier, verdammt. Wer hat hier gesessen?«

Der Kellner brachte einen feuchten Lappen und wischte den Stuhl ab, trocknete ihn dann mit einem Handtuch.

»Danke.« Krallo betastete die Sitzfläche, dann ließ er sich nieder. »Die haben mir irgendwie nicht geglaubt, dann haben sie jeden Geldschein aus meiner Brieftasche gegen's Licht gehalten. Zuletzt wurde ich so in der Schule behandelt.«

Der Kellner kam, schob die Kaffeeschalen über die Tischplatte.

Krallo neigte sich vor. »Vor allem haben die keinen blassen Schimmer, was geschehen ist und warum. Nimm mal an, der hatte wirklich Drogen ...«

»Wie meinst du das?«

»Man muss nicht alles glauben, was der Wolf erzählt.«

»Wo hast du den Spruch her?«

»Von Rotkäppchen. Also, wenn es um Drogen geht, wird man es nicht der Öffentlichkeit erzählen und so die Verbindungsleute warnen. Aber wenn es um etwas anderes geht, zum Beispiel um Falschgeld, dann würde man von Drogen sprechen, um zu signalisieren, man hätte kein Falschgeld gefunden, damit wiederum die Fälscher sich in Sicherheit wiegen.«

»Was?«

»Steht schon im Pfadfinderhandbuch unter Falsche Fährte.«
»Nochmal.«
Krallo griff mit beiden Händen unter seine Schenkel, betrachtete dann die Handflächen. »Es klebt immer noch.« Er wiederholte seine Gedanken.
»Vielleicht«, sagte Julia, »solltest du einen Job bei der Polizei suchen.«
»Vielleicht.«
»Und wer hat ihn jetzt erschossen?«
»Ich bin es gewesen.« Krallo lachte.
Die Rühreier schwebten auf beiden Armen des Kellners heran.
»Versteh ich nicht.« Julia stocherte in der gelben Masse.
»Was soll das?«
»Ich habe ihn erschossen. Jedenfalls macht sich die Polizei ernsthaft Gedanken darüber.«

Sie lag auf dem Sofa und ging mit der Fernbedienung alle Programme durch. Krallo war im Bad. Als er das Wasser abdrehte, rief sie laut: »Krallo, das ist nicht die Wirklichkeit. Wir sind durch irgendein Computerprogramm mit unserem Leben in einen dieser Scheißfernsehkrimis geraten.«
»Dann such dir schon mal einen Kommissar aus, der unser Leben rettet.« Er kam, hielt seine Anzughose in der Hand und blieb in der Tür stehen. »Schließlich kann der Schuss auch uns gegolten haben. Erinnerst du dich an den Film, in dem ein Irrer auf die vorbeifahrenden Autos schießt?«
»Ja, den Film kenne ich. Wie hieß der noch?«
Krallo hielt ein Stück weiße Masse hoch. »Guck dir das an. Das ist der Beweis. Ich habe doch gesagt, es klebt.«
»Was ist das?«
»Kaugummi. Es war an meiner Hose.«
»Ist es ganz raus? Sonst lege die Hose ins Tiefkühlfach. Das soll funktionieren.«
»Ich weiß.«
Das Telefon klingelte.
Krallo ging an den Apparat und meldete sich, dann blieb er stumm, versuchte nur mehrmals, einen Satz mit »Aber« zu beginnen, und musste jedes Mal aufgeben. Schließlich beendete er das Gespräch mit einem: »Ist ja gut. Ich habe verstanden. Alles klar.«

Er ging in die Küche, kam mit einer geöffneten Bierflasche zurück und sagte: »Arschloch.«

»Wer war das?«

»Mein überaus freundlicher Partner Christoph springt im Dreieck. Ich hätte die Polizei nicht in den Laden lassen dürfen und so weiter. Bei unserer sensiblen Kundschaft sei jeder Kontakt mit der Polizei Selbstmord. Er will mit mir nicht mehr zusammenarbeiten.«

Er lag auf dem Sofa und ging mit der Fernbedienung alle Programme durch. Julia war im Bad. Als sie zurückkam, erzählte er ihr die Geschichte von dem Opel. »Du meinst, der Fahrer war betrunken?«

»Es gibt niemanden außer dir, der einen Grund hätte, auf mich zu schießen und mich zu überfahren.«

»Ich habe ein Alibi.« Sie stand in der Tür und zog das Pauli-T-Shirt über den Kopf. Mit den Fingern lüftete sie ihre Haare. Im gleichen Moment ging ein dumpfes Stampfen durchs Haus. »Die Studenten von unten mit ihrer Heavy-Metal-Musik.«

Er streckte einen Arm nach ihr aus. »Ich glaube, ich trete schon mal zum Buddhismus über. Da kann ich wenigstens sicher sein, wiedergeboren zu werden.«

Sie setzte sich auf den Rand des Sofas. »Ja, bitte als mein Hund.«

»Doch keine gute Idee.«

Das Stampfen wurde lauter. Das Elvis-Poster an der Wand begann zu vibrieren.

»Jetzt übertreiben sie aber.« Krallo richtete sich auf. »Es kommt doch von unten?«

»Ich bin gleich mit Martina verabredet.«

»Ich wollte mir die Analyse vom Pauli-Spiel im Dritten Programm angucken. Es sind drei Spieler als Gäste im Studio. Vielleicht komme ich nach.«

»Wir wollten bei Raschad eine Falafel-Tasche essen und dann in den Saal II.«

Der Rhythmus brachte jetzt die Fensterscheiben zum Vibrieren. »Die spinnen, die Studenten.«

Krallo stand auf. »Wenn du runtergehst, klingel doch mal bei denen.«

»In die Haschhöhle gehe ich nicht.«

In der Küche begann das Geschirr in den Schränken zu klirren. »Aber warte mal, ich kenne das Stück.« Julia ging in den Flur, wählte einen dunklen Blazer aus und stellte sich vor den Spiegel. »Ich kenne das Stück. Es ist von Kiss.« Sie hängte den Blazer zurück und nahm dafür die rote Lederjacke locker über die Schultern. »Passt besser.« Sie ging zur Tür. »Ich kenne das Stück, aber ich komme nicht auf den Titel.«

»Egal, wie das Stück heißt«, Krallo folgte. »Ich komme mit bis in den ersten Stock.«

Sie drückten bei den Studenten mehrmals auf die Klingel. Die Tür wurde für einen kahl rasierten Kopf einen Spalt geöffnet. »Kommt es an?« Der Kopf grinste.

»Leute, dreht leiser, bitte.«

Der Kopf lachte, schüttelte sich. »Nee, geht nicht.«

»Was heißt hier, geht nicht?«

»Wir haben schon kassiert.«

»Wie kassiert?«

»Einen Fuffziger haben wir gekriegt, wenn wir es zwei Stunden dröhnen lassen.«

»Wer hat euch bezahlt?«

»So ein Typ. Stand unten vorm Eingang. Hat uns sogar die CD dazu geschenkt. Also, durchhalten.« Er schloss die Tür.

Die Straßenlaternen am Schulterblatt ließen das Licht wie weißen Staub herabfallen. Krallo klopfte sich die Schultern seines Jacketts ab.

»Es ist mir sehr peinlich, ich muss dich was fragen.« Der Mann war mit erhobenen Händen an ihm vorbeigegangen. Blieb dann aber am Straßenrand stehen.

»Ist mir wirklich peinlich. Ich mache das wirklich ungern.«

Es dauerte eine Weile, bis Krallo begriff, dass er gemeint war. »Was?«

»Nee, nee, komm nicht näher.«

»Was ist denn?«

»Ist mir wirklich unangenehm. Weißt du, ich habe im Augenblick keine Arbeit und keine Wohnung. Du glaubst ja nicht, wie schwer mir das fällt, dich um ein bisschen Geld zu bitten. Es ist alles so entwürdigend.«

Krallo kramte in seiner Hosentasche, wählte eine Münze aus. »Hier.«

»Nicht näher kommen, bitte. Nicht. Ich stinke. Ich konnte mich diese Woche noch nicht waschen, verstehst du. Lege das Geld einfach auf den Boden. Wenn du weg bist, nehme ich es mir. Danke, vielen Dank. Oh Gott, ist das alles peinlich.«

Krallo nahm alle Münzen aus der Tasche und legte sie auf die Stufe eines Hauseingangs. So viel hatte er noch nie jemandem gegeben. Er ging weiter, drehte sich um. Auf Knien strich der Mann das Geld ein. Er schluchzte.

Krallo blieb vor dem Saal II stehen und blickte durchs Fenster. Es war sehr voll. Viele Gäste hingen auf den Stühlen wie ermattete Marathonläufer. Julia konnte er nicht entdecken. Für einen Moment sah er Martinas blonde Haare an der Bar. Er drängte sich durch eine Gruppe schwarzer Vogelmenschen.

»Wo ist Julia?«

»Das frage ich mich auch.« Martina blieb an seinen Schultern hängen. »Gib mir einen Rat.«

»Ist sie nicht hier gewesen?«

»Nein. Aber sag mir, was ich machen soll. Der Typ hinter mir will, dass ich ihm sein Ohr auslecke. Dafür leckt er dann mein Ohr aus.«

»Wo soll das enden?«

»Das weißt du doch.«

»Vielleicht ist Julia unterwegs irgendwo hängen geblieben?«

»Sag ihr, dass sie blöd ist.«

Im ersten Moment dachte sie an eine Ohnmacht. Sie war noch nie in Ohnmacht gefallen. So war es also. Das Licht ging aus, und der Mund ließ sich nicht mehr öffnen. Die Lippen klebten aufeinander. Der Kopf war wie eingeschnürt. Die Ohren trugen einen Wattefilter.

Dann spürte sie Hände unter ihren Achselhöhlen, die Umklammerung ihrer Brust. Ein Albtraum. Manchmal waren die Träume so intensiv, dass sie sogar den Schmerz wie richtigen Schmerz fühlte. Sie wurde rückwärts gezogen, ihre Unterschenkel schlugen gegen eine Kante. Aber die Geräusche waren nicht wie im Traum, sie waren wirklich. Das Knistern der Plastiktüte über ihrem Kopf hatte die Schärfe von dünnem Blech. Die Klarheit der Geräusche ließ sie geradlinig denken. In der Plastiktüte war zu wenig Luft für ein langes Leben. Sie musste haushalten. Denk nach!

Noch kannst du denken. Denk nach! Zu viele Probleme auf einmal. Sie lag in einem Auto, hörte den Motor laufen. Sie konnte nicht einmal strampeln, sich nicht umdrehen. Wahrscheinlich waren ihre Beine mit dem gleichen Klebeband verschnürt, das sie an ihren Handgelenken spürte, das über ihrem Mund klebte. Jetzt fuhr das Auto an. Sie verbrauchte zu viel Sauerstoff. Wenn nur noch die Nasenlöcher, eng wie Strohhalme, zum Atmen da sind, verbraucht man zu viel Sauerstoff. Sie wurde müde. Hundemüde. Jetzt musste jemand anderes für sie denken.

Es ist mir sehr peinlich, ich muss dich was fragen.«»Der Mann war wieder mit erhobenen Händen an ihm vorbeigegangen, um dann stehen zu bleiben.«»Ist mir wirklich peinlich. Ich mache das wirklich ungern.«

Krallo drehte sich um. »Nicht schon wieder.«

»Nee, nee, komm nicht näher.«

»Ich habe dir vorhin schon was gegeben.« Krallo wählte Julias Nummer auf dem Handy. Es schaltete sich nur ihre Mailbox ein.

Der Mann wartete mit erhobenen Händen, bis er das Handy wieder eingesteckt hatte. »Ist mir wirklich unangenehm. Weißt du, ich habe im Augenblick keine Arbeit und keine Wohnung. Du glaubst ja nicht, wie schwer mir das fällt, dich um ein bisschen Geld zu bitten. Es ist alles so entwürdigend.«

»Ich kenne deinen Spruch. Zweimal funktioniert der nicht.«

»Nicht näher kommen, bitte. Nicht. Ich stinke. Ich konnte mich diese Woche noch nicht waschen, verstehst du. Lege das Geld einfach auf den Boden. Wenn du weg bist, nehme ich es mir. Danke, vielen Dank. Oh Gott, ist das alles peinlich.«

»Hör auf!« Krallo ging weiter. Er überlegte, welche Kneipen für Julia infrage kamen. Sie musste jemanden getroffen haben. Was lag auf dem Weg?

»Was bist du für ein Mensch?« Der Bettler kam ihm nach. »Ich entwürdige mich vor dir, werfe mich in den Staub. Und du rührst keine Hand, keinen Blick.«

»Ich habe dir vorhin etwas gegeben. Hast du das vergessen?«

»Na und? Stell dir vor, ich bin Gott. Ja, Gott. Er tritt auf dich zu und bittet dich um etwas Geld. Warst du jemals da drüben in dem Jesus-Café? Dort duscht Gott. Verstehst du, auch Gott ist fremd hier, aussätzig. Er braucht Geld, um zu telefonieren. Aber du hast vielleicht recht, ihm nichts zu geben. Denn er will mit dem Himmel telefonieren, um zu fragen, ob deine Zeit gekommen ist.«

»Hau ab.« Krallo ging schneller, ließ seine Eisen knallen.

»Gott kannst du abschütteln, den Tod und den Teufel nicht.«

Es war zu wenig Luft und zu viel Schwere in ihr. Sauerstoff war doch ein Gas, das den Menschen aufrecht hielt wie ein Ballon. Jetzt war alle Luft raus. Die Luftballongliedmaßen klebten aneinander und hingen schlaff. Jemand trug sie hoch, vielleicht noch in Erinnerung an ihre alte pralle Form, an das rote Herz, das noch vor kurzem am Himmel geschwebt hatte. Jemand schwankte mit ihr eine Treppe hinauf. Vielleicht ein Kind. Das schlaffe Gummiding in die Sicherheit eines Kinderzimmers bringen, damit es sich erhole. Dort zwischen all den Teddybären, den Puppen und dem Lakritz. Hilfe! Ich bin es. Du musst mich aufblasen. Gib mir meine Form zurück. Irgendwo an mir muss so ein Plastikknippel heraushängen. Steck ihn in den Mund und blas Luft hinein. Ich würde dir so gern helfen, aber mein Mund, mein Mund ist zugeklebt. Weil der Mund ein Loch ist. Er ist fest verschlossen, damit der Rest nicht auch noch entweicht.

Das Kind oder die Mutter des Kindes oder der Vater legte sie auf einem Bett ab. Es hörte sich an, als würde die Plastiktüte von ihrem Kopf abgezogen. Aber es wurde nicht licht. Dafür schwoll ihr Kopf. Schmerzte und schwoll. Wurde wieder Julia.

»Hast du Julia gesehen?«

»Nein.«

Astra-Stuben, Fundbureau, Bar Nouar, Bar Rossi: »Hast du Julia gesehen?«

»Heute?«

»Ja.«

»Nein.«

Daniela Bar, BPl, Café Bedford, Frank und Frei, Omas Apotheke, Bar Duo: »Ist Julia hier gewesen?«

»Heute noch nicht gesehen.«

Dschungel, Kurhaus, Toast Bar, Die Welt ist schön, Suryel: »Julia gesehen?«
»Nö.«
Café Absurd, Zoe, Jolly Roger, Meanie Bar, Lehmitz, Ex-Sparr: »Julia?«
»Wie wär's mit mir?«
»Heute nicht.«

Nicht da. Seine Hand tastete ins Leere. Das war noch nie geschehen. Er wusste immer, wo sie war. Aus. Vorbei. Er drehte sich im Bett, sah auf die Leuchtziffern seiner Armbanduhr. Zwei Uhr. Noch keine Stunde geschlafen. Wahrscheinlich würde sie morgen kommen, um ihre Sachen abzuholen.
»Tut mir leid, Krallo, aber das war's. Ich ziehe zu ...« Wie hießen ihre verflossenen Liebhaber? Sie klebten an ihr. Einer hatte es wohl geschafft. Er wunderte sich, wie gelassen er war. »Frauen ...« Seine Kehle drückte sich zu. Er würde ersticken.
Er stand auf, ging in die Küche und trank ein Glas Wasser. Es polterte wie Kieselsteine die Speiseröhre hinunter. Flammen schlugen herauf.
Bei seinem Rundgang durch die Bars hatte er zu viel Alkohol getrunken. Er ging auf die Toilette, kaute eine Magentablette und stellte sich ans Fenster zur Straße. Die Nacht zum Montag. Keine Zeit für Fußgänger. Ein einzelner Wagen fuhr langsam vorbei. Die Ampel schaltete auf Rot. Er kannte den Wagen ohne Rückbank. Er hatte nie gemessen, wie lange die Rotphase dauerte. Er musste es schaffen. Er riss das Schlüsselbund vom Haken. Barfuß in Boxershorts mit bloßem Oberkörper sprang er ins Treppenhaus und die Stufen hinunter. Der Opel wartete noch, bollerte, als wäre der Motor manipuliert. Krallo beugte sich herab, um dem Fahrer ins Gesicht zu sehen. Er kannte ihn, es war einer von Julias alten Freunden. Er wollte um den Wagen herumlaufen, die Tür aufreißen. In diesem Augenblick bemerkte der Fahrer Krallo. Er starrte ihn an, dann griff er auf den Beifahrersitz, hielt etwas in der Hand. Es sah aus wie ein Revolver. Krallo duckte sich. Es folgte kein Schuss, sondern der Wagen fuhr mit Vollgas und quietschenden Reifen bei Rot über die Kreuzung.
Aber was Krallo gesehen hatte, war genug. Auf der provisorischen Ladefläche lagen nicht nur Werkzeug und Bierdosen, sondern auch eine rote Lederjacke. Und wenn ihn nicht alles täuschte, hatte in der Kragenecke der

kleine 1910-Sticker des FC St. Pauli gesteckt, den er auf dem letzten Flohmarkt entdeckt hatte. Und in einer Mulde der Jacke hatte ein zerrissenes silbernes Armband gelegen. Julias Jacke. Julias Armband.

Julia spürte seinen Atem.
»Willst du ein Bier? Musst nur nicken.«
Sie nickte. Sie sah nichts. Noch immer steckte ihr Kopf unter der Plastiktüte. Der Mann hatte ein großes Loch unten am Rand hineingerissen. Sie lag auf einem Bett. Wenn sie versuchte, sich zu bewegen, quietschten Bettfedern.
»Bin extra noch mal zur Tanke. Habe ich nur für dich geholt.«
Er griff unter ihre Schultern und zog sie hoch. Es tat ihr weh. Ihre Handgelenke waren noch immer mit Klebeband auf dem Rücken verschnürt. Er lehnte sie in eine Ecke, ließ sie los. Sie spürte, dass er noch dicht bei ihr war, spürte die Strahlungswärme seines Körpers auf ihrer Haut, erwartete, dass er nun ihre Fesseln lösen würde. Nichts geschah. Auch kein Bier.
Sie konzentrierte sich auf die Geräusche. Von oben kam dumpfe Musik. Seine Schritte, gedämpft durch einen Teppich. Dann wieder sein Atem, ganz nah. Jetzt das typische Geräusch des sich öffnenden Dosenverschlusses. Das Prickeln des Bieres in der Dose. Dünner Regen auf Metall. Sie spürte seine Hand auf ihrem Hinterkopf, dann einen Druck auf dem Klebeband, mit dem ihr Mund verschlossen war. Er bohrte ein Loch hinein. Sie versuchte sofort zu sprechen. Es ging nicht. Er schob etwas durch das Loch. Einen Plastikhalm.
»Los, saug.«
Sie saugte. Es kam Bier in ihren Mund.
Er lachte. »Geht doch gut.«
Sie dachte, wenn sie sich jetzt verschlucken würde, wäre es aus. Sie würde ersticken. Sie spürte, wie er sie berührte. Er strich ihr über die gefesselten Beine. Sie saugte mehr Bier, behielt die Flüssigkeit im Mund. Dann kam nur noch Luft durch den Halm. Sie hörte, wie er die Dose abstellte. Der Ton schwankte mit dem Bier darin. Sie stieß mit der Zunge den Strohhalm heraus. Er öffnete ihre Hose. Sie spürte seinen Atem auf ihrem Schenkel. Dann seine Finger. Noch hatte sie das Bier im Mund. Sie neigte sich vor, und als sie sicher war, die richtige Position zu haben, presste sie das Bier durch das kleine Loch.

Er stieß sie zurück, sprang hoch und fluchte.
Ihr Kopf schlug gegen die Wand. Eine Holzverkleidung.
»Du Sau, das wirst du mir büßen.«

Tor! Krallo sah Fats hochspringen. Er erinnerte sich, für einen Moment nichts vom Spielfeld gesehen zu haben. Ein Toter springt nicht hoch. Wäre Fats sitzen geblieben oder nur normal aufgestanden ... Nach zweihundert Metern wusste er, dass er allein keine Chance hatte. Er änderte die Richtung. Er brauchte Leute. Einen Plan. »Emil und die Detektive« fiel ihm ein. Krallo blieb stehen. Er überlegte, eine neue Runde durch die Bars zu beginnen. Aber dann dachte er an die Bekannten und Freunde, denen er begegnen würde. Er hatte keinen Beweis, keine Chance. Er würde reden und reden und keinen überzeugen können. Plötzlich fiel ihm ein, wer die richtigen Leute waren. Er sah auf die Armbanduhr, dann lief er Richtung Reeperbahn.

Atemlos kam er im Jolly Roger an. Es hatte noch geöffnet. Eine Gruppe Pauli-Fans war noch da. Er kannte fast alle vom Sehen. Aber nicht alle waren noch zu gebrauchen. Einer lallte vom Abseitstor und von der Ungerechtigkeit des Schiedsrichters. Dem habe wohl der Schuss gegolten. Er konnte von diesem Thema nicht mehr lassen. Ein anderer saß auf dem Boden unter einem Tisch. Tränen oder das Bier waren ihm übers Gesicht gelaufen, aber jetzt schlief er. Ein weiterer fiel vom Barhocker, während Krallo von dem braunen Opel Kadett ohne Rückbank berichtete, der ihn angefahren hatte und in dem die Jacke der verschwundenen Julia lag. Das zerrissene Armband. Die Waffe. Er zog eine gerade Linie bis zum Schuss im Stadion. Die Gäste mit geringerem Blutalkoholgehalt begriffen, was Krallo wollte. Seine Chancen wuchsen mit den Biermengen, die er ihnen versprach. Eine Totenkopffahne wurde zum Aufbruch geschwenkt. Krallo hatte jedem eine oder mehrere Straßen zugeteilt, die Namen auf Zettel geschrieben. Sie schwärmten aus. Selbst die Betrunkenen wankten hinterher, obwohl sie nicht genau wussten, worum es ging. Jeder sollte nicht länger als eine Dreiviertelstunde unterwegs sein und dann zurückkommen.

Krallo blieb allein in der Bar zurück. Er dachte über seinen Wahnsinn nach, eine grölende Bande nachts durch ein Viertel zu schicken, in dem der Gesuchte gar nicht wohnen und nicht der sein musste, für den er ihn ausgab. Er stand auf, um seinen Teil der Suche zu beginnen. Der Schläfer unter dem Tisch war aufgewacht, krabbelte langsam zu ihm, zog an Krallos Hosenbeinen. »Ich will dir mal was erzählen«, lallte er. »Wir – ich meine, du, ich und dein Mädchen – wir haben keine Chance. Keine Chance. Es ist eine verdammte Dreiecksgeschichte. Hier der Mann, da die Frau und dazwischen der Alkohol. So ist das nämlich. Die Sauferei macht uns alle fertig. So ist das. Und deshalb ist das falsch, was du machst. Verstehst du, es hat keinen Zweck. Lass sie laufen.«

Mit einem Ruck zog er ihr die Plastiktüte vom Kopf, nahm ein paar Haare mit. Ihr Schmerzensschrei ging nach innen. Jetzt roch sie das Zimmer. Lakritz oder Möbelpolitur. Schwaches gelb-rotes Licht kam von einem elektrischen Gartenzwerg auf einem Fernseher.

Sie konnte sein Gesicht nicht sehen, sondern blickte in den Lauf eines Revolvers. »Überraschung!«

Sie wusste längst, wer er war.

Er spannte den Hahn der Waffe, ohne sie herunterzunehmen. »Wenn du es einmal gemacht hast, weißt du, wie viel Macht du besitzen kannst.« Er kam näher. »Du musst nur wollen. Damit lässt sich alles lösen. Jedes Problem. Es gibt sowieso zu viele schwache Menschen. Und dies ist die simple Methode, mit der ausgewählt wird, wer überleben darf.«

Sie war eingeklemmt in die Zimmerecke, hockte auf einem schmutzigen Bett. Sie neigte den Kopf zur Seite, versuchte, dem Lauf auszuweichen.

»Und die Kriterien für die Auswahl«, fuhr er fort, »sind ganz einfach: Nur wer stark und nützlich ist, bleibt am Leben. Und wer im Weg steht ... na ja, das weißt du ja: peng!«

Sie begriff, dass der Schuss im Stadion ihr gegolten hatte.

Alles Wahnsinn, alles ein Irrtum.

Krallo hatte sich selbst den größten Teil der Straßen zwischen Reeperbahn und Hafenstraße vorgenommen. Im Laufschritt eilte er die parkenden Autos entlang. Er sollte umkehren. Er war so verrückt wie Fats.

Er betrat auch die Hinterhöfe, wenn sie eine Zufahrt hatten. Manchmal fühlte er sich verfolgt. Aber wenn er sich umschaute, war niemand zu sehen. Ein Irrtum.

An der nächsten Straßenecke verteilte er seine Geldscheine auf mehrere Taschen. Wenn ihn jemand überfallen wollte, wurde er vielleicht nicht alles Geld los.

Wieder schnelle Schritte hinter ihm. Er wechselte die Straßenseite, sah zurück. Niemand da. Ein Irrtum.

Ein Irrtum: Die Jacke war nicht Julias Jacke, der Wagen nicht der Wagen, von dem er angefahren wurde. Der Kerl darin hatte keine Waffe in der Hand gehalten, irgendetwas anderes. Es war nicht der Exfreund Julias. Ein zerrissenes Armband. Na und? Er hatte es gar nicht richtig sehen können. Kein Zusammenhang. Kein Grund zur Panik. Wahrscheinlich lag Julia längst im Bett. Er wählte ihre Handynummer. Kein Anschluss. Er hörte seine Mailbox ab. Keine Nachricht.

Aus den Augenwinkeln sah er jemanden hinter sich in einen Hauseingang huschen. Er beschleunigte seine Schritte.

Wahrscheinlich hatte Julia jemand von früher getroffen, war in eine Bar gegangen, die sonst nicht auf ihrer Liste stand. Nun lag sie betrunken im Bett, schlief so fest, dass sie das Telefon nicht hörte.

Es war doch jemand hinter ihm. Im gleichen Rhythmus der Schritte. Wenn er verlangsamte, wurde auch sein Verfolger langsamer. An der nächsten Ecke blieb Krallo einfach stehen. Er griff in seiner Tasche nach seinem Schlüsselbund, zog sich den Ring über die Finger, um damit zuzuschlagen. Er benahm sich wie ein Idiot. Das passte nicht zu ihm. Das war nicht er. Er geriet sonst nicht in Panik. Er nicht. Auch als Fats von dem Schuss getroffen wurde, nach hinten kippte, mit all dem Blut, da hätte er fast gelacht. Erst mal gelacht. Distanz. Überlegene Distanz herstellen. Alles im Griff haben. So war er. Fast. Meistens jedenfalls.

Er ballte die Faust mit dem Schlüsselbund in der Hosentasche. Der Mann ging vorbei, sah ihn nicht an. Er kam ihm bekannt vor.

Sie wand sich. Ihre Hände schwollen an. Sie versuchte, durch das winzige Loch im Klebeband über ihrem Mund zu sprechen. Wenn sie nur sprechen könnte, dann würde es ihr schon gelingen, ihn zu beeinflussen. Mach das Klebeband ab, versuchte sie ihm zu sagen. Er beobachtete ihre Bemühungen und grinste. Er verstand, was sie wollte, und schüttelte den Kopf. Er schien es zu genießen, dass sie gefesselt war. Er legte den Revolver zur Seite, trank sein Bier aus, ohne sie aus den Augen zu lassen. Sie zog langsam die Beine an, dachte, dass es ihr vielleicht gelingen könnte, aufzuspringen und ihm ihren Kopf in den Bauch zu rammen. Aber was dann? Sie war ein Fisch, stumm, ohne Arme, die Beine zu Flossen verschmolzen. Sie würde nicht schreien, keinen Schlüssel herumdrehen, kein Telefon abheben können.

Vielleicht sollte sie weinen. Wenn er ihre Tränen sah, würde er sie vielleicht sprechen lassen. Die Wut presste das Wasser aus den Augen.

Torben beugte sich vor. »Ein bisschen spät.«

Er setzte sich zu ihr auf das Bett, strich ihr die Haare aus dem Gesicht, küsste sie auf die Stirn. »Ich weiß nicht, was es ist, aber es gefällt mir, dass du gefesselt bist und weinst. Es gefällt mir, weil es einfach etwas richtigstellt: wer du bist und wer ich bin. Unser Verhältnis. Es gefällt mir außerordentlich gut. Ich muss daran nichts ändern. Alles, was ich will, geht auch so. Du wirst schon sehen.«

Er fuhr ihr mit beiden Händen unter die Bluse, knetete ihre Brüste. Dann öffnete er ihre Hose, zog sie ein Stück herunter. »Es geht schon, es geht schon. Ich kriege das schon hin. Es gefällt dir doch auch. Gib es schon zu.«

Sie versuchte sich abzuwenden, aber er nahm ihren Kopf mit beiden Händen, leckte ihr über die Augen. Plötzlich riss er den Klebestreifen von ihren Lippen, und bevor sie einen Schmerzensschrei ausstoßen konnte, steckte er seine Zunge tief in ihren Mund. Sie schnorchelte nach Luft, wollte zubeißen, aber im gleichen Augenblick kam ein Schwall Magensäure herauf. Mit allem, was sie zuletzt gegessen hatte. Torben sprang auf. »Was ist das für eine Schweinerei? Kannst du mir sagen, was das soll?« Dann lachte er.

Der Inhalt ihres Magens lief ihren Körper hinab. Sie wollte ihn verfluchen, aber die Säure kroch an ihren Stimmbändern entlang, ließ nur ein Krächzen zu – wie eine Elster oder ein Rabe.

Im Jolly Roger war der Betrunkene wieder unter den Tisch gekrabbelt. Blasen kamen aus seinem Mund. Links am Tresen hatten sich zwei neue Gäste eingefunden. Ein Pärchen ganz in Schwarz, das sich stumm in die Augen schaute, ab und zu grinste und sich gegenseitig die Hände auf die Schenkel legte.

Krallo zog sich auf einen Barhocker. »Bin ich der Erste? Ist noch keiner zurückgekommen?«

»Doch, Heiner war schon da, sagte, er könne die Autos nicht mehr auseinanderhalten. Alle wären seltsam gleich, und er müsste ins Bett. Er war sich auch nicht mehr sicher, ob wir einen Ford oder einen Opel suchen oder was.«

»Verstehe.«

»Und?«

»Nichts.«

»Astra?«

Krallo nickte, bekam die Flasche hingestellt und versuchte, durch ihren Hals auf die schäumende Oberfläche des Bieres zu schauen. Dann hörte er Schritte und Gesang. Zwei Pauli-Fans standen in der Tür und schwenkten Julias rote Jacke.

»Was sagst du nun?«

»Wo habt ihr die her?«

»Wir haben einfach das Auto geknackt. Opel Kadett, hatte ich selber mal. Geht einfach.«

»Seid ihr verrückt?«

Sie lachten. Einer zog Julias Armband aus der Hosentasche. »Guck dir das an. Zerrissen. Dein Mädchen ist in Schwierigkeiten.« Er zog eine kleine Pistole aus der Jackentasche. »Lag im Handschuhfach.«

Krallo wehrte die Pistole ab, nahm aber die Jacke und das Armband. »Wo steht der Wagen? Wir müssen die Polizei rufen.«

»Die Bullen. Bist du wahnsinnig? Ich habe noch nie die Bullen gerufen. Außerdem haben wir den Wagen geknackt.«

»Aber ...«

»Keine Sorge, wir wissen, wo der Kerl wohnt. Komm mit, wir wecken ihn jetzt auf.«

»So bin ich zu dir!« Er wischte mit einem Handtuch ihre Bluse und die Hose ab. »Du solltest die Sachen ausziehen.«

Er öffnete ihre Bluse. »Du wirst doch nicht schreien.«

Sie schüttelte den Kopf.

»Ich bin mir da nicht sicher.« Er stand auf, holte die Rolle mit dem Klebeband.

»Bitte, bitte nicht. Ich schreie auch nicht.«

»Gut. Wir machen einen Test.« Er zündete eine Zigarette an, zielte mit der Glut auf ihre Brüste. »Du weißt ja, wenn du schreist ...«

»Ich schreie nicht, bestimmt nicht. Ich schwöre es. Bitte nicht. Nein. Nicht!« Sie spürte die Hitze. Er näherte die Glut ihren Brustwarzen. »Ganz ruhig. Nur ein kleiner Test. Wenn du schreist, kriegst du das Klebeband.«

Sie wand sich, biss die Zähne aufeinander.

Er lachte, nahm die Glut zurück. Er drückte die Zigarette aus, dann zog er an ihren Beinen, sie fiel mit dem Kopf gegen die Wand, dann auf das Bett. Ihre Schultern schmerzten von den hinter dem Rücken gebundenen Händen. Sie stöhnte.

»Ganz ruhig. Alles o.k. Jetzt kommt der nächste Schritt.« Er drehte sie mit dem Gesicht zur Wand, zog ihre Hose bis in die Kniekehlen hinunter. Sie spürte seine Hand zwischen ihren Beinen.

»Warum machst du nicht meine Fesseln los? Du könntest es viel bequemer haben. Was soll das? Mach mich doch einfach los.«

Er lachte. »Und wenn es mir so gefällt?«

Sie versuchte, über die Schulter zu sehen. Er kniete vor dem Bett, zog ihren Unterkörper zu sich heran. Sie dachte, dass sie vielleicht sogar mit den gefesselten Händen seinen Bauch oder sein Geschlecht packen könnte. Sie hatte keinen anderen Wunsch mehr, als ihm Schmerzen zu bereiten, egal mit welchen Folgen für sie. Sie würde zupacken und nicht wieder loslassen.

Sie hörte, wie er seine Hose öffnete. Sie biss sich auf die Lippen, schmeckte Blut.

In diesem Augenblick klingelte es an der Wohnungstür. Torben stand auf, zog die Hose hoch, lauschte. Dann ging er zum Fenster, öffnete den Vorhang einen Spalt und spähte hinaus. Es klingelte ein zweites Mal. Er nahm den Revolver, steckte ihn am Rücken in den Hosenbund und ging zur Tür.

»Wir sind verrückt. Total verrückt.« Krallo schüttelte den Kopf, aber er folgte den beiden, die sich über seine Bedenken amüsierten.

»Wir haben das im Griff.«

Sie marschierten die Budapester Straße in Richtung Pferdemarkt.

»Der ist bewaffnet«, meldete sich Krallo nach ein paar weiteren Metern und blieb stehen. »Der knallt uns einfach ab.«

»Keine Sorge, wir machen das nicht zum ersten Mal.« Einer der beiden schob ihn weiter.

»Was soll das heißen?«

»Na, jemandem die Waffe wegnehmen und ihm eine auf's Maul hauen.«

»Wir sind schließlich Pauli-Fans«, ergänzte der Zweite.

Er begann, einen Schlachtruf zu grölen.

»Pssst. Ihr weckt alle Leute auf.« Krallo blieb stehen. »Ich gehe nicht weiter mit. Ihr seid zwei völlig durchgeknallte Typen.«

»Wenn wir das nicht wären, wären wir nicht hier. Komm, ich zeige dir was.«

Sie zogen Krallo bis zu einer schmalen Durchfahrt. Er sah das Heck des braunen Opel. »Dahinten war ich noch nie.« »Zwei alte Wohnhäuser. Die werden gerade modernisiert. Aber der Türöffner funktioniert noch nicht. Die neuen Türen sind drin, aber offen. Im linken Haus wohnt dein Spezi im ersten Stock.«

»Woher wisst ihr das?«

»Im Wagen lag eine Stromrechnung mit seinem Namen.«

Sie schlichen bis zum Haus.

»Und nun?« Krallo holte sein Handy raus. »Ich gebe schon mal 110 ein, dann brauche ich nur noch zu drücken.«

Einer der Fans nahm ihm das Handy weg. »Das schalten wir mal schön aus.« Er schüttelte den Kopf. »Alte Piratenregel: Man setzt das eigene Schiff in Brand, dann gibt es keinen Rückweg mehr.«

Die beiden Fans losten. Der Verlierer begann, sich bis auf die Unterhose auszuziehen.

»Was macht ihr da?« Krallo war absolut überzeugt, es mit zwei Irren zu tun zu haben.

»Einem bewaffneten Mann tritt man am besten nackt gegenüber.«

»Und dann?«

»Wirst schon sehen.« Der Fan zupfte an seiner ausgebeulten Unterhose. »Schick, was?«

Sie gingen ins Haus, schlichen in den ersten Stock hinauf. Einer stolperte an der Treppe und kicherte. Krallo schoben sie eine halbe Treppe höher.

Der Halbnackte stellte sich vor die Tür, der Zweite presste sich mit einer Bierflasche daneben an die Wand.

Krallo hatte das Gefühl, die beiden machten das wirklich nicht zum ersten Mal. Sie nahmen noch einen Schluck Bier, dann nickten sie sich zu. Der in der Unterhose nahm eine schlaffe Haltung an und drückte auf die Klingel.

»Wer ist da?«
»Ihr Nachbar.«
Die Tür wurde einen Spalt weit geöffnet.
»Was ist los?«
»Ihr Auto. Ich wollte ja nur Bescheid sagen.«
Die Tür wurde ganz geöffnet.
»Was ist mit meinem Wagen?«
»Na ja, ich habe ja schon geschlafen und dann so Geräusche gehört. Ich meine, ich will ja nur Bescheid sagen.« Der Fan spielte die Rolle des Betrunkenen und halb Schlafenden ausgezeichnet.
»Ja, was denn nun?«
»Also, ich gucke aus dem Fenster, und da sehe ich so zwei Typen. Na ja, die fummeln da am Auto rum. Dem braunen Opel. Und knacken den. Einer ist jetzt noch dabei, sitzt drinnen und fummelt da so rum, will den wohl anlassen, um damit wegzufahren.«
»Wirklich?«
»Ich sage ja nur, was ich gesehen habe. Ist ja nicht mein Auto. Wenn du dich beeilst, kannst du den noch erwischen. Ich würde mal sagen, es geht jetzt um Sekunden.«
Der Fan in der Unterhose machte Platz und wies mit der Hand auf die Treppe nach unten. »Mein Wagen ist es ja nicht.«
Torben ging einen Schritt zurück, griff sich einen Schlüssel. Als er wieder im Türrahmen sichtbar wurde, traf ihn die Bierflasche mitten auf der Stirn.

Du Idiot, du hast zu doll zugeschlagen. Immer schlägst du mit zu viel Schwung.« Sie beugten sich über den lautlos zusammengebrochenen Torben. Der eine zog ihm den Revolver aus dem Hosenbund. »Guck dir diese

Scheiße an. Ein Fünfundvierziger. Macht Löcher wie eine Faust.« Sie drehten ihn auf den Rücken.

»Sage ich doch, zu doll zugeschlagen. Der Kerl ist tot. Und alles voller Blut. So eine Scheiße.«

»Ach was, der kann das ab. Da kommen doch noch Blasen raus. Siehst du das nicht?«

»Na, dann mach mal Mund-zu-Mund-Beatmung.«

Krallo stieg über die drei hinweg, betrat vorsichtig den Flur der Wohnung. Einer hielt ihn am Bein fest, reichte ihm Torbens Revolver. »Da, nimm das mit, falls das ein Nest ist. Wir sichern dich nach hinten ab.«

Krallo wehrte ab. »Damit kann ich nicht umgehen.«

»Dann nimm wenigstens die Flasche. Oder kannst du das auch nicht?«

Krallo nahm die Bierflasche wie eine Keule in die Hand und ging weiter in die Wohnung hinein.

Als er das letzte Zimmer betrat, flog etwas auf ihn zu, traf ihn an der Brust und schleuderte ihn zurück auf den Flur. Sein Kopf schlug gegen die Wand. Alles wurde noch dunkler, als es schon war.

»Krallo, bitte ... Bitte helft mir. Ich habe ihn umgebracht. Ich wusste doch nicht ...« Julia wand sich mit ihren zusammengebundenen Gliedmaßen über Krallos Körper.

Einer der Fans kam zu ihr. »Was trägst du da für schicke Armbänder?« Er löste die Klebebänder an ihren Händen und Beinen.

»Oh Gott, ich habe ihn umgebracht.« Sie nahm Krallos Kopf in ihre Hände. Sie ließ ihn wieder los, rieb sich die Handgelenke. »Los, tut doch was. Er stirbt.«

»Kommt im Moment nicht darauf an, ob ein oder zwei Tote. Gibt keinen Rabatt.«

»Krallo, bitte ... Krallo. Was mache ich jetzt?« Sie begann zu weinen, küsste Krallos Gesicht. »Ich wollte das doch nicht.«

Krallo schlug die Augen auf, stöhnte. Er kam auf die Knie, hielt sich an Julia fest, die ebenfalls vor ihm kniete. Sie küsste ihn immer wieder.

Krallo stöhnte. »Mein Hinterkopf.« Er tastete danach. Kein Blut.

»Alles wird gut«, sagte Julia. Sie trank ihre eigenen Tränen. »Jetzt wird alles gut.«

Im Treppenhaus näherten sich die Schritte mehrerer Personen. »Polizei! Legen Sie die Waffe weg. Wir schießen sofort!«

Die Fans hoben die Hände. »Wir waren das nicht, wir sind hier nur zufällig vorbeigekommen. Der da drinnen, der war das. Der ist an allem schuld.«

Zwei Polizisten in Zivil steckten ihre Köpfe um die Ecke der Wohnungstür und zielten mit ihren Waffen auf das kniende Pärchen.

Am Ende glaubte er seiner eigenen Geschichte nicht mehr. Je öfter er alle Ereignisse beschrieben hatte, umso mehr trennten sie sich von seiner Person. Am Vormittag gelang es ihm auch nicht mehr, einige der Polizisten auseinanderzuhalten, die in kleinen oder großen Abständen zu ihm kamen und neue Details wissen wollten. Alle trugen Schnauzbärte. Aus manchen Fragen konnte er schließen, dass ihn die Polizei observiert hatte. Deshalb waren sie auch so schnell in Torbens Wohnung gewesen. Zwischendurch, wenn er lange auf die kahlen Wände, den Stuhl und den Tisch gestarrt hatte, fragte er sich, ob er vielleicht etwas verbrochen hätte, an das er sich nur nicht mehr erinnern konnte. Dann behauptete einer der Beamten, man könne ihn zu seiner eigenen Sicherheit noch nicht gehen lassen. Krallo lächelte, er wusste, dass man ihn da behielt, weil man sich seiner nicht sicher war. Die Dinge und Namen, nach denen er jetzt gefragt wurde, hatten mit ihm nichts mehr zu tun. Man würde ihm nicht sagen, um was es ging.

Als sie endlich nach Hause wankten, wussten sie mehr als die Zeitungen am Kiosk. So viel Ahnungslosigkeit ließ sie lächeln.

Fats war kein Dealer. Er wurde beobachtet, weil sich das Falschgeld gehäuft hatte. Mehrere der falschen Scheine waren von ihm gewechselt worden. Im Stadion war Fats nur ins Schussfeld geraten. Der Schuss galt Krallo. Die Eifersucht hatte Torben vom Telekom-Hochhaus schießen lassen. Auch Torben war der Polizei nicht unbekannt. Ihn und seine Waffensammlung hatten sie schon einmal weggesperrt.

Julia warf die Zeitung in einen Papierkorb an der Straße. »Ich muss dringend ins Bett«, sagte sie.

»Ich fürchte, wir müssen uns trennen«, sagte Krallo. »Es ist ziemlich gefährlich, mit dir zusammen zu sein.«

»Klar«, sagte sie und umarmte ihn.
»Mit deinen alten Freunden muss jetzt mal Schluss sein.«
»Versprochen.« Julia küsste ihn.
Als sie die Wohnung betraten, klingelte das Telefon. Krallo ging an den Apparat, hörte kurz zu, dann reichte er den Hörer weiter. »Ein gewisser Björn. Er sagt, er kennt dich von früher.«

Autorinnen und Autoren

Ingvar Ambjörnsen, geboren in Tönsberg/Norwegen, lebt seit vielen Jahren in Hamburg. Weltbekannt wurden seine Romane um den Sonderling Elling. Zuletzt auf Deutsch erschien *Echo eines Freundes,* Edition Nautilus 2019.

Robert Brack, 1959 geboren, lebt seit 1981 in Hamburg. Seit 1988 publiziert er Kriminalromane, die oftmals auf realen Ereignissen in der Geschichte der Hansestadt basieren. Er wurde mit dem Deutschen Krimipreis und dem Marlowe-Preis der Raymond-Chandler-Gesellschaft ausgezeichnet. Im September 2020 ist sein Thriller *Dammbruch* über die Sturmflut 1962 erschienen.

Gunter Gerlach, 1941 in Leipzig geboren, studierte 1961 bis 1967 an der Hochschule für bildende Künste in Hamburg. Seit Anfang der 1990er Jahre widmete er sich verstärkt dem Genre des Kriminalromans. Mehr als dreißig Romane sind seitdem erschienen. Gerlach wurde 1995 mit dem Deutschen Krimipreis ausgezeichnet, 2003, 2005 und 2013 mit dem Friedrich-Glauser-Preis.

Frank Göhre, 1943 geboren, aufgewachsen im Ruhrgebiet, lebt seit 1981 in Hamburg. Hörspiel- und Drehbuchautor für ARD, ZDF und RTL (*Tatort, Großstadtrevier, Cobra 11* u.a.), Romane *Die Kiez-Trilogie, Der Auserwählte, Verdammte Liebe Amsterdam* u.a., Herausgeber der Friedrich-Glauser-Romane und Autor der biografischen Annäherung *MO, der Lebensroman des Friedrich Glauser.*

Klaus Kempe, 1949 in der DDR geboren, 1957 nach Hamburg gekommen. Aufenthalte in Frankreich und den USA. Abitur und Studium in Hamburg, maoistische Rebellion und Rebellion gegen den Maoismus. Lehrer in der Erwachsenenbildung. Verheiratet, zwei Töchter, vier Enkel. Unter dem Pseudonym Robert Lynn eine Glauser-Nominierung für *Die Meute im Nacken*, Marlowe-Preis für *Der Samurai im Elbberg*.

Michael Koglin hat zahlreiche Kriminalromane veröffentlicht. Zuletzt erschien seine Reihe um Kommissar Gabriel (*Tödliche Reeperbahn, Amrumer Todeswatt, Finsteres Föhr, Münchner Todesbräu, Griechisches Blut* und *Die Pracht des Todes*) sowie die Thriller *Corona Killer* und *Das Dunkle in mir*. Weitere Infos: www.michael-koglin.de

Carmen Korn, 1952 geboren. Nach ihrer Ausbildung an der Henri-Nannen-Schule arbeitete sie als Redakteurin für den *Stern*. Ihr erster Roman *Thea und Nat* erschien 1989 und wurde mit Corinna Harfouch verfilmt. Ihre erste Kriminalerzählung war *Der Tod in Harvestehude*, für die sie den Marlowe-Preis erhielt. Sie ist verheiratet und hat zwei erwachsene Kinder.

Birgit Lohmeyer – vormals Birgit H. Hölscher. Kurzgeschichten, Romane, Journalistisches. Dozentin für literarisches Schreiben. Veranstaltet »Jamel rockt den Förster«. Auszeichnungen u.a.: Marlowe-Preis für die beste deutschsprachige Kriminalkurzgeschichte 2000, Deutscher Kurzkrimi-Preis 2005. Mitglied im Verband deutscher Schriftstellerinnen und Schriftsteller. www.birgitlohmeyer.de

Petra Oelker, 1947 geboren, lebt in Hamburg. Sie arbeitete als Journalistin und Autorin von Sachbüchern. Mit *Tod am Zollhaus* schrieb sie den ersten ihrer historischen Kriminalromane um die Wanderkomödiantin Rosina. In den letzten Jahren erschienen u.a. die Roadnovel *Emmas Reise* und der Konstantinopel-Roman *Die Brücke zwischen den Welten*.

Henrik Siebold ist ein Pseudonym des Hamburger Journalisten und Autors Daniel Bielenstein. Seit mehreren Jahren schreibt er die erfolgreiche Krimiserie um den in Hamburg lebenden japanischen Inspektor Ken Takeda. Als Jakob Leonhardt verfasst er Jugendbücher. Daniel Bielenstein war für eine japanische Tageszeitung tätig und hat in Tokio gelebt.

Regula Venske lebt als freie Schriftstellerin in Hamburg. Für ihr Werk wurde sie u.a. mit dem Oldenburger Jugendbuchpreis, dem Deutschen Krimipreis und dem Lessing-Stipendium des Hamburger Senats ausgezeichnet. Seit 2017 ist sie Präsidentin des PEN-Zentrums Deutschland, dessen Generalsekretärin sie zuvor vier Jahre lang war. www.regulavenske.de

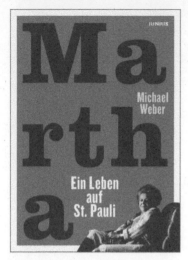

224 Seiten, 16.80 €, ISBN 978-3-96060-523-2

160 Seiten, 16.90 €, ISBN 978-3-88506-754-2

Hamburg-St. Pauli, Anfang der 1980er Jahre: Ein junger Schauspielstudent aus der norddeutschen Provinz zieht mit Freunden in die Davidstraße – wo er Martha Ihde kennenlernt: »Klack, klack, köch, köch. In der Doppeltür erschien eine kleine, etwa ein Meter sechzig große, schmale alte Frau in einem für ihr Alter verblüffend kurzen Rock, die dünnen, schönen Beine in Nylons, die schlanken Füße in Riemchenschuhen auf beängstigend hohen Absätzen.« Im Lauf der Jahre wird die neue Nachbarin, die ihr ganzes Leben in diesem Viertel verbracht hat, für den Protagonisten von einer schillernden Panoptikumsfigur zu einer nahen Bekannten und zu einem Orientierungspunkt für sein weiteres Leben. Die skurrilen, komischen und traurigen Episoden, die er mit Martha, ihrem Mann Ernst, dem Hund Tarzan, ihrem Sohn, dem *Krran*, und anderen erlebt, prägen sein Verständnis des Viertels, führen ihn zum Nachdenken über seine eigene Herkunft, seine Faszination für das Leben auf St. Pauli, seinen angestrebten Beruf, seine Lebensperspektive und seine politische Haltung.

Wo Licht ist, ist auch Schatten. Hamburg präsentiert sich gern als weltoffene Kultur- und Handelsmetropole, zahlreiche Bücher, Museen und Denkmäler künden von der glanzvollen Historie der Hansestadt. Die hässliche Seite der Stadtgeschichte bleibt hingegen meist im Verborgenen. Obwohl ihre Schauplätze eigentlich allgegenwärtig sind, wenn man um die Vergangenheit dieser Orte weiß: ein repräsentatives Gebäude oder ein Schiffsanleger, eine hübsche Wiese oder eine unauffällige Kreuzung, eine sanierte Häuserfront, ein versiegeltes Gelände, ein Ladeneingang, eine Hofauffahrt, eine Bude im Souterrain oder ein Baum im Hinterhof eines Wohnhauses. *Das schwarze Hamburg-Buch* führt zu Orten, um die gewöhnliche Stadtführer einen Bogen machen. Es sind Orte des Schreckens, der Gewalt, der Angst, aber auch der tragischen Komik. Alltägliche Orte in Altona, Barmbek, Eppendorf, Harburg, St. Pauli und Winterhude, die einmal Schauplätze von Terror und Entrechtung, von rassistischen Morden, Selbstjustiz, Sadismus und Folter, von Sklaven- und Waffenhandel, Gangstertum, Polizeiwillkür und Umweltverbrechen waren.

192 Seiten, 14.90 €, ISBN 978-3-96060-507-2

320 Seiten, 19.90 €, ISBN ISBN 978-3-88506-438-1

Mehrfach als besonders hundefreundliche Stadt ausgezeichnet, lässt es sich für Hunde in kaum einer anderen deutschen Stadt so gut leben wie in Hamburg. Mit ihrer geringen Besiedlungsdichte, rund 230 Hundeauslaufflächen, vielen Hundeschulen und zahlreichen Hundeausstattern bietet die grüne Metropole den rund 80 000 gemeldeten Tieren, ihren Haltern und den Nichthundebesitzern die besten Voraussetzungen für ein angenehmes Mit- und Nebeneinander. Dieser Stadtführer nimmt die Hundehalter zwischen Alster und Elbe mit auf Tour durch die Hafenmetropole, hilft bei den Vorbereitungen zur Anschaffung eines Stadthunds und beantwortet alle Fragen, die sich routinierten Haltern wie Neubesitzern stellen: Wo finden sich Freilaufwiesen, die ruhig sind, aber nicht am Ende der Welt? Welche Ziele im Hamburger Umland lohnen einen Ausflug auf sechs Beinen und vier Rädern? Wo sind Hunde gern gesehene Gäste, und wie verhält man sich mit Hund in Taxi, Bus und Bahn?

Was gibt es Schöneres, als an der frischen Luft zu sein und dabei etwas zu lernen? Dieser Stadtführer lädt mit seinen zwanzig Streifzügen dazu ein. Das Buch ist der erste Spaziergangsführer, der die Hansestadt nicht nach Stadtteilen, sondern anhand einer thematischen Gliederung erschließt: Von den Beatles über bekannte Hamburger Drehorte und Filmkulissen, den Hafen, spektakuläre Kriminalfälle, Hamburgs kolonialgeschichtliche Vergangenheit bis zur Vogelkunde reicht das Spektrum der Rundgänge zur Architektur, Geschichte, Kultur und Natur. Die Spaziergänge dauern jeweils zwei bis zweieinhalb Stunden, zeigen die Route auf einem Kartenausschnitt und bieten in über zweihundert Abbildungen und Grafiken sorgfältig aufbereitete Detailinformation. Sie entsprechen einer geführten Tour und sind nicht einfach bebilderte Routenpläne. Jedes Kapitel enthält Informationen zur Erreichbarkeit mit öffentlichen Verkehrsmitteln und gibt zusätzliche Tipps.

JUNIUS
www.junius-verlag.de